Winfried Wolf

Verkehr.Umwelt.Klima

Die Globalisierung des Tempowahns

Bibliografische Information der Deutschen Bibliothek
Die Deutsche Bibliothek verzeichnet diese Publikation in der Deutschen Nationalbibliografie; detaillierte bibliografische Daten sind im Internet über http://dnb.ddb.de abrufbar

Umschlaggestaltung: Gisela Scheubmayr
Lektorat: Erhard Waldner
Druck: AZ Druck und Datentechnik GmbH
Printed in Germany
ISBN 978-3-85371-271-9

Fordern Sie einen Gesamtprospekt des Verlages an bei:
Promedia Verlag, Wickenburggasse 5/12
A-1080 Wien, Fax: 0043/1/405 715 922
E-Mail: promedia@mediashop.at
Internet: http://www.mediashop.at

WINFRIED WOLF

Verkehr. Umwelt.Klima

Die Globalisierung des Tempowahns

PROMEDIA

Für Andrea
Für Paola

Der Autor

Winfried Wolf, 1949 geboren, Diplompolitologe und Dr. phil., lebt und arbeitet als freier Journalist bei Berlin. Zwischen 1994 und 2002 war er Abgeordneter des Deutschen Bundestages und dort Mitglied des Verkehrsausschusses. Wolf ist Mitglied des wissenschaftlichen Beirats von Attac-Deutschland, Mitherausgeber der „Zeitung gegen den Krieg“ und Sprecher der Bahnfachleutegruppe „Bürgerbahn statt Börsenbahn“.

Inhaltsverzeichnis

Teil II
Der aufhaltsame Aufstieg des Automobils – der erzwungene Niedergang der Eisenbahnen

Vorwort

1986 erschien erstmals meine Arbeit „Eisenbahn und Autowahn", von Wolfgang Kaden im „Spiegel" als „Standardwerk" und vom ehemaligen Verkehrsminister Volker Hauff als „Ermunterung zum Umsteuern" bezeichnet. Als Mitte der 1990er Jahre die dritte Auflage des Buchs vergriffen war, gab es (ohne meine Mitschuld) den Verlag nicht mehr. Obgleich es 1998 anlässlich der englischen Ausgabe („Car Mania") zu einer Aktualisierung kam, konnte sich gut ein Jahrzehnt lang kein Verleger für eine deutsche Neuauflage erwärmen. Als ich Anfang 2007 leichtsinnigerweise einen Vertrag bei Promedia (Wien) unterzeichnete, gingen der Verleger Hannes Hofbauer und ich davon aus, dass eine gründliche Überarbeitung, Aktualisierung und Erweiterung von „Eisenbahn und Autowahn" anstehen würde. Es kam anders. Grundgedanken von „Eisenbahn und Autowahn" blieben erhalten, andere Themen kamen hinzu, oft wurde Neuland betreten; neun Zehntel des hier vorgelegten Buchs wurden neu verfasst. Eingestanden sei, dass Titel und Untertitel des Buchs zunächst auch eine Konzession an die aktuellen Debatten waren. Tatsächlich wurde daraus beim Schreiben ein roter Faden – insbesondere hinsichtlich der 250 Jahre währenden „Globalisierung des Tempowahns".

Der Autor profitierte von einer 25-jährigen intensiven Arbeit im verkehrspolitischen Spektrum, von mehr als 500 zu diesem Thema durchgeführten Veranstaltungen, von rund zehn Büchern zum Thema Verkehr/Bahn[1], von einer achtjährigen Arbeit im Bundestag und dort im Verkehrsausschuss sowie vom Engagement in Projekten wie UMKEHR e.V. (Berlin), dem Aktionsbündnis „Bahn für Alle" und dem einmalig kreativen Personenbündnis „Bürgerbahn statt Börsenbahn – BsB".[2]

Von den vielen Menschen, die mich bei der Abfassung der Arbeit unterstützten, Ideen beisteuerten und mir auf die Sprünge halfen („Alte Landratte – das heißt 'auf Reede' und 'am Pier'!" „Stickstoff-Emissionen musst du unbedingt ersetzen! Du meinst Stickoxid-Emissionen!") seien genannt: Karl-Dieter Bodack (Gröbenzell), Klaus Gietinger (Frankfurt/M.), Olivier Georger (Paris; UIC), Willi Hajek (Berlin), Eberhard Happe (Celle), Wolfgang Hesse (Marburg/L.), Burkhard Ilschner (Bremen), Andreas Kleber (Schorndorf), Georg Leichtleiter (Zürich), Sepp Kusstatscher (Brixen), Heiner Monheim (Bonn), Dieter Plehwe (Berlin), Wolfgang Pomrehn (Berlin), Bradford C. Snell (Washington) und Dieter Teufel (Heidelberg; UPI). Es war ein Vergnügen, mit dem professionellen und stressresistenten Lektor Erhard Waldner (Wien) zusammenzuarbeiten. Besonders bedanke ich mich bei meiner Frau Andrea Marczinski für das hausinterne Lektorat, für vielfältige fruchtbare Diskussionen und für die Ermöglichung eines wichtigen Buchschreibe-Aufenthalts im autofreien Bad Dreikirchen in Südtirol.

Winfried Wolf, Ende August 2007

Einleitung

> Zu Beginn des anschließenden Winters jedoch kam ein Weib ... laut zeternd durch die Hauptstraße gerannt. „Da kommt was Unheimliches“, stieß sie mühsam hervor, „so was wie eine Küche, die ein Dorf hinterdrein schleppt.“ In diesem Augenblick erzitterte das Dorf von weithin hallenden Pfiffen ... Als sie sich ... von dem betäubenden Pfeifen und Keuchen erholt hatten, liefen alle Einwohner auf die Gassen hinaus und sahen gebannt den blumengeschmückten Zug ... Der unschuldige gelbe Zug, der so viele ... Veränderungen, Verhängnisse und Sehnsüchte nach Macondo bringen sollte.
>
> *Gabriel García Márquez, Hundert Jahre Einsamkeit*[1]

Viele Tausende Jahre lang bewegten sich die Menschen mit vergleichbar geringen Geschwindigkeiten, gewissermaßen mit Bodenhaftung. Seit dem massenhaften Einsatz von Eisenbahnen hat sich die Erdverbundenheit relativiert. Auto und Flugzeug haben diese Tendenz beschleunigt und verallgemeinert: Die Menschen bewegen sich auf dem Globus in ständig beschleunigter Gangart. Heines Feststellung, wonach mit den Eisenbahnen „die Elementarbegriffe von Zeit und Raum ... schwankend geworden“ sind[2], bezieht sich gewissermaßen auf die „gefühlte Raum- und Zeitlosigkeit“. In Wirklichkeit bleiben Raum und Zeit feste Bezugsgrößen. Allerdings sind die rasanteren Gangarten mit einer Bewusstlosigkeit hinsichtlich der Zeit und mit einer Rücksichtslosigkeit gegenüber Natur und Klima verbunden.

I.

In den vergangenen 350 Jahren kam es zu *vier Transportrevolutionen*. In großen Teilen Europas und in Nordamerika gab es mit den ab dem 17. Jahrhundert errichteten Kanalsystemen eine erste Transportrevolution, die zunächst bestimmend für die industrielle Revolution war. Während bei den vorausgegangenen Verkehrsformen der durchreiste Raum als lebendige Einheit wahrgenommen wurde – Menschen, Pferde und Kutschen waren in die Natur eingebunden –, erschienen die Kanäle wie durch den Raum hindurch geschlagen. Zeitgewinne resultierten aus verkürzten Wegen. Die Eisenbahnen als zweite Transportrevolution wurden ab dem Beginn des 19. Jahrhunderts in englischen Bergwerken eingesetzt. Sie wurden aus zwei Gründen als veritabler Einbruch empfunden: Erstens kam es zu einer qualitativen Steigerung der Transportgeschwindigkeit – im Vergleich zur Kutsche zu einer Verdreifachung. Zweitens war die Energie, mit der die Lokomotiven betrieben wurden, nicht mehr auf menschliche und tierische Kraft oder auf den Wind zurückzuführen, sondern auf die Dampfkraft. Diese Energiequelle beschleunigte nun auch die industrielle Revolution. Anfang des 20. Jahrhunderts begann mit dem massenhaften Einsatz von Pkws und Lkws in Nordamerika die dritte Transportrevolution. Diese ist mit einer weiteren neuen Energiequelle verbunden: der Verbrennung von Öl und seinen Derivaten Diesel und Benzin. Die vierte Revolutionierung der Verkehrsorganisation findet mit der Luftfahrt statt. Seit Ende des 20. Jahrhunderts haben die Liberalisierung des Flugverkehrs und das Aufkommen so genannter Billigflieger den Flugverkehr immens gesteigert und verallgemeinert.

II.

Anders als im Fall der Eisenbahnen setzten sich das Auto und das Flugzeug weltweit stark phasenverschoben und innerhalb eines Zeitraums von fast hundert Jahren durch – Anfang des 20. Jahrhunderts in Nordamerika, nach dem Zweiten Weltkrieg in Westeuropa, seit den 1980er Jahren in Mittel- und Osteuropa und Lateinamerika und mit der Jahrhundertwende in China, Indien und der übrigen Welt. Die Verallgemeinerung dieses Verkehrsmodells war nur dadurch möglich, dass die Eisenbahnen in der Fläche und andere schienengebundene Verkehrsmittel in den Städten als bestimmende Massenverkehrsmittel an den Rand gedrängt wurden. Der Aufstieg von Auto und Flugzeug erfolgte weitgehend parallel mit dem Aufstieg der USA zur führenden Wirtschafts- und Militärmacht. Unter den 500 größten Konzernen der Welt ist die Öl-Auto-Flugzeug-Gruppe die bestimmende. Erst wenn dieser stofflichen Seite der Kapitalkonzentration Rechnung getragen wird, können die Grundlagen der tiefen ökologischen Krise und die drohenden zukünftigen ökonomischen und militärischen Erschütterungen des „fossilen Kapitalismus" verstanden werden.

III.

Wenn in Indien und China nur die Pkw-Dichte erreicht wird, die es 1989 auf dem Gebiet der DDR gab, verdoppelt sich die Zahl der Autos weltweit. Diese Zielmarke – ein Auto auf vier Personen – wird für das Jahr 2020 angepeilt. Zusammen mit dem schnell steigenden Flugverkehr kommt es allein hierdurch zu einem Anstieg der Treibhausgase, der die Ansätze zur weltweiten Reduktion der klimaschädigenden Gase konterkariert.

China und Indien als Länder hinzustellen, die das Weltklima bedrohen, ist allerdings grotesk angesichts der Tatsache, dass die Automotorisierung in dieser Region dem westlichen Modell folgt und vor allem von den Autokonzernen in den USA, Japan und Westeuropa vorangetrieben wird. Die gegenwärtige Struktur der weltweiten Automotorisierung hat weiterhin neokolonialen Charakter: Von den im Jahr 2005 weltweit registrierten 640 Millionen Pkws konzentrieren sich 452 Millionen oder gut 70 Prozent auf die Regionen Nordamerika, Europa, Japan, Australien und Neuseeland, in denen nur 17 Prozent der Menschen leben. Etwas plastischer: In den vier deutschen Bundesländern Nordrhein-Westfalen, Bayern, Baden-Württemberg und Sachsen rollen mehr Pkws als in Indien und China. Für den besonders klimaschädlichen Flugverkehr gilt: Die Hälfte der gesamten weltweiten Verkehrsleistung im Flugverkehr entfällt allein auf den Binnenflugverkehr innerhalb der USA.

IV.

Der Verkehrssektor vermittelt die stoffliche Verbindung der globalen Warenwelt und der internationalen Mobilität. In der Folge gibt es Globalisierung seit der ersten Transportrevolution. Zwischen 1700 und 1800 hat sich die Tonnage der aus englischen Häfen auslaufenden Schiffe versechsfacht. Zwischen 1830 und 1910 wurde der Welthandel um das Zwanzigfache gesteigert. 1913 wurden auf den Dampfschiffen zwischen Europa und Nordamerika bereits 2,5 Millionen Reisende gezählt. Der Globalisierungsprozess wurde im 20. Jahrhundert durch die zwei Weltkriege und die Weltwirtschaftskrise 1929-1932 zurückgeworfen; 1950 lag der Welthandel auf dem Niveau von 1913. In den ersten drei Jahrzehnten nach dem Zweiten Weltkrieg setzte sich die Globalisierung fort. Seit den 1980er Jahren hebt der Welthandel von den Binnenmärkten förmlich ab: Zwischen 1980 und 2000 hat sich das weltweite Bruttoinlandsprodukt rund verdoppelt. Der Welthandel wuchs im selben Zeitraum um das Dreifache. Noch größer war das stoffliche, physische Wachstum in Form der umgeschlagenen Tonnage in den großen Seehäfen.

Globalisierung ist demnach ein integraler Bestandteil des modernen Kapitalismus. Es veränderten sich allerdings die Dimensionen. 1878 beklagte der preußische Ministerpräsident Fürst Otto von Bismarck, dass zunehmend Holz aus Ungarn und Schweden den inländischen Holzmarkt ruinieren und „ausländisches Holz durch billige Tarifsätze der Eisenbahnen vor dem einheimischen bevorzugt" würde. Heute wird bayerisches Buchenholz nach China exportiert und dort zu Kinderspielzeug verarbeitet, um erneut nach Europa exportiert zu werden.

V.

Spätestens seit den zwei letzten Transportrevolutionen ist der Austausch zwischen Mensch und Natur völlig auf die Ziele der fortgesetzten Beschleunigung und des ungehemmten Wachstums ausgerichtet. Dort, wo Natur diesen Zielen im Weg steht, wird sie überbrückt, untertunnelt und begradigt.[3] Bei der Realisierung der strategischen Verkehrsprojekte des 19. und frühen 20. Jahrhunderts spielte das Thema Umwelt im gesellschaftlichen Bewusstsein noch keine Rolle. Bekannt sind allerdings die menschlichen Opfer: Der Bau der ersten interkontinentalen Eisenbahn in den USA soll ebenso vielen Menschen – überwiegend Chinesen – das Leben gekostet haben, wie er Schienenschwellen erforderte. Der Bau des Suez-Kanals und der des Panama-Kanals forderten insgesamt mehr als 40.000 Menschenleben. Die strategischen Verkehrsprojekte hatten von Anfang an eine militärische Komponente. Als beim Bau des Gotthard-Tunnels in der Schweiz die italienischen „alpinen Steinarbeiter“ gegen die unmenschlichen Arbeitsbedingungen streikten, schlug das schweizerische Militär die Insurrektion nieder. Der Panama-Kanal wurde von der US-Regierung von vornherein als „Teil der Küstenlinie der USA“ gesehen; die Panama-Kanalzone war bis 1999 eine militarisierte Zone unter US-Kontrolle.

Die in jüngerer Zeit umgesetzten und die in den nächsten Jahren geplanten Großprojekte im Verkehrssektor setzen die Entwicklung fort. Die europäischen „Missing Link-“ und TEN-Projekte (Eurotunnel, Alpentunnel, Brücken-Tunnel-Verbindungen in Nordeuropa), der Bau neuer großer Seehäfen und die Erweiterung des Panama-Kanals werden die Transportinflation und die Belastungen von Umwelt und Klima steigern.

„In Zukunft geht es darum, im Verkehrssektor weniger Beton und mehr Intelligenz einzusetzen.“ Diese erstaunliche Einsicht der Europäischen Kommission steht im krassen Widerspruch zur verkehrspolitischen Praxis der Europäischen Union.[4]

VI.

Die gewaltigen Steigerungen der Transporte von Personen und Gütern sind mit hohen Kosten verbunden, die nicht in den Transportpreisen enthalten sind. Es handelt sich erstens um materiell bezifferbare Kosten (z.B. nicht gedeckte Unfallkosten). Zweitens gibt es „nicht internalisierte“ Kosten, deren Höhe in Euro geschätzt werden kann (etwa Kosten von Umweltbelastungen, gesundheitlichen Schädigungen oder Lärm). Drittens gibt es Kosten, die nur über – zum Teil problematische – Hilfskonstruktionen grob beziffert werden können; ihnen kommt jedoch inzwischen die größte Bedeutung zu (z.B. „Kosten“ von Menschenleben und die Kosten der Klimaerwärmung).

Die autoritativste Studie zu diesem Thema kommt zu dem Ergebnis, dass allein in Westeuropa jährlich rund 650 Milliarden Euro an „externen Kosten des Verkehrs“ entstehen, wobei 84 Prozent davon auf den Straßenverkehr und 14 Prozent auf den Luftverkehr entfallen. Die beiden eng mit der erwähnten Kapitalgruppe Öl-Auto-Flugzeug verbundenen Verkehrsarten Straßen- und Luftverkehr konzentrieren damit 98 Prozent aller externen Kosten des Verkehrs auf sich. Wenn die externen Kosten der See- und der Küstenschifffahrt einbezogen werden – das in den Schiffsmotoren verbrannte Schweröl ist hochgiftiger Sondermüll –, ergibt sich ein Niveau externer Kosten, das 10 Prozent des westeuropäischen Bruttoinlandproduktes entspricht.

Die externen Kosten des Verkehrs und die zusätzlichen vielfältigen Subventionen münden in künstlich reduzierten Transportpreisen. Zusammen mit den Bauprojekten, die den natürlichen Widerstand des Raumes reduzieren, tragen diese Dumpingpreise zur Inflation aller Verkehre bei. In der Folge verläuft in Zukunft die preiswerteste Verbindung von China an die Ostküste der USA durch den Suez-Kanal und das Mittelmeer sowie über die Nordatlantikroute nach Nordamerika. Der Panama-Kanal wird erst 2015 groß genug für die neuen gewaltigen Container-Carrier sein; ein dreimal längerer Seeweg kommt den Reedereien günstiger als der Einsatz von Schiffen, die mit 20 Prozent weniger Containern beladen sind.

VII.

Der Startschuss für die Eisenbahnen waren Lokomotivrennen. Am Beginn der Durchsetzung des Automobils als Massenverkehrsmittel standen Autorennen. Eine der ersten Maßnahmen des italienischen sowie des deutschen Faschismus war jeweils die Aufhebung jeglicher Geschwindigkeitsbegrenzung im Straßenverkehr. Im April 2007 realisierte der französische Hochgeschwindigkeitszug TGV mit 575 Stundenkilometern einen neuen Weltrekord im Schienenverkehr, der völlig abgehoben von der Realität des Eisenbahnverkehrs ist.

Der Tempowahn ist mit einem Verlust an Bodenhaftung, mit einer Zerstörung von Nähe und mit einem Bewusstsein verbunden, dass technisch alles machbar sei – und dass das technisch Machbare auch das sinnvollerweise zu Machende ist. Vorherrschend sind Geschwindigkeitsfetischismus und Technikwahn.

Ernst Bloch argumentierte: „Heute sehen die Häuser wie reisefertig drein. Obwohl sie schmucklos sind oder eben deshalb, drückt sich in ihnen Abschied aus.“[5] 2007 entsteht mit dem „Airrail Center“ am Flughafen Frankfurt am Main – über einem ICE-Bahnhof – ein spektakuläres Gebäude, das, so der Architekt, in erster Linie „Geschwindigkeit abbilden soll“. Der Philosoph Peter Sloterdijk argumentierte, dass dieses „Haus als Maschine“ auch „den Angriff des 21. Jahrhunderts auf die überlieferten Formen der sedentären Dumpfheit“ zum Ausdruck bringt.[6] Immer mehr Menschen nehmen zwar die von ihnen programmierten Signale per iPod, jedoch nicht mehr die Signale der direkten Umgebung wahr. Vodafone wirbt mit dem Satz: „Zuhause ist da, wo Ihr Telefon ist.“ In der T-Mobile-Werbung sagt ein Kind: „Mein Vater ist auch unterwegs zu Hause.“ Die Konsum- und Vergnügungseinrichtungen in aller Welt, zu denen per Billigflug gejettet wird, sind längst untereinander austauschbar. „Der Aufenthalt im klimatisierten Tropenhotel mit TV und Telefon, der Flug, die Autofahrt, das alles sind nur Simulationen einer Erfahrung. Sehenswürdigkeiten werden nicht mehr wahrgenommen, sondern mittels Fotoapparat und Videokamera gleichermaßen vom Leib gehalten.“ Martin Bergelt beschreibt damit das Bild des modernen Menschen ohne Raum und Zeit: „Am Horizont zeichnet sich eine Art Chip-Typus mit Operator-Funktion ab, auswechselbar, ohne eigene Zeit, ohne eigenen Raum, eingezwängt ins Schema binärer Schalterwahl.“[7]

Doch die Raum- und Zeitlosigkeit ist nicht real. Der Tag hat weiterhin 24 Stunden. Der Raum und die Materie sind weiter existent beziehungsweise sie verändern sich – Umwelt wird zerstört, der Treibhauseffekt wird gesteigert –, auch weil die Verletzbarkeit von Raum und Materie immer mehr aus der direkten Erfahrungswelt ausgeblendet wird. Paul Virilio beschrieb die Gefahr einer Dromokratie, einer Herrschaft der Geschwindigkeit, die der Demokratie entgegengesetzt sei. „Der dromokratische Geist … wirkt wie ein permanenter Angriff auf die Welt und durch sie hindurch, wie ein Angriff auf die Natur des Menschen: die Vernichtung von Fauna und Flora und die Außerkraftsetzung der natürlichen Ökonomie sind nur schwache Vorläufer von viel brutaleren Zerstörungen.“[8] Als im Jahr 1995 der damalige Stuttgarter Oberbürgermeister Manfred Rommel erstmals für das verkehrspolitisch kontraproduktive Großprojekt „Stuttgart 21“ warb, bezog er sich positiv auf Leo Trotzki und dessen Aussage: „Hätten wir noch mehr Zeit gehabt, hätten wir gewiss noch mehr Fehler gemacht.“ Er verschwieg, dass Trotzki vergleichbare Worte gebrauchte, um die Realitäten der Kriegsführung zu beschreiben.[9] Die vorherrschende Verkehrspolitik ist Krieg gegen die Menschen sowie Krieg gegen Natur und Klima.

VIII.

Für eine alternative Verkehrsorganisation gibt es zwei Ausgangspunkte: Erstens die Erkenntnis, dass das westliche Transport- und Mobilitätsregime in erheblichem Maß zu den Zerstörungen von Umwelt und Klima beiträgt, die in jüngerer Zeit breit debattiert werden. Eine Steigerung und Verallgemeinerung dieser auf Öl, Auto und Flugzeug basierenden Transportorganisation hätte schwer wiegende Folgen für das weltweite Klima. Die Politik einer radikalen Verkehrswende muss in der hoch motorisierten Welt begonnen und gegebenenfalls zunächst im Alleingang durchgeführt werden, wenn sie überzeugen und zum Modell für den „Rest der Welt“ werden soll. Zweitens muss verstanden sein, dass das Wachstum der pro Kopf zurückgelegten Kilometer nicht mit einer gesteigerten Mobilität und dass die ständig wachsende Zahl von Transportkilometern im Güterverkehr nicht mit Wohlstandsgewinnen gleichzusetzen ist. Vielmehr droht, wie es in einem Text heißt, „die Gesellschaft an ihrem Mobilitätsaufwand und -aufkommen zu ersticken. … Das Niederreißen sämtlicher kultureller Schranken durch weltwirtschaftliche Arbeitsteilung ist von ausnehmender Zerstörungskraft“. Es gelte „ernsthaft mit einer Begrenzung der mechanischen Raum-Zeit-Verdichtung“ zu beginnen. Erforderlich sei dafür „eine Flächenbahn mit einem dichten Schienennetz … In dicht besiedelten Gebieten darf kein Bürger weiter als drei Kilometer bis zum nächsten Bahnanschluß haben.“ Das „Herzstück einer entsprechenden neuen Verkehrs- und Raumordnungspolitik“ sei „die Verkehrsvermeidung“, die nur gelingen werde, wenn „die Geschwindigkeiten gedrosselt und keine zusätzlichen Straßen gebaut werden“. Auf diese Weise allerdings könnte sich eine „soziale Ästhetik herausbilden, die gelassene Zeitmaße und mittlere Entfernungsmaße als gelungen empfindet“.

Die Studie, aus der hier zitiert wird, wurde im Jahr 1995, vor einem Dutzend Jahre, vom Wuppertal Institut verfasst. Das Vorwort zu dem Text ist unterzeichnet von Dr. Angelika Zahrnt für den Bund für Umwelt und Naturschutz Deutschland (BUND) und Prälat Norbert Herkenrath als Hauptgeschäftsführer der katholischen Organisation Misereor. Misereor und BUND waren auch die Herausgeber der Studie.[10] Im Schlusskapitel des hier vorgelegten Buchs wird dargelegt, wie ein solches Programm der Verkehrswende zu konkretisieren ist.

Vor allem gilt: Ein solches Programm ist aktueller denn je. Seit der Veröffentlichung der zitierten Studie wurde in Europa das Autobahnnetz von 47.500 auf 62.000 Kilometer verlängert, das Schienennetz von 218.000 auf 195.000 Kilometer abgebaut sowie die Zahl der Pkws von 178 Millionen auf 225 Millionen gesteigert. Und 600.000 Menschen wurden im Straßenverkehr getötet.[11]

Lewis Mumford verallgemeinert den Geschwindigkeits- und Autowahn und spricht von einem „Mythos der Maschine“, dem die Menschen in den vergangenen zwei Jahrhunderten verfallen seien. Seine Schlussfolgerung: „Um zu ihrer Rettung zu gelangen, wird die Menschheit ... eine Bekehrung vom mechanischen Weltbild zu einem organischen (vollziehen müssen), in welchem die menschliche Persönlichkeit, als die höchste bekannte Erscheinungsform des Lebens, jenen Vorrang erhält, den jetzt Maschinen und Computer haben.“ Mumford argumentiert, dass solche Wandlungen zwar „schwer vorstellbar“ seien, in der „Geschichte jedoch wiederholt vorkommen und unter dem Druck von Katastrophen wieder vorkommen können“.

Der Autor des hier vorliegenden Buchs setzt in erster Linie auf die konkrete organisierte Gegenwehr, auf Beispiele des Widerstands gegen die Privatisierung von Häfen, gegen die förmliche Entbettung von Natur, gegen Enteignungen der Bevölkerung durch die Bahnprivatisierungen sowie gegen die extremen Ausbeutungsbedingungen, die in der internationalen Seeschifffahrt vorherrschen (und wiederum eine der Voraussetzungen für die Transportinflation sind). Möglicherweise wird es eine Verbindung zwischen dem kollektiven Erwachen einer Mehrheit der Bevölkerung und Aktivitäten von Kollektiven, Bürgerinitiativen und Gewerkschaften geben müssen. In jedem Fall ist Lewis Mumford zuzustimmen, wenn er in letzter Instanz auf den Mensch, seine Einsicht und seine Aktivität setzt: „In einer Sache können wir gewiß sein: Wenn der Mensch seiner programmierten Selbstvernichtung entkommen soll, dann wird der Gott, der uns schützt, kein deus ex machina sein – er wird allein in der menschlichen Seele auferstehen.“[12]

Teil I
Erste Globalisierung im 19. Jahrhundert: Kanäle, Eisenbahnen und Welthandel

> Der Neckar ist von jeher als Schiffahrtsweg benutzt worden … aber nun, da dieser Dampfschlepper mit einer kleinen Besatzung und ein paar Scheffeln Kohle neun Kähne in einer Stunde weiter den Fluß hinaufziehen kann als dreißig Männer und dreißig Maultiere in zwei, glaubt man allgemein, daß die altmodische Treidelindustrie auf dem Sterbebett liegt.
>
> *Mark Twain, Bummel durch Europa – Den Fluss hinunter, Heidelberg 1878*

In der klassischen Wirtschaftsgeschichte werden die Eisenbahnen als das für die industrielle Revolution entscheidende Transportmittel beschrieben. Dies kann bestenfalls als halbe Wahrheit gelten. Tatsächlich waren in Staaten wie Großbritannien, den USA, Frankreich und Deutschland die Binnenschiffe auf den Flüssen und Kanälen sowie die Segel- bzw. Dampfschiffe auf den weltweiten Seewegen die ersten Verkehrsträger der industriellen Revolution.

Gemeinhin werden als erste Eisenbahnverbindung der Welt die 1825 eröffnete Linie Stockton–Darlington im englischen Industriezentrum und als erste deutsche die 1835 in Betrieb genommene Strecke Nürnberg–Fürth genannt. Auch dies kann nur als halbe Wahrheit gelten. Es handelte sich um die ersten *öffentlichen,* für den Personenverkehr zugelassenen und um die ersten *mit Dampflokomotiven* betriebenen Eisenbahnen. Mit Pferden gezogene „Eisenbahnen" gab es lange zuvor; ebenso wurden bereits Anfang des 19. Jahrhunderts Dampflokomotiven eingesetzt, wenn auch ausschließlich für gewerbliche Zwecke.

Die Ursprünge der Eisenbahn liegen, ähnlich wie dies bereits beim Kanalbau und in der Seeschifffahrt der Fall war, nicht im „unproduktiven" Personenverkehr. Vielmehr waren es der Gütertransport und die Erfordernisse der sich entwickelnden kapitalistischen *Industrie,* die das erste halbe Jahrhundert dieser Transportorganisationen bestimmten.

Viele Beschreibungen dieser historischen Transportorganisationen sind nostalgisch verbrämt und stehen in Widerspruch zu ihrer tatsächlichen historischen Rolle. Die heute oft touristisch genutzten Kanäle werden als „natürlich in die Landschaft eingebettet" beschrieben. Die Eisenbahnen des 19. Jahrhunderts wurden gelegentlich als Transporteure der Gleichheit und Brüderlichkeit oder als Hort kleinbürgerlicher Bahnwärteridylle gesehen. Meist wird behauptet, bei den Eisenbahnen habe es sich von vornherein um eine „Staatstechnologie" gehandelt – womit sich die aktuellen Forderungen nach Privatisierung der Eisenbahnen als modern, da nie da gewesen, präsentieren lassen.

Tatsächlich handelte es sich beim Kanalbau und beim Bau der Eisenbahnnetze um erste massive Eingriffe in die Natur. Vor allem waren diese gewaltigen Bauwerke mit einer Form von Lohnarbeit verbunden, die an Fron und Sklavenarbeit erinnert. Die Eisenbahnen haben von ihrer ersten Stunde an die Klassengesellschaft gewissermaßen auf die Schienen gehoben und keineswegs als Transportmittel eines „allgemeinen Verkehrs" Reich und Arm beglückt. Sie wurden nicht staatlich, sondern über ein Dreivierteljahrhundert hinweg als privatkapitalistische Unternehmen betrieben – mit extrem negativen Folgen für die jeweiligen Volkswirtschaften. Schließlich waren die Eisenbahnen bald nach ihrer ersten Inbetriebnahme fester Bestandteil der Militärpolitik und ab der zweiten Hälfte des 19. Jahrhunderts bestimmendes Instrument bei der Planung und Durchführung von Kriegen.

Entscheidend beim Bau der Kanäle und der Eisenbahnen sowie bei der Entwicklung der Seeschifffahrt war die Herstellung von großen Wirtschaftsräumen, was auch das Aufbrechen oder die Zerstörung regionaler Strukturen bedeutete. Mit diesen Transportmitteln waren folgende Elemente verbunden: Aufhebung räumlicher Trennungen, Beschleunigung der Transportzeiten und radikale Reduktion der Transportpreise. Damit wurde der Globus für die kapitalistische Wirtschaftsweise erobert.

Der Aufschwung des Welthandels und die erste Form kapitalistischer Globalisierung setzten Ende des 18. Jahrhunderts ein. Ihre ersten Träger waren Segelschiffe und von Pferden gezogene Boote sowie ab 1809 Dampfschiffe bzw. dampfbetriebene Boote. Die Eisenbahnen beschleunigten den Aufschwung des Welthandels, parallel kam es teilweise zu einer Renaissance der Binnenschifffahrt und weltweit zu einer erneuten Steigerung der Seeschifffahrt. Oder in den Worten des „Kommunistischen Manifestes" aus dem Jahr 1848: „Die uralten nationalen Industrien sind vernichtet worden und sie werden noch täglich vernichtet. Sie werden verdrängt durch neue Industrien, die nicht mehr einheimische Rohstoffe, sondern den entlegensten Zonen angehörige Rohstoffe verarbeiten und deren Fabrikate nicht nur im Land selbst, sondern in allen Weltteilen zugleich verbraucht werden. An die Stelle der alten, durch Landeserzeugnisse befriedigten Bedürfnisse treten neue, welche die Produkte der entferntesten Länder und Klimate zu ihrer Befriedigung erheischen. An die Stelle der alten lokalen und nationalen Selbstgenügsamkeit und Abgeschlossenheit tritt ein allseitiger Verkehr, eine allseitige Abhängigkeit der Nationen voneinander."[1]

Kapitel 1
Canal-Mania

Die Eisenbahn zwischen Abergavanney und Merthyr, die 1870 den Kanal als eine kommerzielle Unternehmung getötet hatte, erlebte ihre letzte Bahnfahrt im vergangenen Jahr (1962). Während die Schienen dieser Strecke vor sich hinrosten, hat der Kanal die Eisenbahn überlebt und wird zu neuem Leben erweckt – für touristische Zwecke.

N. T. Fryer, „A Canal with Future“,
in: Country Living, May 1963

Beim Kanalbau für die Binnenschifffahrt handelt es sich um die größten Investitionen, die bis dahin in der menschlichen Geschichte getätigt wurden. Es waren – genau wie ein halbes Jahrhundert später bei den Eisenbahnen – säkulare Investitionen mit einer Nutzungsdauer von 100 und mehr Jahren. Sie veränderten die Landschaft für immer. Die Führung der Kanäle erfolgte weitgehend unabhängig von den natürlichen Gegebenheiten, ermöglicht durch Schleusen, Wassertunnels und große Aquädukte. Die Kanäle brachten, zusammen mit dem weltweiten Seehandel, eine erste Revolutionierung des Verkehrssektors und eine erste radikale Reduktion der Transportkosten. Der Kanalbau und die Binnenschifffahrt prägten ein Jahrhundert Wirtschaftsgeschichte – von der Mitte des 18. bis zur Mitte des 19. Jahrhunderts. In Großbritannien entsprach dies weitgehend dem Zeitalter der industriellen Revolution. Hier traten die Eisenbahnen 75 Jahre nach Beginn der industriellen Revolution auf den Plan und waren erst 100 Jahre nach den Anfängen der industriellen Revolution stark genug, um die Kanäle und die Binnenschifffahrt in ihrer Bedeutung überflügeln zu können. Nicht die Eisenbahnen, sondern diese Wasserstraßen bildeten in England, Wales und Schottland die Adern der industriellen Revolution. Nicht mit den Eisenbahnen gab es das erste groß angelegte „Spekulationsgelüst“ und die ersten Aktiengesellschaften, sondern bereits im Kanalbau.[1] Mit diesem blühte in England und einer Reihe anderer Länder das Bankgeschäft auf und in diesem Rahmen trieb die Spekulation ihre ersten fantastischen Blüten. Eine Canal-Mania brach aus. Auch nach dem Aufkommen der Eisenbahnen blieb die Binnenschifffahrt in England weitere 100 Jahre, bis Anfang des 20. Jahrhunderts, gegenüber dem Schienenverkehr auf wichtigen Verbindungen konkurrenzfähig. Der wichtigste und profitträchtigste Kanal in England war der Leeds and Liverpool Canal: 116 Meilen lang, exakt 877.616 Pfund Sterling teuer, im Wesentlichen zwischen 1770 und 1790 erbaut. Es handelte sich um eine Bonanza: Bei der Beantragung der Konzession gingen die Konzessionäre und die Regierung von einer erwarteten jährlichen Leistung von 300.000 Tonnenmeilen aus. Bei Fertigstellung wurde bereits die achtfache Tonnage (2,5 Millionen Tonnenmeilen) erbracht. Die Company, die diesen Kanal betrieb, eine Aktiengesellschaft, erbrachte folgenden Rekord: „... from 1786-1919 it never failed to make profit." Im beschriebenen Zeitraum von über 130 Jahren warf sie Jahr für Jahr Dividenden ab, und zwar meist 15-20%.[2]

Der große bürgerliche Ökonom Joseph Schumpeter sah daher im Kanalbau und in der Binnenschifffahrt eine grundlegende Technologie, die in der damaligen Weltwirtschaft zu einer lang anhaltenden guten Konjunktur – zu einer „Kondratieffprosperität" – beigetragen habe.[3]

Auf dem Höhepunkt der Canal-Mania, Mitte des 19. Jahrhunderts, ging in England der Satz um: Es gibt keine Stadt von Bedeutung, die mehr als 12 Meilen vom nächsten Schifffahrtsweg entfernt liegt. Eine „Allgemeine Geschichte der Technik" fasst die sprunghafte Entwicklung des britischen Kanalbaus wie folgt zusammen: „Bis zum Bau der ersten Kanäle betrug die Länge der schiffbaren Wasserwege in Großbritannien etwa 1.500 Kilometer. 100 Jahre später, im Jahr 1850, gab es – noch ohne Irland – 7.000 Kilometer Binnenwasserstraßen."[4] Dies entsprach der Länge, die das westdeutsche Autobahnnetz 140 Jahre später, 1990, erreicht hatte. Es gab zwei Durchquerungen der Insel: eine erste, 1766 begonnene Wasserstraße, den Grand Trunk Canal, der, indem er die Flüsse Trent und Mersey miteinander verband, eine Wasserstraße durch ganz Mittelengland von der Irischen See bis zur Nordsee eröffnete; und eine zweite mitten durch Schottland, die heute noch in den Sommerloch-Geschichten über „Nessie" Erwähnung findet: den Caledonian Canal, der Loch Ness passiert.

Beim britischen Kanalnetz handelt es sich um keinen Sonderfall. Vergleichbares läßt sich für Frankreich sagen. Hier wurde mit dem Briare bereits 1642 der erste Kanal, eine Verbindung zwischen Seine und Loire, vollendet. Der bei weitem wichtigste Kanal in Frankreich, der Canal du Midi, der das Mittelmeer mit dem Atlantischen Ozean verbindet, wurde 1681 fertiggestellt. Er ist 244 Kilometer lang. Das gesamte französische Kanalnetz hatte Mitte des 19. Jahrhunderts eine Länge von gut 5.000 Kilometern.[5]

In Norditalien entstand noch früher ein umfassendes Kanalnetz. Nicht nur der Transport in Venedig – und von dort mehr als 100 Kilometer ins Inland hinein – beruhte seit dem 14. Jahrhundert auf dem Wasserverkehr. Auch die norditalienische Metropole Mailand war von Kanälen durchzogen und mit einem Wasserstraßennetz verbunden, das bis zum Mittelmeer führte. Leonardo da Vinci war Chefingenieur in Mailand, zuständig für den Kanalbau. Er perfektionierte die Konstruktion der Kammerschleusen bereits 1497.

In den Vereinigten Staaten von Amerika erlebte die Binnenschifffahrt im 18. Jahrhundert eine erste Blüte, zunächst vor allem auf den großen befahrbaren

Flussläufen, so auf dem Mississippi, dem Missouri, dem Ohio und dem Hudson. Der 1817-1825 erbaute Erie-Kanal trug wesentlich dazu bei, dass New York zur größten Stadt der USA aufstieg und Philadelphia überflügelte. 1808 entwickelte Finanzminister Albert Gallatin im Auftrag des US-Senats den Plan für ein gesamtstaatlich finanziertes System von Straßen und Kanälen. Da die Seeherrschaft im Nordatlantik von britischen Schiffen ausgeübt wurde und die Spannungen zwischen der Weltmacht Nummer 1, dem britischen Empire, und der aufstrebenden jungen Wirtschaftsmacht, den USA, groß waren, wurde ein küstennahes System von Kanälen, das die Städte an der Ostküste der USA per Binnenschiff miteinander verband, in Angriff genommen. Das gesamte Küstenkanalnetz wurde vor allem in Kriegen – so während des britisch-amerikanischen Krieges 1812-1814 und im Zweiten Weltkrieg – vorangetrieben. Die lange Binnenwasserstraße entlang der gesamten Ostküste konnte in Form des Intracoastal Waterway in den 1960er Jahren vollendet werden. 1850 hatte das US-amerikanische Kanalnetz eine Länge von 8.000 Kilometern; 1880 waren es noch gut 4.000 Kilometer. Kanäle mit einer Länge von knapp 4.000 Kilometern waren in Folge der Konkurrenz mit den neuen Eisenbahnen aufgegeben worden.[6] Der Großteil des Wasserstraßennetzes besteht allerdings aus schiffbaren Flüssen. Anfang des 21. Jahrhunderts hatten die gesamten Wasserstraßen in den USA noch eine Länge von 46.000 Kilometern.

Da in Deutschland die industrielle Revolution weit später stattfand als in Großbritannien und in den USA, fiel sie tatsächlich weitgehend mit dem Eisenbahnzeitalter zusammen. Doch es gab auch auf deutschem Boden ein Kanalzeitalter, das den Eisenbahnen voranging. So existierte im Jahr 1678 ein brandenburgisch-preußisches Kanalnetz mit einer Länge von 530 Kilometern; ein Jahrhundert später war es mit 1.272 Kilometern mehr als doppelt so groß. Auch hier gab es eine regelrechte Kanalbau-Ära. Natürliche Vorteile begünstigten in dieser Region das Entstehen eines Netzes von Wasserstraßen, lagen doch auf diesem Territorium drei bedeutende Stromgebiete – die der Elbe, der Oder und der Weichsel – mit ihren Ausläufern so nahe beieinander, dass es relativ geringer Maßnahmen bedurfte, sie miteinander zu verbinden.[7]

Grundsätzlich verzögerte in Deutschland die Kleinstaaterei einen früheren Beginn der industriellen Revolution und schränkte die Herausbildung eines umfassenden Binnenwasserstraßennetzes ein. Als jedoch am 15. Februar 1803 der Reichstag zu Regensburg die sofortige Aufhebung der Rheinzölle in der bisherigen Form veranlasste, führte dies umgehend zu hohen Wachstumsraten auf dem größten deutschen Strom.

Als die ersten Eisenbahnen auf deutschem Boden betrieben wurden, konnten sie in vielen Fällen zunächst nicht mit den Wasserstraßen konkurrieren: „Die ersten Bahnen in der Nähe schiffbarer Flüsse wurden überwiegend als Zufahrtswege für die Wasserstraßen eingerichtet, z.B. im Rheingebiet die Linien von Mannheim nach

Heidelberg (1840), von Düsseldorf nach Elberfeld (1841), von Köln nach Aachen (1841) und von Deutz nach Minden (1845). Strecken dem Strom entlang zu bauen galt bei der Billigkeit der Schiffstransporte als aussichtslose Spekulation."[8] Im Jahr 1881 hatte die Gesamtlänge der deutschen Binnenwasserstraßen – Kanäle und schiffbare Flüsse – 12.441 Kilometer erreicht[9] und übertraf damit in volkswirtschaftlicher Bedeutung das britische Wasserstraßennetz.

In Österreich bzw. in der Habsburgermonarchie spielte bei der Binnenschifffahrt die Donau die entscheidende Rolle. Die gesamte Länge der Wasserstraßen hatte 1880 eine Ausdehnung von 3.900 Kilometern erreicht, wovon bereits ein Drittel mit Dampfschiffen befahren wurde.[10]

Angewandte Technik und Auswirkungen auf Raum und Natur

Das Kanalzeitalter wird in der Wirtschaftsgeschichte oft auch deshalb vergessen, weil es, anders als die Eisenbahnen, in seinen ersten Jahrzehnten von traditionellen Techniken geprägt war, die es seit dem Mittelalter gab. Bis Anfang des 19. Jahrhunderts wurden die Schiffe mit Wind und Pferden bewegt und die Pferde wiederum von Menschen geführt: Bis Mitte des 19. Jahrhunderts zogen Pferde, die neben den Kanälen gingen, die Transportkähne. Trotz dieser Jahrhunderte alten Technik gab es mit dem Kanalbau und dem Ausbau der Flüsse eine enorme Steigerung in der Produktivkraft der Transportorganisation: Die Nutzlast, die zu dieser Zeit von einem Pferd auf der Straße transportiert werden konnte, betrug zwischen 600 und 700 Kilogramm. Mit einem Kahn, von lediglich einem Pferd gezogen, ließen sich achtmal größere Lasten – bis zu 50 Tonnen – befördern.[11]

Mitten im Kanalzeitalter kam es mit der Entwicklung der Dampfmaschine zur bahnbrechenden technischen Revolution. Die Dampfmaschine wurde im Transportsektor in größerem Umfang und zu gewerblichen Zwecken zuerst auf Wasserwegen (und nicht bei den Eisenbahnen) eingesetzt. Bereits Ende des 18. Jahrhunderts wurden in Frankreich erste Prototypen von Dampfschiffen entwickelt. Sie kamen dann in den USA und hier in der Binnenschifffahrt in größerem Umfang zur Anwendung. 1807 wurde in den USA das von dem Franzosen Robert Fulton konstruierte Dampfschiff „Claremont“ in Betrieb genommen. Mitte des 19. Jahrhunderts verkehrten allein auf dem Mississippi und seinen Nebenflüssen bereits 1.000 Dampfschiffe. Das Schienennetz in den USA hatte zu diesem Zeitpunkt erst eine Länge von 14.500 Kilometern erreicht.[12]

Der Bau von Kanälen brachte, ähnlich wie später der Eisenbahnbau, eine gewaltige Veränderung der Landschaft sowie der Art und Weise ihrer Besiedelung mit sich. Fabriken, die früher auf und an den Bergen standen (um Wind- und Wasserenergie auszunutzen), wurden mit dem Aufkommen der Binnenschifffahrt an die Wasserstraßen verlegt; Transportweg waren nun die Wasserstraßen, die wiederum ideal waren, um die entscheidenden Ressourcen Kohle und Erze zu befördern und die Fertigungsstätten mit Dampfenergie zu betreiben. Die Arbeitersiedlungen entstanden um die Fabriken herum, woraus wiederum die großen Städte der industriellen Revolution hervorgingen: Manchester, Liverpool, Birmingham, Leeds. „Jetzt zogen es die Reichen vor, auf die Hügel zu ziehen, oberhalb der Arbeiterklasse-Gegenden mit ihrem Dauer-Smog“, so eine Beschreibung des Kanalzeitalters von Ron Freethy und Catherine Woods.[13] Friedrich Engels hat dies am Beispiel der Stadt Manchester beschrieben, wo „die östliche und nordöstliche Seite (der Stadt) die einzige ist, an welche die Bourgeoisie nicht angebaut hat – aus dem Grunde, weil der hier zehn oder elf Monate im Jahr herrschende West- und Südwestwind den Rauch aller Fabriken – und der ist nicht gering – stets nach dieser Seite hinübertreibt. Den können die Arbeiter allein einatmen“.[14]

Kanalbauarbeiten, Kanalbauarbeiter und „boat people“

Die Geschichte der Kanäle ist zugleich die Geschichte der in diesem Bereich arbeitenden Menschen. Die Angaben hierüber sind dünn gesät; hervorgehoben werden in der gängigen Literatur vor allem die Leistungen der „großen Männer“, die die Kanäle konstruierten: zum Beispiel James Brindley, „Erbauer“ des Duke of Bridgewater Canal, oder Thomas Telford, Konstrukteur des Shropshire Union Canal. Ohne Zweifel erbrachten die Ingenieure im Kanalbau großartige Leistungen. Tausende Schleusen der unterschiedlichsten Art – einschließlich solcher, die die Gezeiten zu berücksichtigen hatten – wurden konstruiert und erbaut. Unterschiedliche mobile Straßenbrücken, die über die Kanäle hinwegführten, wurden errichtet sowie Kanal-Tunnels, Aquädukte, Wasseraufzüge und Schiffshebewerke, Bootswiegemaschinen und Kanäle, die sich – über Wasserbrücken – kreuzten. Im Winter mussten Eisbrecherboote die Wasserwege freihalten. Kanäle führten in die Bergwerke hinein, wo Schiffe mit Kohle und Erzen beladen wurden; in Kanalhäfen gab es Umladestationen vom Bootstransport auf Eisenbahnverkehr, also eine Art frühen „kombinierten Verkehr“. Der von James Brindley konstruierte Worsley-Kanal führte vom Niveau eines unterirdischen Schachtes durch das Tal des Flusses Irwell nach Manchester. Über das Tal und den Fluß wurde der Kanal auf einem Aquädukt in einer Höhe von mehr als 10 Metern geleitet. Zeitgenossen nannten den Kanal das achte Weltwunder.[15]

Doch jenseits der berechtigten Würdigung dieser Ingenieurkunst drängen sich Bert Brechts „Fragen eines lesenden Arbeiters“ auf: „Wer baute das siebentorige Theben? In den Büchern stehen die Namen von Königen. Haben die Könige die Felsbrocken herbeigeschleppt?“[16]

„Die Arbeiter beim Kanalbau … besaßen kein Streikrecht und durften sich nicht in Gewerkschaften zusammenschließen.“ So heißt es nüchtern in der „Kulturgeschichte der Menschheit“ von Will und Ariel Durand.[17] Der Kanalbau erfolgte zumindest auf der britischen Insel nach einer Sondergesetzgebung. Die Arbeit war weitgehend militarisiert. Das „Menschenmaterial“ wurde in großem Umfang von der irischen Kolonie und teilweise auch aus Schottland geliefert: Jugendliche und junge Männer, die die extreme Armut in der Heimat zur Arbeitssuche in England zwang und die bei dieser Arbeit zu Tausenden zugrunde gingen. Um das Jahr 1800 waren allein in England rund 50.000 Arbeiter dauerhaft beim Kanalbau beschäftigt. Eine der wenigen Studien zu diesem Aspekt wurde von Josef Kiepe verfasst. Er beschreibt „das Tagewerk dieser Männer“ als „harte Knochenarbeit“: „Das Ausheben des Kanalbettes war fast ausschließlich Muskelarbeit. Die mechanische Kanalbaumaschine von John Carne kam erst ab 1793 zum Einsatz, auch nur bei wenigen Streckenabschnitten … Riesige Mengen ausgehobener Erde … mußten per Schubkarre (‘barrow’), die von oben meist durch Pferdekraft mitgezogen wurden, von der Kanalsohle zur jeweiligen oben liegenden Verladestelle gebracht werden. … Der ‘barrow run’ ist ins Liedgut eingegangen. Nach dem Ausheben kam das ‘puddling’, das Abdichten des Kanalbettes mit Lehmschichten durch Stampfen. Die härtesten Streckenabschnitte – und die gefährlichsten – waren die Tunnelbauten, die mit heute kaum vorstellbarer primitiver Technik durchgeführt wurden. Allein für die … knapp 2,7 Kilometer des ersten Harecastle-Tunnels waren elf Jahre härtester Arbeit nötig“, was viele Kanalbauarbeiter das Leben gekostet habe.[18]

Während die Literatur zum Thema Beschäftigungsverhältnisse im Kanalbau äußerst spärlich ist, gibt es genauere Beschreibungen der „wooden boats and iron men“, der hölzernen Boote und stählernen Männer auf den Booten. Die zunächst übliche Besetzung der Boote waren ein „boatman“ und sein „mate“ (Gehilfe). Das änderte sich, als der Binnenschifffahrt die Konkurrenz der Eisenbahnen erwuchs: Zwei Mann je „narrow boat“ waren zu teuer; Familiensinn war gefragt. Nunmehr bestand die Schiffsbesatzung aus dem Mann und seiner Frau nebst deren (bis zu fünf und mehr) Kindern. Eine kleine Kabine am einen Ende des Bootes für die Eheleute (zwei auf drei Meter) und gelegentlich eine zweite, noch kleinere, am anderen Ende für die Kinder standen als „Zuhause“ zur Verfügung – im Sommer wie im Winter. Ein Jahrhundert lang lebten unter diesen Bedingen allein in England einige Zehntausend „boatpeople“. 1930 vermeldete der Chronist als historischen Fortschritt, die Grand Union Canal Company habe eine erste schwimmende Schule für die Kinder der Bootsleute eingerichtet. Ihr Standort auf der Themse war die Bulls Bridge in Southall bei London.

Die Arbeit der Bootsleute im 18. und 19. Jahrhundert war hart. Pferde waren vielfach wertvoller als Arbeitskräfte. Noch 1903, so zitiert eine andere Studie eine zeitgenössische amtliche Schrift, wurden der „Bootscaptain, sein Bruder und deren

Gehilfe von Boot Nr. 186 zu einem Monat harter Arbeit verurteilt, weil sie das Pferd Nr. 111 der Company schlecht behandelten und überbelasteten".[19] Spezifische Jobs der Binnenschifffahrt wie das „legging" sind charakteristisch für die unmenschlichen Beschäftigungsformen jener Zeit: In den Tunnels konnten die Boote nicht mehr mit Pferdekraft gezogen werden; die Pferde wurden während der Tunnelpassage um oder über den Berg geführt. Im Tunnel selbst wurden die schweren Boote durch Arbeiter, die ausschließlich diese kurzstreckenbezogene Tunneltransportarbeit verrichteten, wie folgt vorwärts bewegt: Zwei Arbeiter legten sich am Bug auf das Bootsdeck, mit den Schultern in der Bootsmitte gegeneinander, wobei sie den Kahn mit den Beinen an den beiden Tunnelaußenwänden vorwärts stemmten.

Noch im Zweiten Weltkrieg waren die „boatmen" die strategische Personalreserve, auf die die britische Royal Navy zurückgriff. In den Kriegsjahren durften die Frauen die Boote in eigener Regie betreiben. Die Kanäle nahmen weiterhin eine bedeutende – und teilweise erneut wachsende – Rolle im Gütertransport Großbritanniens ein. Die deutsche Luftwaffe flog gezielte Angriffe gegen die Kanäle. Auf britischer Seite wurden analog des Systems der Schotten im Schiffsinneren die Kanäle in Segmente eingeteilt, die des Nachts mit schweren Holzdielen gegeneinander abgeschottet wurden. Im Fall von Bombentreffern konnte nur das Wasser aus dem betroffenen Sektor ablaufen; das Kanalsystem war nach Reparaturarbeiten schnell wieder funktionsfähig.

Konkurrenz zwischen Binnenschifffahrt und Schiene

Mitte des 18. Jahrhunderts entwickelte sich mit der Verbreitung der Eisenbahnen eine harte und volkswirtschaftlich oft absurde Konkurrenz zwischen den beiden Verkehrsträgern Wasser und Schiene. In Großbritannien bauten die Railway Companies ihre Strecken bevorzugt parallel zu den Kanälen. Das bedeutete Doppelinvestitionen im Transportsektor und eine groß angelegte Entwertung von früher verausgabter Arbeit. Preiskriege dominierten das Business – und führten zu massiven Lohnsenkungen sowie zu einer ständigen Arbeitsintensivierung für die in der Binnenschifffahrt und bei den Eisenbahnen Beschäftigten.

Dabei wurde das vordergründig einleuchtende Argument, die Eisenbahn garantiere einen schnelleren Transport, in der Praxis gelegentlich relativiert. Indem die großen industriellen Ballungszentren und die Fabriken, Kohlegruben usw. direkt an die Kanäle grenzten und oft dort erst errichtet worden waren bzw. die Kanäle dorthin geleitet wurden, indem die Wasserstraßen vielfach sogar in die Kohle- und Erzgruben hineinführten, war oft ein Haus-zu-Haus-Transport garantiert. Auf der anderen Seite konnten die Eisenbahnen vielfach nur einen gebrochenen Verkehr – mit Umladen von Schiene auf Schiffe oder Schiene auf Chausseen – realisieren.

Darüber hinaus konterten die Kanalgesellschaften die höheren Geschwindigkeiten der Eisenbahnen, indem sie „flying boats“ einsetzten: Boote, die Tag und Nacht ohne Unterbrechung fuhren und denen an Schleusen und Schwingbrücken der Vorrang vor anderen Booten zustand.

Mitte des 19. Jahrhunderts stiegen die Eisenbahngesellschaften und ihre Eigner in England und weltweit zur mächtigsten Kapitalfraktion auf. Sie betätigten sich als Lobby gegen die Kanalgesellschaften: Die Gesetze, die bisher den Kanalbau begünstigt hatten, wurden zugunsten des Eisenbahnbaus verändert. In England und Nordamerika wurden viele Kanalgesellschaften von den Railway Companies aufgekauft. Der bereits zitierte erfolgreichste britische Kanal, der Leeds and Liverpool Canal, wurde zwischen 1851 und 1874 von einer konkurrierenden Eisenbahngesellschaft, die auf derselben Verbindung eine Strecke betrieb, in Pacht übernommen; sie tat dann ihr Bestes, die Konkurrenz zu Wasser auf null zu bringen (was ihr am Ende nicht gelang).

In den USA konnten die Eisenbahnindustriellen durch Bestechung im Kongress Gesetze durchbringen, die die Kanäle als Konkurrenten der Eisenbahnen zerstörten. Beispiele dafür sind der bereits erwähnte Erie-Kanal, der auf diese Weise von dem Eisenbahnindustriellen Vanderbilt zerstört wurde, sowie der Chesapeake- und Ohio-Kanal, der von Garret und Hopkins durch Bestechung von Abgeordneten des Staates Maryland ausgeschaltet wurde. In beiden Fällen handelte es sich um Kanäle, bei denen die Baufinanzierung überwiegend durch Steuermittel erfolgt war.[20] In der Verkehrsgeschichte wird uns noch des Öfteren die fatale Kombination dreier Faktoren begegnen, zu der es bereits im Kanalzeitalter kam:

1. staatliche Finanzierung eines grundlegenden neuen Verkehrswegs,
2. private Aneignung der Gewinne aus dem entsprechenden Transportgeschäft,
3. Zerstörung des entsprechenden Transportwegs durch die privaten Betreiber des „modernen“ – neu aufsteigenden – Verkehrsträgers, wobei diese selbst wiederum beim Start von den Steuerzahlenden umfassend finanziert wurden. So sollten ein Dreivierteljahrhundert später General Motors und Ford dasselbe Prinzip anwenden, indem sie Eisenbahn- und Nahverkehrsgesellschaften in Nordamerika aufkauften, um damit den Siegeszug des Autos und den Niedergang der Eisenbahnen zu erzwingen.

Erste Transportrevolution durch Zwang und Staat

Das Kanalzeitalter mit der Binnenschifffahrt hat einen gewaltigen Beitrag zur Revolutionierung des Transportsektors geleistet. Bis dahin hatten sich nach Karl Marx die Transportmittel als „unerträgliche Hemmschuhe für die große Industrie mit ihrer fieberhaften Geschwindigkeit der Produktion …, ihrem beständigen

Werfen von Kapital- und Arbeitermassen aus einer Produktionssphäre in die andere und ihren neugeschaffenen weltmarktlichen Zusammenhängen“ erwiesen.[21] In Großbritannien waren vor dem Kanalzeitalter die Wege so schlecht, dass es fast unmöglich war, sie mit beladenen Wagen zu befahren. In Österreich lagen Ende des 18. Jahrhunderts die Transportkosten vieler Waren so hoch wie die Herstellungspreise der Waren selbst. Das heißt, viele Waren kosteten, bis sie bei den Konsumenten oder bei den Unternehmen ankamen, das Doppelte dessen, was ihre Produktion erfordert hatte.[22]

Voraussetzung für die enorme Steigerung der Transporte und für die Preisrevolution war zunächst eine Standardisierung, wie sie für die spätere moderne Industrie charakteristisch wurde. Bereits früh kam es im Mutterland der industriellen Revolution zu einer Normierung der Transportgefäße und der Transportwege. James Brindley hatte dies bei der Projektierung des 1777 fertiggestellten Trent and Mersey Canal, des ersten „narrow canal“, durchgesetzt. Waren bisher die Kanäle für verschiedene bereits existente Bootsgrößen ausgelegt worden, wurden nun maximale Abmessungen als Standard-Bootstyp vorgegeben, was gleichzeitig entscheidend für die Größe der zu bauenden Schleusenkammern war. Die Maximalmaße für die ab diesem Zeitpunkt verwendeten „narrow boats“ waren 72 Fuß (ca. 22 Meter) Länge, aber nur 7 Fuß (etwa 2,2 Meter) Breite, womit sie eine Ladung von 20 bis 25 Tonnen, bewegt von einem einzelnen Treidelpferd, transportieren konnten.[23] In Preußen kam es ein halbes Jahrhundert später ebenfalls zu einer Normierung für alle Schleusen zwischen Elbe und Oder. Hier waren die Maximalmaße großzügiger bemessen, was sich für die spätere Entwicklung des Transports auf den deutschen Binnenwasserstraßen als vorteilhaft erweisen sollte.[24] Bereits diese Standardisierungen wie auch die Festlegung der Eisenbahnspurweite durch Stephenson oder die 200 Jahre später erfolgende Standardisierung der Wechselbehälter mit der Einführung des Standardcontainers TEU (Twenty Foot Equivalent Unit) folgten der gleichen Logik: Standardisierungen bringen eine Produktivitätssteigerung mit sich.

Das volkswirtschaftlich entscheidende Ergebnis der mit dem Kanalzeitalter verbundenen Transportrevolution war eine radikale Senkung der Transportpreise und, als Folge davon, ein immenser Anstieg des stofflichen Austausches bzw. des Handels. Die Transportkosten sanken auf ein Drittel bis ein Sechstel des bisherigen Niveaus beim Transport mit Pferdekarren auf Wegen und Chausseen. Der Preis der Waren reduzierte sich dabei deutlich. In einem Bericht heißt es beispielsweise: „Als der Kanal Manchester 1761 erreicht hatte, reduzierte sich der Preis für Kohle in der Stadt auf die Hälfte.“[25] Der stoffliche Warenaustausch steigerte sich in der Folge enorm; er dürfte sich vom Beginn des Kanalzeitalters bis zu seinem Höhepunkt, der zugleich den Beginn des Eisenbahnzeitalters bedeutete, mehr als verdreifacht haben.[26]

Zur Durchsetzung dieser ersten Revolutionierung des Transportsektors kamen zwei außerordentliche Mittel zur Anwendung: erstens eine extreme Form der Ausbeutung menschlicher Arbeit und zweitens eine enorme – auf Dauer angelegte und bis zum heutigen Tag andauernde – Subventionierung der Transportpreise.

Die außerordentliche Ausbeutung der Arbeitskräfte bei der Errichtung und dem Betreiben des Kanalsystems wurde bereits beschrieben. Dabei geht es nicht um die normalen Formen brutaler Ausbeutungsverhältnisse, wie sie im frühen Kapitalismus üblich waren. Es handelte sich so gut wie überall um eine überdurchschnittlich hohe Ausbeutungsrate – oder um Lohnkosten, die deutlich unter dem Durchschnitt des damaligen bereits niedrigen Werts der Ware Arbeitskraft lagen. Die Militarisierung der Arbeit und die Schaffung eines speziellen wandernden Arbeitsheeres waren demnach Voraussetzungen für diese besonders günstigen Ausbeutungsbedingungen. Die gewaltigen Leistungen im Kanalbau wurden auch deshalb möglich, weil sie finanziell erschwinglich waren – was wiederum zu den massiv sinkenden Transportpreisen beitrug.

Der Bau der Kanäle und die Schiffbarmachung der Flüsse wurden in Frankreich und Deutschland größtenteils staatlich finanziert und in England stark staatlich kofinanziert. In Nordamerika gab es außer einer staatlichen Kofinanzierung vor allem die gewaltigen Landschenkungen, mit denen die Kanalbaugesellschaften bedacht wurden. Die Formen der staatlichen Unterstützung waren vielfältig (für den Kanalbau vorteilhafte Gesetzgebungen für Enteignungen, direkte Finanzierung des Kanalbaus, Kredithilfen, Vergabe von Konzessionen, also Garantie auf Ausschluss von Konkurrenz). In Frankreich ergab 1872 eine parlamentarische Enquete, dass das in den französischen Kanälen mit ihren mehr als 5.000 Kilometern Länge „niedergelegte Anlagekapital von 818.467.912 Franc oder 654.774.329 Mark durch die Kanalabgaben nur zu kaum einem halben Prozent verzinst wird".[27] Diese faktische Nullverzinsung dürfte auf alle Kanalbauten zutreffen, auch auf diejenigen jüngeren Datums. Joseph A. Schumpeter weist darauf hin, dass in Preußen diese staatliche Finanzierung nicht nur für die Binnenwasserwege, sondern in vergleichbarer Form für das zur selben Zeit aufgebaute Netz von Straßen zutreffe; bei den Wasserstraßen und Chausseen würden „alle Arbeiten durch die öffentliche Hand, aus öffentlichen Mitteln und auf nicht-erwerbswirtschaftlicher Basis durchgeführt".[28]

Das aber heißt im Umkehrschluss, dass die berichteten Renditen privater Kanalbetreiber darauf zurückzuführen sind, dass der Verkehrsweg faktisch durch den Staat gratis zur Verfügung gestellt wurde. Indem Anfang des 19. Jahrhunderts mit den Straßen und Chausseen sowie mit den Kanälen und schiffbaren Flüssen auf den Binnenmärkten bereits zwei – teilweise parallele – Verkehrssysteme existierten und indem diese in erheblichem Maß staatlich finanziert wurden, wurden die Transportkosten künstlich niedrig gehalten. Gleichzeitig wurde ein permanenter Preisdruck geschaffen, sodass zukünftige Transportsysteme zumindest ebenso preiswert angeboten werden mussten, wie dies bei den Transporten auf Kanälen und Chausseen der Fall war – es sei denn, dieses neue Transportsystem bot Vorteile, die die bisherigen nicht aufweisen konnten. Bei den Eisenbahnen sollte dieser Vorteil Geschwindigkeit oder schnellerer Umschlag des Kapitals heißen.

Der Einfluss des Kanalzeitalters auf den Transportsektor in seiner gegenwärtigen Form und auf das heutige kulturelle Leben wird erheblich unterschätzt. Tatsächlich trugen Kanäle und die Schiffbarmachung von Flüssen in vergleichbarer Weise zur Formung von Landschaften bei, die heute als „natürlich“ angesehen werden, wie dies später im Fall des Eisenbahnbaus ebenso der Fall sein sollte. Die Tatsache, dass die Flussschifffahrt in Nordamerika ein halbes Jahrhundert lang gesellschaftlich prägend war, führte dazu, dass die Eisenbahnwaggons in Nordamerika von vornherein den Dampfschiffen nachgebaut waren und es keine Abteilwagen gab. Im maßgeblichen US-amerikanischen Lexikon heißt es ausdrücklich: „to ship = to send or transport by ship, rail, truck, plane etc.“ Die erste Massenform des Transports machte aus dem Verb „verschiffen“ das allgemeine Wort für „versenden, verladen“.[29]

Ken Loachs Film „The Navigators“ hat die Situation britischer Gleisbauarbeiter nach der Privatisierung von British Rail zum Thema. Die ursprünglichen „navigators“ waren die Kanalschiffer oder „boat people“. Bald wurde der Begriff, verkürzt auch „navy“ oder im Plural „navies“, ebenso für die Kanalbauarbeiter benutzt. Später waren damit im britischen (nicht im US-amerikanischen) Sprachgebrauch die Gleisbauarbeiter gemeint. Auch die Straßenbauarbeiter wurden bald als „navigators“ oder „navies“ bezeichnet. Ja, ein „navy“ kann im Britischen sogar generell als „manual laborer“ verstanden werden.[30] Die Arbeiter, die die Verkehrsträger für die erste Form eines Massentransports schufen, wurden damit zu Handarbeitern schlechthin geadelt.[31]

Kapitel 2
Die Transportrevolution durch Eisenbahnen

Obwohl man, mit den Fürsprechern dieses Verkehrsmittels, zugeben muß, daß es wirtschaftlicher ist als der Gebrauch von Pferden, muß man doch auch erkennen, daß der Brennstoff, dem diese Maschinen ihre Arbeitsleistung verdanken, tagtäglich jenen natürlichen Lagerstätten entnommen wird, die trotz ihrer großen Ausdehnung doch keineswegs unerschöpflich sind … Die Verwendung von Pferden bietet demgegenüber ganz andere Möglichkeiten; die Pferdekraft basiert auf den Produkten des Bodens, die die Natur jedes Jahr neu hervorbringt.

Pierre-Simon Girard, Ingenieur und Mitglied der Académie des Sciences, 1827

Es wird anmit bekannt gegeben, daß in den Sommermonaten des Jahres 1845 und 1846 auf der Eisenbahnstrecke von Leipnik bis Ostrau eine Anzahl von 10.000 Arbeitern und 200 mit Pferden bespannten Wagen beschäftiget werden. … Eben so wird bekannt gegeben, daß sowohl in dem heurigen, als in dem künftigen Winter mehrere Tausend Arbeiter … beschäftiget werden, und die Arbeiter vor der rauhen Witterung durch den daselbst situirten Wald vollkommen geschützt sind.

Kundmachung der Unternehmung des Erdbaues an der a. h. p. Kaiser Ferdinand's Nordbahn, 1845, in: Beppo Beyerl, Die Eisenbahn, Wien 2004, S. 21

In der zweiten Hälfte des 18. Jahrhunderts entwickelte sich in den Kohlerevieren Englands, insbesondere demjenigen von Newcastle, ein erstes Netz von Schienenwegen. Bereits im Februar 1804 fuhr der erste mit Dampfkraft betriebene Eisenbahnzug der Welt auf der Hüttenwerksbahn der Firma Merthyr Tydfil in Südwales. Nicht George Stephenson, der erst ein Jahrzehnt später seine ersten Dampflokomotiven auf Schienen stellte und heute als Erfinder der Dampflokomotive gefeiert wird, sondern Richard Trevithick baute die Lokomotive dieser ersten Dampfeisenbahn. Bei der öffentlichen Präsentation handelte es sich durchaus um ein vergleichbar spektakuläres Ereignis wie die heute allein im öffentlichen Bewusstsein gebliebene Eröffnung der Linie Stockton–Darlington: „Die Erprobung erfolgte öffentlich. Die Maschine von Trevithick transportierte etwa 10 Tonnen Eisen und bis zu 70 Passagiere über eine Strecke von 9 Meilen … Dieser Versuch wurde in den Zeitungen begeistert gefeiert."[1]

Trevithick sollte der geniale und weitgehend verkannte Erfinder – nicht nur der Eisenbahn, sondern auch eines Dampfkanalbootes und eines Dampf-Themse-Baggers – bleiben. George Stephenson erwies sich bald als der clevere industrielle Verwerter. Trevithicks Präsentation im Jahr 1804 erwies sich als Frühstart, vor allem wegen stofflicher Faktoren: So gab es damals noch keine bruchsicheren – stählernen anstatt gusseisernen – Schienen. Auch ökonomische Faktoren dürften eine Rolle gespielt haben: Beim Vergleich des Transports per Eisenbahnen mit dem per pferdebespannten Frachtkarren oder per Kutsche lautete die nüchterne Rechnung: Was ist billiger – der Unterhalt von Pferden oder derjenige einer Dampflokomotive? Getreidepreis plus „Amortisation" eines Pferdes versus Kohlepreis plus Abschreibungskosten einer Dampflok. Thomas Gray, einer der wichtigsten Eisenbahnpromoter seiner Zeit, klagte 1820: „Die übertriebenen Preise, welche die Öffentlichkeit für den Transport von Gütern und Personen auf Frachtwagen und Kutschen zu zahlen hat, sind wesentlich … zurückzuführen auf die ungeheuren Kosten, die die Pflege und die laufende Erneuerung des Bestands an Pferden erfordern."[2] Diese Kostenrechnung begünstigte eine Umstellung auf mechanisierten Betrieb – zunächst im Kohlerevier, wo der Brennstoff Kohle nicht durch Transportkosten verteuert war. Trevithicks Start mit einer Dampfeisenbahn im Kohlegebiet machte auch vor diesem Hintergrund Sinn.

Zehn Jahre nach Inbetriebnahme der ersten Dampfeisenbahn kam es zur allgemeinen Wende. Wolfgang Schivelbusch führt in seiner „Geschichte der Eisenbahnreise" aus: „Seit 1815 gilt das Verhältnis billige Kohle versus teure Futtermittel zunehmend auch für den Rest von England. Das von landwirtschaftlichen Interessen dominierte Parlament erläßt in diesem Jahr ein Corn Law, welches durch hohe Steuern auf Importgetreide den Getreidepreis in die Höhe treibt." Unter diesen Bedingungen stimulierte „der künstlich hochgehaltene Getreidepreis die Ersetzung animalischer durch mechanische Kraft".[3] Darüber hinaus musste, um den Eisenbahnen zum Durchbruch zu verhelfen, die Konkurrenz der Kanalschifffahrt „ausgebootet" werden. Die nunmehr ansteigenden Getreidepreise trugen dazu bei, die zu diesem Zeitpunkt fast ausschließlich auf der Basis von Pferdekräften und des Treidelns stattfindende Binnenschifffahrt zu verteuern.

Zug der Zeit: Zeit der ersten Züge

Am 27. September 1825 wurde unter George Stephensons Regie die Eisenbahnlinie zwischen Stockton und Darlington eröffnet. Die materiellen Bedingungen für das Eisenbahnzeitalter waren herangereift. Auch wenn diese Verbindung von vornherein auch für den Personenverkehr zugelassen war, standen industrielle Interessen im Vordergrund: Es galt, die Kohlevorkommen im südlichen Durham um das Städtchen Auckland besser zu erschließen und seine Standortnachteile – die verkehrsmäßige Isolation – auszugleichen. Der Bericht über die Jungfernfahrt unterstreicht die Relation zwischen Güter- und Personentransport: „Sechs mit Kohle beladene Güterwagen, der erste und einzige Personenwagen für die Ehrengäste, einundzwanzig extra mit Sitzbänken ausgestattete (eigentliche Kohle-)Wagen und schließlich abermals sechs Kohlewagen."[4]

Erst recht waren industrielle Interessen ausschlaggebend, als ein Jahr später, 1826, die Verbindung Liverpool–Manchester eingerichtet wurde, die durch das industrielle Zentrum des modernen Kapitalismus ging. Die Strecke verlief parallel zu dem bereits bestehenden Kanal und eröffnete so mit einem Paukenschlag die Konkurrenz zwischen Schiene und Binnenschifffahrt. Nach Ralf Roman Rossberg wies die Strecke „sämtliche Merkmale einer 'modernen' Eisenbahn auf: Lokomotivbetrieb, alle Verkehrsarten, eine zweigleisige Strecke, Bahnhöfe mit Ausweich- und Rangiergleisen, einen Tunnel, kunstvolle Viadukte, zahlreiche Fahrzeuge und einen Fahrplan".[5] Der Bau der Strecke war in den Händen George Stephensons gelegen, der vom Eisenbahnbau zum Streckenbau gewechselt und seine Dampflok-Fabrik seinem Sohn Robert überlassen hatte.

Der Bau der Strecke Liverpool–Manchester war zunächst erfolgt, ohne dass über die Form des Betriebs – Pferdebahn, Dampfeisenbahn oder gar ein Antrieb durch 21 ortsfeste Dampfmaschinen, die mittels Seilen die Waggons in Bewegung setzen sollten – entschieden worden wäre. Es kam zu einem Preisausschreiben und zum Lokomotiven-Rennen von Rainhill, einer PR-Aktion für den Tempowahn, wie sie später zu einem festen Ritual in der Geschichte der Verkehrsmittel werden sollte. Am 1. Oktober 1829 standen auf einem 3,2 Kilometer langen, eben verlaufenden Teilstück der Strecke Liverpool–Manchester zunächst fünf Lokomotiven am Start. Drei Lokomotiven schieden im Verlauf des Rennens auf Grund technischer Defekte aus. Stephensons Lok „Rocket" startete schließlich konkurrenzlos und wurde zum Sieger erklärt. Die „Rocket" kam auf ein Tempo von 56 km/h; als Zug, mit einem angehängten Wagen, wurden bis zu 45 Stundenkilometer erreicht. Der Aktienkurs der Bahngesellschaft stieg um 10%. Der fünfte Wettbewerber, die Maschine „Cycloped" (Zyklopenfuß) der Firma Brandreth, wurde im Vorfeld disqualifiziert und nicht zum Rennen zugelassen, da sie den Bedingungen des Preisausschreibens nicht entsprach und hier die Pferdestärke Pferdekraft blieb: Die Maschine wurde im Inneren des Gehäuses von einem Pferd fortbewegt. Die feierliche Eröffnung der Strecke Liverpool–Manchester erfolgte am 15. September 1830, nunmehr mit dem rollenden Material aus dem Hause Stephenson. Es kam dabei zum ersten öffentlich dokumentierten tödlichen Eisenbahnunglück – die Lokomotive „Rocket" überrollte den Abgeordneten Huskisson.[6]

Das Pferd trat noch lange als Konkurrent der Dampflokomotive auf; es gab weiterhin Kutschen und von Pferden gezogene Frachtwagen, aber auch Pferde-Eisenbahnen und von Pferden gezogene Kanalboote. Noch Jahrzehnte nach Eröffnung der Strecke Stockton–Darlington verkehrten in England Pferdebahnen; im Stadtverkehr konnten sie sich bis Anfang des 20. Jahrhunderts halten.

1826, ein Jahr nach Eröffnung der ersten öffentlichen Dampfeisenbahn der Welt, wurde in den USA die Little-Schuylkill-Eisenbahngesellschaft gegründet, die die Transportkosten der in dieser Region abgebauten Kohle senkte. Ihr Eigentümer war Friedrich List, der später als Theoretiker für ein deutsches Schienennetz als Korsett für einen deutschen Nationalstaat hervortrat. Am 28. Dezember 1829 nahm auf der Verbindung Baltimore–Ellicott Mills die erste öffentliche amerikanische Dampfeisenbahn den Betrieb auf.

1828 erhielt der europäische Kontinent seine erste öffentliche Eisenbahn: Zwischen Budweis in Böhmen und Kerschbaum in Oberösterreich verkehrte ab 30. September 1828 eine Pferdebahn. Die Gesamtstrecke von Budweis nach Linz war am 1. August 1832 fertig; sie wurde später über Wels bis Gmunden am Traunsee verlängert, um das Salz aus dem Salzkammergut per Bahn bis an die schiffbare Moldau transportieren zu können. Erst knapp 20 Jahre später entschloss sich die Gesellschaft zur Anschaffung einer Dampflokomotive, wobei sich herausstellte, dass die Trassierung für einen Dampfeisenbahnbetrieb unzureichend war; die Strecke musste neu gebaut werden. Zuvor hatte es ein Kanalbauprojekt auf derselben Verbindung – und damit zur Vernetzung von Donau und Moldau – gegeben, das nunmehr mit dem Bau der Eisenbahnverbindung Budweis–Linz obsolet geworden war.

1834 ließ sich die belgische Regierung von George Stephenson ein Eisenbahnnetz entwerfen. Mecheln war als Knotenpunkt vorgesehen; die Schienenwege sollten nicht nur die großen Städte des Landes miteinander verbinden, sondern auch Frankreich und Deutschland in das neue Eisenbahnsystem einbeziehen. Am 5. Mai 1835 war es so weit – mit der Teilstrecke Brüssel–Mecheln wurde die erste kontinentale öffentliche Dampfeisenbahn und zugleich die erste Staatseisenbahn der Welt eröffnet.

Ein halbes Jahr später, am 7. Dezember 1835, wurde die erste öffentliche Dampfeisenbahn auf deutschem Boden, die Ludwigsbahn zwischen Nürnberg und Fürth, feierlich präsentiert. Die Lokomotive „Adler“ stammte aus Stephensons Fabrik; selbst der Lokführer musste aus Großbritannien importiert werden. Noch zwei Jahrzehnte nach ihrer Inbetriebnahme wurde die Ludwigsbahn zugleich auch – auf ein und demselben Schienenstrang – als Pferdebahn genutzt.

Bereits 1833 hatte Friedrich List seine Schrift „Über ein sächsisches Eisenbahnsystem als Grundlage eines allgemeinen deutschen Eisenbahnsystems und insbesondere über die Anlegung einer Eisenbahn von Leipzig nach Dresden“ vorgelegt;

im März 1834 folgte ein „Aufruf an unsere Mitbürger in Sachsen die Anlage einer Eisenbahn zwischen Dresden und Leipzig betreffend“. List gewann damit die Unterstützung führender Vertreter des Leipziger Bürgertums. Im April 1834 wurde ein „Eisenbahnkomitee“ unter Leitung von Gustav Harkort – mit Friedrich List als aktivstem Mitglied – gegründet. Ein Jahr später fand die 1. Generalversammlung der privaten Aktionäre der „Eisenbahnkompagnie“ statt. 1837 konnte das erste Teilstück von Leipzig nach Althem eröffnet werden. Das Datum 7. April 1839 ist, so eine Schrift der Hochschule für Verkehrswesen „Friedrich List“, „in das Buch der deutschen Verkehrsgeschichte mit erhabenen Lettern eingedruckt. Die feierliche Inbetriebnahme der rund 116 Kilometer langen Gesamtstrecke der Leipzig-Dresdner-Eisenbahn als der ersten deutschen Ferneisenbahn stellt den entscheidenden Durchbruch bei der Herausbildung eines leistungsfähigen Eisenbahnnetzes in Deutschland dar“.[7]

In den folgenden Jahren verlief die europäische Eisenbahngeschichte weitgehend synchron: Am 26. August 1837 wurde die erste „Lokomotivbahn“ Frankreichs auf der Verbindung Paris–St. Germain eröffnet; die erste französische Pferdebahn war die 1828 eröffnete Verbindung St. Étienne–Andrézieux.

Am 4. März 1836 erhielt das Bankhaus Rothschild das „ausschließliche Privileg“ für eine Eisenbahn von Wien in das – zum habsburgischen Reich gehörende und 50 Kilometer östlich von Krakau gelegene – polnische Städtchen Bochnia. Es sollte eine „Lokomotivbahn“ zur Erschließung der Salz- und Kohlevorkommen Galiziens werden, wobei dem Bankhaus Rothschild sinnigerweise nicht nur die Bahn, sondern auch die Kohlegruben gehörten. Der damals namhafteste österreichische Verfechter des Eisenbahngedankens, Franz Xaver Riepl, reiste zuvor auf Kosten Rothschilds zweimal nach England, um sich über den Bahnbau zu informieren und sich mit George Stephenson zu beraten. Das erste Teilstück und zugleich die erste Dampfeisenbahn Österreichs war die am 23. November 1837 eröffnete Verbindung zwischen Floridsdorf bei Wien und Deutsch-Wagram.

Am 30. Oktober 1837 wurde auf der Verbindung zwischen der Hauptstadt St. Petersburg und dem Zarensitz Zarskoe Selo die erste russische Dampfeisenbahn in Betrieb genommen. Erbauer der Strecke war Franz Anton Ritter von Gerstner, der bereits die Pferdebahn Budweis–Kerschbaum erbaut hatte. Von Gerstner wurde in Wien als „großer österreichischer Vorkämpfer für die Eisenbahn“ und in St. Petersburg als „Erbauer der ersten russischen Eisenbahn, ein Tscheche und Stammesgenosse der Russen“, gefeiert. Während Gerstner in der Habsburgermonarchie die Eisenbahnen in der Stephenson'schen „Normalspur“ (umgerechnet 1.435 Millimeter) bauen ließ, wählte er für die erste russische Bahn – die im Übrigen mit Loks und Waggons aus der Fabrik von Robert Stephenson bestückt wurde – die besonders breite Spur von sechs Fuß bzw. 1.829 Millimetern. Gerstner hatte bereits Pläne für ein gesamtrussisches Netz im Blick und glaubte, dass angesichts der

Weite Russlands eine solche Breitspur erforderlich sei, um die Tragfähigkeit der Waggons zu vergrößern und den Verschleiß des rollenden Materials zu reduzieren. Am Ende wurden die russischen Eisenbahnen in einer anderen Breitspur (1.524 Millimeter) gebaut; um das Jahr 1900 wurde die russische Pionierstrecke Pawlowsk–Zarskoe Zelo–St. Petersburg auf diese „normale Breitspur" umgespurt.

Die Niederlande präsentierten eine erste Eisenbahn im Herbst 1839: die „Lustbahn" Amsterdam–Haarlem. In diesem – von der Binnenschifffahrt dominierten – Land wurde das Eisenbahnnetz jedoch erst so richtig zügig in Angriff genommen, als sich der Handel mit den deutschen Ländern auf die bereits an das Bahnnetz angebundenen belgischen Häfen zu verlagern drohte.

In Italien fuhr der erste Dampfzug am 3. Oktober 1839 zwischen Neapel und Portici. Eine erste größere Städteverbindung wurde 1854 zwischen Turin und Genua verwirklicht.

Am 9. August 1847 wurde in der Schweiz die Dampfeisenbahnstrecke Zürich–Baden eröffnet, besser unter der Bezeichnung „Spanisch-Brötli-Bahn" bekannt. Den Badenern wurde nachgesagt, besonders gute Brötchen backen zu können; die besser Verdienenden in Zürich konnten sie nun ofenfrisch per Bahn erhalten. Genau genommen brach die Eisenbahn drei Jahre früher in die Schweizer Alpenfestung ein: Am 15. Juni 1844 überquerte die französische Eisenbahn, von Straßburg aus dem Elsass kommend, bei St. Louis die Grenze zur Schweiz und fuhr noch knapp zwei Kilometer ins Schweizer Gebiet bis zu dem Baseler Vorort St. Johann. Damals wurde in die Ringmauer der Stadt ein eigenes Eisenbahntor eingelassen, das des Nachts ebenso verschlossen werden konnte wie alle anderen Stadttore. Immerhin sei, so damals die besorgte „Neue Zürcher Zeitung", mit dieser Eisenbahnlinie aus dem Elsass die Nordwestflanke der Schweiz erheblich gefährdet.[8]

Flächenbahnen in Europa

Mitte des 19. Jahrhunderts entstand in Europa binnen weniger Jahrzehnte ein Eisenbahnnetz, das bis 1890 223.700 Kilometer Gesamtstreckenlänge aufwies und in den führenden Industrieländern Großbritannien, Frankreich und Deutschland als flächendeckend bezeichnet werden kann (siehe Tabelle 1). Dabei fand der eigentliche Eisenbahnbauboom rund ein halbes Jahrhundert nach Inbetriebnahme der ersten Dampflokomotive oder 25 Jahre nach Eröffnung der ersten öffentlichen Eisenbahnstrecke statt. In nur vier Jahrzehnten, zwischen 1850 und 1890, wurden mit über 200.000 km rund 90% des Gesamtnetzes erbaut; in den drei Jahrzehnten mit der in absoluten Zahlen größten Bautätigkeit (1860-1890) wurden mit über 170.000 km mehr als 75% des europäischen Schienennetzes errichtet.

Tabelle 1: Eisenbahn-Streckenentwicklung in Europa im 19. Jahrhundert[9]

Jahr	In Betrieb befindliche Eisenbahnstrecken (in km)	Steigerung in der jeweiligen Dekade (in km)
1840	2.925	–
1850	23.504	20.579
1860	51.862	28.358
1870	104.914	53.052
1880	168.983	64.069
1890	223.714	54.731

Dabei konnte Großbritannien bis 1865 seine führende Position als kapitalistische Industriemacht auch auf dem Sektor des Eisenbahnbaus verteidigen, wenngleich ab 1845 seine wichtigsten Konkurrenten, Frankreich und Deutschland, aufholten. Im letzten Drittel des 19. Jahrhunderts veränderte sich die Situation; das Deutsche Reich und Frankreich verfügten über ein größeres – wenn auch angesichts einer größeren Fläche nicht über ein dichteres – Eisenbahnnetz als Großbritannien; Tabelle 2 illustriert diese Entwicklung.

Tabelle 2: Entwicklung der Eisenbahnnetze ausgewählter Staaten 1835-1917 (Länge der Verkehrsnetze in Kilometern)[10]

Staat	1835	1845	1855	1865	1875	1885	1895	1905	1917
Großbritannien	471	3.277	13.411	21.382	26.803	30.843	33.219	36.447	38.135
Frankreich	176	883	5.535	13.562	21.547	32.491	39.357	46.466	51.431
Deutschland	6	2.315	8.352	14.762	28.087	37.572	44.882	56.477	64.987
Italien	–	–	1.500	2.000	7.500	11.000	12.000	13.600	
Spanien	–	–	475	4.823	6.134	8.933	11.435	14.430	15.350
Portugal	–	–	37	700	919	1.529	2.340	2.571	2.983

Der Vergleich zwischen den drei führenden Industrienationen Großbritannien, Frankreich und Deutschland auf der einen sowie Italien, Spanien und Portugal auf der anderen Seite unterstreicht den engen Zusammenhang zwischen Industrialisierung und Eisenbahnbau. Die in ihrer industriellen Entwicklung weit hinter Großbritannien, Frankreich und Deutschland herhinkenden iberischen Staaten sowie Italien verfügten bis Anfang des 20. Jahrhunderts nur über ein bescheidenes Eisenbahnnetz, das sich im Übrigen auf die industriellen Zentren konzentrierte sowie ganze Regionen von der modernen Transportform ausschloss und damit gleichzeitig von der industriellen Entwicklung weitgehend abhängte.

Um die Wende vom 19. zum 20. Jahrhundert reduzierte sich erstmals der Zubau an Eisenbahnstrecken, der pro Jahrzehnt in Europa erreicht wurde. Allerdings wuchsen nun die Eisenbahnen weltweit und außerhalb Europas beschleunigt. In der Entwicklung der Schienennetze findet auch die imperialistische Aufteilung der Welt ihren Ausdruck. W. I. Lenin wies in seiner 1916 erschienenen Schrift „Der Imperialismus als höchstes Stadium des Kapitalismus" darauf hin, dass Ende des 19. Jahrhunderts der Eisenbahnbau in den imperialistischen Zentren relativ hinter demjenigen in den Kolonien zurückblieb: Nach dem Aufbau dichter Netze in Mitteleuropa und Nordamerika dienten die neuen Netze in Afrika und Asien der Intensivierung des Weltmarktes. Gleichzeitig kam es jedoch zu einer enormen Konzentration der Verfügungsgewalt über diese Eisenbahnnetze. Lenins Bilanz aus dem statistischen Material: „Rund 80 Prozent der gesamten Eisenbahnen (der Welt; W.W.) sind (am Vorabend des Ersten Weltkrieges; W.W.) in den Händen der fünf Großmächte konzentriert. Aber die Konzentration des Eigentums an diesen Bahnen, die Konzentration des Finanzkapitals ist noch unvergleichbar größer, denn den englischen und französischen Millionären z.B. gehört ein sehr großer Teil der Aktien und Obligationen der amerikanischen, russischen und anderen Eisenbahnen."[11]

Um die Jahrhundertwende entschied die Beantwortung der Frage, ob ein Staat über ein dichtes Eisenbahnnetz verfügte, zugleich darüber, ob er in den Prozess der industriellen Revolution und der allgemeinen Produktivkraftsteigerung integriert war oder auf vorindustriellem Niveau verharrte. Dies gilt nicht nur für den Vergleich zwischen einzelnen Ländern, sondern auch für die ungleiche Entwicklung zwischen einzelnen Regionen *innerhalb* eines Landes. Die krass unterschiedliche Entwicklung zwischen Nord- und Süditalien findet ihren Ausdruck auch in der weit größeren Dichte des Eisenbahnnetzes im Norden, wobei sich beide Faktoren wechselseitig beeinflussen.

Der Eisenbahnbau und sein Gewicht in der Industrie

Mit den Eisenbahnen entstand ein Sektor, der lange Zeit das Herzstück der modernen Industrie bildete. Paul A. Baran und Paul M. Sweezy gehen in ihrer Analyse des nordamerikanischen Kapitalismus davon aus, dass „während der letzten zwei Jahrzehnte des 19. Jahrhunderts … zwischen 40 und 50 Prozent des privaten Kapitals in Eisenbahnen angelegt" waren. Eine solche Kapitalkonzentration habe es „nie zuvor und nie danach mehr gegeben".[12]

Nun wäre es durchaus vorstellbar, dass es sich hier um einen Sonderfall handelte, stellten doch die USA das klassische Eisenbahnland dar (siehe Kapitel 3). Tatsächlich war der Eisenbahnbau in der zweiten Hälfte des 19. Jahrhunderts aber in allen führenden Volkswirtschaften das bestimmende, meist sogar das absolut dominierende Gewerbe.

In England, dem Mutterland der industriellen Revolution und der Eisenbahnen, hatten die mit Eisenbahnen verbundene Industrie und der Eisenbahnbetrieb bereits Mitte des 19. Jahrhunderts ein überragendes Gewicht. George Stephenson war es gelungen, mit der Durchsetzung seiner Norm für die Spurweite im Schienenbau nicht nur eine starke Position seines Unternehmens und der walisischen und englischen Industrie, die im Lok- und Waggonbau- sowie in der Schienenherstellung engagiert war, zu erobern. Darüber hinaus verfügten diese britischen Unternehmen über eine herausragende Stellung auf den Weltmärkten, insbesondere in Europa. Dies verdeutlicht die Herstellung von Stabeisen für Schienen. Die Dowlais Iron Company von Guest & Lewis in Südwales galt Mitte des 19. Jahrhunderts als die größte Fabrik der Welt. Sie erzeugte 1845 58.000 Tonnen Stabeisen. Das entsprach 3-4% der britischen Produktion. Drei Viertel der Dowlais-Stabeisen wurden zu Eisenbahnschienen verarbeitet. Allein diese Fabrik produzierte die Hälfte der Menge, die alle preußischen Stabeisenhersteller im selben Zeitraum hervorbrachten. Die größte Fabrik des Kontinents, die Firma Cockerill in Belgien, war ebenfalls prioritär in der Schienenfertigung engagiert. Ihr Output lag 1845 bei rund 18.000 Tonnen Schienen. Um die Diskrepanzen zu verdeutlichen, genügt ein Blick auf die größten deutschen Hersteller Mitte des 19. Jahrhunderts: Die Gutehoffnungshütte verfügte damals über eine Kapazität von 6.500 und Hoesch über eine von 9.000 Tonnen Stabeisen.[13]

Das große und wachsende Gewicht der Eisenbahnen in Deutschland dokumentieren die folgenden Zahlen: In den 1850er Jahren erreichten die Investitionen im deutschen Eisenbahnbau ein Niveau, das drei Vierteln der Investitionen im gesamten Gewerbe (ohne Eisenbahnen) entsprach. In der Periode 1865-1880 waren die Investitionen im deutschen Eisenbahnbau sogar größer als diejenigen des gesamten Gewerbes.[14]

Parallel zur wachsenden Bedeutung des Eisenbahnbaus bildete sich in Deutschland eine starke Lok- und Waggonindustrie heraus. Während die erste Eisenbahnlinie in Deutschland zwischen Nürnberg und Fürth noch von einer Lok aus dem Hause Stephenson gezogen und von einem englischen Lokführer gelenkt wurde und die erste Zugmaschine aus deutscher Produktion, die „Saxonia", 1839 bei der Eröffnung der Strecke Leipzig–Dresden nur hinter einer englischen Lokomotive herschnaufen durfte, entbrannte auf dem deutschen Markt bereits um die Mitte des 19. Jahrhunderts ein heftiger Konkurrenzkampf zwischen englischen, deutschen und belgischen Lokherstellern. 1840 betrug der Anteil der auf preußischen Eisenbahnen laufenden englischen Loks noch 92%. Fünf Jahre später nahmen Antriebsmaschinen aus deutscher Produktion bereits Platz 1 ein; der Anteil der britischen Konkurrenz lag nur noch bei 42%. Ab den 1850er Jahren wurde der innerpreußische

Markt völlig von deutschen Lokomotivherstellern kontrolliert.[15] Zweifellos war auch staatliche Hilfe in Form von Zollschranken für Lokimporte im Spiel, die der deutschen Schienenfahrzeugindustrie zu dieser Vormachtstellung verhalf. Die Tatsache, dass es ihr bald darauf gelang, sich auf den Weltmärkten einen festen und wachsenden Anteil zu erobern, unterstreicht jedoch, dass es sich zugleich um die Herausbildung einer konkurrenzfähigen deutschen Industrie handelte.

Die Lokhersteller waren die ersten großen Industrieunternehmen in Deutschland; in vielen Fällen geht der Ursprung der deutschen Großkonzerne des 20. und 21. Jahrhunderts auf die Lokindustrie zurück. Das gilt beispielsweise für die Firma Egestorff in Hannover, die ab 1868 unter dem „Eisenbahnkönig" Bethel Henry Strousberg die Höhen des Booms und gleich darauf die Tiefen der industriellen Krise erfuhr, zur Hannoverschen Maschinenbau AG (Hanomag) umstrukturiert wurde und schließlich bei der führenden Lokfirma der 1980er Jahre landete, nämlich bei Henschel. Später ging Henschel in Thyssen und Thyssen wiederum in ThyssenKrupp auf. Dies gilt des Weiteren für die Firmen Krauss und Maffei (später bei Daimler-Benz, dann bei Daimler-Dasa bzw. Teil von EADS), für Borsig (später Babcock) und Siemens.

Die Eisenbahnen waren auch entscheidend für die Herausbildung der weltweit größten Unternehmen; in den Lok- und Waggonbauunternehmen kam es zu dem, was Karl Marx als den Schritt von der „formellen" zur „reellen Subsumtion der Arbeit unter das Kapital" bezeichnete: Der Mensch produziert nicht mehr mit Hilfe von Maschinen und manufakturmäßig, er wird zum Teil der Maschine. Bethel Henry Strousberg beschäftigte nach dem Erwerb der Egestorff'schen Lokomotivbaufabrik zu Hannover bereits 100.000 Menschen. Die Hannoveraner Fabrik ließ er so erweitern, dass sie täglich eine Lokomotive fertig stellte. Diese Leistung dürfte vergleichbar hoch zu bewerten sein wie die Einführung des Fließbands in der Autofertigung, da eine Lokomotive auf Grund ihrer Größe und Bauart eher eine handwerksmäßige Fertigung als eine industrielle Serienproduktion nahe legt. Gleichzeitig fand unter Strousbergs Regie die Erweiterung der Dortmunder Hütte im großen Stil statt; die Versorgung dieses Stahlwerks mit Erzen erfolgte in erster Linie mit ausländischen, vor allem spanischen Lieferungen. Damit wiederum wurde der Bau von Binnenwasserstraßen und die Einbindung Dortmunds in ein solches Wasserstraßennetz vorangetrieben.[16]

In diese Zeit fällt auch die Entdeckung des „Produktivkraftfaktors Arbeitsklima" durch aufgeklärte – und kapitalstarke – Unternehmer. In einem Brief an Karl Marx schrieb Friedrich Engels 1869: „Der größte Mann in Deutschland ist unbedingt der Strousberg. Der Kerl wird nächstens deutscher Kaiser. Überall, wohin man kommt, spricht alles nur von Strousberg. Der Kerl ist übrigens gar nicht so übel. Mein Bruder, der Verhandlungen mit ihm hatte, hat ihn mir sehr lebendig geschildert. Er hat viel Humor und einige geniale Züge und ist jedenfalls dem Railwayking (Eisenbahnkönig) Hudson (in England; W.W.) unendlich überlegen. Er kauft jetzt alle möglichen industriellen Etablissements auf und reduziert überall sofort die Arbeitszeit auf zehn Stunden, ohne den Lohn herabzusetzen."[17] Strousberg ließ in Hannover-Linden für die Arbeiter seiner Egestorff'schen Lokomotivfabrik eine für damalige Begriffe vorbildliche Wohnstadt bauen. Es gab sogar Betriebskindergärten; das Unternehmen sorgte für ein Mittagessen für alle Beschäftigten.

Der Eisenbahnbau als größter Wirtschaftszweig in den Nationalökonomien Europas und Nordamerikas hatte ganz offensichtlich großen Einfluss auf die jeweiligen Volkswirtschaften und auf die Weltwirtschaft. Der bedeutende deutsche Nationalökonom Werner Sombart bilanzierte nicht nur, dass der entscheidende Industriezweig der deutschen wie aller anderen Ökonomien Mitte des 19. Jahrhunderts, die „Montan- und Maschinenbauindustrie, ihren Aufschwung im wesentlichen den Eisenbahnen verdankt". Er betonte vor allem den enorm großen Einfluss der Eisenbahnen auf die gesamte Finanzwelt: „Noch 1870 bestand die Hälfte aller an der Berliner Börse gehandelten Werte aus Eisenbahnwerten. Also hat natürlich auch das moderne Bankwesen einen beträchtlichen Teil seiner Nahrung aus den Eisenbahnen gesogen."[18]

Arbeitskräfte beim Eisenbahnbau und beim Betrieb von Eisenbahnen

Sombart bezeichnete die Errichtung der Eisenbahnsysteme „als größte produktive Tat nicht nur des 19. Jahrhunderts, sondern aller Geschichte". Er stellte für die deutschen Eisenbahnen eine Berechnung an, die die in dieser Transporttechnologie steckende Arbeitsleistung verdeutlicht: „Die deutschen Eisenbahnen haben bis zum Schluss des Jahres 1910 rund 17 Milliarden Mark gekostet. Rechnen wir davon auf Arbeitslohn nur drei Viertel, so ergäbe das einen Betrag von zwölf bis dreizehn Milliarden Mark. Nehmen wir einen Jahresverdienst von fünf- bis sechshundert Mark im Durchschnitt an (was sehr hoch gegriffen ist …), so würden wir auf eine Arbeitsleistung von rund 25 Millionen Arbeitsjahren oder etwa 7½ Milliarden Arbeitstagen kommen. Es hätte also eine Million Arbeitssklaven 25 Jahre lang, 100.000 Sklaven hätten zwei und ein halbes Jahrhundert lang zu bauen gehabt. Auf die geschichtliche Zeit berechnet: In den 70 Arbeitsjahren sind jährlich 100 Millionen Arbeitstage auf den Bau von Eisenbahnen verwendet worden, eine Drittelmillion Menschen hat Jahr für Jahr nichts anderes getan, als Eisenbahnen gebaut oder hergestellt, was zum Eisenbahnbetrieb gehört: Bahnhöfe, rollendes Material usw." Wohlgemerkt: Es geht dabei nicht um die Menschen, die bei den Eisenbahnen beschäftigt waren (das waren 1873 250.000 und 1913 sogar 700.000), und es geht nicht um die in der Bahnindustrie (im Lok- und Waggonbau) Beschäftigten.[19]

Die letztgenannten zwei Kategorien von Beschäftigten im Eisenbahnbereich erbrachten Arbeitsleistungen, die mehr oder weniger eine unmittelbare Transportnachfrage befriedigten; der entsprechende Kapitaleinsatz rechnete sich dementsprechend in relativ kurzer Zeit. Die von Sombart errechneten 750.000 Menschen erbrachten ein knappes Dreivierteljahrhundert lang Arbeitsleistungen zum Aufbau einer Verkehrsinfrastruktur für die Zukunft. Es handelt sich im Wortsinn um jene „säkulare", auf ein Jahrhundert und mehr ausgerichtete Großinvestition, von der Joseph Schumpeter beim Kanal- und Eisenbahnbau sprach.

Vergleichbare Berechnungen über die Dimensionen des Eisenbahnbaus in der jeweiligen Nationalökonomie ließen sich für alle Länder mit dichtem Eisenbahnnetz vornehmen – für Großbritannien, Frankreich, die USA, die Niederlande, Österreich und die Schweiz. In allen diesen Ländern war ein riesiges Arbeitsheer ein Dreivierteljahrhundert lang damit beschäftigt, eine in die Zukunft gerichtete historische Aufbauleistung zu vollbringen. Die Frage, die sich an solche Illustrationen anschließt, lautet: Wie konnte die kapitalistische Gesellschaft diesen gewaltigen und lang andauernden Abzug gesellschaftlicher Arbeit aus den übrigen Bereichen der Ökonomie verkraften, ohne dass elementare Bereiche der gesellschaftlichen Produktion – in Wirtschaft und Landwirtschaft – darunter litten oder gar zusammenbrachen? Es sind im Wesentlichen drei Momente, die eine Antwort auf diese Frage ergeben:

Den ersten und wichtigsten Faktor stellt sicherlich die allgemeine Produktivkraftsteigerung dar, die grundlegend für die industrielle Revolution ist. Sie ermöglichte eine radikale Reduzierung der in der Landwirtschaft Beschäftigten – bei gleich bleibendem und oft steigendem Produkt. Sie verbilligte schließlich die bisher handwerksmäßig betriebene Produktion vieler elementarer, für die Lebenshaltung notwendiger Produkte durch industrielle Fertigung. Die hierdurch freigesetzten Arbeitskräfte standen für die Industrie im Allgemeinen und den Eisenbahnbau im Besonderen zur Verfügung. Insofern gilt: Ohne industrielle Revolution hätte es nicht diese Freisetzung von Arbeitskräften und die Chance auf Verwirklichung dieser Aufbauleistung gegeben. Allerdings war der Eisenbahnbau selbst ohne Zweifel ein Faktor bei dieser Produktivkraftsteigerung. In einem gewissen Sinn lässt sich sagen, dass die Eisenbahnen „sich selbst geschaffen" haben: Mit dem ständig voranschreitenden Eisenbahnbau wurde ein innerer Markt hergestellt, wurde – vermittelt über die Schienenanbindung der großen Seehäfen – die Integration der jeweiligen Ökonomie in den Weltmarkt vollzogen und sanken die Transportkosten auf einen Bruchteil des vorangegangenen Niveaus.

Als Zweites ist es richtig – wie Sombart das tut –, darauf zu verweisen, dass ein großer Teil zumindest des ursprünglich in Eisenbahnen angelegten Kapitals „von außen" kam. Im Fall Englands und Frankreichs waren die bei der Ausbeutung der Kolonien erzielten Gewinne in den Eisenbahnbau investiert und im Schienennetz „kapitalisiert". Oft trat englisches und französisches (später auch deutsches) Eisenbahnkapital international (z.B. in Österreich und Russland) als Finanzier neuer Linien auf. In Deutschland hängt der Eisenbahnboom der 1870er Jahre mit dem siegreichen Krieg gegen Frankreich und den französischen Reparationsleistungen an das neue Deutsche Reich zusammen. Oder in den Worten von Werner Sombart: „Man kann sagen, dass uns Frankreich als Kriegsentschädigung unser Vollbahnnetz ausgebaut hat."[20]

Drittens war diese gewaltige Aufbauleistung nur durch die extreme – und erneut überdurchschnittliche – Ausbeutung möglich, der die Eisenbahnbauarbeiter und der Großteil der Beschäftigten bei den Eisenbahngesellschaften ausgesetzt war. Hier erleben wir eine Wiederholung dessen, was beim Bau und Betrieb der Binnenwasserstraßen beschrieben wurde. Die industrielle Revolution war, wie oben angeführt, von der „Vernichtung zahlreicher überkommener Erwerbsmöglichkeiten auf dem Lande" begleitet; es kam zu einer „Bereitstellung besitzloser Menschenmassen" (Sombart). Für die so entwurzelten, einkommenslosen Menschen gab es damals – so Gerald Sammet in einer historischen Untersuchung – nur drei Alternativen: „Amerika, die Eisenbahn oder die Fabrik."[21] Die Beschäftigung im Eisenbahnbau bot gegenüber derjenigen in der Industrie – soweit diese im konkreten Fall tatsächlich eine Alternative darstellte – einige bescheidene Vorteile wie niedrige Einstellungskriterien (keinerlei Vorkenntnisse und Bildung) und ein etwas höheres Lohnniveau bei vergleichbaren (ungelernten) Tätigkeiten. Dem stand eine große Zahl von Nachteilen gegenüber: Der Arbeitsplatz lag fern des ursprünglichen Wohnortes und veränderte sich fortwährend. Die Arbeit war stark witterungsabhängig (witterungsbedingte Ausfälle wurden nicht bezahlt). Die Quote der Arbeitsunfälle und der berufsbedingten Krankheiten lag in diesem Wirtschaftssektor am höchsten. Schließlich war dieser Bereich des frühkapitalistischen Arbeitsmarktes am stärksten reglementiert und polizeistaatlich kontrolliert: „Die Legitimationspapiere (der Eisenbahnbauarbeiter; W.W.) blieben für die Dauer des Arbeitsverhältnisses bei den örtlichen Behörden, so daß die Polizeibehörden jederzeit eine Kontrolle ... hatten." Dorothee Klinksiek charakterisiert in einer der wenigen Arbeiten, die es zu diesem Thema gibt, die soziale Zusammensetzung der Eisenbahnarbeiter folgendermaßen: „(Sie) stammten hauptsächlich aus der Schicht der Landarbeiter, Tagelöhner, landarmen Bauern, kleinen Handwerker und Dienstboten. Selbst Frauen bewarben sich auf den Baustellen, teilweise kamen sogar ganze Familien, die auf Arbeit hofften."[22] Die tägliche Arbeitszeit lag zwischen 12 und 13 Stunden; das waren pro Woche 60 bis 65 Arbeitsstunden und im Sommer oft mehr. Die Eisenbahnbauarbeiter lebten in der Regel kaserniert; eine strenge Hausordnung verlängerte die am Arbeitsplatz verlangte Disziplin in die „Freizeit". Wie beim militärischen Drill begann der Arbeitstag mit dem „Verlesen“ einer Anwesenheitskontrolle und endete auch mit einer solchen. Wer beim Morgenappell fehlte, durfte an diesem Tag nicht mehr arbeiten und erhielt entsprechend keinen Lohn. „Trunkenheit, Streit, Zank oder gar Rauferei ... Ertrotzung von Lohnerhöhung, ... Pläne über beabsichtigte sociale oder politische Demonstrationen jeder Art“ wurden mit augenblicklicher Entlassung bestraft.[23] Oft war dies mit behördlichen Strafen verbunden: „Beim Eisenbahnbauarbeiter trat zu der Bestrafung durch den Arbeitgeber noch die staatliche Strafandrohung hinzu. Wer sich vorschriftswidrig verhielt, wurde dadurch schnell zum Kriminellen.“ Der ausbezahlte Lohn kann gerade als Hungerlohn bezeichnet werden; er „reichte knapp zum eigenen Überleben, eine Unterstützung von Familienangehörigen war nicht möglich“.[24]

Im Eisenbahnbau kam es zu einem Jahrzehnte währenden groß angelegten Einsatz ausländischer Arbeitskräfte. Da gleichzeitig Arbeitslosigkeit herrschte – zumal in den ländlichen Gebieten, in denen der Eisenbahnbau meist erfolgte –, kam ihnen offensichtlich die Funktion von Lohndrückern zu. Gleichzeitig wurde mit dem Einsatz dieser doppelt ausgebeuteten und diskriminierten Arbeitssklaven die Aufrechterhaltung von Arbeitsbedingungen ermöglicht, die mit einer großen Zahl schwerer Arbeitsunfälle verbunden waren. Je gefährlicher einzelne Bauabschnitte waren, desto höher lag der Anteil der ausländischen Bahnbauarbeiter. Über den siebenjährigen Bau des schweizerischen Gotthard-Tunnels (1873-1880), bei dem außer den Ingenieuren fast ausschließlich italienische Fremdarbeiter eingesetzt wurden, schreibt Peter Herzog: „Wenn die Arbeiter zur Tagfahrt antreten, sagen sie, sie gehen in die ‘Battaglia’ – in die Schlacht. Es ist wie ein Krieg mit den Elementen und der Materie, in dem es täglich Marode, Verwundete und Tote gibt.“[25] Die Arbeitsbedingungen der 3.500 „alpinen Steinarbeiter“ waren unmenschlich, was mit dadurch bedingt wurde, dass der mit dem Bau beauftragte Genfer Ingenieur Louis Favre die internationale Ausschreibung mit einem Dumpingangebot gewonnen hatte und sich zu einem rigiden Sparkurs auf dem Rücken der Beschäftigten veranlasst sah. Schließlich kam es zu einem Aufstand der italienischen Arbeiter, die eine Reduzierung der Schicht von 8 auf 6 Stunden forderten. Die Unternehmensführung zeigte sich unnachgiebig; das schweizerische Militär schlug die Insurrektion blutig nieder.

In Österreich wurden beim Bahnbau bevorzugt Hilfsarbeiter aus Böhmen und Mähren eingesetzt. Diese tschechischen Arbeitskräfte wanderten meist mit ihren Familien zu den Baustellen und nach Vollendung einer Strecke oft weiter zu einer anderen. Auch hier wurden gewaltige Arbeitsheere eingesetzt: Allein beim Bau der 13 Betriebskilometer der so genannten Rothschild-Nordbahn von Floridsdorf bei Wien nach Deutsch-Wagram waren 10.000 Hilfsarbeiter beschäftigt. Beim Weiterbau der Strecke in Richtung Ostrau/Ostrava schufteten bereits 20.000 Bauleute. Vergleichbar ausbeuterische Arbeitsbedingungen herrschten auch noch Anfang des 20. Jahrhunderts. 1905 und 1906 errichtete die Habsburgermonarchie die neuen – militärstrategisch wichtigen – Staatsbahnen über die Tauern samt dem Tauerntunnel, die Fortsetzung über die Karawanken und die Wocheinerbahn. Beppo Beyerl bilanziert in seinem Buch über die Geschichte der österreichischen Eisenbahnen: „Der Bauleitung dieser Staatsbahnen gelang es, dafür insgesamt 200.000 Bauarbeiter anzuwerben. Sie kamen aus den entlegensten Teilen der Monarchie, vor allem vom Balkan und aus Süditalien. Sie schufteten Tag und Nacht und verschwanden wieder, ohne viel Aufsehens oder gar Spuren hinterlassen zu haben. Ihr Schweiß und ihre Tränen versickerten wohl für immer in der k.k. Staatserde oder beim Bau von Gebirgsbahnen im k.k. Staatsgestein.“[26]

Die Ausbeutungsbedingungen der Eisenbahner – der bei den Eisenbahngesellschaften Beschäftigten – unterschieden sich nur graduell von denjenigen der Bahnbauarbeiter. Die Bahnhofswärter-Idylle stimmt mit der sozialen Wirklichkeit der Bahnbediensteten nicht überein; „Arbeitsplatzsicherheit“ gab es in Deutschland selbst für beamtete Eisenbahner bis Ende des 19. Jahrhunderts in der Regel nicht. Die wöchentliche Arbeitszeit lag Mitte des 19. Jahrhunderts bei 65 Stunden; erst Anfang der 1890er Jahre sank sie auf 60 Stunden. Den Betriebsbeamten stand nur zweimal im Monat ein Ruhetag, eine „Dienstbefreiung“ von 24 Stunden, zu; bis 1894 gab es keinerlei Anspruch auf Urlaub. Die Gehälter waren so knapp bemessen, dass sich bei der Untersuchung von Unglücksfällen immer wieder herausstellte, dass Bedienstete falsch reagiert hatten, weil sie übermüdet waren. Statt ihre kurze Freizeit zur Erholung zu nutzen, gingen sie einem Nebenerwerb nach. Was die „Bahnwärteridylle“ betrifft, so beschreibt Beppo Beyerl diesen Berufszweig der Eisenbahner wie folgt: „Der Bahnwärter wurde von den Gesellschaften angestellt, um die Wegübergänge zu bewachen. Dort ergaben sich oft gefährliche Situationen, wenn eines der beiden Pferde eines Wagens wegen des sich schnell nähernden fauchenden Ungetüms nicht zu beruhigen war. In der Folge kam es nicht selten zu Unfällen, die in der Regel dem Bahnwärter angelastet wurden. Dieser hatte gleich neben dem Wegübergang sein Diensthäuschen, das er samt Familie bewohnte. Oft schloss daran ein kleiner Garten an, in dem die Eisenbahnerfrau Gemüse zog und auch die von spöttischen Zeitgenossen als ‘Eisenbahnerkuh’ bezeichnete Eisenbahnerziege weidete. Dafür musste der Bahnwärter Tag und Nacht die Kreuzung bewachen und die Vorfahrt des Zuges gegenüber den Pferdegespannen ermöglichen. Fiel er wegen Krankheit oder Schlaf aus, musste seine Frau den Dienst verrichten. Kam es trotzdem zu Unfällen, wurde der Bahnwärter wegen Vernachlässigung seiner Pflicht hart bestraft.“[27]

Bei den Eisenbahnbediensteten wurde erstmals die Klasse der Lohnabhängigen im großen Maßstab künstlich und höchst wirkungsvoll gespalten. Bei den deutschen Eisenbahngesellschaften gab es die nicht ständig beschäftigten Arbeiter (sie wurden insbesondere zu Erntezeiten eingesetzt) und die ständig beschäftigten Arbeiter, die den eigentlichen Betriebsdienst versahen und in der Regel im Schichtdienst arbeiteten, sowie die Werkstättenarbeiter, die über eine regelmäßige Arbeitszeit verfügten, aber – ähnlich den Eisenbahnbauarbeitern – einer rigorosen Disziplin unterworfen waren. Schließlich gab es verschiedene Gruppen von Eisenbahnbeamten mit entsprechend abgestuften Privilegien und sozialen Sicherheiten. Deren wichtigstes und für die Bindung der Beschäftigten an den Staat entscheidendes Privileg war zweifellos die Pension nach dem Ausscheiden aus dem aktiven Dienst bzw. beim Tod eines solchen Beamten der Anspruch auf Unterhalt aus der Staatskasse für seine „Relikte" – die Witwe und die unmündigen Kinder. Dieser Pensionsanspruch galt jedoch zum einen erst ab der zweiten Hälfte des 19. Jahrhunderts für alle Beamten gleichermaßen (für die Eisenbahnarbeiter wurde eine Altersversorgung noch viel später – in Bayern beispielsweise erst im Jahr 1888 – erreicht). Zum anderen lagen diese Bezüge für die große Masse der Beamten gerade auf der Höhe des Existenzminimums. Vielfach fand sich der entscheidende Unterschied zwischen den Bahnbeamten der unteren Kategorie, die die Mehrheit der Beamten bildeten, und den Bahnarbeitern im gezielt gezüchteten Standesdünkel der Ersteren und ihrer Hoffnung auf sozialen Aufstieg. Ihre Gehälter lagen auf der Höhe derjenigen der Arbeiter und bestanden zudem zu einem Drittel aus unregelmäßigen Zulagen.

Die fast militärische Arbeitsdisziplin, die den – uniformierten – Bahnbediensteten abverlangt wurde, fand ihre Ergänzung in der geplant betriebenen wachsenden Durchsetzung der Bahnbelegschaften mit ehemaligen Soldaten und Unteroffizieren. In dem Maß, in dem die Militärs die strategische Bedeutung der Eisenbahnen entdeckten, sahen sie in der Durchsetzung der Bahnbediensteten mit „Altgedienten" – begleitet von einem Verbot politischer Betätigung und sozialdemokratisch-gewerkschaftlicher Organisation – die beste Garantie dafür, dass die Eisenbahnen im Kriegsfall und bei inneren Unruhen in ihrem Sinn funktionierten. Tatsächlich gelang es der deutschen Sozialdemokratie bis zur Jahrhundertwende kaum, Eisenbahner zu organisieren. Von den Bahnverwaltungen tolerierte und zum Teil geförderte Verbände – wie der „Bayerische Eisenbahnverein" – erklärten sich in ihrem Statut nicht nur als „treu zu König und Vaterland", sondern grenzten sich auch ausdrücklich gegen die Sozialdemokratie ab: „… bekennt sich jeder Eisenbahnbedienstete durch seinen Eintritt in den Verein als Gegner der sozialdemokratischen Grundsätze und Bestrebungen …"[28]

Das System einer stark zersplitterten Struktur der Beschäftigtenverhältnisse, die militärischen Elemente darin und die besondere Funktion der Beamtenverhältnisse scheinen bei den europäischen Bahngesellschaften verbreitet gewesen zu sein. So war beispielsweise in Österreich die Existenz der Beamtenverhältnisse nicht an den Charakter einer Bahn als Staatsbahn gebunden. Beppo Beyerl schreibt hierzu: „Im Jahr 1857, also drei Jahre nach dem Entstaatlichungsgesetz (mit dem der größte Teil der österreichischen Eisenbahnen zu privatkapitalistisch betriebenen Bahnen wurde; W.W.), erhielten die Beschäftigten der Privatbahnen den Status, der sie jenem von Beamten anglich. Ihr Dienst wurde bis ins letzte Detail geregelt: So mussten sie Uniformen tragen, um sich von Zivilisten zu unterscheiden. ... Die neuen hierarchischen Arbeitsregelungen unterschieden nicht mehr die Art der Tätigkeit, teilten also nicht mehr in Heizer oder Bahnwärter ein, sondern schufen eine Art innerbetriebliches Klassensystem." In den entsprechenden Statuten wurden fünf Kategorien von Bediensteten eingeführt: „1. Definitive Beamte, 2. Provisorische Beamte, 3. Diurnisten (subalterne Beamte mit gewissem Ansehen, aber bescheidenem Salär; W.W.), 4. Definitive Diener, 5. Provisorische Diener."[29]

Nicht überall gelang es, die Bahnbeschäftigten derart zu spalten, dass sie ihre gemeinsamen Interessen hintanstellten. In den USA war der nationale Streik der Eisenbahnbeschäftigten im Jahr 1877 – mit zweiwöchigen Besetzungsaktionen, bewaffneter Verteidigung der Streikenden, erstmaligem Einsatz des Militärs gegen Streikende – ein Meilenstein in der Geschichte der Arbeiterbewegung. Bei diesen kämpferischen Aktionen wurden nach der Beschreibung von Dick Roberts typische Spaltungsmechanismen überwunden: „Die traditionellen Spannungen zwischen den irischen und den tschechischen Arbeitern, die so heftig wie in jeder anderen Stadt in den USA waren, erwiesen sich in Pittsburg (einem Zentrum des Arbeitskampfes; W.W.) plötzlich als irrrelevant in dem gemeinsamen Kampf gegen die Polizei, gegen die Behörden und gegen die sogenannten respektablen Bürger der Stadt." Der Streik wurde vom US-Militär gewaltsam niedergeschlagen; an die 100 Eisenbahner wurden erschossen. Der republikanische US-Präsident Rutherford Hayes schrieb am 5. August 1877 in sein Tagebuch: „Die Streikenden wurden mit Gewalt niedergemacht." Teil der Eisenbahngeschichte ist, dass dieser Präsident nicht frei gewählt, sondern von dem Eisenbahnkönig Thomas Scott, Eigner der Pennsylvania Railroad, ins Präsidentenamt gehievt wurde.[30]

Volkswirtschaftliche Bedeutung der Eisenbahnen – die zweite Transportpreisrevolution

„Mit der Eisenbahn hatte die Industrialisierung ihr industrielles Zugpferd gefunden." Harald Bodenschatz hat mit diesen Worten die allgemeine Bedeutung und Funktion der Eisenbahnen für die industrielle Revolution im Allgemeinen treffend charakterisiert, wenn er auch – wie die vorherrschende Verkehrswissenschaft – die vorangegangene Revolutionierung des Transports durch die Binnenschifffahrt weitgehend ignoriert.[31] Neben den Kanälen waren es nun Dampfeisenbahnen, die den Raum ebenso erschlossen, wie sie Räume und regionale Strukturen zerstörten.

Die Nationalökonomen des 19. und 20. Jahrhunderts wurden nicht müde, insbesondere die ökonomischen Vorteile der Eisenbahn herauszustreichen. Sie konnten sich dabei auf den deutschen Eisenbahnpionier und Eisenbahnunternehmer Friedrich List beziehen, der bereits 1837 voraussagte: „Der wohlfeile, schnelle, sichere und regelmäßige Transport von Personen und Gütern ist einer der mächtigsten Hebel des Nationalwohlstands und der Zivilisation."[32] Er predigte der Landwirtschaft, welche Vorteile der Schlachtviehtransport über große Entfernungen gegenüber dem bisher üblichen Auftrieb hätte; die damit ausbleibenden Gewichtsverluste der Tiere würden sich in Mehreinnahmen niederschlagen. Insbesondere führte er aber der Industrie vor Augen, dass die Eisenbahn Kohle und Erz so nahe zusammenrücken würde, wie dies in England zum Teil von Natur aus der Fall war. Aus diesem Grund würde die Konkurrenzfähigkeit Deutschlands enorm gesteigert werden.

Tatsächlich brachten die Eisenbahnen eine doppelte Preisrevolution mit sich: eine erste qualitative, die mit der Einführung der Eisenbahn selbst verbunden war, und eine zweite im Rahmen der Verallgemeinerung des Eisenbahnverkehrs, der Vernetzung der Nationalstaaten mit den Schienenwegen und der allgemeinen Beschleunigung des Schienenverkehrs von Dekade zu Dekade.

Das Beispiel einer Eisenbahnlinie, die bei Osnabrück ab 1866 eine Erzgrube mit den acht Jahre zuvor errichteten Hochöfen verband, verdeutlicht die erstgenannte Preisrevolution. 1858 kostete der Erztransport mit Pferdefuhrwerken von der Grube zu den Hochöfen je nach Witterung 2,50 bis 5 Mark je Tonne. Der Eigner der Hochöfen, der Georg-Marien-Bergwerks-und-Hüttenverein, ließ daraufhin eine Chaussee errichten (der Bau der Eisenbahnlinie hatte sich durch massive politische Widerstände verzögert). Dadurch konnte der Frachtpreis je Tonne auf 1,80 bis 2,40 Mark gesenkt werden. Nach Eröffnung der Eisenbahnlinie 1866 sanken die Kosten auf 0,30 Mark. Das heißt, die Transportkosten konnten gegenüber dem Transport auf der alten Straße auf 6-12% und gegenüber dem Transport auf einer neuen Chaussee auf 12-16% gesenkt werden.[33] Ähnliches wird aus England berichtet. Im Güterverkehr Mittelenglands allerdings war der Konkurrent der Eisenbahnen die Kanalschifffahrt, deren Transportpreise sie nicht mehr wesentlich unterbieten konnten.[34]

Die zweite Preisrevolution fand im Rahmen des Eisenbahnverkehrs selbst statt und war vor allem Resultat der Rationalisierungen, die der im großen Maßstab betriebene Bau von Eisenbahnlinien sowie die zunehmende industrielle Fertigung von Lokomotiven und Waggons mit sich brachten. Tabelle 3 zeichnet diesen Prozess und die gleichzeitig stattfindende Steigerung der Transportmengen nach.

Es kam zu einem kontinuierlichen Rückgang der Transportpreise im Güterverkehr. In den ersten drei angeführten Dekaden machten diese in absoluten Zahlen nachgerade Sprünge nach unten. Wichtig sind jedoch auch die fortgesetzten Rück-

Tabelle 3: Güterverkehr auf deutschen Eisenbahnen und die Entwicklung der Transportpreise im Zeitraum 1840-1913[35]

Jahr	Geleistete Tonnenkilometer (tkm) in Mio.	Transportpreis pro tkm in Pfennig	Gesamte Transportkosten für Industrie und Landwirtschaft in Mio. Mark
1840	3	16,9	0,5
1850	302	10,2	30,8
1860	1.675	7,9	132,3
1870	5.875	5,6	329,0
1880	13.039	4,4	573,7
1890	22.237	3,9	867,2
1900	34.699	3,7	1.283,9
1910	51.851	3,7	1.918,5
1913	61.744	3,6	2.222,8

gänge in den späteren Jahrzehnten und deren Verbindung mit den gerade in diesem Zeitraum massiv steigenden Transportleistungen. Die letzte Spalte der Tabelle, die aus einer einfachen Multiplikation von geleisteten Tonnenkilometern und Transportkosten pro Tonnenkilometer entsteht und sich im Großen und Ganzen mit den realen Einnahmen der deutschen Eisenbahnen aus dem Gütertransport deckt, belegt: Während sich die tatsächlichen Ausgaben der deutschen Industrie und Landwirtschaft für Transporte im Zeitraum 1850-1913 „nur" um das 72fache steigerten, nahm der stoffliche Gütertransport um mehr als das 200fache zu. Die realen Transportpreise sanken bis 1886 sogar noch stärker als die in der Tabelle wiedergegebenen nominellen Zahlen, da es im Zeitraum 1871-1886 eine Deflation – sinkende Preise – gab.[36]

Verknüpft man diese Zahlen mit den Angaben in Tabelle 2, lässt sich eine ständig steigende Auslastung des bestehenden Eisenbahnnetzes nachweisen, was wiederum einen wichtigen Faktor für die Verbilligung der Transporte darstellt. So wurde beispielsweise in den 1870er Jahren das Schienennetz nur noch um rund 35% erweitert; die auf diesem Schienennetz erbrachte Transportleistung stieg jedoch um über 100%. Noch deutlicher im darauf folgenden Jahrzehnt: Einem Ausbau des Schienennetzes von „nur" 20% stand eine Steigerung der Transportleistung von über 70% gegenüber.

Je dichter das Eisenbahnnetz eines Landes und je niedriger die relativen Transportkosten waren, desto ausgeglichener wurde schließlich das allgemeine Preisniveau innerhalb eines Landes. Der rein physische „Standortvorteil" einer Produktionsstätte wurde zunehmend unwichtig; die Eisenbahnen überrollten eine ganze Schule der Nationalökonomie: die Anhänger der Bodenrente.[37] Erst die Beschleunigung und Verbilligung des Transports verallgemeinerten die Konkurrenz. Der Preis einer Ware war am Ort der Fertigung nur noch unwesentlich niedriger als an den verschiedensten Verkaufspunkten des nationalen Marktes. Nun konnten auch Fertigungsstätten weit entfernt von den zur Produktion benötigten Rohstoffen errichtet werden, ohne dass damit größere Wettbewerbsnachteile verbunden waren.

Interessant sind natürlich Berechnungen der unterschiedlichen Transportverhältnisse, die zwischen dem Eisenbahnzeitalter und dem Zeitalter der Pferdefuhrwerke existierten – Dampfkraft versus Pferdekraft. Werner Sombart gibt einen solchen Vergleich wie folgt wieder: „Im Jahr 1846 mühten sich auf den Straßen des (deutschen) Zollvereins 38.349 Pferde um die Bewältigung des Fracht- und Reiseverkehrs, Meitzen berechnet die Leistungsfähigkeit dieser armen Tiere auf rund 130 Millionen Tonnenkilometer. Dagegen betrug wiederum die Zahl der von den deutschen (Voll-)Eisenbahnen zurückgelegten Tonnenkilometer im Jahr 1910 56.276 Millionen, das ist also etwa die fünfhundertfache Leistung des alten Frachtverkehrs.“[38] Wie teilweise bereits berichtet und wie noch im Einzelnen dargestellt werden wird, stieg im selben Zeitraum auch der Transport auf den deutschen Binnenwasserstraßen massiv an. Damit war der reale Anstieg des Güterverkehrs noch deutlich höher als die hier errechnete Verfünfhundertfachung im Zeitraum von rund 65 Jahren.

Die enorme und in der Geschichte des Kapitalismus nie mehr wiederholte Steigerung des Transports wurde erneut – und vielfach ähnlich wie in der Ära der Kanäle – durch Sonderbedingungen erreicht: Es gab Kapital von außen – aus den Kolonien und in Form von Reparationen. Es gab über ein Jahrhundert hinweg die weit überdurchschnittlich hohe Ausbeutungsrate vor allem im Eisenbahnbau und lange Zeit auch im Eisenbahnbetrieb. Und schließlich gab es – wie im Folgenden detailliert dargestellt werden wird – ein großes Engagement der Staaten: Während der Eisenbahnbau einerseits überwiegend privatkapitalistisch betrieben und in diesem gewaltige private Gewinne realisiert wurden, sprang am Ende fast immer der Staat dann ein, wenn die privaten Kapitalisten versagten und/oder Pleite gingen. Dabei erfreute sich dieser staatliche Interventionismus allseitiger Beliebtheit, da er unter anderem zu einem flächenhaften Ausbau der Schienenwege führte und damit für die Klasse der Unternehmer bessere, da verallgemeinerte Transportbedingungen schuf. Die oft enteigneten Eisenbahnindustriellen waren ob der Eingriffe auch selten erbost, da der Staat sie großzügig entschädigte bzw. die dem Kapitalismus „eigentlich“ inhärenten Folgen von Konkursen für betroffene „Investoren“ außer Kraft setzte. Die staatliche Intervention galt natürlich auch der Schaffung günstiger gesetzlicher Bestimmungen für den Eisenbahnbau. Das dort angelegte Kapital unterlag so gut wie keinerlei Beschränkungen. Die privaten Bahngesellschaften wurden mit großzügigen Landschenkungen zu beiden Seiten der Trassen bedacht. Die bürgerliche Gesellschaft, die nach ihrem Selbstverständnis das Privateigentum als höchstes Gut betrachtet, erließ weltweit fantasievolle Gesetze und Verordnungen, die Enteignungen in großem Umfang zum Zwecke des Eisenbahnbaus ermöglichten.[39]

Ein entscheidender Grund für den Erfolg der Eisenbahnen bestand in der Temposteigerung. Alle bisher genannten Charakteristika der Eisenbahnen – Art der Streckenführung, Preisrevolution, extreme Formen der Ausbeutung menschlicher Arbeitskraft sowie die Kombination von privatem und staatlichem Engagement – trafen auch auf die Transporte auf Kanälen, schiffbaren Flüssen und Strömen zu. Die qualitative Geschwindigkeitssteigerung ist allerdings ein neues Element in der Geschichte menschlicher Produktion, das erstmals mit den Eisenbahnen auftauchte. Zwei Jahrtausende lang hatte sich die Transport- und Reisegeschwindigkeit kaum verändert. Cäsar und Napoleon ließen vergleichsweise gute Straßen bauen. Die Geschwindigkeit des zivilen Verkehrs darauf – auch das Tempo beim Vormarsch und Rückzug der Heere – hatte sich über diese 2.000 Jahre hinweg kaum verändert. Entscheidender Grund dafür war, dass die Antriebskräfte beim Personen- und Güterverkehr mit Mensch und Pferd zu Lande sowie mit Mensch, Pferd und Wind zu Wasser dieselben blieben.

Hier kam es nun mit der Dampfkraft auf den eisernen Schienen – und zeitlich weitgehend parallel auf den Wasserstraßen und Seewegen – zu einer qualitativen Beschleunigung. Im Allgemeinen multiplizierte die Dampfkraft die Geschwindigkeiten gegenüber den bis dahin vorherrschenden Antriebsarten („Traktionen") mittels menschlicher Füße bzw. vermittelt über Pferde und Esel um die Faktoren 3 bis 5. Die Eisenbahnen brachten im Vergleich zu den Pferdefuhrwerken eine Steigerung der Geschwindigkeit um das Zehnfache, wenn wir als durchschnittliche Transportgeschwindigkeit mit Pferdekraft 5 Stundenkilometer und im Fall von Eisenbahnen im zweiten Drittel des 19. Jahrhunderts eine solche von 50 Stundenkilometern unterstellen.

Das Tempo von Verkehr und Transport wurde durch die neue Art der Streckenführung noch erhöht. Bereits im Kanalbau war versucht worden, natürliche Gegebenheiten zu ignorieren und möglichst kurze Verbindungen zu wählen. Dafür gab es bei dieser Transporttechnologie zwar bereits die notwendigen Mittel (Bau von Schleusen, Tunnels und Aquädukten), allerdings war ein rein technisch bedingter Zwang dazu erst teilweise vorhanden. Bei der neuen Transporttechnologie der Eisenbahnen gab es für die Herstellung kürzestmöglicher Verbindungen ebenfalls von Anfang an die Mittel (Tunnels, Brücken, Viadukte, Einschnitte), nunmehr aber auch technische Notwendigkeiten für die direkte Streckenführung: Eisenbahn-Schleusen oder gar „Schleusenfolgen", um auf kurzer Distanz größere Höhenunterschiede zu überwinden, waren nicht vorstellbar. Eisenbahnen konnten und können maximale Steigungen von 25 Promille (2,5 Meter auf 1.000 Meter) realisieren. Der Charakter des rollenden Materials und die hohen Geschwindigkeiten, mit denen Eisenbahnen betrieben werden, erfordern zudem weite bzw. verbieten enge Radien und eine „mäandernde“, stark kurvenreiche Streckenführung, wie sie für viele britische und teilweise auch französische Kanäle typisch war.

Entsprechend unterschieden sich die Eisenbahnnetze qualitativ von den Straßennetzen der damaligen Zeit. Die Eisenbahnen waren, sobald die ersten Teilstücke verbunden wurden und sich ein Netz herausbildete, für den fließenden Verkehr gebaut; sie verbanden nicht, wie dies bis dahin bei den Landstraßen der Fall gewesen war, Stadt mit Stadt. Entsprechend lagen die neu erbauten Bahnhöfe am Rand der Städte. Sie wurden später durch die Ausdehnung der Städte wieder in diese „zurückgeholt“. Teilweise entstanden auch neue Bahnhöfe völlig außerhalb der Städte – der Hochgeschwindigkeitsbahnhof Kassel-Wilhelmshöhe spielte in Westdeutschland in den 1980er Jahren eine entsprechende Vorreiterrolle. Der „moderne“ Straßenbau entledigte sich erst im 20. Jahrhundert seiner Jahrhunderte alten Tradition und errichtete, sich an den Kanälen und Eisenbahnen orientierend, mit den „Motorways“, „Highways“ und „Autobahnen“ ebenfalls ein Fernstraßenverkehrsnetz für den fließenden Verkehr, nunmehr noch weiter außerhalb der Städte gelegen und oft parallel zu den bestehenden Eisenbahnlinien.

Der erste Tempowahn, der ab Mitte des 19. Jahrhunderts mit den Eisenbahnen erreicht wurde, hatte eine ambivalente Wirkung: Einerseits wurden weit entfernte Räume zueinander gebracht. Andererseits wurden regionale Räume entwertet und regionale Strukturen teilweise zerstört. Der Verlust von Nähe oder die „Entwertung“ von Nähe und Regionalem mögen noch keine allzu großen Zerstörungen im eigentlichen Wortsinn gewesen sein. Die Begriffe Umweltzerstörung und Klimaveränderung spielten hinsichtlich der Transportsysteme keine große Rolle. Möglicherweise war die *kulturelle* Auswirkung dieser ersten qualitativen Geschwindigkeitssteigerung in der menschlichen Geschichte weit wichtiger als die materielle. Die Nähe verlor ihr Gesicht und ihren Wert. Die Weite erhielt das Prädikat „Wert an sich“. Der französische Romancier Victor Hugo verarbeitete die veränderten Wahrnehmungsformen bei hoher Eisenbahngeschwindigkeit literarisch und brachte damit gleichzeitig das wesentlich Neue auf den Punkt: „Die Blumen am Feldrain sind keine Blumen mehr, sondern Farbflecken, vielmehr rote oder weiße Streifen. Es gibt keinen Punkt mehr, alles wird Streifen; die Getreidefelder werden zu langen gelben Strähnen; die Kleefelder erscheinen wie lange grüne Zöpfe; die Städte, die Kirchtürme und die Bäume führen einen Tanz auf und vermischen sich auf eine verrückte Weise mit dem Horizont; ab und zu taucht auch ein Schatten, eine Figur, ein Gespenst an der Tür auf und verschwindet wie ein Blitz, das ist der Zugschaffner.“[40]

Kapitel 3
Die Vereinigten Staaten von Amerika – das Land der Eisenbahnen

Good morning, America, how are you?
Hey, don't you know me? – I'm your native son.
I'm the train they call the City of New Orleans.
I'll be gone 500 miles when the day is done.
US-Folksong von Steve Goodman

Ein großer Teil von 4.818.535 Dollar (der Southern Pacific-Eisenbahngesellschaft) wurde benutzt, um die Gesetzgebung zu beeinflussen und den Erlaß von Maßregeln zu verhindern, die gegen die Interessen der Eisenbahngesellschaft gerichtet zu sein schienen, und nicht zuletzt, um die Wahlen zu beeinflussen.
Report of U.S. Pacific Railway Commission, 1887 (US-Kongress)

In der zweiten Hälfte des 19. Jahrhunderts war Nordamerika der Kontinent der Eisenbahnen. Hier war in diesen Jahrzehnten das strukturelle Gewicht des mit den Eisenbahnen verbundenen Gewerbes größer als in irgendeinem Land Europas. Bis in die 1920er Jahre hinein hatten die USA eine Vielzahl von Rekorden im Eisenbahnwesen aufgestellt. In seiner fulminanten Geschichte über die „Railways of the World" schreibt Brian Hollingsworth: „Amerika mag die Eisenbahnen geschaffen haben, aber in Wirklichkeit haben die Eisenbahnen Amerika geschaffen."[1] Doch mehr als in jeder anderen Region der Welt kann die Geschichte der Eisenbahnen in Nordamerika – und zwar ihr Aufstieg und ihr Niedergang – nicht verstanden werden ohne eine Analyse der Vorgeschichte des Eisenbahnzeitalters, und das war hier mehr als anderswo die Geschichte der Fluß- und Kanalschifffahrt.

Am Beginn der industriellen Revolution war in Nordamerika die Ausgangssituation im Verkehrssektor eine völlig andere als in Europa. Es gab zwei gravierende Unterschiede: erstens eine extrem dünne Besiedelung durch die weiße kolonisierende Bevölkerung sowie daraus resultierend das Fehlen eines Straßennetzes und eines Überland-Kutschenverkehrs; zweitens war die Kanal- und Flussschifffahrt ein halbes Jahrhundert lang die vorherrschende Transporttechnologie für den Güter- und den Personenverkehr.

In Europa trat als entscheidende Konkurrenz der Eisenbahnen der Frachtverkehr mit Pferden und der Pferdekutschenverkehr auf, wobei die Grundlage dieser Verkehrsform ein europaweites, teilweise in zwei Jahrtausenden gewachsenes und im 17. und 18. Jahrhundert oft stark ausgebautes Straßennetz war. In den USA gab es nichts Vergleichbares. Die Besiedelung durch die weißen Einwanderer begann an den Küsten, überwiegend an der Ostküste. Sie erschloss von dort aus erste größere Teile des Kontinents, indem sie den Flussläufen folgte. Ein überörtliches Straßennetz entwickelte sich auf Grund dieser Form der Besiedelung nicht. Die Fahrt in der Kutsche, obgleich im klassischen Western-Film allgegenwärtig, war nicht, wie in Europa, ein Massenphänomen. Stattdessen war bereits Anfang des 19. Jahrhunderts – so Wolfgang Schivelbusch in seiner wunderbaren „Geschichte der Eisenbahnreise“ – der „Flußdampfer für die amerikanische Eisenbahn das, was die Kutsche für die europäische war: Reisemittel und Reiseform, die repräsentativ für die Periode vor Einführung der Eisenbahn waren und an denen die Eisenbahn sich orientierte“.[2] 1812 verkehrten auf den nordamerikanischen Flüssen bereits mehr als 50 Dampfschiffe und erschlossen gewaltige Gebiete für die weißen Kolonisatoren. 1819 fuhr mit dem amerikanischen Dampfschiff „Savannah“ der erste Ozeandampfer über den Atlantik; sechs Jahre vor Eröffnung der ersten öffentlichen Eisenbahn legte er in der nordamerikanischen Hafenstadt Savannah/Georgia ab, erreichte 25 Tage später das englische Handels- und Industriezentrum Liverpool und verband damit das zukünftige Zentrum des Kapitalismus mit dem bisherigen.[3] Um die Jahrhundertmitte war die Tonnage der Flussdampfer allein auf den großen Strömen Mississippi und Ohio und ihren Nebenflüssen größer als diejenige der gesamten britischen Hochsee-Dampferflotte.

Die Eisenbahnen Nordamerikas wurden von dieser Revolutionierung des Transportwesens nachhaltig geprägt. Auch die Waggonform, die sich hier Anfang der 1840er Jahre durchsetzte, knüpfte am Innenraum der Flussdampfer an: ein langgestreckter Durchgangswagen ohne Abteile, ohne, wie in Europa, die Reminiszenz an die Kutsche. Die in der Regel vier Sitze je Reihe waren durch einen Mittelgang getrennt; die Sitzrückenlehnen waren umstellbar, sodass die Reisenden in beide Richtungen blicken konnten. Damit entlieh der nordamerikanische Eisenbahnwaggon nicht nur das Design, sondern zugleich die Reisephilosophie von der Fluss- und Kanalschifffahrt: Mobilität und freie Beweglichkeit während der Reise.

Eine Unterteilung nach Klassen gab es bei den nordamerikanischen Eisenbahnen in den ersten Jahren nicht. Ralf Roman Rossberg sieht darin einen Ausdruck des „demokratischen Selbstverständnisses aller Bürger“, die sich „mehr oder minder zur Gleichheit bekannten“[4]; Wolfgang Schivelbusch „erscheint … der klassenlose Großraumwagen ökonomisch, politisch, psychologisch, kulturell als adäquater Reisebehälter einer demokratischen Pionier-Gesellschaft, wie das Abteil seinerseits die europäischen gesellschaftlichen Verhältnisse zum Ausdruck bringt“.[5]

Von „Klassengleichheit“ konnte jedoch nur begrenzt und zeitlich beschränkt die Rede sein. Ab 1859 vollzogen die amerikanischen Eisenbahnen mit der Einführung des „Pullman-Waggons", einer luxuriösen Weiterentwicklung des Durchgangswagens, die Annäherung an die gesellschaftliche Realität; faktisch wurde damit eine erste Klasse eingeführt. Vor allem darf nicht vergessen werden, dass die egalitären Tendenzen sich ausschließlich auf die *weiße* „community" bezogen. Die schwarze Bevölkerung war vom Transport per Eisenbahn weitgehend ausgeschlossen bzw. als Eisenbahnarbeiter und als Diener in den Schiffsrestaurants und in den ersten Eisenbahnrestaurants präsent. Für die einheimische indianische Bevölkerung war die Eisenbahn der Transporteur ihrer Liquidatoren: Je weiter das Eisenbahnnetz in Nordamerika den Raum für die weißen Kolonisatoren erschloss, desto mehr tote Indianer säumten die Schienenstränge, desto enger wurde der Lebensraum für die überlebende indianische Bevölkerung. Die Buffalo Bill zugeschriebene Großtat, in 18 Monaten 4.000 Büffel erlegt zu haben, diente der Verpflegung der Bahnarbeiter der Union Pacific Railroad Company, die 1869 die erste transkontinentale Eisenbahnverbindung Nordamerikas bauten.

Der Wettlauf zwischen Nordamerika und Europa

Der Beginn von Nordamerikas Zeitalter der öffentlich betriebenen Eisenbahnen wird auf den 28. Dezember 1829 datiert. Vier Jahre nach Eröffnung der Strecke Stockton–Darlington in England wurde in den Vereinigten Staaten die 24 Kilometer lange Verbindung Baltimore–Ellicott Mills eröffnet.[6] Bereits fünf Jahre später, als in Deutschland die erste Eisenbahnstrecke gebaut wurde, verfügten die USA mit 1.500 Kilometern Bahnstreckenlänge über das weltweit größte Netz (England: 720 Kilometer). Ein Jahrzehnt später, im Jahr 1840, war das US-Streckennetz mit rund 4.500 Kilometern größer als alle europäischen Bahnstrecken zusammengenommen. Die weitere Entwicklung der Eisenbahnnetze in Nordamerika und Europa gleicht in der folgenden Zeit einem dramatischen, Jahrzehnte hin und herwogenden Wettlauf, bei dem es am Ende jedoch einen eindeutigen Sieger gab (siehe Tabelle 4).

In den vier Jahrzehnten 1840-1880, als alle europäischen Nationalstaaten einen Eisenbahnbau-Boom erlebten, entwickelten sich die Netze auf dem europäischen und dem nordamerikanischen Kontinent weitgehend parallel, d.h., sie erlebten eine vergleichbar explosionsartige Ausdehnung. Als 1870 und 1880 Nordamerika hinter Europa zurückzufallen schien, waren dies Auswirkungen des Bürgerkrieges (1861-1865) und der „Granger-Bewegung", mit der versucht wurde, zum Schutz der landwirtschaftlichen Erzeugnisse ein staatliches Eingreifen in die Tarifgestaltung durchzusetzen. Dann allerdings begann in Nordamerika ein drei Jahrzehnte andauernder Eisenbahnbau-Boom, der auf der Welt einmalig war und eine Ausdehnung des Streckennetzes mit sich brachte, hinter der das europäische am Ende

Tabelle 4: Der Eisenbahnbau in den USA und in Europa 1840-1925 – Netzlänge in Kilometern[7]

	USA	Europa
	Netzlänge in km	
1840	4.534	2.925
1850	14.515	23.504
1860	49.292	51.862
1870	85.139	104.914
1880	150.717	168.903
1890	268.409	223.714
1900	311.094	283.878
1925	420.580	ca. 310.000

um rund 100.000 Kilometer Netzlänge zurückblieb. In diesem Zeitraum wurden im Jahresdurchschnitt 7.500 km neue Bahnstrecken erstellt; das nordamerikanische Netz weitete sich von rund 150.000 km im Jahr 1880 auf 312.000 km um die Jahrhundertwende und auf mehr als 400.000 Kilometer im Jahr 1925 aus.

Sieg der Eisenbahnen über die Fluss- und Kanalschifffahrt und erste transkontinentale Eisenbahnverbindung

Die ungeheure Ausdehnung des nordamerikanischen Eisenbahnnetzes ist zunächst aus der beschriebenen grundsätzlich unterschiedlichen Situation gegenüber Europa zu erklären. Auf dem alten Kontinent und in England gab es seit Jahrhunderten Verkehr zwischen Handelsplätzen und großen Wirtschaftszentren. Dieser wurde mit den Eisenbahnen weitgehend verbessert, gesteigert, beschleunigt, kurz: intensiviert. In Amerika dagegen, so Ralf Roman Rossberg, „mussten die Bahnen der Zivilisation erst den Weg bereiten, eilten der kulturellen und wirtschaftlichen Entwicklung weit voraus. Ihre erste Aufgabe bestand darin, Land 'wegsam' zu machen und neue Ansiedlungsmöglichkeiten zu schaffen". In dieser Situation sei Verkehr weitgehend „von selbst gefolgt, durch die Bedürfnisse der Niederlassungen ebenso wie durch ihre Erzeugnisse".[8]

Dabei galt zunächst: Solange der nordamerikanische Eisenbahnbau nicht entlang von Flüssen oder Kanälen mit Dampfschifffahrt verlief, war er ohnehin *konkurrenzlos*: Überlandstraßen existierten nicht und erst recht keine Lobby, die deren Bau vorangetrieben hätte. Auch gab es ausreichend mögliche Verbindungen, die mit Kanälen nicht oder nicht ohne großen Aufwand herstellbar bzw. die für Eisenbahn-Verbindungen leichter zu bewerkstelligen waren. In der zweiten Hälfte des 19. Jahrhunderts hatte die Transporttechnologie der Eisenbahnen ihre Überlegenheit derart deutlich unter Beweis gestellt, dass nun auch Strecken eröffnet wurden, die Schiffsverkehr ersetzten bzw. diesen auf begrenzte Segmente – beispielsweise den Güterverkehr – einengten.

Dabei begünstigte ein „glücklicher" Umstand die teilweise Aufhebung der Konkurrenz zwischen Dampfschifffahrt und Dampfeisenbahn: der amerikanische Bürgerkrieg (1861-1865) und die damit einhergehende Umstrukturierung des im Transportsektor angelegten Kapitals. Der Beginn des Bürgerkrieges hatte die Nordstaaten unvorbereitet getroffen. Große Transportkapazitäten auf Schiffen mussten bereitgestellt werden, um die Armeen zu ihren Einsatzorten zu befördern. Gleichzeitig sollte der Bau strategischer Eisenbahnlinien vorangetrieben werden. Private Engagements in der Fluss- und Seeschifffahrt waren nicht mehr sonderlich rentabel. „Nach Ausbruch des Bürgerkriegs, als die See den Kaperschiffen preisgegeben war, hatten die amerikanischen Reeder auf einmal eine Menge überflüssiger Schiffe." Damit mussten sie sich, so Gustavus Myers in seiner Geschichte der „Großen amerikanischen Vermögen", „gezwungenermaßen vom Seehandel zurückziehen". Sie „sahen sich nach zwei Auswegen um, erstens nach einer Verwendung für ihre Schiffe, zweitens nach einer neuen und sicheren Methode, Millionen zu erwerben".[9]

Die Rechnung ging auf. Der Staat kaufte den größten Teil der bisher privaten Schiffsflotte. Es handelte sich, wie spätere Untersuchungsausschüsse des Senats belegten, oft um kaum seetüchtige Schiffe, die zu Wucherpreisen vom Staat übernommen wurden. Die früheren Reeder stiegen ins Eisenbahngeschäft ein, zumeist dadurch, dass sie – ohne irgendeine Vorkenntnis der Branche – mit dem Millionensegen aus dem Steuersäckel eine größere Zahl privater Eisenbahnlinien aufkauften. In dieser Eigenschaft waren sie dann auch die wichtigsten Nutznießer der Landschenkungen, die der amerikanische Bundesstaat den Aktiengesellschaften im Fall des Baus neuer Bahnlinien zukommen ließ. Auf diese Weise entstand bis Ende des 19. Jahrhunderts das größte Eisenbahnimperium Nordamerikas und das größte Geld- und Industrievermögen der damaligen Welt: dasjenige des Cornelius Vanderbilt bzw. später der Vanderbilt-Gruppe.

Die erste transkontinentale Eisenbahnverbindung Nordamerikas wurde 1863, inmitten des Bürgerkrieges, in Angriff genommen. Das dem Norden verbundene Kalifornien an der Pazifikküste, das bis zum Jahr 1846 zu Mexiko gehört hatte, sollte damit strukturell und politisch mit dem Zentrum der Unionisten an der Atlantikküste verbunden werden. Der Bau wurde militärisch und hinsichtlich des Zusammenhalts der jungen Nation als strategische Aufgabe gesehen, weswegen der US-Kongress in den Jahren 1862 und 1864 für den Bau dieser Strecke spezielle gesetzliche – und nicht zuletzt finanzielle – Grundlagen schuf.

Der Bau erwies sich, wie noch berichtet werden wird, als Menschenschlacht mit vielen Toten. Am Ende aber zählte das Ergebnis, wie es Ralf Roman Rossberg schildert: „Schon vergessen schienen die Opfer, als am 10. Mai 1869 nahe dem kleinen Ort Promontory, achtzig Kilometer von Ogden am Großen Salzsee entfernt, die Gleise der Central und der Union Pacific zusammentrafen, als der Gouverneur von Kalifornien … den berühmten goldenen Spike, den letzten Schienennagel, einschlug, und als ein extra installierter Telegraph die Meldung von der Vollendung des Brückenschlags über den amerikanischen Kontinent unverzüglich in alle Welt drahtete. New York war über Chicago mit San Francisco verbunden."[10] Von Ozean zu Ozean war der Kontinent mit einer stählernen Spange zusammengeklammert. In Sacramento feuerten die Kanonen, in San Francisco tanzten die Menschen auf der Straße – so jedenfalls heißt es in glorifizierenden Berichten.[11]

Der amerikanische Bürgerkrieg war im Übrigen der erste große Krieg, in dem Eisenbahnen eine zentrale, fast kriegsentscheidende Rolle spielten. Der Norden verfügte mit Abstand über den größten Teil der Eisenbahnlinien und konnte schließlich den Sieg auf Schienen einfahren. Bei Kriegsbeginn befanden sich rund 70% des Schienennetzes unter der Kontrolle der Nordstaaten. Diesen soll es auch weit besser als den Südstaaten gelungen sein, die zahlreichen Eisenbahngesellschaften zu disziplinieren und, soweit erforderlich, unter Regierungsaufsicht zu stellen. Wie noch zu zeigen sein wird, war dies aber vor allem auch eine Frage des Geldes bzw. der Landschenkungen.[12]

Nach dem Bürgerkrieg wurde der Höhepunkt der US-amerikanischen und zugleich der weltweiten Eisenbahngeschichte erreicht; ein Höhepunkt, wie er bezüglich der Reisekultur später niemals – auch nicht durch das Automobil – wieder erreicht werden sollte. Schivelbusch zitiert in seiner Geschichte der Eisenbahnreise zeitgenössische Berichte über einen aus Pullman-Wagen zusammengesetzten Zug: „Badezimmer mit Wannen und Duschen, Frisiersalons, Maniküren, Zofen und Diener, Telegraphenbüros, Bibliotheken, die neuesten Zeitschriften sowie Hotel- und Eisenbahnverzeichnisse, Rauchsalons und natürlich eine riesige Auswahl an Weinen und Spirituosen – all das war in den Luxuszügen der Epoche selbstverständlich. … Eine Zeitlang wird auf der transkontinentalen Strecke der Union Pacific eine tägliche Bordzeitung herausgegeben, nach deren Angaben während der Reise Veranstaltungen wie Gottesdienste und Musikdarbietungen stattfanden, ermöglicht durch zwei in den Waggons installierte Orgeln."[13] Ein Teil dieses Komforts erklärt sich natürlich mit der Reisezeit: Die transkontinentalen Züge Nordamerikas benötigten für die Verbindung zwischen Atlantik- und Pazifikküste sieben und später zwei Tage. Bei der unter dem russischen Zaren gebauten Transsibirischen Eisenbahn, die 1907 in Betrieb genommen wurde und Moskau mit Wladiwostok bzw. Tokio verband, sollte es Parallelen und auch einen vergleichbaren Luxus geben.[14]

Extreme Formen der Ausbeutung der Ware Arbeitskraft

Beim Bau der Eisenbahnen in den USA spielten Faktoren eine Rolle, die, wie dargestellt, bereits beim Kanalbau und beim Bau der Eisenbahnen in Europa relevant waren. Dies gilt auch für die überdurchschnittliche Ausbeutung der Ware Arbeitskraft. Obwohl und weil Arbeit in Nordamerika im 19. Jahrhundert teuer war, wurde gerade beim Bau der Eisenbahnen alles getan, um Arbeitskräfte zu gewinnen, die zu Dumpingpreisen einsetzbar waren. Typisch dafür war der beschriebene Bau der ersten transkontinentalen Eisenbahn. Dieser Streckenbau wurde zunächst überwiegend von weißen Bautrupps in Angriff genommen. Doch man kam, auch auf Grund der schwierigen topografischen Bedingungen und weil die indianische Urbevölkerung sich oft gewaltsam gegen das Vordringen der für sie tödlichen Bahnen wehrte, kaum voran. Mit dem Ende des Bürgerkrieges 1865 füllte ein Heer entlassener und arbeitsloser Soldaten, Abenteurer und Sträflinge die Lohnlisten der Union Pacific Railroad- und der Central Pacific-Eisenbahngesellschaft, die von der Atlantik- bzw. Pazifikküste aus den Bahnbau vorantrieben. Bereits zwei Jahre später hatten Unwetter, Schneestürme und der Widerstand der indianischen Bevölkerung Zustände geschaffen, unter denen die weißen Bahnarbeiter zu Tausenden desertierten. Neue weiße Arbeitskräfte konnten kaum noch gewonnen werden. Die Eisenbahngesellschaften rekrutierten daraufhin mehr als 10.000 chinesische Bahnarbeiter. Diese wurden in San Francisco, aber auch in Peking, Schanghai und Hongkong angeworben. Sie waren es schließlich, die den Weißen die Schwellen für „ihre" Transkontinentale legten, die Sierra Nevada – mit einer maximalen Höhe des Schienenstrangs auf 2.600 Metern über dem Meeresspiegel – bezwangen und für diese Leistung ihr Leben ließen. Tausende tote Bahnarbeiter und ein Vielfaches an getöteten Indianern kostete der Bau dieser Bahn. Genaue Zahlen sind nicht bekannt, US-Zeitungen schlagzeilten jedoch mit: „Jede Schwelle kostet das Leben eines Chinesen".[15]

Die Lage der Beschäftigten in der Industrie zur Herstellung von Lokomotiven und Waggons war vielfach miserabel. Exemplarisch dafür stand das Unternehmen Pullman, der Hersteller von Luxuswaggons, vor allem von Schlafwagen, der 80% des Marktes beherrschte und 20.000 Arbeitskräfte beschäftigte. Die Pullman Company errichtete 1880 in der Nähe von Chicago eine „Musterstadt" für ihre Beschäftigten. In dieser, so Gustavus Myers, „befand sich der Arbeiter in Abhängigkeit wie unter dem Feudalsystem des Mittelalters … Es war nichts weiter als die … Methode aus den Kohleminen …, wo die Arbeiter schlecht bezahlt und dann gezwungen werden, diese Löhne den Gesellschafen wieder zurückzugeben und sich noch dazu eine Schuldenlast aufzuhalsen, indem sie alles, was sie brauchen, in den Läden der Gesellschaft zu fabelhaften Preisen kaufen müssen". So forderte das Unternehmen Pullman in seiner Musterstadt von den Bewohnern – sprich: den

Pullman-Beschäftigten – bei den Energiekosten (Gas) den sechsfachen Preis des Marktüblichen. Im Krisenjahr 1893 reduzierte die Gesellschaft die Löhne willkürlich um ein Viertel. Am 11. Mai 1894 kam es zu einem großen Streik unter Führung der Amerikanischen Eisenbahner-Vereinigung und dem Gewerkschaftsaktivisten Eugene V. Debs. Die Unternehmensführung reagierte mit einem Großaufgebot von Provokateuren und Spitzeln sowie mit einer medialen Offensive zur Zersetzung der Streikaktionen. Schließlich ließ der damalige US-Präsident Cleveland zur Niederwerfung des Streiks Militär einsetzen. Die Gewerkschaftsführer wurden verhaftet. Gustavus Myers: „Die Regierung war in der Tat von den Eisenbahngesellschaften beherrscht.“[16]

Der Pullman-Streik des Jahres 1894, der in der Tradition des beschriebenen Eisenbahnerstreiks von 1877 stand, gilt als Höhepunkt und als eine Wendemarke in der US-amerikanischen Arbeiterbewegung. Sein für die jungen Gewerkschaften Nordamerikas negativer Ausgang mit der Niederlage im Streik und der langjährigen Einkerkerung der Gewerkschaftsführung führte dazu, dass in den folgenden Jahrzehnten das Vertrauen der Arbeitenden in den Streik als ausreichende Waffe gegen die großen Unternehmen abnahm und die Streikwelle, die 1877 eingesetzt hatte, verebbte – wobei es in den Folgejahren Versuche gab, erneut ausgehend von der Eisenbahnergewerkschaft, direkt in das politische Geschehen einzugreifen.[17]

Katastrophal waren die Arbeitsbedingungen bei den mehr als 1,7 Mio. Beschäftigten der Dampfeisenbahnen selbst.[18] Die durchschnittlichen Löhne lagen bei 800 Dollar jährlich – leicht über dem Niveau der Industrie, aber dennoch nur knapp über dem Existenzminimum.[19] Entscheidend war allerdings das, was Myers die „Menschenverwüstung im Eisenbahndienst“ nennt: Im Zeitraum 1888-1907 wurden nach der offiziellen Untersuchung der Interstate Commerce Commission 53.046 Eisenbahnangestellte getötet und mehr als 800.000 „bei der Arbeit verstümmelt oder verkrüppelt“.[20] Allein im Jahr 1910 wurden nach der offiziellen US-Statistik 3.382 Eisenbahner getötet und 95.671 verletzt. Wohlgemerkt: Es geht „nur“ um die Getöteten und Verletzten im Eisenbahnbetrieb, nicht um zivile Opfer von Eisenbahnunfällen. Es war im Übrigen dieser hohe Blutzoll, der in der zweiten Hälfte des 19. Jahrhunderts den Ausgangspunkt der Eisenbahnergewerkschaften bildete; diese hatten zunächst die Funktion von Versicherungen gegen Unfallfolgen.[21] Dabei gab es einen direkten Zusammenhang zwischen der großen Zahl der getöteten und verletzten Eisenbahner und den riesigen Profiten, die die Eigner der privaten Eisenbahngesellschaften aus dem Betrieb der Bahnen bezogen. Zur Jahrhundertwende lagen diese Gewinne bei 250 Mio. Dollar jährlich; sie wurden zu einem erheblichen Teil durch zu niedrige Investitionen – durch „Deinvestition“ und Sparen bei der Sicherheit – „finanziert“.

„Kostenlose Natur“, billiger Streckenbau und Landschenkungen

Eine weitere Erklärung der einmaligen Leistungen im US-amerikanischen Eisenbahnbau hat mit den gegenüber Europa völlig veränderten Rahmenbedingungen zu tun.

In Europa war im 19. Jahrhundert die Arbeitskraft preiswert, Kapital in großem Umfang vorhanden und der Boden („die Natur“) in Privatbesitz, also teuer. In Nordamerika war Arbeit knapp und, soweit es weiße Arbeitskräfte betraf, relativ teuer. Kapital war zunächst knapp und teuer. Preiswert war jedoch der Grund und Boden, da er zu einem großen Teil durch die Gewalt des Faktischen niemandem mehr gehörte: Die indianische Bevölkerung war in den vorausgegangenen drei Jahrhunderten getötet, vertrieben oder in Reservaten zusammengepfercht worden. Dies hatte zwei Folgen: einen primitiven Streckenbau und großzügigste Landschenkungen.

Der hinsichtlich Material- und Arbeitskraftaufwand billigere Raubbau an der Natur führte in den USA zu einem gegenüber Europa stark vereinfachten und billigen Streckenbau. Die amerikanischen Eisenbahnstrecken wurden weniger nach dem Prinzip der geraden Linie und mehr nach Art eines Flusslaufs – um Hindernisse herum anstatt hindurch – geführt. Schwellenmaterial war genügend vorhanden, Land kostete nichts. Dies bedeutete allerdings auch, dass die Radien der Schienenkurven enger waren als bei den europäischen Eisenbahnen. Dies stellte eine technische Herausforderung dar, da die in Europa üblichen, mit zwei starren Achsen versehenen Wagen bei dieser Streckenführung entgleist wären. Es kam zur Entwicklung des Bogie-Fahrgestells: Unter jedem Eisenbahnwaggon befinden sich in der Regel zwei „Drehgestelle“ mit jeweils zwei Radsätzen, wobei die Drehgestelle mittels eines senkrechten Zapfens mit dem Wagenkasten verbunden und voll beweglich sind. Mit dem Bogie-Fahrgestell ließen sich erstmals nicht nur enge Radien bewältigen, sondern auch lange Waggons verwenden. Letzteres begünstigte wiederum das beschriebene grundlegende Design der Eisenbahnwagen als Nachbildung der langgezogenen Schiffskabinen.[22]

Insgesamt lagen die Kosten für den Schienenstreckenbau in Nordamerika je gebauter Meile bei einem Zehntel bis einem Drittel des europäischen Niveaus. Dies bildete einen zusätzlichen Stimulus für die Eisenbahnexpansion.

Die privaten Bahnbaugesellschaften erhielten vom Staat – den sie inzwischen zu einem großen Teil kontrollierten – enorme Vergünstigungen in Form von Krediten, vor allem aber in Form der „grants“, der Landschenkungen. Beim Bau der ersten Transkontinentalen lockte der US-Kongress die beteiligten Gesellschaften damit, dass er ihnen je gebauter Meile Eisenbahnlinie 52 Quadratkilometer Land schenkte (in der Regel entlang der Bahnlinie) sowie zwischen 16.000 und 48.000 US-Dollar niedrig verzinste Staatskredite gewährte. Dabei verschenkte der Staat nicht nur Land, das ihn nichts kostete und andere reich machte. Oft waren die Deals mit den „land grants" so angelegt, dass auch der Staat auf seine Kosten kam. Das Modell sah dann wie folgt aus: Beiderseits der zu bauenden Strecke wurde die Eisenbahngesellschaft Eigentümerin an der Hälfte eines definierten Landstreifens. Die andere Hälfte wurde als Eigentum des Bundes ausgewiesen. Eine zeitgenössische Studie beschrieb die Konsequenzen folgendermaßen: „Das Land war unbesiedelt und daher wertlos. Durch den Bau der Eisenbahnen würde ein Markt geschaffen werden, und durch die Verdopplung des Preises für die Sektionen, die im Besitz der Regierung verblieben, würde diese für jene Abschnitte entschädigt werden, die sie zuvor verschenkt hatte. Die Schenkung würde also praktisch die Funktion einer Vollmacht erfüllen, mit der die Regierung die Eisenbahnen ermächtigte, unbesiedeltes Land auf den Markt zu bringen."[23] Ganz offensichtlich handelte es sich um eine für einen Industriestaat einmalige, nicht wiederholbare, aber hinsichtlich der Folgen auch fatale Situation.

Dokumentiert ist, dass mittels der Landschenkungen im Zeitraum 1850-1871 rund 210 Mio. Acres oder rund 850.000 Quadratkilometer Grund und Boden in das Eigentum der Eisenbahngesellschaften übergingen. Das entsprach rund 18% der Fläche des Staatsgebiets im Jahr 1871 (es entspricht 11% der Fläche der heutigen USA).[24] Berücksichtigt man frühere Landschenkungen an erste Eisenbahngesellschaften und an die privaten Straßenbahngesellschaften sowie die Tatsache, dass die Kanalgesellschaften ebenfalls mit gewaltigen Landschenkungen bedacht worden waren[25], dann dürfte binnen weniger Jahrzehnte ein Viertel bis ein Drittel des Bodens der USA in die Hände einiger weniger privater Kanal- und Bahngesellschaften gelangt sein. Diese Gesellschaften kontrollierten vor allem den größten Teil des fruchtbaren Bodens bzw. des Bodens im Umkreis der Besiedelungen durch die weißen Einwanderer. Da gleichzeitig diese Landnahmen entlang der vorangetriebenen Eisenbahnlinien erfolgten und durch die damit hergestellten Transportverbindungen der Boden erst profitabel bebaut werden konnte, war die Nachfrage nach diesen Ländereien besonders groß – woraus die Eisenbahngesellschaften nunmehr neues Kapital schlugen: „Die künftigen Farmer mußten den Eisenbahnen ungeheure Preise für das Land bezahlen. Sehr oft hatten sie nicht genügend Kapitalien; es wurden eine oder zwei Hypotheken aufgenommen, und wenn der Farmer eine oder zwei schlechte Ernten hatte und die Zinsen nicht mehr bezahlen konnte, wurde er gepfändet."[26]

Der Eisenbahnbau in den USA dient oft als Paradebeispiel, um die „Pionierleistungen des freien Unternehmertums" hervorzuheben. Im folgenden Kapitel wird im Abschnitt „Eisenbahnen und kapitalistische Anarchie" zu untersuchen sein, welcher Art diese „Pionierleistungen" waren; hier sei mitgeteilt, dass sie nicht im produktiven, sondern vor allem im spekulativen Sektor lagen. Dass die Eisenbahnen nicht der Öffentlichkeit, sondern rein privaten Interessen zu dienen hätten, wurde von William Henry Vanderbilt, Sohn von Cornelius Vanderbilt und dessen Nachfolger als nordamerikanischer Eisenbahnkönig, explizit kundgetan. Er ging in die Geschichte vor allem mit einem Satz ein, den er am 8. Oktober 1882 aussprach: „Auf die bohrenden Fragen eines Reporters, ob Eisenbahnen nicht dem öffentlichen Interesse zu dienen hätten, antwortete der Präsident der Central (Eisenbahngesellschaft; W.W.), dass die Bahn allein den Interessen der Aktienbesitzer zu dienen habe, und fügte hinzu: 'The public be damned.'" In der Folge, so Joseph R. Daughen und Peter Binzen, die Verfasser einer Geschichte dieser führenden US-amerikanischen Eisenbahngesellschaft, seien Eisenbahngesellschaften in der Öffentlichkeit, wenn sie die Fahrpreise anhoben oder den Service abbauten, immer beschuldigt worden, der Grundeinstellung William Henry Vanderbilts zu folgen, der zufolge das öffentliche Interesse verdammt sein möge. Sie verfolgten eine „the-public-be-damned-attitude".[27]

Die Situation des Verkehrssektors in Nordamerika im Allgemeinen und der Eisenbahnbau in den USA im Besonderen hatten weitreichende Konsequenzen, die die Verkehrsentwicklung in der gesamten kapitalistischen Welt beeinflussten und bis ins 21. Jahrhundert hineinreichen. Drei dieser Folgen springen ins Auge:

Da ist zunächst der rücksichtslose Umgang mit den natürlichen Ressourcen. Da die Natur nach kapitalistischen Kriterien ganz oder weitgehend „wertlos" war, wurde die spezifische Ökonomie des „nature for capital", des Einsatzes von Natur anstelle von Kapital, gefördert. Ein Jahrhundert lang – in dem Jahrhundert, in dem sich in dieser Region die Vereinigten Staaten von Amerika herausbildeten – wurde die Ideologie genährt, der Preis für den Verbrauch natürlicher Ressourcen tendiere gegen null und diese natürlichen Ressourcen seien unendlich ersetzbar. Der Begriff „Land der unbegrenzten Möglichkeiten" beinhaltet im Grunde die Negation der Maxime der Nachhaltigkeit.

Des Weiteren ist festzuhalten, dass ausgerechnet im Eisenbahnland Nummer 1 der Schienenwegebau aus den beschriebenen Gründen auf einem äußerst primitiven Niveau erfolgte. Ebenso verschwenderisch wie der Umgang mit der Natur war die Philosophie der Streckenführung. Da auch Dampfenergie aus Kohle – die es in den USA ausreichend gab und gibt – preiswert war und da die auf Kohle und Dampf folgende Energieform der US-Eisenbahnen, Diesel-Kraftstoff, auf Grund großer eigener Ölvorkommen ebenfalls zu niedrigen Preisen genutzt werden konnte, gab es im 20. Jahrhundert keinen Stimulus für eine Optimierung des Eisenbahnsystems. Das im 19. Jahrhundert und bis 1910 aufgebaute Eisenbahnstreckennetz entspricht im Großen und Ganzen demjenigen, das Mitte des 20. Jahrhunderts existierte. Es besteht demnach zu einem großen Teil aus viel zu langen – und damit energie- und zeitintensiven – Verbindungen mit gewaltigen Umwegverkehren. Die Elektrifizierung, zu der es nur in einer kurzen Zeitspanne kam, wurde unter Einflussnahme der Autokonzerne wieder abwürgt (vgl. Kapitel 7). Damit aber befanden sich die

US-amerikanischen Eisenbahnen zu dem Zeitpunkt, als es am Anfang des 20. Jahrhunderts zur Herausforderung durch die aufkommende neue Transporttechnologie des Kfz-Verkehrs kam, in einer schwachen Ausgangsposition, die noch durch die Tatsache akzentuiert wurde, dass die US-amerikanischen Eisenbahnen bis Anfang der 1970er Jahre fast ausschließlich unter dem Kommando privatkapitalistischer Magnaten standen – wobei, wie noch gezeigt werden wird, diese Großkapitalisten ihre Kapitalanlage entweder zu spekulativen Geschäften einsetzten oder auch selbst frühzeitig in die neuen Transporttechnologien Straßenverkehr und Luftfahrt einstiegen.

Schließlich hatte die beschriebene Abwesenheit eines Netzes von Überlandstraßen eine wichtige Folge: Als Anfang des 20. Jahrhunderts das Auto die Weltbühne betrat, musste für diesen neuen Transportbehälter auch ein komplett neues Straßensystem geschaffen werden. Dafür gab es, anders als in Europa, keine engen und zu sprengenden Traditionen. Eine Rücksichtnahme auf Kutschenverkehr, Fußgänger oder ein bestehendes Straßennetz war überflüssig. Damit waren ideale Bedingungen dafür geschaffen, dass der Straßenbau der neuen Philosophie des nationsweiten, fließenden Verkehrs folgte und dieser nicht primär Städte und Orte vernetzte. Das System des „limited access highway“, der nur für den Autoverkehr bestimmten Autobahnen, wurde ab den 1950er Jahren errichtet. Es orientierte sich dabei teilweise an den Eisenbahnen, die in Nordamerika noch weit mehr als in Europa primär für den Langstreckenverkehr und nicht für Stadt-zu-Stadt-Verbindungen gebaut worden waren. Nun allerdings konnten diese Highways weitgehend schnurgerade errichtet werden. Denn inzwischen war auch in den USA Grund und Boden mit Eigentumstiteln versehen, in der Regel teuer oder zumindest nicht mehr so gut wie wertlos. Und es war ausreichend Kapital für aufwändige Kunstbauten wie Brücken und Tunnels vorhanden, zumal in Form der auch im Eisenbahnzeitalter aufgehäuften staatlichen Ressourcen.[28]

Kapitel 4
Eisenbahnen: Mittel der Völkerverständigung oder Konkretisierung kapitalistischer Anarchie

Vorwärts! Uns hält nichts mehr rauf!
Tausend Bahnen baut und Gleise,
daß die Welt ein Strom durchkreise
gleich der Adern Blutkreislauf!
Mögen so in jedes Land neue Lebenssäfte fließen,
Geist und Wissen sich ergießen,
wie's die Erde nie gekannt.
Hätten längst nach Recht und Fug
solche Bahnen bauen müssen.
Eisen gäb's, hätt man zerrissen alle Ketten,
stets genug!
Sándor Petőfi, „Auf der Eisenbahn", 1848,
in: Sándor Petőfi, Gedichte, Weimar – Berlin 1981, S. 250

Wie wir hören, ist Dr. Strousberg mit der türkischen Regierung wegen des Ankaufs des Bergs Ararat in Armenien in Verhandlungen getreten. Der vielgenannte Finanzmann hat die Absicht, den besagten Berg, der von den Armeniern kaum genutzt wird, abbrechen und unter dem Namen „Der Strousberg" in der Gegend von Deutsch-Krone wieder aufstellen zu lassen, lediglich um der dortigen, von der Natur stark vernachlässigten Gegend zu einem renommierten Aussichtspunkt zu verhelfen.
Kladderadatsch, satirische Zeitschrift, Berlin, Nr. 50, 1869

Mit dem Automobil wird die Vorstellung der *individuellen* Freiheit verbunden. Viele Zeitgenossen des 19. Jahrhunderts leiteten aus dem Transport durch die Eisenbahnen egalitäre Tendenzen ab: die Befreiung von Klassen und die Freiheit des Kollektivs. „Die Eisenbahnen werden in wunderbarer Weise für die Herrschaft wahrhaft brüderlicher sozialer Beziehungen wirken und mehr leisten für die Gleichheit als die übertriebenen Prophezeiungen der Volksredner der Demokratie; und all dies wird möglich sein, weil man gemeinsam reist, weil alle Klassen der Gesellschaft hier zusammenkommen …" Der Frühsozialist Constantin Pecqueur sah diese politische Gleichheit durch die Technik garantiert: „Es ist derselbe Zug, dieselbe Kraft, die Große und Kleine, Reiche und Arme befördert; daher werden die Eisenbahnen im allgemeinen als ein unermüdlicher Lehrmeister der Gleichheit und der Brüderlichkeit wirken."[1]

Diese Sätze mögen heute naiv erscheinen. In den historischen Zusammenhang der Geschichte des Transportwesens gestellt, werden sie jedoch erklärbar. Die in Europa vor dem Schienenverkehr dominierende Transportform war die Kutsche, eine ausgesprochen elitäre und kostspielige Fortbewegungsart. Mit dem Schienenverkehr schien erstmals ein für alle Klassen gleicher Transporteur – die Lokomotive bzw. der Zug – gefunden und angewendet zu sein. Die Art des neuen Verkehrsmittels und die mit ihm verbundene drastische Senkung der Transportkosten zeigten erstmals in der Menschheitsgeschichte die Möglichkeit eines preiswerten Transports für die Massen auf.

Was die Frühsozialisten erhofften, fürchtete die Obrigkeit. Erzherzog Ferdinand Maximilian von Habsburg – der spätere Kaiser von Mexiko – sah in den „Eisenbahnen das Gleichheitszeichen, (den) nicht mehr zu beseitigenden Hebel des immer wachsenden Sozialismus".[2] Tatsächlich kam es in Europa mit der Eisenbahn erstmals zu einem massenhaften Transport von Personen. Während im Jahr 1831 auf dem Gebiet des späteren Deutschen Reiches etwa eine Million Menschen mit der Post per Kutsche befördert wurden, fuhr „am Schlusse des Jahrhunderts eine mehr als anderthalbtausendmal so große Menge auf den Eisenbahnen in Deutschland herum (die Zahl der beförderten Personen betrug im Jahre 1910 1.541.000.000, 1900 erst 848.092.000)".[3]

Doch die bürgerlichen Betreiber der Eisenbahnen taten in der Folge alles, um die gleichmacherischen Tendenzen der neuen Transportform zu konterkarieren. Die Klassengesellschaft wurde auf den Schienen reproduziert, gewissermaßen „auf die Schienen gehoben". Deutlich wird dies mit der Einführung des Abteilwagens, jener Waggonform, die nur für die erste und später auch die zweite Klasse bestimmt war. Dabei handelte es sich um die auf die Schiene gehobene Kutsche – die nostalgische Konservierung der alten Transportform innerhalb der neuen; mit der technisch garantierten Absicherung, dass die Herrschaften hier, trotz „desselben Zugs, derselben Kraft, die Arme und Reiche befördert", unter sich bleiben konnten. Diese Übertragung der Kutschenform auf die Schiene bzw. deren Funktionalisierung für den Klassentransport auf der Schiene war keineswegs eine bloße Form der Innenarchitektur der Eisenbahnwaggons; sie wurde konkret projektiert und zum Teil praktiziert: „Die französischen Eisenbahnen entwickelten eine besondere Hebevorrichtung, mit deren Hilfe die Wagenkästen der Postkutschen auf Eisenbahnuntergestelle gesetzt werden konnten." Die hier zitierte Verkehrsgeschichte nennt als Grund für das Scheitern dieses ebenso originellen wie elitären „Personen-Container-Transportsystems Kutsche/Eisenbahn": „Da jedoch eine derartige Kutsche auf Schienen nur wenigen Personen Platz bot, ordnete man mehrere (Kutschen bzw. Abteile; W.W.) auf einem gemeinsamen Untergestell an und schuf damit den ersten Abteilwagen."[4] Wie sehr der Einbruch in diese Abgeschlossenheit gefürchtet wurde, zeigt die Aufgeregtheit, die der erste „Mord im Abteil" – verübt am 6.

Dezember 1860 in Frankreich – in ganz Europa auslöste.[5] Zuvor hatte sich eine größere Zahl Bahnbediensteter zu Tode gestürzt, ohne dass die Öffentlichkeit hiervon Kenntnis genommen hätte: Der Abteilwagen war damals nur von außen zugänglich. Der heute vorhandene seitliche Gang ist nicht eine „Weiterentwicklung des Abteils, sondern die Weiterentwicklung des Trittbretts" der Postkutschen, auf welchem sich die Schaffner in den ersten Jahrzehnten der Eisenbahnen entlangzuhangeln hatten.[6]

Dass die bis in die 1980er Jahre in Europa vorherrschende Waggonform nicht allein anachronistisch, sondern auch äußerst unpraktisch ist, wird in der Literatur mehrfach beschrieben. Joseph Roth brachte seine Leiden im Abteil wie folgt zu Papier: „Und fortwährend sehen wir einander an: wenn wir Äpfel schälen, Wurst essen, Orangen öffnen. Manchmal spritzen wir uns gegenseitig den Saft südlicher Früchte in die Augen. Wenn wir ein Fenster öffnen, protestieren die Erkälteten. Sechsmal muß ich um 'Verzeihung' bitten, wenn ich hinaus will."[7] Während die Zusammensetzung der Kutschenfahrt-Teilnehmer oft zuvor feststand und zum Teil von den Reisenden mitbestimmt wurde, dominierte bei der Bahnreise die Anonymität. „Die Sitzordnung im Abteil", so Schivelbusch, „zwingt die Reisenden in ein Verhältnis, das für sie nicht mehr lebendiges Bedürfnis, sondern peinlicher Zwang ist."[8]

Getrennt von den Reisenden der oberen Klassen im Abteilwagen wurden die Reisenden der unteren Klassen der dritten und vierten Bahn-Klasse zugeteilt und in Wagen befördert, die von den Güter- und Viehwaggons abgeleitet waren. In den Anfängen der Eisenbahnen handelte es sich schlicht um offene Viehwagen, dann um Viehwagen mit rohen Bänken aus Holz und schließlich um die vom Viehwagen abgeleitete Form überdeckter Waggons mit Sitzbänken, die durch einen Mittelgang getrennt waren. In England galt der Transport der unteren Klassen bis in die 1840er Jahre hinein nicht als Teil des Personen-, sondern als Anhängsel des Frachtverkehrs: Die Waggons der vierten und dritten Klassen wurden den Güterzügen angehängt. Erst 17 Jahre nach Eröffnung der ersten öffentlichen Eisenbahnlinie wurde in England per Gesetz verfügt, diese Waggons wenigstens zu überdachen (Gladstone Act 1844).[9] Beppo Beyerl kommentierte dies in seinem Buch über die österreichischen Eisenbahnen, die eine vergleichbare Klassenaufteilung vorsahen, wie folgt: „Kein Wunder, dass Fritz von Hermanovsky-Orlando in seiner Groteske 'Kaiser Josef und die Bahnwärterstochter' die 5. Klasse erfand, in der der zahlende Passagier mangels Dach, Sitzmöglichkeit und Fußboden auch noch mitlaufen musste."[10]

Eine Trennung der gesamten Züge nach Klassen wurde zu einem späteren Zeitpunkt wieder aufgenommen, als sich die unteren Schichten – teils durch den Arbeitsprozess bedingt, teilweise aber auch bereits im Rahmen des Ausflugsverkehrs – zunehmend am Eisenbahn-Personenverkehr beteiligten: Einzelne ausgewiesene Züge waren ausschließlich für die erste (und teilweise zweite bis dritte), andere nur für die dritte und vierte (zum Teil einschließlich der zweiten) Klasse bestimmt. Dies galt beispielsweise für die „Fern-Züge“ in Deutschland bis zum Zweiten Weltkrieg – auch für den legendären „Fliegenden Hamburger“, der ab 1933 Hamburg mit Berlin verband – und für die anderen Reichsbahnlinien mit superschnellen Zügen. Die Deutsche Bundesbahn und die mit ihr verbundenen europäischen Staatsbahnen nahmen diese Klassen-Tradition nach dem Zweiten Weltkrieg mit der Einführung der TEE-Züge, die ausschließlich der ersten Klasse offen standen, wieder auf. Auch die Intercity-Züge waren, als sie 1971 eingeführt wurden, auf die erste Klasse beschränkt. Sie erwiesen sich als Verlustgeschäft. 1979 wurden die IC-Züge auch der zweiten Bahnklasse geöffnet; der gleichmacherische Slogan lautete: „Jede Stunde – jede Klasse“. Jetzt bildete bei den IC-Zügen lediglich noch der Speisewagen gewissermaßen die Klassenschranke. Als 1983-1985 im Rahmen der „Rosaroten Wochenenden“ bzw. des „Rosaroten Jahrs“ auch Erste-Klasse-Tickets sehr preisgünstig abgegeben wurden, verteidigte die Zeitschrift „Wirtschaftswoche“ ihre Geschäftsreisenden-Klientel: „In letzter Zeit hört man vermehrt Klagen von Bahnreisenden, deren bislang einigermaßen exklusive erste Klasse immer mehr von rosaroten Billigfahrern besetzt wird.“[11]

Zu einem vergleichbaren Prozess kam es in den 1990er Jahren, als im Zuge der britischen Bahnprivatisierung wieder bis zu sechs Wagenklassen eingeführt wurden. Anfang des 21. Jahrhunderts, als die neu errichteten und zunächst exklusiven Lounges der DB AG in großen Bahnhöfen durch das Bahn-Comfort-Programm (eine Übertragung der Vielfahrer-Vergünstigungen aus dem Flugverkehr auf die Bahn) sich zunehmend auch den vielreisenden Zweitklässlern erschlossen, wurde im neuen, 2006 eröffneten Berliner Hauptbahnhof (Lehrter Bahnhof) in der Lounge eine Art Chambre séparée für die Erste Klasse geschaffen.

Der Orient-Express – die Entdeckung von Reisegenuss und Langsamkeit durch die Oberschicht

Im letzten Drittel des 19. Jahrhunderts kam es in Nordamerika und Europa sowie im ersten Drittel des 20. Jahrhunderts auch in Australien und Südafrika zur Entwicklung wunderschöner Züge, die einerseits Inbegriff für Komfort auf Schienen und für Reisekultur sind, jedoch andererseits auch einen Höhepunkt der Klassengesellschaft auf Schienen mit sich brachten. Von den luxuriösen Zügen in den USA und vom Prunk der Transsibirischen Eisenbahn war bereits die Rede. In Europa begann diese Tradition mit der 1869 durch den belgischen Ingenieur George Nagelmackers gegründeten Wagon-Lits-Gesellschaft, aus der 1876 die Compagnie Internationale des Wagons-Lits (CIWL) hervorging. Diese Gesellschaft führte 1880 den ersten europäischen achträdrigen Schlafwagen mit Drehgestell-Waggons ein, womit sich der Fahrkomfort erheblich verbesserte. Am 4. Oktober 1883 verkehrte erstmals der – von Wagon-Lits gestellte – Orient-Express auf der Verbindung Paris–Konstantinopel (heute Istanbul). Er legte auf seiner traditionellen Route 2.970 Kilometer zurück, verließ beispielsweise im Jahr 1888 jeweils am Mittwoch um 19.30 Uhr Paris, um sein Ziel Konstantinopel am Bosporus am darauf folgenden Samstag um 17.35 Uhr zu erreichen. Während transkontinentale Züge in Nordamerika sich „nur" mit technischen und topografischen Problemen herumzuschlagen hatten, hatten der Orient-Express und spätere Abwandlungen wie der Simplon-Orient-Express gewaltige Schwierigkeiten zu überwinden. Sie resultierten aus der Tatsache, dass der Zug über die Strecken von zehn verschiedenen Eisenbahngesellschaften geführt wurde und dabei sechs Länder durchquerte.

Diese Form des luxuriösen Reisens erfreute sich in Friedenszeiten, so in den zwei Jahrzehnten vor Beginn des Ersten Weltkrieges und in der Zwischenkriegszeit, bei den wohlhabenden Schichten einer wachsenden Beliebtheit. Agatha Christies Roman „Mord im Orient-Express" und dessen Verfilmung regten, noch mehr als der Mord an Monsieur Poinsot ein halbes Jahrhundert zuvor, die Fantasien von Millionen Menschen an. Die CIWL expandierte und betrieb ihre Luxuszüge zunehmend im weltweiten Maßstab. Am Beginn des Zweiten Weltkrieges verfügte sie über 806 Schlafwagen, 661 Speisewagen, 133 Pullman-Wagen und 138 Gepäckwagen, insgesamt 1.783 Fahrzeuge, die in Europa, Nordafrika, Zentralafrika, Ägypten, Syrien, Palästina und im asiatischen Teil der Türkei eingesetzt wurden.[12] Die Tradition dieser Form der Eisenbahn-Reisekultur wird seit jüngerer Zeit in Nostalgiezügen wieder belebt.

Der Widerspruch ist offensichtlich: Während aus dem Grundprinzip der vorherrschenden Wirtschaftsweise – des maximalen Profits in minimaler Zeit – ein Tempowahn resultiert und während dieser Geschwindigkeitsrausch bereits vor einem Jahrhundert globalisiert wurde, kultivierten diejenigen Schichten und Klassen, deren Reichtum vor allem aus dem herrschenden kapitalistischen Wirtschaftssystem resultierte, eine Reisekultur, die auf Langsamkeit und dem Genuss der regionalen Besonderheiten basierte. Oder wie es in einer Beschreibung dieser Luxuszüge heißt: „Die zahlreichen Reiserouten des Orient-Expresses schufen ein System von Zügen, das die Reisenden zu den schönsten Plätzen Europas brachte. Im Rahmen dieses großen Gemäldes alter und neuer Geschichte … sah man europäische Städte wie Zürich, am Ende des unberührten Züricher Sees …, weiterhin Wien, einst das Kronjuwel Europas, … Budapest, wo durch den Verlauf der Geschichte die Dörfer Buda und Pest vereinigt wurden … Und natürlich die Donau selbst, die Lebensader Europas … Der erste Blick auf die Minarette bei Sonnenaufgang zeigt den Fahrgästen, dass sie sich ihrem eigentlichen Ziel, der Stadt am Ufer des Bosporus, nähern."[13]

Privater Betrieb oder Bahnen in öffentlichem Eigentum

Am Anfang des 21. Jahrhunderts werden die Debatten über die Privatisierung der Eisenbahnen so geführt, als gelte es, im Eisenbahnwesen die Moderne einzuführen und das überkommene Prinzip eines staatlichen Betriebs und Eigentums abzuschaffen. Tatsächlich wurden die Eisenbahnen in so gut wie allen Ländern der Welt rund 75 Jahre lang in privater Regie und nach privatkapitalistischen Grundsätzen betrieben – mit ebenden verheerenden Folgen, wie sie sich im Fall einer Reprivatisierung, etwa in Großbritannien seit Mitte der 1990er Jahre, abzeichnen.

Die Gründe, die für einen zentralisierten Betrieb, für eine gesamtnationale, wenn nicht supranationale Planung und Organisation des Eisenbahnverkehrs sprechen, sind ebenso zahlreich wie zwingend. Da ist zunächst die Notwendigkeit eines einheitlichen (nationalen oder supranationalen) Fahrplans. Im Gegensatz zum Individualverkehr existiert beim Schienenverkehr eine kaum auflösbare Einheit zwischen Transportmittel und Verkehrsweg. Wird diese Einheit nicht beachtet, existiert kein Fahrplan für den Verkehr, sind Chaos und Unfälle nicht fern.

Nun steht dieses Erfordernis im Schienenverkehr in offenem Widerspruch zu einem grundlegenden Prinzip des Kapitalismus: dem der Konkurrenz. Ein einheitlicher Betrieb heißt zugleich Monopol und schließt Konkurrenz – das grundlegende Element der „freien Marktwirtschaft" – aus. Das gilt auch im Kleinen. Während im „normalen" Kapitalismus eine Produktvielfalt als sinnvoll und als „das Geschäft belebend" angesehen wird, wirkt sie im Fall des Schienenverkehrs äußerst unproduktiv. Die Natur der Sache erfordert beispielsweise eine Normierung der Spurbreiten, der Wagentypen, der Loktypen und – nach Aufkommen der Elektro- und Dieselloks – der Traktionsart. Ein Schienenverkehr, der bei Existenz konkurrierender privater Unternehmen betrieben wird, tendiert zu nicht kompatiblen technischen Standards.

Weiter spielt der Eisenbahnverkehr eine entscheidende Rolle bei der Herausbildung eines inneren Marktes, teilweise sogar bei der Bildung von Nationalstaaten als Rahmen für einen solchen inneren Markt der kapitalistischen Gesellschaft. Je gleichmäßiger sich das Schienennetz entwickelt, je flächendeckender es ist – das heißt: je weniger es auf konjunkturelle und sektorielle Momente der Transportströme Rücksicht nimmt –, desto mehr fördert der Schienentransport diese für den Kapitalismus wichtige Herausbildung eines gleichen und freien Marktes: Die Standortvorteile verschwinden, die Waren – die Ware Arbeitskraft eingeschlossen – werden zu vergleichbaren und weitgehend gleichen Preisen auf diesem inneren Markt angeboten. Doch eine privatkapitalistische Regie stellt gegenüber diesen Anforderungen einen Gegensatz dar: Bei ihr werden vor allem diejenigen Eisenbahnlinien gebaut, die ein maximales Transportaufkommen und somit eine kurzfristige Profitmaximierung erwarten lassen.

Der Eisenbahnverkehr bringt erstmals Orte, Städte und Länder in so engen Kontakt, dass eine gemeinsame Zeitbestimmung erforderlich und die Aufhebung der unterschiedlichen, miteinander sozusagen „konkurrierenden“ Zeiten notwendig wird. Landschaften, Orte, Städte und Länder verlieren ihr Jetzt in einem ganz konkreten Sinn.

Wolfgang Schivelbusch dazu: „Solange sie voneinander isoliert waren, hatten sie ihre individuelle Zeit. Londoner Zeit war vier Minuten früher als die Zeit in Reading, siebeneinhalb Minuten früher als in Circencester, 14 Minuten früher als in Bridgewater. Diese buntscheckige Zeit störte nicht, solange der Verkehr zwischen den Orten so langsam vor sich ging, daß die zeitliche Verschiebung darin gleichsam versickerte. Die zeitliche Verkürzung der Strecken durch die Eisenbahn konfrontiert nun nicht nur die Orte miteinander, sondern ebenso ihre verschiedenen Lokalzeiten. Unter diesen Umständen ist ein überregionaler Fahrplan unmöglich, da Anfahrts- und Abfahrtszeit jeweils nur für den Ort gelten, um dessen Lokalzeit es sich handelt. Für die nächste Station mit ihrer eigenen Zeit gilt diese Zeit schon nicht mehr. Ein geregelter Verkehr erfordert eine Vereinheitlichung der Zeit, ganz analog wie die technische Einheit von Schiene und Wagen den Individualverkehr desavouierte und das Transportmonopol erzwang.“[14]

Doch allen diesen zwingenden, für die menschliche Ratio unabweisbaren Erfordernissen wurde nicht Rechnung getragen – jedenfalls ein halbes bis dreiviertel Jahrhundert lang nicht. In den Eisenbahnen entfaltete sich die Ohnmacht des Nachtwächterstaates, der hilfreich eingreifen durfte, wenn die privaten Eisenbahngesellschaften – wie in Deutschland 1873 gleich dutzendweise – zusammenkrachten. Die Eisenbahnen wurden entgegen den sachlichen Notwendigkeiten privat, durch verschiedene – miteinander in Konkurrenz stehende – Unternehmen betrieben. Das schloss die Existenz mehrerer miteinander konkurrierender Eisenbahngesellschaften in einem Land, sogar auf ein und derselben Strecke und zeitweise auf ein und demselben Schienenstrang mit ein.

14 Jahre nach Eröffnung der ersten öffentlichen Dampfeisenbahnlinie sah sich das britische Parlament veranlasst, ein Gesetz zu verabschieden, das den Betrieb von miteinander konkurrierenden Lokomotiven auf ein und demselben Schienenstrang untersagte. Bis in die 1860er Jahre hinein, noch vier Jahrzehnte nach Aufnahme des Linienverkehrs zwischen Stockton und Darlington, existierte zwischen London und dem englischen Norden keine einheitliche Linie, sondern es gab mehrere Parallelbahnen, die einander heftige Konkurrenzkämpfe lieferten. Insgesamt waren zu diesem Zeitpunkt in England über 300 private Eisenbahngesellschaften zu verzeichnen. 1870 bestanden noch elf größere private Eisenbahngesellschaften, die zusammen wenigstens über eine Netzlänge von 14.000 Kilometern verfügten; die übrigen 10.000 bestehenden Bahnkilometer teilte sich weiterhin eine große Zahl kleiner und kleinster Betreiber.

Eine verallgemeinerte Normierung und Standardisierung gab es im Eisenbahnwesen bis Ende des 19. Jahrhunderts nicht. Die so genannte Normalspur, die heute in Mitteleuropa dominierende Spurweite von 1.435 Millimetern (die im Übrigen wiederum aus der durchschnittlichen Spurweite der Kutschen abgeleitet sein soll), konnte zwar in der zweiten Hälfte des 19. Jahrhunderts eine klare Vormachtstellung erobern. Dies war jedoch schlicht und einfach dem Tatbestand geschuldet, dass England und hier George Stephenson lange Zeit über eine monopolistische bzw. oligopolistische Position auf dem europäischen Kontinent verfügten. Allerdings gab es auch in England einen langen und teuren Prozess, bis sich dieses Monopol herausbildete und eine Standardspurweite durchsetzte. Gegen Stephensons Vormachtstellung war ein englischer Ingenieur angetreten, der von seinem Vater, dem Erbauer des Themse-Tunnels, den berühmten Namen und die Autorität geerbt hatte: Isambard Kingdom Brunel (1806-1859). Brunel dachte nicht daran, sich an das Stephenson'sche Diktat (der Spurweite) zu halten. Max I. Coturnix lieferte die folgende Beschreibung des grotesken Kampfes um die Norm: „Im Alter von 27 Jahren wurde Brunel mit … dem Bau der Great Western Railway zwischen London und Bristol beauftragt. Er … setzte … eine ganz neue Spurweite durch: 7 Fuß, 2.134 Millimeter … Brunel dachte … an große Geschwindigkeiten, und die glaubte er nur auf breiteren Gleisen erzielen zu können … Es kam, was kommen mußte: Die Bahnnetze expandierten und stießen irgendwann aufeinander … Berühmtes Beispiel für solch Kuddelmuddel war der Bahnhof in Crewe, wo gleich drei Bahnen mit jeweils verschiedener Spurweite zusammentrafen. In Irland führte das Nebeneinander zweier Spurweiten übrigens zu dem kuriosen Ergebnis, daß schließlich von Amts wegen ein Mittelwert eingeführt wurde: 1.600 Millimeter … Der Krach … rief schließlich die Obrigkeit auf den Plan. Eine Kommission arbeitete Anträge aus, deren wichtigster besagte, daß Stephensons Normalspur bei allen in Bau begriffenen … Eisenbahnen Großbritanniens angewendet werden sollte. In der Unterhaussitzung vom 12. August 1846 wurden die Anträge angenommen, darunter auch der, daß die Great Western weiterhin ihre 7-Fuß-Spur benutzen durfte. Die sah sich jetzt allerdings eingekreist … Brunels Aufstand gegen Stephenson wurde für die Great Western zu einem teuer bezahlten Experiment. Der Umbau auf die Normalspur, der unausweichlich wurde, zog sich über lange Zeit hin. 5.000 Streckenarbeiter bauten am 21. und 22. Mai 1890 den letzten Abschnitt der Strecke Exeter–Bristol um."[15]

Ein durchgehender kontinentaler Zugverkehr ist in Europa bis heute ausgeschlossen: Der Normalspur im mittleren Europa stehen nicht voll kompatible Breitspurbahnen im Westen (Spanien und Portugal) und Osten (Russland und GUS-Staaten) gegenüber. In Nordamerika existierten bis 1865 sechs unterschiedliche Spurbreiten; der amerikanische Bürgerkrieg war ein wesentlicher Promoter zur Durchsetzung der Normalspur.[16]

Vergleichbares gilt für die Traktionsart. Fast ein halbes Jahrhundert lang wurden die meisten europäischen Eisenbahnen gleichzeitig mit Dampf, Elektrizität und Diesel betrieben, d.h. in einem kostspieligen Mischbetrieb. 1972, 93 Jahre nach dem Bau der ersten elektrischen Lokomotive und ein halbes Jahrhundert, nachdem die elektrische Traktion so weit entwickelt war, dass sie gegenüber der mit Dampf betriebenen als rentabler galt, befanden sich bei der Deutschen Bundesbahn immer noch rund 1.100 Dampflokomotiven in Betrieb; erst ein Drittel der Züge wurde elektrisch betrieben.[17]

Noch weniger als in anderen europäischen Ländern folgte die Streckenführung bei den deutschen Eisenbahnen den Kriterien einer rationalen Verkehrspolitik. Stattdessen standen kurzfristiges Profitstreben und regionale Interessen im Vordergrund. Die Regierungen der einzelnen Länder, die mit dem Deutschen Bund lediglich über einen Zollverein verfügten, hatten das Interesse, möglichst viele Eisenbahnlinien auf ihrem Staatsgebiet zu konzentrieren, da hierdurch ein Maximum an Fracht- und Zolleinnahmen erzielt wurde. Entsprechend verlaufen einzelne Strecken – beispielsweise die Schwarzwaldbahn, die Verbindung München–Lindau und diejenige zwischen Braunschweig und Wolfenbüttel – nicht entlang des kürzesten Wegs und auf dem Gelände, das einen kostengünstigen Bau des Schienenstrangs ermöglicht hätte, sondern entlang der Landesgrenzen: bei entsprechend unnötig verlängerten Schienenkilometern, gesteigerten Baukosten und den zum Teil bis heute bestehenden erhöhten Transportkosten. Bis Ende des 20. Jahrhunderts lautete die Frage bei bayerischen Eisenbahnern, wenn der Zug München–Lindau auf der relativ geradlinigen, erst 1863 fertig erstellten Strecke über Memmingen (Baden-Württemberg) anstatt auf der – bereits 1854 eröffneten, aber mit enormen Umwegen verbundenen – „rein bayerischen" Strecke über Kempten geführt wurde: „Fahren wir übers Ausland?"[18]

Vielfach wurde als „Standardbeispiel eines erfolgreichen öffentlichen Unternehmens" die staatliche preußische Eisenbahnverwaltung gerühmt – so etwa von Joseph Schumpeter.[19] Doch auch diese ist für Streckenführungen verantwortlich, die rein partikularistische und militärische Landesinteressen verfolgten und vom Gesichtspunkt einer rationellen Verkehrspolitik aus als Schildbürgerstreich empfunden werden müssen.

Selbst das Problem der Herstellung einer Einheitszeit ließ sich erst ein halbes Jahrhundert nach Eintritt in das „Eisenbahnzeitalter" lösen. In England führten in den 1840er Jahren die Bahngesellschaften zunächst unabhängig voneinander eigene, für die gesamte Linie gültige Zeiten ein. Um die Jahrhundertmitte setzte sich schließlich eine einheitliche Zeit durch: die Greenwich Time. Sie blieb jedoch bis Ende des 19. Jahrhunderts reine Eisenbahnzeit; parallel zu ihr existierten die verschiedenen Lokalzeiten weiter, wenn diese nun auch umso mehr ins Hintertreffen gerieten, je dichter das Bahnnetz wurde. 1884 kam es in Washington zu einer internationalen Standardzeit-Konferenz, bei der die Welt in vier Zeitzonen eingeteilt wurde. In Deutschland wurden die unterschiedlichen lokalen Zeiten 1893 aufgehoben, die Zonenzeit wurde offiziell eingeführt. In den USA existierten bis 1883 fast ebenso viele Eisenbahnzeiten, wie es große private Bahngesellschaften gab. „An Bahnhöfen, die von verschiedenen Linien benutzt werden, finden sich Uhren mit verschiedenen Zeiten, z.B. in Buffalo drei, in Pittsburgh sechs."[20]

Das einzige europäische Land, in dem der Eisenbahnbau von vornherein staatlich betrieben wurde, ist *Belgien* – mit überzeugendem Erfolg, wie Ralf Roman Rossberg bilanziert: Obwohl Belgien ein volles Jahrzehnt nach England und fast zeitgleich mit Deutschland mit dem Eisenbahnbau begonnen hatte, „besaß (es) 1890 das dichteste Eisenbahnnetz der Welt mit achtzehn Bahnkilometern je Quadratkilometer Landesfläche und 5.263 Kilometern Streckenlänge insgesamt".[21]

Der Widerspruch zwischen der sachlichen Notwendigkeit eines zentralisierten Betriebs und nationaler oder gar kontinentaler Planung einerseits und den privatkapitalistischen Eigentumsverhältnissen bei den Bahngesellschaften andererseits mündete in öffentliche Forderungen nach Verstaatlichung der Eisenbahnen. Die Folge war eine Zickzack-Verkehrspolitik, bei der das Prinzip einer einheitlichen Staatsbahn sowie das eines von privaten Bahngesellschaften betriebenen Eisenbahnwesens die beiden Pole bildeten.

Klassisch ist hier das Beispiel *Österreich.* 1854 umfasste das vom österreichischen Staat erbaute und kontrollierte Schienennetz mit knapp 1.000 Kilometern Länge rund 70% des gesamten Streckennetzes. Der habsburgische Staat hatte vor allem die teuren Projekte – wie den Semmering-Tunnel – finanziert, zum Teil als Einlösung von Forderungen der 1848er Revolution nach Arbeitsbeschaffungsmaßnahmen sowie um den revolutionären Impetus der arbeitenden Massen zu unterlaufen und Tausende Arbeiterinnen und Arbeiter aus dem brodelnden Wien hinauszuschaffen.[22]

Ab 1855 machte sich Wien daran, eine Strecke nach der anderen zu verkaufen – was damit begründet wurde, dass die Staatsfinanzen „saniert werden" müssten. Als Aufkäufer trat vor allem das Bankhaus Crédit Mobilier auf, hinter dem französisches Kapital stand, das seinen Ursprung wiederum im Reichtum der aus Portugal nach Frankreich eingewanderten Familie Pereire hatte. Die rechnerische Bilanz der Privatisierungsaktion lautete 1860: Für den Bau der genannten Strecken hatte der österreichische Staat bis 1854 über 336 Mio. Gulden ausgegeben; für die Privatisierungsaktion erhielt er gerade die Hälfte – 169 Mio. Gulden – zurück. Das heißt: 50% der Investitionssumme mussten als Verlust verbucht werden, eine Verzinsung nicht eingerechnet. 1860 besaß der österreichische Staat gerade noch 13,8 Kilometer staatseigene Bahnlinien. Doch die privaten Bahnbetreiber erpressten in der Folgezeit von der österreichischen Regierung Jahr für Jahr neue Subventionen, ohne die sie den Verkehr nicht aufrechterhalten wollten. Zwischen 1859 und 1876 bekamen sie weitere 123 Mio. Gulden. Diese Zuschüsse steigerten sich so dramatisch, dass sie Mitte der 1870er Jahre bereits 5% der gesamten staatlichen Ausgaben ausmachten. 1877 beschloss die Regierung in Wien den Rückkauf der Bahnen von den privaten Eignern. Da die für die privaten Eigentümer in Aussicht gestellten Bedingungen (Entschädigungen und die Umwandlung von Anteilen am Unternehmen in lukrative Eisenbahnschuldverschreibungen) ausgesprochen günstig erschienen, gab es kaum öffentlichen Widerspruch gegen diese Verstaatlichungspolitik. 1909 war die Überführung der wichtigsten privaten Bahnen in Staatsbesitz abgeschlossen – ein Dreivierteljahrhundert nach Inbetriebnahme der ersten österreichischen Eisenbahnlinie.[23]

Im Großen und Ganzen verlief die Entwicklung in den anderen Eisenbahnländern ähnlich. In *Italien* beschloß die Regierung 1870 die Verstaatlichung der größten privaten Bahngesellschaft, der Alta Italia. Doch das staatliche Streckenbauprogramm ließ sich angeblich nicht finanzieren, worauf die Staatslinien an private Gesellschaften verpachtet – das heißt: die Gewinne erneut privat angeeignet – wurden. 1905 kam es mit der Bildung der Ferrovie dello Stato (FS) erneut zur Verstaatlichung; ein Drittel der Strecken blieb jedoch weiter in privater Regie.

In *Frankreich* kam es 1852 zwar zu einem Konzentrationsprozess, bei dem sechs private Gesellschaften übrig blieben; auch gewährte der Staat den privaten Bahnbaugesellschaften und den Eisenbahnbetreibern hohe Zinsengarantien. Dennoch blieb der Staat in den ersten 100 Jahren ohne direkten Zugriff auf das zentrale Transportsystem der Gesellschaft. 1937 kam es schließlich zur Bildung der Staatsbahngesellschaft Société Nationale des Chemins de Fer Français (SNCF), die die privaten Gesellschaften in so genannten „regions“ zusammenfasste. Nach dem Zweiten Weltkrieg erfolgte endgültig die Verstaatlichung.

Im Fall der *englischen* Eisenbahngeschichte wurden bereits Angaben zur Situation im 19. Jahrhundert gemacht. Der Erste Weltkrieg brachte hier den Eisenbahngesellschaften – wie in anderen in den Krieg involvierten Ländern auch – eine staatliche Verwaltung. Doch 1921 setzte sich erneut das Prinzip des privaten Betriebs durch: Vier miteinander konkurrierende Gesellschaften beherrschten den Schienentransport. Im Zweiten Weltkrieg erfolgte dann der Schienentransport erneut in staatlicher Regie; 1947, 122 Jahre nach Inbetriebnahme der ersten öffentlichen Bahnstrecke, entschied man sich im Mutterland der Eisenbahnen für das Prinzip der Staatseisenbahn.

Auch die *russische* Eisenbahngeschichte ist von einem fortgesetzten Zickzackkurs zwischen privatem Bau und Betrieb, meist vom Staat hoch subventioniert, sowie Verstaatlichungen, meist als Folge von Bankrotten der privaten Eisenbahngesellschaften, gekennzeichnet. Die Bilanz von sechs Jahrzehnten Eisenbahngeschichte fasste Ralf Roman Rossberg folgendermaßen zusammen: „Als um die Jahrhundertwende Bilanz gezogen wurde, ergab sich, daß der Staat zwar an die 90

Prozent der bis dahin vorhandenen Strecken finanziert, aber kaum zehn Prozent unter seinem Einfluß hatte.“[24]

In der *Schweiz* blieben die Eisenbahnen bis zur Jahrhundertwende überwiegend unter privater Kontrolle, auch wenn es in den 50 Jahren ihres Bestehens mehrfach Initiativen für einen staatlichen Betrieb gab. Die allgemeine internationale Wirtschaftskrise des Jahres 1873 kulminierte hier 1876 in einem Krach der privaten Eisenbahngesellschaften. In der Folgezeit, so eine jüngere Bilanz von Attac Schweiz, „trieben sich die Bahngesellschaften gegenseitig in den Ruin, indem sie eigene und fremde Linien durch Neubauten konkurrenzierten. Die schweizerische Nationalbahn ging 1877 als Erste in Konkurs. Die Schweizerische Nordostbahn (NOB) und die Schweizerische Centralbahn (SCB) mussten saniert werden. Selbst die Vollendung der Gotthardbahn war gefährdet. In dieser Situation gewann die Verstaatlichungsdiskussion rasch an Resonanz“. 1898 gab es ein Referendum. Die Befürworter der Verstaatlichung, die mit der Parole „Die Schweizer Bahnen dem Schweizer Volke“ für ihre Sache geworben hatten, gewannen mit 78% Ja-Stimmen. 1902 wurde die staatliche Einheitsgesellschaft Schweizerische Bundesbahnen (SBB) gegründet; 1904 war die Verstaatlichung eher geräuschlos abgeschlossen. Kein Wunder: Für die ehemaligen privaten Eigner der schweizerischen Eisenbahnen war die Verstaatlichungsaktion ein weiteres profitables Geschäft. Der schweizerische Staat zahlte ihnen – trotz des damals desolaten Zustands der Bahnen – 1,2 Mrd. Franken; gleichzeitig übernahm er sämtliche Schulden und die (nicht eingehaltenen) Bauverpflichtungen der Privatbahnen.[25]

In den *Niederlanden* war der staatliche Einfluss bei den zwei bestehenden privaten Gesellschaften bereits 1863 sehr stark; eine endgültige Verstaatlichung erfolgte 1937.

In *Spanien* wurden noch 1930 rund 85% des gesamten Schienennetzes von drei großen privaten Gesellschaften kontrolliert; der Bürgerkrieg und die danach notwendigen Wiederaufbaumaßnahmen brachten die Bildung der staatlichen Einheitsgesellschaft Red Nacional de los Ferrocarriles Españoles (RENFE).

In *Portugal* erfolgte 1947 de facto eine Verstaatlichung.

Die Eisenbahngeschichte *Schwedens* verlief ähnlich wechselvoll wie in Österreich und Russland. 1887 musste der Staat die wichtige Erzbahn, die die reichen Eisenerzlager im Norden erschließt, in eigene Regie übernehmen; die private Gesellschaft hatte Konkurs angemeldet. 1950 wurden von Schwedens Eisenbahnnetz 15.000 km staatlich und 1.265 km privat betrieben.

In *Japan* fand die Inbetriebnahme der ersten Eisenbahnlinie 1872 statt. Sie war vom Staat erbaut und finanziert worden, wurde jedoch danach privatisiert. Der Bau weiterer Linien erfolgte in privater Regie, subventioniert vom Staat. Im Gefolge des russisch-japanischen Krieges 1904/05 kam es schließlich zur Bildung eines einheitlichen staatlichen Schienentransportsektors.[26]

Die Eisenbahnen in den *USA* standen bis in die 1970er Jahre unter der Kontrolle einer großen Zahl privater Gesellschaften. Noch um die Wende vom 19. zum 20. Jahrhundert existierten 752 Eisenbahngesellschaften, die als unabhängig angesehen werden konnten. Nachdem im Ersten Weltkrieg die Eisenbahngesellschaften unter staatliche Verwaltung gestellt worden waren, kam es 1920 erneut zur Privatisierung. Nach dem Zweiten Weltkrieg gab es zwar viele Bankrotte und Konzentrationsprozesse; doch selbst im Fall großer staatlicher Eisenbahnunterstützungsprogramme wie 1976 mit der Großfusion verbliebener Gesellschaften zum Schienengüterverkehrsbetreiber Conrail sollte die private Verfügungsgewalt möglichst nicht angetastet werden. Nach einer kurzen Zeit staatlicher Verwaltung bot die Reagan-Administation Conrail 1985 wieder privaten Eignern zum Kauf an. Zur selben Zeit wurde der Schienenpersonenverkehr in der staatlichen Gesellschaft Amtrak zusammengefasst. Diese existiert weiterhin, ist aber nicht einmal ein trauriger Schatten der stolzen US-amerikanischen Eisenbahngeschichte. Auch ein dem privaten Unternehmertum verpflichtetes Blatt, die „Wirtschaftswoche", zieht eine vernichtende Bilanz über dieses privat betriebene Eisenbahnsystem, das einmal das weltweit größte und effektivste war: „Nach rund 140 Jahren privatem Bahnverkehr hatten die Eisenbahnkonzerne in den sechziger und frühen siebziger Jahren das Handtuch geworfen und dem Staat ein heruntergewirtschaftetes Bahnsystem in desolatem Zustand hinterlassen."[27]

Die *deutsche* Eisenbahngeschichte bildet keine Ausnahme in dieser Entwicklung. Zwar kam es hier bald zum Bau einiger staatlicher Strecken.[28] Einzelne Länder – etwa Bayern 1846 und Preußen um die Mitte des 19. Jahrhunderts – bekannten sich früh zum Prinzip des staatlichen Bahnbaus und Eisenbahnbetriebs. Doch in konjunkturellen Aufschwungphasen und bei Strecken, die niedrige Baukosten und hohe Profite verhießen, setzten sich meist die Interessen der privaten Industrie durch, sodass die Verkehrspolitik einem Zickzackkurs glich. Bayern förderte ab der Mitte des 19. Jahrhunderts wieder den privaten Eisenbahnbau. In Preußen kam es im Zeitraum 1863-1873 zu einem Boom des privaten Bahnbaus. Er endete kläglich im Katzenjammer der Krise 1873; jetzt war wieder der Staat gefragt: Bis 1904 gab Preußen 4,3 Mrd. Mark für den Aufkauf privater Bahngesellschaften aus. In diesem Zeitraum der (für die privaten Eigner gut dotierten) Verstaatlichung stürzte sich das private Kapital auf den Bau von Nebenstrecken. Allein zwischen 1878 und 1886 entstanden 29 private so genannte Sekundärbahnen.[29]

Mit der Reichsgründung 1871 sollte auch das deutsche Eisenbahnwesen vereinheitlicht – „verreichlicht" – werden. Doch dieses vor allem von Preußen betriebene Vorhaben scheiterte am Widerstand der Länder und der privaten Bahnunternehmen. So legte die Reichsverfassung in den Artikeln 42-44 lediglich fest, dass die „deutschen Eisenbahnen im Interesse des allgemeinen Verkehrs wie ein einheitliches Netz zu verwalten" seien. Nach den großen Verstaatlichungen im Gefolge der Wirtschaftskrise 1873 stellte sich 1879 in Preußen das Kräfteverhältnis wie folgt dar: Von dem Schienennetz mit einer Gesamtlänge von 19.670 Kilometern befand sich weniger als ein Drittel in staatlichem Eigentum (6.049 Kilometer); 20% oder 3.890 Schienenkilometer gehörten Privatgesellschaften, der Betrieb erfolgte jedoch unter staatlicher Verwaltung. Mit einem Schienennetz von 9.731 Kilometern verfügten die rein privaten Bahngesellschaften immer noch über rund 50% aller Schienenstränge.[30] Fünf Jahre zuvor waren noch zwei Drittel der preußischen Eisenbahnen unter rein privater Kontrolle gestanden.

In den letzten zwei Jahrzehnten des 19. Jahrhunderts gewann das Prinzip der Staatsbahnen schließlich die Oberhand. Die Weimarer Verfassung von 1919 und die Bildung der Deutschen Reichsbahn 1920 setzten diesbezüglich den Schlussstrich. Demnach war, wie Joseph Schumpeter konstatierte, „die Schaffung des deutschen Eisenbahnwesens im wesentlichen das Werk von Privatunternehmern".[31] Die These von der Eisenbahn als klassischer „Staatstechnologie" und Deutschland oder Preußen als dem „klassischen Land der Staatsbahnen" hielt der Analyse nicht stand. Auch in den deutschen Kolonien, also dort, wo in jedem Fall die staatlichen und staatlich-militärischen Interessen im Zentrum standen, wurden die Eisenbahnen so lange wie möglich privatkapitalistisch betrieben.[32]

Der Staat musste den Eisenbahnindustriellen immer dann zu Hilfe kommen, wenn diese ihre Profitmargen als zu niedrig erachteten. Ein Dreivierteljahrhundert lang kam es immer wieder zu groß angelegten Vergesellschaftungen von Verlusten in Form neuer Subventionen, Stützungsaktionen und des Aufkaufs privater bankrotter Linien. Wenn Ende des 20. Jahrhunderts und Anfang des 21. Jahrhunderts erneut eine Welle der Privatisierung von Eisenbahnen ansteht, dann handelt es sich nur um eine Wiederholung dieses Spiels, das der Gesellschaft so teuer kommt, weil sie so vergesslich ist bzw. die damit verbundenen materiellen Interessen so gern ausgeblendet werden. Vor allem wird auch in unseren Zeiten der neuen Privatisierungswelle alles getan, um aus der eindeutigen Geschichte der privaten bzw. staatlichen Verfasstheit der Eisenbahnen nicht die nahe liegenden Schlüsse zu ziehen. Es blieb dem großen bürgerlichen Nationalökonomen Joseph A. Schumpeter, der zu Recht als der engagierteste Propagandist der „Unternehmerpersönlichkeit" gilt, vorbehalten, aus dem privatkapitalistisch betriebenen Eisenbahnbau – hier am Beispiel von Nordamerika – solche Lehren zu ziehen. In seinem Hauptwerk „Konjunkturzyklen" unterstreicht er die gewaltigen Landschenkungen und Zinsenverbilligungen für die Eisenbahnmagnaten, die ihn als Verteidiger des freien Marktes offensichtlich erbittern, und bittet dann „den Leser … um die Erlaubnis, … aus dem Arbeitsanzug des Analytikers zu schlüpfen", um einer „Überzeugung Ausdruck zu geben", die der Verherrlichung der privatkapitalistischen Initiative diametral entgegensteht. Schumpeter konstatiert, „daß, wäre es politisch möglich gewesen, einem idealen Beamten die diktatorische Gewalt über alle Eisenbahnpläne und den ganzen Grund und Boden anzuvertrauen, diese Persönlichkeit die gleichen Endergebnisse bei unvergleichlich kleineren wirtschaftlichen und moralischen Kosten erzielt hätte". Schumpeter scheint allerdings zu ahnen, dass solch ein idealer – verbeamteter – Staatskapitalist ein reines Fantasieprodukt ist, und fügt resignierend hinzu: „Der springende Punkt ist natürlich, daß ... keine solche Persönlichkeit denkbar war und daß, wäre sie vorhanden gewesen, sie sofort von eben den Menschen gelyncht worden wäre, deren Brieftaschen und weltanschauliche Einstellungen sie geschützt hätte."[33]

Eisenbahnen und kapitalistische Anarchie

Die bloße Größenordnung der mit dem Eisenbahnbau und Schienenverkehr gestellten Aufgabe war mit einem privaten Unternehmen traditionellen Zuschnitts nicht zu bewältigen. Der Bau auch von kurzen Strecken erforderte das Kapital von Dutzenden und Hunderten „normaler" privater Kapitalisten. Als Ersatz für die sachlich gebotene staatliche Verfügungsgewalt beim Eisenbahnbau und anstelle des überforderten traditionellen privaten Unternehmers bildete sich im Eisenbahnwesen im großen Stil eine neue kapitalistische Unternehmensform heraus: die Aktiengesellschaft. Mit dieser Gesellschaftsform verbinden sich zwei für die bürgerliche Produktionsweise wesentliche Momente: Die private Verfügungsgewalt bleibt, jedenfalls für die entscheidende Gruppe der Großaktionäre, erhalten; die individuellen Kleinanleger bleiben bei dieser (im Französischen als „societé anonyme" bezeichneten) Unternehmensform in der „Anonymität" einer Kapitalgesellschaft, die das erforderliche Grundkapital bereit stellen oder einsammeln kann.

Die privaten Eisenbahngesellschaften waren überwiegend große Aktiengesellschaften, die sich ab der Mitte des 19. Jahrhunderts bildeten. Zunächst handelte es sich dabei um den Zusammenschluss einzelner Kapitalgeber, die Anteile (Aktien) an der gesamten Gesellschaft hielten, also als Kollektiv über diese verfügten. In dieser ersten Phase hafteten die Aktionäre noch unbeschränkt – wie private Einzelunternehmer – für das Gesamtunternehmen. In der zweiten Hälfte des 19. Jahrhunderts, zu Beginn des Eisenbahnbooms in Mitteleuropa und Nordamerika, wurde aus dieser Haftung immer mehr eine beschränkte, bis schließlich der Aktionär nur noch mit seiner Einlage (dem nominellen oder Kurswert seiner Aktien) haftete. Nun war es möglich, binnen kürzester Zeit viel Kapital auf sich zu ziehen: Einzelne Unternehmer mit bescheidenem Startkapital, vor allem jedoch viele Spekulanten ohne jegliches Kapital, gründeten Aktiengesellschaften. Sie traten mit dem Projekt – beispielsweise dem Bau einer Bahnlinie – an die Öffentlichkeit, zunächst als Einzelpersonen, dann vermittelt über Banken und schließlich im Rahmen der Börse, die, wie Josef Kulischer in seiner „Allgemeinen Wirtschaftsgeschichte“ schreibt, „zu einem guten Teil durch den Eisenbahnbau geschaffen“ wurde.[34] Die staatlichen Konzessionen für den Bau der Linie und das Monopol auf die Strecke erhöhten die Glaubwürdigkeit des Projektes, das heißt, sie zogen Kapital an. Nachdem auf diese Weise ein erstes Startkapital beschafft wurde, trat in der Regel der Bankkredit hinzu, der eine nochmalige Ausdehnung des real zur Verfügung stehenden Kapitals gestattete, wenn auch auf Pump finanziert. So bildete sich auch erst im Zusammenhang mit den Aktiengesellschaften und dem Eisenbahnbau das für das 20. Jahrhundert charakteristische Bankensystem heraus. Die Banken dienen diesen Aktiengesellschaften als Kreditgeber und übernehmen somit die Vorfinanzierung in der entscheidenden Gründungsphase, sie halten oft selbst Aktienpakete und üben später oft das entscheidende Stimmrecht aus, indem sie – ohne entsprechendes eigenes Kapital investiert zu haben – eine große Zahl von Kleinaktionären vertreten. In Frankreich und Deutschland kam es so am Beginn der zweiten Hälfte des 19. Jahrhunderts zur Bildung einiger Dutzend „Gründerbanken“, die eng mit dem Eisenbahnbau verbunden waren. In Deutschland hatten die Banken 1865 2,5 Mrd. Mark in Eisenbahngesellschaften angelegt (in der Regel in Form von Krediten). 1870 waren es 4 Mrd. Mark und nur ein Jahrzehnt später wurde mit 9 Mrd. Mark das Viereinhalbfache des Betrags von 1865 erreicht.[35]

Auf diese Weise wurde die Grundlage für große Unternehmensprojekte oder gewaltige Bankrotte gelegt. Beides bestimmte den kapitalistisch betriebenen Eisenbahnboom. Solange die Gründung solcher Bahngesellschaften in die Zeit eines konjunkturellen Aufschwungs fiel und die Bahnbauarbeiten zügig vorangingen, konnten die so entstandenen Gesellschaften bereits nach einigen Jahren ihre Bahnen betreiben, den Aktionären hohe Dividenden ausschütten und Zinsen und Tilgungen für aufgenommene Kredite begleichen. Aber auch unter diesen Bedingungen funktionierte das System nur, solange es lediglich von einer beschränkten Zahl ähnlicher Gesellschaften betrieben wurde, d.h., solange die Konkurrenz nicht den Geldmarkt und die Profite ruinierte. Den sicheren Bankrott steuerten viele solcher Gesellschaften jedoch in dem Moment an, in dem aus dem Projekt einiger weniger ein unübersehbares Getümmel vieler wurde und die künstlich (über Kredite, Einzahlungen unterhalb des Aktiennennwerts etc.) aufgebaute „Solidität“ dieser Unternehmungen mit den harten Realitäten der zyklischen Krise konfrontiert wurde.

Dabei ist der Zusammenbruch solcher Gesellschaften, wie er 1847 in England und 1873 in Deutschland in großer Zahl erfolgte, in keiner Weise mit der Pleite eines einfachen privaten Unternehmers vergleichbar, der mit seinem persönlichen Vermögen vor seinen Gläubigern geradestehen muss. Die ursprünglichen Betreiber dieser Projekte verloren schlimmstenfalls ihr eingezahltes Aktienkapital; oft waren sie rechtzeitig ausgestiegen, hatten ihre Aktien noch zu hohen Kurswerten und mit Gewinnen an eine manipulierte, über den wahren Gang der Geschäfte getäuschte

Öffentlichkeit abgestoßen. Die realen Verluste zahlte die Bevölkerung, nicht die „anonyme", sondern die reale Gesellschaft: in Form der zu Tausenden beim Bau der Eisenbahnen Beschäftigten, deren Löhne nicht ausgezahlt wurden und die sich über Nacht auf die Straße gesetzt wiederfanden; der Hunderten kleinen Unternehmer, die nun selbst vor dem Ruin standen, weil sie Material geliefert und Arbeit verausgabt hatten, deren Wert nicht beglichen wurde; des Staates, der für die bankrotte Gesellschaft Auffanggesellschaften bildete, die Schulden gegenüber den großen Gläubigern (v.a. den Banken) zum Teil übernahm, um einen großen Zusammenbruch zu vermeiden, und schließlich den begonnenen Streckenbau nun in eigener Regie und aus dem Steueraufkommen finanziert vollenden musste.

Diese private Bereicherung bei gleichzeitiger Vergesellschaftung großer Verluste wurde ergänzt um die gewaltige Bodenspekulation, die den Eisenbahnbau begleitete. Kommunale und staatliche Organe, die bereits im Vorstadium über den Bau neuer Bahnlinien Bescheid wussten, ja die Streckenführung maßgeblich beeinflussen konnten, arbeiteten eng mit den privaten Eisenbahngesellschaften zusammen. Banken stellten das erforderliche Kapital, um in Frage kommende Grundstücke im großen Stil aufzukaufen und sie später, nach Fertigstellung der Bahnen, zum vielfach gesteigerten Preis wieder abzustoßen. Harald Bodenschatz in seiner Analyse über „Eisenbahnbau und Städtebau": „Mit dem Eisenbahnbau entstand ... auch die fortgeschrittenste Form der Bodenspekulation, eine mit den Großbanken verbundene Spekulation, die sich nicht auf das bloße Spekulieren, d.h. auf das bloße Warten, beschränkte, sondern tüchtig dazu beitrug, daß das Warten nicht umsonst war, die sich bei der Produktion von Lage, also den infrastrukturellen Voraussetzungen der Bodenpreissteigerungen einmischte. Die mit Grundstücken spekulierenden und oft mit städtischen Organen zusammenarbeitenden Eisenbahngesellschaften waren nicht nur Nutznießer einer Entwicklung. Sie beeinflußten diese auch massiv."[36] In Nordamerika „fanden die einwandernden Farmer die besten Ländereien bereits im Besitz der Eisenbahnen oder der Viehkönige", die, wie aus dem bereits oben wiedergegebenen Bericht von Gustavus Myers hervorgeht, diese nun zu Wucherzinsen verpachteten.[37]

Die Liste der großen Eisenbahnbankrotte ist lang; oft handelte es sich um Krachs, in die Teile der staatlichen Bürokratie und der Regierungen involviert waren und die zugleich politische Skandale darstellten. In *Deutschland* bzw. *Preußen* traf dies in besonderem Maß auf den bereits erwähnten Bethel Henry Strousberg (bürgerlich: Baruch Hirsch Strausberg) zu, einen aus bescheidenen ostpreußischen Verhältnissen stammenden Mann, der 1855 mit buchstäblich null Eigenkapital ins Eisenbahngeschäft einstieg, sich in der Zeit zwischen 1862 und 1870 als „Eisenbahnkönig" Deutschlands feiern lassen konnte und 1878 im bis dahin größten Bankrott Deutschlands endete. Mit der Gründung von Eisenbahn-Aktiengesellschaften der beschriebenen Art baute Strousberg allein in Deutschland sieben Bahnlinien mit einem Gesamtbauvolumen von 250 Mio. Mark auf. Er schuf ein Imperium, das rund um den Eisenbahnbau gruppiert war (Stahl, Kohle, Schienen, Waggon- und Lokomotivbau) und seine Eisenbahnbau-Engagements ideal zu ergänzen schien. Ein erstes missglücktes großes Engagement im rumänischen Eisenbahnbau, Strousbergs Vorliebe für die Anlage von Profiten in Ländereien (auf seinem Höhepunkt nannte er 200.000 Morgen Land sein Eigen) und die Wirtschaftskrise 1873 ließen das Strousberg'sche Imperium wie ein Kartenhaus zusammenbrechen. Als 1878 der Konkurs abgewickelt wurde, konnte aus den verbliebenen Vermögenswerten gerade 1% der ausstehenden Schulden beglichen werden; 99% dieser Verluste wurden auf die beschriebene Art vergesellschaftet.[38]

Es waren die von Schumpeter hoch gelobte „unbestechliche, leistungsfähige (preußische) Bürokratie", ja die preußische Regierung unter Kanzler Bismarck selbst und führende Vertreter der maßgeblichen Parteien, die das „System Strousberg", das gegen geltende Gesetze verstieß, zugelassen und begünstigt hatten. Kein Wunder – sie waren direkte Nutznießer des institutionalisierten Aktienschwindels gewesen. „Etwa ein Viertel der Reichstags- und preußischen Landtagsabgeordneten (waren) als Vorstands- oder Aufsichtsratsmitglieder an neugegründeten Aktiengesellschaften, vornehmlich Eisenbahnen, beteiligt ... Die konservativen und liberalen Parteien (wurden) von Gründern (neuer Eisenbahn-Aktiengesellschaften; W.W.) geführt", so Ulrich Küntzels Bilanz in seinem Buch „Die Finanzen großer Männer". Demnach war Bismarck maßgeblich daran beteiligt, die gesetzlichen Grundlagen für den Aktienschwindel 1870-1873 zu schaffen (Gesetz über die Gründung der Preußischen Central-Boden-Kredit AG vom März 1870 und Aktienrechtsnovelle vom Juni desselben Jahres). Erst damit wurden Sicherheiten, die Aktiengesellschaften im Konkursfall zu bieten hatten, sowie die Haftbarkeit von Vorständen und Aufsichtsratsmitgliedern ganz oder weitgehend aufgehoben. Mitglieder der Regierung – wie der Staatssekretär des Äußeren, von Bülow – waren am Eisenbahnschwindel beteiligt; Bismarcks Freund, Geheimrat Hermann Wagener, wurde von der Öffentlichkeit und den Großbanken, die damit allerdings eigene Interessen verbanden und andere Verantwortliche deckten, als Hauptschuldiger am Börsenkrach von 1873 angeprangert. Die Verstaatlichungen der Eisenbahnen, die danach einsetzten, „erfolgten zu Kursen, die eine Sanierung der Eisenbahnen auf Kosten der Steuerzahler bedeuteten, kurz eine 'Sozialisierung der Verluste'". Damit sei es, so Ulrich Küntzel, „Bismarck gelungen, die Verluste zu verdecken, die ... unter seiner Verantwortung ... der preußischen und der Reichskasse erwachsen waren".[39] Bismarck selbst kaufte Eisenbahnaktien von Gesellschaften, deren Verstaatlichung er mitbeschlossen hatte, und verdiente an den Kursgewinnen.[40]

Der Eisenbahnschwindel in Preußen und Deutschland war kein spezifisch deutsches Phänomen. Jedes große industrialisierte Land kannte im 19. Jahrhundert „seinen" Fall Strousberg, das heißt den Zusammenbruch der größten Eisenbahngesellschaft, und, um diesen Bankrott herum gruppiert, Dutzende andere große Eisenbahnpleiten. In *England* war der Höhepunkt des Eisenbahnbooms wie berichtet rund drei Jahrzehnte früher erreicht worden als in Preußen. George Hudson hatte hier mit dem Bau der Midland-Eisenbahn im Jahr 1844 den Grundstein dafür gelegt, dass er in den folgenden Jahren zum Eisenbahnkönig der Britischen Inseln aufstieg und zum Mittelpunkt eines gewaltigen Gründerbooms neuer Eisenbahngesellschaften wurde, bei dem es sich zugleich um „den ersten großen Eisenbahnschwindel" (Marx) handelte. Fast der gesamte produktive Sektor der britischen Wirtschaft schränkte angesichts der erwarteten gewaltigen Profite im Eisenbahnbau das eigentliche Geschäft ein. In einem Bericht des britischen Oberhauses über die Ursachen der Krise 1847 heißt es: „Im April 1847 haben fast alle kaufmännischen Häuser angefangen, ihr Geschäft mehr oder weniger auszuhungern (to starve their business) durch Anlage eines Teils ihres Handelskapitals in Eisenbahnen."[41] 1847 erfolgten der Zusammenbruch der Konjunktur sowie die Pleiten von Hudson und Dutzenden anderer Gesellschaften.

Zwei Jahrzehnte später kam es in *Frankreich* zum Bankrott der größten, vor allem international operierenden Eisenbahngesellschaft, genauer: einer Finanzgesellschaft, die sich in erster Linie im Eisenbahnbau und in der Spekulation mit Eisenbahnpapieren engagierte – der Société Générale du Crédit Mobilier. Diese Gesellschaft war eng mit der Regierung Napoleons III. liiert. In den 1860er Jahren stieg sie, wie berichtet, in Österreich und in Russland in das Eisenbahngeschäft ein. Die größte Einnahmequelle dieser Gesellschaft war die Börsenspekulation mit Wertpapieren der von ihr selbst gegründeten Eisenbahngesellschaften. Als es 1867 zur Pleite kam, löste dies in Frankreich eine politische Krise aus. In Russland musste die zaristische Regierung, die der Crédit Mobilier zuvor große Zinsengarantien eingeräumt hatte, die begonnenen Bahnstrecken in eigener Regie vollenden (es handelte sich um die Linien, die dann im russisch-türkischen Krieg 1877/78 von großer Bedeutung sein sollten).[42]

Interessant sind die Parallelen im Charakter der Eisenbahnkönige sowie bei ihrem kometenhaften Aufstieg und Fall. So weist der britische Eisenbahnkönig Hudson viele Ähnlichkeiten mit Strousberg auf. Joseph A. Schumpeter skizziert Hudson folgendermaßen: „Von Haus aus ein unbedeutender Mann, ohne irgendwelche Beziehungen zur Technologie, zur Betriebslehre und Finanz des Eisenbahngeschäfts, besaß er nur eine Fähigkeit … allerdings eine Fähigkeit von überraschender Bedeutung – er konnte … den Willen seiner Mitmenschen seinen Zielen beugen. In einem bolschewistischen Staat wäre er ein ungeheuer nützliches Mitglied des Rats der Volkskommissare gewesen. Er verstand es, mit dem Parlament umzugehen."[43]

Über Strousbergs Herkunft weiß Engels zu berichten, dass sie „im Dunkeln" liege: „Nach einigen ist er studierter Jurist, nach anderen hat er in London ein Puff gehalten." Als Strousberg 1863 den Bau seiner ersten Eisenbahn begann, fehlte ihm eigenes Kapital ebenso wie technische Kenntnisse. Allerdings war er mit den gängigen windigen Finanzierungssystemen im ausländischen Eisenbahnbau vertraut, was er zu einem „System Strousberg" verfeinerte. Strousberg verstand, dass neben engen Beziehungen zu den Regierenden und deren Verflechtung in die Eisenbahnspekulation eine gute Presse erforderlich war. Als ausgesprochen praktisch erwies sich eine eigene Zeitung „Die Post", in der sich Geschäftsinteresse ideal mit Redaktionellem vermischte: „Besonders dem Naturfreund wird Gelegenheit geboten", hieß es beispielsweise in der Ausgabe vom 2. Mai 1867, „alle die schönen Punkte unseres romantischen Spreewaldes, welche uns diese Eisenbahn erschließt, mit Muße zu genießen." Es war natürlich Strousbergs Eisenbahnlinie.[44]

Die Charakteristika der Eisenbahnspekulanten jener Zeit sind in Emile Zolas Roman „Das Geld" beeindruckend verarbeitet: Der hier im Mittelpunkt stehende Finanz- und Eisenbahnkönig Saccard, der dem französischen Finanzjongleur Mires nachgebildet ist und dessen Bankhaus Parallelen zur Geschichte der Crédit Mobilier aufweist, stellt die Personifizierung dieser – im Übrigen keineswegs unsympathischen – Emporkömmlinge dar.[45]

Die Geschichte der Eisenbahnspekulation verlief in den USA ähnlich wie in Europa – wenn auch auf größerer Stufenleiter. In *Nordamerika* war es bereits 1854 zum Zusammenbruch mehrerer großer Eisenbahngesellschaften gekommen; drei Jahre darauf mussten 150 Banken schließen, von denen viele stark im Eisenbahn-Kreditgeschäft engagiert waren. Zwei Jahrzehnte darauf – 1873, im Jahr der internationalen Wirtschaftskrise – kam es erneut zu einem amerikanischen Bankenkrach und sogar zur Schließung der Börse. Dutzende Eisenbahngesellschaften meldeten Konkurs an, unter ihnen mit der Northern Pacific Railroad eine der größten. Die darauf folgende Depression, die bis 1877 dauerte, kann in mancher Hinsicht mit derjenigen von 1929-1932 verglichen werden.[46] Zwei Jahrzehnte darauf, 1893, kam es zu einer neuerlichen Krise, in deren Mittelpunkt die nordamerikanischen Eisenbahngesellschaften standen; Ralf Roman Rossberg zählt „in den schwarzen Monaten von 1893 … 74 Eisenbahn-Gesellschaften mit einer Streckenlänge von zusammen 47.237 Kilometer und einem Anlagekapital von umgerechnet mehr als sieben Milliarden Goldmark", die unter Zwangsverwaltung standen.[47] Das heißt, die Eisenbahnkonkursmasse Nordamerikas lag zu diesem Zeitpunkt ebenso hoch oder gar höher als der Wert des gesamten deutschen Eisenbahnsystems! Dies hinderte die staatlichen Zwangsverwalter nicht daran, staatlichen Hilfen einer neuerlichen Privatisierung – nun im Rahmen größerer, so genannter konsolidierter Gesellschaften – zuzustimmen.

Bei dem Geschäft der Reorganisierung von Eisenbahnen tat sich ab Mitte der 1860er Jahre das US-Bankhaus J. Pierpont Morgan hervor, zunächst im Verbund mit dem bis dahin herrschenden Eisenbahnkönig Vanderbilt. Durch solche Spekulationsgeschäfte wurde Morgan bis zum Ende des 19. Jahrhunderts zur größten die US-Eisenbahnen beherrschenden Finanz- und Industriegruppe.[48] In Nordamerika waren private Kapitalinteressen, Staat und Regierung – wie in Frankreich, England und Deutschland – so eng verfilzt, dass, wie Schumpeter es zuvor im Fall Hudson andeutete, der Staat tatsächlich „von den Eisenbahnen regiert“ wurde. Ralf Roman Rossberg zieht eine vergleichbare Bilanz: „Die Finanzskandale reichten bis zum Vizepräsidenten der Vereinigten Staaten, doch Macht und Einfluß der Eisenbahngesellschaften reichten auch, die Verantwortlichen vor dem Richter zu bewahren. Obwohl die Imperien der Railway-Companies ihr Monopol häufig und in vielfältiger Weise mißbrauchten, scheiterten alle Versuche, ihre Macht durch Verstaatlichung zu brechen.“[49]

Am 21. Juni 1970 meldete die größte Transportgesellschaft der USA, die Penn Central-Eisenbahngesellschaft, Konkurs an. 3 Mrd. Dollar an kurzfristigen Krediten mussten binnen weniger Stunden abgedeckt werden, wenn der Konkurs nicht andere Unternehmen und Banken in einen Strudel ziehen sollte. „Es ist nicht übertrieben, wenn ich sage, ein neues 1933 wurde knapp verhindert“, so das Urteil eines führenden Vertreters der US-Nationalbank. Eine von der angesehenen US-Zeitschrift „Ramparts“ 1972 vorgenommene Analyse zeigt, dass die Begleitumstände dieses Bankrotts identisch mit denjenigen sind, die den Niedergang der Eisenbahnen insgesamt herbeiführten. Demnach war der Vorstand der Penn Central völlig mit Personen durchsetzt, die den Eisenbahnen entgegengesetzte Interessen vertraten (z.B. Vertreter von Stahl-, Öl- und Kohlekonzernen, die nicht kostendeckende Penn Central-Frachttarife für „ihre“ Transporte durchsetzten). Gleichzeitig stieg der Vorstand in großem Maßstab ins Luftfahrtgeschäft ein, also in den mit den Eisenbahnen konkurrierenden Transportsektor. Erklärtes Ziel war, mit der Penn Central-Fluggesellschaft Executive Jet Aviation Inc. die in der Luftfahrt führende Gesellschaft PanAm von Platz 1 zu verdrängen. Das Unternehmen endete als 200 Mio. Mark teure Pleite. Das „Destillat der Unternehmensphilosophie dieser Körperschaft (des Penn Central-Vorstands; W.W.) und die ganze Mentalität, die hier herrschte“, wird nach „Ramparts“ in dem folgenden Satz des Penn Central-Vorstandsvorsitzenden Stuart Saunders (im Gespräch mit Pennsylvanias Gouverneur Milton Shapp) auf den Punkt gebracht: Er wolle das Penn Central-Kapital „in wirklich profitable Projekte stecken anstatt in diese verdammte Eisenbahn“. Da es sich hier um eine freie Übersetzung handelt, sei Gouverneur Shapp im Original zitiert: „That's what he said: that fucking railroad!“[50]

„Säkulare Investitionen" und Eisenbahnkrachs

Karl Marx trägt im zweiten Band des „Kapitals" einen interessanten Gedankengang vor, der zentral für das Verständnis der besonderen Unfähigkeit des privaten Kapitals ist, den Eisenbahnbau und -betrieb über einen längeren Zeitraum aufrechtzuerhalten, und sei es lediglich zu den „normalen" anarchistischen Bedingungen, die ein Betrieb unter Konkurrenzbedingungen abverlangt. Marx führt an, dass ein beachtlicher Teil des in Eisenbahnen angelegten Kapitals einem säkularen, sich über viele Jahrzehnte erstreckenden Verschleiß unterliegt: beispielsweise Bahnanlagen, Dämme, Brücken, Tunnels, Viadukte. Das heißt, sie müssen nur alle 50 oder 100 Jahre erneuert werden. Karl Marx zitiert den großen britischen Eisenbahnspezialisten Lardner, der warnte, dass „die Zeit kommen (muss), in der ihr Zustand einen Neubau nötig macht. In finanzieller und ökonomischer Beziehung mag diese Zeit allerdings viel zu entfernt sein, um sie in praktische Rechnung zu ziehen".[51] Auch im Fall des rollenden Materials weist Marx auf einen wichtigen Unterschied zur normalen kapitalistischen Betriebswirtschaft hin: Die Grenzen zwischen „Reparatur und Ersatz" seien „nicht zu trennen". „Daher der ewige Streit, ob gewisse Ausgaben Reparatur oder Ersatz sind, ob sie aus laufender Ausgabe oder aus dem Grundkapital bestritten werden müssen."[52] Die Lebensdauer des rollenden Materials und der Schienen war um die Jahrhundertmitte zunächst mit 10 bis 20 Jahren länger, allerdings nicht wesentlich länger als in der übrigen Industrie. Schlechtes Material und schneller „moralischer Verschleiß" – Überholtheit durch grundlegende technologische Fortschritte – waren hierfür die Grundlage. Doch in den 1860er Jahren war die Schienentechnologie bereits so entwickelt, dass sich auch hier die Lebensdauer bedeutend erhöhte. Nun lag sie bei einem Vielfachen derjenigen in der übrigen Industrie.[53]

Marx konstatiert an anderer Stelle, dass die einzelnen Eisenbahngesellschaften auf ein und demselben Markt extrem unterschiedliche Abschreibungssätze zur Anwendung brächten, und schreibt hierzu: „Diese Differenzen rühren nur zum allergeringsten Teil von Verschiedenheit der wirklichen Auslagen her; sie stammen fast ausschließlich aus verschiedener Berechnungsweise, je nachdem Ausgabeposten dem Kapitalkonto oder dem Revenuekonto zur Last gebracht werden. Williams sagt geradezu: 'Die geringere Belastung wird angenommen, weil dies für eine gute Dividende nötig ist, und die größere Belastung wird gemacht, weil eine stärkere Revenue vorhanden ist, die das ertragen kann.'"[54]

Marx zieht daraus keine explizite Schlußfolgerung; dies drängte sich zum Zeitpunkt der Abfassung des „Kapitals" auch nicht auf, da zum einen die große Welle von Eisenbahnkonkursen noch ausstand und zum anderen der von Lardner beschworene Zeitpunkt, zu dem der säkulare Verschleiß seinen Tribut, d.h. eine neue gewaltige Kapitalsumme, fordern würde, erstmals um die Jahrhundertwende auftreten konnte. Eine solche Schlussfolgerung liegt jedoch aus heutiger Sicht auf der Hand: In der traditionellen Industrie wird das angelegte Kapital im Großen und Ganzen im Verlauf eines industriellen Zyklus voll abgeschrieben, das heißt, es muss ersetzt werden. Ein privater Kapitalist wird in aller Regel auch entsprechende jährliche Abschreibungssätze in Rechnung stellen, sodass er nach Verschleiß der Maschinerie in sieben bis zehn Jahren über ausreichend zurückgelegtes Kapital für die Ersatzinvestitionen verfügt. Anders im Fall des in Eisenbahnen angelegten Kapitals: Notwendig in Rechnung gestellt werden hier lediglich diejenigen Kosten, die durch den laufenden Betrieb entstehen, möglicherweise noch die Abschreibungskosten für das rollende Material. Es kann jedoch weitgehend ausgeschlossen werden, dass die Kosten für den „säkularen Verschleiß" bewusst in den Preis der Dienstleistung Transport mit eingerechnet werden, dass also beispielsweise Jahr für Jahr ein Fünfzigstel oder gar ein Hundertstel der Kosten, die der Bau von Brücken, Dämmen, Tunnels etc. gefordert hat, zurückgelegt wird, um nach dem entsprechenden Zeitraum die gewaltigen Ersatzinvestitionen tätigen zu können. Da tatsächlich keine Eisenbahngesellschaft eine ausreichend lange Lebensdauer hatte, um diese säkularen Investitionen vornehmen zu müssen, beantwortet sich dieses betriebswirtschaftliche Problem sozusagen von selbst: Es stellte sich in der Realität nicht für das *privatkapitalistisch* betriebene Eisenbahnwesen, es stellte sich lediglich für die Gesellschaft und den Staat. Eine Argumentation, diese Kosten nicht zu berücksichtigen, kann auch in der Feststellung bestehen, die entsprechenden ersten Ausgaben im Streckenbau seien gar nicht von der aktuellen Gesellschaft getätigt worden, sei es, dass eine frühere, in Konkurs gegangene Gesellschaft sie verausgabte, oder sei es, dass es der Staat war, der diese Ausgaben tätigte.

Hier gibt es eine interessante Parallele zur Bilanzakrobatik der Deutschen Bahn AG Anfang des 21. Jahrhunderts: Die in den Jahren 1995-2006 errichteten Neubaustrecken im Wert von mehr als 50 Mrd. Euro tauchen in der Bilanz schlicht nicht auf. Die Begründung lautet, sie seien schließlich mit staatlichen Geldern bezahlt und der DB AG quasi geschenkt worden.[55]

Angesichts des Charakters dieser säkularen Investitionen sind nun zwei verschiedene Wege gangbar. Ein erster besteht darin, dass die Dienstleistung Transport im Großen und Ganzen zu ihrem Wert verkauft wurde, das heißt, der realisierte Transportpreis beinhaltete durchaus die Abschreibungskosten auch des so genannten säkularen Verschleißes. Diese Situation dürfte in der Anfangsphase des Eisenbahnbaus und in Fällen, in denen die entsprechende Gesellschaft über ein weitgehendes Monopol auf ein und derselben Strecke verfügte, vorgeherrscht haben. Die Eisenbahngesellschaft realisiert also durchaus jährlich ein Fünfzigstel (oder Hundertstel etc.) des Kapitalbetrags, der für die späteren neuen grundlegenden Investitionen erforderlich wäre. Diese Gelder bilden nach zehn, zwanzig Jahren einen gewaltigen „Kriegsschatz", den diese Gesellschaften dort einsetzen werden, wo maximaler Profit zu erwarten ist. Sie werden möglicherweise weiteres Kapital im Eisenbahnbau anlegen, möglicherweise auch in anderen Sektoren der industriellen Produktion. Vor allem aber wird während eines gerade herrschenden Gründerbooms die Anlage im Spekulationsgeschäft und im Finanzsektor locken. In keinem Fall werden die so gewonnenen Beträge fortgesetzt über viele Jahrzehnte angespart werden, um für die entsprechenden säkularen Investitionen bereitzustehen.

Ein zweiter Entwicklungsweg besteht darin, dass der Erlös aus der erbrachten Transportleistung die Kosten für den säkularen Verschleiß erst gar nicht beinhaltet. Diese Situation wird dann vorherrschen, wenn die Konkurrenz im Transportsektor bereits stark entwickelt ist und einzelne Strecken gar im Parallelbetrieb unterhalten werden, das heißt, die beteiligten Gesellschaften einander Preiskämpfe liefern, um ein Maximum an Verkehr in eigener Regie abwickeln zu können und somit Profit auf sich zu lenken. In diesem Fall wirtschaften die Gesellschaften von vornherein nach der Devise „nach uns die Sintflut“: Der kurzfristig realisierbare Profit wird privatisiert, Rücklagen für mittelfristig erforderliche Investitionen – etwa für das rollende Material – existieren nicht und erst recht keine für säkulare Investitionen. Stattdessen geht die Gesellschaft zum gegebenen Zeitpunkt in Konkurs; der Staat oder staatlich subventionierte Auffanggesellschaften sind nun mit den Finanzlücken konfrontiert und tragen die vorprogrammierten Verluste.

In der Realität des kapitalistischen Transportsektors dürfte die Mischform zwischen den beiden skizzierten Vorgehensweisen die Regel gewesen sein. Sicher ist allerdings: Bei jedem der beiden möglichen Wege und bei einer Kombination von beiden werden die Grundlagen der kapitalistischen Funktionsweise – für Karl Marx das Wertgesetz – zwar zeitweilig außer Kraft gesetzt. Sie setzen sich jedoch hinter dem Rücken dieser Gesellschaften durch, vermittelt über die gewaltigen Pleiten, die erforderlichen Verstaatlichungen und die hierüber vollzogene Vergesellschaftung dieser Kosten, die zuvor als private Profite aus den Unternehmungen gezogen wurden.

Klassisch ist hier das Beispiel der US-Eisenbahngesellschaften, die zwar Hunderte Konkurse mit immer neuen staatlichen Hilfeleistungen (Landschenkungen, zinsenlose Kredite usw.) erlebten, jedoch immer in privater Hand blieben. Aus ihnen zogen die privaten Eigner selbst in Krisenzeiten den von ihnen als „normal“ erachteten Profit. So zahlte die Pennsylvania Railroad Company zwischen 1856 und 1969, also über einen Zeitraum von 113 Jahren, Jahr für Jahr Dividenden zwischen 8 und 10% (1931: 6,5%). Bürgerkrieg, Bankenzusammenbrüche, Weltwirtschaftskrise, Aufstieg der Autoindustrie, Weltkriege etc. – all das beeindruckte die Großaktionäre nicht. Die unerschöpfliche Schatztruhe, aus der sie sich Jahr für Jahr bedienten, kam offensichtlich dadurch zustande, dass keinerlei Rücklagen für spätere große Investitionen erfolgten und ein gewaltiger Raubbau an den bestehenden Anlagen betrieben wurde.

Joseph Schumpeter liefert weitere Belege für diese Analyse. Ausgangspunkt ist die Krise 1893, in der „die Kontrolle vieler Eisenbahngesellschaften in andere Hände“ gelegt worden war. Bei den „neuen Männern, die sich ihrer bemächtigten“, habe es sich um sehr unterschiedliche Charaktere gehandelt; unter ihnen sei auch eine Gruppe reiner „Finanziers“, heute gelegentlich „Heuschrecken“ genannt, gewesen. Was jetzt „die Öffentlichkeit und die Politik sah und worüber sie in Erregung geriet, war einerseits die Schaffung neuer wirtschaftlicher Positionen, die in der Vorstellung des kleinen Mannes mit einer zugleich gewaltigen und unheimlichen Macht ausgestattet waren, sowie andererseits das Schauspiel von Finanzmanövern und von Kämpfen zwischen Finanzgruppen, das der vorherrschenden Neigung zur Spekulation ebenso viel Nahrung bot wie der sittlichen Entrüstung“.[56]

Schumpeter berichtet von zwei „regelrechten Feldzügen“, die eine der größten Eisenbahngesellschaften dieser Zeit, die Union Pacific (hinter der Standard Oil, also Rockefeller, stand), gegen große Gesellschaften aus dem Morgan'schen Imperium führte. Die Parallelen zu den aktuellen Hedge Fonds- und Private Equity-Geschäften sind frappierend: Zwischen 1899 und 1907 verkaufte Union Pacific eine große Zahl Aktien anderer, im Augenblick als weniger wichtig eingeschätzter Gesellschaften, um auf diese Weise bis 1906 einen Kriegsschatz von „56 Millionen (Dollar) in barem Geld und auf Abruf anzusammeln“. Auf diesen Schatz nahm sie zusätzlich Kredite von „75 Millionen auf Wechsel“ auf. Der „Feldzug“ endete in der Wirtschafts- und Finanzkrise 1907 mit neuerlichen großen Bankrotten.[57] Schumpeter: „Die verantwortlichen Manager dieses Feldzugs handelten wie einige Generäle im Weltkrieg und waren darauf, wie einige von diesen, sogar stolz. Die Truppen der Union Pacific wurden zum Angriff auf die befestigten Stellungen der Morganschen Position (des gegnerischen Trusts; W.W.) angesetzt, die für einen Frontalangriff uneinnehmbar war.“ Es sei die „Nichtachtung der Kosten und Folgen“, die „den Beobachter in Erstaunen versetzt“. Und dann deutet der Nationalökonom Schumpeter auf eine entscheidende Komponente hin: „Die Idee (der Union Pacific; W.W.) selbst und die Methode ihrer Verwirklichung sind natürlich zwei ganz verschiedene Dinge. Ruhiges Aufkaufen (der Aktien der gegnerischen Gesellschaft; W.W.) bei sorgfältiger Ausnutzung der depressiven Lage hätte in so kurzer Zeit wie 10 oder 20 Jahren zum Erfolg führen können; aber für den amerikanischen Geist sind 10 oder 20 Jahre von der Ewigkeit nicht zu unterscheiden.“[58]

Es hatte sich um gewaltige, rein kurzfristige Spekulationsmanöver gehandelt. Dies hatte jedoch rein gar nichts mit dem kurzweiligen „amerikanischen Geist“ zu tun. Die Eisenbahnkönige George Hudson (in England) und Bethel Henry Strousberg (in Deutschland) sowie die führende französische Eisenbahngesellschaft Crédit Mobilier hatten zu ihrer Zeit genau dieselben kurzfristigen Spekulationsmanöver durchgeführt, ja sie verdankten einen großen Teil ihres kometenhaften Auf- und Abstiegs dem rein spekulativen Geschäft. Und gerade für diejenigen, die das von Schumpeter als so verwerflich hingestellte Spekulationsfieber 1907 ausgelöst hatten, gab es keinen Grund, nicht so fortzufahren. Die große Welle von Bankrotten 1907 führte lediglich dazu, dass die zwei stärksten Kapitalgruppen, die von Morgan und diejenige von Standard Oil/Rockefeller, neuerlich gestärkt aus der Krise hervorgingen. Das „Berliner Tagblatt" schlagzeilte am 3. Dezember 1907: „Morgan – Diktator". Es zeigte auf, dass die politische Macht in den USA bei Morgan und nicht bei Präsident Roosevelt liege, und argumentierte, dass „nach deutschen Gesetzen" Morgan sofort „wegen Erpressung verhaftet" würde.[59]

So einfach ist das – bei den Spekulationsskandalen in anderen Ländern. Den deutschen Eisenbahnkönig Strousberg hatte die russische Regierung verhaften lassen, was ein großer Teil der deutschen Presse als ungebührlich und illegal betrachtete.

Kapitel 5
Eisenbahnen im Krieg, in den Kolonien, in der Revolution

Einer der wichtigsten Vorteile eines ganzen Systems von Eisenbahnen wird darin bestehen, dass es die stehenden Heere überflüssig machen oder doch ihre unendliche Verminderung ermöglichen wird. Invasionskriege werden aufhören.
Friedrich List, 1832

Ohne die Eisenbahn ist der Kongo keine zwei Schillinge wert, mit der Eisenbahn aber ungezählte Millionen.
Henry Morton Stanley, 1884

Während die Russen Ende des 19. und Anfang des 20. Jahrhunderts mehrere Bahnlinien bis an die afghanische Nordgrenze bauten, waren die Briten nicht müßig und verlängerten ihre indischen Bahnen bis an die afghanische Grenze und stapelten in den Grenzorten Eisenbahnmaterial, um im Kriegsfall die Linien schnell verlängern zu können. Da Afghanistan unabhängig blieb, hat es bis heute keine Eisenbahn. Der Anschluß an eines der drei verschiedenspurigen Eisenbahnsysteme der Nachbarn hätte auch den ökonomischen und politischen Anschluß bedeutet.
Manfred Marschalek, „Die Eisenbahnen und der Imperialismus“, in: AZ (Arbeiter-Zeitung), Wien, AZ-Thema vom 5. 6. 1987, S. IX

Im letzten Drittel des 19. Jahrhunderts gewann im bürgerlichen Lager ein sehr spezifisches Argument für die Verstaatlichung der Eisenbahnen an Bedeutung: Der imperialistische Krieg sei ohne dieses moderne Transportmittel nicht vorstellbar, genauer: nicht gewinnbar. Ein privatkapitalistischer, nach dem Konkurrenzprinzip organisierter Betrieb der Eisenbahnen stehe jedoch im Widerspruch zu den Prinzipien einer modernen, effektiven – das heißt vor allem: langfristig geplanten und zentralisierten – Kriegsführung.

Im ersten Dreivierteljahrhundert der Eisenbahngeschichte fanden keine großen, mehrere Nationen involvierenden Kriege statt. Selbst der deutsch-französische Krieg von 1870/71 ist hinsichtlich der Armeestärken, seiner Dauer und regionalen Ausdehnung nicht mit den napoleonischen Kriegen am Anfang des 19. Jahrhunderts vergleichbar. Dies trug dazu bei, dass sich bei Militärstrategen und Regierungen nur allmählich die Einsicht durchsetzte, dass ein Widerspruch zwischen dem privatkapitalistischen Betrieb der Eisenbahnen und den Erfordernissen einer modernen Kriegsführung bestand. Dennoch kam es, wenn auch verlangsamt, zu einer stetigen Militarisierung des Eisenbahnwesens. Seine Stationen waren erste große Truppentransporte per Eisenbahn, erste große Manöver unter maßgeblichem Einsatz des Schienenverkehrs, erste kriegerische Aktionen mit Truppentransporten auf der Schiene und schließlich ausgesprochene „Eisenbahn-Kriege". Den Höhepunkt dieser Entwicklung bildete ohne Zweifel der Erste Weltkrieg.

Oft konnten, so Ralf Roman Rossberg, erst militärische Argumente Regierungen zum staatlich betriebenen Streckenbau bewegen: „Nicht zuletzt die militärischen Gesichtspunkte veranlaßten in vielen Ländern den Staat, den Eisenbahnen jene Aufmerksamkeit zukommen zu lassen, die ihnen anfangs in der Regel fehlte, als sie für eine gesunde Entwicklung besonders vonnöten gewesen war."[1]

Chronologie der weltweiten Militarisierung der Eisenbahnen

In Deutschland kam es erstmals im Rahmen der 1848er Revolution zu Truppentransporten per Eisenbahn, um Unruhen niederzuschlagen. Zum selben Zeitpunkt rissen französische Arbeiter Schienen aus ihren Verankerungen, um den Nachschub für die Konterrevolution zu unterbinden.[2] Der russische Zar konnte die im Revolutionsjahr 1848 rechtzeitig erstellte Bahnverbindung Skernewizy–Warschau dadurch einweihen, dass er damit Truppen zur Niederwerfung des ungarischen Aufstands transportieren ließ. 1855 bauten die französischen und englischen Belagerer von Sewastopol im Krimkrieg erstmals eine Bahn ausschließlich für militärische Zwecke. Sie verband den Hafen von Balaklawa mit dem Lager der französisch-britischen Belagerungsarmee vor der russischen Festung. Während England und Frankreich ihre Truppen über den Seeweg und diese Bahn schnell einsetzen konnten, sah sich die russische Heeresführung mit dem Problem konfrontiert, neue Truppen in langen Tagesmärschen heranführen zu müssen. Die russische Niederlage in diesem Krieg führt Marcus Junkelmann darauf zurück, dass „man die rechtzeitige Anlage einer strategischen Bahnlinie in das Aufmarschgebiet gegen die Türkei versäumt hatte".[3] 1850, in der „Olmützer Krise", wurde den österreichischen und preußischen Militärstrategen eine Lehre in Sachen Eisenbahn-Logistik erteilt: Die preußische Mobilmachung, die sich in starkem Maß auf Eisenbahntransporte stützte, versank im Chaos; die Österreicher konnten zwar mit der Eisenbahn 75.000 Mann und 8.000 Pferde aus dem Landesinnern an die schlesische Grenze transportieren, benötigten dafür jedoch mehr Zeit, als Fußmärsche in Anspruch genommen hätten.

Ihre erste große Bewährungsprobe bestand nach Junkelmann „die Eisenbahn 1859 während des Feldzugs der Franzosen und Piemontesen gegen die Österreicher.

Allein zwischen dem 20. und 30. April transportierte die Paris-Lyon-Gesellschaft pro Tag fast 8.500 Soldaten und über 500 Pferde auf der 400 Kilometer langen Strecke zwischen den beiden Städten ... Insgesamt zählte man ... innerhalb von weniger als drei Monaten über 60.000 Mann und 37.000 Pferde ... auf den französischen Bahnen". Zwar wurde im Vergleich zu Fußmärschen die sechsfache Geschwindigkeit erreicht, die Truppen kamen nun jedoch „zu schnell" an: Beim Nachschub und bei der Verpflegung herrschten chaotische Zustände, „Wagen mit herrenlosen Gütern begannen bald massenhaft die Bahnhöfe zu verstopfen, zumal auch die militärischen Kommandeure ... dazu neigten, ihre Wagen als fahrbare Depots zu missbrauchen, statt sie schleunigst auszuräumen und zurückschicken zu lassen".[4] Diese Probleme, die in der Folgezeit die Gehirne der Kriegsstrategen beschäftigten, konnte ein Amerika-Deutscher namens Herman Haupt im amerikanischen Sezessionskrieg weitgehend lösen. Haupt baute für die Nordstaaten ein „Bureau of United States Military Railroads" auf, zwang die privaten Bahngesellschaften faktisch unter staatliche Verwaltung und setzte erstmals in der Kriegsgeschichte eigene Eisenbahntruppen ein. In diesem Krieg wurde auch die bis dahin vorherrschende Theorie widerlegt, Eisenbahnen dienten ausschließlich der Defensive. 1864 benutzte General Sherman die Eisenbahnlinie Chattanooga–Atlanta als zentralen Nervenstrang seiner Offensive gegen die Südstaaten. Obwohl er sich schließlich 600 Kilometer von seiner Operationsbasis entfernt hatte, konnte die Verpflegung seiner 100.000 Mann und 23.000 Pferde starken Armee über den Schienentransport gewährleistet werden. Hier wurde erstmals auch die Zerstörung von Eisenbahnanlagen in großem Stil betrieben: „Nach der Einnahme von Atlanta löste sich Sherman vollkommen von seiner Basis, ließ den Gegner... hinter sich zurück und marschierte sengend und brennend durch die fruchtbaren Landstriche östlich von Atlanta an die See; wobei seine Soldaten Eisenbahnanlagen in einer Gesamtlänge von fast 600 Kilometer zerstörten, indem sie mit Spezialmaschinen die Schienen korkenzieherartig verbogen."[5] Vergleichbares wurde im Ersten und Zweiten Weltkrieg dann auf „industrieller Stufenleiter" betrieben: Der „Schienenwolf" kam zur Anwendung, ein von einer Lokomotive gezogener Spezialwagen, der bei „zeitweiligen, planmäßigen Absetzbewegungen" – so der Reichsbahn-Jargon 1944 – die Gleisanlagen hinter sich buchstäblich umpflügte.[6]

In Preußen war 1857 mit Hermann von Moltke ein besonderer Förderer des Eisenbahnwesens an die Spitze des Generalstabs gelangt. Er drängte die Regierung zum beschleunigten Bau neuer Bahnlinien, insbesondere solcher in Ost-West-Richtung an den Rhein, um im Fall eines Krieges mit Frankreich möglichst viele Truppen in kürzester Zeit an die Front werfen zu können. Es handelte sich dabei, da der ökonomische Nutzen solcher Parallelbahnen in Friedenszeiten gering war, fast ausschließlich um Staatslinien. 1864 erhielt der Generalstab eine eigene Eisenbahnsektion; jetzt wurden regelmäßig der jeweiligen politisch-strategischen

Lage angepasste Aufmarschpläne erarbeitet, die detailliert durchgerechnete Zeittafeln für den Bahntransport enthielten. Das Prinzip „Getrennt marschieren – vereint schlagen“ wurde durch die neue Transporttechnologie, die einen breit gefächerten Aufmarsch nachgerade aufzwang, zum zentralen Bestandteil der modernen Kriegsführung.

Dies galt insbesondere für den Truppenaufmarsch im Vorfeld des Krieges und für die Anfangsphase der militärischen Auseinandersetzung. Preußen praktizierte 1866 im Krieg gegen Österreich erstmals im großen Stil einen durch Eisenbahnen getragenen Aufmarsch. Von Ende Mai bis Anfang Juni rollten planmäßig Hunderte von Zügen, die 197.000 Mann und 55.000 Pferde über bis zu 675 Kilometer lange Entfernungen zu den festgelegten Endbahnhöfen beförderten. Dem Generalstab war es damit möglich, viel schneller als die Österreicher, die für den Truppentransport nach Böhmen und Mähren lediglich über eine einzige Eisenbahnlinie verfügten, auf dem Kriegsschauplatz mit starken Einheiten präsent zu sein. In Königgrätz schlug eine in vollem Umfang aufgefahrene preußische Armee die noch nicht vollständig versammelten Österreicher.[7]

In diesem Krieg zeigte sich erstmals ein Phänomen, das heute – angesichts von Mittelstreckenraketen, Marschflugkörpern und Flugzeugträgern – noch viel offenkundiger auftritt: Die moderne Kriegstechnologie engt, wenn die Maschinerie einmal in Gang gesetzt wurde, den politischen Handlungsspielraum massiv ein. Als der Countdown für Moltkes Mobilisierung vom preußischen König aus politischen, taktischen Rücksichten zunächst unterbrochen wurde und sich dadurch die österreichische Position von Tag zu Tag verbesserte, drängte Moltke mit aller Macht auf das sofortige erneute Ingangsetzen der Operationen und formulierte nachgerade klassisch: „Nur dürfen wir, wenn wir einmal mobil machen, den Vorwurf der Aggression nicht scheuen. Jedes Zuwarten verschlimmert unsere Lage ganz entschieden.“[8]

Die Erfahrungen aus dem Krieg 1866 und die für einen künftigen Krieg neu errichteten Schienenwege kamen der preußischen Heeresführung 1870/71 im Krieg gegen Frankreich zugute. Auf inzwischen sechs ausgebauten Ost-West-Strecken und drei weiteren der süddeutschen Verbündeten rollten binnen 18 Tagen 462.000 Soldaten in ihre seit langem detailliert bestimmten Aufmarschgebiete. Die französische Armee, deren Aufmarsch zum Teil im Eisenbahnchaos versank, wurde überrollt. Die revolutionäre Erhebung in Paris setzte dieser Reißbrett-Strategie eine eigene Logik entgegen, die der preußische Generalstab durchaus fürchten musste. Sie wurde jedoch von der inneren französischen Konterrevolution erdrosselt.

Zwar gelang es nicht (wie beschrieben), die Notwendigkeit einer einheitlichen Eisenbahn in der neuen Reichsverfassung zu verankern, doch die Militärs erreichten, dass es darin einen Artikel 28 gab, der den kriegsgerechten Einsatz aller Eisenbahnen abverlangte, was auf eine zeitweilige Quasi-Verstaatlichung hinauslief.

Dort hieß es: „Jede Eisenbahnverwaltung ist verpflichtet: 1. die für die Beförderung von Mannschaften und Pferden erforderlichen Ausrüstungsgegenstände ihrer Eisenbahnwagen vorrätig zu halten; 2. die Beförderung der bewaffneten Macht und der Kriegsbedürfnisse zu bewirken; 3. ihr Personal und ihr zur Herstellung und zum Betriebe von Eisenbahnen dienliches Material herzugeben.“[9]

Unmittelbar nach dem Sieg im Krieg von 1870/71 bereitete sich die deutsche militärische Führung auf den nächsten großen Krieg vor. Gefordert wurde eine Schienenmagistrale Berlin–Metz, von der Hauptstadt zur größten Festung im nun nach Westen hin erweiterten Reich. Dabei sollte diese „Kanonenbahn“ allein der Preußischen Staatseisenbahn bzw. der von ihr geführten „Reichseisenbahn“ unterstellt sein. Die 800 Kilometer lange Strecke wurde mit einem gewaltigen Aufwand bis 1879 gebaut. Die Großherzoglich-Badische Staatseisenbahn musste auf die Forderungen der Militärs hin und auf Kosten des Reiches im südbadischen Raum eine Reihe „Umgehungsbahnen“ bauen, damit bei einem Truppenaufmarsch im Süden des Reiches in Richtung Frankreich jede Berührung schweizerischen Bodens unterbleiben konnte. Auf diese Weise entstand u.a. die so genannte Sauschwänzlebahn.[10] In diesem Zeitraum richtete in Deutschland – wie alle Staaten mit großen Armeen – spezielle militärische Abteilungen für den kriegsmäßigen Eisenbahnbau und -betrieb ein, die als „Militäreisenbahner“, „Heeresfeldeisenbahner“ oder „Eisenbahn-Truppen“ bezeichnet wurden. In Kriegszeiten wurde dann ein großer und von Krieg zu Krieg wachsender Teil der zivilen Eisenbahner in die militärische Verwaltung der Eisenbahnen einbezogen. Im Ersten Weltkrieg mussten die deutschen Länderbahnen knapp 40% ihres Personals an die Kriegsschauplätze schicken; dort wurden sie meist im militärischen Eisenbahnwesen eingesetzt. Auch dies stellte einen Trend zur Verstaatlichung dar.

Eisenbahnen als Transporteure der Kolonialpolitik

Als die österreichisch-ungarische Armee 1878 die türkischen Provinzen Bosnien-Herzegowina und den angrenzenden Sandschak okkupierte, wurden in den besetzten Gebieten parallel Feldbahnen – primär für den militärischen Einsatz gedachte Eisenbahnen – erbaut. Um im Krisen- und Kriegsfall einen schnellen Ausbau der Feldbahnen auf dem Balkan zu ermöglichen, wurden in Niederösterreich zahlreiche Lokalbahnen mit derselben Spurweite errichtet. Die Loks und Waggons dieser Bahnen waren von vornherein für einen Einsatz auf dem Balkan konzipiert.[11]

1878 begannen deutsche Banken – und später das Deutsche Reich – mit dem Projekt einer Bagdad-Bahn, die gemeinsam mit der türkischen Regierung und zeitweilig zusammen mit französischem Kapital vorangetrieben wurde. Bis 1893 war die Verbindung zwischen Haidarpaşa (Vorort von Konstantinopel auf der asiatischen Seite des Bosporus) und Ankara als „Anatolische Eisenbahn“ erstellt. Die geplante Fortsetzung der Strecke bis Bagdad und Basra sowie zum Persischen Golf wurde immer mehr zu einem strategischen Projekt des Deutschen Reiches und der maßgeblich engagierten Deutschen Bank, das auf den Rohstoff Rohöl abzielte und das britische Empire herausforderte, das Mesopotamien als seinen Einflussbereich ansah. Die deutschen Betreiber konnten die Bahn nach Beginn des Ersten Weltkrieges nicht mehr vollenden; sie wurde von den Briten fertig gestellt. Die auf dem Gebiet Mesopotamiens liegenden Streckenabschnitte der vormals deutsch beherrschten Bahn gingen 1932 entschädigungslos in irakischen Besitz über.[12]

1904/05 kam es zu einer militärischen Auseinandersetzung, die zu Recht als „Eisenbahnkrieg“ bezeichnet werden kann. Das Zarenreich trieb zwischen 1881 und 1904 den Bau der Transsibirischen Eisenbahn voran und besetzte im Jahr 1900 die Mandschurei, um die Bahnstrecke nach Wladiwostok entscheidend abzukürzen. Japan wollte mit einem Angriff auf Russland die Fertigstellung der Eisenbahn verhindern, die die Position Russlands im pazifischen Raum bedeutend verbessert hätte. Die zaristische Armee konnte zwar mit Hilfe der zu großen Teilen fertiggestellten Bahn ihre Truppen im Kriegsgebiet im Verlauf der Auseinandersetzung von 140.000 Mann auf eine Million verstärken; das Hauptkontingent traf jedoch zu spät ein, um erste schwere Niederlagen zu verhindern.

Inzwischen begannen die Eisenbahnen den afrikanischen Kontinent zu erobern. Dies erfolgte fast ausschließlich unter dem Gesichtspunkt der militärischen Beherrschung und der Ausplünderung der Kolonien. Bis zum Jahr 1913 wurden in Afrika 43.000 Kilometer Kolonialbahnen gebaut.[13] Im Burenkrieg (1899-1902) setzten die britischen Truppen erstmals im großen Stil Panzerzüge zur Niederwerfung des Aufstands der weißen Kolonisatoren ein. In den deutschen Kolonien bauten – zumeist private – Gesellschaften Eisenbahnen mit einem Streckennetz von insgesamt 4.179 Kilometern Netzlänge. Diese Bahnen dienten ausschließlich der Kolonisierung. Besonders deutlich liegt der Fall bei den Bahnen in Südwestafrika. Die deutsche Kolonie führte zunächst (1897-1902) ein eher stiefmütterliches Dasein. Die intensive Besiedelung begann Ende der 1890er Jahre – parallel mit dem Eisenbahnbau Swakopmund–Windhoek. Im Zeitraum 1899-1903 verdreifachte sich die Zahl der weißen Siedler. Damit begannen die Landvertreibung der Eingeborenen und der Viehdiebstahl bei den Herden der schwarzen Bevölkerung im großen Maßstab. 1904 wurde mit dem Bau einer zweiten Bahnlinie, der Otavi-Bahn, begonnen. Sie führte mitten durch das Siedlungsgebiet der Hereros. Die Otavi-Minen- und Eisenbahn-Gesellschaft forderte von den Hereros die unentgeltliche Abtretung eines bis zu 40 Kilometer breiten Landstreifens entlang der Bahnlinie; ein neuerlicher Ansturm deutscher Siedler wurde erwartet. Dies trieb die Hereros in einen verzweifelten Aufstand, der unter Generalleutnant von Trotha zusammengeschossen wurde. Innerhalb von drei Jahren (1904-1907) rotteten die deutschen Kolonialtruppen die beiden wichtigsten Stämme der Region, die Hereros und Namas, aus: 1911 lebten von zuvor 80.000 Hereros noch 15.310 und von 20.000 Namas noch 9.781.[14]

So wie die deutsche Kolonialgeschichte in bundesdeutschen Geschichtsbüchern generell idealisiert wird, so taucht die Kolonialgeschichte der Eisenbahn in den traditionellen Werken nicht oder nur auf „technische Aspekte" reduziert auf. Ralf Roman Rossberg formuliert in seiner ansonsten überzeugenden Arbeit Sätze, die die Kolonisierung rechtfertigen: „Die eingeborene Bevölkerung (Afrikas; W.W.) wäre aufgrund ihres niedrigen Kulturstandes aus sich heraus nicht in der Lage gewesen, größere technische Unternehmungen zu beginnen und durchzuführen. So steht die Entwicklung des Eisenbahnwesens in Afrika in unmittelbarem Zusammenhang mit der Kolonisation." Als Funktion dieser Bahnen werden „Handel sowie Ausbeute von Bodenschätzen und Abtransport der Landesprodukte" genannt. Auch bei der ausführlichen Beschreibung der Bahnen in Deutsch-Südwestafrika taucht der militärische Aspekt nicht auf; der Aufstand der Schwarzen wird nur mit zwei Zeilen erwähnt; der Bahnbau habe durch „die Hereroaufstände anfangs schwere Rückschläge erlitten".[15]

Dass die Bahnen in den Kolonien ausschließlich der kolonialen Ausbeutung dienten, wird an ihrer Streckenführung mehr als deutlich. „Alle Straßen und Eisenbahnen führten zum Meer", schrieb Walter Rodney in seinem Buch „Afrika – Die Geschichte einer Unterentwicklung". Zu genau demselben Ergebnis gelangte die Kommission für Afrika der Vereinten Nationen im Jahr 1959: „Das hervorstechendste Charakteristikum der Transportsysteme Afrikas ist ihre relative Isolation innerhalb bestimmter Länder und Gebiete. Das zeigt sich in den fehlenden Verbindungen zwischen Ländern und Gebieten innerhalb derselben geographischen Unter-Region."[16]

Wichtig ist auch hier der Blick darauf, wie die Bahnen in den Kolonien erbaut wurden. Walter Rodney: „In Europa und Amerika erforderte der Eisenbahnbau enorme Kapitalaufwendungen. Große Gehaltsabrechnungen mussten während der Konstruktion beglichen werden, und den Arbeitern wurden zusätzliche Prämien bezahlt, damit die Arbeit möglichst schnell zu Ende geführt werden konnte. In den meisten Teilen Afrikas boten die Europäer, die eine Eisenbahn bauen lassen wollten, als normalen Lohn Prügel – und für zusätzliche Mühe noch mehr Prügel." Kapital sei nur in bescheidenstem Maß eingesetzt worden, weswegen „reine Menschenkraft Baggermaschinen, Kräne usw. ersetzen" musste.[17]

Wie eng koloniale Eroberung, der Bau von Eisenbahnen und die Ausbeutung von Menschen und Bodenschätzen miteinander verbunden waren, verdeutlicht auch die deutsche Kolonialgeschichte in Asien. In einem Bericht der Disconto-Bank Anfang des 19. Jahrhunderts heißt es: „Das Konsortium für asiatische Geschäfte, welchem die Deutsch Asiatische Bank (Tochter der 13 größten deutschen Bankhäuser; W.W.) und die mit ihr verbundenen Bankfirmen angehören, hat alsbald nach der Besitzergreifung des Kiautschou-Gebiets sich darum bemüht … von der Reichsregierung Konzessionen zum Bau und Betrieb von Eisenbahnen und zu Bergwerksunternehmungen in der Provinz Schantung zu erlangen." Auch hier verfuhr man nach dem Modell: Eisenbahn – Bodenschätze – Ausbeutung einschließlich des schnellen Transports ins Mutterland. Eine deutsche und britische Kapitalgruppe habe „sich zur Erbauung von Bahnen vereinigt, durch welche das Bahnnetz von Schantung einerseits mit Tientsin und dadurch mit den Bahnen in Nordchina, andererseits mit dem am Yangtse gelegenen Hafen Tschinkiang verbunden werden soll".[18]

Eisenbahnen im Ersten Weltkrieg

Der militärische Einsatz der Eisenbahnen fand schließlich im Ersten Weltkrieg seinen vorläufigen Höhepunkt. Bei allen beteiligten europäischen Ländern nahm der Schienentransport im Hinblick auf Truppenbewegungen und die Organisation des Nachschubs eine monopolartige Stellung ein. Dies gilt in besonderem Maß für die deutsche Position. Eine Vielzahl von Autoren unterstreicht zutreffend, dass das Kaiserreich und die maßgeblichen deutschen Konzerne und Banken von vornherein einen Angriffskrieg vorbereiteten, um als die „zu spät gekommene" Nation mit militärischen Mitteln die Vorteile wettzumachen, über die das englische und französische Bürgertum mit ihren gewaltigen Kolonialreichen längst verfügten. Diese grundlegende politische Orientierung wurde durch einen Aspekt der Kriegstechnologie ergänzt: Ein zu erwartender Zweifrontenkrieg legte die militärische Strategie nahe, durch einen „Blitzkrieg" an einer der beiden potenziellen Fronten eine rasche Entscheidung zu erzwingen, um dann ausreichend Kräfte für die zweite Front frei zu haben.

Der Vorteil der so genannten „inneren Linie", eines perfekt ausgebauten Eisenbahnsystems, das Beweglichkeit und eine optimale Antwort auf gegnerische Angriffe garantierte, konnte nur dann voll ausgespielt werden, wenn ein Angriff nicht gleichzeitig von beiden Seiten erfolgte und die beschränkten Kräfte in Ost wie West band.

Der nach dem bis 1905 amtierenden Generalstabschef von Schlieffen benannte deutsche Aufmarschplan im Ersten Weltkrieg war hier charakteristisch. Die Eisenbahnen in Deutschland und bei den gegnerischen Nationalstaaten spielten dabei eine entscheidende Rolle. Da Frankreich auf Grund einer inzwischen ebenfalls perfekten, auf den Eisenbahnen basierenden Aufmarschplanung als der gefährlichere Gegner eingeschätzt wurde, sollte der erste Schlag im Westen erfolgen. Im Osten erwartete man, dass Russland bedeutend mehr Zeit für die Mobilisierung und das Heranführen großer Einheiten an die deutsche Grenze benötigen würde, sodass man nach einem raschen Sieg im Westen ausreichend Kräfte frei haben würde, um diese über die großzügig ausgebauten West-Ost-Eisenbahnlinien an diesen „langsameren“ Gegner heranzuführen.[19]

Tatsächlich gelang es, innerhalb von nur 14 Tagen – vom Mobilisierungstag am 2. August 1914 bis zum Fall der Festung Lüttich am 16. August – in 11.000 Zügen 3 Mio. Soldaten und 860.000 Pferde nebst einer ungeheuren Masse von Kriegsmaterial an die Westfront zu verfrachten.[20]

Doch fast alles kam anders als in den Generalstabskarten verzeichnet. Der französische Aufmarsch erfolgte mit einer dem deutschen vergleichbaren Präzision. Die belgischen Truppen, bis dahin nur eine Fußnote im deutschen Kriegsplan, leisteten unerwartet harten Widerstand, vor allem beim Eisenbahnknotenpunkt Lüttich. Der russische Aufmarsch ging, unter anderem durch vorausgegangene französische Hilfe beim Eisenbahnbau, bedeutend schneller vonstatten als vom deutschen Generalstab erwartet. Anstelle eines Blitzkrieges gab es den lang andauernden Stellungskrieg mit zwei Fronten. Dies war dann allerdings just die Situation, die die deutsche Heeresführung zuvor als tödlich erkannt hatte.

Eisenbahn und Oktoberrevolution

Die Fahrt Lenins und führender Bolschewiki im plombierten Eisenbahnwaggon von der Schweiz durch Deutschland und weiter über Schweden nach Russland dürfte die für die Geschichte folgenreichste Eisenbahnreise gewesen sein. Studiert man die zeitgenössischen Berichte, so scheint es sich auch um ein Ereignis gehandelt zu haben, bei dem sich hohe Diplomatie, revolutionäres Engagement und die einem gut funktionierenden Eisenbahnwesen nun einmal eigene Pedanterie ein Stelldichein gaben: „Fahrplanmäßig fuhr der Zug 3.10 Uhr von Zürich ab. In Tayngen erfolgte die Schweizer Zollrevision ohne Passkontrolle. Da Esswaren, vor allem Schokolade und Zucker usw., über das behördlich erlaubte Maß mitgeführt wurden, wurden verschiedene Abnahmen von den Behörden anbefohlen.“ So der Bericht des mitreisenden Schweizer Sozialisten Fritz Platten, der im Folgenden über eine „zeitweilige Internierung im Wartesaal III. Klasse in Gottmadingen“ und über die „Einwaggonierung in einem plombierten D-Wagen II. und III. Klasse“ berichtet, um gleich darauf Auskunft zu geben, was den entscheidenden Unterschied zwischen der II. und der III. Klasse ausmachte: „Kinder und Frauen belegten die weichen Plätze, die Männer die III. Klasse.“

Dass der Zug komplett verplombt gewesen sei, ist eine Legende. Nur drei der vier Türen waren verplombt, die vierte blieb offen: „Das der offenen Tür nächstbefindliche Coupé war für die begleitenden zwei (deutschen; W.W.) Offiziere reserviert.“ In diesem Zug existierten – eine Novität auf dem Gebiet der Diplomatie

– zwei rollende Hoheitsgebiete: „Ein Kreidestrich auf dem Boden des Ganges begrenzte … das Hoheitsgebiet der Deutschen einerseits und das der Russen andererseits.“ Die offene Tür wiederum begünstigte einen Eklat auf dem Hauptbahnhof in Frankfurt/M.: Hier „hatte der Zug längeren Aufenthalt“, so der Bericht von Karl Radek, der zu erwähnen vergisst, daß der Stopp wohl dem Kopfbahnhof und dem Wechseln der Lokomotive geschuldet war. Radek weiter: „Der Perron war militärisch abgesperrt. Plötzlich wurde die Postenkette durchbrochen: Deutsche Soldaten kamen herbeigestürmt. Sie hatten von der Durchreise der russischen Revolutionäre gehört, die für den Frieden eintraten. Jeder von ihnen hielt in den Händen einen Krug Bier. Erregt fragten sie uns, ob und wann der Frieden käme …“

Im Übrigen wird in den Dokumenten belegt, dass der Reichsbahn durch diese Fahrt keine ungebührlichen Verluste entstanden: Alle Reisenden auf dem Transit von der ruhigen Schweiz in das russische Revolutionsgebiet hatten „Billette III. Klasse“ gelöst.[21] Offensichtlich gibt es eine Ergänzung zu dem Bild des Revolutionärs, der angeblich vor dem Sturm auf den Bahnhof eine Bahnsteigkarte löst. Die Bolschewiki hatten von sich aus auf einen ordnungsgemäßen Fahrkartenkauf bestanden, um den absehbaren späteren Verleumdungen so weit wie möglich vorzubeugen.

Schließlich muss die Rolle, die ein Zug im russischen Bürgerkrieg spielte, erwähnt werden: der Zug des Kriegskommissars Leo D. Trotzki und seines Stabs. In diesem Krieg der jungen sowjetischen Republik gegen 14 intervenierende Staaten – einem Kampf mit vielen Fronten und mit Entfernungen von mehreren Tausend Kilometern zwischen den verschiedenen Kampfgebieten – kam den Eisenbahnen naturgemäß große Bedeutung zu. Sie erleichterten die Aufrechterhaltung der „inneren Linie“ und ließen Verlagerungen großer Truppenteile an die jeweiligen Brennpunkte in relativ kurzer Zeit zu. Allerdings handelte es sich um ein rollendes Material, das sich nach einem Weltkrieg und durch den Bürgerkrieg in einem miserablen Zustand befand; in Berichten ist die Rede davon, dass die „Eisenbahn das Militär der Bolschewiki mit einer Geschwindigkeit von einer Meile pro Stunde beförderte“. Eine besondere Bedeutung kam dem Zug des Kriegskommissars und dessen Stab zu. Mit ihm schien Trotzki allgegenwärtig zu sein – an allen Fronten, zu Kurzbesuchen in Moskau, so anlässlich der Gründung der Kommunistischen Internationale, und in Petrograd zur Zeit der größten Bedrängnis. Über den Zug selbst schreibt Alfred Rosmer, der als Beauftragter der französischen kommunistischen Bewegung vor Ort weilte: „In dem Zug ging es immer lebhaft wie in einem Bienenkorb zu. Es gab eine Zeitung, ‘V Pauti’ (‘Unterwegs’), die täglich mit Leitartikeln, einem aktuellen Kommentar und den neuesten Nachrichten erschien. Sobald der Zug anhielt, stöpselten wir die Kabel ein, um mit Moskau in Kontakt zu treten. Zu den entsprechenden Zeiten fing das Radio ausländische Sendungen auf … Trotzki hatte immer irgendeine Arbeit vorbereitet, und wenn es die militärische Lage zuließ, gab er seinen Sekretären zu tun, er diktierte und überarbeitete getippte Niederschriften." Die Präsenz des Zuges wurde geradezu symbolisch eingesetzt. In einer Reportage von Larissa Reissner heißt es: „Am dritten oder vierten Tag nach dem Fall Kasans kam Trotzki nach Swijaschsk. Sein Zug machte an einer kleinen Station halt; die Lokomotive stand eine Weile schnaufend da, ließ dann den Zug stehen, stillte ihren Durst – und kam nicht wieder. Die Wagenkette des Zuges stand ebenso unbeweglich da wie die schmutzigen Hütten und Baracken, in denen sich der Stab der 5. Armee befand. Diese Unbeweglichkeit betonte, daß dieser Ort nicht aufgegeben werden kann und darf."[22]

Aber natürlich gilt auch hier: Krieg ist das Gegenteil von Demokratie. Im nachrevolutionären Russland wurden die Eisenbahnen als erste Branche militarisiert. Eine der entscheidenden ersten Sünden der Oktoberrevolution bestand darin, die Unabhängigkeit der Transportarbeiterorganisationen der russischen Eisenbahner aufzuheben. Die Eisenbahnergewerkschaften wurden – noch unter Trotzki – zu „Transmissionsriemen" degradiert.[23]

***

Die Militarisierung der Eisenbahnen wirkte sich hinsichtlich der Geschwindigkeit auf zwei völlig entgegengesetzte Arten aus. So bereiteten sich die preußischen bzw. die deutschen Militärs, die ganz im Geist ihrer Blitzkriegsstrategien nach Geschwindigkeitsrekorden gierten, auf einer eigenen Strecke auf den Betrieb unter Kriegsbedingungen vor. Die Strecke verlief auf der Verbindung Berlin–Zossen–Schießplatz (Letzteres war der Schießplatz der Artillerie-Prüfkommission), hatte 45,6 Kilometer Länge und wurde 1875 in Betrieb genommen. 1889 wurde die Strecke um 25 Kilometer bis Jüterbog verlängert. Nordwestlich von Jüterbog war ein zweiter Artillerieschießplatz eingerichtet worden. Die Militärs betrieben auf der Strecke spektakuläre Testfahrten für Rekordgeschwindigkeiten. Ende Oktober 1903 erreichte auf dieser Militäreisenbahn ein elektrisch angetriebener sechsachsiger Triebwagen von Siemens & Halske und der AEG die Weltrekordgeschwindigkeit von 210,2 Stundenkilometern. Dieser Rekord wurde erst 1931 überboten – erneut von einer deutschen Eisenbahn, dem so genannten Schienenzeppelin.[24]

In der kriegerischen Praxis kamen die Militärs allerdings zu Schlussfolgerungen, die in einem Gegensatz zu jeglichem Tempowahn standen. Nach den ersten zwei Jahrzehnten mit Truppenaufmärschen per Eisenbahn verordneten die Militärs den Eisenbahnen während der Mobilmachung und für die Zeit des Krieges selbst eine Art Tempolimit. Erich Preuß schildert die Vorgaben für den Krieg von 1870/71: „Für die Transportzüge war jetzt eine niedrige Durchschnittsgeschwindigkeit bestimmt, um Störungen schnell beheben und das Streckennetz gleichmäßig auslasten zu können. Dadurch ließen sich die Leistungen gewaltig steigern."[25]

Teil II
Der aufhaltsame Aufstieg des Automobils – der erzwungene Niedergang der Eisenbahnen

> Amerika ist kein Lunapark, Amerika ist ein großer Kontinent. Reservoire elektrischer Energie sind nichts als Literatur. Hingegen sind die Reservoire der Standard Oil mit gutem Benzin eine sichere Sache.
>
> *Henry Ford, 1922*

> Kohle und Eisen schrieben sich … den letzten Krieg auf ihr Konto. Jetzt ist die Zeit des Öls gekommen. Die Geschichte der nächsten beiden Generationen wird im Lichte des Kampfes um das Öl zu lesen sein.
>
> *Louis Fischer, Ölimperialismus, 1927*

Anfang des 19. Jahrhunderts führte die wichtigste imperialistische Macht, England, den Schienenverkehr ein; von dort aus eroberte er den europäischen Kontinent. In Nordamerika verlief die Entwicklung des Eisenbahnwesens bereits weitgehend unabhängig von derjenigen in England und auf dem europäischen Festland. Die Grundlage der Eisenbahnen bildete die maßgebliche Energieform der industriellen Revolution: die aus Kohle gewonnene Dampfkraft.

Anfang des 20. Jahrhunderts brachten die USA, seit Ende des Ersten Weltkrieges führende Wirtschaftsmacht, die neue Transporttechnologie gleich der ganzen Welt: den mittels Personenkraftwagen (Pkw) und Lastkraftwagen (Lkw) – und bald darauf auch mit Flugzeugen – bewerkstelligten Transport von Personen und Gütern sowie, nicht zu vergessen, die neuen Transport- und Vernichtungsmittel des modernen Krieges: Jeeps, Militärlaster, Kettenpanzer, Transport- und Kampfflugzeuge. Die Grundlage dieser neuen Verkehrsorganisation bildete die nunmehr maßgebliche Energie, die aus Rohöl und seinen Derivaten Diesel, Benzin, Flugbenzin und Kerosin gewonnen wird.

Die Propagandisten der neuen Technologie sahen sich vor eine schwierige Aufgabe gestellt: Anfang des 20. Jahrhunderts wurde der gesellschaftlich notwendige Verkehr in den Industrieländern zur Zufriedenheit (fast) aller Beteiligten auf Schienen bewältigt. Der Güterverkehr wurde mit Eisenbahnen und auf Kanälen abgewickelt. Das Auto bewegte sich bereits seit drei Jahrzehnten als Luxusgefährt für wenige im Straßenverkehr. Noch 1910 sah der im Großen und Ganzen weitsichtige Nationalökonom Werner Sombart die Zukunft des Transportsektors so: „In der dritten Periode, die … durch die 1870er Jahre gebildet wird, gelangt das System der Vollbahnen … zur Vollendung: Periode des Ausbaus, die schließlich in diejenige der Verästelung mündet, in der wir uns noch befinden. Diese letzte Epoche wird damit endigen, daß vor jedes Haus eine Eisenbahn führt. Dazu verhilft vor allem auch die Entwicklung eines Sekundär-, Tertiär- usw. Bahnbaus, eines Systems von Schmalspurbahnen.“[1]

In den wichtigsten Industrieländern konnte das Schienennetz als mehr oder weniger flächendeckend bezeichnet werden: mehr in Mitteleuropa und England, weniger im südlichen, westlichen und östlichen Europa und in Nordamerika. Auch standen schon die neuen Technologien bereit, die den Schienenverkehr qualitativ verbessern und verbilligen sollten: die Ablösung der Dampflokomotive durch die elektrische Traktion, ergänzt um dieselgetriebene Lokomotiven. Die Aufgabe, vor der das in der Ölbranche und im Autosektor engagierte Kapital stand, bestand nicht lediglich darin, mittels Pkw und Lkw die Feinverteilung des Transports – außerhalb der Stadtzentren und bis zu einigen Dutzend Kilometern Transportweite – zu bewerkstelligen. Vielmehr sollte der Verkehr in seiner Masse von der Schiene und teilweise auch von der Binnenschifffahrt abgeworben und auf die Straße und in die Luft umgelenkt werden. In der Konsequenz musste das vorausgegangene, in 75 Jahren weltweit aufgebaute Transportsystem Schiene ruiniert werden.

Es bedurfte denn auch eines halben Jahrhunderts und eines weiteren Weltkrieges, bis der Straßenverkehr den Schienenverkehr von Platz 1 im Transportsektor verdrängte, und eines weiteren Vierteljahrhunderts, bis der Schienenverkehr in den hoch entwickelten kapitalistischen Ländern in eine Randposition gedrängt war, von der aus er keine ernsthafte Konkurrenz zum Straßenverkehr mehr darstellt. Es war ein Sieg, der als Triumph der „privaten Freiheit“ über den „staatlichen Zwang“ gefeiert wurde. Diese Denkweise ist fast allgemein verbreitet. So schrieb Michael Hennecka 1985 in der als progressiv und ökologisch engagiert geltenden „tageszeitung“: „Der Weg von der Eisenbahn zum Auto markiert so den Weg vom Untertan zum autonomen Bürger, von der Identifikation mit der Macht zur Selbstdarstellung der eigenen, vermeintlichen Macht … Das Auto ist … Teil der Konstitution des Menschen.“[2]

Dass sich damit letzten Endes eine Verkehrsform durchsetzt, die Umwelt und Klima auf das Äußerste belastet, wussten 1985 bereits viele. Vor 100 Jahren war dies kaum vorhersehbar. Einige Weitsichtige erkannten jedoch bereits vor einem Jahrhundert, dass die neue Verkehrsorganisation mit einer nochmals größeren Zusammenballung von Macht in den Händen weniger sowie mit einem gewalttätigen und unmenschlichen Fabriksystem verbunden ist. Die Autoproduktion ist identisch mit Fordismus. Henry Fords eigene Ideologie war die des Faschismus und Antisemitismus. Die in Fallersleben – heute Wolfsburg – verwirklichte Autostadt orientierte sich an dem Vorbild Fordismus.

Kapitel 6
Die Globalisierung des 18. und 19. Jahrhunderts

> Die zu Ende des vorigen Jahrhunderts eingeleiteten politischen und sozialen Umwälzungen im Zusammenhang mit den Erfindungen und Fortschritten in Produktion und Verkehr verleihen dem Handel … ein neues Gepräge. Er wird zum allgemeinen Welthandel. Er zieht alle Völker in seine Kreise hinein … Kein einziger Staat der abendländischen Kultur kann jetzt ohne Teilnahme am Welthandel gedacht werden … Unter dem Einfluß von Dampfkraft und Großindustrie begannen Handel und Verkehr mächtig anzuschwellen. Die internationale Arbeitsteilung macht riesige Fortschritte. …. Die alten Kommunikationsmittel genügten dem Weltverkehr nicht mehr. Die Eisenbahn, die Dampfschiffahrt sorgten dafür, daß dieselbe Naturkraft, welche die Produktion der Güter so stark gesteigert hatte, nun auch ihren Transport steigerte.
>
> *Meyers Konversationslexikon, Bd. 8, Leipzig – Wien, Ausgabe von 1890*

Anfang des 21. Jahrhunderts spielen die wachsende Verflechtung der nationalen Ökonomien in die Weltwirtschaft, die immer intensivere internationale Arbeitsteilung und die Macht der weltweit größten Unternehmen eine maßgebliche Rolle in den Debatten über die Globalisierung. Dabei war, wie noch aufgezeigt werden wird, die jüngste Transportrevolution, die zum Auto und Flugzeug führte, entscheidend. All dies prägte die Weltwirtschaft auch vor 200 und vor 100 Jahren – vor allem als Resultat der Transportrevolutionen, die den Binnenwasserverkehr, die Dampfschifffahrt und die Eisenbahnen hervorgebracht hatten.

Bereits im 18. Jahrhunderts entwickelte sich der Welthandel in einem nie zuvor gesehenen Umfang. Dies gilt natürlich besonders für das Mutterland der Industrialisierung, das einen Frühstart vollzogen hatte. Die gesamte Tonnage der aus englischen Häfen auslaufenden Schiffe betrug im Jahr 1700 317.000 Tonnen und im Jahr 1800 1.924.000 Tonnen. Innerhalb eines Jahrhunderts kam es also zu einer Versechsfachung des stofflichen Handelsvolumens.[1] Großbritannien hatte damit die Niederlande überrundet und war zur mächtigsten Handelsnation aufgestiegen. Die britische Expansion auf den Weltmärkten beschleunigte sich zwar im 19. Jahrhundert nochmals, doch nun lag das Wachstum des Handels bei den übrigen konkurrierenden neuen Industrieländern teilweise deutlich über dem britischen.

Dennoch konnte das britische Empire rund 100 Jahre lang seinen Rang als Exportweltmeister verteidigen. Ab 1830 liegen für den größten Teil des gesamten Welthandels einigermaßen abgesicherte Angaben vor, allerdings nunmehr bezogen auf Werte (hier in Mio. Mark), nicht bezogen auf den stofflichen Umfang (die Tonnage). Es ergaben sich nun interessante Verschiebungen (siehe Tabelle 5).

Tabelle 5: Die Entwicklung des Welthandels 1830-1910 (in Mio. Mark)[2]

Länder	**1830**	**1850**	**1870**	**1890**	**1910**
Großbritannien mit Irland	1.760	3.380	9.180	13.978	20.450
Britische Kolonien	580	1.860	4.820	6.490	15.163
Deutschland	660	2.100	4.240	7.472	16.409
USA	500	1.280	3.420	7.011	13.680
Frankreich	740	1.500	4.540	6.634	10.725
Niederlande	320	880	1.420	4.014	9.953
Russland	400	640	2.000	1.903	5.472
Belgien	280	700	1.280	2.518	5.950
Österreich-Ungarn	320	580	1.660	2.349	4.481
Italien	220	520	1.480	1.930	4.261
Spanien/Portugal	220	400	820	1.692	2.019
Schweden/Norwegen	160	340	840	1.138	2.193
Südamerika	280	760	1.700	4.134	5.734
Alle ausgewählten Länder	*6.440*	*14.540*	*37.420*	*61.182*	*116.540*

Demnach wurde der Welthandel in der genannten, den Weltmarkt dominierenden Ländergruppe zwischen 1830 und 1910 von 6,4 Mrd. Mark auf 116 Mrd. Mark oder um das 18fache gesteigert. Besonders dynamisch verlief die Entwicklung in den letzten zwei Jahrzehnten und somit direkt vor dem Ersten Weltkrieg; teilweise kam es – so bei Deutschland und Österreich-Ungarn – zu einer Verdopplung des Handels. Dabei verkleinerte sich im Lauf der Jahrzehnte der Abstand zwischen der führenden Wirtschaftsmacht Großbritannien zu den Konkurrenten Deutschland, USA und Frankreich. Die Steigerungen des Welthandels lagen in stofflicher Hinsicht nochmals deutlich höher, da es im selben Zeitraum zu einer Verbilligung der Handelswaren kam.[3] Ein zeitgenössischer Bericht vermerkt ausdrücklich den Unterschied zwischen dem wertmäßig zeitweilig sinkenden und dem in stofflicher Form fortgesetzt stark steigenden Handel.[4]

Zur Jahrhundertwende kam es erstmals auch zu einem beachtlichen internationalen Personenverkehr. Zwischen Europa und Nordamerika, auf der „Hochstraße des Weltverkehrs", machten 1896 bereits 600.000 Reisende mit den Dampfschifflinien die Passage. Bis 1913 war diese Zahl auf 2,5 Mio. hochgeschnellt. Ein Standardwerk zur Verkehrsgeschichte aus dem Jahr 1969 vermerkt: „Ein Umfang, der seitdem nie wieder erreicht, geschweige denn überboten wurde."[5] Keiner konnte sich damals einen Massenflugverkehr und schon gar keinen massenhaften Billigflugverkehr vorstellen.

Es gibt nur wenig Angaben zum Anteil der Exporte an der gesamtwirtschaftlichen Leistung der Nationalstaaten jener Zeit. Die Berechnung einer solchen Exportquote ist bloß auf Umwegen möglich, da es für diese Zeit keine Statistiken für ein Bruttosozialprodukt oder ein Volkseinkommen gibt. Werner Sombart nahm grobe Berechnungen dieser Art vor. Demnach lag in Deutschland im 19. Jahrhundert die Exportquote bei rund 30%. In England lag sie höher; in den USA soll sie im 18. und Anfang des 19. Jahrhunderts ebenfalls höher gelegen sein.[6] Verallgemeinernd lässt sich feststellen, dass die Integration der nationalen Ökonomien in die Weltwirtschaft im 19. Jahrhundert einen Grad erreicht hatte, der mit dem heutigen vergleichbar ist. Womit ein Kriterium für eine Globalisierung erfüllt wäre.

Wenn der Anteil der Exporte am gesamten Volkseinkommen trotz der geschilderten absoluten Steigerungen der Ausfuhren nicht oder nicht in einem relevanten Umfang anstieg, lag das daran, dass sich der Binnenmarkt und mit ihm die Transporte im Landesinneren in einem vergleichbar schnellen Tempo steigerten. Dabei wuchs der Verkehr im Binnenmarkt zumindest im letzten Viertel des 19. Jahrhunderts auf allen Verkehrsträgern vergleichbar rasant (siehe Tabelle 6).

Tabelle 6: Verkehrsleistungen auf den deutschen Wasserstraßen mit Eisenbahnen 1875-1905 und Verkehrsaufteilung („modal split")[7]

	1875	1895	1905
Binnenschifffahrt			
Länge der Wege in km	10.000	10.000	10.500
Tonnenkilometer; in Mio.	2.900	7.500	15.000
Eisenbahnen			
Netzlänge in km	26.500	44.800	54.400
Tonnenkilometer; in Mio.	10.900	26.500	44.600
Anteil am gesamten Verkehr			
Wasserstraßen	21 v.H.	22 v.H.	25 v.H.
Eisenbahnen	79 v.H.	78 v.H.	75 v.H.

Die Steigerungen der Transporte liegen tatsächlich auf einem mit dem Wachstum des Welthandels vergleichbaren Niveau. Im Zeitraum 1840-1870 hatte in Deutschland der Verkehr zu Wasser gegenüber den aufstrebenden Eisenbahnen deutlich an Marktanteilen verloren. Einigermaßen überraschend kam es dann im Zeitraum 1875-1905 zu einer entgegengesetzten Entwicklung. Nun hielt der Verkehr auf den Binnenwasserstraßen, die in ihrer gesamten Länge nicht mehr ausgebaut wurden, nicht nur Schritt mit den Eisenbahnen, die ihre Netzlänge noch einmal verdoppelten.

Die Binnenschifffahrt konnte ihre Marktanteile sogar wieder leicht steigern und den – allerdings sehr hohen – Anteil der Schiene von 79% im Jahr 1875 auf 75% im Jahr 1905 drücken. Gemeinhin wird davon ausgegangen, dass die Eisenbahnen und die Binnenschifffahrt den Verkehr auf den Straßen reduziert hätten. Das trifft nicht zu. Parallel zu den Steigerungen der Transporte auf Schienen und Wasserwegen wuchs der Verkehr auf den Straßen (Chausseen) weiter an – und zwar der Güterverkehr ebenso wie der Personenverkehr. Die Angaben zum Güterverkehr auf deutschen Straßen sind hier eher fragmentarisch. Grob gerechnet scheint es jedoch zwischen 1850 und 1900 eine Verdopplung des Straßenfrachtverkehrs (vor allem mit Pferdefuhrwerken) gegeben zu haben.[8] Der Personenverkehr auf Straßen ist gut dokumentiert und wird von Sombart wie folgt bilanziert: „Während 1834, also im letzten Jahr ohne Eisenbahn, etwa eine Million Menschen sich der Post (und den Kutschen; W.W.) anvertrauten, waren es im Jahre 1910 mit 3.141.926 und 1910 mit 4.462.000 … drei- und viermal soviel." Geändert habe sich nun allerdings deutlich die Struktur der Kutschenfahrten, die vor dem Eisenbahnzeitalter vor allem von Fahrten über lange Strecken und inzwischen maßgeblich von Fahrten über kürzere und mittlere Strecken bestimmt waren.[9]

Dies erfordert eine Untersuchung der Ursachen für diese allgemeinen Transportsteigerungen auf Binnenwasserstraßen, Eisenbahnen und Chausseen sowie in der Seefahrt. Eine erste Ursache ist im Einsatz neuer Transporttechnologien zu sehen. Im Fall der Seeschifffahrt setzten sich ab Mitte des 19. Jahrhunderts die Dampfschiffe durch, die zunehmend die großen Segler verdrängten. In Großbritannien gab es einen solchen Prozess bereits ab den 1830er Jahren. In Deutschland bestand die Handelsmarine bis 1873 noch fast ausschließlich aus Segelschiffen, die dann in den Folgejahren und bis Anfang des 20. Jahrhunderts von Dampfschiffen verdrängt wurden.[10] Parallel kam es zu einer deutlichen Produktivitätssteigerung in demjenigen Sektor, der heute als Logistik bezeichnet wird, zu einer „Verbesserung des Mechanismus zum Beladen und Entladen der Schiffe … durch Anbringung von Kranen und Rutschbahnen, Anlegung von Eisenbahngleisen in unmittelbarer Nähe des Kais, so daß das Schiff nur ein Mindestmaß an Zeit im Hafen zu verbringen hat, also eine längere Zeit dem eigentlichen Transportwerke widmen kann" (Sombart).[11] Eine weitere technische Verbesserung brachte die Erfindung der Schiffsschraube und die Einführung von Schiffen mit Schiffsschraubenantrieb mit sich, die ab den 1840er Jahren die – weniger beweglichen und leichter verwundbaren – Raddampfer ersetzten.[12] Der Straßenbau wurde in diesen Jahrzehnten ebenfalls deutlich verbessert, u.a. durch den Ausbau der Pflasterstraßen und die Verbreiterung der Chausseen.

Fortgesetzter Ausbau der Verkehrswege für den Binnenmarkt

Der entscheidende Grund für die rasanten Verkehrssteigerungen auf allen Ebenen ist jedoch in dem fortgesetzten und beschleunigten Ausbau *aller* Verkehrswege zu sehen. Es kam zu dem, was heute „induzierter“ Verkehr genannt wird: dem Bau immer neuer Verkehrswege, die bei niedrigen Verkehrskosten zu einem ständig steigenden Verkehr beitrugen. So wurden die Straßennetze in Frankreich, England und Deutschland ab Mitte des 19. Jahrhunderts beschleunigt ausgebaut. Auf dem Gebiet des Königreichs Preußen gab es 1876 Chausseen mit einer Gesamtlänge von 64.900 Kilometern; bis 1900 war das Netz auf 95.945 Kilometer angewachsen.[13] Der Ausbau der Eisenbahnnetze in Europa und Nordamerika wurde bereits beschrieben und ist für Deutschland in Tabelle 6 nochmals wiedergegeben. In dieser Zeit wurden auch immer wieder große Kanäle gebaut. In Deutschland entstand 1895 zwischen der Elbe-Mündung an der Nordsee und der Kieler Förde an der Ostsee der Kaiser-Wilhelm-Kanal (heute Nord-Ostsee-Kanal). Der Mittellandkanal wurde 1906 begonnen und in einem ersten Teilstück von Hannover bis Magdeburg gebaut; der Kanal in seiner heutigen Länge mit 380 Kilometern und bis zum Dortmund-Ems-Kanal wurde erst 1938 fertig erstellt.[14] In den USA, wo der Kanalbau in der Boomzeit der Eisenbahnen stagnierte, nahm man ab 1880 erste neue Kanalbauten in Angriff. Mit der Inland Waterways Commission, 1907 unter Präsident Theodore Roosevelt eingesetzt, rückten die Pläne für große, tief ausgebaute Kanäle wieder ins Zentrum der US-Verkehrspolitik. Vor allem wurden in diesen Jahrzehnten die Binnenschifffahrtswege ausgebaut und optimiert, was sich allerdings nicht in der Netzlänge niederschlug: Es kam zu vielfältigen Flussbegradigungen, zu einer allgemeinen Vertiefung der Fahrrinnen und zum Bau neuer, meist größerer Schleusen. In Großbritannien wurde beispielsweise der Grand Union Canal auf seiner Route nach Birmingham noch im Jahr 1930 ausgebaut. In den Niederlanden, wo die Wasserwege traditionell eine führende Rolle spielten, wurde der Ausbau ebenfalls bis weit ins 20. Jahrhundert fortgesetzt. Zwar dürfte der Aufholprozess, den in Deutschland die Binnenschifffahrt gegenüber den Eisenbahnen im letzten Viertel des 19. Jahrhunderts und bis Anfang des 20. Jahrhunderts erlebte, weltweit eher die Ausnahme darstellen. Doch die weltweit fortgesetzten Investitionen in Kanäle und der weitere Ausbau von schiffbaren Flüssen weisen zumindest darauf hin, dass das Binnenschiff überall, wo es vor dem Eisenbahnzeitalter eine größere Rolle gespielt hatte, auch danach, nach anfänglichen Einbrüchen, einen relevanten Anteil am gesamten Binnengüterverkehr halten konnte.

Damit aber kam es zu einer bemerkenswerten „Überinvestition“ im Verkehrssektor. Viele Eisenbahnen und Wasserwege liefen parallel oder es gab jeweils wichtige Routen, die per Bahn oder per Schiff zurückgelegt werden konnten. Die

Staaten bzw. die Steuerzahlenden hatten den Kanalbau mehr als 150 Jahre lang und den Eisenbahnbau viele Jahrzehnte lang auf mannigfaltige, bereits beschriebene Weise kofinanziert. Grundsätzlich erwiesen sich die Eisenbahnen „eigentlich" gegenüber den Wasserwegen überlegen – allein die im Kapitalismus wichtige hohe Geschwindigkeit des Eisenbahnverkehrs, die sich in einem beschleunigten Kapitalumschlag und in damit gesteigerten Profiten niederschlägt, sprach für dieses Verkehrsmittel. Der Verkehr auf den Wasserstraßen konnte seine Position nur dadurch verteidigen, dass er deutlich preiswerter angeboten wurde als der Schienentransport. Tatsächlich lagen Ende des 19. Jahrhunderts die Transportkosten bei einer Verschiffung auf Wasserwegen bei maximal der Hälfte, gelegentlich bei einem Viertel dessen, was der Transport auf der Schiene kostete.[15] Die Politik zur fortgesetzten Förderung der Binnenschifffahrt wurde durch Industrie und Regierungen betrieben. In Deutschland entstand 1869 der „Zentralverein zur Hebung der deutschen Fluss- und Kanalschifffahrt", in dem Vertreter von Unternehmen, Speditionen und der preußischen Regierung zusammenarbeiteten.[16] Bald wurde für das gesamte Eisenbahnwesen eine „ständige Tarifkommission" eingerichtet, die Unternehmer, Spediteure und Regierungsvertreter umfasste. Die Kommission hatte die Aufgabe, für möglichst gleichmäßige und niedrige Gütertarife für Landwirtschaft und Industrie zu sorgen, wobei insbesondere der Bezug von „Rohstoffen über weite Entfernungen" tariflich begünstigt werden sollte.[17]

Es lag nun zumindest in Deutschland folgende Situation vor: Die Eisenbahnen befanden sich inzwischen zunehmend unter staatlicher Kontrolle. Bau und Unterhalt der Wasserwege wurden fast ausschließlich staatlich finanziert. Darüber hinaus gab es eine starke Einflussnahme des Staates und der Unternehmer auf die Tarifgestaltung der Eisenbahnen. Der Ausbau des Straßennetzes erfolgte fast ausschließlich zu Lasten des Steuersäckels. Damit aber wurde auf unterschiedlichen Wegen ein fortgesetztes Dumping der Transportpreise betrieben. Werner Sombart bestätigt dies, indem er darstellt, dass „die Aufwendungen, die der Staat für Flußkorrektion und Kanalbau macht, nicht in gleicher Weise von den Interessenten in Form von Abgaben verzinst werden wie die Anlagen der Eisenbahnen". Er zieht eine Bilanz, wonach „allein der preußische Staat annähernd 20 Millionen Mark mehr für die Schiffahrtswege jährlich ausgibt, als er erhält, während ihm die Eisenbahnen Hunderte Millionen Mark bare Überschüsse liefern".[18] Inwieweit der neue Eigentümer der Eisenbahnen, der Staat, allerdings ausreichende Rücklagen für den beschriebenen „säkularen Verschleiß" bildete, inwieweit also nicht auch hier eine künstliche Verbilligung der Frachttarife auf Schienen vorliegt, wäre noch zu untersuchen. Sicher ist: Es kam zu einer staatlich organisierten, langfristig angelegten und strukturell durch die Parallelität von Schiene und Wasserwegen bedingten künstlichen Verbilligung der Transportpreise.

Suez-Kanal und Panama-Kanal

Zwei internationale Kanalbauten trugen wesentlich zur Steigerung, Beschleunigung und Verbilligung des weltweiten Warentransports bei: der 1869 eröffnete Suez-Kanal als Verbindung von Mittelmeer und Rotem Meer sowie der 1914 in Betrieb genommene Panama-Kanal, mit dem an der schmalsten Stelle Amerikas eine interozeanische Verbindung zwischen Atlantik und Pazifik hergestellt wurde.

Der Bau des Suez-Kanals wurde 1859 in Angriff genommen. Als Spiritus Rector und maßgeblicher Ingenieur agierte Ferdinand de Lesseps, der vormalige französische Konsul in Ägypten. In den ersten sechs Jahren wurde die Arbeit fast ausschließlich von Fellachen geleistet, Leibeigenen des Khediven Ismail, des ägyptischen Vizekönigs, der im Auftrag des türkischen Sultans Ägypten beherrschte. Die Arbeitsbedingungen waren katastrophal; die Fellachen mussten bei 50 Grad Celsius Hitze mit bloßen Händen eine 8 Meter tiefe Rinne in das Erdreich kratzen. Die Sterblichkeitsrate unter den Kanalarbeitern war extrem hoch. Auf Grund des wachsenden internationalen Drucks – auch geschürt durch die britische Regierung, die sich in Afrika in harter Konkurrenz zu Frankreich sah – wurde 1864 jegliche Fronarbeit untersagt. Die weitere Arbeit am Kanalbau kam zum Erliegen. Doch Lesseps konnte aus aller Welt 30.000 neue Arbeitskräfte anheuern, die nun, unterstützt von 22.000 Pferden und auf dem letzten Bauabschnitt auch von dampfgetriebenen Baggern, den Weiterbau betrieben und schließlich vollendeten. Der Kanalbau forderte 20.000 Menschenleben.

In den ersten Jahren nach der Inbetriebnahme erwies sich der Kanal als weniger ertragreich als erwartet. Darauf verkaufte der Khedive Ismail 1875 in einer Nacht-und-Nebel-Aktion seine Anteile an der Kanalbaugesellschaft an die britische Regierung (vermittelt von dem auch stark im Eisenbahnbau engagierten Bankhaus Rothschild in london). Zwischen 1875 und 1956 (als es dann zur Suez-Krise und zum Suez-Krieg kam) übte die Kolonialmacht Großbritannien den beherrschenden Einfluss über die Compagnie Universelle du Canal Maritime de Suez aus und bezog daraus mehrere Milliarden Pfund Sterling an Gewinnen.[19]

Die Landenge von Suez und der Panama-Kanal spielen eine zentrale Rolle für das Verständnis von kapitalistischer Industrialisierung und Globalisierung. Zwischen 1540 und 1750 wurden die Gold- und Silberschätze aus den spanischen Kolonialgebieten, vor allem aus Peru, über die Landbrücke in dieser Region, auch „camino real" genannt, nach Europa transportiert. Sie bildeten in Europa den ersten Kapitalstock, mit dem die Industrialisierung sowie der Kanal- und Eisenbahnbau finanziert wurden.[20] Ein weiterer treibender Faktor für das Kanalbauprojekt resultierte aus dem neuen US-Bundestaat Kalifornien und dem Goldrausch ebendort ab dem Jahr 1848: Jährlich suchten rund 30.000 Abenteurer den Weg von der Ostküste nach Kalifornien. Die transkontinentale Eisenbahn durch die USA gab es noch nicht. Um von der Atlantikküste an die kalifornische pazifische Küste zu gelangen, wurde meist der Weg über Nicaragua oder Panama gewählt.[21] Schließlich spielte in der Vorgeschichte des Panama-Kanals die in US-Eigentum befindliche Panama Railroad Company, die 1855 erstmals den Isthmus durchquerte und damit den zitierten „round trip“ erheblich beschleunigte, eine maßgebliche Rolle. Von der Mitte des 20. Jahrhunderts bis zum 31. Dezember 1999 bildete die Panama Railroad Company den institutionellen Kern der US-Herrschaft über die Kanalzone.[22]

1880-1888 gab es eine erste Phase des eigentlichen Kanalbaus, die maßgeblich von dem Erbauer des Suez-Kanals, Ferdinand Lesseps, und französischem Kapital bestimmt war. Ein Kanal „auf Meereshöhe“, also ohne Schleusen, sollte realisiert werden. Lesseps scheiterte; er starb 1888. 1903 gelang es der US-Regierung, die Region Panama, bis dahin Teil des Staates Kolumbien, mittels eines ferngesteuerten Aufstands vom Mutterland abzutrennen. Nur wenige Tage nach dieser „Revolution“ schloss Washington mit einem (nicht legitimierten) Vertreter Panamas den „Hay-Bunau-Varilla-Vertrag“ ab. Dieser besagte unter anderem: „Die Republik Panama gestattet den Vereinigten Staaten auf ewig den Gebrauch, die Okkupation und die Kontrolle einer Zone Land und Land unter Wasser für den Bau, Unterhalt, Betrieb … von einer Breite von zehn Meilen von der Mittellinie des zu bauenden Kanals ausgehend, auf jeder Seite eine Ausdehnung von fünf Meilen.“[23]

1904 gab es die Wiederaufnahme der Bauarbeiten für den Panama-Kanal, nunmehr auf neuer Route und mit neuer Schleusentechnik. Seine Leitung oblag der „Isthmischen Kanalkommission“, die dem US-Kriegsminister unterstand. Am 14. August 1904 war die transozeanische Verbindung vollendet. Es handelte sich nun um einen 81,6 Kilometer langen Wasserweg mit drei Schleusenanlagen, mittels derer die Schiffe auf ihrem Weg von Meeresspiegel zu Meeresspiegel einen Höhenunterschied von 26 Metern überwinden. Die harten Arbeitsbedingungen im Kanalbau sowie Malaria und Gelbfieber forderten 22.000 Menschenleben, in erster Linie während des Baus, der unter Lesseps’ Verantwortung erfolgte.

Der Suez-Kanal brachte für den Seeweg London–Bombay, der zuvor auf der Route um das Kap der Guten Hoffnung geführt hatte, eine Wegersparnis von 42%. Bei der Route Schwarzes Meer–Saudi-Arabien liegt die Wegersparnis bei 83%. Der Suez-Kanal hat vor allem für die Öltransporte aus dem Nahen Osten nach Europa strategische Bedeutung. Allerdings können ihn Mammuttanker nur in Leerfahrt passieren, beladen müssen sie wegen ihres Tiefgangs weiterhin den Weg um die Südspitze Afrikas nehmen. Der Panama-Kanal hatte zunächst für Transporte innerhalb der USA zentrale Bedeutung. Er verkürzte den Seeweg zwischen New York und Los Angeles radikal, weswegen US-Präsident Hayes sagte: „Ein interozeanischer Kanal … wird praktisch ein Teil der Küstenlinie der USA“ sein.[24] Mehr als 30% des gegenwärtigen Kanalverkehrs bestehen aus dem Handel von der Ostküste der USA nach Asien. Waren im Wert von rund 8% des gesamten Seehandels der Welt passierten den Panama-Kanal in den ersten 75 Jahren seines Bestehens (inzwischen ist dieser Anteil auf 5% gesunken; für die größten Containerschiffe sind die Schleusen des Kanals zu klein). Die strategische Bedeutung des Panama-Kanals wird auch durch die Tatsache unterstrichen, dass die Kanalzone bis 1999 dem US-Verteidigungsministerium unterstand und dass es in der Kanalzone Jahrzehnte lang eine „US Army School of the Americas" gab, in der US-Spezialeinheiten gemeinsam mit den Militärs befreundeter südamerikanischer Regierungen den so genannten Antiguerillakrieg trainierten – Folterpraktiken inbegriffen.[25]

Die Verwirklichung des Suez-Kanals und des Panama-Seewegs entsprechen erneut dem durch extreme Ausbeutung menschlicher Arbeitskraft finanzierten und mit der Vernichtung menschlichen Lebens bezahlten Modell des Transportwegeausbaus. Es handelt sich um eine systematische, langfristig angelegte Subventionierung der Transporte und damit um eine Reduktion der Transportkosten weit unter ihren „eigentlichen" Wert. Dies wurde für den Panama-Kanal auch berechnet. Eine Studie der Comisión Económica para América Latina y el Caribe (CEPAL) kam 1974 zu der Schlussfolgerung: „Die Gebührenpolitik der Panama Canal Co. impliziert eine erhebliche Subventionierung des internationalen Verkehrs. Davon geht ein beträchtlicher Teil an die USA, denn sie sind ihr größter Nutznießer." Obgleich die USA erhebliche direkte Gewinne aus dem Kanal bezogen und ihre Investition amortisierten, ergab die CEPAL-Untersuchung, dass die Gebühren um das Zweifache erhöht werden könnten, ohne eine Umleitung des Handels zu verursachen. Die Einsparungen für den Welthandel, die sich durch diese Gebührenpolitik ergeben, wurden für den Zeitraum 1960-1970 auf rund 5,4 Mrd. US-Dollar geschätzt. Davon kommen rund 2 Mrd. Dollar den USA zugute.[26]

Alle Faktoren zusammen – neue Technologien, verbesserte Logistik, neue Seefahrtswege – münden darin, dass die Transportkosten im Seeverkehr sich im Verlauf des gesamten 19. Jahrhunderts ständig reduzierten. Exakte Zahlen liegen lediglich für die Versicherungsprämien für Seefracht vor. Diese reduzierten sich im Verlauf von 100 Jahren auf ein Sechstel.[27]

Die Revolutionen im Transportsektor mündeten in einer weitreichenden Internationalisierung der Arbeitsteilung, in der auch auf weltweiter Ebene der geografische Standort eine zunehmend geringe und andere „Standortvorteile" eine wachsende Bedeutung gewannen. Auch dies gilt zu Recht als Charakteristikum der Globalisierung. Oder in der Formulierung in „Meyers Konversationslexikon" aus dem Jahr 1890: „Bisher hatte man die Rohprodukte überwiegend in dem Erzeugungsland verarbeitet. Seitdem man mit Maschinen arbeitete, überwog die Ersparnis an Arbeitslöhnen die Kosten der Fracht für das Rohmaterial und für die Rückfracht für das Fabrikat. Dazu kam der rasch um sich greifende Verbrauch der ebenfalls billiger gewordenen Genuß- und Reizmittel, die aus den Kolonialländern nun in großen Mengen herbeigeschafft werden konnten."[28]

Im preußischen Abgeordnetenhaus beklagte sich Ministerpräsident Fürst Otto von Bismarck am 27. März 1878 darüber, dass Holz aus Ungarn und Schweden den inländischen Holzmarkt und die Forstwirtschaft zunehmend ruinieren würde. Allein zwischen 1874 und 1877 sei die Einfuhr „ungarischer Lohe" von 258.000 Zentnern auf 1.124.000 Zentner angestiegen. Er rechnete detailliert vor, wie die Frachttarife der Eisenbahnen und die Verbilligung vor allem weiter Transporte diese Transportinflation bewirkten und wie dadurch, so würde man heute sagen, regionale Wirtschaftsstrukturen zerstört wurden. In den Worten Bismarcks: „In welchem Umfange ausländisches Holz durch billige Tarifsätze vor dem einheimischen bevorzugt wird, geht aus dem folgenden hervor: Nach Hannover kostet eine Waggonladung von 200 Zentnern durchschnittlich pro Kilometer, bei einem Transport von einer 1.400 Kilometer entfernten Station in Ungarn 28 bis höchstens 33 Pfennige, im internen hannöverschen Verkehr kostet dasselbe Quantum für einen Kilometer 43 bis 50 Pfennige, also ein Aufschlag von 28 zu 50 Pfennigen, der fast 80 bis 90 Prozent ausmacht. ... Das fremde Holz bezieht also eine Prämie gegen das einheimische ... Wie weit das zurückwirkt auf unsere Ernährungsverhältnisse, das könnte ich Ihnen durch Briefe aus Oberschlesien beweisen, wo darüber geklagt wird, daß in den dortigen Wäldern alle kleinen Industrien, die auf den Schneidemühlen und Holzschneiden beruhen, augenblicklich auch die Holzhauer brotlos sind. Die Leute ... haben dabei die Annehmlichkeit, tagtäglich durch ihre Wälder vorbeifahren zu sehen die Bahnzüge aus Österreich, von denen jeder 30 bis 40 Waggons galizischer und ungarischer Hölzer durchführt, während sie Hunger leiden müssen." Daher müsse, so Fürst Bismarcks Folgerung, „der Forderung Geltung geschafft werden, daß auf deutschen Eisenbahnen ausländische Produkte nicht billiger gefahren werden als deutsche, und daß die entferntere Station nicht wohlfeiler fährt als die nähere".[29]

Ein weiteres, hier als letztes angeführtes Kennzeichen der Globalisierung ist die enorme und wachsende Macht weniger Personen und weniger Konzerne und Banken. Die Machtzusammenballung, die es vor 100 Jahren gab, ist vergleichbar der aktuellen. Im Jahr 1904 ergab eine Untersuchung des US-Kongresses, dass die beiden reichsten US-Amerikaner der damaligen Epoche, J. Pierpont Morgan und John D. Rockefeller, zusammen ein Vermögen angehäuft hatten, das mehr als ein Drittel – genauer: 36% – des gesamten Vermögens der Vereinigten Staaten darstellte. Gustavus Myers fasste die Details dieser Untersuchung wie folgt zusammen: „Die Gesamt-Aktiva, die sie beherrschen, werden auf 39,7 Milliarden Dollar berechnet und umfassen 15,6 Milliarden Dollar in Industrie- und öffentlichen Anlagen, 17,2 Milliarden Dollar in Eisenbahnbesitz, 4,0 Milliarden Dollar in Bank- und anderen finanziellen Unternehmungen, 1,5 Milliarden Dollar in Bergwerks- und Ölbetrieben und 1,3 Milliarden Dollar in verschiedenem anderen Besitz."[30]

Kapitel 7
Von den Ursprüngen des Automobils in Europa zur Massenmotorisierung in Nordamerika

Unmöglich könnte ich tagaus, tagein das gleiche tun; für andere, ja für die meisten Menschen jedoch ist das Denkenmüssen eine Strafe. Ihnen schwebt als Ideal eine Arbeit vor, die keinerlei Ansprüche an den Schöpferinstinkt stellt.
Henry Ford, Erfolg im Leben, München 1922, S. 77

Was für General Motors gut ist, ist auch gut für die USA.
Charles Edward Wilson, Leiter der US-Heeresverwaltung im Zweiten Weltkrieg und Vorsitzender des Verwaltungsrats von General Motors

Die Geschichte des Automobils lässt sich per Definition – das Wort meint einen „sich selbst bewegenden" Wagen – nicht auf die seit den 1880er Jahren herkömmliche Antriebsart, den Verbrennungsmotor, beschränken. Ebenso, wie ein Auto mit elektrischer Traktion immer noch ein Automobil bleibt, trifft diese Bezeichnung auch auf mit Dampf betriebene Fahrzeuge zu. Im Jahr 1763 baute der französische Ingenieur N. J. Cugnot ein mit Dampf getriebenes Kraftfahrzeug für den Munitionstransport. 1770 entwickelte er einen verbesserten Dampfwagen, der sich in den engen Straßen von Paris als nicht kontrollierbar erwies und gegen eine Mauer prallte. Nach dieser ersten öffentlichen Ruhestörung durch das Automobil verbot die französische Regierung 1770 alle weiteren Versuche.[1]

1801 kam es dann zur ersten öffentlichen Vorführung eines funktionsfähigen Dampfwagens. Der bereits als Vater der Dampflokomotive vorgestellte Richard Trevithick hatte einen solchen „Teufelswagen, der wie ein Pferd, nur mit Dampf rennt", gebaut. Er wählte für die erfolgreiche öffentliche Präsentation sogar einen schlechten, steil ansteigenden Weg. Peter Herzog führt in seinem „Roman der Eisenbahn" zeitgenössische Berichte an: „Zu aller Entzücken fährt der Wagen bald mit gewaltigem Puffen los. Und dann gibt es kein Halten mehr … Wer nur kann, springt auf die Maschine."[2]

Ohne Zweifel ist Dampfkraft als Energiequelle für ein Automobil ungünstig. Der systembedingte Stop-and-go-Betrieb überfordert eine Dampfmaschine, deren optimaler Einsatz im gleichmäßigen Betrieb erfolgt, wobei dies grundsätzlich auch für den Verbrennungsmotor gilt. Der Verkehr auf Straßen in voneinander unabhängig gesteuerten kleinen Transporteinheiten (anstelle von „Zügen") ist an sich – u.a. wegen der Ungleichmäßigkeit der Fortbewegung – höchst ineffizient. Die Dampfmaschine eignet sich für diesen „Individualverkehr“ noch weniger als andere Antriebsarten.

In den 1830er Jahren kam es zur Entwicklung von mit Dampf getriebenen Kutschen und Bussen. In England wurde mit ihnen ein erster gewerblicher Linienverkehr aufgenommen. Die dadurch hervorgerufene Konkurrenz zum Schienenverkehr erschien den der Eisenbahn verpflichteten Kräften so gravierend, dass sie das britische Parlament um Intervention ersuchten. Dieses erließ 1836 und noch einmal in den 1860er Jahren so einschränkende Bestimmungen für den Transport mit Dampfwagen, dass er zum Erliegen kam. In Frankreich konnten sich solche Dampfkutschen länger halten. Noch bis Ende des 19. Jahrhunderts waren sie im Straßenverkehr vertreten, was auf die relativ guten französischen Landstraßen zurückzuführen sein dürfte.[3]

1860 präsentierte der Franzose Lenoir erstmals die grundlegende Technologie eines Verbrennungsmotors. Es handelte sich um einen mit Leuchtgas betriebenen Zweitaktmotor. Der Wirkungsgrad der Maschine lag bereits dreimal höher als der einer ebenso großen Dampfmaschine. Der Motor war für den stationären Einsatz in kleineren Industriebetrieben bestimmt, für die der Betrieb einer Dampfmaschine zu kostspielig war. Auch hier erweist sich, was bereits für die Ursprünge der Eisenbahn galt: Rund ein Vierteljahrhundert lang sollte der Verbrennungsmotor seine Perfektionierung und den ersten breiteren Einsatz im produktiven Sektor erleben: in der Industrie und der Schifffahrt. Erst danach erfolgte sein massenhafter Einsatz in Personenkraftwagen. 1861, ein Jahr nach Lenoirs Erfolg, reichte der Kölner Nikolaus Otto das Patent für einen mit Spiritus betriebenen Verbrennungsmotor ein. 1867 baute er einen ersten Viertaktmotor; in den 1880er Jahren stellte er seine Motoren endgültig auf den Betrieb mit Benzin um. Gottlieb Daimler entwickelte zusammen mit Wilhelm Maybach 1883 den ersten schnell laufenden Motor, den die von Robert Bosch um die Jahrhundertwende entwickelte elektrische Zündung perfektionierte. Rudolf Diesel baute 1893 den ersten mit Schweröl betriebenen Motor. 1886 montierte Daimler seinen Motor auf einen vierrädrigen Kutschenwagen und startete erste Versuchsfahrten. Carl Benz stellte im selben Jahr einen dreirädrigen Motorwagen der Öffentlichkeit vor. Kurz darauf erwiesen sich die deutschen Autopioniere als vaterlandslose Gesellen und verkauften die Lizenz zum Motorenbau nach Frankreich; die deutsche Öffentlichkeit stand dem neuen Verkehrsmittel fast ausnahmslos ablehnend gegenüber.

Anders verhielt es sich in Frankreich, was seine Ursache in dem gut ausgebauten Straßennetz hatte. 1894 organisierten die französischen Autofirmen Panhard-Levassor und Peugeot das erste Autorennen, das zwischen Paris und Rouen ausgetragen wurde. Die ersten Preise gingen an Firmen, deren Fahrzeuge mit Daimler-Motoren ausgerüstet waren. Im Gegensatz zu dem ein halbes Jahrhundert zuvor organisierten ersten Eisenbahnrennen waren die erreichten Geschwindigkeiten eher mäßig: „Unter diesen Bedingungen war es möglich, daß Scharen von Pferdefuhrwerken und Radfahrern die Wagen auf der Rennstrecke begleiteten und der Sportmäzen Gordon Bennet, Inhaber des New York Herald, einem seiner Redakteure den Auftrag gab, den Rennverlauf auf dem Fahrrad zu verfolgen.“[4]

Erste Massenproduktion von Autos in den Vereinigten Staaten

1899 verließ Henry Ford die Edison-Gesellschaft, um sich „dem Autogeschäft zu widmen“. In Nordamerika verkehrten zu diesem Zeitpunkt erste aus Europa importierte Kraftfahrzeuge, insbesondere von Daimler und Peugeot. Henry Fords erste Eigenproduktionen Anfang des 20. Jahrhunderts brachten keinen Durchbruch. 1905 organisierte Ford in bewährter Manier ein Autorennen. Er schickte zwei auf Hochgeschwindigkeit getrimmte, aber ansonsten unbrauchbare Fahrzeuge ins Rennen. Das Ford-Modell „999“ machte das Rennen – und laut Henry Ford, „einen Lärm, der genügte, um einen Menschen halb umzubringen“. Jetzt wusste jeder, „daß ich schnelle Autos bauen konnte. Eine Woche nach dem Rennen wurde die Ford-Automobil-Gesellschaft gegründet“.

Die erste Ford-Fabrik entstand. „Das Geschäft ging wie durch Zauber. Unsere Wagen hielt man für leistungsfähig.“[5] Die Zahl von 1.708 verkauften Wagen im Jahr 1906 war bereits sensationell, aber immer noch unzureichend für die Massenproduktion. Dies war insbesondere dem Tatbestand geschuldet, dass Ausführung und Preis der Fahrzeuge auf die Oberschicht zielten. Ford wechselte seine Modellpolitik, verzichtete in den Jahren 1906 und 1907 völlig auf die Fertigung von Luxuslimousinen und bot nur drei Modelle an. Die Preise sanken von 2.000 auf 700 Dollar je Automobil. 1910 wurde diese Grundkonzeption konsequent zu Ende geführt: Ford stellte nur noch einen Wagentyp her, ein „Automobil für die Menge“, das „T-Modell“.

Mit dieser Unternehmerphilosophie konnte die Jahresproduktion ständig gesteigert werden. Mit mehr als 34.000 Einheiten im Jahr 1910/11 erreichte sie ein Niveau, das sich zur Einführung der Produktion mittels Fließbändern eignete, also der Verkettung aller zur Herstellung des Personenkraftwagens wichtigen Arbeitsprozesse mittels Transportbändern. Die Umstellung wurde während der Herstellung des T-Modells vorgenommen und schrittweise für die einzelnen Fertigungsbereiche eingeführt. Innerhalb weniger Monate bestand die Fabrik Highland Park fast nur noch aus Fließbändern: Armaturenbrett-Fließbänder, Vorderachsen-Fließbänder, Chassis-Fließbänder. „Jedes Teil in der Fabrik bewegt sich“, freute sich Henry Ford, „an Haken, an Ketten auf beweglichen Plattformen oder von allein nur durch Schwerkraft – nichts wird mehr gehoben oder getragen … Wenn man für jeden der 12.000 Arbeiter pro Tag zehn Schritte einspart, spart man 50 Meilen verschwendete Energie und Bewegung ein.“[6] Ford und seine Leute hatten das 1911 erschienene Buch „The Principles of Scientific Management“ von Frederick Taylor studiert, die Grundlage des „Taylorismus“, der Zerlegung der bis dahin weitgehend handwerklichen und ganzheitlichen Arbeit in ihre einzelnen Schritte. In Verbindung mit dem Fließband entstand ein völlig neues Fabriksystem – und eine kapitalistische Epoche, die treffend als Fordismus gekennzeichnet wird.

Beim Start der Fertigung des T-Modells 1910/11 wurden exakt 34.528 Fahrzeuge zum Einzelpreis von 780 US-Dollar hergestellt. 1912/13 waren es 168.220 Einheiten, die nur noch einen Verkaufspreis von 600 Dollar hatten. 1916/17 wurden 785.432 Pkws zu einem die Konkurrenz erschreckenden Preis von 360 Dollar produziert.[7] Gegen Ende des Ersten Weltkrieges beherrschte Ford den US-amerikanischen und den Weltmarkt – rund die Hälfte aller in der Welt hergestellten Autos waren T-Modelle. Als 1928 die Fertigung des T-Modells eingestellt wurde, waren davon 15 Mio. Stück hergestellt worden. Ford war der mächtigste Industrielle der Welt. Herzstück seiner Autofertigung war das 1918 in Angriff genommene River Rouge-Werk an der Stadtgrenze von Detroit, an einem Fluss gelegen und mit einem großen Hafen versehen. Zum Imperium zählten eine Eisenbahn, die Detroit, Toledo & Ironton Railroad Company, Erzbergwerke und Kohlezechen, eigene Elektrizitätswerke, zeitweilig auch eine eigene Flugzeugfertigung und nicht zuletzt eine Wochenzeitung. Der „Dearborn Independent“ war so von Ford abhängig, dass er sich darin eine eigene Seite hielt: „Mr. Ford's Page“.

Die neue Industrie und das Auto als Massenartikel hingen eng mit einem ersten größeren Anstieg der Realeinkommen der Lohnabhängigen zusammen, wofür es zu dieser Zeit nur in den USA als führender Wirtschaftsmacht eine materielle Basis gab. Während die Preise der „Benzinautomobile“ in Europa weiter einem Mehrfachen des Jahreseinkommens eines Facharbeiters entsprachen, kosteten sie in den Vereinigten Staaten „nur“ das Mehrfache eines Monatseinkommens.[8]

Der Autoboom machte auch Fords Konkurrenten stark. Es kam zur Herausbildung der „Big Three“, Ford, Chrysler und General Motors, die insbesondere nach der Weltwirtschaftskrise 1929-1932 die US-Autoproduktion und große Teile der weltweiten Fahrzeugbranche beherrschen sollten. General Motors entwickelte sich zu Fords wichtigstem Konkurrenten und sollte nach dem Zweiten Weltkrieg die Führungsposition übernehmen. In den 1920er Jahren wurden die Autoindustrie und die mit ihr verbundenen Sektoren (die Ölbranche sowie die Kautschuk- bzw. Reifen- und chemische Industrie) zu den wichtigsten Wachstumsbranchen und zum Träger des Nachkriegsbooms. Bereits 1917 und 1919 erreichte der Ausstoß der nordamerikanischen Autoindustrie mehr als 2 Mio. Einheiten jährlich; auf dem Höhepunkt des Booms der 1920er Jahre konnte diese Zahl bis auf 4,5 Mio. (1929) gesteigert werden. Zu diesem Zeitpunkt gab es in den USA 20 Mio. Pkws. 190 Pkws kamen auf 1.000 Einwohner; jeder fünfte Mensch, Greise und Säuglinge eingeschlossen, war Eigentümer eines Automobils. Eine vergleichbare Pkw-Dichte wurde im kapitalistischen Westeuropa Ende der 1960er Jahre und in der DDR erst Anfang der 1980er Jahre erreicht.[9]

Trotz der großen Wirtschaftskrise 1929-1932 rollten bei Kriegseintritt der USA Ende 1941 bereits 30 Mio. Pkws auf den Straßen der Vereinigten Staaten. Als 1950, trotz eines neuerlichen Rückfalls während des Zweiten Weltkrieges, die Zahl von 50 Mio. registrierten Pkws erreicht wurde, hatte das Kraftfahrzeug endgültig die Vorherrschaft im nordamerikanischen Transportsektor erreicht.[10]

Die USA hatten sich auf der Welle der Massenmotorisierung und der grundlegenden Umstrukturierung im Transportsektor an die Spitze der kapitalistischen Industrienationen katapultiert. Sie erreichten dies auf Grund ihrer immensen wirtschaftlichen Kraft im Konkurrenzkampf auf den Weltmärkten. In den USA konzentrierten sich zu dieser Zeit die gesamtgesellschaftlichen Investitionen fast ausschließlich auf den zivilen produktiven Bereich; die Belastungen durch den Rüstungsetat blieben relativ gering. Die US-amerikanische Wirtschaftsmacht erlaubte es dem Land sogar, auf „friedlichem" Weg in den Besitz von Quasi-Kolonien für die Optimierung der Autogesellschaft zu gelangen: 1924 schloss die US-amerikanische Firestone-Reifen- und Gummigesellschaft mit dem westafrikanischen Land Liberia einen Pachtvertrag über ein Konzessionsgebiet von 400.000 Hektar für den Kautschukanbau zur Reifenproduktion. Die Firmenchefs Henry Ford und Harvey S. Firestone waren eng befreundet. In der Folge kam es zum Verfall der Kautschuk-Preise auf den Weltmärkten; die großen Plantagen in den britischen und niederländischen Kolonialgebieten in Südostasien, die bisher über ein Oligopol auf diesem wichtigen Sektor verfügt hatten, gerieten in eine tiefe Krise. Eine große Zahl Plantagenarbeiter verlor ihre Existenzgrundlage. 1926 kam es sowohl auf britischem wie auf holländischem Kolonialgebiet zu Aufständen, die blutig niedergeschlagen wurden.

In Europa setzte sich eine Massenmotorisierung erst nach dem Zweiten Weltkrieg durch. Zwischen den Weltkriegen gab es nur in Frankreich, das über eine früh entwickelte Autoindustrie und über die beschriebenen guten Straßen verfügte, sowie in Großbritannien, wo Ford bereits 1911 ein Autowerk erbaut hatte, Ansätze für eine von breiteren Schichten getragene Automotorisierung. Insgesamt jedoch wurde der alte Kontinent stark von den Kosten der Hochrüstung, der Weltwirtschaftskrise und den zwei Weltkriegen belastet. Die niedrige Massenkaufkraft bot keine ausreichende Grundlage für eine Massenmotorisierung.

Es blieb der Krieg, der als Vater vieler Dinge in Europa die weitere automobile Entwicklung bestimmte. 1902 ließ sich der österreichische Thronfolger Erzherzog Franz Ferdinand per Automobil zum Kaisermanöver kutschieren – ein Affront gegen die Stabsoffiziere, die traditionell hoch zu Ross daherkamen. Den Wagen des kaiserlichen Autoförderers steuerte ein Mann namens Ferdinand Porsche, ein junger Techniker aus der kaiserlich-königlichen Hofkutschenfabrik. Ferdinand Porsche war zum technischen Direktor des Unternehmens Austro-Daimler in Wiener Neustadt aufgestiegen, als sein ehemaliger Chef, der Erzherzog, am 28. Juni 1914 in einem offenen Automobil der Wiener Firma Gräf & Stift – eine Art österreichischer Rolls-Royce – durch die Straßen von Sarajewo rollte und erschossen wurde. In dem nun beginnenden und von den Generalstäben seit langem vorbereiteten Weltkrieg dominierten im Transportwesen wie beschrieben die Eisenbahnen. Es kamen jedoch auch erstmals in großem Umfang die militärischen Varianten des Automobils zum Einsatz, so in der Schlacht um Verdun: Die Eisenbahnversorgung der Festung lag unter deutschem Feuer. Die Franzosen organisierten den Nachschub auf Lastkraftwagen – mehr als 1 Mio. Soldaten und mehr als 2 Mio. Tonnen Material rollten auf primitiven Lkws an die Front. Ähnliches erfolgte auf deutscher Seite, sodass ein Direktor der hiervon besonders profitierenden Daimler-Werke erklärte: „Der Krieg ist ein einziger großer Nimmersatt, dessen Leibspeise Automobile sind." Zum selben Zeitpunkt warfen die Engländer an der Somme ihre automobile Neuerfindung, den „Tank", ins Gefecht. Wegen der militärischen Geheimhaltung waren die ersten Panzer als „Wasserbehälter" („Tank") deklariert worden. Im Zweiten Weltkrieg wurden Lkws, Kübelwagen, Tanks oder Panzer dann in Serienproduktion gefertigt. Dies gab der europäischen Autoindustrie die Möglichkeit zur massenhaften Fertigung von militärisch genutzten Fahrzeugen. Die Ausfälle bei der zivilen Pkw-Produktion konnten so mehr als ausgeglichen werden.[11]

Der Niedergang der nordamerikanischen Eisenbahn

Mit Beginn des Ersten Weltkrieges war die Periode eines expansiven Wachstums des Kapitalismus zu Ende. Eine „depressive Welle" setzte ein, die in Nordamerika bis Anfang und in Europa bis Ende des Zweiten Weltkrieges dauerte. Während in den USA im vorangegangenen Zeitraum 1891-1913 die industrielle Produktion noch im Jahresdurchschnitt um knapp 6% gewachsen war, wurde sie im darauf folgenden Zeitraum 1914-1937 mit 2% fast gedrittelt.[12]

Unter diesen Bedingungen konnte sich die neue Transporttechnologie nicht mehr ihren Anteil vom Kuchen einer ständig steigenden Transportleistung abschneiden. Vielmehr stand ein Verteilungskampf an. Die Anteilsgewinne am Transport auf den Straßen entsprachen im Großen und Ganzen den Verlusten im Schienenverkehr.

Das Ende der Eisenbahnära zeichnete sich bereits 1907 ab, in dem Jahr, in dem Ford seine Autoproduktion erstmals in größerem Maßstab betreiben konnte. Das Wachstum beim Neubau von Schienenwegen und beim rollenden Material halbierte sich.[13] Paul A. Baran und Paul M. Sweezy bilanzieren dies in ihrem Buch „Monopoly Capital" als das Ende „eines gewaltigen Aufschwungs, der noch vor dem Bürgerkrieg begann … Im Jahr 1907 verlor der größte externe Wirkungsfaktor in der kapitalistischen Geschichte seine außerordentliche Kraft … Der durch eine epochemachende Erfindung herbeigeführte Anstoß hatte jede Dynamik verloren. Die nächste epochemachende Erfindung, das Automobil, hatte soeben erst die Bühne des wirtschaftlichen Geschehens betreten und hatte bis dahin wenig bis keinen Einfluß auf die Ökonomie als Ganzes ausgeübt".[14]

Bis 1925 erweiterte sich das Schienennetz noch bis auf 420.580 Schienenkilometer. Von diesem Zeitpunkt wurde es, parallel zu der für diese Phase festgestellten Massenmotorisierung, wieder abgebaut. 1950 war das US-Eisenbahnnetz wieder auf 363.000 Kilometer Länge und damit auf ein Niveau geschrumpft, das bereits 1905 erreicht worden war. Die Massenmotorisierung führte konsequenterweise zu massiven Einbrüchen im Personenverkehr. Hier traf es zuerst die lokalen elektrischen Bahnen, „inter-urbans" genannt, die innerhalb der Städte und zwischen ihnen verkehrten und S-Bahnzügen oder Nahverkehrszügen vergleichbar waren. Sie waren erst in den 1890er Jahren entstanden; 1916 hatten sie allerdings eine Gesamtlänge von 25.000 Meilen erreicht, was dem Umfang der Eisenbahnen in Deutschland entsprach. Ein Jahrzehnt später, 1925, existierte von diesem Netz nur noch eine Hand voll Strecken. Der Verkehr wurde nun überwiegend von Bussen bewältigt. Der größte Bushersteller war Yellow Coach, eine Tochter von General Motors; die größte Busgesellschaft war Greyhound, ebenfalls eine Tochter von General Motors. Interessanterweise unternahm Henry Ford einen Anlauf, diese elektrischen Bahnen auf benzingetriebene Bahnen umzustellen, und entwickelte dafür einen „Benzol-Eisenbahn-Triebwagen".[15]

Als nächstes traf es den Schienenfernverkehr. Jedes Jahr wurden viele Tausend Schienenkilometer weniger befahren; Ende der 1970er Jahre umfasste das US-amerikanische Schienennetz mit Personenverkehr gerade noch ein Zehntel der Größe von 1925. Der „modal split", die Verteilung des gesamten Personenfernverkehrs auf die einzelnen Verkehrsträger, sah 1977 wie folgt aus: Die Eisenbahnen konnten gerade noch 1% der Reisenden auf sich vereinen; per Bus verkehrten 5% und mit Flugzeugen 11%. Die übrigen 83% fuhren mit dem privaten Pkw.

Brian Hollingsworth verdeutlicht diesen Niedergang am Beispiel der Fahrplan-Entwicklung: „An der Union Station in St. Louis gab es vor dem Ersten Weltkrieg jeden Tag 276 Ankünfte und Abfahrten; bei Beginn des Zweiten Weltkrieges waren es noch 128. Und heute (1979) werden gerade noch acht gezählt." Er bilanziert: „Der entscheidende Faktor in diesem Niedergang ist der Wohlstand und die industrielle Stärke, zu deren Zustandekommen gerade die Eisenbahnen beigetragen hatten und die nun, im Gegenzug, den beinahe verallgemeinerten Pkw-Besitz zuließen. Die typische amerikanische Kleinstadt entwickelte sich um den Bahnhof herum. Die Eisenbahnstrecke selbst bildete oft die Trennlinie zwischen den Wohngebieten der Besitzenden und der Habenichtse – daher der Ausdruck 'the wrong side of the tracks'. Doch heute ist der Bahnhof in der Stadtmitte außer Betrieb."[16]

In derselben Zeit, in der das Schienennetz des Personenfernverkehrs schrumpfte, wurden auch die elektrischen Schienennahverkehrssysteme in den Städten radikal abgebaut, die vor dem Zweiten Weltkrieg das Rückgrat des innerstädtischen Personennahverkehrs gebildet hatten. Bis Anfang der 1950er Jahre waren sie fast völlig verschwunden, sodass auch der innerstädtische Verkehr zunehmend vom Pkw-Verkehr übernommen wurde.

In die Zeit des Niedergangs der US-Eisenbahnen fielen auch die Ablösung der Dampflokomotiven und die Umstellung der Traktion. Dies stellte naturgemäß einen riesigen Markt dar, waren doch in den 120 Jahren der Geschichte der Dampfeisenbahn allein in den USA über 170.000 Dampfloks gebaut worden (davon 78.000 von der Firma American Locomotive Company und 59.000 von dem Unternehmen Baldwins).

In den USA wurden nur wenige Strecken elektrifiziert, obwohl es sich auf Grund des hohen Transportaufkommens bei einer langfristigen ökonomischen Planung angeboten hätte, in großem Umfang von Dampf- auf elektrische Traktion zu wechseln. Stattdessen wurden die Dampflokomotiven fast ausschließlich durch Dieselloks ersetzt. Die ökonomischen Vorteile der Dieseltraktion gegenüber derjenigen mit Dampfkraft waren jedoch verglichen mit den Möglichkeiten der elektrischen Traktion ungleich geringer. „Wenn in den USA moderne Dieselloks mit modernen Dampflokomotiven verglichen wurden, dann waren die Vorteile meist vernachlässigbar", so Brian Hollingsworths Kommentar.[17] Dies kann im Zusammenhang mit dem Durchbruch der Autoindustrie gesehen werden: General Motors bzw. die GM-Tochter Electromotive Diesels (EMD) nahmen auch die führende Position bei der Herstellung von Dieselloks ein.

Im Schienengüterverkehr kam es erst zeitversetzt zu vergleichbaren Einbrüchen. Bis Ende des Zweiten Weltkrieges wurden 90% der beförderten Güter im Fernverkehr auf der Schiene transportiert. 1957 konnte der Schienenverkehr im US-amerikanischen Güterfernverkehr noch einen Anteil von rund 70% auf sich konzentrieren. Erst Ende der 1970er Jahre wurde der Schnittpunkt erreicht; die Mehrheit der Güter wird nun auf Lkws transportiert.

Die bisher vorgetragenen Angaben täuschen über die Radikalität hinweg, mit der die nordamerikanischen Eisenbahnen innerhalb eines Zeitraums von wenigen Jahren ausbluteten. Joseph A. Schumpeter liefert folgende Zahlen zur Einnahmensituation der US-Eisenbahnen im Zeitraum 1920-1936: 1929, auf dem Höhepunkt des wirtschaftlichen Aufschwungs nach dem Ersten Weltkrieg, lagen die Einnahmen der nordamerikanischen Eisenbahnen im Güterverkehr gerade um 10% über dem Niveau von 1920. Bis zum Jahr 1932, dem letzten Jahr der Wirtschaftskrise, sackten sie auf 60% des zwölf Jahre zuvor (1920) erreichten Niveaus. 1936 lagen sie gerade bei 75% des Niveaus von 1920. Geradezu katastrophal fallen die Zahlen beim Personenverkehr aus. Hier sanken die Einnahmen ab 1920 kontinuierlich, also auch im Nachkriegsaufschwung. Bis 1932 waren sie auf das Niveau von 30% (verglichen mit 1920) abgesackt und selbst 1936 lagen sie immer noch bei weniger als einem Drittel dessen, was 1920 an Einnahmen erreicht worden war.[18]

Ein Teil dieser Einbrüche ist natürlich der Weltwirtschaftskrise zuzuschreiben. Doch Rückgänge gab es auch in den Aufschwungperioden 1920-1929 und 1932-1936. Diese Entwicklung muss vor dem Hintergrund gesehen werden, dass das Eisenbahnnetz bis 1926 ständig weiter ausgebaut und bis 1935 nur unwesentlich abgebaut wurde. Es kam demnach zu einer fortgesetzt geringeren Netzauslastung und zu einem Kapazitätsüberhang.

Die falsche Verkehrspolitik der privaten Eisenbahngesellschaften begünstigte diese Entwicklung. Möglicherweise als Resultat der Wirtschaftskrise, in der durch Massenarbeitslosigkeit und Verfall der Realeinkommen der Personentransport zusammengebrochen war, konzentrierten sich die großen Eisenbahngesellschaften in den 1930er Jahren auf den Güterverkehr und im Personenverkehr auf die Einrichtung von Langstreckenverbindungen der Luxusklasse. Ralf Roman Rossberg schreibt, dass „der Reiseverkehr auf den Eisenbahnen Amerikas in den späten dreißiger Jahren“ damit sogar einen „Höhepunkt“ erlebt habe.[19] Offensichtlich handelte es sich um eine letzte Scheinblüte. Die neuen Linien wurden wie eh und je im Konkurrenzbetrieb mit Parallellinien betrieben. Allein für die Verbindung zwischen Chicago und St. Paul lieferten einander drei große Gesellschaften mit parallel laufenden Luxuszügen härteste Konkurrenz. Bald darauf sollte gerade der Geschäftsreiseverkehr überwiegend vom Pkw und derjenige auf lange Distanzen vom Luftverkehr übernommen werden.

Im Übrigen liegt eine Parallele zur Situation in Europa Anfang des 21. Jahrhunderts vor. Auch hier wird den Eisenbahngesellschaften empfohlen, sich auf den Geschäftsreiseverkehr mit Höchstgeschwindigkeitszügen und auf den Güterverkehr zu konzentrieren, der die Lücken im Straßengüterverkehr schließt. Dabei zielt ein Schienenverkehr auf Grund der Höhe der Investitionen auf den Massenverkehr. Wenn nur einzelne Verkehrssegmente bedient werden, während gleichzeitig ein großes Verkehrsnetz vorgehalten wird, endet dies in Defiziten und am Ende im Bankrott.

1970 kam es zur De-facto-Pleite der Personentransportdepartements der US-Eisenbahngesellschaften. Nun wurde in Nordamerika erstmals eine große staatliche Eisenbahn gebildet (ein Schritt, der im Fall der Panama Railroad Company bereits früher und aus den genannten Gründen erfolgt war). Die Bahngesellschaft Amtrak wurde geschaffen; der Name steht für „American Travel by Track“ („Amerikanisches Reisen auf Schienen“). Es handelt sich um eine staatliche Bahngesellschaft mit dem Zusammenschluss des größten Teils der verbliebenen Eisenbahndienstleistungen im Personenverkehr. Zu diesem Zeitpunkt bediente Amtrak noch 26.000 Schienenmeilen.

Nur sechs Jahre später, am 1. April 1976, begaben sich auch die verbliebenen privaten Gesellschaften des Güterverkehrs in die Arme des Staates. Nun wurde Conrail, die Consolidated Rail Corporation, gebildet. In Conrail wurden die entscheidenden Eisenbahngesellschaften im Güterverkehrssektor zusammengefasst, darunter die wohl berühmteste Gesellschaft Penn Central (zuvor New York Central und Pennsylvania), die bereits sechs Jahre zuvor in Konkurs gegangen war. Im Gegensatz zur staatlichen Amtrak handelte es sich bei Conrail um eine private, kapitalistische Gesellschaft, die eine Konsolidierung der Branche – einen neuen Konzentrationsprozess – mit sich brachte und mit massiven staatlichen Subventionen verbunden war.[20]

Die Bildung von Amtrak brachte keine Wende zum Besseren. Der Niedergang im Personenverkehr setzte sich bis ins 21. Jahrhundert fort. Conrail spaltete sich nach wenigen Jahren in eine Handvoll großer privater Gesellschaften mit regionalen Monopolen auf. Der Schiengüterverkehr erlebt seither einen neuen Aufschwung. Auf den spezifischen Charakter dieses Erfolgs wird noch einzugehen sein.

***

Die Geschichte der US-amerikanischen Eisenbahnen bietet in großem Umfang Symbolik. Als am 10. Mai 1869 um 12.47 Uhr die Telegraphenstation von Promontory in Utah das berühmte Signal „done, done, done" in die Welt hinaussendete, als die erste kontinentale Eisenbahnverbindung Amerikas hergestellt worden war, war dies, so Brian Hollingsworth, „ein Ereignis, der Mond-Landung ein Jahrhundert später vergleichbar", gewesen. Die Schwelle, in die der letzte Nagel für diese Eisenbahnkontinentale eingeschlagen wurde und die als eine Art Eisenbahnreliquie in San Francisco aufbewahrt wurde, verbrannte 1906 bei einem Erdbeben – im selben Jahr, als Henry Ford erstmals preiswerte Pkws für die Masse herstellte.[21]

Wer auf der wohl berühmtesten Autobahn der USA, dem Highway Number One, mit einem Pkw an die Südspitze Floridas rollt, wird möglicherweise den Humphrey-Bogart-Klassiker „Gangster in Key Largo" vor Augen haben. Der Reisende überquert dabei auf einer Strecke von 180 Meilen 42 Brücken und rollt über 32 Inseln hinweg – die kleinste von ihnen ist elf Meter lang, die größte trägt eben den Namen „Key Largo". Die Inseln werden allein durch diesen Highway miteinander verbunden. Der Endpunkt der Fahrt ist Key West, der südlichste Punkt der USA. Es ist ein knappes Jahrhundert her, dass Insel um Insel durch Brückenbauten mit dem Festland verbunden wurde. Doch diese Pionierleistung war nicht Resultat des Autoverkehrs. Vielmehr wurde 1912 eine beeindruckende Eisenbahnlinie gebaut, die, so ein Bericht von Albert Kock, die Inseln „dem American Way of Life näherbrachte. 23 Jahre hatte die Strecke Bestand, ehe (1935; W.W.) ein gewaltiger Hurrikan die Schienen unterspülte und sogar einen Zug ins Meer hinausblies. 42 Brücken der Eisenbahnlinie Miami–Key West blieben erhalten. Dieses Rückgrat sollte das Fundament für den Highway Number One bilden".[22] Wobei sich hier noch eine weitere Vernetzung mit der modernen Transportgeschichte ergibt: Henry Morrison Fagler, der Multimillionär und Eisenbahnmagnat, der diese Eisenbahnlinie finanziert hatte, war als der engste Mitarbeiter von John D. Rockefeller und als Miteigentümer von Standard Oil im Ölgeschäft reich geworden und investierte in einer Art Altersspleen viele Millionen Dollar in das Key-Largo-Eisenbahnprojekt. Während der Bauarbeiten verwüsteten mehrere Hurrikane die Strecke. Hunderte Arbeiter wurden in den Tod gerissen. Doch 1912 rollte der erste Zug mit Henry Morrison Fagler in Key West ein.[23]

Sieg der US-Autoindustrie als weltweiter Sieg über die Eisenbahn

Umwälzende Veränderungen in der Geschichte können selten monokausal erklärt werden. Zumeist sind es eine Reihe von Faktoren, die, sich wechselseitig bedingend, letzten Endes zum Verständnis historischer Prozesse führen. So verhält es sich auch im Fall der Durchsetzung des Straßenverkehrs gegenüber dem schienengebundenen Verkehr. Im Folgenden werden wesentliche ökonomische Faktoren benannt, die diese wirtschaftsgeschichtliche Entwicklung befördert, wenn nicht herbeigeführt haben.

Der erbitterte Kampf zwischen verschiedenen Kapitalfraktionen in den USA: Anfang des 20. Jahrhunderts kam es in den USA und damit in dem Wirtschaftsraum, der für die inzwischen globalisierte Wirtschaft entscheidend war, zur Zurückdrängung der bis dahin mächtigsten Kapitalfraktion, der im Eisenbahnsektor und der Schwerindustrie engagierten Gruppen um Vanderbilt und Morgan. Gleichzeitig erfolgte der Aufstieg der Rockefeller-Gruppe, deren Schwergewicht im Ölsektor lag, zur mächtigsten Kapitalfraktion.

Bis in die 1870er Jahre wurde in den USA das in Eisenbahnen engagierte Kapital von der Vanderbilt-Gruppe dominiert. 1869 stieg J. P. Morgan, bisher vor allem im Bankengeschäft tätig, ebenfalls in das Eisenbahngeschäft ein, wobei er zunächst im Bündnis mit Vanderbilt auftrat. Bis Ende der 1880er Jahre kontrollierte Morgan diesen Sektor, wobei seine Spezialität in der „Konsolidierung" von Eisenbahngesellschaften bestand. Er war gewissermaßen die weltweit führende „Heuschrecke" des ausgehenden 19. Jahrhunderts.[24] Morgan bildete damit zugleich die wichtigste und mächtigste Kapitalgruppe Nordamerikas. Zu den Eisenbahninteressen kamen ab Ende der 1880er Jahre große Engagements im Kohle- und Stahlsektor (u.a. United Steel, Kennecott- und Guggenheim-Konzern, Phelps Dodge).[25] Eisenbahnen- und Montaninteressen bildeten eine vertikale Einheit: Kohle und Erz als Grundstoffe für die Stahlerzeugung und somit entscheidende Grundlage zur Schienen-, Waggon- und Lokherstellung; Kohle schließlich als Brennstoff zum Betrieb der Dampflokomotiven, aber auch Kohle und Erze als wichtigstes Frachtgut der Eisenbahnen.

Rockefeller und die von ihm geführte Gesellschaft Standard Oil übten ab der Mitte des 19. Jahrhunderts einen wachsenden und schließlich entscheidenden Einfluss in den Ölfeldern im Süden der USA – und später auf internationaler Ebene – aus. Im letzten Drittel des 19. Jahrhunderts eroberte Rockefeller das Monopol im Ölgeschäft Nordamerikas, indem er mit Vanderbilts und Morgans Eisenbahngesellschaften geheime Frachttarife für die Petroleumtransporte vereinbarte, sie an Standard Oil beteiligte und damit die Konkurrenz im Ölgeschäft ausschaltete.[26] Um die Jahrhundertwende stieg Rockefeller, damals noch mit Morgan verbündet, selbst ins Eisenbahngeschäft ein. Gleichzeitig kontrollierte er mit General Electric und Westinghouse die zwei wichtigsten Elektrokonzerne. Letzteres erwies sich insofern als wichtig, als damit die Entwicklung von Elektroautos, die in Widerspruch zu Rockefellers Ölinteressen standen, unterbunden werden konnte.

Rockefeller hatte sich damit im Windschatten der Eisenbahnkönige eine führende Position innerhalb des US-Kapitals erobert. Die Schwerpunkte der Rockefeller-Gruppe lagen im Ölgeschäft (Standard Oil), in der Petrochemie, in der Autoindustrie und im Bankensektor. In Letzterem dominierte sie seit der Weltwirtschaftskrise; die wichtigsten Rockefeller-Banken waren die Chase Manhattan und ab 1955 die First National City Bank of New York. Nach dem Zweiten Weltkrieg kamen Engagements in der Atomenergie (wieder General Electric und Westinghouse) sowie in der Flugzeug- und Raumfahrtindustrie hinzu.[27]

Die unterschiedliche Schwerpunktsetzung der zwei großen Kapitalfraktionen Morgan und Rockefeller, die Anfang des 20. Jahrhunderts die USA beherrschten, begünstigte von vornherein die Rockefeller-Gruppe als Repräsentantin der „modernen" Industriezweige. Diese Branchen – Öl und Auto – dominierten in den USA bereits Anfang des 20. Jahrhunderts und wurden bald um den Flugzeugbau ergänzt. Sie sollten nach dem Zweiten Weltkrieg zu den entscheidenden, die Wirtschaft *aller* imperialistischen Länder beherrschenden Branchen zählen. Gleichzeitig fiel die Schwerindustrie weltweit zurück. Der Aufstieg des Rockefeller-Konzerns war somit gewissermaßen strukturell vorprogrammiert.

Krisen und Stagnationsperioden im ersten Viertel des 20. Jahrhunderts trafen die Morgan-Kapitalgruppe in besonderem Maß. Generell lässt sich in der Wirtschaftsgeschichte des Kapitalismus feststellen, dass die zyklischen Krisen die großen und traditionellen Sektoren mehr treffen als junge Industrien. Gründe hierfür sind die breiteren „Angriffsflächen", die jene bieten, und ihre geringere Beweglichkeit. Die Masse des hier konzentrierten Kapitals bedeutet nicht nur hohe Profitmassen in Phasen des Aufschwungs, sondern bringt auch besondere „Betroffenheit" im Krisenfall mit sich. Ford konnte es sich beispielsweise 1926, nach riesigen Verlusten mit seinem bis dahin erfolgreichen T-Modell, leisten, die Produktion für ein volles Jahr schlicht einzustellen. 1927/28 drückte er sein neues Erfolgsmodell „A" in den Markt und überstand auch die folgende Weltwirtschaftskrise. Eine solche Unternehmenspolitik war zu dieser Zeit für eine große Stahl-, Kohle- oder Eisenbahngesellschaft undenkbar. Die jüngeren Industrien, in diesem Fall diejenigen der Rockefeller-Gruppe, verfügen zusätzlich über den Vorteil hoher Extraprofite, bezogen durch neueste Technologie, welche sie besser gegen die Krise abfedern. Die traditionellen Sektoren dagegen kassieren in der Regel nur durchschnittliche Profite. So gewann die Rockefeller-Gruppe insbesondere in den Krisenzeiten von 1907 sowie 1929-1932 gegenüber Morgan an Boden und setzte sich schließlich als erste Kraft durch.

Hinzu kam, dass die Morgan-Gruppe sich insbesondere in den 1920er Jahren stark im spekulativen Börsengeschäft engagiert hatte und dann von den Bankrotten 1929-1932 besonders betroffen war. Viele mit den Eisenbahnen verbundene Banken betrieben dieses Geschäft. Eisenbahnaktien wurden dem breiten Publikum zunächst zu hohen Kursen verkauft und konnten dann später in der Weltwirtschaftskrise auf der Straße aufgelesen werden. Ferdinand Lundberg schilderte diese Praxis in seiner Arbeit über „America's 60 Families".[28] Auf diese Art wurde eine große Zahl Enteignungsfeldzüge der Mittelschichten durchgeführt. Sie erreichten ihren Höhepunkt in dem Börsenkrach und der Weltwirtschaftskrise 1929-1932. Damit sammelte sich aber ebenso ein enormer sozialer Explosionsstoff an, der auch auf Seiten des Bürgertums als Besorgnis erregend eingeschätzt wurde. Eine Reaktion hierauf war die Bildung der Börsenaufsicht, der Securities Exchange Commission, die ab den 1930er Jahren das rein spekulative Börsengeschäft erheblich reduzierte. Damit wurde den überlebenden Morgan-Banken ihre bis dahin oft lukrative Spielwiese genommen. Gleichzeitig kam es im Rahmen der Politik des „New Deal" zu politischen Reformen, zu einem Ausbau sozialer Sicherungssysteme und zur Stärkung der Gewerkschaften vornehmlich in der Autoindustrie. Die dadurch nicht massiv sinkende und bald wieder höhere Massenkaufkraft bildete die Basis dafür, dass der Pkw-Absatz erneut gesteigert werden konnte.[29]

Snell-Report: nicht Verschwörungstheorie, sondern Verschwörungspraxis

Verschwörung gegen den schienengebundenen Verkehr: Eine entscheidende Rolle beim Niedergang der Eisenbahnen spielte die konspirative Politik, die die Öl- und Autokonzerne bei der Zerstörung des schienengebundenen Verkehrs machten. Im Jahr 1949 ergab der Bericht eines Unterausschusses des US-Senats, dass der Autokonzern „General Motors darin involviert (war), in 45 US-Städten … den Abbau von hundert elektrischen Nahverkehrssystemen und ihren Ersatz durch General Motors-Busse zu betreiben".[30] Im Jahr 1974 wurde in der für den US-Senat verfassten Studie von Bradford C. Snell umfassend dokumentiert, wie General Motors, Standard Oil und der Reifenhersteller Firestone die radikale Umstrukturierung des Transportsektors über mehr als drei Jahrzehnte hinweg mit zerstörerischer Energie vorangetrieben hatten. In Millionenstädten wie Baltimore, Philadelphia, New York, St. Louis und Los Angeles wurden die Unternehmen mit schienengebundenen Verkehrsmitteln, die Jahrzehnte lang gut funktioniert hatten, aufgekauft und der Schienen-Transport abgebaut bzw. auf Busverkehr umstrukturiert. Die Snell-Studie gibt als Beginn dieser Politik die Zeit nach der Weltwirtschaftskrise an. Damals gründeten General Motors, Standard Oil of California (also Rockefeller) und der führende Reifenhersteller Firestone, dessen Eigentümer wiederum freundschaftlich und verwandtschaftlich mit der Familie Ford verbunden waren, die Holding National City Lines.[31] Bis 1950 kaufte diese Gesellschaft Stadt für Stadt elektrische Verkehrssysteme auf und wandelte sie in Busgesellschaften um. Dieser tief greifende Umbau des nordamerikanischen Verkehrssektors wurde noch dadurch begünstigt, dass General Motors zu diesem Zeitpunkt in den USA 70% aller Autobusse und 80% aller Lokomotiven herstellte und somit die Transportarten kontrollierte, die eine Alternative zum privaten Straßenverkehr bildeten. Snell belegte diese Aktivitäten detailliert am Beispiel der Autostadt Nummer 1, Los Angeles: „Nirgendwo war die Zerstörung offensichtlicher als in Greater Los Angeles Metropolitan Area. Vor 35 Jahren (1939; W.W.) war dies eine wunderschöne Gegend mit verschwenderischen Palmen, Orangenhainen und einer guten, von Ozeanbrisen angereicherten Luft. Sie wurde von dem größten Straßenbahn- und S-Bahn-System der Welt versorgt mit … 3.000 ruhig laufenden, emissionsfreien, elektrisch betriebenen Zügen. Das Pacific Electric System hatte einen Radius von mehr als 75 Meilen und erreichte im Norden San Francisco, im Osten San Bernardino und im Süden Santa Ana … Im Gegensatz zu einer weit verbreiteten Auffassung zeichnete die Pacific Electric und nicht das Auto für die geographische Ausdehnung Los Angeles verantwortlich. … 1938 gründeten General Motors und Standard Oil of California die Gesellschaft Pacific City Lines (PCL), die eng mit der Gesellschaft NCL verbunden war und das Ziel hatte, die elektrischen Eisenbahnen der westlichen

Küste zu motorisieren." Das Unternehmen National City Lines Inc. (NCL) war 1936 von General Motors, Standard Oil und Firestone geschaffen worden. Snell weiter in seinem Bericht: „1940 begannen GM, Standard Oil und Firestone Teile des 100-Millionen-Dollar-Aktienkapitals der Gesellschaft Pacific Electric System einschließlich der Eisenbahnen von Los Angeles nach Glendale, Burbank, Pasadena und San Bernardino zu erwerben, um sie nach und nach stillzulegen. … Im Dezember 1944 wurde eine andere mit NCL verbundene Gesellschaft, die American City Lines, von General Motors und Standard Oil mit Geldmitteln ausgestattet, um das Zentrum von Los Angeles zu motorisieren. Zu diesem Zeitpunkt nutzten die Pacific Electric und die lokale Bahngesellschaft Los Angeles Railway im Stadtzentrum von Los Angeles gemeinsam das Schienennetz. American City Lines kaufte dieses lokale System auf, ließ die Straßenbahnwagen verschrotten, die elektrischen Oberleitungen abbauen und die Schienen aus dem Pflaster herausreißen. Nun wurden in dem dichtbevölkerten Stadtzentrum von Los Angeles mit Diesel betriebene Busse eingesetzt, die von GM stammten und ihren Kraftstoff von Standard Oil bezogen. In der Summe hat der Konzern GM mit seinen autoindustriellen Verbündeten auf diese Weise die regionalen Schienennetze von Los Angeles gekappt und die Stadt und das Stadtzentrum auf Bus- und Pkw-Verkehr umgestellt."

In Snells Studie, die ein Jahr nach der Ölkrise von 1973 entstand, finden sich Formulierungen, die an die aktuellen Bilanzen zur Zerstörung der Städte und zur Belastung der Luftqualität und des Klimas erinnern. „Die Motorisierung hat die Lebensqualität im südlichen Kalifornien drastisch verändert. Heute (1974; W.W.) ist Los Angeles ein ökologisch zerstörtes Gebiet. Die Palmbäume verdorren aufgrund des von der Petrochemie getränkten Smogs. Die Orangenhaine wurden mit über 3.000 Meilen Stadtautobahnen zubetoniert. Die Luft ist vergiftet durch die vier Millionen Pkws, von denen die Hälfte von GM stammt und die Tag für Tag 13.000 Tonnen Schadstoffe ausstoßen. Mit der Zerstörung des Pacific Electric Rail System wurden Los Angeles' Hoffnungen auf einen schnellen Verkehr auf Schienen und eine smogfreie Stadt zerstört."[32]

GM nahm auch wesentlichen Einfluss auf die verwendete Eisenbahntechnologie. Nach den 1930 erfolgten Übernahmen von Winton Engine und Electro-Motive wurde der Autokonzern zum größten Lokomotivhersteller der USA. 1935 vereinte GM 2,4% der Lokomotivkäufe auf sich; 1970 waren es 80%. Mit seiner Marktmacht zwang GM die Eisenbahnbetreiber, die weit weniger effizienten Diesellokomotiven anstelle der – bereits eingesetzten – elektrischen Lokomotiven zu verwenden. 1935 betrug das Verhältnis Elektroloks zu Dieselloks noch 7:1. 1970 kam auf 100 Diesellokomotiven nur noch eine elektrische Lokomotive.[33]

Der Fall der mit Kapitalmacht durchgedrückten Umstrukturierung des US-amerikanischen Transportsektors ist insofern einmalig, als er detailliert und überzeugend dokumentiert ist. Bei den aktuell anstehenden Privatisierungen im internationalen und insbesondere im europäischen Eisenbahnsektor gibt es viele Indizien dafür, dass es sich auch hier um interessengelenkte Prozesse handelt. Doch dies lässt sich bisher nicht in einem umfassenden Ausmaß belegen. Die oben erfolgte ausführlichere Wiedergabe von Aussagen des Snell-Reports ist auch deshalb sinnvoll, weil der Bericht aus Copyrightgründen nie in einer populär zugänglichen Form veröffentlicht, geschweige denn übersetzt wurde und weil seine zentralen Aussagen auch in den aktuellen Debatten immer wieder in Frage gestellt werden.[34] Interessant ist im Übrigen, dass das Management der Deutschen Bahn AG den Privatisierungskurs so betreibt, als existierte das Beispiel USA nicht. Dabei war es die Deutsche Bundesbahn, die im deutschsprachigen Raum ausdrücklich auf den Snell-Report und die darin wiedergegebene vernichtende Bilanz über das Wirken der Öl-Auto-Gruppe auf den Schienenverkehr verwiesen hatte.[35]

Der Krieg um das (billige) Öl: Die US-Ölbranche kontrollierte zwar Anfang der 1920er Jahre bereits 70-80% der weltweiten Ölförderung. Doch während die USA bis 1920 mehr Öl exportiert als importiert hatten, mussten sie ab 1921 mehr importieren, als sie exportieren konnten. Der rasant angewachsene Autoverkehr hatte einen gewaltigen Öldurst zur Folge.[36] Das führte zu einem erbitterten Kampf um die Ölquellen der Welt und trug u.a. dazu bei, dass Standard Oil die US-Regierung dazu drängte und dahin brachte, die junge Sowjetrepublik mit Glacéhandschuhen anzufassen: Man war schlicht auf die Ölfelder von Baku und um das Kaspische Meer erpicht. Anfang der 1920er Jahre kam es durch billig auf den Markt fließendes mexikanisches Öl zu einer deutlichen Entspannung auf den Ölmärkten. Die Erdölvorkommen Mexikos befanden sich bei Beginn der mexikanischen Revolution 1910 unter nordamerikanischer und britisch-niederländischer Kontrolle. In dem Maß, wie die Revolution sich immer stärker gegen die US-Vorherrschaft richtete und eine Verstaatlichung absehbar war, betrieben die Ölgesellschaften einen forcierten Raubbau. Im Zeitraum von 1921 bis zur Verstaatlichung der mexikanischen Ölindustrie 1938 „beschränkten sie sich darauf, die berühmten Felder Cerro Azul und Golden Lane im … Raubbau auszupumpen, unter Abfackeln des Gases. Ihre Transport- und Raffinationsanlagen hielten sie zwar notdürftig instand, unterließen aber den weiteren Ausbau“.[37] Der nordamerikanische Markt wurde just in dem Zeitabschnitt, der für die Konkurrenz zwischen dem Schienen- und Straßenverkehr entscheidend war, mit billigem Öl überschwemmt. Nach dem Zweiten Weltkrieg wiederholte sich dies in abgewandelter Weise, indem es den US-Ölkonzernen gelang, Jahrzehnte lang eine weitgehende Kontrolle über das persische (bis 1979) und danach über das saudi-arabische Öl und damit über die weltweit größten Erdölreserven auszuüben.

Zwei Weltkriege als Förderer der Automotorisierung: Die beiden Weltkriege spielten eine wichtige Rolle bei der Entscheidungsschlacht Straße/Schiene. Im

Ersten Weltkrieg wurde der Rohölbedarf erstmals durch die mit Dieselkraftstoff bzw. Schweröl betriebenen Kriegsschiffe gesteigert, wovon die Ölbranche profitierte. Die mit der Ölindustrie verbundene chemische Industrie nahm infolge der hohen Nachfrage nach Sprengstoffen und chemischen Kampfmitteln einen großen Aufschwung. Die Autokonzerne arbeiteten in dieser Zeit fast ausschließlich für die Kriegswirtschaft und die US-Regierung bezahlte dafür. Im Zweiten Weltkrieg waren es dann die allgemeine Motorisierung der US-Armee und große Lieferungen motorisierter Einheiten (mit Jeeps, Panzern und Flugzeugen) an die Alliierten (vor allem an das britische Militär), welche die Ölbranche und die Autoindustrie in den USA förderten. Die in diesem Zeitraum rückläufigen Verkäufe an zivilen Pkws wurden von den kriegsbedingten Aufträgen übertroffen. Hinzu kam, dass alle drei großen US-Autohersteller mit Panzerbau und der Herstellung von Flugzeugmotoren direkt im Rüstungsgeschäft engagiert waren. Ford und GM verdienten mit ihren Fabriken in Deutschland auch am NS-Krieg, den sie ohne Zwang unterstützten (siehe Kapitel 9). Gleichzeitig erlitten die Eisenbahnen durch die kriegsbedingten Rückgänge im Personentransportaufkommen weitere Verluste.

Phasenverschobene Durchsetzung der weltweiten Motorisierung: Die zeitliche Diskrepanz von 35 bis 50 Jahren, die zwischen der Massenmotorisierung in den USA und derjenigen in Europa und Japan liegt, begünstigte die allgemeine weltweite Durchsetzung des Straßenverkehrs. Als Ende der 1940er Jahre die großen europäischen Staaten und Japan durch Kriegszerstörungen und Schulden geschwächt waren, stellte Nordamerika die einzige intakte, handlungsfähige und den kapitalistischen Weltmarkt beherrschende Macht dar.[38] Die US-Konzerne und -Banken waren die weltweit größten und trieben auch als Erste die neue Phase der Globalisierung voran. Wichtige Strukturen und Finanzprogramme wie der Marshall-Plan, die Existenz einer Leitwährung US-Dollar sowie die von den USA beherrschten Institutionen Weltbank und Internationaler Währungsfonds unterstützten die US-Hegemonie.

Das US-Kapital war in Europa Jahrzehnte lang die dominierende ausländische Kapitalmacht: Bereits 1911 gründete Ford in Großbritannien eine erste nach modernen Maßstäben produzierende Autofabrik. 1925 wurde das erste deutsche Ford-Werk in Köln errichtet. 1928 begann der US-Konzern in Berlin-Plötzensee mit der Montage des Ford-A-Modells. Im darauf folgenden Jahr ließ sich die Familie Opel für bescheidene 25.967.000 US-Dollar die Vaterlandsliebe abkaufen: 80% der Opel-Aktien gingen an General Motors. In den 1930er Jahren kontrollierten Ford und General Motors (Opel) den deutschen Pkw-Markt weitgehend. Die staatlich gelenkte Volkswagen-Gründung 1939 stellte auch eine staatliche Antwort des deutschen Kapitalismus auf diese Herausforderung dar. In den Jahrzehnten nach dem Zweiten Weltkrieg verstärkte sich diese US-Dominanz und deren auf Autos und Öl zentrierte Struktur. Die gesamten US-Direktinvestitionen des Jahres

1972 im Ausland betrugen 94 Mrd. US-Dollar. Davon entfiel allein auf die Erdölindustrie mit 26 Mrd. Dollar ein Anteil von 28%. Dabei kann davon ausgegangen werden, dass sich diese Anteile auf 40% erhöhen, wenn als Maßstab der aussagekräftigere Verkehrs- oder Ertragswert genommen wird. Setzt man nun vorsichtig Zahlen für die in der Fahrzeugbranche getätigten nordamerikanischen Investitionen ein, so konzentrierte sich zu diesem Zeitpunkt über die Hälfte aller im Ausland angelegten US-Direktinvestitionen auf die Erdölindustrie und den Fahrzeugbau, also auf die entscheidende neue Transporttechnologie. Angesichts der US-Hegemonie auf dem Weltmarkt kam diese Kapitalanlage einer gewaltigen Macht gleich, die den sich noch im Entwicklungsstadium befindenden Kfz-Verkehr Westeuropas erheblich förderte.[39]

Zwei strukturelle Vorteile: Die Fließbandproduktion brachte eine enorme Steigerung der Produktivkraft mit sich. Sie bildete die Voraussetzung für eine massenhafte Produktion, für radikale Reduktionen bei den Preisen und für eine deutlich größere Kapitalkonzentration mit einem massenhaften Einsatz von Arbeitskräften. Die beiden vorangegangenen Transportarten, Kanalschifffahrt und Seeschifffahrt einerseits sowie Eisenbahnen andererseits, eigneten sich nicht für eine Fließbandfertigung. Der Bau von Schiffen oder Eisenbahnen tendiert bereits auf Grund der Größe der „Transportgefäße" und wegen der eher bescheidenen Stückzahlen mehr zu einer handwerklichen Fertigung. Autos hingegen sind, wie das massenhafte Töten von Tieren und die Herstellung von Fleischkonserven, ideal für eine Fließbandfertigung.

Die Eisenbahnen legen auf Grund ihrer sachlichen Natur einen zentralisierten (staatlichen) Betrieb zumindest nahe. Der Straßenverkehr hingegen ermöglicht die Trennung zwischen Verkehrsträger (Straße) und Verkehrsmittel (Lkw, Pkw, Bus) ohne größere Synergieverluste. Damit eignet sich diese Transportorganisation ideal für die Realisierung des klassischen Prinzips: private Aneignung der Profite – Vergesellschaftung von Verlusten. Die private Aneignung von Profiten erfolgt beispielsweise bei den Autokonzernen, im Kfz-Gewerbe, durch die Versicherungsgesellschaften und durch die mit Straßenbau befassten privaten Baufirmen. Zu einer Vergesellschaftung von Verlusten kommt es in Form des staatlich finanzierten Straßenbaus, der gesellschaftlich getragenen Kosten für Tote und Verletzte sowie der Kosten für Umwelt- und Klimaschäden.

Die hier angeführten verschiedenen ökonomischen Faktoren waren, zusammen mit dem bereits analysierten säkularen Verschleiß und der Unfähigkeit des privaten Kapitals, diesen in Rechnung zu stellen, entscheidend für die Durchsetzung des Straßenverkehrs gegenüber dem schienengebundenen Verkehr. Sie werden ergänzt um wichtige sozialpsychologische und massenpsychologische Aspekte, auf die in Teil IV eingegangen werden soll.

Kapitel 8
Deutsche Verkehrsentwicklung 1900-1945: Raubbau bei der Eisenbahn, Starthilfe für den Autowahn

Wir dürfen Ihnen unseren ergebensten Dank dafür zum Ausdruck bringen, daß Sie für den Wagen, den wir Ihnen zeigen durften … besonderes Interesse an den Tag gelegt haben. Unsere Firma bittet ergebenst darum, Ihr fachmännisches Urteil über diesen Typ zu hören, den wir zur Zeit wohl als eine Spitzenleistung der Automobilindustrie ansehen können. Aus diesem Grunde sprechen wir die ergebenste Bitte aus, daß wir, hochzuverehrender Herr Ministerpräsident, Ihnen diesen Wagen zur Verfügung stellen dürfen, um seine Fahreigenschaften eingehend kennenzulernen.

Schreiben der Daimler-Benz AG vom 12. 1. 1934 an Hermann Göring

Das VW-Vorwerk (in Fallersleben) hat im Bereich der industriellen Berufsausbildung eine berufspädagogische Vorreiterrolle eingenommen, an die zahlreiche Industriebetriebe dann in den 50er Jahren anknüpfen sollten.

Hans Mommsen/Manfred Grieger, Das Volkswagenwerk und seine Arbeiter im Dritten Reich, Düsseldorf 1996, S. 248

Die ersten 45 Jahre des 20. Jahrhunderts brachten im deutschen Verkehrssektor einige Parallelen zur Entwicklung in Nordamerika. Vor allem waren sie für die Eisenbahn mit einem fortdauernden Prozess der Auszehrung, der Unterinvestition und der Zerstörungen verbunden. Zwar kam es in diesem knappen halben Jahrhundert nicht einmal ansatzweise zu einer Massenmotorisierung. Doch die materiellen und ideologischen Grundlagen dafür wurden gelegt. Deutschland spielte in einem Bereich sogar eine Vorreiterrolle: bei der Errichtung eines Netzes mit nur für den Autoverkehr vorgesehenen Straßen, den „Autobahnen“. Obwohl der Besitz von privaten Autos weiterhin keine maßgebliche Rolle spielte, wurde bereits in den 1920er Jahren ein umfassendes Netz von Autobahnen geplant und mit ihrem Bau begonnen, was dann unter dem nationalsozialistischen Regime propagandistisch überhöht und fortgesetzt wurde. In den USA mit ihrer weit höheren Pkw-Dichte startete das vergleichbare Projekt eines Interstate Highway System erst in den 1950er Jahren. Der spätere US-Präsident John F. Kennedy schrieb 1937, damals 20-jährig, anlässlich eines Besuchs in Deutschland: „Wir fuhren auf einer der neuen Autobahnen, die die besten Straßen der Welt sind. In Deutschland allerdings sind sie wirklich unnötig, weil der Verkehr so gering ist, aber sie würden in den Vereinigten Staaten großartig sein, weil es keine Geschwindigkeitsbegrenzung gibt."[1]

Ab dem Anfang des 20. Jahrhunderts entwickelten sich in Deutschland alle wesentlichen Indikatoren gegen die Schiene und für den Straßenverkehr. Das Straßennetz wurde systematisch weiter ausgebaut. Hatte es 1873 eine gesamte Länge von 115.000 Kilometern, so waren es 1913 bereits 300.000 und 1933 sogar 450.000 Kilometer. Der Ausbau des Schienennetzes erreichte 1913 mit 63.378 Kilometern seinen Höhepunkt. Die Reduktion, die die Statistik danach ausweist, ist auf die Gebietsverluste nach dem Ende des Ersten Weltkrieges zurückzuführen. Doch danach gab es keinen relevanten Ausbau mehr. Die auf diesem Netz erbrachten Leistungen stiegen noch bis zur Weltwirtschaftskrise. Gleichzeitig wurden die Kapazitäten des rollenden Materials reduziert (siehe Tabelle 7).

Tabelle 7: Indikatoren der Verkehrsentwicklung 1900-1933[2]

	1900	**1913**	**1925**	**1929**	**1933**
Schienenverkehr					
Eisenbahn-Netz (km)	51.678	63.378	57.684	58.183	58.185
Lok- und Triebfahrzeug-Bestand	19.462	30.444	29.205	26.310	22.865
Personenwagen	39.515	67.526	67.049	68.248	66.341
Güter- und Gepäckwagen	420.951	698.708	717.744	681.573	640.779
Geleistete Personenkilometer	20.187	41.393	50.089	48.132	30.726
Geleistete Tonnenkilometer	36.992	67.750	60.199	77.071	48.223
Straßenverkehr					
Pkws (Einheiten)	ca. 5.000	49.760	171.445	422.612	510.819
Lkws (Zahl)	–	–	80.363	143.952	155.219

Die Streckenlänge blieb im angegebenen Zeitraum 1900-1933 (die Gebietsabtretungen nach dem Ersten Weltkrieg berücksichtigend) weitgehend konstant, obwohl in diesem Zeitraum die deutschen Eisenbahnen erstmals nicht in der Mischform privater und staatlicher Bahnen, sondern in einer Einheitsgesellschaft organisiert waren und damit theoretisch die Chance bestand, einen optimalen, flächendeckenden Ausbau in Angriff zu nehmen. Der Bestand an Lokomotiven und Triebwagen wurde bis zur Weltwirtschaftskrise 1929 um rund ein Fünftel reduziert. Im Verlauf der Weltwirtschaftskrise erfolgte ein nochmaliger Abbau. Vergleichbare Reduktionen gab es auch bei den eingesetzten Güterwaggons. Die Personentransportleistung hatte sich in den Jahren vor dem Ersten Weltkrieg deutlich erhöht. Sie konnte jedoch von dem Boom in den 1920er Jahren nicht profitieren – wegen der von einer Schwindel erregenden Inflation geprägten Krise von 1923 und der Besetzung des Ruhrgebiets (siehe unten). Während der Weltwirtschaftskrise brachen dann die Personenverkehrsleistungen auf ein Niveau ein, das unter dem des Jahres 1913 lag. Der Schienengüterverkehr stieg bis 1929 kontinuierlich an. Das heißt, dass 1929 eine bedeutend höhere Transportleistung auf einem stagnierenden Schienennetz von deutlich weniger Triebfahrzeugen und einer bereits reduzierten Zahl von Güterwaggons bewältigt wurde. Dem steht allerdings hier eine nicht ausgewiesene Produktivkraftsteigerung durch einen fortgesetzten Modernisierungsprozess gegenüber. In der Krise brachen dann auch die Schienengütertransportleistungen auf ein Niveau ein, das rund 60% desjenigen von 1929 entsprach. Erstmals in der nun fast hundertjährigen Geschichte der Eisenbahn war diese bereits rein betriebswirtschaftlich in schwierige Zeiten geraten. 1918/19 hatte es erstmals erhebliche – kriegsbedingte – Verluste in einer Höhe von 4,1 Mrd. Mark gegeben, die aus der Substanz getragen werden mussten. Danach konnten erstaunlicherweise fast zehn Jahre lang ausgeglichene Ergebnisse und im operativen Bereich Gewinne ausgewiesen werden. 1932 gab es erneut einen der Weltwirtschaftskrise geschuldeten Fehlbetrag.

Ausplünderung der Bahn durch Staaten und Staatsregierung

Der schlechte Start in die neue Ära der Bahn war allerdings nicht in erster Linie wirtschaftlich, sondern vor allem politisch bedingt. Im Gefolge des verlorenen Krieges beanspruchten die Siegermächte 1919 von den deutschen Eisenbahnen 8.000 Lokomotiven, 13.000 Personen- und 280.000 Güterwagen. Dadurch wurde allein der Bestand an Güterwagen um 42% reduziert.

Die Weimarer Verfassung vom August 1919 forderte in Artikel 171, die dem allgemeinen Verkehr dienenden Eisenbahnen seien in Reichseigentum und als neue staatliche Gesellschaft zu führen. Am 31. März 1920 wurde der Staatsvertrag zwischen der Reichsregierung und den acht Eisenbahnländern Preußen, Bayern, Sachsen, Württemberg, Baden, Hessen, Mecklenburg-Schwerin und Oldenburg zur Übernahme und Zusammenfassung der Länderbahnen geschlossen und die Deutsche Reichsbahn gegründet. Der vereinbarte Übernahmepreis betrug 39 Mrd. Mark, was insofern von Interesse ist, als er umgerechnet auf heute weit höher lag als der Wert, auf den die Deutsche Bahn AG Anfang des 21. Jahrhunderts im Rahmen der Bahnprivatisierungsdebatte geschätzt wird.[3] Die Reichsbahn war zunächst dem neu geschaffenen Reichsverkehrsministerium unterstellt. In der Inflationskrise des Jahres 1923 sah sich die Reichsregierung nicht in der Lage oder war nicht bereit, die aus dem Versailler Vertrag resultierenden Reparationsverpflichtungen termingerecht zu erfüllen. Darauf marschierten 60.000 Mann französischer und belgischer Truppen im Ruhrgebiet ein und besetzten dieses von Januar 1923 bis Sommer 1925. Über 5.000 Kilometer der ertragsreichsten Strecken wurden der Reichsbahnverwaltung entzogen und alliierter Kontrolle unterstellt. Der Gesamtschaden, der durch die Besetzung vor allem an Einnahmeverlusten entstand, wurde von der Reichsbahnverwaltung später auf 2 Mrd. Goldmark beziffert.[4]

Nun fiel der Reichsbahn der neue Eigentümer in den Rücken. In einem Memorandum vom 7. Juni 1923 bot die Reichsregierung, unterstützt von einem breiten Parteienbündnis unter Einschluss der Deutschnationalen, den Alliierten einen neuen Reparationsplan an, für dessen Einhaltung eine umgewandelte Reichsbahn Garant sein sollte. Dieses Angebot wurde von den Alliierten zunächst nicht akzeptiert. Auf dem Höhepunkt der Inflationskrise erklärte der Finanzminister am 15. November 1923, dass er für die Ausgaben der Reichsbahn „keine Verantwortung mehr übernehmen" könne. Die finanzielle Verwaltung der Eisenbahn wurde vom Staatshaushalt getrennt und eine „Deutsche Reichseisenbahn" als selbstständiges, eine juristische Person darstellendes wirtschaftliches Unternehmen gegründet, das Betrieb und Verwaltung der weiter im Eigentum des Reiches stehenden Eisenbahnen zu übernehmen hatte.[5] Die Eisenbahn in Deutschland existierte nun in schwerer Krisenzeit als neue Gesellschaft ohne staatliche Absicherung und ohne größere finanzielle Ausstattung. Im Grunde wurde die Eisenbahn auf diese Weise den Siegermächten förmlich als „Reparationsleistungsträger" aufgedrängt. Allerdings war es der damalige US-Außenminister Charles E. Hughes gewesen, der am 29. Dezember 1922 in einer Rede in New Haven angeregt hatte, die Reichsbahn in ein selbstständiges Unternehmen umzuwandeln und dieses mit einer „Generalhypothek zugunsten der ausländischen Gläubiger" zu belasten.[6]

Es kam, was kommen sollte. Am 9. April 1924 beschloss eine Londoner Konferenz unter Vorsitz des amerikanischen Bankiers Charles Gates Dawes den so genannten Dawes-Plan. Die US-Banken spielten beim Thema Kriegsschulden eine entscheidende Rolle, da die Siegermächte bei US-Banken hoch verschuldet waren und die Reparationsleistungen faktisch über Paris und London zu den US-Banken weitergeleitet wurden. Der Dawes-Plan mündete in eine neuerliche Umwandlung der Eisenbahn in Deutschland, nunmehr in ein selbstständiges Unternehmen unter ausländischer Aufsicht und mit der Bezeichnung „Deutsche Reichsbahn-Gesellschaft". Die Sachwerte der Eisenbahn wurden als Pfand zur Deckung der Reparationsschulden eingesetzt. Die rechtliche Konstruktion dieser Bahngesellschaft war einmalig und hatte zwei Komponenten: Einerseits blieb das Deutsche Reich formell Eigentümer des gesamten Sachvermögens, des „beweglichen und unbeweglichen Vermögens, das die Eisenbahn bewirtschaftete", was wichtig zur Beruhigung der Öffentlichkeit war. Andererseits besaß die unter ausländischer Kontrolle stehende Deutsche Reichsbahn-Gesellschaft das unsichtbare Eigentum, nämlich das „Betriebsrecht an den Anlagewerten", verbunden mit den Verpflichtungen, diese Anlagen instand zu halten und aus den Gewinnen oder aus der Substanz so lange an die Siegermächte die vereinbarten Reparationszahlungen zu transferieren, bis diese getilgt sein würden. Im neuen Reichsbahngesetz, das mit einer Verfassungsänderung verbunden war und am 29. August 1924 im Reichstag mit der erforderlichen Zweidrittelmehrheit verabschiedet wurde, ist als letzter Tag der Reparationsleistungen der 31. Dezember 1964 genannt.[7] Die mit dem Dawes-Plan gewählte Unternehmenskonzeption der Bahngesellschaft weist viele Parallelen mit dem „Eigentumssicherungsmodell" auf, auf dessen Grundlage im Frühjahr 2007 ein Bahnprivatisierungsgesetz vorgelegt wurde. Auch nach diesem Modell soll die teilprivatisierte Deutsche Bahn AG formell nicht Eigentümerin der Infrastruktur sein, diese aber „betreiben und bilanzieren" und damit aus ihr wie ein Eigentümer Gewinne beziehen und an die Investoren transferieren können.

Für Zinsen und Tilgung der deutschen Kriegsschulden musste die Deutsche Reichsbahn-Gesellschaft jährlich 660 Mio. Goldmark an die Alliierten abführen. Diese Zahlungen endeten faktisch am 1. Juli 1932, als die Weltwirtschaftskrise die Reichsbahn auf einen existenziellen Tiefpunkt brachte.[8] Zusätzlich musste die Deutsche Reichsbahn-Gesellschaft jährlich über 200 Mio. Reichsmark „Beförderungssteuer" abführen. Unter Berücksichtigung von Übergangsregelungen zahlte die Reichsbahn im Zeitraum 1925-1930 allein für Reparationen und Beförderungssteuer einen Betrag von 4,6 Mrd. Mark; unter Einschluss der ihr aufgebürdeten Pensionsleistungen und der an die deutsche Industrie abgeführten Dividenden wurden ihr in dieser Periode 5,5 Mrd. Mark entzogen. Eberhard Kolb bilanziert: „Die Reichsbahn hatte damit den Hauptteil der gesamten deutschen Reparationsleistung aufzubringen."[9]

Neben den Siegermächten profitierte auch die deutsche Industrie von der Sonderkonstruktion. Sie beteiligte sich, wie im Dawes-Plan vorgesehen, mit Vorzugsaktien an der Deutschen Reichsbahn-Gesellschaft, sodass sie ihrerseits jährliche Millionenbeträge aus der Reichsbahn bezog, unabhängig davon, ob es Gewinne oder Verluste gab.[10] Darüber hinaus erhielt die deutsche Wirtschaft Sitz und Stimme im neu geschaffenen Verwaltungsrat der Deutschen Reichsbahn-Gesellschaft. Die Vorzugsaktionäre konnten unter bestimmten Bedingungen den Präsidenten dieses einflussreichen und für die Wirtschaft strategisch wichtigen Gremiums stellen. Unter den gegebenen Bedingungen war ein Platz im Verwaltungsrat eine interessante und für das eigene Unternehmen einträgliche Position.

Während die Siegermächte ihre Vorteile aus der Sonderkonstruktion Reichsbahn „nur" bis zum Zeitpunkt der Weltwirtschaftskrise beziehen konnten, profitierte die deutsche Wirtschaft bis 1945 davon.[11] Tatsächlich waren in den folgenden Jahren bis zum Ende des Zweiten Weltkrieges im Verwaltungsrat der Deutschen Reichsbahn-Gesellschaft die profiliertesten Köpfe der deutschen Wirtschaft vertreten – so

Carl Friedrich von Siemens (Aufsichtsratsvorsitzender der Siemens-Halske- und Siemens-Schuckert-Werke), Peter Klöckner (Aufsichtsratsvorsitzender des Klöckner-Konzerns), Krupp von Bohlen und Halbach, Bankier Freiherr von Schröder sowie Hermann Schmitz von der I.G.-Farben. Es handelte sich erneut um eine Struktur zur systematischen Verbilligung der Transportpreise im Interesse der Wirtschaft. Dadurch wurden vor allem die international agierenden Unternehmen mit hohem Transportaufwand begünstigt, regionale wirtschaftliche Strukturen hingegen benachteiligt. Dies förderte eine massive Steigerung von Verkehr sowie eine erste Transportinflation.

In den Jahren 1925 bis einschließlich 1929 konnte die Reichsbahn trotz der äußerst ungünstigen Rahmenbedingungen positive Betriebsergebnisse ausweisen, das streckenweise erheblich beschädigte Bahnnetz ausbessern und das rollende Material zu einem großen Teil modernisieren.[12] 1930 und 1931 gab es erneut Verluste, allerdings ausschließlich auf Grund der genannten Sonderleistungen. 1932 und 1933 geriet die Reichsbahn dann ganz in die roten Zahlen.

Die Reichsbahn im Dienst des NS-Staates

„Ich rufe dazu auf, mit der nationalen Regierung unser Vaterland auch durch die tatkräftige Hilfe der Reichsbahn wieder zu Ordnung, Macht und Ansehen zu führen." Mit diesen Worten wandte sich Julius Dorpmüller, seit 1926 Reichsbahn-Generaldirektor, im März 1933 an „seine" Reichsbahner und an die deutsche Öffentlichkeit. Kurz zuvor waren der langjährige Pressechef der Reichsbahn, Hans Baumann, und der Stellvertreter des Generaldirektors, Wilhelm Weirauch, „aus rassischen und politischen Gründen" entlassen worden.[13] Im selben Jahr wurde die Reichsautobahngesellschaft als Tochtergesellschaft der Reichsbahn gegründet – mit Dorpmüller als Vorsitzendem. 1934 erwarb die Reichsbahn Anteile an der Deutschen Lufthansa. Zwei „Reichsbahn-Flugstrecken" (Berlin–Königsberg und Berlin–Breslau) wurden eingerichtet. Schienenverkehr, Luftfahrt und Autobahnbau waren zentralisiert. Schon bald begann die Reichsbahn ihre Aktivitäten im Straßenverkehr auszubauen, der letzten Endes im Widerspruch zu den Interessen des Schienenverkehrs stand. So setzte sie 1935 Schnellautobusse im Linienverkehr auf den Reichsautobahn-Teilstücken zwischen Frankfurt/M. und Darmstadt, Mannheim und Heidelberg ein.

Die Reparationsleistungen aus dem Fonds der Reichsbahn-Gesellschaft waren bereits auf dem Höhepunkt der Weltwirtschaftskrise eingestellt worden.[14] Am 31. Januar 1937 wurde in Form einer einseitigen Erklärung Adolf Hitlers die Deutsche Reichsbahn wieder der ausschließlichen Hoheit des Reiches unterstellt. Sie firmierte nun erneut als Deutsche Reichsbahn. 1937 wurde Julius Dorpmüller von Hitler zum Reichsverkehrsminister ernannt; gleichzeitig blieb er Reichsbahn-Generaldirektor. Die Gleichschaltung des Transportsektors war perfekt.[15]

Die Reichsbahn profitierte in den Jahren 1934-1939 ähnlich wie andere wirtschaftliche Sektoren von der konjunkturellen Aufwärtsentwicklung und von einer Reihe wichtiger Fortschritte, die bereits in der Weimarer Republik vorbereitet worden waren und nunmehr als Erfolge des NS-Regimes präsentiert wurden. Dazu gehörte die Inbetriebnahme eines ersten Netzes mit Schnellverbindungen für die oberen zwei Klassen und die Elektrifizierung von 2.000 Streckenkilometern.

Doch diese Erfolge, die 1935 anlässlich des 100. Geburtstags der deutschen Eisenbahnen mit erheblicher Propaganda präsentiert wurden, täuschten über die reale Entwicklung hinweg. Die Verkehrspolitik im NS-Staat hatte längst die Option Straße gewählt, in diesem Sektor erste große Investitionen vorgenommen und gesetzliche Grundlagen geschaffen. Die Aufwärtsentwicklung bei der Deutschen Reichsbahn beschränkte sich auf wenige ausgewählte Sektoren. Es wurden kaum Fortschritte bezüglich eines flächendeckenden Ausbaus des Schienennetzes gemacht. Die Gleichschaltung von Staatsbahn und NS-Regime diente der Militarisierung der Eisenbahnen und der Vorbereitung auf den kommenden neuen Angriffskrieg. Obwohl in den Jahren 1933-1937 die Leistungen im Personen- und Gütertransport erneut deutlich stiegen und 1937 auch ein Niveau erreicht wurde, das über dem von 1929 lag, blieb der Lokbestand deutlich unter dem 1929 erreichten Stand. Dies änderte sich allerdings in den ersten Kriegsjahren schlagartig, als sich der Bestand an Triebfahrzeugen für Kriegszwecke um mehr als 50% vergrößerte.

Offensichtlich unterschätzte die NSDAP-Führung bis zum Kriegsbeginn die Rolle, die die Eisenbahnen auch in dem neuen Krieg spielen würden, bzw. überschätzte sie die Möglichkeiten für einen motorisierten Krieg. Hermann Göring hatte am 18. November 1938 im Reichsverteidigungsrat noch geprahlt, die „genialste Voraussetzung für eine Mobilmachung Deutschlands, die der Führer geschaffen hat, sind die Autobahnen, auf denen auf Hunderten von Kilometern innerhalb von 24 Stunden Divisionen hin- und hergeschoben werden können". Tatsächlich spielten die neuen Reichsautobahnen in militärischer Sicht keine Rolle. Stattdessen ordnete Göring nach Kriegsbeginn den sofortigen Ausbau des Reichsbahnnetzes sowie die schlagartige Steigerung der Fertigung von Lokomotiven und anderem rollenden Material an.[16] Die überragende Bedeutung der Eisenbahn für den NS-Krieg lässt sich daran ermessen, dass das Reichsbahnpersonal von 660.000 Menschen im Jahr 1936 auf über 1.600.000 im Jahr 1943 anwuchs, wobei in einer ersten Phase des Personalaufbaus bevorzugt NSDAP-Mitglieder, SA- und SS-Leute eingestellt wurden. Reichsverkehrsminister Dorpmüller zog 1943 stolz Bilanz: „Jeder achtzehnte im Deutschen Reich ist Eisenbahner oder gehört einer Eisenbahnerfamilie an."[17] Während die männlichen Reichsbahner zu einem großen Teil in den besetzten Gebieten eingesetzt wurden, entdeckte der Nationalsozialismus die Reichsbahnerin als wichtige Arbeitsreserve für die innerdeutschen Reichsbahnverbindungen: Auf dem Höhepunkt des Krieges gab es mehr als 200.000 Reichsbahnerinnen.[18]

Die NSDAP-Führung hatte Pläne für den Bau einer Breitspurbahn entwickelt, die zunächst eine Spurweite von 4 und später von 3 Metern aufweisen sollte. Ein Breitspurschienennetz mit völlig neu konstruierten gigantischen Schienenfahrzeugen sollte einige wichtige deutsche Städte – vor allem die neu geplanten und umzubauenden „Führerstädte" – miteinander verbinden sowie weit in die Sowjetunion hinein führen. Die vorliegende Literatur sieht in diesen Plänen meist eine Ausgeburt Hitler'schen Größenwahns und interpretiert die Breitspurbahn als ein in erster Linie für den Personenverkehr bestimmtes Transportsystem. Bilder von ausladenden Speisewagen, von Konferenzwaggons und zweistöckigen Personenwagen pflegen diese Sichtweise zu illustrieren. Tatsächlich sollte die Drei-Meter-Bahn offensichtlich in erster Linie dem Gütertransport dienen und war als Transportader zur Ausraubung besetzter Gebiete und hier vor allem der UdSSR gedacht. Im Jahr 1943, als für Gleisbau, Lokomotiven und Waggons bereits detaillierte Konstruktionszeichnungen vorlagen, wurde das Projekt noch als „kriegswichtig" eingestuft. Bis Ende 1944 wurden die Arbeiten mit beachtlichem Personal- und Geldaufwand vorangetrieben. Die Bedenken, die seitens des Reichsverkehrsministeriums gegen die Breitspurbahn geäußert wurden, waren dann auch nicht prinzipieller Natur. Vielmehr wurde argumentiert, dass man „mit Güterwagen der Normalspur in zwei bis drei Monaten die gesamte Ernte der Ukraine abfahren" könne und demnach für solche Raubzüge keine Breitspurbahn benötige.[19]

Volkswagenwerk – Grundsteinlegung für die Massenmotorisierung

Eine erste Motorisierung, die für die Verkehrsbewältigung von Bedeutung war, fand durch den bürgerlichen Staat statt. In den 1920er und 1930er Jahren bauten Reichspost und Reichsbahn ein umfassendes Netz von Kraftomnibuslinien auf. 1929 erreichte die Netzlänge aller staatlichen Buslinien 58.000 Kilometer und übertraf damit diejenige der Eisenbahnen. Allerdings wurde mit 600 Mio. beförderten Personen weniger als ein Drittel des Personenverkehrs auf der Schiene erreicht. Die Omnibusnetze von Reichsbahn und Reichspost dienten zwar in erster Linie der Feinverteilung des Personenverkehrs auf der Schiene bzw. dem Verkehr auf kurzen Distanzen. Es wurden aber auch zahlreiche parallel zur Schiene und damit in Konkurrenz zu dieser betriebene Linien eingerichtet – zum Teil verbunden mit darauf folgenden Streckenstilllegungen. Auch im Straßengütertransport betrieb der Staat die Entwicklung. Bei den Speditionsfirmen Schenker & Cie und Fenthol

& Sandtmann handelte es sich um überwiegend staatlich beeinflusste Unternehmen, die in den 1920er Jahren im Straßengütertransport zu Marktführern wurden.

Der Kauf von Schenker durch die Reichsbahn-Gesellschaft im Jahr 1931 hatte zu einer politischen Krise geführt. Die Reichsbahn-Gesellschaft, ihr Generaldirektor und der Verwaltungsrat des Unternehmens beharrten darauf, dass sie ein solches Geschäft autonom durchführen könnten. Die Reichsregierung pochte auf ihrem Recht einer Einflussnahme und Mitentscheidung. Die Krise endete mit einem faulen Kompromiss. Faktisch setzten sich die im Verwaltungsrat dominierenden Kräfte durch, die auf sehr praktische Art und Weise ihren Einfluss im Transportwesen demonstrierten. Das behauptete Ziel dieser Unternehmung, „den Kraftwagen dadurch unschädlich zu machen, daß der Kraftwagen rationeller in den Dienst der Reichsbahn eingespannt wird", sollte sich als Trugschluss, wenn nicht als gezielte Irreführung erweisen.[20]

Die Autoindustrie in Deutschland spielte bis zum Machtantritt der Nationalsozialisten eine zweitrangige Rolle. 1928 lag ihr Produktionsausstoß bei rund 100.000 Einheiten. Insgesamt waren weniger als eine halbe Million Pkws registriert. Von einer breiteren Motorisierung konnte nicht gesprochen werden. Vor allem brachte die Weltwirtschaftskrise diese in besonderem Maß auf die Massenkaufkraft angewiesene Industrie an den Rand des Ruins: 1928 gab es 90.000 Beschäftigte in der Fahrzeugbranche, 1933 waren es mit 40.000 weniger als die Hälfte. Damit arbeiteten in dieser Branche nur 0,3% der in der Industrie Beschäftigten oder 0,1% der insgesamt als Erwerbstätige registrierten Personen. Während bei Ford in den USA Mitte der 1920er Jahre für die Herstellung eines Wagens die Jahresleistung von rund sechs Arbeitern erforderlich war, benötigten die deutschen Fahrzeugbauunternehmen den fünfzigfachen Arbeitseinsatz.[21] Das Preisniveau der deutschen Pkws lag beim Drei- bis Fünffachen des Jahreseinkommens eines Industriearbeiters. Unter diesen Umständen waren bis weit in die 1930er Jahre hinein mehr Lkws, Busse und Motorräder zugelassen als Personenkraftwagen.

Tabelle 8: Die Motorisierung in Deutschland 1907-1938[22]

	1907	1913	1921	1929	1929 gg. 1913	1933	1935	1938	1938 gg. 1933
Kfz-Bestand insg. in Tsd.	27	78	119	1.214	44,9fach	1.563	2.157	3.241	2,1fach
Pkw/Kombi in Tsd.	10	50	60	422	42,2fach	511	796	1.271	2,5fach

Im Zeitraum 1929-1935 machten Personenkraftwagen und Kombinationsfahrzeuge erst ein Drittel des gesamten Kraftfahrzeugbestands aus. Die private Kundschaft brachte es auf nicht mehr als ein Viertel des Gesamtumsatzes der Autoindustrie. Dabei ergab sich das Problem, dass die Autoindustrie vor allem eine US-amerikanische war. Die GM-Tochter Opel kontrollierte 1935 30% des gesamten Kraftfahrzeugmarktes (gemessen an allen Zulassungen) und knapp 80% bei Pkws in den für eine Massenmotorisierung entscheidenden Klassen von 1.000-1.500 Kubikzentimetern Hubraum.[23] Unter diesen Bedingungen zeigten die deutschen Fahrzeugbauunternehmen auch in der NS-Zeit kein größeres Interesse an einer Massenmotorisierung. Die zahlungskräftige Nachfrage der lohnabhängigen Massen ergab keinen entsprechenden Markt; die Fertigungsstrukturen in den Fabriken orientierten sich am Werkstattprinzip. Fließbänder kamen höchstens ausnahmsweise zum Einsatz. Die starke Marktposition von General Motors schreckte Daimler-Benz, Adler, Audi, Horch, BMW und die anderen deutschen Autofirmen ab. Das große Geschäft wurde berechtigterweise beim gewerblichen Kraftfahrzeugverkehr und bei der Rüstungsproduktion erwartet.

Doch für die NSDAP und Adolf Hitler war die Volksmotorisierung Programm. „Es ist ein bitteres Gefühl, von vornherein Millionen braver, fleißiger und tüchtiger Mitmenschen von der Benutzung eines Verkehrsinstruments ausgeschlossen zu wissen ... Es ist daher der Wille der nationalsozialistischen Staatsführung, durch Förderung des Automobilwesens nicht nur die Wirtschaft anzukurbeln und Hunderttausenden von Menschen Arbeit und Brot zu geben, sondern damit auch immer größeren Massen unseres Volkes die Gelegenheit zu bieten, dieses modernste Verkehrsmittel zu erwerben", so Adolf Hitler 1934.[24]

Wenige Tage nach seinem Machtantritt hatte Hitler auf der Internationalen Automobil- und Motorradausstellung (IAMA) in Berlin ein umfassendes Programm für eine Volksmotorisierung vorgelegt. Massive Steuersenkungen für den Kfz-Verkehr wurden erlassen; Käufer neuer Pkws sollten nie eine Kfz-Steuer zahlen müssen (was für Pkws aus dieser Zeit auch noch in den 1980er Jahren galt). 1935 und 1937 wurde ein besonderes Programm zur Förderung der Lkw-Produktion erweitert. Die zwei wichtigsten Elemente des NS-Programms waren jedoch der Bau von Reichsautobahnen und das Projekt eines Volkswagens.

Reichsautobahnen

Am 27. Juni 1933, wenige Wochen nach der „Machtergreifung", wurde das Gesetz zur Gründung des Unternehmens „Reichsautobahn" erlassen. Die Reichsautobahngesellschaft lieh sich nicht nur den Namen, sondern auch das Geld von den Eisenbahnen. Sie wurde als Tochter der Deutschen Reichsbahn gegründet. Damit unterstand sie formell erneut dem Reichsbahn-Generaldirektor Dorpmüller. In der Begründung des am 27. Juni 1933 verkündeten Gesetzes der Reichsregierung über die Errichtung eines Unternehmens „Reichsautobahnen" wurde einer Art früher „integrierter Verkehrspolitik" das Wort geredet: „Die Führung des Unternehmens

'Reichsautobahnen' ist der Deutschen Reichsbahn zugedacht worden, weil der Streit zwischen Schiene und Kraftwagen letzten Endes nur dadurch beizulegen ist, daß der gesamte gewerbliche Güterfernverkehr einheitlicher Kontrolle unterstellt wird." Am Ende war die Kontrolle eben nicht einheitlich. Hitler schuf gleichzeitig die Funktion eines „Generalinspekteurs der Reichsautobahngesellschaft" und ernannte Fritz Todt als ersten Generalinspekteur. Mit dieser Doppelstrategie wurde einerseits die Reichsbahn in das Projekt Reichsautobahnen und Förderung des Straßenverkehrs eingebunden. Andererseits wurde mit Fritz Todt ein überzeugter Straßenverkehrslobbyist und Nazi der frühen Stunde als Exekutor der straßenverkehrsorientierten Politik des NS-Regimes eingesetzt.

Die Reichsbahn musste das mit ihr konkurrierende Transportsystem mit dem Grundkapital ausstatten. An direkter Unterstützung zahlte die Reichsbahn 600 Mio. Reichsmark an die Reichsautobahngesellschaft. Darüber hinaus hatte die Reichsbahn der Reichsautobahngesellschaft den Verwaltungsapparat zu stellen und für die Materiallieferungen beim Straßenbau ihren Dienstguttarif zu gewähren.[25] Am 23. September 1933 erfolgte der „erste Spatenstich des Führers", die „Stunde null des Reichsautobahnbaus". Ort der Handlung: Frankfurt-Schwanheim. Zuvor hatte es den ganzen Sommer über ein propagandistisches Trommelfeuer gegeben, in dem in Artikeln, Pressekonferenzen, Rundfunksendungen und Wochenschauen die Reichsautobahnen als zentrales nationalsozialistisches Projekt präsentiert wurden. Dabei gehe es, so der „Völkische Beobachter", um den Bau eines Netzes von „Straßen des Führers". Das Projekt Reichsautobahn sei „auf Anregung Adolf Hitlers zur Bekämpfung der Arbeitslosigkeit und zur Förderung der Automobilindustrie geschaffen" worden.[26]

Der Nationalsozialismus gab damit eine Sache als eigene Erfindung aus, die schon Jahre zuvor entwickelt und teilweise bereits umgesetzt worden war. 1909 war in Berlin die „Automobil-, Verkehrs- und Übungsstraße GmbH" (AVUS) gegründet worden. Sie errichtete zwischen 1912 und 1921 in Berlin die erste nur für Kraftfahrzeuge zugelassene Straße. Als erste Autobahn – vierspurig und je Bahn nur eine Fahrtrichtung – wurde 1923 der „Ruhrschnellweg" gebaut. Er verband die Städte Dortmund und Duisburg (die heutige B 1). Darauf folgte, parallel zum Ruhrschnellweg, der „Emscherschnellweg".

Für den Führer des italienischen Faschismus, Benito Mussolini, war der Bau von „Autostrade" zentraler Bestandteil seiner faschistischen Propaganda. 1924 wurde die Autostrada zwischen Mailand und den oberitalienischen Seen feierlich in Betrieb genommen; sie wurde im Übrigen über Mautgebühren finanziert.[27] In Deutschland wurde zwischen Köln und Bonn 1932 eine Autobahn, die bereits diesen Namen trug, eröffnet. Mitte der 1920er Jahre existierten umfassende Pläne, aus diesen ersten Teilstücken von Autoschnellstraßen ein ganzes Netz von Autobahnen zu bilden. Sie waren vor allem vom HAFRABA e.V., dem Verein zum Bau einer „Nur-Autostraße“ von Hamburg über Frankfurt/M. nach Basel, entwickelt worden. Das NS-Regime musste diese zum Teil öffentlich vorgetragenen, zum Teil in der Schublade liegenden Programme, die auch bereits als eine Art Vorform einer keynesianischen Anti-Krisen-Politik angedacht waren, lediglich zusammenfassen, mit der faschistischen Ideologie durchtränken und Wege zu ihrer Finanzierung finden. Letzteres wurde mit den Reichsbahngeldern und den abgezweigten Beiträgen aus der Arbeitslosenversicherung sowie vor allem aber mit dem Einsatz von weit unter Wert bezahlten Arbeiterkolonnen und halb erzwungener Gratisarbeit im Rahmen des „Reichsarbeitsdienstes“ erreicht. Heinrich Brüning hatte während seiner Kanzlerschaft 1930-1932 vergleichbare Autobahn-Pläne gefördert, war aber am Widerstand von Reichsbahn, NSDAP und Industrie gescheitert. Er vermerkte in seinen Memoiren erbittert: „Während sie (die Industriellen und die Reichsbahn; W.W.) den für Juni 1932 vorgesehenen Bau von Autostraßen – wozu alle Pläne damals bis ins einzelne fertiggestellt waren – mit Hilfe ihres Einflusses beim Reichspräsidenten sabotierten, stellten sie sich, als die nationalsozialistische Regierung die von uns erarbeiteten Pläne aus der Schublade zog, plötzlich als begeisterte Anhänger der Autobahnen hin.“[28]

Die Zahlen und Vorstellungen, die bis in die jüngere Zeit an Stammtischen und in den höheren Etagen der Gesellschaft mit den Autobahnen und dieser „Leistung des Führers“ verknüpft werden, sind in der Regel maßlos übertrieben. Hanno Loewy hat wohl recht, wenn er dies damit erklärt, dass man „der eigenen Vergangenheit gegenüber hilflos“ sei und daher den „Spuk Reichsautobahnen“ als eine „Relativierung des faschistischen Schreckens nicht aufgeben“ wolle.[29] Die nüchternen Fakten sehen wie folgt aus: Erst Ende 1936 konnte der tausendste Kilometer neu erbauter Autobahn dem Verkehr übergeben werden. Im darauf folgenden Jahr wurde mit weiteren knapp 1.000 Kilometern die maximale Jahresleistung erbracht. Das war gerade so viel, wie im Zeitraum 1860-1870 jedes Jahr im Eisenbahnstreckenbau erreicht wurde – bei vergleichbarem Arbeitsaufwand je Streckenkilometer, den damals bedeutend niedriger entwickelten Produktionstechniken der Bauindustrie und ohne die faschistischen Methoden des Arbeitseinsatzes.[30]

Auch die Vorstellungen vom Arbeitsplätze schaffenden Effekt des Autobahnbaus sind völlig überzogen. 1936, auf dem Höhepunkt des Reichsautobahnbaus, behauptete der „Generalinspekteur für das Straßenwesen“, Fritz Todt, dadurch kämen „400.000 Volksgenossen … zu Lohn und Brot“. Diese Zahl ist nachweisbar falsch.[31] Maximal waren in diesem Bereich zeitweilig 150.000 Menschen beschäftigt. Da das NS-Regime mit anderen „Notstandsmaßnahmen“ im Frühjahr 1934 für 630.000 Personen Beschäftigung geschaffen hatte, leistete die Beschäftigung im Autobahnbau einen eher sekundären Beitrag zum Abbau der Massenarbeitslosigkeit. Tatsächlich wurde das Arbeitslosenheer durch Konjunktur und Krieg reduziert: durch die Erholung der Wirtschaft und des Weltmarktes, die 1933 einsetzte, durch die beschleunigte Aufrüstung Deutschlands ab 1935, durch die Rekrutierung der Arbeitslosen für das neue deutsche Heer ab 1936 und schließlich ab 1939 durch den millionenfachen „Heldentod".

Erhard Schütz und Eckhard Gruber zitieren in ihrem Buch über den „Mythos Reichsautobahn" Generalmajor Rüdt von Collenberg, der im Reichsverteidigungsrat am 7. November 1940 den Reichsautobahnbau als „unnötig und bedeutungslos für die Kriegsführung" bezeichnet hatte, und fahren dann fort: „Zu diesem Zeitpunkt hatten die Autobahnen ihren indirekten Kriegszweck ja bereits erfüllt. Als 'friedliche Arbeitsbeschaffungsmaßnahme' konnten sie Hitlers forcierte Aufrüstung tarnen. Mit 60.000 Rollwagen, 4.000 Baugleisen, 3.300 Baulokomotiven, 1.250 Betonmaschinen, 800 Baggern und 70 Straßenfertigern war ein großes Reservoir an Baumaschinen geschaffen worden, das sich nun für andere Zwecke mobilisieren ließ … Nicht den militärischen Operationen der Wehrmacht, sondern der Anlage und Ausbesserung von Nachschubstraßen, dem Bunkerbau sowie dem Ausbau militärischer Anlagen kamen Technik, Logistik und Erfahrung jetzt zugute."[32]

Der Volkswagen (I)

Auf der Automobilausstellung 1934 stellte Adolf Hitler das Konzept eines „Volkswagens" vor. Mit der Realisierung wurde der österreichische Ingenieur Ferdinand Porsche betraut. Er arbeitete seit den 1920er Jahren für Zündapp und NSU am Konzept eines Kleinwagens. Porsche sollte zunächst nur Koordinator und Konstrukteur des Volkswagens sein. In Serie bauen sollten ihn die bestehenden Autofirmen in Form einer Kooperation. Die deutsche Autoindustrie forderte, der Staat müsse – vermittelt über die NS-Massenorganisationen – den Vertrieb und Verkauf gewährleisten. Die ersten Prototypen des „Käfers" wurden dann tatsächlich bei Daimler-Benz gefertigt. Die Widerstände der privaten Autoindustrie wurden immer offenkundiger – teilweise lagen die technischen Voraussetzungen für eine Serienproduktion eines solchen standardisierten Wagens nicht vor, teilweise wurde befürchtet, ein solcher Wagen finde keinen Absatz, da die Massennachfrage in den 1930er Jahren nicht existent war. Vor allem aber fürchteten die privaten Autohersteller staatliche Einflussnahme und neue Konkurrenz. Die Unternehmensleitung der GM-Tochter Opel erklärte als erste Firma öffentlich die Mitarbeit am Volkswagen-Bau für beendet und kündigte 1934 den Bau eines eigenen Kleinwagens mit einem Preis von 1.280 Reichsmark an. Diese Preissenkung verbot Hitler persönlich, da keine konkurrenzfähigen Automobile zum Volkswagen auf den Markt kommen sollten.[33] 1935/36 ging der gesamte Reichsverband der Automobilindustrie (RDA) auf Distanz zu den Volkswagen-Plänen. Daraufhin wurde 1937 die nationalsozialistische Zwangsarbeitsorganisation „Deutsche Arbeitsfront" (DAF) mit

„Herstellung, Weiterentwicklung und Vertrieb des deutschen Volkswagens" betraut. Die DAF gründete Ende 1937 die „Gesellschaft zur Vorbereitung eines deutschen Volkswagens" (GEZUVOR), 1938 umbenannt in Volkswagenwerk GmbH. Innerhalb von zwei Jahren wurde auf der grünen Wiese bei Fallersleben das spätere Wolfsburg – Autowerk und Siedlung – erbaut. 1939 startete die Autoproduktion. Vorbild für die Arbeitsorganisation waren die Fertigungen der US-Konzerne. Porsche reiste mehrmals in die nordamerikanischen Autozentren, um die fortgeschrittenste Autofertigung zu studieren (vgl. Kapitel 9).[34]

Die Finanzierung des ersten deutschen Autowerks, das eine Massenmotorisierung ermöglichen sollte, erfolgte nicht aus der Staatskasse, sondern schlicht in Form von Betrug. Im August 1938 wurde mit großem Propagandaaufwand das „Kraft-durch-Freude-Sparsystem" zum späteren Erwerb eines Volkswagens verkündet, an dem sich bis 1945 337.000 Autobegeisterte beteiligten. Die künftigen „KdF-Wagenbesitzer" zahlten wöchentlich mindestens 5 Mark, hatten eine monatlich erscheinende Zeitung zu beziehen und ließen sich vom „Nationalsozialistischen Kraftfahrkorps" (NSKK) fahrtechnisch ausbilden und ideologisch schulen. Wer 75% der Kaufsumme (990 Reichsmark) zusammengespart hatte, erhielt … eine Bestellnummer vom zuständigen Gauamt. Ein Recht zum Rücktritt vom Kauf bestand nicht; vom Zeitpunkt der Unterschrift an handelte es sich um ein Zwangssparsystem.[35] Bis 1945 kamen auf diese Weise 280 Mio. Reichsmark zusammen. Darüber hinaus zweigte die DAF größere Beträge für das neue Autowerk aus dem eigenen Fonds ab, das heißt: von den Beiträgen der zwangsweise in ihr zusammengefassten Arbeitnehmer. Die Finanzierung durch die Massen war somit abgesichert.

Kein Volksgenosse, keine Volksgenossin und kein Einziger, der sich am KdF-Sparsystem beteiligt hatte, erhielt einen Volkswagen. Bis 1945 wurden 630 zivile Ausgaben des „Käfers" erstellt. Sie gingen allesamt an führende NSDAP-Funktionäre. Das Volkswagen-Projekt damit als hohle Propaganda abzutun wäre jedoch kurzschlüssig. Es gab eine Einheit zwischen faschistischer Ideologie und dem Projekt eines Autos für den kleinen Mann. Gleichzeitig muss das Projekt in Zusammenhang mit der „modernen" kapitalistischen Ideologie gesehen werden, wie sie gerade auch von Henry Ford geprägt war (siehe Kapitel 9). Und immerhin kam es ja schließlich in den 1950er und 1960er Jahren zu einer Massenmotorisierung, in der auch der „VW-Käfer" die zentrale Rolle spielte.

Die Reaktion der internationalen Medien auf das faschistische Volkswagen-Projekt war überwiegend positiv. „L'Auto" in Paris schrieb anlässlich der Präsentation des ersten VW-Prototyps: „Mit dem Volkswagen ermuntert man alle Deutschen, Autofahrer zu werden. Dies ist der Wagen, der uns fehlt! Was wir außerdem brauchen, ist eine kraftfahrerfreundliche Regierung!" Die „Times" in London jubelte: „Das Volksauto von Herrn Porsche schlägt alles. England wird von den Deutschen lernen müssen!“ Die „New York Times“ erkannte die verbindende Linie zwischen Detroit und Fallersleben/Wolfsburg: „Sie haben uns das Auto für jedermann nachgemacht, es aber weiter spezialisiert. Wir sollten das Ergebnis studieren!“[36]

Hinter der Konzeption des Volkswagens verbarg sich vor allem das Projekt einer Militarisierung der Gesellschaft. Die „Volksmotorisierung“ ließ sich für die Rüstungs- und Kriegsperspektive funktionalisieren. Folgende Mosaiksteine ergeben das Gesamtbild: 1935 wurde der „Reichskraftwagenbetriebsverband“ gegründet, der angeblich für die Kraftverkehrsbetriebe zuständig war. Tatsächlich stellte sich heraus, dass er vor allem leistungsfähige Nachschubeinheiten zu bilden hatte, in die requirierte zivile Pkws, Lkws und Busse eingereiht wurden. Im selben Jahr wurde die „Reichsverkehrsgruppe Kraftfahrgewerbe“ gebildet, die alle zivilen Lkws erfasste und in einzelne Wehrkreise einteilte, um im Kriegsfall sofort darüber verfügen zu können. Ergänzend zur Gründung der GEZUVOR wurde das NSKK aufgebaut. Es übernahm die Fahrausbildung der Volkswagen-Sparer ohne Volkswagen und die Militarisierung der Ausgebildeten.

Eine erste Gelegenheit, die Kombination zwischen bestehenden militärischen motorisierten Einheiten und requirierten zivilen Pkws und Lkws in der Praxis zu testen, bildete im Jahr 1938 der Bau des „Westwalls“ entlang der deutsch-französischen Grenze. Dabei wurde eine große Zahl der kriegstauglichen Pkws beschlagnahmt – ein Jahr vor dem Überfall auf Polen.

Von Kriegsbeginn an wurden alle kriegstauglichen und nicht „unabkömmlichen“ zivilen Kraftfahrzeuge requiriert. Im Fall des gewerblichen Güterverkehrs bedeutete das für Kleingewerbetreibende (mit ein oder zwei Lkws) in aller Regel die Geschäftsaufgabe; das brachte neues Menschenmaterial für die Front. Im Fall der großen Unternehmungen beschlagnahmte das „Regime des kleinen Mannes“ nur einen Teil des Fuhrparks, sodass sie meist zusätzliche Marktanteile erobern konnten. Ab 1939 wurden alle Gelegenheits-, Saison- und ähnlichen Fahrten verboten sowie der Linienverkehr stark eingeschränkt und Omnibusse in großer Zahl in die Wehrmacht eingegliedert. Das NSKK führte systematisch Straßenkontrollen durch, bei denen diese Verbote strikt überwacht wurden.[37]

Die Vorgaben, die die NSDAP dem „Reichskraftwagenkonstrukteur“ Ferdinand Porsche für die Konstruktion des Volkswagens mit auf den Weg gab, waren kaum übersehbar von militärischen Interessen geprägt: Der Wagen sollte „überall verwendbar“ sein; er sollte eine „möglichst große Bodenfreiheit“ aufweisen; „Geländegängigkeit“ war gefordert; durch niedrig gehaltene Maximaldrehzahlen sollte sein Verschleiß minimiert werden; die Wirtschaftlichkeit sollte durch Serienfertigung und niedrigen Energieverbrauch optimal sein. Ein vom Automobilverband vorgeschlagener dreirädriger Bastard aus Pkw und Motorrad – angesichts niedriger Reallöhne und geringer Massenkaufkraft sicherlich geeigneter für eine zivile Massenmotorisierung – wurde zurückgewiesen. Die Anforderung, der Volkswagen müsse „Raum für drei Erwachsene mit Kind“ bieten, übersetzte sich in „drei Mann, ein Maschinengewehr nebst Munition“.[38]

Das Ergebnis war der „Kübelwagen“ der deutschen Wehrmacht, der ab Fertigstellung des Volkswagenwerks in Fallersleben, dem späteren Wolfsburg, serienmäßig gefertigt wurde. Er baute ausschließlich auf Porsches Plänen für einen zivilen Personenkraftwagen auf. Bis Kriegsende liefen insgesamt 52.000 Kübelwagen, über 14.000 VW-Schwimmwagen, ein halbes Tausend spezieller VW-Limousinen für den Einsatz in Afrika (Rommel-Korps) und eine geringe Zahl von VW-Geländewagen von den Bändern. Ähnlich wie bei der „Plattformstrategie“ der Autokonzerne Anfang des 21. Jahrhunderts ging man bei der VW-Produktion von vornherein davon aus, dass sich auf ein und dasselbe Chassis eine große Zahl ziviler und militärischer Fahrzeugkarosserien montieren lassen müsse.[39]

Während das VW-Werk für die NS-Rüstung erst aufgebaut werden musste, verwandelten sich zwei traditionelle deutsche Unternehmen der Kraftfahrzeugindustrie zu maßgeblichen Stützen der NS-Aufrüstung: Daimler-Benz und die Bayerischen Motoren Werke (BMW), beide von der Deutschen Bank kontrolliert. In diesen beiden Autokonzernen wurden die „Produktionsvorhaben … lange vor Ausbruch des Krieges von der zivilen Autoproduktion auf die Herstellung von Flugzeugmotoren“, Panzern und Militärlastern umgestellt, so der Bericht einer US-amerikanischen Untersuchung 1946/47, der zufolge diese zwei Konzerne allein über „zwei Drittel der Flugzeugmotorenproduktion Deutschlands während des Krieges“ bestritten.[40] Diese Orientierung auf die Rüstungsproduktion ermöglichte es Daimler-Benz, den Umsatz 1935-1943 zu versechsfachen; BMW konnte im selben Zeitraum sogar eine Verzehnfachung erreichen.[41]

Die Reichsbahn im Zweiten Weltkrieg

Am 22. August 1939, wenige Wochen nach Beginn des Zweiten Weltkrieges, stellte die Reichsbahn einen großen Teil ihres zivilen Fahrplans ein – so den Verkehr mit Schnelltriebwagen, alle internationalen Luxuszüge und fast alle Fernschnellzüge. Anders als zu Beginn des Ersten Weltkrieges schien die Konzeption des „Blitzkrieges“ in den ersten zwei Kriegsjahren mit den Angriffen im Osten auf Polen 1939 sowie im Westen auf Belgien, Luxemburg, die Niederlande und Frankreich 1940 aufzugehen. Die Offensiven wurden vor allem von den motorisierten Verbänden der Wehrmacht getragen. Aufgabenbereiche der Reichsbahn blieben die Transporte bei der Mobilmachung und die Organisation des Nachschubs. Eine demonstrative, symbolische Rolle spielte die Eisenbahn anlässlich der Kapitulation der französischen Armee. Am 22. Juni 1940 mussten Vertreter der französischen Regierung den Waffenstillstand im Luxuswagen Nummer 2419 D der Compagnie

Internationale des Wagons-Lits (CIWL) im Wald von Compiègne bei Rethondes, 60 Kilometer nördlich von Paris, unterzeichnen. In bewusster Demütigung des Gegners wählte das NS-Regime dafür denselben Waggon, in dem am 11. November 1918 der Waffenstillstand zwischen Deutschland und den Alliierten unterzeichnet und das Ende des Ersten Weltkrieges beurkundet worden war. Der Wagen wurde am 4. Juli 1940 in Berlin auf einer Tieflader-Triumphfahrt durch das Brandenburger Tor gefahren. Die SS stufte die Symbolkraft des Waggons derart hoch ein, dass sie ihn in den letzten Kriegstagen sprengen ließ.[42]

Die Aufgaben der Reichsbahn waren aus Sicht der Militärs 1941 im Feldzug auf dem Balkan gegen Jugoslawien und Griechenland wieder bedeutender, als es galt, die Eisenbahnstruktur auf einem riesigen Netz bis zur Ägäis und zur türkischen Grenze für militärische Bedürfnisse zu verbessern. Ins Zentrum des militärischen Geschehens rückte die Reichsbahn dann im Feldzug gegen die Sowjetunion. Das begann mit dem Aufmarsch: Vom 22. Mai 1941 an rollten pro Tag 2.500 Wehrmachtzüge in die militärischen Ausgangsstellungen. Dies setzte sich mit dem Vormarsch der deutschen Armee fort. Ursprünglich war erwartet worden, dass ausreichend viele sowjetische Loks in die Hände der Angreifer fallen würden, sodass ein größerer Teil des Eisenbahnverkehrs auf dem bestehenden sowjetischen Breitspurnetz hätte abgewickelt werden können. Doch die sowjetischen Eisenbahner konnten fast alle Lokomotiven hinter die zurückflutenden Linien der Roten Armee retten. So musste die Reichsbahn den weiteren Angriffskrieg dadurch absichern, dass sie Zehntausende Kilometer russische Breitspurstrecken auf Normalspur „umnagelte“, Tausende deutsche Loks und „Beuteloks“ aus den vorangegangenen Feldzügen herbeischaffte und auf dem sich ständig erweiternden Normalspurnetz die militärischen Transportaufgaben wahrnahm. Bereits im Herbst 1941 war deutlich geworden, dass die auch für den deutschen Überfall auf die Sowjetunion vorgesehene Strategie eines von motorisierten Kräften getragenen „Blitzkrieges“ auf Grund der riesigen Entfernungen, der Bodenbeschaffenheit und ab Herbst der klimatischen Bedingungen wegen nicht erfolgreich sein konnte. Die Transportaufgaben mussten zum überwiegenden Teil auf Schienen erbracht werden. Auf dem Höhepunkt der deutschen Offensive, Ende 1942, erreichte das auf sowjetischem Boden betriebene Streckennetz 42.000 Kilometer Länge; 40.000 Breitspurwagen waren auf Regelspur umgebaut worden, rund 5.200 deutsche Lokomotiven befanden sich an der Ostfront im Einsatz. In der ersten Phase des Krieges gegen die Sowjetunion waren die Eisenbahnleistungen entscheidend für den Zusammenhalt der bis zu 2.000 Kilometer langen deutschen Front. Umgekehrt trug das Verkehrschaos auf Schienen, zu dem es bereits im Winter 1941/42 kam, als Tausende deutsche Loks wegen des Frostes liegen blieben, zum Auseinanderbrechen der Front, zu ersten erfolgreichen Vorstößen der Roten Armee und schließlich zum Zusammenbruch der deutschen Ostfront bei.

Die letzten großen Einsätze der Reichsbahn erfolgten im Dezember 1944, als die Bevölkerung in Sonderzügen zu Schanzarbeiten im Westen und im Osten gefahren wurde, und Anfang 1945, als im Osten Hunderttausende Flüchtlinge mit dem sich auflösenden deutschen Heer vor der Roten Armee in Richtung Westen fluteten. Alfred Gottwaldt erwähnt „die letzten Züge der Reichsbahn, die mit dem Troß der noch in Berlin verbliebenen Reichsbehörden den Amerikanern und Briten entgegen fuhren, um nicht in russische Gefangenschaft zu geraten“.[43] Am 29. März 1945 ordnete die Wehrmacht mit dem so genannten Nero-Befehl die Zerstörung aller Verkehrsträger an, um eine „Verkehrswüste“ zu hinterlassen. Auch wenn dieser Befehl nicht flächendeckend umgesetzt wurde, zerstörten SS- und Wehrmachtsverbände in den letzten Kriegswochen doch Hunderte Brücken und strategische Anlagen – mit Folgen, die noch heute zu spüren sind. Im Bewusstsein der Bevölkerung blieb oft, es seien die vorrückenden „feindlichen“ Truppen und nicht die „eigenen Leute“ gewesen, die diese letzten Vandalenakte in einem verbrecherischen Krieg begangen hatten.[44]

Ein Beispiel für fragwürdige Kontinuität und Pflichttreue im negativen Sinn ist in Julius Dorpmüller verkörpert, dem Generaldirektor der Reichsbahn von 1926 bis Kriegsende. Die Westalliierten wollten Dorpmüller nach dem Krieg erneut an die Spitze der Reichsbahn stellen. Dorpmüller willigte zwar ein, er starb jedoch am 5. Juli 1945. Auch in aktuellen Rückblicken auf die Reichsbahngeschichte wird Dorpmüller als pflichtbewusster, verantwortungsvoller und kompetenter Reichsbahner gesehen. Meist heißt es, er habe in der NS-Zeit das Schlimmste zu verhindern versucht; oft auch, er sei, wie so viele andere, in das verbrecherische Geschehen irgendwie schicksalhaft „verstrickt“ gewesen. Letzten Endes trug der oberste Reichsbahner, der zugleich Reichsverkehrsminister und hoch dekoriertes NSDAP-Mitglied war und an der Spitze der Reichsautobahngesellschaft stand, auch persönliche Verantwortung für den völkerrechtswidrigen Angriffskrieg des NS-Regimes und nicht zuletzt für das bisher größte Verbrechen in der Geschichte.

Reichsbahn und Holocaust

Im Herbst 1982 entbrannte zwischen dem Kulturdezernenten der Stadt Nürnberg, Hermann Glaser, auf der einen sowie dem Nürnberger Oberbürgermeister Andreas Urschlechter und dem Präsidenten der Bundesbahndirektion Nürnberg, Horst Weigelt, auf der anderen Seite heftiger Streit. Glaser bestand darauf, in der in Aufbau befindlichen Ausstellung zum 150. Jahrestag der deutschen Eisenbahn 1985 in Nürnberg auch deren Rolle bei den Todestransporten darzustellen. Die Bundesbahndirektion und der Oberbürgermeister wollten das nur am Rande erwähnt wissen und konnten ihre Position behaupten. In den „Nürnberger Nachrichten“

bettete Glaser seine Haltung in einen allgemeinen Rahmen: „Natürlich ist Technik wertneutral. In einer Kulturausstellung ist zu zeigen, was die Menschen aus diesen Erfindungen machen. 'Fahrplan' war im 19. Jahrhundert eine Möglichkeit internationaler Zusammenarbeit. Bei der Endlösung ein Beispiel furchtbaren Verbrechens."[45] Glaser wies auf einen in der Geschichte der deutschen Eisenbahnen in doppelter Hinsicht erschütternden Punkt hin: einmal bezüglich des Ausmaßes, in dem die Reichsbahn an der „Endlösung der Judenfrage" beteiligt war, zum anderen bezüglich der Vergangenheitsbewältigung, die ihre Nachfolgeorganisationen Deutsche Bundesbahn und Deutsche Bahn AG in dieser Angelegenheit betrieben und betreiben.

Nachdem sich in den Jahren 1940/41 Versuche, die jüdische Bevölkerung europaweit mit den bisher angewandten Mitteln des Massenmords zu liquidieren, als zeitraubend und zu aufsehenerregend erwiesen hatten, beschloss die NS-Führung mit der Wannsee-Konferenz im Januar 1942, die „Endlösung der Judenfrage" – und in diesem Zusammenhang die Vernichtung von Sinti und Roma sowie „lebensunwerten Lebens" – mit industriellen Mitteln zu betreiben.[46] In großen, gesondert eingerichteten Vernichtungslagern wurden binnen 30 Monaten mehrere Millionen Menschen, überwiegend Jüdinnen und Juden, durch Giftgas ermordet. Das war mit besonderen Anforderungen an die Reichsbahn verbunden, deren Transportkapazitäten ohnehin kaum den militärischen Anforderungen gerecht werden konnten. Insgesamt wurden rund 3 Millionen Menschen – mehr als die Hälfte aller Jüdinnen und Juden, die während des NS-Regimes ermordet wurden – mit der Eisenbahn in die Todeslager im Osten transportiert.

Die Reichsbahndirektionen und das Verkehrsministerium bildeten Sonderabteilungen, mit deren Hilfe ausreichend Kapazitäten freigestellt wurden, sodass Sondertransporte regelmäßig und pünktlich die Todesrampen der Vernichtungslager von Belzec, Treblinka, Auschwitz und Majdanek erreichten. Das Erschütternde an den inzwischen detailliert vorliegenden Untersuchungen[47] ist die todbringende Gründlichkeit und bürokratische Akribie, mit der Tausende von Menschen – an Schreibtischen, auf Lokomotiven, als Begleitpersonal, als Fahrplanleiter usw. – in dieser Vernichtungsmaschinerie agierten. Die Transporte wurden im Rahmen des geschäftsmäßigen Eisenbahnverkehrs und nach Fahrplan abgewickelt.[48] Für die Bewachung konnte die SS in der Regel nicht das nötige Personal stellen, sodass hierfür meist einfache Ordnungspolizei eingesetzt wurde. Die Reichsbahn verlangte für die Transporte pro Person und gefahrenem Schienenkilometer 4 Reichspfennige, für Kinder unter vier Jahren 2 Reichspfennige; Kleinkinder fuhren gratis. Grundlage der Berechnung bildeten die Tarife für die dritte Klasse, also Personenwagen. Die Bahn stellte jedoch Viehwaggons. Die Transportkosten wurden der Reichsbahn zunächst von den noch überlebenden jüdischen Gemeinden, später vom Reichssicherheitshauptamt oder der Gestapo überwiesen.[49]

Zwischen der durch Staatssekretär Albert Ganzenmüller vertretenen Reichsbahnspitze und dem Vertreter des Reichsführer-SS, Obergruppenführer Wolff, Chef von Heinrich Himmlers persönlichem Stab, gab es eine enge Zusammenarbeit. „Es war mir unbekannt, daß man die Juden vernichten wollte. Außerdem war es ja nicht leicht, all diese Zusammenhänge zu durchschauen… ich meine, für mich als einfachen Staatsbürger.“[50] Der „einfache Staatsbürger“, der dies vor einem bundesdeutschen Gericht vortrug, war Albert Ganzenmüller, verantwortlich für die Koordination zwischen Reichsbahn und SS in Sachen „Endlösung“. Das Gericht, vor dem er sich (erst 1973) in dieser Angelegenheit verantworten musste, schloss sich seiner Argumentation an; er wurde freigesprochen. Andere Reichsbahnbeamte, die mit der Transportorganisation zur Judenvernichtung befasst gewesen waren, rückten später bei der Deutschen Bundesbahn in verantwortliche Positionen.[51]

In den Jahren 2004-2007 bemühte sich eine Gruppe von Personen in Frankreich und Deutschland, in deutschen Bahnhöfen eine Ausstellung zur Rolle der Reichsbahn und der mit dieser in den Kriegsjahren verbundenen französischen Staatsbahn SNCF bei den Transporten in den Holocaust zu präsentieren. In Frankreich wurde die von der französischen Opferorganisation „Fils et Filles des Deportés Juifs de France“ (FFDJF) erarbeitete Ausstellung auf 18 großen Bahnhöfen gezeigt. Der Vorsitzende der Deutschen Bahn AG, Hartmut Mehdorn, lehnte diesen Wunsch jahrelang ab. Anfang 2007 argumentierte er, die DB AG werde auf diesem Gebiet selbst aktiv werden und eine „eigene“ Ausstellung zu dem Thema erarbeiten. Kern derselben sollte, so Mehdorn, derjenige Teil der Nürnberger Ausstellung zum 150. Jubiläum der ersten deutschen Eisenbahn sein, der sich diesem Zeitabschnitt widmet. Tatsächlich wird dieses schreckliche Kapitel in der Geschichte der deutschen Eisenbahnen in der Nürnberger Ausstellung stiefmütterlich und kursorisch behandelt. Oder wie es die „Nürnberger Nachrichten“ formulierten: „Die schlimmste Epoche (der Reichsbahn) wirkt gut versteckt.“[52]

Der Volkswagen (II)

Am 8. Juli 1938 hielt Hermann Göring im Namen der NSDAP eine Rede vor Industrievertretern – anwesend waren u.a. Daimler-Benz- und BMW-Vorstandsmitglieder –, in der er den bevorstehenden Krieg ankündigte und zu verstärkten Anstrengungen bei der Aufrüstung aufrief. Dabei formulierte er die für die bestehende privatkapitalistische Wirtschaft charakteristischen Sätze: „Was, meine Herren, bedeutet Ihr Werk gegenüber der Nation? … Was bedeutet das alles, wenn Sie eines Tages statt Flugzeugen Nachttöpfe machen! Das ist ja einerlei …“[53]

In diesem Sinn wandten sich die deutschen Autokonzerne, die in den Jahren 1934-1945 Rüstungskonzerne gewesen waren, nach Kriegsende wieder anderen, aber ebenso profitablen und nunmehr zivilen Produktionen zu. Dafür war in der Zeit der NS-Diktatur durchaus wichtige Vorarbeit geleistet worden. Obwohl es in den 1930er Jahren nicht zu einer Massenmotorisierung gekommen war, die diesen Namen verdient hätte, und obgleich vor allem der Bau ziviler Volkswagen in großem Umfang erst nach 1945 stattfand, bewirkten Politik und Ideologie des Nationalsozialismus doch eine erhebliche Steigerung der Pkw-Produktion bei den traditionellen deutschen Herstellern. Die Fertigung der in Deutschland hergestellten Pkws stieg von 92.000 im Jahr 1933 auf 277.000 im Jahr 1938. Die Zahl der in Deutschland registrierten Pkws betrug 1933 500.000 und hatte 1938 1,3 Mio. erreicht. Die Exportquote der deutschen Autobranche verdoppelte sich zwischen 1933 und 1938 auf knapp 25%. Ganz offensichtlich wurde in der NS-Zeit nicht nur die ideologische, sondern auch eine erste materielle Grundlage für die Massenmotorisierung gelegt, zu der es nach dem Zweiten Weltkrieg kam.

Nach 1945 begann vor allem der Siegeszug der zivilen Version des Kübelwagens. Bereits wenige Wochen nach Kriegsende ließ die britische Militärregierung in Wolfsburg die Produktion von Volkswagen für den eigenen Bedarf ankurbeln. Bald darauf begann die erste rein zivile Produktion von Volkswagen – auf Basis der unverändert übernommenen Pläne Ferdinand Porsches. Bereits 1948 lag der Produktionsausstoß bei VW mit 20.000 Einheiten bei einem Drittel dessen, was in fünf Produktionsjahren unter NS-Herrschaft gefertigt worden war. Die Pkw-Herstellung erreichte zu diesem Zeitpunkt bereits ein doppelt so hohes Niveau wie die Produktion aller Konkurrenten auf westdeutschem Boden – Opel, Daimler, Ford, Borgward, NSU/Fiat, Champion und DKW – zusammengenommen. Diesen Konkurrenten war bis 1947 die Pkw-Fertigung entweder nicht gestattet oder nur in geringer Stückzahl möglich.[54]

Der VW-Käfer wurde bis 1985 vier Jahrzehnte lang gebaut. Bereits 1972 hatte das Pkw-Modell den bis dahin von Fords T-Modell gehaltenen Rekord von 15,4 Mio. hergestellten Einheiten gebrochen. Ende 1985, als die Produktion in Deutschland eingestellt wurde, waren 20,6 Mio. Einheiten produziert worden. 1990 erlebte der in Mexiko weiterhin gebaute VW-Käfer sogar einen neuen Boom; das VW-Werk in Puebla legte, ähnlich wie bei der Geburt des Werkes, einen „politischen Preis" fest, um eine vom Käfer getragene Volksmotorisierung zu fördern. Schließlich wurde gar ein „New Beetle", ein neuer VW-Käfer im Retro-Look, entwickelt und wird seither gebaut.

In den Jahren 1985/86 erschien eine große Zahl von Artikeln über „Das Ende des Käfers", der gepriesen wurde als das „erfolgreichste Auto der Welt, das lief, lief und… läuft". Der Leserschaft wurde über die Geschichte dieses Modells mitgeteilt, dass es „im Lauf der Jahre 80.000 Änderungen" gab, dass hier der „Tankeinfüllstutzen auf 80 Millimeter Durchmesser vergrößert", dort ein „Aschenbecher in seiner Position verbessert", endlich „rundherum schmale Zierleisten an die

Karosserie angebracht“ und die „Fußmatten verlängert“ wurden. Die Geschichte des Werks, des Autos und der Menschen, die es fertigten, hatte in dieser Nostalgiewelle keinen Platz. Über den Stellenwert von VW im faschistischen Regime und im Krieg erfuhr man kaum etwas. Die „ADAC-motorwelt“ handelte die Finanzierung des VW-Werks mit folgendem Satz ab: „Doch von den rund 300.000 Volkswagen-Interessenten, die wöchentlich mindestens 5.- Mark für das tausend Mark teure Volksauto ansparen mußten, sollte so schnell keiner zu seinem Auto kommen.“[55] Die „Süddeutsche Zeitung“ ließ denselben Autor über die KdF-Sparer, die ihren Volkswagen für ihr Geld *nie* erhielten, berichten, sie „sollten den Käfer so schnell nicht bekommen“.[56] Auch die „Frankfurter Rundschau“ wusste angesichts des „stillen Endes eines Weltmeisters“ von einer fast ausschließlich zivilen Geschichte des VW-Käfers zu berichten. Da schrieb die Person Dr. Ing. h.c. Ferdinand Porsche die Autogeschichte; der „Führer Adolf Hitler“ machte sich dieses Projekt lediglich „zu eigen“. Die Produktion des Käfers erscheint hier bis Kriegsanfang als Angelegenheit des Reichsverbands der Automobilindustrie. Nur weil man sich in diesem Kreis „über die Kalkulation zerstritt“, sprang die „Pseudo-Gewerkschaft der Nazis, die Deutsche Arbeitsfront (ein), übernahm das Projekt und (änderte) den Namen in ‘Kraft durch Freude-Wagen’“. Die KdF-Sparer werden erwähnt, der Betrug an ihnen wird verschwiegen. Der einzig relevanten Produktion des Volkswagenwerks bis 1945, derjenigen für militärische Zwecke, sind in dem halbseitigen Jubiläumsartikel des großen liberalen Blattes gerade drei Zeilen gewidmet.[57] Die Tradition, in der das VW-Werk steht und die Kontinuität, die mit diesem verkörpert wird, werden systematisch ausgeblendet.

Die bundesdeutschen Gerichte haben hier eine realistischere Sicht und bekennen sich zu dieser Kontinuität. 1985 bekam der 62-jährige Bundesbürger Kurt Wolfram gerichtlich bestätigt, dass eine der ersten NS-Maßnahmen zur Volksmotorisierung weiterhin Gültigkeit hat. Als Besitzer eines Wagens, den der erste Eigentümer, sein Onkel, 1933 für 738 Reichsmark gekauft hatte, verlangte er vom Finanzamt nach dem Versprechen der NS-Regierung aus dem Jahr 1933 Kfz-Steuerfreiheit für seinen noch immer fahrtüchtigen Pkw. Die deutsche Justiz gab Herrn Kurt Wolfram recht. Die „ADAC-motorwelt“ freute sich: „Die Bescheinigung über die Ablösung der Kraftfahrzeugsteuer aus dem Jahr 1933 gilt auch heute noch!“[58]

Kapitel 9
Fordismus, Fließband und Faschismus

> 1936 überreichte Sir Henri Deterding Hitler als Weihnachtsgeschenk eine Kiste Platin. Als diese Kiste nach dem Krieg entdeckt wurde, gab die alliierte Militärkommission bekannt, ein Platinschatz Hitlers, den ihm ein reicher „südamerikanischer Freund Deutschlands" geschenkt habe, sei gefunden worden. Dass dieses Geschenk in Wirklichkeit von dem Leiter des größten britischen Wirtschaftsunternehmens Royal Dutch (Shell), Sir Henri Deterding, stammte, wurde verschwiegen.
>
> *Joachim Joesten, Öl regiert die Welt, Düsseldorf 1958, S. 83*

Im Jahr 1935 schrieb der deutsche Industrielle Robert Bosch einen Brief an den weltweit bekanntesten Industriellen der Automobilbranche, Henry Ford, in dem es hieß: „Ich denke, Sie und ich sind zwei der ältesten Industriellen der Welt, die damit beschäftigt gewesen sind, Wissenschaft und Industrie zusammenzubringen, und in der Einführung neuer Ideen in die industrielle Sphäre unserer Länder und sonst in der Welt." Bosch schlug ein Treffen zwischen den beiden Industriellen vor und regte vor dem Hintergrund eines neuen Wettrüstens die Gründung eines „europäischen Schiedsgerichtes" in Europa an. Henry Ford reagierte auf den Vorschlag nicht.[1] Dafür gab es einen guten Grund: Der US-Amerikaner Henry Ford stand dem NS-Regime näher als der deutsche Industrielle Robert Bosch. Ford feierte am 30. Juli 1938 seinen 75. Geburtstag. Einer der Höhepunkte der Feierlichkeiten in Detroit bestand in der Verleihung des höchsten deutschen Ordens, den Adolf Hitler einem Ausländer gewähren konnte, des „Großkreuzes des Adlerordens".[2] Er wurde „im Auftrag des Führers" vom deutschen Vizekonsul in Detroit überreicht. Der Orden wurde vergeben „in Anerkennung der Pionierarbeit (Fords), um Autos für die Massen verfügbar zu machen".[3] Bereits 1923 hatte Hitler in einem Interview konstatiert: „Wir betrachten Henry Ford als den Führer der wachsenden faschistischen Bewegung in Amerika."[4] Hitlers politische Programm- und Hetzschrift „Mein Kampf" enthielt in der US-Ausgabe politische Texte von Henry Ford, die sich in der Diktion nicht von denen Hitlers unterschieden.[5]

Damit soll Robert Bosch nicht zum antifaschistischen Widerstandskämpfer geadelt werden. Als er am 23. September 1941 in Baden-Baden öffentlich seinen 80. Geburtstag feierte, nahm er aus den Händen eines NSDAP-Vertreters die Ehrung „Pionier der Arbeit" und „Ehrenmeister des deutschen Handwerks" entgegen. Der Bosch-Konzern war während des Krieges ein führender deutscher Rüstungskonzern; seine Stärke in der Zeit nach 1945 bezog er vor allem aus den gewaltigen Rüstungsprofiten der Jahre 1935-1945.[6] Hervorzuheben sind jedoch die ideologischen, politischen und handfest-praktischen Zusammenhänge zwischen der Massenmotorisierung in Nordamerika und dem internationalen Komplex Öl/Auto auf der einen Seite sowie der Förderung der Massenmotorisierung in Deutschland während der NS-Diktatur und nach dem Zweiten Weltkrieg auf der anderen Seite.

Terminologie und Konzeption einer „Volksmotorisierung" fügen sich nahtlos in die faschistische Ideologie ein. Ähnlich wie der „Volksempfänger" zielte der „Volkswagen" auf ein Gesellschaftsbild ab, in dem es keine Klassen und Schichten, sondern nur noch den Einzelnen, das Individuum und die Familie gab, die Teil einer amorphen „Volksgemeinschaft" waren. Der Volkswagen verhieß einer ökonomisch ausgebeuteten und politisch jeder Artikulation beraubten Volksmasse Ersatzbefriedigung. Autofahren entspreche „dem natürlichen Drang des Menschen nach Freiheit"; der Pkw sei gerade für die „in ihren sonstigen Lebensmöglichkeiten beschränkten Schichten nicht nur nützlich, sondern diesen vor allem an Sonn- und Feiertagen die Quelle eines freudigen Glücks", so Adolf Hitler.[7] Adolf Hühnlein, „Korpsführer des NSKK" und für die ideologische Erziehung zur Motorisierung zuständig, theoretisierte den Zusammenhang zwischen Volksmotorisierung und Glück des Individuums folgendermaßen: „Wir sehen in der Motorisierung einen Ausdruck des Lebenswillens. Die Motorisierung erhöht das Lebensglück des einzelnen. Sie gibt einen Impuls für Wirtschaft und Arbeit."[8]

Ford hatte knapp drei Jahrzehnte zuvor, am Beginn der Massenproduktion von Autos in Nordamerika, ähnliche Zielsetzungen formuliert. Er zitiert in seiner Autobiografie die „erste Reklame" für Ford-Automobile, in der es hieß: „Zweck unserer Arbeit ist, ein Automobil speziell für den Alltagsgebrauch und Alltagsnutzen, zu geschäftlichen, beruflichen und Erholungszwecken für die Familie zu bauen; … einen Wagen, der von allen Männern, Frauen und Kindern gleichmäßig um seiner Stabilität, Einfachheit, Sicherheit, praktischen Bequemlichkeit und – last but not least – seines außerordentlich mäßigen Preises willen bewundert wird – bei einem Preise, der ihm einen vieltausendköpfigen Käuferkreis erschließen wird, welcher niemals hätte daran denken können, die schwindelhaften Preise zu bezahlen, die für die meisten Wagen verlangt werden."[9] Adolf Hitlers bereits zitierte Formulierung von den Eigenschaften eines Volkswagen, der „Raum für drei Erwachsene mit Kind" bieten müsse, lautete bei Henry Ford: „Dieses Automobil wird groß genug sein, um die Familie mitzunehmen, aber klein genug, dass ein einzelner Mann es lenken und versorgen kann."

Obwohl das Auto auch damals wegen seiner Emissionen, des mit dem Autoverkehr verbundenen Lärms und der von Anfang an großen Zahl von Verkehrstoten mit der Zerstörung der Umwelt und der Beeinträchtigung von Lebensqualität in Verbindung stand, priesen es seine ersten Propagandisten als Beispiel für Naturnähe und Naturverbundenheit. Aus der erwähnten ersten Werbung für Ford-Pkws als Alltagsverkehrsmittel: „Gebaut auch für Ihre Gesundheitszwecke, um Sie reibungslos über halbwegs anständige Wege zu befördern, Ihr Gehirn durch den Genuß eines langen Aufenthalts im Freien und Ihre Lungen durch das 'Mittel aller Mittel' – die richtige Art von Luft – aufzufrischen."[10] Über Hitler berichtete die NS-Propaganda, dass dieser persönlich „die Fahrt mit dem Kraftwagen über Land besonders (schätzte), weil kein anderes Verkehrsmittel eine so enge Verbundenheit des Reisenden mit Volk und Landschaft ermöglicht wie der Kraftwagen".[11]

Henry Ford, später auch führend im Bau von Landmaschinen, propagierte vor allem eine enge Verbundenheit von Autofertigung und Autobesitz mit der Farmerarbeit und dem Landleben. Er wählte dabei Formulierungen, die der „Blut und Boden"-Ideologie der NSDAP nahe kamen: „Die schwere und harte Farmerarbeit von Fleisch und Blut auf Stahl und Eisen zu übertragen, ist von jeher mein größter Ehrgeiz gewesen." Sein Wunsch und seine Praxis waren es, moderne Fabriken aufs Land zu verlegen und den Arbeitern die Gelegenheit zu geben, als Arbeiter in der Autofabrik und zugleich als Bauern zu leben. In diesem Sinn ließ er um das Jahr 1913 eine Ventilfabrik auf dem Land bauen und noch Anfang der 1920er Jahre eine ganze moderne Autofabrik für „Arbeiter mit Gartenland" konzipieren.[12] Das Volkswagenwerk in Fallersleben wurde in einem landwirtschaftlichen Gebiet errichtet. Bei der feierlichen Grundsteinlegung zu dieser Autofabrik am 26. Mai 1938 verkündete Adolf Hitler, dass an diesem Ort eine „vorbildliche deutsche Arbeiterstadt" entstehen werde, die zugleich „Muster einer sozialen Siedlung" sei. Bodo Lafferentz, der Leiter des Amtes „Reisen, Wandern, Urlaub" der NS-Zwangsgewerkschaft DAF, verkündete bei diesen Feierlichkeiten: „Das schöne waldgrüne Gelände bietet Gelegenheit zu hervorragender städtebaulicher Entfaltung, so daß hier eine Stadt entsteht, die zu den schönsten der ganzen Welt gezählt werden wird." Bei dem symbolischen Akt traten 28 Landwirte auf, die die in der geplanten „Kraft-durch-Freude-Stadt" aufgehenden Gemeinden bei dem Festakt vertraten.[13] Die moderne Autofabrik in Detroit nach dem Design von Henry Ford und die moderne Autofabrik nach den nationalsozialistischen Vorstellungen in Fallersleben sollten Symbole für die Auflösung der Klassen sein: Bauernschaft und Arbeiterschaft wurden als das neue schaffende Volk präsentiert, Stadt und Land und Auto und Umwelt, andernorts jeweils als Gegensätze oder zumindest als unterschiedliche Elemente gesehen, wurden in dieser Ideologie zusammengeschweißt.

Reichsautobahnen

Man kann die Errichtung der Autobahnen in Italien und in Deutschland getrost als eine Form des Pyramidenbaus bezeichnen – solange die massenpsychologischen Folgewirkungen, die bis heute anhalten, ausgeblendet werden. Weder unter dem

Mussolini-Regime noch in der Hitler-Diktatur kam es zu einer Massenmotorisierung.[14] Die Autobahnen erfüllten auch keine bedeutenderen militärischen Zwecke. In der aufwändig gestalteten Zeitschrift „Die Straße“ wurde schon 1934 kaum verhüllt angesprochen, dass diese Autobahnen keinen rational-materiellen, aber einen umso größeren ideologischen Sinn machen würden – in den Worten von Fritz Todt, Generalinspekteur der Reichsbahngesellschaft: „Straßen sind Kulturgüter. Jede Straße, die wir benutzen, hat ihre hundertjährige Geschichte und Bedeutung. Ein Straßenzug ist ein Kunstwerk. … Die Erfüllung des reinen Verkehrszwecks ist nicht der letzte Sinn des deutschen Straßenbaus. Die deutsche Straße ist vielmehr Ausdruck ihrer Landschaft und Ausdruck des deutschen Wesens.“[15] Einige Ausgaben weiter wurde in diesem Vorzeigeblatt für die Massenmotorisierung über die neue Reichsautobahn Frankfurt/M.–Mannheim–Heidelberg Folgendes geschrieben: „Am Auslauf der Mainbrückenrampe wird bereits der Frankfurter Stadtwald erreicht, der durch seinen herrlichen, abwechslungsreichen Baumbestand der Fahrt auf der Autobahn ganz besondere Reize verleihen wird. … Die Autobahn verläuft bis kurz vor Darmstadt durch Waldungen, die nur durch kurze Lichtungen und weite Waldwiesen durchbrochen sind und dem Auge des Fahrers abwechslungsreiche, freie Blicke gewähren.“[16]

Es trifft zu, dass der Autobahnbau im Nationalsozialismus überwiegend „landschaftsbezogen“ und nicht nach dem später angewandten Prinzip schnurgerader Verbindungen durchgeführt wurde. Ähnlich wie im Fall der nordamerikanischen Eisenbahnen Anfang bis Mitte des 19. Jahrhunderts waren für das NS-Regime Arbeit und Boden billig, während zugleich Kapitalmangel herrschte. Doch bereits damals galt, dass eine Fahrt auf der Autobahn eher langweilig und ermüdend war und wenig mit Naturverbundenheit zu tun hatte. Erst recht gilt dies natürlich für die Weiterentwicklung der Autobahnen und für das weltweite Netz von Highways, Motorways, Bundesautobahnen und Schnellstraßen aller Art. Der US-amerikanische Schriftsteller John Steinbeck kam daher zu der Auffassung: „Wenn wir einmal diese Durchgangsstraßen über das ganze Land hinweg haben werden, die wir wollen und die wir benötigen, wird es möglich sein, von New York bis Kalifornien durchzufahren, ohne auch nur irgend etwas gesehen zu haben.“[17]

Freie Fahrt im Auto versus fester Eisenbahnfahrplan

Henry Ford pries die Unabhängigkeit des Autofahrenden und die damit verbundene „Zeitersparnis“: „Männer, die fortgesetzt über Zeitmangel jammern … Männer, für die fünf Minuten Aufschub mitunter den Verlust vieler Dollars bedeuten, verlassen sich dennoch auf die zufälligen, unbequemen und mangelhaften Verkehrsverbindungen der Schienenbahnen, während die Investierung einer außerordentlich bescheidenen Summe den Ankauf eines tadellosen, leistungsfähigen … Automobils sie jeder Sorge und Unpünktlichkeit enthebt und sie mit einem luxuriösen, stets ihres Winks harrenden Beförderungsmittel versieht."[18]

Der Nationalsozialismus übernahm diese Argumentation. Wilfried Bade, ein hochrangiger Mitarbeiter in Goebbels' Reichspropagandaministerium, formulierte dies so: „Mit der Eisenbahn, so sagte der Führer, habe die individuelle Freiheit des Verkehrs aufgehört. Das Mittel dieser vollständig neuartigen Überwindung von Entfernungen habe sich in kurzer Zeit zum Herrn erhoben, der allmächtig die Zeiten der Lebensvorgänge, soweit sie mit dem Verkehr zusammenhingen, fahrplanmäßig bestimme und regele. Schon frühzeitig habe man versucht, sich aus dem Zwang des Fahrplans und von der festgelegten Schiene freizumachen … Jahrzehnte über Jahrzehnte hätten vergehen müssen, ehe die richtige Idee, dem Menschen ein dem eigenen Befehl gehorchendes Verkehrsmittel zur Verfügung zu stellen, verwirklicht werden konnte … Daimler und Benz, die bahnbrechend den neuen Konkurrenten der unterdes schon übersicher gewordenen Eisenbahn ins Leben riefen … Im Kraftwagen … habe der Mensch Verkehrsinstrumente erhalten, die wieder dienende Mittel zum Zweck wurden. Nicht der Fahrplan vergewaltige seine Entschlüsse, sondern sein Wille bediene sich des ihm ununterbrochen gehorchenden Verkehrsinstrumentes."[19]

Man darf davon ausgehen, dass diejenigen, die eine Massenmotorisierung befürworteten und organisierten, wussten oder ahnten, dass eine Verallgemeinerung des bis dahin noch „luxuriösen Beförderungsmittels" Auto just die entgegengesetzten Folgen als die behaupteten hervorbringen würde: Stau und Stress statt Pünktlichkeit und Muße. Interessanterweise bemühte Ford zumindest in seiner umfangreichen Biografie die oben angeführte Argumentation der Unfreiheit des mit der Eisenbahn Fahrenden nur kursorisch. Der überwiegende Teil seiner Kritik an den Eisenbahnen konzentrierte sich vor allem auf den spekulativen Kapitaleinsatz in dieser Branche und auf das Missmanagement der Eisenbahnbosse – eine Kritik, die zweifellos von der großen Mehrheit der Bevölkerung in den USA geteilt worden sein dürfte.[20]

Moderne Autofabrik und Betriebsgemeinschaft

Henry Ford hatte ein sehr spezifisches Bild von den Arbeitskräften, die für die neue Fließbandproduktion in Frage kamen: „Repetitive Arbeit – die ständige Wiederholung ein und derselben Tätigkeit in ein und derselben Weise – hat für bestimmte Menschen etwas Abschreckendes. Mir wäre es ein grauenvoller Gedanke. Unmöglich könnte ich tagaus und tagein das gleiche tun; für andere, ja für die meisten Menschen jedoch ist das Denkenmüssen eine Strafe. Ihnen schwebt als Ideal eine

Arbeit vor, die keinerlei Ansprüche an den Schöpferinstinkt stellt ... Der Durchschnittsarbeiter wünscht sich – leider – eine Arbeit, bei der er sich weder körperlich noch vor allem geistig anzustrengen braucht. Menschen mit, sagen wir, schöpferischer Begabung, denen infolgedessen jegliche Monotonie ein Greuel ist, neigen sehr leicht zu der Ansicht, daß ihre Mitmenschen ebenso ruhelos sind, und spenden ihr Mitgefühl ganz unnötigerweise dem Arbeiter, der tagaus, tagein fast die gleiche Verrichtung tut."[21]

Die Fachliteratur nennt in der Regel Ford als Erfinder des Fließbands; jedenfalls seien Fließbänder zum ersten Mal in Ford-Fabriken in der industriellen Produktion eingesetzt worden. Das trifft nicht zu. Ford selbst verweist, wenn auch en passant, auf den tatsächlichen Ursprung dieser „neuen" Produktionstechnik. Er schreibt in seiner Autobiografie: „Ungefähr am 1. April 1913 machten wir unseren ersten Versuch mit einer Montagebahn. Ich glaube, es war die erste bewegliche Montagebahn, die je errichtet wurde. Im Prinzip ähnelte sie den Schiebebahnen, deren sich die Chicagoer Fleischpacker bei der Zerlegung der Rinder bedienten."[22]

Ford konnte kaum umhin, diesen Zusammenhang zumindest anzusprechen. Acht Jahre zuvor hatte sich Upton Sinclair wochenlang als Arbeiter in den Schlachthöfen Chicagos verdingt und ein Jahr darauf seinen auf Tatsachen basierenden Roman „Der Dschungel" veröffentlicht, der in mehreren Hunderttausend Exemplaren gedruckt wurde. Sinclair beschreibt dort einen durchrationalisierten Arbeitsprozess, der in vielerlei Hinsicht demjenigen gleicht, der ein Jahrzehnt später in Fords Fabriken zur Anwendung kommen sollte. Sinclair spricht von einem „Schlachten per Fließband", von „Schweinefleischgewinnung mittels angewandter Mathematik", von „Transportschienen" und „Drahtseilfahrten", die die Schweine im Fleischproduktionsprozess durchliefen, von einer Fließbandpassage durch „einen wunderbaren Mechanismus mit zahlreichen Schabmessern, der sich automatisch der Größe und Form (des Schweins; W.W.) anpasste". Seit Gründung der Fleischfabrik Anfang des 19. Jahrhunderts hatte „eine Viertelmilliarde Tiere" die Fließbandschlachtung durchlaufen. Der ganze Fabrikkomplex sei „die größte Anballung von Arbeitskraft und Kapital, die es je an einem Ort gegeben hat. Die Yards beschäftigen dreißigtausend Leute, und in der Umgebung geben sie zweihundertfünfzigtausend Menschen ihr Brot, indirekt sogar einer halben Million. Sie verschickten ihre Produkte in alle Länder der zivilisierten Welt, lieferten Lebensmittel für nicht weniger als dreißig Millionen Erdbewohner!"[23] Interessant ist, wie Sinclair in diesem Buch exakt diejenigen Methoden zur Akkordbeschleunigung, zur Senkung des Facharbeiteranteils und zum Einsatz schwarzer Beschäftigter als Streikbrecher beschreibt, die bald darauf in der US-Autoindustrie im Allgemeinen und in Henry Fords Fabriken im Besonderen zur Anwendung gelangen sollten.[24]

Das in Chicago erfolgreich erprobte Fließband wurde zur Grundlage des „modernen" Fabrikregimes, des Taylorismus und des Fordismus. Henry Ford berichtet, wie die Fließbandarbeit ihm als Unternehmer eine völlig neu zusammengefasste Arbeiterschaft – und damit radikal gesenkte Lohnkosten – bescherte. „Der erste Fortschritt (der Fließband-Einführung; W.W.) bestand darin, daß wir die Arbeit zu den Arbeitern heranschafften, statt umgekehrt. Heute befolgen wir zwei große allgemeine Prinzipien bei sämtlichen Verrichtungen – einen Arbeiter, wenn irgend möglich, niemals mehr als nur einen Schritt tun zu lassen und nirgends zu dulden, daß er sich bei der Arbeit nach den Seiten oder vornüber zu bücken braucht ... Das Nettoresultat aus der Befolgung dieser Grundregeln ist eine Verminderung der Ansprüche an die Denktätigkeit des Arbeitenden und eine Reduzierung seiner Bewegungen auf ein Mindestmaß. Nach Möglichkeit hat er ein und dieselbe Sache mit nur ein und derselben Bewegung zu verrichten ... Heute verfügen wir (in der Gießerei für die Zylinder; W.W.) über fünf Prozent gründlich geschulte Kernformer und Gießer. Die übrigen 95 Prozent sind ungelernt, oder, um genauer zu sein, sie müssen einen einzigen Handgriff lernen, den auch der Dümmste sich in zwei Tagen aneignen kann.“[25]

Henry Ford setzte als Erster in der Autobranche einen größeren Prozentsatz schwarzer Arbeitskräfte ein. Er tat dies nicht als Beitrag gegen den Rassismus, sondern betrieb damit – erfolgreich – Jahrzehnte lang die Spaltung der Belegschaften.[26] So erreichte Ford – mit Mitteln, die noch zu beschreiben sind –, dass seine Fabriken bis 1941 „gewerkschaftsfrei“ blieben.

Bereits für den Gründer der Fiat-Werke, Giovanni Agnelli, war Ford das große Vorbild. Agnelli besuchte erstmals 1906 die USA. Die Besuche intensivierten sich nach 1912. Agnelli übernahm aus diesen Erfahrungen für die zukünftige Entwicklung der Fiat-Werke als Parole: „Nach Ford handeln!“ Der erste italienische Wagen, der auf eine breitere Käuferschicht abzielte, war das im Mai 1925 vorgestellte Fiat-Modell 509. Mit ihm wurde die Fließbandproduktion in der italienischen Autoindustrie eingeführt. Ein gutes Jahrzehnt später wurde auf Anforderung Mussolinis das neue Modell des Autos für eine breite Schicht, der „500“, im Volksmund „Topolino“ (kleine Maus) genannt, auf den Markt gebracht. Es ging als der kleinste bis dahin hergestellte Pkw in die Geschichte des Automobils ein und sollte nach der faschistischen Ideologie Träger einer Volksmotorisierung werden.[27]

Für die NSDAP und die GEZUVOR waren die Strukturen der Ford’schen Fabrikorganisation das Vorbild schlechthin für das neue „KdF-Wagen-Werk“ bei Fallersleben. Im Herbst 1936 besuchte Ferdinand Porsche gemeinsam mit seinem Sekretär Kaes die größte und produktivste Ford-Fabrik, das River Rouge-Werk in Dearborn. Beide erkannten schnell den Zusammenhang von Fließbandfertigung und „gemischter Belegschaft“. Hans Mommsen und Manfred Grieger bilanzierten dies in ihrer halboffiziellen Schrift zur Geschichte des VW-Werks folgendermaßen: „Die Fließbahntechnologie und die Leistung und einfache Bedienung der amerikanischen Hochleistungsautomaten, die es Ford ermöglichten, eine hohe Zahl ungelernter Arbeiter zu beschäftigen, hinterließen einen nachhaltigen Eindruck. Kaes stellt bewundernd fest, dass Ford „der 'einzige Große' in den USA ist, der es sich leisten könne, auf der Grundlage dieser differenzierten Produktionsschritte 'Schwarze und Weiße' einzustellen“.[28]

Am 20. Juni 1937 weilte Porsche wiederum in den Ford-Fabriken, dieses Mal begleitet u.a. von dem bereits erwähnten DAF-Funktionär Bodo Lafferentz. Daraufhin wechselten knapp 20 deutschstämmige Manager, Techniker und Facharbeiter aus Dearborn nach Fallersleben. Angeblich gelang es Porsche, sie „abzuwerben“. Es dürfte sich jedoch in Wirklichkeit um eine Leihgabe Fords für das neu zu errichtende VW-Werk gehandelt haben.[29] Die Charakteristika des Ortes Fallersleben für die KdF-Wagen-Fabrik weisen Parallelen zum River Rouge-Werk auf: Beide Werke liegen an einem Kanal – im Fall des VW-Werks handelt es sich um den kurz zuvor fertig erstellten Mittellandkanal. Beide liegen an leistungsfähigen Eisenbahnstrecken. Beide wurden „auf der grünen Wiese“ errichtet. Das Werk für den KdF-Wagen sollte, wie das River Rouge-Werk, weitgehend autark arbeiten und eine große Fertigungstiefe haben. Vor allem verfolgte man auch in Fallersleben von vornherein die Konzeption einer atomisierten und segmentierten Belegschaft. Aus allen Teilen Deutschlands wurden Arbeiter gewonnen; meist solche mit bäuerlichem und handwerksmäßigem Hintergrund. Als nicht ausreichend Arbeitskräfte aufzutreiben waren, wurden 1938 2.400 italienische Fremdarbeiter angeworben. Später bestand die Belegschaft zu einem größeren Teil aus Kriegsgefangenen und zwangsverpflichteten ausländischen Arbeitskräften. 1944 waren über die Hälfte der beschäftigten VW-Werker nichtdeutscher Nationalität. Die NS-Ideologie wurde im deutschen Teil der Belegschaft und in der neu zusammengesetzten Bevölkerung im Ort Fallersleben respektive Wolfsburg derart nachhaltig verankert, dass 1948 die NSDAP-Nachfolgepartei Deutsche Reichspartei bei Kommunalwahlen in Wolfsburg eine absolute Mehrheit erzielte.[30]

Das NS-Regime und Ford lehnten die Theorie ab, wonach es im Kapitalismus unüberbrückbare Gegensätze zwischen Lohnarbeit und Kapital sowie einen Klassenkampf gibt. „Die Arbeiter“, so Ford, „besitzen einen gesunden Menschenverstand.“ Sie würden auch verstehen, dass „ein Streik ... nur die Leistungsfähigkeit der Industrie mindert – und die Zahl der Arbeitsmöglichkeiten verringert“. Im Übrigen würden „Streiks von auswärtigen Industrien genährt“. Die produktiven Kapitalisten wären in der Regel dazu befähigt, das Klima einer Betriebsgemeinschaft zu schaffen und die Beschäftigten eng an das Unternehmen zu binden. Wirklich schädlich sei allerdings das Finanzkapital und insbesondere das von Juden beherrschte Kapital. Henry Fords Freund, der Dichter John Burrough, notierte 1919 in sein Tagebuch: „Mr. Ford macht die Juden oder die jüdischen Kapitalisten für alle Übel dieser Welt verantwortlich – die Juden sind schuld am Krieg, die Juden sind schuld an den Diebstählen und Überfällen im ganzen Land, die Juden sind schuld an der Unfähigkeit der Marine, über die Edison letzte Nacht sprach."[31] Ford war überzeugt, das „es eine Rasse gibt, die niemals willkommen war und sich dennoch zu einer Macht aufgeschwungen hat, auf die selbst die stolzeste und edelste Rasse niemals einen Anspruch erhoben hätte – nicht einmal Rom im Zenit seiner Stärke". Im Mai 1920 startete Ford in seiner Wochenzeitung „Dearborn Independent" in 91 aufeinander folgenden Ausgaben eine antisemitische Artikelserie, die sich mit dem Thema „Der internationale Jude" befasste. Der Text erschien später in mehreren Sprachen in Buchform.[32] In dieser Zeit ließ Ford in einer Serie im „Dearborn Independent" auch den berüchtigten, frei erfundenen Text „Protokolle der Weisen von Zion" veröffentlichen und behauptete, der darin enthüllte Plan zur Erlangung einer jüdischen Weltherrschaft sei authentisch.[33]

Auch wenn Ford die Theorie des Klassenkampfs ablehnte, war ihm doch die Praxis eines Klassenkampfs von oben nicht fremd. Die Herrschaft in seinen Betrieben hatte ab Mitte der 1920er Jahre Charakterzüge, die nicht fern von einem faschistischen Regime waren. Ford beschäftigte einen gewissen Harry Bennett und machte ihn Anfang der 1920er Jahre zu seinem Vertrauten und zu einem führenden Manager, obgleich Bennett keinerlei Qualifikation für Wirtschaft oder gar Autoproduktion hatte. Seine Eignung lag auf einem anderen Gebiet. Er baute den Werkschutz in eine Privatarmee um, für die er ehemalige Boxer, Footballspieler, Schläger und Kriminelle einstellte. Er richtete in den Betrieben ein flächendeckendes Spitzelsystem ein und dokumentierte das Privatleben eines großen Teils der für diese Zwecke durchnummerierten Werksangehörigen.[34] Das Ziel war die Erhaltung des „Betriebsfriedens" und die Verhinderung jeglicher Form gewerkschaftlicher Organisierung. Bennett arbeitete eng mit dem Detroiter Faschistenführer L. K. Smith zusammen und erwarb von diesem – für einen Dollar je Adresse – die Namen realer oder vermeintlicher „Kommunisten und Anarchisten" in der Ford-Belegschaft.[35] Höhepunkt dieses Betriebsregimes war ein von den Gewerkschaften organisierter „Ford-Hungermarsch", der am 7. März 1932, mitten in der Weltwirtschaftskrise, stattfand. Die Ford-Werkspolizei unter Bennetts Kommando und die Polizei von Dearborn, die, so Lacey, „kaum etwas anderes war als ein Arm der Ford-Werkspolizei", griffen die Marschierer mit Gewalt und Maschinengewehrfeuer an. Vier Menschen wurden getötet und 20 verletzt. Die US-Zeitungen brachten das „Rouge-Massaker" auf ihren Titelseiten.[36] Es bedurfte harter Auseinandersetzungen und im April 1941 eines achttägigen Streiks – in dem es erstmals gelang, die Unterstützung der schwarzen Community für Ford ins Wanken zu bringen –, bis sich die Gewerkschaft United Auto Workers in den Ford-Werken verankern konnte und das Management zur Anerkennung der UAW als Tarifpartner gezwungen werden wurde.[37]

Fordismus, Faschismus und Tempowahn

Am Anfang von Henry Fords Aufstieg und zu Beginn der Massenmotorisierung in Nordamerika standen der Tempowahn und eine Tollkühnheit, die auch als Todessehnsucht bezeichnet werden kann. Henry Ford startete mit Rennen und Rennfahrern in die Automobilgeschichte. Am 10. Oktober 1901 in Detroit war er selbst der Fahrer in einem von ihm erbauten Auto mit dem Namen „Quadricycle". Sein Sieg wurde mit guter PR verkauft; doch im Grunde war das Ergebnis eher dürftig, da am Ende nur zwei Autos angetreten waren und der Favorit mit Motorschaden ausschied. 1902 tat sich Ford mit dem berühmten Radrennfahrer Tom Cooper geschäftlich zusammen und baute zwei neue Rennwagen, die mit „The Arrow" und „999" nach zwei der schnellsten Lokomotiven benannt waren. Am 25. Oktober 1902 wurde wiederum ein Autorennen ausgetragen, an dem das Ford-Modell „999" teilnahm, nunmehr von einem anderen Radrennfahrer, Barney Oldfield, gesteuert. Oldfield und der „999" gewannen das Rennen. Der Durchbruch war geschafft. Ford über das Modell „999": „Das Röhren des Zylinders konnte bereits einen Menschen halb töten." Der Rennwagen schien nicht beherrschbar; Tom Cooper hatte sich nach einer ersten Testfahrt geweigert, das Rennen zu fahren. Die Wahl fiel auf Oldfield, weil dieser noch nie in einem Auto gesessen war. Ford berichtet, Oldfield hätte ein Training von einer Woche absolviert und vor dem Start geäußert: „Na, die Karre kann ja mein Tod sein, aber wenigstens soll man sagen, ich sei wie der Deibel gefahren, wenn ich über die Böschung gehe."[38] Der Aufstieg des Unternehmens Ford war mit dem Aufstieg des Rennsports in den USA verbunden. Henry Ford gehörte zu den ersten Geldgebern für das „Indianapolis-500-Rennen". 1909 wurde der „Indianapolis Motor Speedway" als erste Rennstrecke für Autos gebaut.[39] „Wahre Demokratie – das sind Automobilrennen: Die Würdigen gewinnen. Wenn ich mein Ziel erreiche, bin ich an der Leitung des Staates beteiligt, ohne mich überhaupt mit kleiner Politik befassen zu müssen", lautete Henry Fords Philosophie.[40]

Im Rückblick auf die Unternehmensgeschichte der Ford Motor Company könnte man sagen: Der Erfolg des Unternehmens war eine kluge Kombination von Auto für die Massen und Geschwindigkeit als begleitende PR. So ging das Konzept des Setzens auf Geschwindigkeit inmitten der Depression nochmals auf. Ford hatte die Produktion seines T-Modells 1927 komplett gestoppt, rund ein Jahr lang jegliche Autofertigung ruhen lassen und allein in Detroit 60.000 Arbeitskräfte auf die Straße gesetzt. Das 1929 präsentierte neue A-Modell startete zwar gut, geriet aber schnell in den Strudel der im selben Jahr einsetzenden Wirtschaftskrise. Ford präsentierte nun das Modell „B". Es handelte sich um ein Modell, das wahlweise als Vier- oder Achtzylinder-Pkw zu kaufen war. Als ein preiswertes Auto „mit Temperament und Feuer" wirkte es wie ein Kontrapunkt zur wirtschaftlichen Situation und zur depressiven Stimmung. Vor allem aber wurde es zum Gangsterauto ohne Beispiel. Der meistgesuchte Verbrecher der damaligen Zeit, John Dillinger, schrieb 1934, zwischen zwei Raubüberfällen, an Henry Ford: „Sie haben ein herrliches Auto gebaut." Für Ford war das gute Reklame. Das Gangsterpaar Bonnie und Clyde wurden in einem V-8-Ford von Polizistenkugeln durchsiebt. Der Ford-Händler, der nach der Entfernung der beiden Leichen durch die Polizei den zerschossenen Wagen abtransportieren sollte, machte auf seine Art Werbung für Ford: Er schaltete die Zündung ein und drückte auf den Anlasserknopf – die V-8-Maschine sprang sofort an.[41]

Die Verherrlichung der Geschwindigkeit ist ein elementarer Bestandteil des Faschismus. In Italien waren die Futuristen, die den Tempowahn und den Krieg priesen, in einer ersten Phase des italienischen Faschismus dessen enge Verbündete. Der führende Kopf dieser Strömung, Filippo Tommaso Marinetti, blieb bis zu seinem Tod Ende 1944 Anhänger Mussolinis und arbeitete ab 1924 als Kulturminister im faschistischen Kabinett.[42] Mussolini sah in den Autostrade eine „italienische Errungenschaft, der Söhne des alten Roms nicht unwürdig". Vorbild war die Via Appia, die sich den Weg durch die Natur gebahnt habe, und das römische Straßenwesen, in dem alle Wege zum Zentrum Rom führten. Die Einweihung der Autobahnen – während des italienischen Faschismus wurden ab 1923 sieben solche gebaut – fand meist am 28. Oktober statt, dem Jahrestag des Marsches der „Schwarzhemden" auf Rom, der kurz darauf in die faschistische Machtergreifung mündete.[43] Viel zitiert werden die dem Geschwindigkeitswahn huldigenden Sätze aus dem „Futuristischen Manifest": „Wir erklären, daß sich die Herrlichkeit der Welt um eine neue Schönheit bereichert hat: die Schönheit der Geschwindigkeit. Ein Rennwagen, dessen Karosserie große Rohre schmücken, die Schlangen mit explosivem Atem gleichen … ein aufheulendes Auto, das auf Kartätschen zu laufen scheint, ist schöner als die Nike von Samothrake." Dabei wird meist das enge Bündnis vergessen, das Faschismus und Futurismus eingegangen waren – und die praktischen Folgen dieses Mythos der Geschwindigkeit. Im ersten Dekret des italienischen Faschismus aus dem Jahr 1923 zum Thema Straße, das sich gegen „das Monopol der Eisenbahn" richtete, wurde jede Verkehrssteuer auf Kraftfahrzeuge abgeschafft und jede Art von Geschwindigkeitsbegrenzung aufgehoben. In der Folge schnellte die Zahl der Straßenverkehrstoten nach oben.[44] Nachdem Italien am 10. Juni 1940 seinen Kriegseintritt erklärt hatte, wurde als eine der ersten Sparmaßnahmen die Benutzung von zivilen Personenkraftwagen verboten.

Der deutsche Faschismus präsentierte sich beim Thema Tempowahn in einem ähnlichen Spagat, wie er für Ford beschrieben wurde. Er propagierte das Auto für die Masse und trat dabei, auch aus pragmatischen Gründen, für eine „angepaßte Geschwindigkeit" ein. Immerhin, so Hitler, sei es „vom Standpunkt unserer nationalen Rohstoffwirtschaft sinnlos, mit einem Tempo zu fahren, das zum doppelten, ja dreifachen Reifenkonsum führt und selbstverständlich auch den Brennstoff nur ungenügend ausnutzen läßt".[45] Gleichzeitig präsentierte sich das Regime in enger Verbundenheit mit Rennfahrern und identifizierte sich mit Geschwindigkeit und Tempowahn. Victor Klemperer in seinen Beobachtungen des Alltags im NS-Staats: „Eine Zeitlang sind die Sieger in internationalen Autorennen, hinter dem Lenkrad ihres Kampfwagens oder an ihn gelehnt oder auch unter ihm begraben, die meist photographierten Tageshelden. Wenn der junge Mensch sein Heldenbild nicht von den muskelbeladenen nackten oder in SA-Uniformen steckenden Kriegergestalten der Plakate und Denkmünzen dieser Tage abnimmt, dann gewiß von den Rennfahrern; gemeinsam ist beiden Heldenverkörperungen der starre Blick, in dem sich vorwärtsgerichtete harte Entschlossenheit und Eroberungswille ausdrücken."[46] Klemperer sieht in der Rennfahrer-Kluft der NS-Zeit die „zeitlich zweite Uniform, in der nazistisches Heldentum auftritt ... Die Vermummung des Rennfahrers sind sein Sturzhelm, seine Brillenmaske, seine dicken Handschuhe ... Das einprägsamste und häufigste Bild des Heldentums liefert Mitte der dreißiger Jahre der Autorennfahrer. Nach seinem Todessturz steht Bernd Rosemeyer eine Zeitlang fast gleichwertig mit Horst Wessel vor den Augen der Volksphantasie".[47]

Die während der NS-Zeit errichteten Reichsautobahnen waren zwar aus den beschriebenen Gründen „landschaftsangepasst". Doch sie waren auch von vornherein – und in die Zukunft gerichtet – bewusst auf Geschwindigkeiten von 180 km/h ausgerichtet.[48] Auch heute noch kann die Streckenführung dieser Bauten trotz teilweise höherer Pkw-Geschwindigkeiten weitgehend beibehalten werden.

Letzten Endes demonstriert der Autobahnbau die Herrschaft des (Straßenbau- bzw. des NS-)Regimes über die Natur, die Rücksichtslosigkeit gegenüber der Umwelt und die Durchsetzung einer hierarchisch strukturierten Willenskraft. Dies wurde auch offen formuliert. So schrieb der „Völkische Beobachter": „Unserem nationalsozialistischen Wesen entspricht die neue Autostraße Adolf Hitlers, die Autobahn. Wir wollen unser Ziel weit vor uns sehen, wir wollen gerade und zügig dem Ziel zustreben. Durchkreuzungen überwinden wir, unnötige Bindungen sind uns fremd. Ausweichen wollen wir nicht, wir schaffen uns genügend Bahn."[49]

Es ging um die gewaltsame Durchsetzung sehr spezifischer Interessen. Der Rückgriff auf Natur, Landschaft und Landwirtschaft wurde gezielt eingesetzt, um die beschleunigt durchgesetzte Modernisierung mit Nostalgie zu verbrämen. Der bereits zitierte Korpsführer des NSKK, Adolf Hühnlein, argumentierte: „Die Massenmotorisierung revolutioniert mit ihrem raschen Tempo, mit ihrem gewaltigen technischen Umbruch alle Gebiete des öffentlichen Lebens."[50] Das hieß in der Praxis: Alle Bereiche des öffentlichen Lebens wurden mit Tempogewalt von den Zielsetzungen des „modernen Kapitals" überrollt. Der Führer persönlich wusste, dass zweifelsohne „die Sehnsucht nach der Maschine und besonders nach dem Motor bei vielen Millionen Volksgenossen vorhanden" war.[51]

Auch das NS-Regime beschloss als eine seiner ersten Maßnahmen die Aufhebung aller Geschwindigkeitsbegrenzungen in Deutschland. Als Ergebnis schnellte die Zahl der im Straßenverkehr Getöteten drastisch nach oben. 1913 wurden 504 Menschen im Straßenverkehr getötet. In den 1920er Jahren waren es durchschnittlich 2.000 Straßenverkehrsopfer pro Jahr. 1938 wurden 8.388 Menschen durch den Kfz-Verkehr getötet.[52]

Pure Ideologie oder reale Gefahr?

Es könnte eingewendet werden, die aufgezeigten Parallelen zwischen Fordismus und Faschismus und ihr behaupteter Zusammenhang mit der Massenmotorisierung würden hier künstlich herausgestellt; sie existierten eher zufällig und seien im Übrigen an eine Person, Henry Ford I., gebunden. Tatsächlich gab es eine breit angelegte praktische Zusammenarbeit zwischen der neuen Kapitalfraktion rund um Öl/Auto und dem Faschismus. Ford und General Motors stellten in ihren Autowerken in Deutschland – in Rüsselsheim, Brandenburg und Berlin (GM/Opel) sowie in Köln, Berlin, Derschlag und Friedrichstadt (Ford)[53] – bis in die letzten Kriegstage hinein wertvolle Rüstungsgüter für das NS-Regime her. Das Berliner Ford-Werk produzierte von Anfang an so gut wie ausschließlich für die NS-Rüstung; 78.000 Militär-Lkws und 14.000 Kettenfahrzeuge für die Wehrmacht. Vor dem deutschen Einmarsch in das „Sudetenland" in der Tschechoslowakei erhielt das deutsche Militär eine „Eillieferung" von 1.000 Ford-Lkws. Es gab keinen direkten Zwang für eine solche Kooperation. Im bereits zitierten Bericht von Bradford C. Snell für den US-Senat über das konspirative Wirken der Öl- und Autobranche gegen den Schienenverkehr findet sich auch eine weitreichende Passage, die belegt, dass selbst strategisch entscheidende Waffen für das NS-Regime in den Opel-Werken hergestellt wurden: „Von 1930 bis 1945 fertigte die Rüsselsheimer GM-Fabrik allein 50 Prozent aller propellergetriebenen Aggregate, die für den Mittelstreckenbomber Ju-88 zum Einsatz gelangten. Nach der autoritativen Publikation von Wagner und Nowarra wurde 'die Ju-88 um das Jahr 1940 herum zum wichtigsten Bomber der NS-Luftwaffe und blieb dies bis zum Kriegsende'. Die Rüsselsheimer Fabrik baute auch 10 Prozent der Düsenantriebsaggregate für die Me-262, das erste einsatzfähige Kampfflugzeug mit Düsenantrieb. Erst nach Kriegsende konnten die Alliierten reine Kampfflugzeuge mit Düsenantrieb bauen. Indem es die Me-262-Düsenflugzeugmotoren herstellte, leistete das GM-Werk in Rüsselsheim einen bedeutenden Beitrag für die technologische Überlegenheit der Achsenmächte in der Luft."[54]

Auf dem kriegswichtigen Gebiet der Gewinnung von Rohöl bzw. der Erstellung von künstlich gewonnenem Treibstoff kam es zu einer engen deutsch-US-amerikanischen Zusammenarbeit. 1929 wurde ein Kooperationsabkommen zwischen dem führenden deutschen Industrieunternehmen I.G.-Farben und der Standard Oil abgeschlossen. Demnach, so die Bilanz eines Standard Oil-Vertreters „übernimmt die I.G. die Verpflichtung, sich aus den Ölgeschäften herauszuhalten, während die Standard Oil von chemischen Unternehmungen zur Kraftstoffgewinnung Abstand nimmt".[55] Damit sollte die I.G.-Farben in Deutschland das Monopol für die Herstellung von Benzin aus Kohle (Kohlehydrierverfahren) haben. Dieser Vertrag wurde bis zum Kriegsende 1945 eingehalten. Für das NS-Regime, das nur über unzureichende Ölquellen unter eigener Kontrolle, etwa in Rumänien, verfügte, bildeten die gewaltigen Kohlehydrieranlagen der I.G.-Farben, die ab 1934 auf deutschem Boden und ab 1939 vor allem in Polen errichtet wurden, die entscheidende Grundlage für den in der Luft und auf dem Boden geführten motorisierten Krieg. 1940 machte der aus den Kohlehydrieranlagen gewonnene Treibstoff bereits 45% der gesamten deutschen Ölversorgung aus; bei der Luftwaffe lag dieser Anteil um die 95%.[56] Das größte I.G.-Farben-Werk entstand bei Auschwitz. Für dieses arbeiteten 300.000 Kriegsgefangene und Zwangsarbeiter, die in dem eigens für dieses Werk eingerichteten KZ in Monowitz zusammengefasst waren.[57] Die Luftwaffe der Alliierten bombardierte die I.G.-Farben-Anlagen zur Kohlehydrierung erst sehr spät. Das Werk in Leuna wurde erstmals am 12. Mai 1944 angegriffen und die Werke in Auschwitz/Monowitz erstmals am 20. August 1944. Das letztgenannte Bombardement erfolgte drei Wochen vor der Landung der Alliierten in der Normandie und diente dazu, der deutschen Luftwaffe den Treibstoff zu entziehen. Der NS-Reichsminister für Rüstung und Kriegsproduktion, Albert Speer, notierte nach dem Angriff auf das Werk in Leuna in seinem Tagebuch: „Das Datum … der 12. Mai wird mir immer geläufig bleiben. Denn an diesem Tag wurde der Krieg technisch entschieden."[58]

Die Unterstützung für Großbritannien, Frankreich und später die Sowjetunion sowie der Eintritt in den Krieg waren in den USA lange Zeit innenpolitisch heftig umstritten. Es gab eine starke deutschfreundliche und formal isolationistische Bewegung, die vom „America First Committee" (AFC) angeführt wurde. Galionsfigur dieser Bewegung war der äußerst populäre Charles Lindbergh, der mit dem ersten Non-Stopp-Alleinflug New York–Paris im Jahr 1927 weltberühmt geworden war und sich bis Ende 1941 als antisemitischer Anhänger des NS-Regimes präsentierte.[59] Henry Ford wurde in den Vorstand des AFC berufen. Er unterstützte die Bewegung finanziell.[60] In den USA wurde jahrelang eine Kandidatur Lindberghs bei der Wahl zum US-Präsidenten erwartet, wobei der Ausgang einer solchen Kandidatur offen schien.[61] Erst mit dem japanischen Angriff auf Pearl Harbour am 7. Dezember 1941 konnte diesem schrecklichen Spuk, der einen weltweiten Sieg des Faschismus hätte herbeiführen können, ein Ende bereitet und der Kriegseintritt der USA herbeigeführt werden.

Teil III
Globalisierung und Verkehr 1950-2005

American Dream
Every morning after breakfast
the family gathers in the garage
to mumble their daily quota
of admiration
to their two Chevrolets
while
on the television
an old wrinkled actor
out of work
pledges allegiance
to Budweiser
Raymond Federman[1]

In der zweiten Hälfte des 20. Jahrhunderts setzte sich die neue Transportrevolution mit den Verkehrsmitteln Pkw, Lkw, Bus und Flugzeug und mit der Energiequelle Kraftstoffe auf Rohölbasis weltweit durch. Die schienengebundenen Verkehrsmittel wurden weiter zurückgedrängt. Den Ausgangspunkt der Entwicklung bildeten die USA, die als neue führende Wirtschaftsmacht „ihre" Produktionsweise, ihre Transportorganisation und den „American way of life" exportierten.

In allen Ländern, in denen es zu einer massenhaften Verbreitung des Pkw kam, gab es, anknüpfend an Fords T-Modell, ein spezifisches Auto, das zum Träger der Massenmotorisierung wurde und mit dem sich die Ideologie der Volksmotorisierung verband. Der VW-Käfer spielte diesen Part in Westdeutschland sowie in Teilen Westeuropas und Südamerikas. In Italien waren es die Modelle Fiat 500 und Fiat 600, in Frankreich der Citroën 2CV und der Renault R4. In Großbritannien übernahm der Mini von Austin Morris diese Funktion. In Polen war es der Fiat Polski und in der DDR der Trabant. Die Urmodelle der Massenmotorisierung hatten als Gemeinsamkeit, klein, unbequem und wenig verkehrssicher – laut Verbraucheranwalt Ralph Nader: „unsafe at any speed" – zu sein. Umso größer war der Kult, der sie umrankte. Je deutlicher ihr Charakter als standardisierte Massenprodukte war, desto individueller gestaltete sich die Kommunikation zwischen dem jeweiligen Autobesitzer und seinem „Käfer", seiner „Ente", seiner „Renn-Pappe".[2]

In den nichtkapitalistischen Ländern Europas gab es in den Jahren 1945-1990 im Verkehrssektor eine Sonderentwicklung. Interessanterweise fand diese in erster

Linie im Güterverkehr statt. Im Personenverkehr wurde in der DDR und in den mittel- und osteuropäischen Staaten nicht auf ein grundsätzlich anderes Modell der Transportorganisation orientiert. Dies wird mit dem folgenden Kapitel zur „deutsch-deutschen" Entwicklung dokumentiert.

Seit der Integration dieser Länder in den kapitalistischen Weltmarkt in den Jahren 1989-1991 kommt es in Mittel- und Osteuropa zu einer beschleunigten Massenmotorisierung und zu einem drastischen Niedergang des Schienenverkehrs. Ein mit weitreichenden Zerstörungen verbundener Prozess, der in den USA (1910-1950) und in Westeuropa (1950-1980) in vier bzw. in drei Jahrzehnten durchgesetzt wurde, wird in dieser Region auf einen halb so langen Zeitraum konzentriert. Die Europäische Union betrieb nach der Wende eine offensive Politik zum Umbau des mittel- und osteuropäischen Verkehrssektors.

Seit den 1990er Jahren und beschleunigt seit Anfang des 21. Jahrhunderts gilt die Privatisierung der – vor allem in Europa – verbliebenen staatlichen Eisenbahnen als Allheilmittel gegen den Niedergang des Schienenverkehrs. Gleichzeitig setzt sich im Bereich der Schiene eine Politik durch, bei der die Angebote im Personenverkehr auf die Verbindungen zwischen den großen Metropolen konzentriert werden, auf die Klientel des Geschäftsreiseverkehrs orientiert und ein umfassender Rückzug der Schiene aus der Fläche vollzogen wird. Die Lehren aus dem Desaster der privat betriebenen Eisenbahnen im 19. Jahrhundert und aus dem Scheitern der Erste-Klasse-Züge im 20. Jahrhundert werden verdrängt. In der Konkurrenz mit dem Flugverkehr hat dieses Modell neuer Eisenbahnen wenig Chancen, zumal die Luftfahrt mit der Billigfliegerei inzwischen einen immensen Boom erlebt.

Die letzten Regionen, die in den ersten zwei Jahrzehnten des 21. Jahrhunderts ebenfalls für eine umfassende Massenmotorisierung gewonnen werden sollen, sind zugleich jene Teile der Welt, in denen die Mehrheit der Menschen lebt. Mit der Durchsetzung des Straßen- und Luftverkehrs in China, Indien, dem übrigen Asien und flächendeckend in Lateinamerika, mit den global ständig weiter gesteigerten Transportströmen und der Durchsetzung immer absurderer internationaler Arbeitsteilungen wird deutlich, wie – im Wortsinn – „untragbar" das vorherrschende Transportmodell für Umwelt, Natur, Klima und spätere Generationen ist.

Deutlich wird jedoch auch, dass es einen spezifischen Motor gibt, der den Prozess der weltweiten Massenmotorisierung vorantreibt: Die Unternehmen der Öl-Auto-Gruppe, die sich bereits vor einem Jahrhundert im Verlauf der ersten Globalisierung als neue führende Fraktion im weltweiten Kapitalismus herausbildeten, haben sich zur wichtigsten Kapitalfraktion entwickelt. Paradoxerweise können sie ihre Vormachtposition in dem Maß ausbauen, in dem die strategische Ressource Öl knapper und der Preis für das Barrel Öl höher wird. Der jüngste Bündnispartner in dieser Kapitalgruppe, der Flugzeugbau, ist zugleich strategischer Bestandteil des modernen militärisch-industriellen Komplexes.

Kapitel 10
Die deutsch-deutsche Entwicklung 1945-2005

> Lauras Gewohnheit, sommers bei offener Balkontür zu schlafen, war ein Rudiment aus ihrer Kindheit. Denn Frischluft war in der Osterstraße 37 kaum zu erwarten. Bei westlichen Winden lieferte das Gaswerk die Gestänke, bei nördlichen Winden der VEB Isokond, ansonsten gemeine Autoabgase. Laura nahm die Unannehmlichkeiten hauptsächlich in Kauf, um sich mit dem Vogelgezwitscher die Ohren vollzuschlagen.
>
> *Irmtraud Morgner, Leben und Abenteuer der Trobadora Beatriz nach Zeugnissen ihrer Spielfrau Laura, Berlin 1974, S. 282*

> Mit dem artenreichen Wald wird erneut ein Stück von Gottes Schöpfung dem Auto geopfert. Das Motto ist: Freie Fahrt für kranke Bürger. Hier sei Jesaia zitiert: „Ihre Ohren sind taub, ihre Augen blind. Sie kommen nicht zur Einsicht."
>
> *Pfarrer Peter Kranz im April 1994 anlässlich der Eröffnung der Berliner Schönwalder Allee bei einem „Requiem für den Spandauer Forst"*

Die Verkehrsentwicklung in den letzten 250 Jahren war maßgeblich vom Bau der Verkehrswege geprägt. Ende des 18. Jahrhunderts brachten die bloße Erfindung der Dampflokomotive und ihre ersten Einsätze im Bergbau noch keine neue Verkehrsentwicklung hervor. Erst die Schaffung der Schienenstränge und die Herausbildung neuer Verkehrswege leiteten die Verkehrsrevolution ein. Will man sich einen ersten groben Überblick über die Verkehrspolitik und die Verkehrsentwicklung auf deutschem Boden in der zweiten Hälfte des 20. Jahrhunderts verschaffen, so erscheint auch hier zunächst eine Darstellung der Entwicklung der Verkehrswege sinnvoll. Auf diese Weise lässt sich auch die These, in den zwei deutschen Staaten Bundesrepublik Deutschland und Deutsche Demokratische Republik sei in den Jahren 1949-1990 eine grundsätzlich unterschiedliche Verkehrspolitik verfolgt worden, einer ersten Belastungsprobe unterziehen.

Tabelle 9: Verkehrswegentwicklung auf deutschem Boden 1950-2004[1]

Verkehrsträger	1950	1960	1970	1980	1990	2000	2005
Straßennetz gesamt in km	390.000	455.000	478.010	526.920	548.200	681.000	690.000
- BRD*	347.000	370.000	432.410	479.492	501.000	–	–
- DDR**	ca. 43.000	ca. 45.000	45.600	47.500	47.200	–	–
Autobahnen	3.478	3.901	5.510	9.092	10.860	11.700	12.400
- BRD	2.128	2.551	4.110	7.292	8.960	–	–
- DDR	1.350	1.350	1.400	1.800	1.900	–	–
Schiene gesamt in km***	54.000	53.000	48.000	46.000	44.000	42.500	39.000
- BRD	38.000	37.500	33.000	31.000	29.500	–	–
- DDR	16.000	15.500	15.000	15.000	14.500	–	–
Wasserwege gessamt in km	6.700	6.800	6.700	6.700	6.670	7.300	7.300
- BRD	4.200	4.500	4.400	4.400	4.350	–	–
- DDR	2.500	2.300	2.300	2.300	2.320	–	–

* BRD: alle überörtlichen Straßen und Gemeindestraßen
** DDR: nur Straßen des überörtlichen Verkehrs
*** Schienennetze von Reichsbahn, Bundesbahn bzw. Deutsche Bahn AG einschließlich privater Bahnen und Kleinbahnen

Grundsätzlich lässt sich bei einem Blick auf Tabelle 9 feststellen, dass das Straßennetz auf deutschem Boden fortgesetzt weiter gewachsen ist; die Netzlänge der aufgeführten Straßen (im Fall der DDR ohne Gemeindestraßen) hat sich im Zeitraum 1950-2005 von 390.000 Kilometern auf fast 700.000 Kilometer vergrößert. Einen exorbitanten Zuwachs gab es dabei bei den Straßen mit den größten Kapazitäten: Die Länge der Autobahnen hat sich von den aus der NS-Zeit stammenden 3.500 Kilometern auf rund 12.500 Kilometer Länge mehr als verdreifacht. Im selben Zeitraum wurde das Schienennetz auf deutschem Boden erstmals seit dem Bestehen von Eisenbahnen in Deutschland drastisch gekappt – von 44.300 Kilometern (1950) auf unter 30.000 Schienenkilometer mit Personenverkehr (2005). Die Länge der Wasserwege blieb im Großen und Ganzen konstant.

Natürlich gab es im Zeitraum 1950-1990 erhebliche Unterschiede zwischen der Verkehrswegeentwicklung im Westen und im Osten. Die Netzlänge der Reichsbahn blieb erhalten; das Netz der Bundesbahn wurde bereits deutlich reduziert. Es springt auch ins Auge, dass der Straßenbau und der Bau neuer Autobahnen in der Bundesrepublik enorm stark vorangetrieben und auf diese Weise der Weg in die gesamtdeutsche Autogesellschaft betoniert wurde. Allerdings lässt sich auch sagen: Eine im Vergleich zu Westdeutschland grundsätzlich andere Verkehrswegeentwicklung kann für die DDR nicht festgestellt werden. Das Schienennetz wurde nicht entscheidend weiterentwickelt (wie noch zu zeigen sein wird, gilt dies gerade auch für qualitative Parameter); Vergleichbares gilt für die Wasserwege. Auch in der DDR wurde als einzige Verkehrswegekategorie die Straße ausgebaut, wobei – erneut ähnlich, wenn auch nicht so drastisch – besonders das Autobahnnetz erweitert wurde; die beschriebene Verkehrswegeentwicklung deckte sich ziemlich genau mit jener in Westdeutschland. Nach der Wende setzte sich dies beschleunigt fort. Vor allem gab es ein scherenartiges Auseinanderdriften von Straße und Schiene.

Westdeutsche Verkehrsentwicklung 1950-1990

Der Faschismus schuf mit den Autobahnen, dem VW-Werk, dem Volkswagen-Projekt und der Ideologie von der „Motorisierung des kleinen Mannes" wichtige Voraussetzungen für die Verkehrsentwicklung nach 1945. Doch auch noch 1950, im Jahr 5 nach Kriegsende, gab es in Westdeutschland nur 540.000 Personenkraftwagen. Davon befanden sich lediglich rund 300.000 in Privatbesitz (ein Pkw auf 18 Personen), was dem Motorisierungsgrad in Aserbaidschan oder Simbabwe im Jahr 2005 entspricht. Die übrigen waren Firmenwagen. Die Eisenbahn und die übrigen öffentlichen Verkehrsmittel hielten im Verkehrsmarkt („modal split") und bei den Verkehrsleistungen – den zurückgelegten Kilometern – einen addierten Anteil von 57%. Ihr Anteil am Verkehrs*aufkommen*, an der Gesamtzahl der zurückgelegten Fahrten, dürfte bei mehr als 75% gelegen sein. Unter Einschluss der Wege, die zu Fuß und per Rad zurückgelegt wurden, ist der Anteil der Pkw-Fahrten an allen Wegen noch einmal reduziert und dürfte bei rund 10% – bzw. die zu Fuß, per Rad und im öffentlichen Verkehr zurückgelegten Wege bei 90% – gelegen sein.[2] Es gab also 1950 die Möglichkeit, eine andere Verkehrspolitik einzuschlagen. Der gewählte Weg war jedoch der möglichst teuerste – nicht nur für die Umwelt, das Klima und hinsichtlich der Verkehrsopfer, sondern auch hinsichtlich der realen Kosten: Der gesamte gewaltige Straßenneubau musste von den Steuerzahlenden vorfinanziert werden (siehe Kapitel 19). Die Verkehrsentwicklung nach 1950 ist in Tabelle 10 dokumentiert.

Einen ersten Sprung in der Massenmotorisierung gab es in den 1950er Jahren. Allerdings lag 1960 der Bestand an Pkws bei „nur" 4,5 Mio., wobei es in dieser Zeit immer noch vor allem Unternehmen, Selbstständige und Beamte waren, die sich zum Pkw-Kauf entschlossen.[3] Die entscheidende Entwicklung hin zur Massenmotorisierung vollzog sich in Westdeutschland erst ab den 1960er Jahren. Der Sprung von 162 Mrd. Personenkilometern, die im Jahr 1960 mit Pkws realisiert wurden, auf 351 Mrd. Pkw-Personenkilometer im Jahr 1970 war die absolut größte Steigerung der Pkw-Fahrleistung in der deutschen Verkehrsentwicklung.[4]

Tabelle 10: Leistungen im Personen- und Gütertransport in der Bundesrepublik und die Entwicklung der Anteile am Verkehrsmarkt („modal split") 1950-2005[5]

Verkehrsträger	1950	1960	1970	1980	1990	2000	2004
Personenverkehr	**in Mrd. pkm**						
Pkw-Verkehr (MIV)*	25	162	351	470	602	850	887
Eisenbahnen gesamt	40	40	38	39	45	76	72,6
	Anteile in v.H.						
Schiene	38	18	8	6,5	6,1	7,2	6,7
übriger öffentlicher Verkehr**	29	20	13	12	8,9	7,4	7,6
Summe Schiene + übriger ÖV	*67*	*38*	*21*	*18,5*	*15*	*14,6*	*14,3*
Luftverkehr	0,1	0,6	1,4	1,8	2,5	4,1	4,4
MIV	33	64	77	79	8,3	81,3	81,3
Gesamt (ohne nichtmot. Verk.)	*100*	*100*	*100*	*100*	*100*	*100*	*100*
Güterverkehr	**in Mrd. tkm**						
Güterverkehr auf Schienen	44	56	74	65	62	83	92
Güterverkehr per Lkw***	8	24	42	125	125	346	393
„modal split"	**Anteile in v.H.**						
Schienentransporte	62	44	40	25,4	20,6	16,2	16,3
Straßentransporte***	11	20	23	49,0	56,7	67,8	69,6
Binnenschifffahrt	26	33	27	20,1	18,3	13,0	11,3
Rohrfernleitungen	1	3	10	5,5	4,4	3,0	2,8
Gesamt (ohne Lkw-Nahverk.)	*100*	*100*	*100*	*100*	*100*	*100*	*100*

* von in Pkws beförderten Personen insgesamt zurückgelegte Kilometer
** Linienbusse, S-, U- und Straßenbahnen
*** Verkehr über 50 km (ohne Lkw-Nahverkehr)

Der Schienenverkehr stagnierte in der gesamten Periode 1950-1980 und erlebte 1980-1990 ein bescheidenes Wachstum. Angesichts des explosionsartig anwachsenden Verkehrsmarktes bedeutet dies, dass es zu einem fortgesetzten und drastischen Verfall des Anteils der Schiene am Verkehrsmarkt kam. Selbst wenn das erste Jahrzehnt als „nachholende Entwicklung" verstanden wird, wurde doch danach der Anteil der Schiene, der 1960 noch bei 18% lag, bis 1990 auf 6,1% oder auf ein Drittel gedrückt. Gleichzeitig wurde der übrige öffentliche Verkehr – mit S-Bahnen, U- und Straßenbahnen sowie Bussen – kontinuierlich abgebaut, was heißt, dass der Pkw auch in den Städten das Verkehrsgeschehen zu beherrschen begann. Der gesamte öffentliche Verkehr (Eisenbahnen und übriger öffentlicher Verkehr) hielt 1990 nur noch einen Marktanteil von 15%; der Pkw-Verkehr hatte zu diesem Zeitpunkt mit 83% Marktanteil seinen Zenit erreicht.

Beim Gütertransport setzte sich der Straßenverkehr deutlich später durch. Bei der Schiene gab es 1950-1960 einen ersten Einbruch, der allerdings in starkem Maß der Binnenschifffahrt zugute kam. 1960-1970 konnte die Schiene ihren Anteil überwiegend halten und ihre absoluten Transportleistungen erstmals deutlich steigern. Zu einer wahrlich sprunghaften Veränderung kam es vor allem 1970-1990: Die Transporte auf Schienen gingen sogar absolut zurück und brachen bei den Anteilen (von 40 auf knapp 25%) förmlich ein. Der Lkw-Verkehr verdreifachte seine Leistungen (von 42 auf 121 Mrd. Tonnenkilometer) und verdoppelte seinen Marktanteil (von 23 auf gut 48%).[6]

Natürlich gibt es spezifische Gründe für das schlechte Abschneiden der Schiene und für den Siegeszug des Straßenverkehrs. Erneut musste die Bahn die aus dem Krieg resultierenden Belastungen weitgehend selbst tragen[7]; die Belastungen durch Löhne und Gehälter der Bahnbeschäftigten und durch die Lasten der Altersversorgung nahmen drastisch zu, da es 1940-1945 zu einem kriegsbedingten gewaltigen Anstieg der Reichsbahnbeschäftigten gekommen war, von denen ein größerer Teil aus sozialen Gründen weiter beschäftigt wurde bzw. es in zunehmendem Umfang zu schnell steigenden Pensionslasten kam. Im Gegensatz zu den meisten übrigen europäischen Eisenbahnen musste die Bundesbahn ihr jährliches Defizit über Verbindlichkeiten (die zum Teil gegenüber den Bundesländern eingegangen wurden) und Anleihen selbst finanzieren, sodass das Unternehmen kaum Spielräume zur Finanzierung des notwendigen Modernisierungsprozesses hatte. Die Ausgleichszahlungen, die die Bundesbahn aus dem Bundeshaushalt erhielt, deckten die zitierten Belastungen zu keinem Zeitpunkt.[8] Umso beeindruckender war dann die Steigerung des Schienenverkehrs und seine neu wachsende Akzeptanz in den 1980er Jahren. Ursachen dafür waren die Einführung der Zuggattung InterCity (1971) und insbesondere ihre Öffnung für die zweite Klasse (1979), die Einführung des Stundentaktes für diese Züge sowie die Einführung der Zuggattung InterRegio (1988). In eineinhalb Jahrzehnten war es mit relativ bescheidenem Aufwand gelungen, einen flächendeckenden, modernen Schienenfernverkehr zu entwickeln.[9] Umgekehrt gab es regelmäßig spezifische verkehrspolitische Entscheidungen, die den Kfz-Verkehr stärkten.[10] So wurde die zulässige Gesamtlast der Lkws von Jahrzehnt zu Jahrzehnt deutlich erhöht, was die Steuerzahlenden und die Bundesbahn Dutzende Milliarden Mark wegen erhöhter Straßenabnutzung und auf Grund von Einnahmenausfällen im Schienenverkehr kostete.[11]

Entscheidend aber war und blieb die eingangs beschriebene Verkehrswegepolitik. „Wer Straßen sät, wird Straßenverkehr ernten" – diese einfache Regel gilt. Alle Bundesregierungen seit 1949 befolgten den Grundsatz, das Straßennetz auszubauen und das Schienennetz zu vernachlässigen. Die deutlichste Politik zugunsten des Straßenausbaus erfolgte in den 1970er Jahren unter den sozialliberalen Regierungen, was sich auch im beschriebenen fortgesetzt hohen Wachstum des

Pkw-Verkehrs, im beschleunigten Wachstum des Lkw-Verkehrs und in Einbrüchen im Schienengüterverkehr niederschlug. Die Ursachen hierfür mögen mannigfaltig und widersprüchlich sein, doch die Bilanz ist eindeutig.[12] Während die Schiene ihre Infrastrukturkosten weitgehend aus eigenen Mitteln und über Kreditaufnahmen zu finanzieren hatte, wurde der Straßenbau vom Staat bzw. aus Steuergeldern finanziert. Selbst ohne Berücksichtigung der externen Kosten (resultierend aus Umweltbelastungen, Straßenverkehrsopfern usw.) lagen die staatlichen Einnahmen aus der Kfz- und der Mineralölsteuer bis Anfang 1982 Jahr für Jahr unter den direkten Kosten des Straßenverkehrs.[13]

Verkehrspolitik und Verkehrsentwicklung in der DDR

Die Ausgangsbedingungen für die Verkehrspolitik waren in Ostdeutschland nach 1945 deutlich ungünstiger als im Westen. Es gab größere kriegsbedingten Schäden an den Verkehrsanlagen und keine Aufbauhilfe wie den Marshall-Plan. Vor allem mussten enorme Reparationsleistungen erbracht werden. Während in den Westzonen nur 225 Kilometer Gleise und 586 Weicheneinheiten abgebaut und an die französische Besatzungsmacht zum Wiederaufbau von SNCF-Strecken übergeben wurden, gab es auf dem Gebiet der späteren DDR einen flächendeckenden Abbau zweiter Gleise. Vor 1945 war knapp die Hälfte aller Reichsbahnstrecken auf diesem Gebiet zwei- und mehrgleisig. Bis Ende der 1940er Jahre war dieser Anteil auf unter 10% gesunken.[14] 1953 lag die Zugfrequenz im Fernverkehr der DR bei maximal einem Drittel des Vorkriegsstands. In Westdeutschland war zu diesem Zeitpunkt bereits wieder das Niveau von 1938 erreicht worden. Die Reichsbahn konnte sich von diesen massiven Eingriffen nie völlig erholen.[15]

Zwei politisch bedingte Belastungen kamen hinzu: Um eine Berührung Westberliner Gebiets zu vermeiden, wurde zwischen 1950 und 1957 der „Berliner Außenring" gebaut und eine im Volksmund „Sputnik" genannte Verbindung zwischen Berlin und Potsdam eingerichtet. Ein zweites von außen aufgezwungenes Großprojekt war der Bau des Eisenbahn-Fährhafens Mukran auf Rügen. Damit wurde eine Fährverbindung für Schienengüterverkehr zwischen der DDR und dem litauischen Hafen Klaipeda hergestellt. Die 1980 entstandene polnische Solidarność-Bewegung ließ es der UdSSR sinnvoll erscheinen, eine direkte Anbindung der DDR an die Sowjetunion unter Umgehung Polens zu realisieren. Die Kosten des Projektes waren beträchtlich, auch wegen der aufwändigen Umlade- und Umspureinrichtungen. Endgültig fertiggestellt wurde die Anlage 1990 – just zu dem Zeitpunkt, als sie ihre Funktion weitgehend verloren hatte.[16]

Fehlentwicklungen in der DDR-Verkehrspolitik hatten auch systemimmanente Gründe. Ein berüchtigtes Beispiel war der „Betonkrebs": In den 1970ern und bis zum Anfang der 1980er Jahre lieferte ein reichsbahneigenes Betonwerk mehr als 10 Mio. Betonschwellen aus, die wegen der Verwendung eines stark alkalihaltigen Zements in Verbindung mit einem kieselsäurereichen Sand bereits nach wenigen Jahren zu zerfallen begannen.[17] Erhebliche Gleisschäden waren die Folge; bis zu 12 Mio. Alkalischwellen mussten entsorgt und neue Schwellenjoche eingebaut werden. Die wichtigste Fehlentscheidung betraf den Wechsel der Traktionsart. Bis Mitte der 1960er Jahre ging man in den führenden Gremien von Reichsbahn und Verkehrsministerium richtigerweise davon aus, dass die Dampflokomotiven in erster Linie durch Triebfahrzeuge mit elektrischer Traktion abgelöst werden sollten. Anfang der 1960er Jahre begann ein umfangreiches Elektrifizierungsprogramm. Doch am 17. März 1966 beschloss der DDR-Ministerrat, den Traktionswechsel auf Dieselzugbeförderung umzustellen. Der Grund waren die – damals – niedrigen sowjetischen Preise für Öllieferungen. Das Elektrifizierungsprogramm wurde weitgehend gestoppt und stattdessen mit der „Verdieselung" begonnen. Während der Anteil der Diesel-Traktion 1965 erst bei 2,5% gelegen war (damals überwog noch die Dampflok-Traktion), erreichte er 1980 72%. 1978 hob die Sowjetunion den Preis für das gelieferte Erdöl auf das – nach der Ölkrise 1973 enorm angestiegene – Weltmarktniveau an. Das Programm zur Elektrifizierung der Reichsbahnstrecken musste reaktiviert werden.[18] Angesichts der schwierigen Ausgangslage des DDR-Schienenverkehrs sind einige Ergebnisse der Verkehrsentwicklung dann wieder erstaunlich. Analog zu Tabelle 10 zu Westdeutschland liefert Tabelle 11 einen Überblick über die Verkehrsentwicklung in der DDR.

Der einzige Bereich, in dem in der DDR – insbesondere ab Mitte der 1970er Jahre – eine grundsätzlich andere Verkehrspolitik verfolgt wurde als im Westen, war der Güterverkehr. Auch hier war, wie im Westen, zu Beginn der 1950er Jahre die Schiene führend. Diese Position wurde bis Anfang der 1970er Jahre durch das Anwachsen des Lkw-Verkehrs untergraben, der bis 1970 knapp 30% Marktanteil auf sich ziehen konnte.[19] Danach kam es zu einer drastischen „Wende zurück zur Schiene". 1987 erreichte die Reichsbahn im Güterverkehr wieder einen Anteil von knapp 77%. Diese in einem insgesamt weiter wachsenden Verkehrsmarkt erzielte Position wurde mit steil ansteigenden absoluten Transportleistungen erreicht: 1987 lagen diese mit 77 Mrd. Tonnenkilometern höher als die Transportleistungen der Bundesbahn. Angesichts des schlechten Zustandes des Schienennetzes und der begrenzten Kapazitäten beim rollenden Material war dies mit einer Überlastung des Unternehmens Reichsbahn und seiner Beschäftigten verbunden. Der entscheidende Grund für die neuerliche Steigerung der Gütertransporte auf den Schienen lag in den gestiegenen Energiepreisen, die die Sowjetunion ab Mitte der 1970er Jahre von der DDR verlangte.

Der Personenverkehr bietet ein völlig anderes Bild. Hier gibt es eine kontinuierliche Entwicklung weg von der Schiene und hin zum Pkw. Zunächst einmal

Tabelle 11: Personen- und Güterverkehr in der DDR 1950-1987[20]

Verkehrsträger	1950	1960	1970	1980	1982	1987
Personenverkehr	**in Mrd. pkm**					
Eisenbahn/Reichsbahn gesamt	–	15,0	17,6	23,1	24,7	22,6
Pkw-Verkehr (MIV)	–	9,0	19,0	48,0	49,0	59,0
	Anteile in v.H.					
Schienenverkehr	–	34,6	28,8	22,5	23,9	19,8
Übriger öffentlicher Verkehr*	–	43,8	38,6	28,8	26,5	26,0
Summe Schiene + übriger ÖV	–	*78,4*	*67,4*	*51,3*	*50,4*	*45,8*
Luftverkehr	–	0,9	1,5	1,9	2,2	2,5
Pkw-Verkehr (MIV)	–	20,7	31,1	46,8	47,4	51,7
Gesamter Verkehr (ohne nichtmot. Verkehr)		100	100	100	100	100
in Mrd. pkm		43,4	61,1	102,7	103,4	114,0
Güterverkehr	**in Mrd. tkm**					
Schienengüterverkehr (RB)	15,1	32,8	41,5	56,4	54,0	76,7
Lkw-Verkehr (Kraftverkehr)**	1,9	5,0	18,3	21,0	16,2	15,6
	Anteile in v.H.					
Schienengüterverkehr	81	82	67	71	74	77
Lkw-Verkehr	10	12	29	26	23	20
Binnenschifffahrt	8	6	4	3	3	3
Gesamt	100	100	100	100	100	100
in Mrd. tkm	18,6	40,1	62,1	79,6	72,5	99,6

* „Straßenverkehr“ (= Straßenbahnen und Busse)
** einschließlich Werksverkehr (Kfz-Verkehr mit VEB-eigenen Fahrzeugen)

wuchsen die Personenverkehrsleistungen der Reichsbahn von den 1960er Jahren bis 1982 kontinuierlich auf rund 25 Mrd. Personenkilometer an. Danach gab es bis 1987 einen ersten Knick. Allerdings folgte dann bis 1989 (auf der Tabelle nicht erfasst) eine nochmalige Steigerung auf gut 27 Mrd. Personenkilometer. In der BRD mit einer knapp viermal größeren Bevölkerung ereichte die Bundesbahn im selben Jahr 43 Mrd. Personenkilometer. Dennoch sank in der DDR der Anteil der Eisenbahn an den gesamten Leistungen im motorisierten Verkehr kontinuierlich. Dies wurde teilweise durch den übrigen öffentlichen Verkehr wettgemacht: Die Leistungen von Straßenbahnen und Bussen stiegen bis zum Ende der DDR in absoluter Höhe. Teilweise wuchs auch der Anteil dieser Verkehre, sodass der öffentliche Verkehr insgesamt in Form von Reichsbahn, Bussen und Straßenbahnen noch bis zum Jahr 1982 dominierte. Anders als im Westen wurden die Städte (noch) nicht vom Pkw-Verkehr erobert; Ende der 1980er Jahre dominierten hier noch die öffentlichen Verkehrsmittel. So zählten die Verkehrsbetriebe Ostberlins (BVB) 1986 knapp 600 Mio. Fahrgäste; die des weit größeren Westberlin (BVG) kamen auf 700 Mio. Fahrgäste.[21]

Deutlich ist jedoch, dass es auch in der DDR eine individuelle Motorisierung mit Pkws und ab Beginn der 1980er Jahre eine Massenmotorisierung gab. Ende der 1980er Jahre hatte die Verkehrsleistung mit Pkws erstmals mehr als die Hälfte aller motorisierten Verkehrsleistungen auf sich vereint. Auch wenn dies wie eine symbolträchtige „Punktlandung" erscheint, war es doch eher ein Zufall, dass in der DDR wenige Monate vor ihrem Anschluss an die Bundesrepublik gewissermaßen der Anschluss an die Autogesellschaft erreicht worden war.

Auch hier gab es konkrete politische Vorgaben, die diese Entwicklung erst ermöglichten. So kam es zu einer kontinuierlichen und weitreichenden Verbilligung der Kosten für den Kauf und Unterhalt von Pkws.[22] Die eingangs skizzierte Verkehrswegepolitik, die auch in der DDR auf den Straßenbau setzte, zählt dazu. Sie wurde um die beschriebenen Fehler in der Schienenpolitik und in den 1980er Jahren um eine systematische Unterinvestition bei der Reichsbahn ergänzt, ein Fahren auf Verschleiß, sodass die Qualität des Schienenverkehrs weit hinter den Möglichkeiten und Ansprüchen zurückblieb.[23]

Es gab einen politischen Hintergrund für diese Verkehrspolitik: Da auch in der DDR-Gesellschaft die Mehrheit der Bevölkerung von den großen politischen Entscheidungen ausgeschlossen blieb, stellte das eigene Auto, gepaart mit der „Datsche", eine wichtige private Fluchtmöglichkeit dar. Umgekehrt: Hätte sich das SED-Politbüro den Wünschen nach massenhaftem Pkw-Besitz verweigert, hätte dies unter der Bedingung des bestehenden, nicht demokratisch legitimierten SED-Regimes zu einem deutlich früheren Zeitpunkt in eine offene politische Krise führen können. Dies wurde auch durch Verkehrswissenschaftler der Hochschule für Verkehr „Friedrich List" Dresden Mitte der 1980er Jahren deutlich, die dafür plädierten, im Personenverkehr eine klare Option auf die Schiene vorzunehmen und u.a. die Reichsbahn in Form eines vertakteten Fernverkehrssystems zu modernisieren. Dies hätte jedoch eine Umschichtung der Ressourcen im gesamten Verkehrssektor – weg von der Straße, hin zur Schiene und zum öffentlichen Verkehr – sowie eine Verteuerung des Pkw-Verkehrs zur Kofinanzierung der Verkehrswende impliziert, was das SED-Politbüro ablehnte.[24]

Die individuelle Massenmotorisierung wurde in der DDR zu einem großen Teil von dem Pkw-Modell „Trabant" getragen, das 1957-1990 im VEB Sachsenring Automobilwerke in Zwickau mit 3 Mio. Einheiten gefertigt wurde. Dabei wurden zur Bindung der Bevölkerung an dieses Verkehrsmodell Mittel gewählt, wie sie vom kapitalistischen Vorbild bekannt sind. In einer DDR-Publikation, die sich ausschließlich an das befreundete Ausland richtete, heißt es: „Im April 1984 wurde ein 34jähriger Berliner Arbeiter das 77.000ste Mitglied des Allgemeinen Deutschen Motorsport Verbandes (ADMV). Mitglieder dieses Clubs können zwischen 18 Disziplinen von Motorsport-Autorennen wählen ... Das Land ist überzogen von einem Netzwerk mit 600 Motorclubs. Die Clubs sind besonders stolz darauf, daß sie in den letzten Jahren 8.000 Jugendliche im Alter von 14 bis 18 Jahren für ihren Sport gewonnen haben. ... Es gibt noch ein anderes Gebiet der Aktivitäten der DDR-Motorsport-Aktivisten: Sie widmen sich in Gruppen der Straßenverkehrssicherheit ... Aber die interessanteste Freizeitbeschäftigung für Motorsportfans bleiben die Rennen. 1984 wurden 180.000 Besucher gezählt, die die Drei-Tage-Rallye an der berühmten, 7,631 Kilometer langen Rennstrecke am Schleizer Dreieck im Süden der DDR inmitten all dem Dröhnen der Maschinen verfolgten."[25]

Deutsch-deutsche Autogesellschaft 1990-2006

Das Zugeständnis, auf dem Gebiet der Verkehrspolitik den westlichen Weg zu gehen, brachte – so wie andere Zugeständnisse auf dem Gebiet des Konsums und der Reiseerleichterungen – der SED-Nomenklatura nur einen zeitlichen Aufschub. In den letzten Monaten der Existenz der DDR kamen zwar bereits 238 Pkws auf 1.000 Einwohner. Erreicht war eine Pkw-Dichte, die weitgehend derjenigen von Japan entsprach. Doch der Maßstab war die BRD, in der zum selben Zeitpunkt ziemlich exakt die doppelt so hohe Pkw-Dichte (482 Pkws je 1.000 Einwohner) registriert wurde. Anders ausgedrückt: Die Pkw-Dichte der DDR Mitte 1990 entsprach der Pkw-Dichte der BRD 1970. Man hinkte „nur" zwei Dekaden hinterher. Die Mehrheit der DDR-Bürgerinnen und -Bürger wollte jedoch keine zwei Jahrzehnte – immerhin zweimal die durchschnittliche Wartezeit auf einen Wartburg![26] – mehr warten.

Die Wiedervereinigung der beiden deutschen Autogesellschaften brachte hinsichtlich der Pkw-Motorisierung der neuen Länder einen atemberaubenden Aufholprozess. Tabelle 12, die die Entwicklung der Pkw-Dichte auf deutschem Boden von 1938 bis 2006 zeigt, liefert die Zahlen zur Massenmotorisierung Ost.

Bereits im Jahr 2000 war die Pkw-Dichte in den neuen Bundesländern mit 497 Pkws je 1.000 Einwohner mehr als doppelt so hoch wie im letzten Jahr der DDR. Gleichzeitig lag sie nur noch unwesentlich unter dem gesamtdeutschen Wert von 520 Pkws auf 1.000 Einwohner. In Ost- wie Westdeutschland konnten jetzt alle Einwohner des Landes, Greise und Säuglinge eingeschlossen, auf den beiden Vordersitzen der gesamtdeutschen Pkw-Flotte Platz nehmen. 2005 und 2006 wurden mit 550 und 560 Pkws je 1.000 Einwohner neue Motorisierungsrekorde erreicht, wie sie bisher nur aus den USA bekannt gewesen waren. Die Differenz Ost-West wurde weiter nivelliert, was vor allem dann deutlich wird, wenn man (in der Ta-

Tabelle 12: Massenmotorisierung 1938-2006: Pkw-Bestand und Pkw-Dichte im Deutschen Reich (1938), in der BRD/DDR, im vereinten Deutschland und in den neuen Bundesländern[27]

	1938	1960	1970	1980	1990	1990	2000	2005	2006
	Dt. Reich	BRD				BRD			
Pkws in Mio.	0,7	4,5	13,9	23,2	30,7	34,5	42,8	45,4	46,1
Bevölkerung in Mio.	68,6	55,4	61,0	61,6	63,7	79,7	82,3	82,5	82,5
Pkws je 1.000 Einw.	11	81	228	377	482	433	520	550	558
		DDR				Neue Länder			
Pkws in Mio.	–	0,6	1,2	2,7	3,8	(3,8)	7,5	8,4*	7,1**
Bevölkerung in Mio.	–	17,2	17,1	16,7	16,0	(16,0)	15,1	16,7*	13,3**
Pkws je 1.000 Einw.	–	35	70	162	238	(238)	497	503*	541**

* einschließlich Berlin (gesamt)
** 2005, jedoch ohne Berlin (gesamt); nur fünf neue Länder

belle in der letzten Spalte und hier in den drei letzten Zeilen) nur die fünf östlichen Flächenstaaten (ohne Berlin) mit Gesamtdeutschland vergleicht.[28] Während es bei allen relevanten sozialen Vergleichsdaten noch ein deutliches West-Ost-Gefälle gibt – die Erwerbslosenquoten im Osten liegen beim Doppelten der westlichen; das Niveau der Haushaltseinkommen im Osten erreicht nur 75 bis 80% des westlichen –, wurde im Bereich der Automotorisierung die Gleichheit hergestellt. Die Voraussetzung für diesen Prozess war auch hier ein massiver Ausbau des Straßennetzes. Im Zeitraum 1992-2005 entstanden in den neuen Ländern allein 5.000 zusätzliche Kilometer beim Straßennetz des „überörtlichen Verkehrs“, davon knapp 1.000 zusätzliche Autobahnkilometer. Weitere Tausende Kilometer Gemeindestraßen wurden gebaut. Die Straßeninfrastruktur wurde vor allem durch den Ausbau bestehender Verkehrswege verbessert: Straßen wurden verbreitert und erhielten zusätzliche Fahrbahnen und neue Beläge; Umgehungsstraßen und Begradigungen wurden gebaut.

Endlich auf dem richtigen Gleis?

Nach der gesamtdeutschen Wende hofften viele auf eine solche im Hinblick auf die Verkehrspolitik, in deren Zentrum der schienengebundene Verkehr stehen würde. Dies galt für den Stadtverkehr ebenso wie für die Eisenbahn. So veröffentlichten die West- und Ostberliner Verkehrsverbünde BVG und BVB 1990 eine gemeinsame Studie, in der sie für eine schnelle Verlängerung der bestehenden ostdeutschen Straßenbahnen in den Westteil der Stadt eintraten, in dem die Tram in den 1960er Jahren aus dem Straßenbild verschwunden war. Die Pläne wurden gestoppt. Stattdessen verlor die bestehende Ostberliner Straßenbahn binnen zweier Jahre ein Viertel ihrer Fahrgäste.[29] Vergleichbares geschah auf dem Gebiet der Eisenbahnen: Als der Vorstand der Bundesbahn anstrebte, die beiden Eisenbahnen in Ost und West möglichst schnell zusammenzuführen und die Gunst der Stunde für eine Offensive auf Schienen zu nutzen, wurde der Vorstandsvorsitzende der Deutschen Bundesbahn, Reiner Gohlke, zurückgepfiffen. Bundesverkehrsminister Zimmermann ließ übermitteln, angesagt sei „eine Aufeinander-zu-Entwicklung der beiden Bahnen und nicht eine sofortige Vereinigung".[30] Die Reichsbahn verlor binnen dreier Jahre die Hälfte ihrer Fahrgäste und zwei Drittel ihres Gütertransportvolumens. Noch nie in der Geschichte der deutschen Eisenbahnen hatte es einen derart abrupten Einbruch gegeben.[31]

Während der Straßenbau schon Ende 1990 bundeseinheitlich vorangetrieben und die Binnenschifffahrt umgehend einheitlich organisiert wurde, während das Lkw-Gewerbe beinahe über Nacht als ein gesamtdeutsches – westlich beherrschtes – agierte und ab 1991 die Lufthansa den Flugverkehr beherrschte, während selbst so äußerst diffizile Gebilde wie die beiden deutschen Währungen bereits 1990 verschmolzen wurden, operierten Bundesbahn und Reichsbahn noch dreieinviertel Jahre nach der Vereinigung als getrennte Bahngesellschaften. Sie belasteten auf diese Weise die Steuerzahlenden mit einigen Dutzend Milliarden Mark, weil mögliche Synergieeffekte nicht genutzt und die Defizite der Bundesbahn gesteigert wurden sowie erste gewaltige Defizite der Reichsbahn entstanden. Vor allem aber wurden auf diese Weise bestehende Startchancen für eine „Offensive Schiene" vergeben und Scheunentore für die beschriebene Massenmotorisierung Ost *einschließlich* der weiter schnell steigenden Pkw-Dichte in Westdeutschland geöffnet. Im Sommer 1990 löste Heinz Dürr Reiner Gohlke an der Spitze der Bundesbahn ab und wurde bald darauf auch Reichsbahnchef. Doch es blieb bei den formal zwei Gesellschaften. Mit Heinz Dürr stand nun erstmals an der Spitze der Eisenbahn in Deutschland ein Mann, der als Eigentümer eines weltweit führenden Automobilzulieferers Interessen vertrat, die konträr zum Schienenverkehr waren.[32]

Eine Begründung für die fortdauernde formelle Trennung in zwei Bahngesellschaften – die gleichzeitig zentralistisch als Einheitsgesellschaft geführt wurden[33] – lautete: Es gelte, in Bälde eine „Bahnreform" zu realisieren. Die Vereinigung von Bundesbahn und Reichsbahn in einer neuen Gesellschaft, der Deutschen Bahn AG, wäre dann die „Stunde null" der wiedervereinten deutschen Bahnen. Als „erstes Ziel der Bahnreform" wurde genannt, „mehr Verkehr auf die Schiene" zu bringen.[34] Sodann sollten die Kosten für die Steuerzahlenden reduziert und schließlich die Bahn endlich in ein Serviceunternehmen, also in einen fahrgastfreundlichen Betrieb, umgewandelt werden.

Im Dezember 1993 wurde die Bahnreform beschlossen. Seit Januar 1994 besteht die Eisenbahn in Deutschland in der Unternehmensform einer Aktiengesellschaft. Im Januar 1994 wurden alle aufgelaufenen Schulden von Reichsbahn und Bundesbahn auf den Bund übertragen. Die staatlichen Unterstützungen für die Schiene – insbesondere diejenigen für den Nahverkehr – wurden deutlich erhöht. Die DB AG startete Anfang 1994 schuldenfrei in eine scheinbar „bahnsinnige Zu(g)-kunft". Dennoch ist die Bilanz 13 Jahre nach dem Start der DB AG negativ. Sie sieht konkretisiert für die drei zitierten Ziele wie folgt aus:

Position der Schiene im Verkehrsmarkt: Laut Ausgabe der offiziellen Verkehrsstatistik „Verkehr in Zahlen" hat die Schiene im Zeitraum 1993-2006 im Fernverkehr an Boden verloren. Im Güterverkehr hat sie die Position gehalten. Im Nahverkehr konnten die Anteile nach der offiziellen Statistik gesteigert werden.[35] Allerdings ist das ein Bereich, in dem die DB AG nachweislich die Zahlen „schöngerechnet" hat.[36]

Kosten: Der Bund zahlte 2005 laut Bundesregierung mehr an staatlichen Geldern für die Schiene – DB AG, Infrastruktur und Bundeseisenbahnvermögen BEV –, als vor 1994 in die Schiene flossen. Es sind jährlich zusammen rund 12 Mrd. Euro. Hinzu kommen rund 5 Mrd. Euro an Ausgleichszahlungen für Beamtengehälter.[37] Gleichzeitig war die DB AG Ende 2006 mit 25 Mrd. Euro hoch verschuldet. Die in 13 Jahren aufgehäufte Schuldenlast liegt fast so hoch wie diejenige, die die Bundesbahn im Zeitraum 1949-1993, also in 44 Jahren, auftürmte.[38]

Kundenfreundlichkeit: Im Ranking unter allen großen Unternehmen landet die DB AG in der Regel auf dem letzten Platz. Die Bahn gilt allgemein als kundenfeindlich – was in der Regel nicht am Personal, oft aber am Personalmangel liegt.

Die Gesamtbilanz des Schienenverkehrs im Zeitraum 1991-2005 wird in Tabelle 13 wiedergegeben. Demnach sank der Anteil der Schiene in beiden Bereichen des Verkehrsmarktes bis 2003. Im Personenverkehr war es allein die Entwicklung im Nahverkehr, die die zeitweiligen Einbrüche und die Stagnation im Fernverkehr nivellierte. Allerdings müssen gerade diese Zahlen, wie dargelegt, in Frage gestellt werden. Im Schienenpersonenfernverkehr kam es bis 2003 sogar zu einem absoluten Rückgang der Leistung. In den darauf folgenden Jahren gab es in allen drei Bereichen deutliche Zugewinne. Insgesamt konnten so wieder die Anteile von Anfang der 1990er Jahre erreicht werden. Von Anteilszugewinnen kann nur beim Nahverkehr gesprochen werden – mit den zwei wichtigen Relativierungen: eine fragwürdige Datenbasis sowie deutlich höhere (und bis 2010 wieder deutlich sinkende) Bundeszuschüsse.

Tabelle 13: Entwicklung des Güter- und Personenverkehrs auf Schienen im Zeitraum 1991-2005[39]

	1991	1993	1994	2000	2003	2004	2006
Personenverkehr							
Eisenbahnen in Mrd. pkm	57,0	63,4	65,2	75,4	71,3	72.6	78,2
davon:							
- Schienenpersonennahverkehr	23,3	29.9	30,3	39,2	39,7	40,2	23,3
- Schienenpersonenfernverkehr	33,7	33,5	34,8	36,2	31,6	32,4	35,0
- Anteil der Schiene am gesamten Personenverkehrsmarkt in v.H.	6,5	7,0	6,6	7,2	6,6	6,6	6,9
Güterverkehr							
- Eisenbahnen/Binnenverkehr in Mrd. tkm	82,2	65,6	70,7	77,5	79,8	86,4	100
- Anteil der Schiene am gesamten Güterverkehrsmarkt	20,6	16,8	16,8	15,3	15,5	15,8	17,5

Oft wird argumentiert, im Unterschied zur DB AG hätten die „wirklich privaten Bahnbetreiber" eine positive Bilanz vorzuweisen. Dies wird als Teilerfolg der Bahnreform interpretiert. Private Bahnbetreiber gibt es in zwei Bereichen: im Personennahverkehr und im Güterverkehr. Beim Letztgenannten sind die Privaten dort erfolgreich, wo die DB AG – oft aus Unfähigkeit – freiwillig das Feld räumt oder wo (z.B. im Chemie-Bereich) Transporte über größere Entfernungen gefahren werden. Dies läuft fast immer auf „Rosinenpickerei" hinaus. Gleichzeitig findet eine weitreichende Umstrukturierung des Güterverkehrs mit der Konzentration auf Transporte über weite Entfernungen und der Kappung jeglichen regionalen Güterverkehrs statt.[40]

Im Schienenpersonenverkehr konzentrieren sich die Privaten zu 98% auf den Nah- und Regionalverkehr. Damit engagieren sie sich in einem hoch subventionierten Segment. Die Hälfte bis zwei Drittel der Einnahmen in diesem Bereich sind so genannte Regionalisierungsgelder – Bundesgelder, die den Ländern zum Bestellen des Nahverkehrs zufließen. Es gibt hier wenig Wettbewerb um die Kundschaft, wohl aber einen harten Konkurrenzkampf um staatliche Gelder. Dabei gewinnt oft derjenige mit dem härtesten Sozialdumping. Dabei erzielt die Nahverkehrstochter der DB AG, DB Regio, vergleichbar hohe Gewinne wie die Privaten. Der in der Bilanz für 2006 ausgewiesene Jahresgewinn der DB AG von 2,1 Mrd. Euro geht zu gut einem Viertel nur auf die – durch Subventionen erzielten – Gewinne im Nahverkehr (DB Regio) zurück.[41]

Die Teilerfolge im Nahverkehr betreffen den Fahrgastanstieg und das in Teilbereichen verbesserte Angebot. Gleichzeitig kam es zu Revitalisierungen von Strecken und Bahnhöfen. Diese Erfolge verbuchten einige private Betreiber ebenso wie einige Bahnen, die sich in öffentlichem Eigentum befinden. Zu den Letztgenannten zählen die oberschwäbische Gaißbockbahn (Eigentum des Bodenseekreises), die Usedomer Bäderbahn (Tochtergesellschaft der DB AG) und die Karlsruher Verkehrsbetriebe (Eigentum der Stadt Karlsruhe). Die wesentlichen Ursachen für die Erfolge im Nahverkehr liegen offenkundig nicht in der Unternehmensform, sondern in Dezentralität, relativer Bürgernähe und einem Abbau an Zentralismus. Die wesentliche Voraussetzung für diese Erfolge besteht allerdings darin, dass mit dem Regionalisierungsgesetz eine gute finanzielle Grundlage geschaffen wurde. Diese ist jedoch mit der Novellierung dieses Gesetzes 2001 und mit den 2006 beschlossenen Kürzungen der Mittel in Frage gestellt.[42]

Hochgeschwindigkeit, Schnäppchenjagd und Belegschaftsabbau

Rund 60% aller Investitionen der DB AG im Zeitraum 1994-2005 flossen in Hochgeschwindigkeitsstrecken oder in mit Hochgeschwindigkeit und Geschäftsreiseverkehr verbundene Projekte.[43] Die Anteile des Hochgeschwindigkeitsverkehrs und des Geschäftsreiseverkehrs am gesamten Schienenpersonenverkehr werden dabei jedoch systematisch überschätzt. Selbst im Fernverkehr liegt der Anteil der Geschäftsreisenden nur bei 20%; ihr Anteil an den Erlösen macht 25-30% aus. 90% des Schienenverkehrsaufkommens entfallen auf Bahnfahrten unter 50 Kilometern. Gemessen an der Verkehrsleistung (Personenkilometer) sind es immer noch 50%, die im Schienenpersonennahverkehr (SPNV) anfallen. Nimmt man *nur* den Bahnfernverkehr, liegt die durchschnittliche Reiseweite je Fernverkehrsfahrt auf Schienen bei 240 Kilometern. Die Hälfte des Fernverkehrs findet auf Verbindungen statt, bei denen die Supergeschwindigkeiten sekundär sind und Faktoren wie Fahrpreis, Umsteigehäufigkeit, Pünktlichkeit, Anbindung an Quelle und Ziel sowie Sitzplatzgarantie (auch ohne Reservierung) etc. eine weit wichtigere Rolle spielen.

Parallel zur Konzentration auf Hochgeschwindigkeit hat sich die Deutsche Bahn AG aus der Fläche immer mehr zurückgezogen. Zwischen 1993 und 2006 wurden mehr als 5.500 Kilometer Schienenstrecken stillgelegt. Im Zeitraum 1965-1990 wurden im westdeutschen Schienennetz 3.500 Kilometer oder 140 Kilometer pro Jahr abgebaut. Das Netz der Reichsbahn blieb fast komplett erhalten. In den Zeiten der Deutschen Bahn AG lag der jährliche Abbau mit 420 Kilometern dreimal höher.[44]

Am 15. Dezember 2002 wurde eine Zuggattung des Fernverkehrs abgeschafft: der InterRegio (IR), eine 1988 mit bescheidenen Mitteln eingerichtete und äußerst erfolgreiche Zuggattung, die zu akzeptablen Preisen, mit gutem Reisekomfort und einem qualitativ hohen Serviceangebot solche Regionen in den Fernverkehr einband, die mit IC/EC und ICE nicht erreicht werden. Mit dem Tod des IR wurden ganze Regionen wie Oberschwaben, Ostfriesland, Teile der Ostseeküste, Südsachsen und Südthüringen weitgehend vom Fernverkehr abgehängt. Für die Abschaffung des IR gibt es keine überzeugenden betriebswirtschaftlichen Gründe.[45] Maßgeblich für die Stilllegung des IR waren ideologische Faktoren: Das Top-Bahnmanagement wollte sich nicht eingestehen, dass ein konventioneller Zug deutlich erfolgreicher sein konnte als der Hightech-Zug ICE. Karl-Dieter Bodack, Erfinder des InterRegio und viele Jahre lang Bahnmanager, hat diesen selbstzerstörerischen Prozess der Deutschen Bahn AG überzeugend nachgezeichnet.[46]

Die Tatsache, dass die Verkehrsleistungen im Fernverkehr des Jahres 2006 faktisch gleich hoch waren wie im Jahr 1994, stellt ein vernichtendes Urteil dar. In diesem Zeitraum wurden Investitionen im Wert von rund 50 Mrd. Euro in den Fernverkehr getätigt, insbesondere in die ICE-Strecken und überwiegend finanziert mit öffentlichen Geldern. Das folgt allerdings einer inneren Logik: Wenn die Verzweigungen und Verästelungen eines Baums gekappt werden, stockt die lebensnotwendige Zufuhr zum Stamm. Dann verdorren zunehmend auch starke Äste.

Seit der Bahnreform kam es zu einem flächendeckenden Abbau von Service: Tausende Schalter und rund 600 Bahnhöfe wurden geschlossen. Wer kein Internet-Surfer und kein Liebhaber von Automaten ist, hat bei der DB AG immer öfter das Nachsehen; er muss für seine Tickets mehr bezahlen, immer längere Wege in Kauf nehmen und mit immer neuen Unannehmlichkeiten rechnen. Dieses eigenartige Grundverständnis von Service manifestierte sich in der Ende 2002 eingeführten Bahnpreisreform PEP. Seither gibt es keine nachvollziehbaren Kosten je gefahrene Kilometer mehr, sondern stattdessen rund 22 Millionen einzelne Fahrpreise für alle denkbaren Verbindungen. PEP sollte darauf orientieren, dass jeder, der preiswert Bahn fahren will, mehrere Tage vor Fahrtantritt einen Zug fest bucht und auch für die Rückfahrt den Zug fest ordert. Es hieß, die Fahrgäste müssten „umlernen", was eher an die Sprache eines SED-Politbüros erinnert als an ein kundenfreundliches Unternehmen.[47]

Die DB AG musste Mitte 2003 zentrale Aspekte von PEP revidieren, weil Millionen Fahrgäste der Bahn den Rücken kehrten. Allerdings sind maßgebliche Elemente des Systems weiter existent: Es gibt immer noch keine Tariftransparenz, sondern die genannten 22 Millionen Einzelpreise des „Loco-Systems" (Ort-zu-Ort). Vor allem gibt es keine Orientierung auf eine „So-da-Eisenbahn", eine Eisenbahn, die schlicht so da ist, bei der man „einfach zusteigen und losfahren" kann. Es gibt keine Konzentration auf die traditionelle Kundschaft und keine Politik ihrer Bindung an das Unternehmen. Dies zeigt sich exemplarisch bei der BahnCard 50. Im Vorfeld der Bahnreform kämpften Umweltverbände und der Verkehrsclub Deutschland (VCD) für ein „Halbpreisticket", wie es dies in der Schweiz bereits erfolgreich gab. Es wurde spät eingeführt – und zu einem relativ hohen Preis. Mit PEP wurde

Ende 2004 die BahnCard 50 abgeschafft und stattdessen die Schnäppchenjäger-BahnCard 25 eingeführt. Noch Ende Mai 2003, als bereits Hunderttausende Fahrgäste mit den Füßen abgestimmt hatten, stellte der Bahnchef klar: „Die alte BahnCard wird es nie wieder geben.“[48] Die heftigen Proteste gegen die Bahnpreisreform führten kurz darauf zur Wiedereinführung der BahnCard 50. Doch gibt es diese jetzt zusammen mit der weiter existierenden BahnCard 25, was zur Verwirrung und Desorientierung beiträgt. Gleichzeitig wurde der BC50-Preis willkürlich um 40% erhöht – von 140 auf 200 Euro (2007: 208 Euro). Schließlich wird die Philosophie dieser „Mobilitätskarte“ immer wieder durch neue Sonderangebote konterkariert, bei denen die BahnCard 50 nicht verbilligend eingesetzt werden kann.

Die einzigen tariflichen Lichtblick sind die Entwicklung im Bereich „City plus“, womit mittlerweile der Vor- und Nachlauf in städtischen Regionen in den Ticket-Tarifen eingeschlossen ist, und der Ausbau der BahnCard 100 (der „Netzkarte“) in Richtung eines Generalabonnements nach Schweizer Modell, indem diese Karte auch für die ÖPNV-Nutzung in den meisten großen Städten Gültigkeit hat.

In kaum einem anderen Wirtschaftszweig kam es zu einem so tief greifenden Kahlschlag bei den Arbeitsplätzen wie im Schienenverkehr und bei der Bahntechnik. Ende 1993 gab es 365.000 Arbeitsplätze bei Bundesbahn und Reichsbahn sowie rund 100.000 Arbeitsplätze im Fahrzeugbau und in der Schienenfertigung. Ende 2006 waren es rund 185.000 im gesamten Schienenbereich und rund 50.000 in der Bahntechnik.[49] Die Beschäftigtenzahl wurde also in beiden Bereichen halbiert. Der Kahlschlag bei den Arbeitsplätzen wird oft damit begründet, es habe gleichzeitig enorme Fortschritte bei der „Produktivität je Beschäftigten“ gegeben.[50] Dies trifft nur zu einem Teil zu. Für die Bahn rechnete der Bundesrechnungshof 1999 vor, dass sich die Einsparungen bei den Personalausgaben weitgehend mit den Mehrausgaben für den Zukauf von Fremdleistungen decken. Letztere scheinen jedoch in der Gewinn- und Verlustrechnung nicht als Personalausgaben auf. Tatsächlich ist der radikale Personalabbau in erster Linie Ergebnis des flächendeckenden Abbaus von Service und der weitreichenden Arbeitsverdichtung bei denjenigen, die bei der Bahn noch Beschäftigung finden. Teilweise werden inzwischen auch Sicherheitsstandards berührt.[51] Die Identifikation der Bahnbeschäftigten mit dem Unternehmen war noch nie so niedrig wie heute. Eine interne Unternehmenskultur ist jedoch für ein Dienstleistungsunternehmen ein wichtiger Produktivkraftfaktor. Arbeitsplatzabbau und Arbeitsverdichtung sind integrale Bestandteile der schlechten Performance der Bahn.

Kapitel 11
USA – Japan – Europa 1950-2005: schöne neue Autowelt

Also, dieses Gerede von der Marktsättigung stimmt doch nicht. Von Marktsättigung wird schon seit 50 Jahren gesprochen. In den dreißiger Jahren glaubte man, wenn jeder Haushalt ein Auto habe, sei Schluß. Das war natürlich falsch. Inzwischen gibt es bereits viele Haushalte, die zwei oder drei Autos besitzen. Und es gibt noch genug, die nicht so weit sind.
Roger B. Smith, Chairman von General Motors, 1985

In Europa wurden in den letzten 30 Jahren alljährlich im Durchschnitt 600 km (Eisenbahn-)Strecken stillgelegt, während das Autobahnnetz um 1.200 km jährlich vergrößert wurde – Symptom des Niedergangs der Bahn.
Europäische Kommission, Weißbuch – Die europäische Verkehrspolitik bis 2010: Weichenstellungen für die Zukunft, Brüssel 2001, S. 35

Anfang der 1980er Jahre wurde unter Federführung des berühmten US-amerikanischen MIT (Massachusetts Institute of Technology) und mit Einbeziehung derjenigen sieben Staaten, die weltweit über die mächtigste Autoproduktion gebieten, in einem dreijährigen Prozess die Studie „The Future of the Automobile“ erstellt.[1] Die Autoren kamen unter Annahme einer Reihe günstiger Rahmenbedingungen, darunter einem durchschnittlichen Jahreswachstum der Weltwirtschaft um 2,5%, zu einem optimistischen Schluss: „Dies mündet in der mittelfristigen Vorhersage, wonach die weltweite Autoflotte zwischen 1979 und 1990 jährlich um 2,55 Prozent und zwischen 1990 und 2000 um 2,8 Prozent wachsen wird. In absoluten Zahlen wird der weltweite Bestand an Pkws von 310 Millionen Einheiten, die 1979 registriert waren, auf … 536 Millionen im Jahr 2000 anwachsen.“[2]

Die Rahmenbedingungen waren falsch. Das Wachstum des weltweiten Bruttonationalproduktes lag deutlich niedriger. In den westlichen Zentren Nordamerika, Westeuropa und Japan, auf die sich die Pkw-Motorisierung bis vor wenigen Jahren stützte, lag sie sogar nur gut halb so hoch wie erwartet. Dennoch überstieg das Wachstum der Pkw-Flotte die MIT-Prognose deutlich. Im Jahr 2000 gab es 600 Mio. Pkws, im Jahr 2005 waren es 650 Mio.[3] 1970, als viele im Westen, auch in Westdeutschland, von einer „Übermotorisierung“ sprachen, lag die Pkw-Zahl weltweit bei 200 Mio. Eine Verdreifachung dieser weltweiten Autoflotte in drei Jahrzehnten hätte niemand vorherzusagen gewagt; erst recht nicht, als es mit der Ölkrise 1973 und mit der darauf folgenden ersten weltweiten Rezession seit Kriegsende zu einer umfassenden Erschütterung des Fortschrittsglaubens im Allgemeinen und des Wachstumsfetischismus im Besonderen kam.[4] Mit viel Berechtigung hatte damals die prominente Sachverständigengruppe „Club of Rome“ unter Bezugnahme auf den Bericht von Dennis Meadows von den „Grenzen des Wachstums“ gesprochen. Die Warnung vor der Gefahr eines solchen Wachstums war berechtigt. Unterschätzt worden waren jedoch die dem Kapital innewohnenden Kräfte, die diesen spezifischen und zerstörerischen Wachstumsprozess vorantrieben. Die immanente Dynamik zur Automotorisierung wurde von Kräften gespeist, die weder der Club of Rome noch die MIT-Forscher in ihre Extrapolationsprogramme eingegeben hatten.

Vor zwei Dekaden war es kaum vorstellbar, welch hoher und weitgehend gleichmäßig hoher Motorisierungsgrad in den drei großen Zentren der Weltwirtschaft erreicht werden könnte. 2004 wurden in den USA 228 Mio., in der Europäischen Union mit 25 Mitgliedsstaaten (EU-25) 215 Mio. und in Japan 67 Mio. Pkws gezählt. In den USA kamen damit 770 Pkws auf 1.000 Menschen, in Japan waren es 530 und in der erweiterten Europäischen Union 469.[5] Bei der wenig ökologischen Aufteilung der Wahl der Verkehrsmittel („modal split“) sind die USA dem Rest der motorisierten Welt allerdings noch um ein paar Längen voraus. Dort entfallen im motorisierten Personenverkehr 96,6% der zurückgelegten Kilometer auf den Pkw- und Binnenluftverkehr. Die anderen Verkehrsträger gibt es nur noch in homöopathischer Dosierung: In der Europäischen Union hatten 2004 Pkws und innereuropäischer Luftverkehr zusammen 91,5% Marktanteile. Selbst auf dem Gebiet der Straßenverkehrstoten herrscht eine weitreichende Egalität: 2004 wurden in den USA 43.443 Menschen im Straßenverkehr getötet, in den 25 Mitgliedsländern der EU 41.274 und in Japan 6.871.[6]

Doch die Homogenität am Beginn des 21. Jahrhunderts täuscht. Bis in die 1970er und 1980er Jahre gab es hinsichtlich der Pkw-Dichte und bei der Wahl der Verkehrsmittel derart weitreichende Unterschiede, dass eine schnelle Nivellierung nicht zu erwarten war. 1980 kamen in den USA 537 Autos auf 1.000 Einwohner. In Großbritannien war die Pkw-Dichte halb so groß (276 Pkws auf 1.000 Menschen) und in Japan lag sie bei 38% (203 Pkws auf 1.000 Menschen) der US-amerikanischen. Als hoffnungslos zurückgeblieben mussten Länder wie Ungarn oder Polen gelten, wo sich 1.000 Menschen 85 bzw. 67 Pkws teilen mussten.[7] Während die USA weiterhin weit vorauseilten, wurden alle übrigen angeführten Länder bis 2005 auf ein vergleichbar hohes Niveau der Automotorisierung gebracht. Extrapoliert man die Werte des Jahres 2004 auf das Jahr 2007, so finden inzwischen in den genannten Staaten alle Einwohner auf den beiden Vordersitzen der Pkws des Landes Platz.

Die Frage, wie all das erreicht werden konnte, wird von den Vertretern der Marktwirtschaft in der Regel mit Verweisen auf das „menschliche Bedürfnis nach Mobilität“ und auf die „Gesetze des Marktes“ beantwortet. Diese Antwort überzeugt nicht. Entscheidend waren und sind die materiellen Vorgaben durch die Verkehrspolitik und hier insbesondere durch die Verkehrswegepolitik sowie durch die Schaffung neuer – und den Abbau und die Zerstörung bestehender – Infrastrukturen vorgegeben. Überspitzt formuliert: Wenn es nur kostengünstig genug angeboten wird, fliegen regelmäßig Millionen Europäer an ein und demselben Tag nach New York und zurück, um sich dort eine Schachtel Marlboro aus dem Automaten zu ziehen, und Millionen US-Amerikaner jetten für einen Abend nach Athen, um den Sonnenuntergang bei Kap Sounion zu genießen. It's the economy, stupid!

Überall in den drei Regionen wurde das Straßennetz im genannten Zeitraum massiv ausgebaut. In den USA begann ab Mitte der 1950er Jahre der Bau eines gewaltigen, den Kontinent umspannenden Highway-Netzes, das, ähnlich dem Reichsautobahnbau in der NS-Zeit, als Teil der nationalen Verteidigung entwickelt wurde. Die Länge des Highway-Netzes hat sich seit 1970 gut verdoppelt.[8] Das Autobahnnetz in Europa wurde in den Jahren 1970-2006 auf eine vierfache Länge gebracht. Gleichzeitig wurden die Schienennetze vor allem in der Fläche abgebaut. In den USA wurden die öffentlichen städtischen Verkehrssysteme und die Eisenbahnen wie beschrieben massiv beschädigt und vielfach komplett zerstört. In Europa haben sich die Angebote im öffentlichen Verkehr teilweise verschlechtert. Überall wurden die Angebote in der absoluten Höhe der Fahrpreise und vor allem relativ zu den Kosten des Autoverkehrs derart verteuert, dass der Umstieg auf den motorisierten Individualverkehr systematisch gefördert wurde.

Die Straßennetze übersteigen inzwischen alle Vorstellungen der 1970er Jahre. Sie haben in den drei hoch industrialisierten Regionen, gemessen an den unterschiedlich großen Flächen und der unterschiedlichen Bevölkerungszahl, eine weitgehend vergleichbare Dichte erreicht. In den USA gab es 2004 ein asphaltiertes Straßennetz mit einer Länge von 6.374.400 Kilometern, davon hat allein das Highway-Netz eine Ausdehnung von 91.000 Kilometern. In Europa (EU-25) gibt es 4.734.300 Kilometer asphaltierte Straßen; das Autobahnnetz hat eine Länge von 59.000 Kilometern. Japan wurde noch 1985 in einem deutschen Wirtschaftsblatt wie folgt kritisiert: „Nippon baut zwar eine ehrfurchtgebietende Blechlawine, aber keine Straßen … 49 Prozent des japanischen Straßennetzes sind nicht asphaltiert. Autobahnen und Schnellstraßen haben eine Länge von noch nicht 3.000 Kilometern erreicht.“[9] Derart triste Zeiten sind vorbei. Die Privatisierung der japanischen Staatsbahn JNR im Jahr 1987 und die lange Stagnationsphase der japanischen Ökonomie 1992-2002 mit ihren gewaltigen staatlichen Konjunkturprogrammen, die überwiegend der Straßeninfrastruktur galten, schufen ein Land mit 925.000 Kilometern asphaltierte Straßen, darunter 7.200 Kilometer Autobahnen.[10]

Abbau von Schienennetzen und städtischen Verkehrssystemen

Die scherenartige Auseinanderentwicklung von Schienen und Straßen ist in Europa für das Gebiet der 15 EU-Mitgliedsländer und über einen Zeitraum von 35 Jahren hinweg gut dokumentiert. Das Schienennetz hatte auf diesem Gebiet 1970 noch eine Länge von 175.274 Kilometern; 2004 waren es nur mehr 150.200; 25.074 Kilometer waren abgebaut worden. Das entspricht einem jährlichen Abbau von 738 Kilometern. Nimmt man differenziertere Untersuchungen vor, stellt sich heraus, dass der Abbau in den letzten zehn Jahren gegenüber den vorausgegangenen Dekaden deutlich angestiegen ist. Die gesamte Netzreduktion, zu der es in dieser Region in dreieinhalb Jahrzehnten kam, entspricht den addierten Netzen von Dänemark, Belgien, Luxemburg, Irland, Portugal, Österreich, Finnland und den Niederlanden.[11]

Die viel zitierten Hochgeschwindigkeitsstrecken wiesen 2004 EU-15-weit eine gesamte Streckenlänge von 4.240 Kilometern auf. Das entspricht 2,7% des gesamten Streckennetzes. Dabei konzentriert sich dieses Hochgeschwindigkeitsnetz fast komplett auf Frankreich (1.573 km), die BRD (1.202 km), Spanien (1.027 km), Italien (248 km) und Belgien (120 km).[12] Das Autobahnnetz auf dem Gebiet der 15 EU-Staaten hatte im Jahr 1970 eine Länge von 16.051 Kilometern, 2004 waren es 55.700. Es wurde im genannten Zeitraum um das 3,5fache vergrößert. Das gesamte EU-weite Straßennetz addiert sich damit – allerdings ohne die deutschen „Gemeindestraßen" – auf 3.788.780 km.[13]

So pauschal der europaweite Netzabbau im Schienenverkehr aussieht, so differenziert erfolgte die Entwicklung der Schieneninfrastruktur in den einzelnen Ländern. Über die weitreichende Kappung des deutschen Schienennetzes wurde bereits berichtet. Nach der EU-Statistik, die von den Betriebslängen der Netze ausgeht und auch Strecken berücksichtigt, auf denen es keinen Personenverkehr mehr gibt, verfügte Deutschland im Jahr 1970 über ein Schienennetz mit 43.777 Kilometern Länge; 2004 waren es nur mehr 34.700 Kilometer. Einen vergleichbar starken Netzabbau gab es nur in Frankreich – also ausgerechnet in dem Land, das wegen des Hochgeschwindigkeitsverkehrs als Vorbild gilt. Dort hatte das Schienennetz 1970 eine Länge von 37.600 Kilometern, 2004 waren es nur mehr 29.200 Kilometer. Hier fand der entscheidende Abbau zwischen 1970 und 1995 statt, also in den Jahren, als die Entscheidung für den TGV fiel und die ersten TGV-Linien aufgebaut wurden. Im Zusammenhang mit dem Ausbau sollte das französische Netz in den Jahren 1995-2000 um weitere 16.000 (!) Kilometer gekappt und gleichzeitig sollten 33.000 Beschäftigte der SNCF abgebaut werden. Dieses Vorhaben scheiterte als Ergebnis eines massiven Streiks der französischen Eisenbahnbeschäftigten im Dezember 1995. Allerdings dürfte das radikale Kappungsprojekt damit nur vertagt sein.[14]

Auch in Großbritannien, dem Land, das bei den europäischen Bahnprivatisierungen die Vorreiterrolle spielte, gab es im Zeitraum 1970-2004 einen deutlichen Netzabbau. Dort hatte das Gleisnetz 1970 eine Länge von 19.330 Kilometern, 2004 waren 16.500 Kilometer verblieben. Man muss allerdings wissen, dass im Mutterland der Eisenbahnen der entscheidende Netzabbau in den 1960er Jahren stattfand. Das britische Bahnnetz verfügte nach dem Zweiten Weltkrieg über 59.231 Streckenkilometer. Mehr als 25.000 Kilometer wurden in den 1960er Jahren im Rahmen des „Beeching-Plans" in einem einmaligen Akt zerstört. Das britische Beispiel könnte nicht nur mit Blick auf das Desaster der Bahnprivatisierung 1995, sondern auch auf die vorausgegangene Periode als warnendes Beispiel für die Gegenwart dienen. Oder wie es Andreas Kleber formulierte: „Dr. Beeching ist der Vater einer Irrlehre, die heute in manchen Verkehrsministerien und Bahnverwaltungen noch nicht ausgestorben ist: der Glaube, durch eine Schrumpfung des Streckennetzes zur Gesundung der Bahn beitragen zu können."[15]

In Schweden gab es vor allem in den 1980er Jahren einen deutlichen Netzabbau (1970: 12.203 km; 1980: 12.006 km; 1990: 10.925 km) und in den darauf folgenden Jahren wieder eine leichte Netzerweiterung (2004: 11.050 km). Einige Länder konnten ihr Schienennetz in diesem Zeitraum weitgehend erhalten – so in den Fällen Dänemark[16] und Finnland (5.804 km im Jahr 1970; 5.741 km im Jahr 2004). Einige konnten ihr Netz leicht ausbauen, so etwa Italien (von 16.073 km auf 16.236 km). Österreich erlebte im Zeitraum 1970-1990 einen Netzabbau von 5.901 auf 5.672 Kilometer und konnte seither das Schienennetz auf diesem Stand verteidigen.[17] So wichtig die Netzlängen sind – auch für eine Option auf die Zukunft –, so wenig sagen sie darüber aus, welche Verkehrsangebote auf ihnen gefahren werden. Das einzige Land, das seinen Netzbestand kontinuierlich hält, ihn in den letzten Jahren noch ausbaute und auf diesem Schienennetz flächendeckend ein qualitativ verbessertes Verkehrsangebot vorweisen kann, ist das Nicht-EU-Land Schweiz. Das schweizerische Schienennetz hatte 1970 eine Länge von 3.161 Kilometernn 2004 waren es 3.381 Kilometer.[18]

Der Abbau der europäischen Schienennetze wurde noch vor 1970 durch den Abbau schienengebundener innerstädtischer Verkehrssysteme ergänzt. Er erfolgte zwar nicht in der Brutalität und Konsequenz wie im Fall der US-amerikanischen öffentlichen Nahverkehrssysteme. Dennoch handelte es sich auch hier um einen einschneidenden Vorgang, der in vielen kleineren Städten den strukturellen Zwang zum Pkw-Besitz auslöste. Auf dem Gebiet der heutigen EU-15 gab es 1930 438 elektrisch betriebene Straßenbahn- und Light Rail-Systeme, ergänzt um acht U-Bahn-Systeme. Nach dem Zweiten Weltkrieg war die Zahl vergleichbar groß. 1970 war der Bestand dieser öffentlichen Personennahverkehrssysteme bereits auf ein Viertel reduziert worden: Es gab 108 Tram- und Light Rail-Systeme sowie 14 Metro-Bahnen. 2001 waren es nur mehr 102 Straßenbahn- und Light-Rail-Systeme sowie 28 Metro-Netze. Gleichzeitig wurde das Straßennetz innerhalb der Städte in der Netzlänge und hinsichtlich der Kapazität massiv ausgebaut. Die EU veröffentlicht dazu keine Zahlen.

In Westdeutschland wurde das innerörtliche Straßennetz als Teil der Kategorie der „Gemeindestraßen" allein im Zeitraum 1960-1990 von 110.100 auf 199.400 Kilometer ausgebaut. Es kann daher davon ausgegangen werden, dass, ähnlich wie in den USA, parallel mit dem Abbau effizienter schienengebundener Nahverkehrssysteme in ganz Europa das innerörtliche Straßennetz stark erweitert wurde, sodass auch hier die Infrastruktur-Vorgaben den motorisierten Individualverkehr und den Straßengüterverkehr bevorzugen. Die gleichzeitig vielerorts ausgedehnten Buslinien stellen nur unzureichendes Gegengewicht dar, da Busse für potenzielle Fahrgäste eine weit niedrigere Attraktivität haben als schienengebundene Verkehrssysteme. Gleichzeitig sind U-Bahnen, deren Ausbau nach dem Zweiten Weltkrieg betrieben wurde, für einen effizienten und finanzierbaren öffentlichen Stadtverkehr nicht optimal.[19] Dies lässt sich am Beispiel der Verkehrsgeschichte Westberlins dokumentieren, wo die Straßenbahn in den 1960er Jahren abgeschafft und der öffentliche Personennahverkehr (ÖPNV) weitgehend auf Busse und U-Bahnen verwiesen und damit deutlich abgebaut wurde.[20] Heiner Monheim betont in seiner Bilanz den engen Zusammenhang zwischen der Zerstörung der städtischen Nahverkehrssysteme und dem wachsenden Pkw-Besitz: „Es ist im nachhinein unverständlich, wie sich Politiker, Planer, Medien und Bürger so schnell und so deutlich von Bussen und Bahnen abwenden konnten, denn die meisten Städte besaßen bis in die 50er Jahre hinein ein ausgebautes, leistungsfähiges Verkehrssystem aus Bussen und Bahnen. Der öffentliche Verkehr war damals Hauptträger des motorisierten Stadtverkehrs … Busse und Bahnen waren ein gutes Geschäft und schrieben schwarze Zahlen … Sehr wirtschaftlich gedacht war es jedenfalls nicht, Jahr um Jahr Milliardenbeträge in den Aufbau eines neuen Autoverkehrssystems zu investieren, obwohl man schon ein gut funktionierendes Stadtverkehrssystem besaß, das man so zu ruinieren begann. Durch die systematische Vernachlässigung des öffentlichen Verkehrs und das Versäumen seines weiteren Ausbaus setzte die Massenbewegung zum Auto erst richtig ein."[21]

Die Entwicklung des Personenverkehrs in Europa 1970-2005

Die Entwicklung des Personenverkehrs in Europa ist im Wesentlichen eine Widerspiegelung des „Umbaus" der Verkehrswege-Infrastruktur. Die Leistungen im motorisierten Individualverkehr (Pkw) erhöhten sich auf dem EU-15-Gebiet von 1.600 Mrd. Personenkilometern im Jahr 1970 auf 4.100 Mrd. pkm im Jahr 2004; es gab eine Steigerung um das 2,6fache. Allerdings kam es zu einem kontinuierlich langsameren Wachstum: Im Zeitraum 1970-1980 lag die jährliche Wachstumsrate des motorisierten Individualverkehrs (MIV) bei 3,7%, im Jahrzehnt 1980-1990 bei 3,4% und 1991-2000 bei 1,7%. In den ersten vier Jahren des neuen Jahrhunderts waren es noch jahresdurchschnittlich 1,4%. Das größte Wachstum gab es dabei in den EU-Ländern, die zunächst einen niedrigeren Motorisierungsgrad aufwiesen als der EU-Durchschnitt und sich gewissermaßen in einem Aufholprozess befanden. Das galt vor allem für diejenigen Länder, die sich in den 1980er Jahren der EU angeschlossen hatten. So hat sich im angegebenen Zeitraum die Personenkilometerleistung im irischen Pkw-Verkehr mehr als verdreifacht, in Spanien vervierfacht, in Portugal mehr als versechsfacht und in Griechenland versiebenfacht. Die Europäische Union betrieb in dieser Periode eine gezielte Politik zur Förderung des Straßenbaus in diesen aus ihrer Sicht untermotorisierten Regionen. Für das Jahr 1994 zog der World Wide Fund of Nature (WWF) die Bilanz, dass „73 Prozent der für Verkehr bestimmten Gelder des EU-Strukturfonds in Straßenbau und Straßenverkehr flossen".[22]

Vor diesem Hintergrund ist es die berühmte Henne-und-Ei-Frage, ob am Anfang der Abbau des öffentlichen Verkehrs mit dem Aufbau eines ständig dichteren Straßennetzes oder aber der Wunsch nach Automotorisierung mit einem kontinuierlich wachsenden Pkw-Besitz stand. Jedenfalls kamen 1970 im Gebiet der EU-15 – also in der noch nicht nach Osten erweiterten Europäischen Union – 184 Pkws auf 1.000 Einwohner; 2004 waren es 503. Dabei sind allerdings Zweitwagen eingerechnet, sodass daraus keine direkten Rückschlüsse auf den Motorisierungsgrad der Haushalte gezogen werden können. Das allgemeine Wachstum des durchschnittlichen EU-Motorisierungsgrads liegt im Übrigen deutlich über dem Wachstum der MIV-Personenkilometerleistung. Einerseits sinkt die Fahrleistung je Pkw; andererseits kommt es zu einem abnehmenden Besetzungsgrad je Pkw. Die Pkw-Flotte vergrößert sich ständig, während gleichzeitig ihre Effizienz sinkt und Fahrzeuge primär als Stehzeuge fungieren.

Die in Eisenbahnen zurückgelegten Personenkilometer haben sich im Zeitraum 1970-2004 um 45% erhöht. Dieses Wachstum liegt damit deutlich unter demjenigen des motorisierten Individualverkehrs. Der Verkehr in Bussen und Reisebussen nahm in den EU-15-Staaten zwischen 1970 und 2004 um 56% zu, also weit stärker als der Eisenbahnverkehr. Teilweise wird damit bereits Schienenverkehr ersetzt. Die Personenverkehrsleistung mit Straßenbahnen und Metros stieg im genannten Zeitraum 1970-2004 um 50%. Allerdings fand das entscheidende Wachstum 1970-1995 statt und hat sich seither deutlich verlangsamt. Dabei muss berücksichtigt werden, dass die „Verstädterung", zu der es in den letzten drei Jahrzehnten kam, den innerstädtischen öffentlichen Verkehr stark begünstigte.

Der Luftverkehr innerhalb der EU (EU-15) ist der eigentliche große Gewinner im europäischen Personenverkehr. Er hat sich in den letzten drei Jahrzehnten mehr als vervierfacht. Dabei wuchs auch der reine Binnenflugverkehr – derjenige innerhalb der einzelnen EU-Mitgliedsstaaten, soweit diese einen Binnenflugverkehr aufweisen. In der Bundesrepublik Deutschland wurde 1991 eine Leistung von 5,8 Mrd. Personenkilometern im Binnenflug registriert. 2005 lag diese Leistung bei 9,5 Mrd. Personenkilometern. Allein dies müsste ein Alarmsignal sein: Während der Schienenfernverkehr auf deutschem Boden in diesem Zeitraum stagnierte, hat sich der Binnenflugverkehr fast verdoppelt.[23]

Die Berechnungen zur Verkehrsmarktentwicklung der EU („modal split") wurden in den letzten Jahren auf das größer gewordene Gebiet mit 25 Mitgliedsländern (EU-25) umgestellt. Auch existieren für diesen Raum nur Berechnungen ab dem Jahr 1995. Die langfristige Dynamik ist dadurch etwas weniger deutlich. Dennoch sind einige Daten aufschlussreich und neu – siehe Tabelle 14.

Tabelle 14: Verkehrsmarktentwicklung im Personenverkehr, EU-25 1995-2004[24]

	1995		**2000**		**2004**		**Wachstum 1995-2004**
Pkws	Mio. pkm	v.H.	Mio. pkm	v.H.	Mio. pkm	v.H.	
in Mio. pkm	3.787		4.196		4.458		17,7%
Anteil in v.H.		73,5		73,2		73,5	–
Motorrad							
in Mio. pkm	120		132		143		19,7%
Anteil in v.H.		2,3		2,3		2,4	–
EU-Binnen-Luftverkehr							
in Mio. pkm	324		440		482		48,8%
Anteil in v.H.		6,3		7,7		8,0	–
Eisenbahnen							
in Mio. pkm	324		353		352		8,6%
Anteil in v.H.		6,3		6,1		5,8	–
Busse/Reisebusse							
in Mio. pkm	474		492		502		5,8%
Anteil in v.H.		9,2		8,6		8,3	–
Tram/Metro							
in Mio. pkm	65		71		75		16,4%
Anteil in v.H.		1,3		1,2		1,2	–
Schiffsverkehr							
in Mio. pkm	55		49		49		- 11,1%
Anteil in v.H.		1,1		0,9		0,8	
Gesamt	*5.149*	*100*	*5.734*	*100*	*6.061*	*100*	–

Demnach hat auf diesem deutlich vergrößerten Gebiet im relativ kurzen Zeitraum 1995-2004 der Pkw-Verkehr mit knapp 18% so stark zugenommen, dass er seinen Anteil von 73,5% gehalten hat. Zusammen mit dem Motorradverkehr bringt es der motorisierte Individualverkehr auf einen Anteil von 75,8%. Da diese beiden Verkehrsarten bereits 1995 einen sehr hohen Anteil auf sich vereint hatten, konnten sie diesen nur mit einem gewaltigen (addierten) Wachstum von weiteren 934 Mrd. Personenkilometern verteidigen. In anderen Worten: Allein das Wachstum der mit Pkws und Motorrädern zurückgelegten Verkehrsleistung liegt beim Zweieinhalbfachen der gesamten Verkehrsleistung der europäischen Eisenbahnen. Das absolute Wachstum im Eisenbahnbereich (8,6%) war zu gering, um den bereits 1995 niedrigen Anteil zu halten. Der Anteil der Schiene sank ein weiteres Mal von 6,3 auf 5,8%. Auch der Anteil der Busse war rückläufig (von 9,2 auf 8,3%). Sogar der Anteil der Straßenbahnen und des U-Bahnverkehrs war – allen Ausbaumaßnahmen zum Trotz – nochmals rückläufig. 2004 lag deren Anteil an allen Personenverkehrsleistungen auf dem EU-25-Gebiet nur noch bei 1,2%.

Auch auf dem Gebiet der erweiterten EU erwies sich der Luftverkehr als der große historische Gewinner, wobei es hier (wie beim Schiffsverkehr) ausschließlich um den „intra-EU-25-transport“, um den innereuropäischen Verkehr geht. Die absolute Leistung im EU-Binnenluftverkehr erhöhte sich um knapp 50%; der Anteil der Binnenluftfahrt an der gesamten motorisierten Verkehrsleistung stieg von 6,3 auf 8%. Im letzten Jahrzehnt trat also das ein, wovor seit langem gewarnt worden war: Während im Ausgangsjahr dieser Berechnung Eisenbahnen und Flugverkehr noch – bei den Leistungen und damit auch beim Verkehrsmarktanteil – gleichauf lagen, sind inzwischen die Personenverkehrsleistungen im europäischen Binnenluftverkehr höher als diejenigen des EU-Schienenverkehrs. Beim Vergleich der Anteile Luftverkehr/Schiene kommt es nun zu einer scherenartigen Auseinanderentwicklung. In den letzten Jahren, die von der Statistik noch nicht erfasst sind und Boomjahre für die Billigfliegerei waren, hat sich dies weiter verstärkt.[25]

Mythos Hochgeschwindigkeit auf Schienen

Die Europäische Kommission und, wie teilweise bereits im vorigen Kapitel am deutschen Beispiel beschrieben, die Befürworter der Bahnprivatisierung verweisen bei der Diskussion über den Schienenverkehr in der Regel positiv auf den Hochgeschwindigkeitsverkehr, in dem sie die Zukunft der Eisenbahnen sehen. Stolz präsentiert die EU-Kommission seit 2003 in ihrer Verkehrsstatistik eine neue Tabelle, die am Beispiel von neun Ländern den wachsenden Anteil des Hochgeschwindigkeitsverkehrs am gesamten jeweiligen Schienenverkehr dokumentiert. Demnach liegt in Frankreich der Anteil des Hochgeschwindigkeitsverkehrs am gesamten Schienenverkehr bereits bei 55,8%, in Schweden bei 27,2 und in Deutschland bei 27%. Es folgen Italien (17,4%), Spanien (13,5%) und Belgien (10,8%). Eine untergeordnete Rolle spielt diese Bewegungsart in superschnellen Zügen in den Niederlanden (4,7%), in Finnland (4,8%) und in Großbritannien (1%).[26] Die Tabelle weist auch aus, wie sich der Anteil des TGV-, ICE- oder des spanischen AVE-Hochgeschwindigkeitverkehrs am gesamten Schienenverkehr des jeweiligen Landes ständig gesteigert hat, in Deutschland beispielsweise von 18,5 Prozent im Jahr 2000 auf besagte 27% im Jahr 2004. Das Verkehrskommissariat der EU schließt aus diesen auf den ersten Blick beeindruckenden Zahlen, dass die Schiene durch den Ausbau des Hochgeschwindigkeitsverkehrs in Zukunft ein weiteres deutliches Wachstum erleben wird. Gleichzeitig argumentiert man, damit könne auch der Luftverkehr entlastet und könnten Teile der Flugverkehre über kurze und mittlere Distanzen auf die Schiene verlagert werden.

Hier wird ein – ebenso folgenschwerer wie sündhaft teurer – Mythos aufgebaut, dem drei Fehler zugrunde liegen: Zunächst blendet diese Argumentation den Nah- und Regionalverkehr auf Schienen weitgehend aus, also einen Bereich, auf den mehr als 50% der Verkehrsleistung entfallen. Dabei lässt sich aufzeigen, dass in diesem Segment das größere Wachstumspotenzial steckt. Das deutsche Beispiel hat dies – bei aller Widersprüchlichkeit der so genannten Regionalisierung – dokumentiert. Indem die EU-Kommission sich ähnlich wie die ehemaligen Politbüro-Regimes im Osten von einer puren „Tonnenideologie" leiten lässt und die Anteile der Schienenverkehrsarten allein an der gesamten Transportleistung misst, wird der durchschnittliche reale und potenzielle Fahrgast übersehen. Diese Sichtweise hat auch betriebswirtschaftlich negative Folgen. Konkret: Der einzelne Mensch erlebt die Bahn in der Regel im Nahverkehr. Es sei hier wiederholt: 90% des Verkehrsaufkommens, der registrierten Bahnfahrten pro Jahr, entfallen auf den Nahverkehr. Existiert die Bahn in diesem Segment nicht (wegen des Abbaus so genannter Nebenstrecken) oder wird der Schienenverkehr in diesem Bereich unzureichend oder zu teuer angeboten, dann sind alle diese Menschen, die in diesem Bahnsegment keine Angebote erhalten, für den Schienenverkehr, also auch für den Fern- und Hochgeschwindigkeitsverkehr, als Kundschaft weitgehend verloren. Auch wenn sich ein solcher Durchschnittsmensch im Besitz eines Pkw befindet, könnte er für eine Bahnfahrt und als regelmäßiger Bahnnutzer durchaus gewonnen werden, wenn er im Nahbereich einen Zug benützen könnte. Ist dies aber nicht (mehr) möglich, dann sind bereits viel zu hohe Hürden aufgebaut. Wer einmal eine Pkw-Fahrt angetreten hat, lässt das Auto äußerst selten nach 50 oder 100 Kilometern stehen, um in die Bahn umzusteigen und die Reise in einem schicken Hochgeschwindigkeitszug fortzusetzen.

Zweitens wird bei der These von der Zukunft der Schiene im Hochgeschwindigkeitsverkehr übersehen, dass diese Verkehrsart nur zu einem kleinen Teil Verkehre von anderen Verkehrsträgern abwirbt. Vielfach wurde schlicht konventioneller Schienenfernverkehr durch Hochgeschwindigkeitsverkehr oder auch nur durch hübsch lackierte Hochgeschwindigkeitszüge auf Strecken mit konventionellen Fahrtgeschwindigkeiten ersetzt.[27] So fand ein erheblicher Teil des gesamten zitierten Wachstums des Schienenverkehrs in Europa im Zeitraum 1970-1990 statt, also *vor* Beginn eines Hochgeschwindigkeitsverkehrs in relevantem Umfang.[28] In Deutschland ersetzten beispielsweise die ICE-Züge Anfang der 1990er Jahre zunächst viele Intercity- und EuroCity-Züge; 2001/02 wurde, wie beschrieben, die Fernverkehrs-Zuggattung InterRegio komplett eingestellt und ein größerer Teil dieses Verkehrsaufkommens auf IC/EC- und ICE-Züge umdirigiert. Mit dem Fahrplanwechsel vom Dezember 2004 wurden weitere IC/EC-Verbindungen eingestellt, die erneut teilweise durch teurere ICE-Verbindungen ersetzt werden. Bis zum Ende des ersten Jahrzehnts des 21. Jahrhunderts soll nach den Plänen der Deutschen Bahn AG die gesamte Zuggattung IC/EC massiv reduziert werden, was einen neuerlichen „Schub hinein in die ICE" mit sich bringen muss. Hochgeschwindigkeitsverkehr wird systematisch gepuscht und die Fahrgäste sind vielfach gezwungen, entweder diese teure Zuggattung zu wählen oder dem Schienenverkehr den Rücken zu kehren. Das wird durch die EU-Statistik belegt: Die Eisenbahnen in *Deutschland* hatten ihr wesentliches Wachstum bis 1995. Insgesamt kam es zwischen 1991 und 2004 nur zu einem bescheidenen Wachstum von 15%; zwischen 1995 und 2004 gab es – trotz eines starken Anstiegs des Hochgeschwindigkeitsverkehrs – nur ein Miniwachstum von 2,2%. Der deutliche Anstieg des ICE-Hochgeschwindigkeitsverkehrs erfolgte demnach fast vollständig auf Kosten des bisherigen konventionellen Verkehrs.

Dabei handelt es sich in Deutschland nicht um einen Sonderfall. In *Frankreich* wuchs der gesamte Schienenverkehr von 55 Mrd. Personenkilometern im Jahr 1980 auf 77 Mrd. pkm im Jahr 2005 oder um absolute 22 Mrd. pkm. Der TGV-Verkehr schnellte im gesamten Zeitraum jedoch um das Doppelte hoch. Rund die Hälfte des neuen Hochgeschwindigkeitsverkehrs stellte einen Ersatz für konventionellen Schienenfernverkehr dar. In *Italien*, wo es im Jahr 2005 Hochgeschwindigkeitsstrecken mit einer Gesamtlänge von 562 Kilometern gab, wuchs der Schienenverkehr im Zeitraum 1990-2005 um 6 Mrd. Personenkilometer. Doch der Hochgeschwindigkeitsverkehr steigerte sich im selben Zeitraum um knapp 10 Mrd. pkm. Auch hier wurde zu einem großen Teil konventioneller Schienenverkehr ersetzt. Ähnlich verhält es sich in Schweden, wo der noch junge Hochgeschwindigkeitsverkehr ebenfalls schneller anstieg als der gesamte Schienenverkehr. Lediglich Spanien scheint in größerem Maß dem „Modell" – Hochgeschwindigkeit belebt die Schiene – zu entsprechen. Hier wuchs der Verkehr mit den AVE-Zügen mit 2,8 Mrd. Personenkilometern weniger schnell als der gesamte Schienenverkehr (plus 4 Mrd. pkm).[29]

Vergleicht man die Gruppe der Eisenbahnländer mit Hochgeschwindigkeitsverkehr mit solchen ohne, wird die These von der Zukunft der Schiene als Hochgeschwindigkeitsbahn recht praktisch widerlegt. Ausgerechnet die privaten britischen Bahnen, die spätestens seit der Privatisierung mit einigem Recht ein ausgesprochen schlechtes Image haben, wiesen im Zeitraum 1990-2004 ein Wachstum von knapp 40% auf, das deutlich über demjenigen liegt, das in Frankreich im selben Zeitraum erzielt wurde (+17%). Auf der britischen Insel gibt es auch keine private Eisenbahngesellschaft, die Interesse an Hochgeschwindigkeitsverkehr hat – schlicht und einfach aus dem Grund, weil dieser, wenn alle seine Kosten eingerechnet werden, höchst defizitär ist.[30] Auch in Norwegen, Dänemark und den Niederlanden – drei weiteren Ländern ohne Züge mit Top-Geschwindigkeiten – lag das Wachstum des Eisenbahnverkehrs in der genannten Periode in einem ähnlich großen Maß über demjenigen der französischen Bahn. Über den langen Zeitraum 1970-2005 hinweg ist die Schweiz in jedem Fall dasjenige Land, das mit einem Wachstum der Schiene um 91% – fast einer Verdopplung – alle anderen europäischen Bahnen um Längen hinter sich lässt. Bekanntlich verzichten die Schweizerischen Bundesbahnen (SBB) auf jede Art Hochgeschwindigkeitsverkehr. Selbst wenn man ausschließlich die Verkehrsleistung als Maßstab nimmt, schneidet Frankreich gegenüber der Schweiz deutlich negativ ab: In der Schweiz legte im Jahr 2004 statistisch gesehen jeder Einwohner 1.739 Kilometer mit der Eisenbahn zurück, in Frankreich waren es nur 1.219 Kilometer. Diese Diskrepanz hat sich in den übrigen Jahren noch vergrößert. Dabei muss bedacht werden, dass bei einem solchen Vergleich die objektiven Ausgangsbedingungen Frankreich – mit seiner 13-mal größeren Fläche, mit seinem achtmal größeren Schienennetz und mit den Kilometer fressenden TGV-Linien – enorm begünstigen.[31]

Es bleibt die Behauptung, der Hochgeschwindigkeitsverkehr diene dazu, Verkehr aus der Luft wieder auf die Schienen zu bringen oder zumindest den Anstieg des Luftverkehrs zu bremsen. Womit wir eine dritte Ebene der Entmythologisierung des Hochgeschwindigkeitsverkehrs erreicht haben. Die EU wies in ihrer Verkehrsstatistik bis vor kurzem die Entwicklung des Flugverkehrsaufkommens (der Zahl der Flugpassagiere) auf wichtigen innereuropäischen Verbindungen aus. Interessant sind hier diejenigen Verbindungen, auf denen Flugverkehr in Konkurrenz zu Hochgeschwindigkeitsverkehr stattfindet. Tatsächlich handelt es sich um mindestens neun solche Verbindungen – und alle weisen eine hohe, teilweise noch steigende Zahl von Fluggästen auf. In Tabelle 15 sind solche Verbindungen mit der Zahl der Fluggäste in den Jahren 2001 und 2002 aufgeführt.

Bei einigen der aufgeführten Verbindungen (so im Fall der beiden ICE-Sprinter-Verbindungen Frankfurt/M.–München und Frankfurt/M.–Berlin) bietet die Flugverbindung gegenüber dem ICE-Sprinter kaum oder nur geringe zeitliche Vorteile. Dennoch hat der Flugverkehr eine klare Mehrheit in diesem Marktsegment. Die

Tabelle 15: Innereuropäische Flugverbindungen und ihr Verkehrsaufkommen 2001/02

	Millionen Fluggäste	
	2001	**2002**
Mailand–Rom	3,3	3,1
London–Paris	2,7	2,9
Nizza–Paris	2,3	2,3
Marseille–Paris	1,9	2,2
Frankfurt/M.–Berlin	1,6	1,6
Frankfurt/M.–München	1,5	1,4
Frankfurt/M.–Hamburg	1,4	1,3
Düsseldorf–München	1,3	1,3
München–Berlin	1,4	1,5

Sprinterzüge sind an gewöhnlichen Werktagen oft nur zur Hälfte ausgelastet. Es sind demnach andere Kriterien (wie Preise, Komfort und Prestige), die auf diesen Routen zu dem hohen Flugverkehrsaufkommen beitragen. In dem liberalisierten Verkehrsmarkt, den die EU-Kommission fordert und fördert, bleibt der Flugverkehr auch bei denjenigen Distanzen ein ernsthafter Konkurrent zur Schiene, bei denen es Hochgeschwindigkeitsverbindungen gibt. Dabei endet die Statistik 2002. Die Tarife im Flugverkehr wurden in den darauf folgenden Jahren weiter deutlich gesenkt, während sich die Ticketpreise im Hochgeschwindigkeitsverkehr auf Schienen weiter verteuerten. Die Konkurrenz Luftverkehr/Hochgeschwindigkeitsverkehr auf Schienen hat sich nochmals verschärft, sodass es bei gegebenen Verkehrsmarktbedingungen (z.B. bei Beibehaltung der Steuerfreiheit für Kerosin) nur in Einzelfällen dazu kommt, dass Hochgeschwindigkeitsstrecken Flugverkehr ersetzen. Dort, wo dies gelingt, sind die Kosten enorm bzw. es entstehen an anderer Stelle Verluste, beispielsweise indem diese Hochgeschwindigkeitsverbindungen Airports und die Zentren der größten Städte miteinander verbinden, aber gleichzeitig wichtige Städte an der Strecke rechts oder links liegen lassen.[32]

Mitte 2007 kündigte die Deutsche Bahn AG an, unter dem Titel „Railteam" ein Bündnis mit anderen europäischen Bahnen – darunter mit der französischen SNCF und der belgischen SNCB – bilden zu wollen, um europaweit mit Hochgeschwindigkeitszügen „den Billigfliegern den Kampf anzusagen". Kern des Projektes sind die zwei neuen ICE-TGV-Verbindungen Paris–Stuttgart und Paris–Frankfurt/M., die seit Juni 2007 von einem französisch-deutschen, von der DB AG und der SNCF getragenen gemeinsamen Unternehmen betrieben werden. Die Umsetzung des Projektes wird – für Fahrweg und das rollende Material (u.a. sind Triebfahrzeuge für unterschiedliche Stromsysteme erforderlich) – mehrere Milliarden Euro kosten. Die Planziele der DB AG, auf diese Weise „die Zahl der Reisenden auf der Verbindung Frankfurt/M.–Paris bis 2011 um 150 Prozent“ und generell bis 2010 den Umsatz im internationalen Fernverkehr „um 50 Prozent“ zu steigern, erscheinen beeindruckend. Doch es handelt sich eher um einen disproportionalen Einsatz von Aufwand und Investitionen: 2006 setzte die DB AG im internationalen (bisher weitgehend konventionell betriebenen) Fernverkehr 200 Mio. Euro um. Gemessen am gesamten derzeitigen Umsatz im Fernverkehr von 3,2 Mrd. Euro sind das gut 6%. Vor allem aber sind die gesetzten Ziele unrealistisch, wenn die bestehenden Rahmenbedingungen weiter existieren und die Flugpreise fallen, während die Bahnpreise steigen.[33]

Die Entwicklung des Güterverkehrs 1970-2005

Die beschriebene Infrastrukturentwicklung im Straßen- und Schienennetz bildet auch für den Güterverkehr die wesentliche Grundlage. Hinzu kommt, dass die Kapazitäten des Straßengüterverkehrs ständig ausgebaut wurden, sei es durch den Bau leistungsfähigerer Straßen oder durch die fortgesetzte Erhöhung der Maximalgewichte von Lastkraftwagen. Obgleich Ende der 1980er Jahre angeblich ein EU-weites einheitliches maximales zulässiges Gesamtgewicht für alle Lkws vereinbart wurde, wird dieses in der Praxis einzelner Länder längst wieder in Frage gestellt. Anstelle des Limits von 40 Tonnen zulässigem Lkw-Gesamtgewicht sind in Tschechien 42 Tonnen, in Belgien, Italien, Luxemburg und Dänemark 44 Tonnen, in den Niederlanden bereits 50 Tonnen und in Finnland und Schweden längst 60 Tonnen erlaubt. Wie bei einer Schneelawine, die sich beim Niederstürzen ständig vergrößert, wurde hier eine förmliche Lkw-Walze in Gang gesetzt, die mit den so genannten Gigalinern – Lkws mit einem zulässigen Gesamtgewicht von 60 Tonnen und einer Länge von bis zu 25 Metern – bereits in drei deutschen Bundesländern rollt und den Straßen, der Umwelt, den Eisenbahnen, der Binnenschifffahrt sowie nicht zuletzt dem Klima enormen Schaden zufügt.[34] Eine Land wie die Schweiz, das – obgleich ihm in der jüngeren Vergangenheit höhere Lkw-Gewichte aufgezwungen wurden – noch an einem im EU-Kontext exotisch anmutenden Lkw-Limit von 34 Tonnen festhält, wird durch diese Art Verkehrsstruktur förmlich dazu erpresst, sich als Komplize an dieser Art von Umweltzerstörung und Klimaschädigung zu beteiligen.

In der Bundesrepublik Deutschland existiert immer noch ein Sonntagsfahrverbot für Lkws. In der Realität wird es zunehmend ausgehöhlt. Ein Zeitungsartikel beschreibt diesen Zustand und lässt auch einen Fachbeamten aus dem hessischen Verkehrsministerium zu Wort kommen: „Ob Sonntag oder Feiertag, transportiert wird inzwischen alles, was auch an einem Montag oder Donnerstag über die Straßen rollt. … So können inzwischen Asphalt und Baumaschinen auch sonntags zur

Großbaustelle am Frankfurter Kreuz geschafft werden, kann Opel für die Just-in-time-Produktion die Sattelschlepper auch feiertags vorfahren lassen, Lufthansa Fracht transportieren und der Konzertveranstalter noch Sonntagnacht das Equipment von Köln nach Frankfurt fahren lassen … Die Flut der Ausnahmegenehmigungen ist nach Ansicht von Uwe Hartmann, in der Frankfurter Straßenverkehrsbehörde für die Befreiungen zuständig, eine Folge geänderter Rahmenbedingungen: 'Die Wirtschaft ist darauf angewiesen, auch am Wochenende zu produzieren, und die Freizeitgesellschaft fordert immer mehr Unterhaltung und damit mehr Termine.'" Im Übrigen, so der Bericht weiter, verfügten trotz der laxeren Vorschriften und der großzügigen Ausnahmeregelungen fast die Hälfte der Lkws, die an Sonn- und Feiertagen über das Straßennetz rollen, über keine Ausnahmegenehmigung. Sie kalkulierten ein – eher geringfügiges – Strafmandat bereits mit ein.[35]

Die Aufweichung des Sonntagsfahrverbots in der Praxis der deutschen Straßenverkehrs(un)ordnung beflügelt die Liberalisierer auf allen Ebenen. Im bereits zitierten Weißbuch Verkehr aus dem Jahr 2001 geht die EU-Kommission davon aus, dass das Sonntagsfahrverbot „dem Liberalisierungsgebot im Verkehrssektor" widerspreche und somit auf Dauer nicht zu halten sein werde.

Ab den 1990er Jahren stiegen in der EU und in besonderem Maß im deutschen Straßennetz die Fahrleistungen von Lkws deutlich überproportional zu den Fahrleistungen von Pkws. Im Zeitraum 1995 bis 2005 lag auf dem Gebiet der EU-25 die jahresdurchschnittliche Wachstumsrate des Pkw-Verkehrs bei 1,8% und diejenige des Lkw-Verkehrs bei 2,8%. Dabei ist die Kluft auf dem Gebiet der EU-15 noch größer, da in den letzten Jahren das EU-weite Wachstum im Pkw-Verkehr überproportional aus den mittel- und osteuropäischen Ländern gespeist wurde. Noch deutlicher ist die Diskrepanz in Deutschland. Hier hat es laut offizieller Statistik zwischen 2001 und 2005 im motorisierten Individualverkehr kein Wachstum, sondern faktisch eine Stagnation gegeben. Dagegen stieg im selben Zeitraum die Transportleistung im Lkw-Verkehr um knapp 15%.[36] Das heißt jedoch: Die Milliardensummen, die für den Ausbau und Unterhalt des Straßennetzes aufgewendet werden, konzentrieren sich immer mehr auf den Lkw-Verkehr. Damit vergrößert sich die Kostenunterdeckung des Lkw-Verkehrs.

Die langfristige Entwicklung des Güterverkehrs in der EU ist nur für das Gebiet der EU-15 – und nicht für das Gebiet der 2004 neu erweiterten EU – gut dokumentiert. In der EU-15-Region konnte der Lkw-Verkehr seine Transportleistung im Zeitraum 1970-2004 exakt verdreifachen: von 488 Mrd. auf 1.496 Mrd. Tonnenkilometer (tkm). Eine ebenso große und bisher öffentlich kaum debattierte Steigerung gab es beim innereuropäischen Seeverkehr, der einmal als „domestic sea transport", einmal als „intra-EU-sea-transport" und einmal als „short sea shipping" bezeichnet wird. Es handelt sich um rein innereuropäische Transporte entlang der langen europäischen Küstenlinien der Ostsee, der Nordsee, des Atlantiks und des Mittelmeers bis hin zum Schwarzen Meer. Diese Küstenschifffahrt hat sich im Zeitraum 1970-2004 ebenfalls verdreifacht; sie erreichte im Jahr 2004 und für die EU mit 15 Mitgliedsländern mit 1.450 Mrd. tkm fast das Niveau des Straßengüterverkehrs. Auf den Binnenwasserwegen und bei den Pipelines gab es ein Plus von rund 25% – auf 126 bzw. 88 Mrd. tkm. Die Tonnenkilometerleistung im Schienengüterverkehr lag 2004 um 8% niedriger als 1970 (1970: 282 Mrd. tkm; 2004: 262 Mrd. tkm).

Damit war die Schiene der einzige Verkehrsträger mit absolut rückläufigen Transportleistungen. Allerdings ist hier ein Politikum zu beachten: Die EU gibt in ihrer Statistik für „Deutschland" bis 1990 korrekterweise die *addierten* Verkehrsleistungen wieder, die es in der BRD und in der DDR gab. Dagegen werden in der offiziellen deutschen Verkehrsstatistik bis 1990 ausschließlich die bundesdeutschen Verkehrsleistungen registriert. Im letztgenannten Fall gibt es bei den Schienentransportleistungen im Personen- und Güterverkehr zwischen 1990 und 1991 jeweils einen Sprung nach oben. Bei der EU-Statistik findet das Gegenteil statt: Es werden massive Rückgänge der Schienenverkehrsleistungen in Deutschland – auf deutschem Boden – registriert. Die deutsche Statistik ist im Grunde ideologisch geprägt und unterstellt im Rückblick, dass es weder eine DDR noch Transportleistungen auf deren Gebiet gab. Die EU-Statistik hingegen ist pragmatisch und realistisch – mit drastischen Ergebnissen: Demnach erreichte die Gütertransportleistung auf deutschem Boden (Deutsche Bundesbahn und Deutsche Reichsbahn) 1980 121,3 Mrd. tkm. 2002 lag sie bei 72,4 tkm. Selbst die für 2005 registrierten 95,4 Mrd. tkm liegen noch deutlich unter dem Niveau von 1980.[37] Da die Verkehrsleistungen der Reichsbahn insbesondere im Bereich des Güterverkehrs hoch – und teilweise höher – waren als die der Bundesbahn, hat diese Art der Statistik natürlich auch Auswirkungen auf die gesamte Verkehrsstatistik der EU, insbesondere bei den Berechnungen des „modal split" für den EU-15-Raum.

Für die Verkehrsmarktaufteilung im Güterverkehr gibt es wie beim Personenverkehr nur für das Gebiet der EU-25 verlässliche Daten und auch diese erst ab dem Jahr 1995. Daher wurde oben die längerfristige Entwicklung für den Raum der EU-15 zusammengefasst. Die Entwicklung der Transportleistungen und des „modal split" für den EU-25-Raum und die Jahre 1995-2005 sind in Tabelle 16 wiedergegeben.

1960 lagen Schiene und Straße auf dem Gebiet der EU-15 noch gleichauf. 1970 konzentrierte die Straße bereits einen Anteil von 35% auf sich; der Schienengüterverkehr erreichte immerhin noch 20%. 1990 war der Konkurrenzkampf Straße/Schiene bereits entschieden: 42% entfielen auf die Straße, 11% auf die Schiene. Die in der Tabelle wiedergegebene „modal split"-Berechnung für das erweiterte EU-25-Gebiet startet 1995 mit diesbezüglich „klaren Verhältnissen": Der Straßenverkehr vereinte in diesem Jahr bereits 42% auf sich, die Schiene noch 12%. Ge-

Tabelle 16: Transportleistungen und „modal split“ im Güterverkehr der EU-15 1995-2005[38]

	1995		2000		2005		Wachstum 1995-2005
Straßengüterverkehr							
in Mrd. tkm	1.250		1.487		1.724		37,9%
Anteil in v.H.		42,1		42,9		44,2	–
Küstenschifffahrt							
in Mrd. tkm	1.133		1.345		1.525		34,6%
Anteil in v.H.		38,1		38,8		39,1	–
Schienengüterverkehr							
in Mrd. tkm	358		374		392		9,2%
Anteil in v.H.		12,1		10,8		10,9	–
Binnenschifffahrt							
in Mrd. tkm	117		130		129		10,2%
Anteil in v.H.		3,9		3,7		3,3	–
Pipelines							
in Mrd. tkm	112		124		131		17,5%
Anteil in v.H.		3,8		3,6		3,4	–
Luftfracht							
in Mrd. tkm	1,9		2,1		2,5		31,1%
Anteil in v.H.		0,1		0,1		0,1	–
Gesamt Mrd. tkm	*2.972*		*3.462*		*3.903*		*31,3%*
Gesamt in v.H.		*100*		*100*		*199*	–

genüber dem Gebiet der EU-15 sind das etwas bessere Werte für die Schiene, da in den mittel- und osteuropäischen Ländern zu diesem Zeitpunkt die Transportleistungen auf der Schiene noch höher waren als in Westeuropa. Bis 2005 steigerte der Lkw-Verkehr seine Transportleistung nochmals um gewaltige 500 Mrd. tkm, womit der Anteil des Straßengüterverkehrs auf gut 44% erhöht wurde. Trotz eines bescheidenen Wachstums von rund 9% reduzierte sich der Anteil der Schiene am Güterverkehrsmarkt. Erstmals seit 150 Jahren sinkt dieser in einen einstelligen Anteilsbereich ab; bereits 2006 oder 2007 ist er unter die 10-Prozent-Anteilsmarke gerutscht. Auch die Anteile der – noch einigermaßen umweltverträglichen – Transportarten Binnenschifffahrt und Pipelines sanken im Berichtszeitraum kontinuierlich.

Die die Umwelt und die Anwohner enorm belastende Transportform Luftfracht spielt in absoluten Werten sicher noch keine große Rolle und brachte es bloß auf einen Anteil von 0,1%. Dennoch sollte die deutliche Steigerung von gut 30% innerhalb einer Dekade beachtet werden. Die strukturelle Bevorzugung des Luftverkehrs sowie die Wirtschafts- und Lobbykraft, die Flughäfen und ihre Trägergesellschaften – in der Region Frankfurt/M. etwa Fraport – darstellen, können zu einem förmlichen Abheben dieser Transportform beitragen.

Die nach dem Lkw-Verkehr zweitwichtigste Boombranche ist die Küstenschifffahrt. Sie erreichte 2005 mit 39,1% Rang 2. Wenn sich im Vergleich zum EU-15-Raum der Abstand der Küstenschifffahrt zum Lkw-Verkehr etwas größer darstellt, so liegt das daran, dass es mit der 2004 erfolgten Erweiterung der EU auf 25 Mitgliedsländer drei neue größere EU-Mitgliedsstaaten ohne direkten Zugang zu einem Seehafen gibt. Dennoch bleibt, vor allem im Vergleich mit den USA, die Struktur auch der erweiterten EU einmalig: 20 EU-Länder haben einen oder mehrere Meereshäfen; nur die fünf Staaten Luxemburg, Österreich, Ungarn, Tschechien und Slowakei verfügen über keinen solchen. Spanien, Frankreich und Deutschland haben sogar Häfen an verschiedenen Meeren: Deutschland an der Ostsee und Nordsee, Frankreich und Spanien an der Atlantikküste und am Mittelmeer. Die 2007 erfolgte erneute EU-Erweiterung auf 27 Mitglieder brachte mit Rumänien und Bulgarien zwei weitere Staaten mit eigenen – übrigens sehr leistungsfähigen – Meereshäfen, was diese innereuropäische Transportform weiter beflügeln dürfte.[39]

Die große Bedeutung der europäischen Küstenschifffahrt im gesamten EU-Binnenverkehr hat weitreichende Folgen. Verkehrskommissarin Ignacia de Loyola de Palacio bzw. ihr Nachfolger Verkehrskommissar Jacques Barrot sprechen vom Aufbau effizienter „Hochgeschwindigkeitsseewege". Die ständigen Steigerungen der Kapazitäten der Häfen münden in weitreichende Forderungen zur Erschließung des „Hinterlandes". Flüsse, Kanäle und Häfen erhalten tiefere Fahrrinnen, um der Küstenschifffahrt den Zugang zu ermöglichen. Auf die Implikationen dieser spezifischen Transportstruktur wird in Kapitel 14 eingegangen.

EU-Osterweiterung

Im Zusammenhang mit der EU-Osterweiterung betonte das Weißbuch 2001 der EU zum Thema Verkehr, es werde eine „echte Explosion des Austausches von Waren und Personen" erwartet. Die EU-Kommission hob dabei hervor, dass in den mittel- und osteuropäischen Beitrittsländern im Jahr 2000 noch rund 40% des Güterverkehrs auf der Schiene abgewickelt wurden. Zum selben Zeitpunkt lag der entsprechende Anteil auf dem Gebiet der EU-15 bei einem Fünftel, bei 8%. In diesen krassen Unterschieden im „modal split" wurde eine „einmalige Chance" gesehen. Es gelte, „alles daran zu setzen, diese Länder zu überzeugen, auf die Schiene zu setzen". Ziel müsse es sein, bis zum Jahr 2010 in dieser Region einen

Anteil des Schienengüterverkehrs von 35% stabil zu halten. Als Mittel zum Erreichen dieses Ziel wurde „die Reform des Eisenbahnsektors“ mit der „Trennung des Dienstleistungsbetriebs von der Infrastrukturverwaltung“ vorgeschlagen.[40]

Das einzige EU-Land, in dem es bisher im Schienenverkehr eine solche Trennung von Infrastruktur und Transport gab, Großbritannien, hat mit diesem Modell eher schlechte Erfahrungen gemacht. Damit wurde bereits deutlich, wie unernst und oberflächlich die Positionen der EU-Kommission waren bzw. wie unvorbereitet man der erwarteten „Explosion des Waren- und Personenaustausches“ gegenüberstand. Doch es kam weit schlimmer. Erneut waren es die konkreten Vorgaben in der Verkehrswegepolitik, die dazu führten, dass alle schienenfreundlichen Vorsätze weggespült wurden und in Mittel- und Osteuropa innerhalb einer Dekade die Verkehrsstruktur Westeuropas und damit die Lkw-Dominanz etabliert wurde. Die Schienennetze der östlichen Beitrittsländer wurden im Zeitraum 1995-2005 insgesamt um rund 5.000 Kilometer abgebaut, wobei der Großteil davon auf das polnische Schienennetz entfällt (dort erfolgte ein Abbau um 3.500 Kilometer). Dabei muss beachtet werden, dass die wesentlichen Einschnitte bereits in den Jahren 1990-1995 stattfanden.[41] Weit wichtiger dürfte allerdings sein, dass die Schieneninfrastruktur nur unzureichend und auf wenige Strecken beschränkt modernisiert wurde. Parallel gab es einen zügigen Ausbau des Straßennetzes und eine umfassende, flächendeckende Sanierung und Modernisierung desselben. Allein das Autobahnnetz der vier Staaten Polen, Tschechische Republik, Ungarn und Slowakei wurde im Zeitraum 1990-2005 von 1.000 km auf knapp 2.000 Kilometer verdoppelt.[42] Der Verkehrswegebau – überwiegend die Umsetzung eines Straßenbauprogramms – wurde durch die EU (und galant am Europäischen Parlament vorbei) massiv gefördert, vor allem durch Mittel der überwiegend für diesen Zweck errichteten European Investment Bank, die oft in Kooperation mit der deutschen staatlichen Kreditanstalt für Wiederaufbau und der Osteuropabank agierte. Französische, deutsche und österreichische Baufirmen übernahmen im großen Maßstab Straßenbaufirmen in Mittel- und Osteuropa. Die Regierungen in Warschau, Prag und Budapest förderten den Straßenbau durch Sondergesetze und steuerliche Anreize (u.a. wurde in Tschechien der allgemeine, bei 22% liegende Mehrwertsteuersatz speziell für den Bausektor auf 5% gesenkt). In Polen und Slowenien wurden spezifische halbstaatliche, mit Sonderrechten ausgestattete Gesellschaften etabliert, deren Aufgabe allein die beschleunigte Durchführung eines Straßenbauprogramms war.[43]

In der Folge wurde auch in dieser Region die gesamte Transportstruktur zugunsten der Straße und zum Nachteil der Schiene umgebaut. Tabelle 17 illustriert dies für die vier größten mitteleuropäischen Beitrittsländer im Zeitraum 1995-2005.

Tabelle 17: Güterverkehr in Polen, Ungarn, der Tschechischen Republik und der Slowakei 1995-2005[44]

	1995		2000		2005		Wachstum 1995-2005
Polen	Straße	Schiene	Straße	Schiene	Straße	Schiene	
Straße, Mrd. tkm	51		75		112		120%
Schiene, Mrd. tkm		68		54		50	-16,5%
Ungarn							
Straße, Mrd. tkm	14		19		25		78,6%
Schiene, Mrd. tkm		8,4		8,8		9,1	8,3%
Tschechien							
Straße, Mrd. tkm	31		37		44		41,5%
Schiene, Mrd. tkm		22		18		15	-31,8%
Slowakei							
Straße, Mrd. tkm	16		14		23		43,7%
Schiene, Mrd. tkm		14		11		9,5	-32,2%
Summe Straße, Mrd. tkm	*112*		*169*		*222*		*98,2%*
Summe Schiene, Mrd. tkm		*112,2*		*91,8*		*83,6*	*-25,5%*

Demnach hat sich in nur einem Jahrzehnt der Straßengüterverkehr in den genannten vier Ländern verdoppelt, während gleichzeitig die Transportleistungen im Schienengüterverkehr um ein Viertel reduziert wurden. Es handelt sich dabei um die absoluten Leistungen; hinsichtlich der Entwicklung der Anteile fiel die Bilanz noch vernichtender aus. Im Übrigen muss berücksichtigt werden, dass es in der gesamten Region bereits in den Jahren 1990-1995 einen weitreichenden Anpassungsprozess an das westliche Modell gab. So lag beispielsweise die Transportleistung der polnischen Eisenbahnen 1980 bei 132 Mrd. tkm, 1990 waren es 82 Mrd. tkm – und im Startjahr der obigen Tabelle nur noch 51 Mrd. tkm. Im ungarischen Schienennetz wurde 1990 eine Transportleistung von 17 Mrd. tkm erbracht und 1995 mit 8,4 Mrd. tkm nur noch die Hälfte.[45] Die Schienennetze und ein großer Teil der übrigen Infrastruktur-Kapazitäten waren demnach für weit größere Transportleistungen ausgelegt. Damit war zum einen die Chance im Sinn dessen gegeben, was die EU-Kommission im Weißbuch 2001 geschrieben hatte: Diese Netze hätten einen großen Teil des allgemeinen Wachstums des Transportmarktes auf sich vereinen können. Zum anderen aber hieß das angesichts der realen Einbrüche bei den Schienengütertransportleistungen, dass die entsprechenden Bahngesellschaften sich enormen toten Kosten wegen nicht ausgelasteter Kapazitäten gegenüber sehen und allein deshalb der Schienentransport extrem unrentabel erscheinen muss. Im Personenverkehr gab es eine ähnliche, wenn auch nicht ganz so dramatische Entwicklung des Abbaus von Schienenverkehr zugunsten der Straße, was die Gesamtbilanz der Schiene nochmals verschlechterte.

Auf die externen Kosten des Straßenverkehrs wird in Teil IV ausführlich eingegangen. Hier ist allerdings darauf zu verweisen, dass in Mittel- und Osteuropa die externen Kosten des Straßenverkehrs besonders hoch sind – Kosten, die vom Straßenverkehr nicht gedeckt werden, Kosten, die die Umwelt, die Menschen und das Klima belasten. Dies unterstreicht eine von der OECD und der österreichischen Regierung in Auftrag gegebene Studie. Dieser zufolge liegen bei einem Vergleich „die externen Kosten als Anteil am Bruttoinlandsprodukt in den mittel- und osteuropäischen Staaten (14 Prozent des BIP) deutlich höher als in Westeuropa (8 Prozent des BIP)“. In absoluten Zahlen werden für das Jahr 1995 externe Kosten in der Höhe von 40 Mrd. Euro pro Jahr errechnet. Weiter heißt es in der Studie: „Pkws sind dabei für rund 40 Prozent der gesamten Kosten verantwortlich. Auf den Straßengüterverkehr entfallen 30 Prozent. Insgesamt entfallen auf den Straßenverkehr als die vorherrschende Transportart 87 Prozent der externen Kosten des Verkehrs. Im Fall des Straßengüterverkehrs liegen die externen Kosten beim 5,6fachen des Schienengüterverkehrs.“[46] In ihrer Bilanz geht die Studie mit Blick auf das Jahr 2010 davon aus, dass „die externen Kosten in Folge des wirtschaftlichen Wachstums und des Verkehrswachstums enorm ansteigen werden. Die gesamten externen Kosten werden zwischen 1995 und 2010 um 58 Prozent und auf einen Gesamtbetrag von 60 Milliarden Euro ansteigen. Ein wichtiger Faktor wird dabei der Anstieg des Transportvolumens pro Kopf der Bevölkerung sein“.

Die Verfasser der zitierten Arbeit hatten für die Region Mittel- und Osteuropa ein „Scenario for Environmentally Sustainable Transport“ (EST) vorgelegt, das eher bescheidene Ziele verfolgte und die externen Kosten des Verkehrs wenigstens stabil halten oder nur deren leichten Anstieg gestatten sollte. Ein solches „EST-Szenario“ würde jedoch „erhebliche Investitionen in Eisenbahnen und in den öffentlichen Verkehr, insbesondere in deren Infrastruktur und das rollende Material, erforderlich machen“.

Doch nirgendwo zeichnen sich diese erforderlichen Investitionen in die Schiene ab. Die Verkehrspolitik in den neuen EU-Mitgliedsländern, diejenige der Kommission und diejenige des Rates der EU-Verkehrsminister laufen auf jenes „business as usual“ hinaus, das in dieser Studie als „BAU-Szenario“ bezeichnet wird und mit enormen negativen Folgen für die Umwelt, für die Menschen (hinsichtlich der Straßenverkehrsopfer und der Gesundheitsschäden) und für die volkswirtschaftlichen Kosten verbunden ist.

Mittlerweile werden sogar Schienenverkehrsanbindungen der mittel- und osteuropäischen Zentren an den westeuropäischen Schienenfernverkehr, die selbst in den Zeiten des Kalten Krieges existierten, in Frage gestellt. Albert Schmidt, verkehrspolitischer Sprecher von Bündnis 90/Die Grünen, argumentierte im Jahr 2001 im Verlauf eines Streitgesprächs mit Bahnchef Hartmut Mehdorn: „Von München nach Prag fährt kein einziger Fernverkehrszug mehr; und das in einer Zeit, in der Europa zusammenwachsen soll. Das ist nicht zukunftsfähig."[47] Es handelt sich dabei nicht um eine Ausnahme. Schienenfernverbindungen von West- nach Mittel- und Osteuropa wurden oft genau in jenem Zeitraum gekappt, in dem diese Länder in die EU aufgenommen wurden bzw. eine erste Anpassungsphase durchliefen. Von Berlin nach Gdánsk (Danzig) etwa gelangt man nur mit einem Regionalexpress von Berlin nach Sczcecin (Stettin), wo man dann in einen D-Zug umsteigen muss.

Das EU-Weißbuch Verkehr aus dem Jahr 2001 unterstreicht, dass die EU-Kommission durchaus ein realistisches Bild von der drohenden zukünftigen Entwicklung hatte. Wenn dort, wie zitiert, 2001 festgehalten wurde, in Mittel- und Osteuropa müsse die Schiene mindestens einen Marktanteil von 35% halten, und wenn in einer solchen Perspektive auch noch „eine Chance für Europa" gesehen wurde, hätte dieselbe Europäische Kommission, wenn sie denn das Geschriebene ernst gemeint hätte, spätestens dann einen Alarmruf ausstoßen und Gegenmaßnahmen einleiten müssen, als diese Marge erkennbar unterschritten wurde. Tatsächlich war der Anteil der Schiene 2005 auf einen Wert zwischen 27 und 22% abgesunken.[48] Inzwischen dürfte er unter 20% liegen. Doch die Europäische Kommission nahm diese katastrophale Entwicklung mehr oder weniger kommentarlos hin. Wirft man gegen Ende dieses Kapitels erneut einen Blick auf Westeuropa, dann macht diese Laisser-faire-Politik einen gewissen Sinn.

US-Verkehrssektor als Vorbild für die EU – Beispiel 1: Güterverkehr

Die USA waren der Ausgangspunkt der radikalen Veränderungen im Verkehrssektor des 20. Jahrhunderts. Zu Beginn des 21. Jahrhunderts stellt sich die Frage, inwieweit nicht erneut die Transportstruktur in Nordamerika die – nochmals dunklere – Zukunft für den europäischen Verkehrssektor weist und weitere Belastungen für Umwelt, Menschen und Klima mit sich bringt. Die EU-Kommission selbst bezieht sich im zitierten Weißbuch, insbesondere hinsichtlich des Güterverkehrs, mehrfach positiv auf die USA und die dortige Struktur des Verkehrssektors. Vor allem aber existieren strukturelle Gemeinsamkeiten: Beide Wirtschaftsblöcke stehen in einem harten Konkurrenzkampf. Die Größen der Ökonomien von USA und EU sind vergleichbar. Die US-Wirtschaft dürfte vor allem hinsichtlich der transkontinentalen und internationalen Arbeitsteilung in eine Richtung weisen, in die auch eine EU-Ökonomie sich entwickeln wird, wenn sie der inneren kapitalistischen Dynamik folgt.

Der entscheidende Unterschied zwischen den beiden Wirtschaftsräumen besteht in der unterschiedlichen Homogenität. Die USA verfügen seit mehr als einem Jahrhundert über einen einheitlichen Wirtschaftsraum, der keine Grenzen kennt und uneingeschränkt auf die Interessen der großen Konzerne ausgerichtet ist. Kanada ist in den nordamerikanischen Wirtschaftsraum mehr integriert, als es einzelne EU-Staaten in die EU sind. Die Anfang der 1990er Jahre erfolgte Bildung des Wirtschaftsblocks NAFTA hat die Erweiterung des nordamerikanischen Blocks nach Süden erheblich begünstigt und Mexiko an den Block USA/Kanada herangeführt. In Europa gibt es bisher noch keine vergleichbare Einheitlichkeit. Sie wird sich auch kaum an der politischen Spitze herstellen lassen, solange es dafür keinen ökonomischen Unterbau gibt. Weiterhin existieren Grenzbarrieren, technische Hindernisse und politisch begründete Schutzmechanismen, die die Herausbildung eines solchen einheitlichen Wirtschaftsraums und Transportsektors verlangsamen. Doch dieser Prozess wurde in Gang gesetzt; der Vertrag von Maastricht, die Einführung des Euro in Kerneuropa und die EU-Osterweiterung beschleunigten den Vorgang. Hier spielt die Entwicklung des Transportsektors eine wichtige Rolle. Die beschriebene rasante und über dem BIP-Wachstum liegende Steigerung der Transporte verstärkt einerseits den Prozess des Zusammenwachsens, andererseits ist sie Ausdruck dieses Prozesses. Vor allem spiegelt sich darin die immer engere transkontinentale und internationale Arbeitsteilung der großen europäischen Unternehmen wider. Die USA sind hier Europa auf zwei Ebenen „voraus“: Zum einen spielen dort die Transporte eine noch größere Rolle als in Europa – es stecken mehr Kilometer Transportleistung in einer Ware vergleichbarer Qualität, was auch heißt, dass das in diesem Sektor des Transports und der Logistik angelegte Kapital in der gesamten Ökonomie und im Vergleich zu Europa ein relativ größeres Gewicht hat. Zum anderen, und das mag überraschen, eignen sich arbeitsteilige Prozesse, bei denen gewaltige Tonnagen über Distanzen von Tausenden Kilometern ausgetauscht werden, zunehmend weniger für den Lkw-Verkehr. Erforderlich ist eine Transportstruktur, die den quantitativen (Tonnagen!) und qualitativen (keine Staus! just in time!) Anforderungen entspricht. Tatsächlich konnte die Schiene in den 1980er Jahren im „modal split“ des US-Güterverkehrs erstmals wieder auf Rang 1 rücken; seither hat sie den Abstand zur Straße verringert.

Tabelle 18 verdeutlicht Parallelen und Unterschiede der Güterverkehrsstruktur in den USA und in Europa – hier nochmals am Beispiel der EU-15, da die Daten für das erweiterte EU-Gebiet unzureichend sind.

Einige Transportstrukturen in Nordamerika und in Europa sind aus objektiven Gründen unterschiedlich. Wie beschrieben kann in der EU der größte Teil der Mitgliedsländer direkt über den Seeverkehr und die innereuropäische Küstenschifffahrt erreicht werden. In den USA ist nur ein Teil der Bundesstaaten über Seetransporte erreichbar. Sieht man von der theoretisch möglichen Passage durch den

Tabelle 18: Transportleistungen im Güterverkehr der EU-15 und in den USA, „modal split“ und Tonnenkilometer je 1 $-BIP im Vergleich – jeweils im Jahr 2000[49]

	Straße	Bahn	Binnen-schiffe	Pipe-lines	See*	Sum-men	BIP Mrd. $	tkm je 1 $ BIP
EU-15								
Mrd. tkm	1.378	250	125	85	1.270	3.108	8.451	0,36
„modal split“ in v.H.	44,3	8,0	4,0	2,7	40,9	(100)		
USA								
Mrd. tkm	1.667**	2.140	527	843	414	5.591	9.601	0,58
„modal split“ in v.H.	29,8	38,3	9,4	15,1	7,4	(100)		

* „domestic“ + „intra“
** „Intercity truck traffic“

Panama-Kanal ab, so ist in der Praxis ein Seetransport von der Atlantikküste zur Pazifikküste in der Regel unökonomisch. Der deutlich niedrigere Anteil des internen Seehandels („domestic sea“) an der gesamten Transportleistung (7,4%) erklärt sich damit. Der massiv höhere Anteil der Pipeline-Transporte wiederum resultiert vor allem aus der Tatsache, dass in den USA in großem Maßstab Rohöl gefördert und überwiegend in Rohrleitungssystemen transportiert wird.

Das Bruttoinlandsprodukt der USA war im Jahr 2000 nur unwesentlich – um 14% – größer als dasjenige der EU-15. Die Transportleistung im Güterverkehr lag dagegen um knapp 80% über derjenigen der EU-15. Entsprechend werden in der EU „nur“ 0,36 Tonnenkilometer Transporte aufgewendet, um einen Dollar des Bruttoinlandsproduktes zu erzeugen; salopp formuliert: In einem Dollar des europäischen Bruttoinlandsproduktes stecken 0,36 Tonnenkilometer. In den USA dagegen stecken 0,58 Tonnenkilometer in jedem Dollar des Bruttoinlandsproduktes.

Der wichtigste Unterschied im „modal split“ des US-Güterverkehrs besteht im hohen Anteil des Schienengüterverkehrs: In den USA wurden im Jahr 2000 wieder 38,3% aller Gütertransporte über den Schienenverkehr abgewickelt, in Europa (EU-15) waren es nur mehr 8%.[50] Die Transportleistung im US-amerikanischen Schienengüterverkehr verdoppelte sich im Zeitraum 1970-2000. Offensichtlich kam es zu einem weitreichenden Umbau der Schieneninfrastruktur: Während diese viele Jahrzehnte lang dem Personen- und Güterverkehr weitgehend gleichberechtigt zur Verfügung stand, wurde der Personenverkehr auf Schienen marginalisiert. Gleichzeitig kam es auf dem verbliebenen und überwiegend nur für den Güterverkehr genutzten Netz zu einem neuen Aufschwung des Schienengüterverkehrs. Das könnte auf den ersten Blick so interpretiert werden, als sei der Transportsektor in den USA eher ökologisch akzeptabel strukturiert. Tatsächlich handelt es sich bei diesen Güterverkehren überwiegend um Transporte über weite Strecken, oft um transkontinentale Züge, die in großem Maßstab Produktionsprozesse verbinden, bei denen zwischen den einzelnen Fertigungsschritten viele Tausend Kilometer liegen. Bei einen wachsenden Teil der in der US-Wirtschaft anfallenden Transporte erweist sich der Lkw sowohl hinsichtlich der Masse der bewegten Güter als auch hinsichtlich der Entfernungen als zweite Wahl. Entscheidend ist hier nicht die Wahl der Transportmittel. Die Umwelt belastend und zerstörerisch wirken jedoch der gewaltige und ständig weiter steigende Transportaufwand insgesamt sowie die mit dieser Art Arbeitsteilung verbundene Zerstörung regionaler Strukturen.

Die EU-Kommission und die Bundesregierung in Berlin orientieren kaum verhüllt auf das US-Modell. Das 2001er Weißbuch bezieht sich positiv auf eine Zielsetzung des Internationalen Eisenbahnverbands UIC, der zufolge der Marktanteil der Schiene im Güterverkehr bis 2020 „von 8 auf 15 Prozent erhöht" werden soll, was – angesichts des allgemeinen Wachstums des Güterverkehrs – rund einer Verdreifachung des gegenwärtigen Güterverkehrs auf Schienen entspricht.[51] Der im Jahr 2000 veröffentlichte „Verkehrsbericht" der deutschen Bundesregierung nannte ebenfalls das Ziel einer Verdopplung des Schienengüterverkehrs.[52] Da nirgendwo geplant ist, in größerem Umfang neue Schienenstrecken für den Güterverkehr zu bauen, und der Netzabbau europaweit sogar fortgesetzt wird, macht es Sinn, wie in den USA Schienennetze ausschließlich für den Gütertransport zu verwenden. So heißt es im Weißbuch: „Der Güterschienenverkehr hat in den USA einen Anteil von 40 Prozent am gesamten Güterverkehr gegenüber 8 Prozent in der EU. Das amerikanische Beispiel zeigt, dass der Niedergang der Eisenbahn nicht unvermeidlich ist … Es empfiehlt sich, nach und nach ein Eisenbahnnetz ausschließlich für den Güterverkehr vorzusehen, damit die Unternehmen den Güterverkehr gewerblich ebenso wichtig nehmen wie den Personenverkehr."[53] Der letzte Halbsatz macht im Grunde keinen Sinn und dient eher zur Beruhigung der Gemüter. Die immer wieder auftauchende Betonung des Hochgeschwindigkeitsverkehrs durch die EU-Kommission, die grundsätzliche Vernachlässigung bzw. das Ignorieren des konventionellen Schienenverkehrs und das unzweideutige Plädoyer für „getrennte Netze" bilden jedoch eine kaum zu übersehende Einheit. Das Projekt der Bahnprivatisierung, auf das im nächsten Kapitel eingegangen wird, ergänzt diese Orientierung in fataler Weise.

Vorbild USA – Beispiel 2: Personenverkehr

Eingangs dieses Kapitels wurde die aktuelle Struktur des motorisierten Personenverkehrs in den USA und in Europa dargestellt. Auch hier scheint ein Vergleich der jüngeren Entwicklung der Personenverkehrs in den USA und in Europa aufschlussreich.

Im Zeitraum 1970-2004 wuchs der gesamte motorisierte Personenverkehr in beiden Regionen weiter ähnlich stark an. Dieses Wachstum wurde in beiden Räumen überwiegend von zwei Verkehrsarten generiert: vom Pkw- und vom Luftverkehr. Eisenbahnen, Busse und Tram/Metro hatten an diesem absoluten Wachstum nur einen geringen Anteil. Beim „modal split“ gab es in beiden Regionen einen ersten Rückgang des motorisierten Individualverkehrs: In Europa hatte der Pkw-Verkehr 1990 einen Anteil von 79% erreicht; 2004 waren es „nur“ noch 76,5%. In den USA war 1990 mit 86,6% ebenfalls ein vorläufiger Top-Anteil erreicht worden; 2004 lag dieser bei 86,0%. Damit verbleibt in beiden Regionen der Flugverkehr als einziger wichtiger Profiteur bei den absoluten Verkehrssteigerungen und bei den Anteilsgewinnen.[54]

In den USA erreichte der Flugverkehr im Jahr 2000 einen Anteil von 11,2%. 2004 lag er bei 10,7%; im EU-15-Raum konzentrierte der Binnenluftverkehr im selben Jahr 8% auf sich. Der leichte Rückgang beim US-Anteilswert – bei einem fortgesetzten Anstieg der absoluten Flugverkehrsleistungen – ist eine Folge der Anschläge in New York vom 11. September 2001; die Menschen fuhren auf Grund von Sicherheitsüberlegungen wieder vermehrt mit Pkw, was den neuerlichen, wohl eher einmaligen Anstieg des Anteils des motorisierten Individualverkehrs im Zeitraum 2000-2004 erklärt. 2005-2007 gab es in den USA wieder ein überproportionales Wachstum des Luftverkehrs.[55]

Es spricht einiges dafür, dass sich – bei gleich bleibenden Rahmenbedingungen – auch in Zukunft der Personenverkehr in der EU so ähnlich entwickeln wird, wie sich zuvor der Personenverkehr in den USA entwickelte. Der Pkw-Verkehr wird also wahrscheinlich absolut weiter steigen und im größeren Raum der EU-25 auch nochmals seine – zunächst auf Grund der niedrigeren Pkw-Dichte in Mittel- und Osteuropa etwas abgesenkten – Marktanteile erhöhen. Der Schienenverkehr wird kaum neue Anteilsgewinne erzielen können, wenn es bei der Konzentration auf Hochgeschwindigkeit bleibt und weitere Bahnen den Privatisierungsweg gehen. Der Flugverkehr als die das Klima möglicherweise am stärksten belastende Verkehrsart wird – im Fall eines „business as usual“ in der Verkehrspolitik – weiter das stärkste Wachstum unter allen Verkehrsträgern erleben. Die amerikanische Flugzeugindustrie (Boeing, Bombardier und Embraer) und die europäische Flugzeugbranche (EADS/Airbus) haben ein solches Wachstum – rund eine weitere Verdopplung des Luftverkehrs 2005-2020 – jedenfalls fest „eingepreist“.

Tabelle 19: Personenverkehr in den USA und im Raum EU-15 1970-2004[56]

Verkehrsträger/Region	1970		1980		1990		2000		2004	
	pkm	v.H.	pkm	v.H.	pkm	v.H.	pkm	v.H.	pkm	v.H.
Pkw/MIV										
EU-15 in Mrd. pkm	1.562		2.246		3.141		3.735		4.601	
in v.H.		73,8		76,1		79,0		78,1		76,5
USA in Mrd. pkm	3.181		4.076		5.280		6.464		7.186	
in v.H.		91,3		89,1		86,6		84,8		86,0
Binnenluftverkehr										
EU-15 in Mrd. pkm	33		74		157		284		482	
in v.H.		1,6		2,5		4,0		5,9		8,0
USA* in Mrd. pkm	189		353		578		854		896	
in v.H.		5,4		7,7		9,5		11,2		10,7
Eisenbahn										
EU-15 in Mrd. pkm	219		248		268		304		352	
in v.H.		10,4		8,4		6,7		6,4		5,9
USA in Mrd. pkm	17		18		21		24		22	
in v.H.		0,5		0,4		0,3		0,3		0,3
Busse/Reisebusse										
EU-15 in Mrd. pkm	269		348		369		410		502	
in v.H.		12,7		11,8		9,3		8,6		8,3
USA in Mrd. pkm	81		111		196		259		226	
in v.H.		2,3		2,4		3,2		3,4		2,7
Tram + U-Bahnen**										
EU-15 in Mrd. pkm	34		35		42		46		75	
in v.H.		1,6		1,2		1,0		1,0		1,3
USA in Mrd. pkm	18		18		19		24		25	
in v.H.		0,5		0,4		0,3		0,3		0,3
Summen										
EU-15 in Mrd. pkm	*2.188*		*2.951*		*3.977*		*4.779*		*6.012*	
USA in Mrd. pkm	*3.486*		*4.575*		*6.094*		*7.625*		*8.355*	

* in den USA gesamter Flugverkehr (siehe Anmerkung 48)
** in den USA Light and Commuter Rail

Kapitel 12
Bahnprivatisierungen – Rolle rückwärts ins 19. Jahrhundert

Nur ein marktwirtschaftliches Prinzip hat sich bislang überzeugend durchgesetzt: der Zwang zur Kostensenkung. Die Betreiber South West Trains und Railways North entließen im Frühjahr (1997) so viel Personal, daß ihre Züge schließlich zu hunderten ausfallen mußten. Der Betreiber Great Eastern Railways stellte kürzlich eine besonders originelle Idee vor: Er wollte seine Zugbegleiter durch Berufsreisende ersetzen, die nebenbei den Schaffner spielen sollten. Diese schöne Idee scheiterte zunächst am Protest der Gewerkschaft und der neuen Regierung.

Thomas Fischermann 1997[1]

Vor einer Londoner Grand Jury stehen drei Eisenbahnarbeiter … Ein großes Eisenbahnunglück hat Hunderte Passagiere in die andere Welt expeditiert. Die Nachlässigkeit der Eisenbahnarbeiter ist die Ursache des Unglücks. Sie erklären vor den Geschworenen einstimmig, vor zehn bis zwölf Jahren habe ihr Arbeitstag nur acht Stunden täglich gedauert. Während der letzten fünf bis sechs Jahre habe man sie auf 14, 18 und 20 Stunden aufgeschraubt … Sie seien gewöhnliche Menschen und keine Zyklopen … Ihr Hirn höre auf zu denken und ihr Auge zu sehen. Der ganz und gar respectable British Juryman antwortet durch ein Verdikt, das sie wegen „manslaughter" (Totschlag) vor die Assisen (das Schwurgericht; W.W.) schickt.

Karl Marx, Das Kapital, Bd. 1[2]

Am 5. Oktober 1999 kam es in London in der Nähe des Bahnhofs Paddington zu einem schweren Eisenbahnunfall, der 31 Menschen das Leben kostete. Der 31-jährige Lokomotivführer – ein Matrose, der vor kurzem zum Zugführer umgeschult worden war – hatte mit seinem Regionalzug „Thames Train Turbo" auf der Strecke Paddington–Bedwyn ein auf Rot stehendes Signal überfahren und war in einen Intercity-Zug gerast. Die beiden Züge gehörten verschiedenen privaten Bahnbetreiber-Gesellschaften. Das Signal SN 109, das wegen dazwischenstehender Masten und vieler Fahrdrähte leicht übersehen werden konnte, war in den letzten sieben Jahren mindestens acht Mal bei Rot passiert worden. Bereits im Februar 1998 kam es deshalb zu einer Beinahe-Katastrophe, weswegen SN 109 in den Unterlagen der privaten Infrastrukturbetreibergesellschaft Railtrack als „gefährliches Sicherheitsrisiko“ geführt wurde. Doch Railtrack ergriff keine Maßnahmen. Die Eisenbahnergewerkschaft National Union of Rail, Maritime, and Transport Workers (RMT) sah den Fall grundsätzlicher: Railtrack weigere sich seit Jahren, das Automatische Zugschutzsystem ATP – ein induktives Sicherungssystem, das in etwa der Teilfunktion der deutschen induktiven Zugsicherung entspricht, die am Vorsignal wirksam wird – zu installieren, und dies explizit aus Kostengründen: Investitionen von umgerechnet 20 Mio. Euro „pro möglicherweise gerettetem Menschen“ seien nicht akzeptabel. Die Eisenbahnkatastrophe von Paddington war zeitlich gesehen der mittlere von drei schweren Eisenbahnunfällen binnen dreier Jahre; die britische Öffentlichkeit sieht sie im Zusammenhang mit der Bahnprivatisierung. Das wirtschaftsfreundliche Blatt „The Economist“, das die Bahnprivatisierung bis dahin positiv begleitet hatte, bezeichnete die „Kluft zwischen dem Reichtum der Bahnbetreiber und der Missachtung ihrer Passagiere“ als einen „Skandal“ und bewertete die Privatisierung von British Rail „schlicht als einen katastrophalen Misserfolg“.[3]

Am 25. April 2005 gab es in Amagasaki in der Nähe von Osaka/Japan ein schweres Eisenbahnunglück, das 107 Menschen in den Tod riss. Der 23-jährige Lokomotivführer R. T., der seinen Job seit elf Monaten ausübte, war mit seinem Personenzug mit zu hoher Geschwindigkeit in eine Kurve gerast, weil er eine Verspätung von eineinhalb Minuten aufholen wollte. Der Zug entgleiste und raste gegen ein Wohnhaus. Der Lokführer und 106 Fahrgäste wurden getötet und 450 Menschen zum Teil schwer verletzt. Die Untersuchung ergab, dass die private Betreibergesellschaft JR West ihre extrem dichten Fahrpläne in 15-Sekunden-Takte gliederte und ihre Zugführer im Zugführer-Handbuch dazu anhielt, „Verspätungen innerhalb der erlaubten Höchstgeschwindigkeit wieder aufzuholen“. Der Zugführer R. T. war kurz zuvor beim Bahnhof Tagarazuka 8 Meter zu weit gerollt und hatte zurücksetzen müssen. Daher war er 90 Sekunden zu spät abgefahren – ein Zeitverlust, den er durch eine „Aufholfahrt“ wieder hereinzuholen versuchte. Der Lokführer wollte damit offensichtlich einer neuerlichen Bestrafung durch seinen Arbeitgeber JR West entgehen. Einige Monate zuvor war R. T. wegen verschiedener „Regelverstöße“ zu 13 Tagen „Tagesschicht-Erziehung“ gemaßregelt worden. Diese „Tagesschicht-Erziehungen“ stellen, so ein Bericht des Japan-Korrespondenten der „Süddeutschen Zeitung“, eine „an Gehirnwäsche grenzende Behandlung“ dar. Bahnbeschäftigte werden für Tage oder Wochen in ein Büro versetzt, wo sie „Handbücher abschreiben oder Selbstkritiken verfassen müssen. Sie werden während dieser Sitzungen von Vorgesetzten angebrüllt und mit Strafarbeiten wie Unkrautjäten oder Fensterputzen gedemütigt“.[4] JR West war 1987 aus der Privatisierung der japanischen Staatsbahn JNR als eines von mehreren Bahnunternehmen hervorgegangen. Ende 2001 hatte die japanische Regierung alle Beschränkungen aufgehoben, die einer vollen Privatisierung von JR West – und zweier anderer JR-Gesellschaften auf der Hauptinsel Honshu – im Weg gestanden waren. Im Gefolge dieser Liberalisierung engagierten sich erstmals ausländische bahnfremde Investoren bei JR West, die auf einen aggressiven Kurs – unter anderem auf einen Rückzug der Bahngesellschaft aus der Fläche und auf eine „höhere Arbeitsproduktivität" – drängten.[5]

In der Nacht vom 5. auf den 6. Februar 2001 entgleiste der deutsche Nachtzug D 203 Amsterdam–Basel mit 201 Fahrgästen wenige Kilometer vor Bonn im Personenbahnhof Brühl. Neun Menschen wurden getötet. 148 Fahrgäste erlitten – zum Teil schwere – Verletzungen. Das Unglück ereignete sich auf dem Gegengleis in einem Baustellenbereich, in dem maximal 40 km/h zulässig waren. Der 28-jährige Lokomotivführer S. B. hatte das Tempo zunächst vorschriftsgemäß auf 38 km/h gedrosselt, dann jedoch auf Tempo 122 km/h beschleunigt, sodass der Zug auf einer Weiche entgleiste. Die Lokomotive prallte gegen ein Wohnhaus, mehrere Waggons stürzten die Böschung hinunter. Der Untersuchungsbericht der Aufsichtsbehörde und des Eisenbahn-Bundesamtes (EBA)[6] sowie das Urteil der Großen Strafkammer des Landgerichtes Köln im Prozess gegen den Lokomotivführer ergaben, dass dieser einen unzureichenden Ausbildungsstand vorzuweisen hatte. Er war Anfang der 1990er Jahre bei der Deutschen Bundesbahn bei der Prüfung als Lokomotivführer zwei Mal durchgefallen und hatte dann bei einer privaten Hafenbahn unter mit einem Personenfernverkehr nicht vergleichbaren Bedingungen gearbeitet. Wenige Monate vor dem Zugunglück stellte ihn die Deutsche Bahn AG als Lokomotivführer ein, ohne dass er eine neue Prüfung ablegen musste.[7]

Weiter wurde festgestellt, dass an der fraglichen Baustellen-Durchfahrt zwar formal Maximalgeschwindigkeit 40 km/h galt, wie sie auch im Gleisbett an einer Stelle ausgeschildert war – und dass jedoch gleichzeitig in dem Langsamfahrstellen-Verzeichnis (La, das grundsätzlich als Bibel des Lokführers gilt und im Triebfahrzeug vorlag) für die fragliche Stelle fälschlicherweise als erlaubte Maximalgeschwindigkeit Tempo 120 km/h ausgewiesen wurde. Das könnte für den Lokführer, zusammen mit der unübersichtlichen Situation auf dem Streckenabschnitt im Brühler Bahnhof[8], der Anlass zur fatalen Beschleunigung im Baustellenbereich gewesen sein. Schließlich wurde im Prozess dokumentiert, dass die bahninternen Bearbeiter der Bau- und Betriebsanweisung (Betra), die wiederum eine der Grundlagen für das La-Verzeichnis ist, „wie am Fließband" – so der vorsitzende Richter – jährlich 1.800 Betra zu prüfen und abzustimmen haben. Deshalb scheint eine größere Zahl von Fehlern mehr oder weniger unausweichlich gewesen zu sein.[9] Entscheidend im Gerichtsprozess zum Brühler Unglück war, so der vorsitzende Richter, dass es „immer einen unsichtbaren weiteren" Angeklagten gegeben habe: das Management der Deutschen Bahn AG bzw. das System einer auf Privatisierungskurs befindlichen Bahn, deren „Regelwerk keinen Platz lässt für gesunden Menschenverstand".[10] Der Prozess endete mit Freisprüchen für den Lokführer und zwei weitere Bahnbeschäftigte auf eher unteren Rängen, die für die fatalen Fehler in La und Betra verantwortlich waren. Mit Blick auf den „unsichtbaren Angeklagten" schrieb die Berichterstatterin der „Frankfurter Rundschau": „Nicht zuletzt die Privatisierung der Bahn und die damit einhergehenden Stellenkürzungen klangen immer wieder als Grund für Nachlässigkeit und fehlerhaftes Verhalten an."[11]

***

Diese drei Eisenbahnunfälle – und eine Reihe weiterer Unglücke auch in anderen Ländern[12] – ändern nichts an der Tatsache, dass die sicherste Form der motorisierten Mobilität diejenige im Schienenverkehr ist. Dies wurde ein weiteres Mal vor dem Hintergrund eines der angeführten tragischen Unglücke von unverdächtiger Seite hervorgehoben.[13] Zutreffend ist jedoch auch, dass es im Rahmen der Bahnprivatisierungen zu einem Abbau von Standards auf dem Gebiet der Sicherheit kommt, wodurch ein entscheidender Systemvorteil der Bahn gefährdet wird. Die drei Unglücke müssen im Zusammenhang mit den Bahnprivatisierungen in den entsprechenden Ländern gesehen werden. Untersucht man die Prozesse der Entstaatlichung bestehender einheitlicher Bahngesellschaften in Japan, Großbritannien und Deutschland und ergänzt diese Analyse mit weiteren Beispielen von privatisierten Bahnen, kristallisieren sich – bei aller Unterschiedlichkeit – acht Gemeinsamkeiten heraus.

1. Zerschlagung

Bei den Bahnprivatisierungen kommt es zur Zerlegung der bis dahin meist – mehr oder weniger – einheitlichen Bahnen.[14] Da der Schienenverkehr anders als der Auto-, Schiffs- oder Flugverkehr schon aus technischen und erst recht aus sicherheitsrelevanten Gründen ein einheitliches System darstellt, führt diese Aufspaltung immer zu Verlusten an Effizienz, Synergie, Sicherheit und Service.

In Japan wurde die seit 1906 bestehende einheitliche Eisenbahngesellschaft – nach dem Zweiten Weltkrieg in Japan National Railways (JNR) umbenannt – im April 1987 in sechs regionale Gesellschaften für Schienenpersonenverkehr, denen auch die jeweilige regionale Infrastruktur gehört, sowie drei Bahngesellschaften für die Hochgeschwindigkeitszüge Shinkansen, ebenfalls Eigentümerinnen der Infrastruktur, und in eine Gesellschaft für den Güterschienenverkehr gespalten („horizontale Aufspaltung").[15] In Großbritannien wurde 1994 das einheitliche staatliche Unternehmen British Rail (BR) mit den internen Systemen Intercity,

Network South East und Regional Railways in 25 „TOUs“ (Train Operating Units) gespalten. Für die TOUs gab es Ausschreibungen, bei denen sich private Unternehmen um Transportkonzessionen für bestimmte Strecken bewarben (bezeichnenderweise durfte sich British Rail selbst an den Ausschreibungen nicht beteiligen; professionelles Engagement und Sachverstand waren nicht gefragt). Triebfahrzeuge, Loks und Wagen liehen sich die neuen privaten Bahnbetreiber dann in der Regel von drei Leasingfirmen, auf die das rollende Material von British Rail übertragen wurde. Für Netz und Bahnhöfe wurde eine weitere, zunächst staatliche Gesellschaft, Railtrack, geschaffen, die 1996 auch materiell privatisiert und an die Börse gebracht wurde. Schließlich gab es die Ausgliederung des Güterverkehrs, der inzwischen von vier privaten Gesellschaften betrieben wird.[16]

In Deutschland ist die Deutsche Bahn AG intern wie beschrieben in fünf einzelne Aktiengesellschaften und mehr als 200 rechtlich selbstständige Unternehmen gespalten. Der Bahnbetrieb auf einer Reihe von Teilnetzen wurde unter dem Dach einer DB AG-Gesellschaft mit Namen DB Regionetz ausgegliedert; 1.100 Bahnbeschäftigte betreiben auf rund 1.000 Kilometern gepachteter Streckennetze Bahnbetrieb quasi im Eigenregie.[17] Das im Juni 2007 vorgelegte Bahnprivatisierungsgesetz sieht vor, dass zunächst bis zu 49% der Anteile an der Deutschen Bahn an „private Investoren“ gehen. Sodann soll die Infrastruktur in ein kompliziertes Gebilde, das formell in Staatseigentum bleibt, eingebracht werden, wobei die nunmehr teilprivatisierte Deutsche Bahn AG diese Infrastruktur „betreiben und bilanzieren“ kann.[18]

Rund ein Dutzend andere staatliche Bahngesellschaften wurden als Teil des Privatisierungsprozesses ähnlich gespalten oder in Vorbereitung auf eine mögliche spätere Privatisierung intern aufgegliedert. Das trifft beispielsweise auf die Eisenbahnen in Schweden, Italien, Spanien, Frankreich, Österreich und den Niederlanden zu.[19] In den USA hatte es, wie beschrieben, 1971 im Personenverkehr mit der Bildung von Amtrak eine Verstaatlichung und 1976 im Schienengüterverkehr mit Conrail eine konsolidierte private Einheitsgesellschaft mit massiver staatlicher Subventionierung gegeben. Conrail wurde bald darauf reprivatisiert und in mehrere private Güterbahngesellschaften aufgeteilt, wobei auch hier jede von ihnen regionale Netze kontrolliert. Amtrak hingegen verfügt nur über ein kleineres eigenes Bahnnetz und ist oft auf die Netze privater Gesellschaften angewiesen. Das Unternehmen ist auch ständig vom Bankrott bedroht, da die Regierung in Washington eine viel zu geringe Unterstützung gewährt und immer wieder das Projekt anregt, die einzigen profitablen Verbindungen (Washington–New York und New York–Boston) aus Amtrak herauszulösen und zu privatisieren.[20]

Die Ausgliederungen und Untergliederungen sind mit einem deutlichen Anwachsen der Bereiche Management und Verwaltung, also der „Wasserköpfe“, verbunden[21] und bringen darüber hinaus erhebliche Synergieverluste mit sich.

Selbst banalen Anforderungen an einen effizienten Bahnbetrieb kann nicht entsprochen werden. So gab es bei der deutschen Bahnreform 1994 zunächst die erklärte Absicht, einen selbstständigen Traktionsbereich zu schaffen – einen Pool für alle Triebfahrzeuge des Nah-, Fern- und Güterverkehrs –, auf den die Fern-, Regional- und Güterverkehrsgesellschaften zugreifen können sollten. Diese Absicht scheiterte am massiven Widerstand der Eisenbahnergewerkschaft GdED. Der Bereich wurde bald – unter Hinnahme erheblicher Synergieverluste – auf die einzelnen Transportgesellschaften aufgeteilt. In der Folge gibt es seither die bis zu diesem Zeitpunkt praktizierte sinnvolle Zusammenarbeit der verschiedenen Bereiche (beispielsweise im Fall ausgefallener Triebfahrzeuge oder bei erforderlichen Rangierarbeiten) nicht mehr – sei es, weil dies technisch nicht mehr durchführbar ist, sei es, weil die internen Abrechnungsstrukturen dies nicht mehr zulassen.

2. Weitreichender Abbau der Beschäftigung

Verallgemeinernd lässt sich sagen, dass die Bahnprivatisierungen mindestens zu einer Halbierung der Beschäftigtenzahlen bei gleich bleibenden bzw. teilweise angestiegenen Verkehrsleistungen führten. Bei der japanischen Eisenbahn fanden 1980 noch 413.000 Menschen Beschäftigung; 1995 waren es 192.000, 2001 nur mehr 155.000. Bei British Rail waren 1990 135.300 Menschen beschäftigt; 2001 zählten die Betreibergesellschaften und die Infrastrukturgesellschaft nur mehr 63.000 Mitarbeitende. In Deutschland gab es im Zeitraum 1994-2006 eine Halbierung der Beschäftigten im Schienenbereich auf rund 185.000. Für den Fall der materiellen Bahnprivatisierung wird mit einem Abbau von weiteren 60.000 bis 80.000 Stellen gerechnet. Einen vergleichbar starken Belegschaftsabbau verzeichnete die Eisenbahn in Italien, wo 1990 noch 200.000 Menschen und 2001 nur mehr 105.000 beschäftigt waren. In Österreich war der Belegschaftsabbau ebenfalls weitreichend: 1990 arbeiteten 67.000 Menschen bei den Österreichischen Bundesbahnen (ÖBB), 2005 waren es nur mehr 47.200.[22] In Schweden waren im gesamten Bereich Schienenverkehr 1988 36.000 Personen beschäftigt; 2002 nur mehr 20.000.[23]

In allen genannten Bahngesellschaften kam es zu einer erheblichen Verdichtung der Arbeit, zur Aufspaltung der Belegschaften, zu ihrer Atomisierung u.a. durch Outsourcing und ständige Neustrukturierungen sowie zu einer Zunahme von prekären Arbeitsplätzen (z.B. im Bereich der Sicherheitsdienste, des Reinigungspersonals und der Gastronomie). Das Einkommensniveau vor allem der neu bei den Bahnen eingestellten Beschäftigten wurde deutlich abgesenkt. In Deutschland wurden 2006 die ersten Ein-Euro-Jobber – Arbeitskräfte, die für ihre Arbeit einen Euro pro Stunde verdienen und im Übrigen Hartz IV-Empfänger sind – in Bahnhöfen beschäftigt.[24] Im Ergebnis sank die Identifikation der Beschäftigten mit ihrem Unternehmen – ein wichtiger Produktivitätsfaktor – auf einen historischen Tiefpunkt.[25] Natürlich ist ein Teil des Belegschaftsabbaus das Ergebnis echter Produktivkraftsteigerungen, zumal die absoluten Personen- und Tonnenkilometerleistungen in der Regel nicht gesunken und teilweise absolut sogar gestiegen sind. Im konkreten beschriebenen Umfang geht der Beschäftigtenabbau jedoch weit darüber hinaus; mit dieser Art Kahlschlag werden elementare Standards von Sicherheit und Service abgesenkt. Das zeigt ein Vergleich mit der Schweiz, wo sich der Belegschaftsabbau – der aus Sicht der schweizerischen Gewerkschaften deutlich zu weit ging – im Zeitraum 1990-2005 auf 31% (von 37.700 auf 25.950 Stellen) beschränkte; zugleich aber erzielen die SBB die im internationalen Vergleich besten Ergebnisse und erhalten europaweit die geringsten staatlichen Beihilfen.[26] Hier ist auch ein Vergleich zwischen Deutschland und Frankreich aufschlussreich, zumal beide Länder vergleichbar große Schienennetze und vergleichbare große Transportleistungen aufweisen. Der Halbierung der Beschäftigtenzahlen im deutschen Schienenverkehr (DB AG und Private) im Zeitraum 1994-2005 steht ein relativ geringer Abbau der Beschäftigtenzahlen von 8% in Frankreich gegenüber (von 181.110 SNCF-Beschäftigten im Jahr 1995 auf 166.630 im Jahr 2005).[27]

Es gibt keinen nachvollziehbaren objektiven Grund für die krass unterschiedliche Entwicklung bei den Bahnbelegschaften östlich und westlich des Rheins. Bisher hat niemand behauptet, die Deutsche Bahn AG sei wesentlich produktiver als die SNCF. Im Gegenteil: Die DB AG hat ihre Verkehrsleistung im Personenverkehr im Zeitraum 1994-2005 „nur“ gehalten, wohingegen die SNCF deutlich zulegen konnte. Die SNCF erhält laut Bundestagsgutachten „PRIMON“ weniger staatliche Unterstützungen als die Schiene in Deutschland.[28] Die entscheidenden drei Gründe für den Kahlschlag beim Personal in Deutschland und für die weitgehende Verteidigung des Beschäftigungsniveaus in Frankreich sind erstens der Privatisierungsprozess, der in Deutschland früher, bereits 1994, einsetzte, zweitens der Umstand, dass die im Bahnbereich aktiven deutschen Gewerkschaften den Privatisierungsprozess nicht bekämpften, sondern nur „kritisch begleiteten“, und drittens der starke Widerstand gegen Privatisierungstendenzen, Streiks eingeschlossen, den es bei den französischen Bahngewerkschaften gab und gibt.

3. Abbau von Komfort und Service

Die Bahnprivatisierungen sind mit einem Verlust an Reisekomfort und Servicequalität verbunden. Dieses Ergebnis widerspricht diametral den tausendfachen Begründungen für die Privatisierungen. Der Verlust resultiert bereits aus den genannten Aufsplitterungen, womit der Schienenverkehr immer undurchschaubarer und komplizierter wird. Der massive Belegschaftsabbau konkretisiert sich in Hunderten geschlossener Bahnhöfe und Tausenden nicht besetzten Schaltern. Die Pünktlichkeit im Zugverkehr hat sich überall verschlechtert; das Sprichwort „pünktlich wie die Eisenbahn" wirkt zunehmend wie Ironie. Im Rückblick war es nachgerade rührend, wie 1998/99 unter dem damaligen Chef der Deutschen Bahn AG, Johannes Ludewig, mit Tafeln in den großen Bahnhöfen eine Kampagne zur verbesserten Pünktlichkeit der Züge durchgeführt wurde. Die Tafeln zeigten die Pünktlichkeitsquoten auf den verschiedenen Verbindungen, die damals noch bei rund 90% lagen. Bis 2006 waren sie im Schienenpersonenfernverkehr auf unter 80% gesunken. In Großbritannien waren 2005 nach offiziellen Angaben nur noch 60% der Züge pünktlich. Der private Bahnbetreiber Connex South Eastern Ltd. (Veolia Environement, vormals Vivendi) wies kontinuierlich massive Verspätungen auf und bot einen derart miserablen Service, dass ihm die britische Eisenbahnaufsichtsbehörde Strategic Rail Authority (SRA) Mitte 2003 die Lizenz für die lukrative, stark frequentierte Strecke zwischen London und dem Südosten der Insel entzog. Seit Ende 2003 wird diese Strecke wieder von einem Bahnunternehmen in öffentlichem Eigentum betrieben.[29]

Der in Europa flächendeckende und in Japan beispielsweise auf den Verbindungen Tokio–Kyushu erfolgte Abbau von Nachtzügen geht mit einem Verlust an Reisekomfort einher. Vergleichbares gilt für die Reduktion der Speisewagen, die noch ergänzt wird durch die mangelhafte Qualität der Angebote und die überteuerten Preise in den Zugrestaurants. Es sei daran erinnert, dass der deutsche Bahnchef 2002 erklärte, die Abschaffung aller Zugrestaurants sei eine ausgemachte Sache. Er musste dann wegen massiver öffentlicher Proteste einen Rückzieher machen. Im Fall einer materiellen Privatisierung der Bahn wird dieses Projekt wieder auf der Tagesordnung stehen. Die Möglichkeiten für Fahrradmitnahme sind überall unzureichend, oft haben sie sich – vor allem wegen des Rückzugs der Bahn in der Fläche – deutlich verschlechtert. Der Service, der Menschen mit Behinderungen angeboten wird, ist schlicht skandalös.[30] Die Bahnpreissysteme sind im Rahmen einer ständig größeren Zahl privater, mit einander konkurrierender Bahnbetreiber und angesichts deren oft wechselnder Zusammensetzung nicht miteinander kompatibel. Auf das Desaster des neuen Bahnpreissystems PEP, das 2002/03 bei der Deutschen Bahn AG eingeführt worden war, wurde bereits verwiesen. Die DB AG setzte seither ihre in sich widersprüchliche Tarifpolitik fort, unter anderem durch die 2007 bekannt gemachten neuen Billigangebote, mit denen die Attraktivität der BahnCard 50 fortgesetzt reduziert wird.

In Japan bildete sich ein immer differenzierteres Tarifsystem heraus, wobei vor allem in ländlichen Regionen erhebliche Zuschläge zu den normalen Tarifen zu bezahlen sind – weil es sich um Strecken handelt, die die privaten Betreiber als wenig rentabel einstufen. Populäre landesweite Angebote wie das vor der Bahnprivatisierung erfolgreiche Ausflugsticket (shuyu-ken) wurden aufgegeben, weil die Zuordnung der Einnahmen aus dem Verkauf dieser Tickets auf die einzelnen privaten Eisenbahngesellschaften zu schwierig erschien.[31] Es wurden „Mini-Shinkansen-Züge" für Strecken eingeführt, die bisher von konventionellen Bahnen mit ihrer Spurweite von 1.067 Millimetern bedient wurden. Auf Grund der 1.435 Millimeter-Spurweite der Shinkansen-Verbindungen wurde dadurch das Streckennetz im ländlichen Raum fragmentiert.[32]

Dass die Benutzung einer Toilette in deutschen Bahnhöfen Geld kostet, ist eine Peinlichkeit, die sich ein Flughafen kaum leisten kann. Dass es auch in großen Bahnhöfen oft nur noch eine zentrale Toilettenanlage gibt und selbst Restaurants gezwungen werden, auf eigene Toiletten zu verzichten, sodass Fahrgäste und Restaurant-Kundschaft Hunderte Meter lange „Toilettenwege" in Kauf nehmen müssen, ist eine Errungenschaft aus der Zeit der Bahnprivatisierungen.[33]

4. Abbau der Flächenbahn – Konzentration auf Hochgeschwindigkeit

Die privatisierten und im Privatisierungsprozess befindlichen Bahnen verfolgen alle die gleiche – fatale – Rezeptur: Die Schiene in der Fläche wird abgebaut; die große Summe der Investitionen fließt in die Verbindungen zwischen großen Städten, in die Hochgeschwindigkeitsstrecken und in Hochgeschwindigkeitszüge. Dies wiederum kommt einer Konzentration auf den Geschäftsreiseverkehr und der Vernachlässigung einer Bahn für alle gleich. In Japan wurden seit der Bahnprivatisierung mehrere Tausend Kilometer des Schienennetzes in den ländlich geprägten Regionen abgebaut. Das Schienennetz Japans, das vor einem Jahrhundert mit Hauptrouten begann und sich dann bis in die 1980er Jahre hinein in ein in der Fläche zergliedertes Netz entwickelte, erlebt eine Rückentwicklung auf die Konzentration auf Hauptverbindungen mit Shinkansen- und „Mini-Shinkansen-Zügen". Izumi Takeda und Fujio Mizuoka bezeichnen diesen Rückbau als „einen Wandel der japanischen Eisenbahnstruktur in der räumlichen Konfiguration weg von einem dichten, homogenen Netz und hin zu einer an Knotenverbindungen orientierten Struktur mit den großen Stadtzentren als Mittelpunkten".[34] Es sind, so die zitierten Autoren, vor allem die neuen privaten Investoren, die zum Rückzug aus der Fläche drängen, wobei der Abbau des Streckennetzes in der aktuellen Phase eine geringere Rolle spielt als der Abbau des Services: „Die derzeitigen Maßnahmen beinhalten die fortgesetzte Reduktion der Zugfrequenzen, die wachsende Zahl von Zügen ohne Zugbegleiter … die Reduktion der maximalen Geschwindigkeiten in den ländlichen Regionen, die Einstellung jeglichen Zugverkehrs an einem Tag am Wochenende unter dem Vorwand von Gleisbauarbeiten."[35]

Das wichtigste Großprojekt im britischen Schienenverkehr in den letzten zwei Jahrzehnten waren die gewaltigen Investitionen in die internationale Verbindung London–Paris mit dem Hochgeschwindigkeitszug Eurostar und dem Bau des Ärmelkanal-Tunnels. Der Eurostar deckt seine Kosten nicht. Die Kanaltunnelbetreiber-Gesellschaft erlitt bereits zweimal eine Art von „technischem Konkurs". Bisher kam es in Großbritannien seit der Bahnprivatisierung noch nicht zu einem neuerlichen größeren Abbau des Schienennetzes. Ein solcher zeichnet sich jedoch für Ende des 2010er Jahrzehnts ab. Die Ursache dafür sind die steil angestiegenen staatlichen Unterstützungszahlungen für den Schienenverkehr in England, Schottland und Wales, die laut einer Analyse von Stephen Grant in der Zeitschrift „Modern Railways" einen „Beeching-Plan II" wahrscheinlich machen. Wie in solchen Fällen üblich kam es im Vorfeld in den Jahren 2006 und 2007 zu einem Abbau der Schienenverkehrsangebote in ländlichen und eher touristisch interessanten Gebieten.[36]

Der Rückzug aus der Fläche im deutschen Schienennetz wurde bereits dargestellt. Mit dem „kleinen Fahrplanwechsel" am 10. Juni 2007 stellte die Deutsche Bahn AG den Fahrkartenverkauf in den meisten Regionalbahnen und Regionalexpresszügen ein: Wer sich vor Besteigen des Zuges keine Fahrkarte am Automaten oder auf andere Art besorgt hat, wird wie ein Schwarzfahrer behandelt. Dies stellt eine neuerliche qualitative Verschlechterung des Nahverkehrs dar, wobei besonders der Verkehr in der Fläche betroffen ist, wo es ohnehin kaum mehr Bahnhöfe mit geöffneten Schaltern gibt.

Bei Amtrak in den USA gab es in jüngerer Zeit als größere Investition die Anschaffung der Acela-Express-Zuggarnituren auf den Verbindungen New York–Boston und New York–Washington. Es handelt sich um einen Zug primär für Geschäftsleute, der eine Business Class und eine First Class mit sich führt und, wie es in einem Reisebericht maliziös heißt, „darauf verzichtet, eine zweite Klasse mit sich zu schleppen".[37] Es könnte durchaus sein, dass sich, wie dies bisher in der Geschichte der Eisenbahnen fast immer der Fall war, just die Konzentration auf die obersten Klassen betriebswirtschaftlich als Ballast erweist.

Die Führung der Österreichischen Bundesbahnen (ÖBB) zeigt einen ausgesprochenen Tunnelblick auf diese problematischen, teuren Fernverkehre, wenn der Personenverkehr-Vorstandsdirektor Stefan Wehinger feststellte: „Von den vier großen Tunnelprojekten (Brennerbasis-Tunnel, Koralm-Tunnel, Untertunnelung des Wienerwaldes und Semmering-Tunnel) haben alle auch für den Personenverkehr große Bedeutung, weil sie Fahrtzeitverkürzungen von bis zu zwei Stunden (Klagenfurt–Graz) bringen werden." Es gehe darum, „mit neuen Angeboten auch neue Kundenschichten" anzusprechen.[38] Eines dieser neuen Angebote ist eine Klasse oberhalb der Ersten Klasse, die „Premium Class", deren Besetzungsgrad auf der Verbindung Wien–Linz nach ÖBB-eigenen Stichproben in den Jahren 2006 und 2007 unterhalb von 15% lag. Doch ÖBB-Vorstandssprecher Martin Huber und Stefan Wehinger propagieren den „Railjet – das Reisen im 21. Jahrhundert", eine neue Drei-Klassen-Gesellschaft auf Schienen, die es ab dem Jahr 2008 im ÖBB-Fernverkehr geben soll. Der Railjet bietet, so die Eigenwerbung, „Economy Class, Business Class und Premium Class".[39] Diese Planungen werden gewissermaßen logisch ergänzt durch die zur selben Zeit verbreitete Mitteilung, die ÖBB würden sich in erheblichem Umfang aus den Nebenstrecken zurückziehen. Insgesamt sollen von dem 1.350 Kilometer langen Nebenbahnnetz „nur noch etwa 60 Prozent weiter betrieben" werden. 239 Kilometer dieses Netzes sollen komplett „aufgelassen" – also stillgelegt und perspektivisch überbaut – werden. Weitere 385 Kilometer sollen durch Busse ersetzt werden, weil diese, so ÖBB-Chef Huber, „nur ein Fünftel des Schienenverkehrs kosten und flexibel einsetzbar" seien. Im Übrigen sollen „die Schmalspurbahnen an die Länder oder an Private verkauft" werden. Diese Bahnen würden „nur noch touristisch genutzt. Das ist nicht unsere Verantwortung".[40] Deutlicher lässt sich kaum demonstrieren, wie man die Äste absägt, auf denen jeder sinnvolle und effiziente Bahnverkehr beruht – insbesondere im Fall eines Landes mit „Tourismus-Standortvorteil".

5. Vergesellschaftung von Verlusten und steigende Subventionen

In der Öffentlichkeit wird für die Privatisierungen mit dem Argument geworben, es gehe um einen Abbau von Schienensubventionen. Das Gegenteil ist der Fall. In Japan übernahm der Staat bei der JNR-Privatisierung einen gewaltigen Schuldenberg, der 2001 umgerechnet 300 Mrd. Euro ausmachte und bei dem zu diesem Zeitpunkt allein die Kreditbedienung jährlich 15 Mrd. Euro verschlang. Trotz dieser Entschuldung und der damit äußerst günstigen Ausgangssituation sind die japanischen Bahnen im operativen Bereich nicht profitabel und müssen weiter subventioniert werden.[41]

In Großbritannien berappte der Steuerzahler in der ersten Periode der Bahnprivatisierung jährlich bereits doppelt bis dreimal so viel an Bahnsubventionen, wie zuvor an British Rail zu transferieren war. Mit der Pleite des Infrastrukturunternehmens Railtrack 2001 kamen zusätzliche Belastungen wie die Übernahme der Railtrack-Schulden, die Sonderzahlungen an die Aktionäre und die immensen Kosten für die Instandsetzung der Infrastruktur hinzu. Die „Frankfurter Allgemeine Zeitung" schlagzeilte: „Sanierung der britischen Bahn kostet 110 Milliarden Euro".[42]

Für den deutschen Schienenverkehr wurden die bisher deutlich gestiegenen staatlichen Ausgaben bereits benannt. Im Fall einer materiellen Bahnprivatisierung ist vereinbart, dass die Höhe der aktuellen staatlichen Leistungen nicht sinken soll.

Darüber hinaus besteht bei dem im Zentrum der Debatte stehenden Modell einer Bahnprivatisierung – de facto einer Teilprivatisierung einschließlich der Infrastruktur („Eigentumssicherungsmodell") – die Gefahr, dass zukünftige private Investoren weiter steigende staatliche Zahlungen erpressen können.[43]

Das schwedische Privatisierungsmodell, welches als „Trennungsmodell" des Öfteren in Kreisen der Grünen Parteien oder bei Umweltverbänden als vorbildlich hervorgehoben wurde, dürfte mit einer der größten Steigerungen der staatlichen Unterstützungen verbunden sein. Oliver Schöller und Anke Borcherding schrieben dazu in ihrer Analyse Folgendes: „Die Staatsausgaben haben sich nach der Deregulierung des Schienenverkehrs innerhalb von zehn Jahren nahezu vervierfacht, von 302 Millionen Euro netto im Jahr 1985 auf 1,1 Milliarden Euro netto 1995. Gleichzeitig ist zwischen 1996 und 1999 der Anteil der staatlichen Subventionen am Gesamtertrag der Infrastrukturbehörde Banverket von 67 Prozent auf 72 Prozent angestiegen."[44]

Sicherlich sind hohe staatliche Gelder für den Schienenverkehr an sich eine gute Sache; auf alle Fälle sind Ausgaben dieser Art sinnvoller als solche für Straßen- oder Luftverkehr oder gar zur Finanzierung von Kriegen. Allerdings sind zwei Einschränkungen angebracht: Erstens besteht ein qualitativer Unterschied zwischen staatlichen Zuschüssen für ein Eisenbahnsystem in öffentlichem Eigentum und Subventionen für private Bahngesellschaften. Im erstgenannten Fall kann die Gesellschaft auf den Schienenverkehr direkt und im Interesse einer sinnvollen Umwelt-, Klima- und Verkehrspolitik Einfluss nehmen. Im letztgenannten Fall dienen die Subventionen in erster Linie der Alimentierung privater Investoren, die primär ihr Profitinteresse im Blick und eher selten originäre Interessen an einem effizienten Bahnbetrieb haben. Zweitens diskreditieren staatliche Gelder für den Schienenverkehr, die wenig Nutzen bringen oder gar kontraproduktiv wirken, auf Dauer die Eisenbahn als solche; in Bälde wird es heißen, sie sei das sprichwörtliche „Fass ohne Boden", womit die Schleusen für eine radikale Kürzung der staatlichen Unterstützungszahlungen und damit für harte Einschnitte im Schienenverkehr geöffnet werden. So lautet auch die Schlussfolgerung von Roger Ford, der nachwies, dass die privatisierten Eisenbahnen in Großbritannien über einen längeren Zeitraum hinweg das Zwei- bis Dreifache an staatlichen Unterstützungen bekamen, als British Rail erhalten hatte. Roger Ford schließt seinen Beitrag in „Modern Railways" mit den Sätzen: „Wenn Neuwahlen anstehen und wenn die Eisenbahnen bis zu diesem Zeitpunkt ihre Kosten nicht in den Griff bekommen, werden sich die Politiker wieselflink auf Positionen begeben, die dem Schienenverkehr umfassende Nachteile bringen. … Und nach der Wahl wird die neue Regierung substanzielle Kürzungen bei den Ausgaben für die Eisenbahnen für die kommende Kontrollperiode beschließen, die im April 2009 beginnt."[45] Das ist auch das Jahr der nächsten deutschen Bundestagswahlen und das Jahr, in dem die bisher zugesagten – bereits gekürzten – Mittel für den Schienenpersonennahverkehr, die Regionalisierungsmittel, komplett neu verhandelt werden müssen.

6. Interessenkollision

Die Bahnprivatisierungen sind Teil eines Prozesses, bei dem die Konkurrenten der Schiene – Autoindustrie, Busgesellschaften, Flugzeugindustrie und Airlines – die Eisenbahngesellschaften durchdringen und den verbliebenen Schienenverkehr nach den eigenen Interessen modeln. Teilweise wiederholen sich hier Vorgänge, wie sie für die US-Eisenbahnen am Beispiel des Schicksal der Penn Central beschrieben wurden.

In Großbritannien stiegen mit Beginn der Bahnprivatisierung Busunternehmen (Stagecoach und Arriva), Fluggesellschaften (Virgin Airlines) und Schifffahrtsunternehmen (UK Seacontainers) in das Business Bahnbetrieb ein. Sie kontrollieren einen großen Teil des Schienenverkehrs auf den britischen Inseln und richten diesen an den eigenen Interessen im Busverkehr und im Luftverkehr aus. Die Gewinne werden mit schlafwandlerischer Sicherheit eingefahren. 1997 bilanzierte das „Handelsblatt“: „Selbst wenn eine große Zahl von Stagecoach-Bahnkunden ausfallen, ist das Geschäft von der Regierung garantiert. ... In Großbritannien zeigt sich, wie herrlich sich an der umstrittenen Eisenbahnprivatisierung dreistellige Millionensummen verdienen lassen.“[46]

In einer Reihe von Ländern, in denen die Bahnen privatisiert wurden oder werden, kamen die Top-Männer der zu privatisierenden Eisenbahngesellschaften aus Bereichen, die mit der Bahn konkurrieren. Die britischen Eisenbahnen taten 1992 kund, dass ihr neuer Bahnchef Sir Bob Reid, der dann die Privatisierung von British Rail einleitete, „zur Eisenbahn nach einer umfassenden Karriere im Ölgeschäft kam“. Bei der französischen Bahn wurde Mitte der 1990er Jahre mit Loïk Le Floch-Prigent der ehemalige Boss des führenden französischen Ölkonzerns Elf Acquitaine Präsident der Staatsbahn SNCF. Als er wegen seiner Verwicklung in Korruptionsskandale ins Gefängnis wanderte, folgte ihm mit François Gallois ein Mann, der länger als ein Jahrzehnt Airbus-Manager war – und Ende 2006 nahtlos vom Top-Job bei der SNCF an die Spitze von EADS/Airbus wechselte. In Italien trat 1995 Lorenzo Necci den Spitzenjob bei der Staatsbahn FS an und leitete die bereits skizzierte Aufspaltung des Unternehmens ein. Necci hatte zuvor seine Unternehmerkarriere in der italienischen Petrochemie gemacht. Er wurde später inhaftiert, weil er in groß angelegte Schiebereien mit Autos in arabische Länder verwickelt war.[47]

Die Hintergründe des ehemaligen deutschen Bahnchefs Heinz Dürr als Eigentümer einer strategisch führenden Autozulieferfirma sowie des aktuellen Chefs der

Deutschen Bahn AG, Hartmut Mehdorn, der eineinhalb Jahrzehnte in der Flugzeug- und Rüstungsbranche tätig war, wurden bereits ausgeleuchtet. Unter Bahnchef Mehdorn kamen gut ein Dutzend „Lufthanseaten“, Leute aus dem mittleren Management der Lufthansa, zur Deutschen Bahn AG. Diese waren auch maßgeblich verantwortlich für die Einführung des beschriebenen neuen Tarifsystems PEP bzw. für das Desaster, zu dem PEP führte. Unter Mehdorn wurde der Schenker Stinnes-Topmanager Bernd Malmström für die DB AG gewonnen und Chef der Schienengüterverkehrssparte DB Cargo. Unter Malmströms Regie übernahm die DB AG 2003 das Lkw-Speditions- und Logistik-Unternehmen Schenker Stinnes. Seither dominieren in der Güterverkehrssparte der DB AG die Straße und die internationale Logistik; Schienenverkehr ist im Vergleich zu Straße und Logistik ein minoritäres Engagement. Der vorletzte Aufsichtsratsvorsitzende der Deutschen Bahn AG, Michael Frenzel, ist in seinem Hauptberuf Chef von TUI, vormals Preussag, dem größten Reiseveranstalter der Welt. TUI ist zugleich Betreiber einer der wichtigsten Flugcharter-Gesellschaften. 2002 stieg TUI/Hapag Lloyd in das Geschäft mit der Billigfliegerei ein.[48]

Laut Izumi Takeda und Fujio Mizuoka sind die JR-Bahngesellschaften „seit geraumer Zeit mehr daran interessiert, das Mieten von Autos anstelle der Nutzung von Bahnnebenstrecken zu propagieren“. Insbesondere komme es zur Werbung für die Kombination Shinkansen/Auto. Die Autoren geben ein Werbeplakat von Japan Railways mit dem – hier übersetzten – Text wieder: „Autofahrer und alle rent-a-car-Fahrgäste erhalten 20-Prozent-Rabatte auf JR (Shinkansen-)Tickets.“[49] Die Deutsche Bahn AG ist seit einiger Zeit im Pkw-Neuwagen-, Pkw-Gebrauchtwagen- und Pkw-Mietgeschäft aktiv. Sie lässt Lokomotiven durch die Lande fahren, auf denen für Autofirmen geworben wird – z.B. für den Mini Cooper von BMW. Im Gegenzug verlieh der führende deutsche Automobilclub ADAC der DB AG den „Mobilitätspreis 2006“. In der Zeitschrift „Bild“ warben der Lufthansa-Aufsichtsratschef und der Porsche-Vorstandsvorsitzende für die Privatisierung der DB AG; sie setzten sich dabei insbesondere dafür ein, das diese einschließlich der Privatisierung von Grund, Boden und Bahnhöfen erfolgen solle.[50] Die Bahn ihrerseits zeigte sich erkenntlich und setzte ihre Zeitschrift „mobil“ regelmäßig zur Hofberichterstattung über die Autoproduktion im Allgemeinen und über den VW-Boss Ferdinand Piëch im Besonderen ein. Über das neue VW-Werk in Dresden, in dem das kaum absetzbare Luxus-Pkw-Modell Phaeton hergestellt wird, hieß es in dieser Zeitschrift, die in allen Fernverkehrszügen ausliegt: „Leichte Transparenz, die nichts verbirgt, Produktion auf dem blanken Holzparkett: Ist die gläserne Manufaktur von VW Vorbild für die Fabrik von morgen? … Die Phaeton-Fertigung gleicht der Installation eines Kunstwerks.“ Schöne transparente neue Autowelt, die interessanterweise in ähnlicher Form bereits vom NS-Regime für das KdF-Wagen-Werk geplant war und teilweise auch gebaut wurde.[51]

Die ÖBB engagierten 2004 Niki Lauda als neues Mitglied im ÖBB-Aufsichtsrat. Der ehemalige Forrmel-1-Rennfahrer Lauda, im aktuellen Hauptberuf Betreiber der Billigfluglinie NIKI, bemüht sich erst gar nicht, seinen Unwillen gegenüber öffentlichen Verkehrsmitteln und der Bahn zu verhehlen. „Frage: Wie viel U-Bahn-Stunden hast du? Niki Lauda: Nicht eine Minute. Frage: Soll das heißen, dass du noch nie in deinem Leben U-Bahn gefahren bist? Antwort: Korrekt. Frage: Bist du nicht neugierig, wie das ist? Die smarten Rolltreppen, die vielen Menschen, das Grummeln und Knurren der Wagen? Antwort: Ich bin nicht so sehr neugierig. Frage: Straßenbahn, Autobus? Antwort: Kein einziges Mal in den letzten 30 Jahren. Frage: Bahn? Antwort: Als ich vor zwei Jahren in den Aufsichtsrat der Österreichischen Bundesbahnen gewählt wurde, hatte ich zum ersten Mal in meinem Leben das Gefühl, ich sollte in einen Zug einsteigen. Ich bin von Wien nach Graz gefahren. Frage: Das war deine erste und letzte Bahnfahrt? Antwort: Richtig.“[52]

7. Entfunktionalisierung der Bahnhöfe

Wie in den ersten Jahrzehnten der privaten Eisenbahn spielen die Eigentumsverhältnisse an dem Grund und Boden, auf dem die Bahnen verkehren, eine maßgebliche Rolle. Das trifft zunächst auf die Bahnhöfe zu. Diese nehmen elementare Funktionen im Schienenverkehr ein. Neben einem wichtigen Werbewert, neben psychologischen Faktoren (Empfangshallen; „Eingangstore in die Städte“; Visitenkarten der Städte; „Tränenpaläste“) sind sie vor allem die Zugangsstellen zum und Abgangsstellen vom Netz. Jede Reduktion von Bahnhöfen muss sich negativ auf den Schienenverkehr auswirken. Gleichzeitig kommt es vielfach zu radikalen Umbauten von Bahnhöfen und zum Bau neuer Bahnhöfe, bei denen die eigentliche Funktion, Schienenverkehr zu vermitteln und für die Eisenbahnen zu werben, kaum mehr auftaucht.

In Japan wurden im Gefolge der Bahnprivatisierung insbesondere in ländlichen Bereichen Bahnhöfe geschlossen oder die Öffnungszeiten stark eingeschränkt.[53] Im Kontrast dazu gab es 1997 in der Kaiserstadt Kyoto die Eröffnung eines neuen, gewaltigen, in diesen Dimensionen weltweit wohl einmaligen Bahnhofs, in dem der Zugverkehr eine sekundäre Rolle spielt und Konsum sowie Dienstleistungen wie Video-Spielcenter, ein Theater und ein integriertes Luxushotel dominieren. Mit den Baukosten des Projektes – rund 1,7 Mrd. Euro – hätte die dringend erforderliche Modernisierung des ländlichen Schienennetzes zu einem großen Teil finanziert werden können.[54]

Der im Mai 2006 eröffnete neue Hauptbahnhof in Berlin, dessen – überwiegend von der öffentlichen Hand übernommene – Baukosten bei 1 Mrd. Euro lagen, weist einige Parallelen zu dem „Tempel über den Schienen“ in Kyoto auf. Endlose

Rolltreppen, die optimal sind, um die Geschäftswelten zu erschließen, erweisen sich für ein Zeit und Kraft sparendes Umsteigen als kontraproduktiv. Die Deutsche Bahn AG selbst rechnet mit acht Minuten Umsteigezeit im Fall des Wechsels vom Tiefbahnhof zu den oberen Gleisen der Stadtbahn. Bereits der Grundgedanke, in Berlin einen „modernen Kreuzungsbahnhof" zu errichten, kann in Frage gestellt werden.[55] Die Zeitgewinne, die teilweise durch teure Neubaustrecken erzielt werden, gehen teilweise wieder verloren, weil auf Berliner Gebiet außer Spandau nur noch der neue Hauptbahnhof und nicht mehr Berlin Zoologischer Garten und Berlin Ostbahnhof angefahren werden. Das Projekt eines neuen Zentralbahnhofs in Wien weist erstaunliche Parallelen mit den Fehlplanungen in Berlin aus.[56]

Diese Art Bahnhöfe, bei denen es anstelle von Gleiswelten mit Geschäftsanschluss Geschäftswelten mit Gleisanschluss gibt, entstanden in Deutschland nach 1990 vor allem durch Umbauten bestehender großer Bahnhöfe, so im Fall der Hauptbahnhöfe von Leipzig, Mannheim, Mainz und Dresden. Die Milliarden Euro öffentlicher – oft kommunaler – Mittel, die in die Bahnhofsumbauten gesteckt werden, bringen in der Regel keine Verbesserungen für den Schienenverkehr. Oft ist das Gegenteil der Fall.[57] Der geplante Umbau des Stuttgarter Haupt- und Kopfbahnhofs in einen Untergrund-Durchgangsbahnhof bei Nutzung des bisherigen Bahnhofsgebäudes und des Bahnumfelds als verlängerte Einkaufsmeile Königsstraße kostete allein in der bereits zehnjährigen Planungsphase seit 1995 eine halbe Milliarde Euro – glücklicherweise ohne dass mit dem Bau begonnen worden wäre. Tatsächlich bringt das Projekt Verschlechterungen für den Schienenverkehr mit sich, während gleichzeitig ausgefeilte Alternativen vorgelegt wurden, mit denen, so der Sprecher der Initiative „Leben in Stuttgart – Kein Stuttgart 21", Gangolf Stocker, „mit etwa einem Drittel der Mittel der Bahnhof modernisiert, für den schnellen ICE-Verkehr ertüchtigt und der Flughafen und die Neubaustrecke (nach Ulm; W.W.) angeschlossen werden".[58]

Im Februar 2007 wurde bekannt, dass die Deutsche Bahn AG als Teil ihrer Orientierung auf die Börse zwei Drittel ihrer Bahnhöfe – 1.800 von noch 2.400 – verkaufen will.[59] Es handle sich „um ein gewaltiges Erbe, das die Bahn allein nicht stemmen" könne. Im Übrigen seien die meisten Bahnhöfe „überdimensioniert". Dies teilt die DB AG kurz nach Eröffnung des deutlich überdimensionierten Berliner Hauptbahnhofs mit. Gleichzeitig wies sie für das vorausgegangene Jahr 2006 einen Gewinn von rund 2 Mrd. Euro aus. Die Bilanz der Bahnhofstochter „Station und Service" zeigt, dass die Hälfte aller Investitionen in Bahnhöfe von der öffentlichen Hand finanziert werden. Das kurzatmige Ziel des massenhaften Bahnhofsverkaufs ist offensichtlich ein weiterer Schub zur künstlichen Gewinnsteigerung, während die Folge eine weitere nachhaltige Schädigung des Schienenverkehrs als Ganzes sein wird.[60] Das wissen einige kurzsichtige Freunde der Schiene offenbar nicht.[61] Den Bahnverantwortlichen indes ist durchaus bewusst, wie kontraproduktiv sie handeln. „Die schönsten Züge mit dem besten Komfort verlieren an Akzeptanz, wenn der Kunde den Weg zum Bahnsteig nur widerwillig gehen kann“, so der ehemalige Bahnchef Heinz Dürr 1994. „Bahnhöfe sind die Visitenkarte von Städten und Gemeinden … sie sind aber auch das Eingangstor zum System Bahn. Damit sind die Bahnhöfe ein wichtiger imagebildender Faktor für … die Deutsche Bahn AG“, schrieb 2005 der Vorstandsvorsitzende der DB AG-Tochter „Station und Service“, Wolf-Dieter Siebert.[62]

Albert Speer (jr.), Chef eines führenden deutschen Architekturbüros, das in China den Auftrag zur Planung einer „Autostadt“ erhielt und von der DB AG mit dem Umbau mehrerer Bahnhöfe, darunter demjenigen von Mannheim, beauftragt war, äußerte 1999: „Seine (Speers Vaters) Idee, die Bahnhöfe aus den Städten hinauszulegen und die Innenstädte frei von Schienen zu halten, finde ich auch heute sinnvoll.“[63] Die Pläne des Vaters, des NS-Reichsbauministers Speer, sahen vor, dass Bahnhöfe grundsätzlich aus den Städten – so aus Berlin, der zukünftigen Reichshauptstadt Germania – zu verlegen seien. Solche Planungen wurden vor allem nach dem Zweiten Weltkrieg Wirklichkeit (so in Baden-Baden, Kassel und Kempten/Allgäu) bzw. ist Derartiges anderswo geplant, so in Lindau am Bodensee. Einige Planungen zur Verlegung der großen Bahnhöfe aus den Städten verbunden mit einer neuen, für den Autoverkehr großzügigen Verkehrsplanung wurden, so im Fall Stuttgart, in der Zeit des NS-Regimes entwickelt und teilweise von denselben Planern nach dem Zweiten Weltkrieg umgesetzt.[64]

8. Bahnprivatisierung als Spekulation mit Grund und Boden

Bahngesellschaften sind naturgemäß Eigentümerinnen riesiger Flächen mit und ohne Immobilien, oft so genannter Filetstücke in den Stadtzentren. Je mehr das spezifische Gewicht der Eisenbahn im Verkehrssektor sinkt, desto größeres Gewicht bekommen das Eigentum an Grund und Boden sowie die Gewinne, die daraus – durch Pacht, Projektentwicklungen, Verkauf oder Trassengebühren – zu beziehen sind. Im Zentrum der Eisenbahnprivatisierungen stehen meist handfeste Grundstücksinteressen und Bodenspekulation. Als 1976 in den USA die halbstaatliche Güterbahngesellschaft Conrail erneut privatisiert wurde, wurde auf sie bzw. auf die neuen privaten Güterbahnen ein großer Teil des Geländes ehemaliger Eisenbahngesellschaften übertragen, die zuvor in Konkurs gegangen waren. Der gegenwärtige Reichtum und die hohe Profitabilität der privaten US-amerikanischen Güterbahnen beruhen zu einem großen Teil auf dieser Transformation von Grundeigentum.[65]

Bei der Privatisierung der japanischen Eisenbahnen wurde das Gelände von vornherein auf die neuen Eisenbahngesellschaften aufgeteilt. Im Fall der Shinkansen-Eisenbahnen kamen 1987 das Schienennetz und anderes Grundeigentum zunächst zu einer halbstaatlichen Gesellschaft, der Shinkansen Railway Proprietary Agency, bei der die drei Personenverkehrsgesellschaften auf der Hauptinsel Honshu Pacht für die Nutzung der Trassen zu zahlen hatten. Ende 1991 konnten diese Bahngesellschaften dann das Eigentum an Grund und Boden zu den – sehr niedrigen – Buchwerten erwerben. Die teilweise hohen Gewinne, die einige der Shinkansen-Gesellschaften in der Folge einfuhren, basierten zu einem erheblichen Teil auf Grundstücksgeschäften, vor allem auf Projekten zur Entwicklung großer Areale und ganzer Stadtteile.[66]

Zentraler Bestandteil der Privatisierung von British Rail war die Bildung der privaten Infrastrukturgesellschaft Railtrack. Sie kontrollierte 40.000 Kilometer Schienennetz und 2.500 Bahnhöfe; ihre privaten Eigentümer bezogen aus dieser strategischen Funktion in dem kurzen Zeitraum von einem halben Jahrzehnt Profite in der Höhe von rund 10 Mrd. britischen Pfund.[67]

Bei der deutschen Bahnreform des Jahres 1994 sollte allzu großen Spekulationsgewinnen aus dem Immobilienbesitz dadurch ein Riegel vorgeschoben werden, dass zunächst das Grundeigentum von Bundesbahn und Reichsbahn in die neue bundeseigene Gesellschaft „Bundeseisenbahnvermögen – BEV" eingebracht werden sollte. Dies war als ein Gegengewicht zu den bei BEV „parkenden" Altschulden von Reichsbahn und Bundesbahn gedacht. Die bundeseigene Gesellschaft sollte dann alles „betriebsnotwendige Gelände" der neu gegründeten Deutschen Bahn AG übereignen.[68] Doch es wurde umgekehrt verfahren: Alles Gelände blieb bei der DB AG; diese gab 1996 und 1997 einen kleinen und wenig werthaltigen Teil davon pauschal an das BEV ab. Damit war die auf Privatisierungskurs entsandte Deutsche Bahn AG von vornherein Eigentümerin riesiger Flächen, die bereits bei Gründung der DB AG oft seit Jahren, teilweise seit Jahrzehnten nicht mehr „betriebsnotwendig" waren. Typisch ist diesbezüglich das bereits angeführte Projekt „Stuttgart 21"; es soll zu einem größeren Teil aus dem Verkauf von Gelände finanziert werden, das bereits 1994 nicht mehr „bahnnotwendig" war, jedoch im Eigentum der DB AG blieb. Peter Conradi, damals noch Stuttgarter Bundestagsabgeordneter, bezeichnete diesen Vorgang als „Veruntreuung von Bundesgeldern".[69] In der Debatte um die konkrete Form der deutschen Bahnprivatisierung im Jahr 2007 spielt die Frage des Eigentums an der Infrastruktur erneut eine zentrale Rolle. Hinter der Forderung nach einem „integrierten Börsengang", nach der „Erhaltung des einheitlichen Unternehmens Deutsche Bahn AG" und insbesondere nach dem Charakter des „Eigentumssicherungsmodells" verbirgt sich in erster Linie die Frage, wer über das wertvolle, gewaltige Immobilienvermögen verfügen darf, das die Eisenbahn in mehr als 170 Jahren akkumuliert hat.

Im Kern laufen die Privatisierungen der Eisenbahnen darauf hinaus, dass ein zu Auto und Flugzeug sinnvolles alternatives Verkehrssystem systematisch geschwächt wird und dass zugleich der Grund und Boden der Bahnen sowie die darauf errichtete wertvolle Infrastruktur Opfer eines groß angelegten Spekulationsgeschäfts werden. Just dies wurde im Klartext genau so vorhergesagt. Im Magazin „Focus" war im Jahr 1993 zum Auftakt der Bahnreform zu lesen: „Das Mega-Milliarden-Ding: Das 40.000 Kilometer lange Schienennetz ist als Immobilie an der Börse pures Gold wert."[70] Im Grunde geht es um die Vernichtung eines gesellschaftlichen Vermögens, das in einem erweiterten juristischen Sinn und erst recht in einem moralischen Sinn den Bahngesellschaften gar nicht gehört bzw. das die Eisenbahnunternehmen und ihre Nachfolgegesellschaften gar nicht für bahnfremde Zwecke veräußern dürften. Das trifft für die USA zu, wo, wie dargestellt, das Bahngelände den Eisenbahngesellschaften geschenkt wurde, damit sie darauf Bahnverkehr betreiben konnten. Das trifft ebenso für Deutschland zu: Der größte Teil des Bahngeländes wurde im 19. und frühen 20. Jahrhundert den – oft privaten – Bahnen von der öffentlichen Hand gratis übereignet, mit der erklärten oder stillschweigenden Auflage, darauf Schienenverkehr zu betreiben. Wenn dieses Gelände wie in der Vergangenheit im Rahmen der Bahnprivatisierungen an private Investoren verkauft wird und darauf kein Schienenverkehr mehr stattfindet, entfällt die Geschäftsgrundlage für diese Übereignung. Zwei Beispiele mögen dies dokumentieren:

Inselbahnhof Lindau/Bodensee: In Lindau will die DB AG seit Ende der 1990er Jahre den Hauptbahnhof, der sich auf der Insel Lindau befindet, veräußern und die Bahn auf dem Festland sowie in dem eher dezentralen Stadtteil Reutin enden lassen. Der Mitte des 19. Jahrhunderts errichtete Bahndamm zwischen Festland und Insel soll für eine Autostraße zur Verfügung gestellt und auf dem wertvollen Gelände des bisherigen Inselbahnhofs ein Kongresszentrum errichtet werden. Nun konnte der Lindauer Historiker Karl Schweizer belegen, dass das Gelände am 18. März 1851 durch den Magistrat der Stadt der Königlich-Bayerischen Eisenbahngesellschaft gratis für den Bau des Bahnhofs überlassen wurde. Die Kommune hatte das Gelände zuvor teilweise von privaten Eigentümern kaufen müssen. Diese Großzügigkeit machte nur Sinn, weil niemand auch nur auf die Idee kam, das Gelände könnte in Zukunft anders als für den Schienenverkehr genutzt werden.[71]

Hamburg/Hannoverscher Bahnhof: Im Bereich des „Hannoverschen Bahnhofs" in der Hansestadt Hamburg wurde Bahngelände frei, das die DB AG bzw. deren Tochter Aurelis vermarkten will. Der Notar und ehemalige Hamburger Bürgermeister Henning Voscherau verwies 2006 auf alte Verträge vom Ende des 19. Jahrhunderts. Denen zufolge trat die Hansestadt damals das entsprechende Gelände zwar an die Bahn ab, konnte dabei jedoch „eine tückische Klausel durchsetzen: Danach muss die Bahn das Gelände bei Aufgabe der betrieblichen Nutzung wieder an die Hansestadt herausrücken". Laut Bericht der „Frankfurter Allgemeinen Zeitung" versuchte die DB AG dies wie folgt zu parieren: „Die Bahn meint nun, so Voscherau, dass mit der Gleichschaltung der Länder im Dritten Reich diese

Rechtsansprüche erloschen seien." Das aber, so Voscherau, „könne in den Zeiten der Restitution anders gesehen werden". Voscherau verwies hier auf den Umstand, dass es nach der deutschen Einheit 1990 in den neuen Bundesländern flächendeckend zur Restitution von Eigentum (in der Regel zur Rückübertragung von Eigentum an ehemalige Westeigentümer) kam, obgleich es ein halbes Jahrhundert lang andere – durch die damals herrschenden Rechtsverhältnisse legitimierte – Eigentumsverhältnisse gab. Diese Linie wurde von den höchsten deutschen Gerichten vielfach bestätigt.[72]

***

Jedes der aufgeführten acht Charakteristika der Bahnprivatisierung ist ein ausreichender Grund dafür, den Rückzug des öffentlichen Sektors aus diesem Bereich abzulehnen. In ihrer Gesamtheit zeigen sie deutlich, wie umfassend zerstörerisch dieses Vorhaben ist und wie überzeugend dies inzwischen auch mit der Privatisierungspraxis dokumentiert ist. Dennoch wird in den großen Medien weiterhin das Hohe Lied der Bahnprivatisierung vorgetragen. Da das Desaster einzelner Bahnprivatisierungen kaum zu übersehen ist, wird die Regel zur Ausnahme erklärt. So wird die britische Bahnprivatisierung inzwischen von fast allen Beobachtern als ein Fehlschlag gesehen. Immerhin kritisiert heute auch die Konservative Partei – die immerhin als Regierungspartei die britische Bahnprivatisierung durchsetzte – die Tatsache, dass es zu einer Trennung von Infrastruktur und Bahnverkehr kam. Dies sei die Ursache für viele Unfälle, für das vorherrschende Chaos im Schienenverkehr und für die Explosion der Subventionen. 2007 erklärte Chris Grayling, der im Tory-Schattenkabinett als künftiger Verkehrsminister agiert: „Wir glauben, dass die Entscheidung für eine komplette Trennung von Netz und Zügen in unterschiedliche Unternehmen für unsere Eisenbahnen nicht gut war." Die Konservative Partei trete für eine „Reintegration" ein.[73] Die Labour Party, die rund ein Jahrzehnt lang die Regierung stellte, unter der sich das Bahnprivatisierungsdesaster in der Praxis abspielte, sah sich 2001 nicht nur veranlasst, die Infrastruktur unter gewaltigen Kosten erneut zu verstaatlichen. Der Parteitag von Labour im September 2004 beschloss auch mit einer Mehrheit von 64%, die „privatisierte Bahn als Ganzes wieder in Staatsbesitz zu bringen". Die Parteispitze opponierte vor der Beschlussfassung gegen diese Forderung – und hielt sich im Folgenden nicht an den Beschluss.[74]

Doch die britische Bahnprivatisierung wird in der Regel als „Sonderfall" bezeichnet. Man verweist darauf, dass es „spezifische Umstände" gab und dass es vor allem ein „Fehler war, auch die Infrastruktur zu privatisieren".[75] Dabei demonstriert Großbritannien das Scheitern von *zwei* Privatisierungsmodellen: Es gab zunächst die Privatisierung von Bahnverkehr und Infrastruktur. Weiters gibt es seit

Anfang 2002 das Modell einer Infrastruktur in öffentlichem Eigentum und einen weiterhin privatisierten Bahnverkehr. Letzteres ist weitgehend das Modell, wie es in Deutschland den Unternehmerverbänden BDI und DIHT, aber auch den Parteien FDP und Bündnis 90/Die Grünen vorschwebt. Die Resultate dieses Modells sind nicht weniger abschreckend.

Inzwischen werden die Bahnprivatisierungen in der Praxis weiter vorangetrieben, ohne die britischen Erfahrungen ernsthaft auszuwerten. Als Ende der 1990er Jahre die Regierung in Estland mit dem „radikalsten jemals gemachten Versuch, ein staatliches Monopol zu brechen", die estländische Eisenbahn in Einzelunternehmen aufteilte und diese an Privatfirmen aus den USA, Großbritannien und Estland verkaufte, wurde dieses Projekt in den bürgerlichen Medien und seitens der EU-Kommission gelobt. In den Folgejahren kam es zum weitgehenden Zusammenbruch des Eisenbahnverkehrs, zu schnell steigenden staatlichen Subventionen und zu einem erpresserischen Investitionsstreik der privaten Eigentümer. Ende 2006 sah sich Estlands Regierung gezwungen, die Bahn erneut zu verstaatlichen. Die staatlichen Aufwendungen zum Rückkauf lagen nun allerdings bei mehr als dem Zweieinhalbfachen dessen, was fünf Jahre zuvor beim Verkauf an Einnahmen erzielt worden war.[76] Die Berichterstattung über dieses neuerliche Scheitern einer Bahnprivatisierung in Europa ist eher verhalten. Gewissermaßen haben wir es erneut mit einem „Sonderfall" zu tun. Tatsächlich kann belegt werden, dass die erwähnten acht negativen Charakteristika sowohl im Fall des Modells privat betriebener integrierter Eisenbahnen – wie in den USA, in Japan und in Estland praktiziert und wie in Deutschland seit geraumer Zeit vorbereitet – als auch bei dem in Großbritannien vorexerzierten Trennungsmodell vorherrschen.

Für eine negative Bilanz der Bahnprivatisierungen gibt es auch harte Fakten der Verkehrsmarktentwicklung. So kam es in den entscheidenden Jahren der japanischen Bahnprivatisierung 1987-2000 ebenso wie in der ersten Periode der britischen 1995-2004 zu einem sprunghaften und im Vergleich zu anderen Ländern überdurchschnittlichen Anstieg der Pkw-Dichte. In Japan kamen 1980 bloß 203 Pkws auf 1.000 Einwohner; 2004 waren es bereits 530. In Großbritannien lag die Pkw-Dichte 1995 erst bei 350 Pkws je 1.000 Einwohner, wobei sie sogar in den fünf Jahren 1990-1996 weitgehend stabil geblieben war und man von einer „Marktsättigung" sprach. Doch danach kam es zu einem sprunghaften Anstieg – bis auf 463 Pkws je 1.000 Einwohner im Jahr 2004. Im Verkehrsmarkt („modal split") kam es in dem genannten Zeitraum in Japan zu einer qualitativen Veränderung; seit Anfang der 1990er Jahre dominiert auch in Japan der Pkw. In Großbritannien kam es trotz absolut steigender Transportleistungen der privatisierten Eisenbahnen zu einem weiteren Abbau des Anteils der Schiene am Verkehrsmarkt; die Eisenbahnen vereinten 2004 nur noch einen Marktanteil von 5,5% auf sich. Dieser ist deutlich niedriger als der EU-Durchschnitt (6,4% im Bereich der EU-15 oder 6,5%

im Bereich der EU-25). Gleichzeitig weist Großbritannien inzwischen im EU-15-Gebiet mit 87,2% den höchsten Anteil des Pkw-Verkehrs im Verkehrsmarkt aus.[77]

Im aktuellen – für Europa noch relativ frühen – Stadium der Bahnprivatisierungen ist die Entwicklung der Marktanteile für eine Beurteilung der Bahnprivatisierungen eher sekundär. Entscheidend sind hier die beschriebenen qualitativen Faktoren wie Abbau von Service, Zunahme schwerer Unfälle, Fahren auf Verschleiß usw., die mit den Bahnprivatisierungen verbunden sind. Hier wurde deutlich, dass diese Faktoren letzten Endes zu einem Niedergang der Eisenbahnen im Bereich des Personenverkehrs führen müssen. Wobei das Beispiel der USA, wo im Personenverkehr der Anteil der Eisenbahnen auf 0,3% reduziert wurde, eine Lehre sein sollte. Nirgendwo spielten die Eisenbahnen im Verkehrsmarkt und in der Wirtschaft eine größere Rolle als in den USA. Nirgendwo gab es eine derart stringente Orientierung auf den Charakter einer privaten Eisenbahn. Nirgendwo reicht der Niedergang weiter. Die beschriebenen qualitativen Verschlechterungen, die es bei den sich im Privatisierungsprozess befindenden Bahnen gab, sind die Basis dafür, dass es zukünftig – wie in den USA vor drei Jahrzehnten – zu einer qualitativen Verschlechterung der Position der Schiene insgesamt kommen wird.

Es bedurfte rund eines halben Jahrhunderts, um aus den vielen privaten Eisenbahngesellschaften mit allen ihren zerstörerischen Tendenzen einheitliche Gesellschaften in öffentlichem Eigentum zu bilden. Nun soll das Rad der Eisenbahngeschichte um 75 oder auch 100 Jahre zurückgedreht werden.

Kapitel 13
Eine Welt der Autos

„Herr Speer, wir haben jetzt einen ganzen Tag miteinander verbracht und noch kein einziges Mal über Ihren Vater gesprochen. ... Sehen Sie denn keinen Konflikt darin, dass ausgerechnet Sie eine German Town und eine Autostadt in China entwerfen?"

„Natürlich hatten wir Diskussionen, ob wir so etwas machen sollten. ... Die Deutschtümelei in der Architektur hat im Übrigen doch eher etwas mit Riemerschmid als mit den Nazis zu tun. All das ist überholt."

Aus einer Reportage von Christoph Hein über „Eine Autostadt für das Reich der Mitte"[1]

In Teheran besteht die einzige zielgerichtete Tätigkeit der Bewohner in der Verschwendung der Erdöleinkünfte. Der Staat subventioniert den Benzinverbrauch mit jährlich 60 Milliarden Dollar, damit die Teheraner mit nur einem Dollar zwölf Liter Benzin kaufen können. Die verbrennen sie in dreieinhalb Millionen Autos und vier Millionen auffrisierten Mopeds, die das Doppelte des notwendigen Verbrauchs konsumieren. Durchschnittlich verbringen sie drei Stunden am Tag im Verkehr. Sachverständige haben erklärt, dass jede Minute des Atmens in dieser Stadt dem Konsum von neun Zigaretten entspricht. Wir haben mit kollektivem Selbstmord begonnen. ... Auch ohne einen militärischen Angriff ist Teheran in jeder Hinsicht nur eine Station von der Hölle entfernt.

Amir Hassan Cheheltan, Autor, Teheran 2007[2]

Die Automotorisierung der Ersten Welt – die Pkw-Dichte in den OECD-Staaten – hat mit Werten von 450 bis 750 Autos je 1.000 Einwohner ein Niveau erreicht, das noch vor 20 Jahren völlig unvorstellbar war. Inzwischen erscheint sogar vorstellbar, dass in einem Land, konkret in den USA, die Zahl der Pkws die Zahl der Einwohner übersteigt. Das wird nichts daran ändern, dass weiterhin 15% der Haushalte über kein Auto verfügen. Es wird aber zunehmend Haushalte mit zwei und drei Pkws wie auch Singles mit zwei und mehr Pkws geben. Es sind vor allem zwei Marketingstrategien, die diese groteske Übermotorisierung begünstigen:

Erstens gibt es in dieser Region den „großen Widerruf des Prinzips Volkswagen“: Im Mittelpunkt der Werbestrategie und der Modellpolitik steht nicht mehr ein universell nutzbares Automobil für alle Mobilitätszwecke, sondern eine Vielfalt von Pkw-Typen, die angeblich spezifisch auf unsere höchst individuellen und unterschiedlichen Mobilitätszwecke zugeschnitten sind. Da gibt es Fun Cars, Sports Cars und Jeeps oder Geländewagen; diese Pkw-Typen sind in der Gruppe „Sports and Utility Vehicles“ (SUVs) zusammengefasst, ergänzt um den Wagentyp, bei dem der Großstadtindianer virtuell sein Sattelzeug auf die Pritsche werfen kann, den Pickup. Die SUVs gelten im Übrigen in der nordamerikanischen Statistik als Nutzfahrzeuge, womit sie auch steuerlich begünstigt werden. Des Weiteren gibt es das Shopping Car, das auch als Quereinparker angepriesen wird. Dieses ist bewusst so gebaut, dass man es auf der Autobahn aus Sicherheitsgründen eher nicht nutzen bzw. höchstens einmalig zur Unterfahrung eines Gigaliners einsetzen kann. Schließlich entwickeln sich die Volumina des Familienautos Van umgekehrt proportional zur Geburtenrate: der Sechssitzer für die Ein-Kind-Familie. Die zweite Marketingstrategie zur fortgesetzten Steigerung der Pkw-Motorisierung besteht in der gezielten Entwicklung des Marktes für Geschäfts- oder Dienstwagen. Das meint Pkws, die formal Eigentum von Unternehmen sind und steuerlich begünstigt werden, indem die Abschreibungen auf diese Pkws den Gewinn reduzieren und die Steuerlast senken, wobei in Deutschland zusätzlich für diese Pkws keine Mehrwertsteuer zu bezahlen ist. Die Unternehmen stellen diese Pkws ihren Mitarbeitenden als Geschäftswagen zur Verfügung, wobei der größte Teil der gefahrenen Kilometer Bestandteil der privaten Mobilität ist und die damit verbundenen geldwerten Vorteile in das Einkommen einfließen. Ein wichtiger und erwünschter Nebeneffekt besteht darin, dass diejenigen, denen das Privileg eines Geschäftswagens zukommt, eng an das Unternehmen gebunden werden. In Großbritannien sind inzwischen mehr als ein Viertel aller neu zugelassenen Pkws Geschäftswagen. In Deutschland waren 2006 mehr als ein Drittel der neu zugelassenen Pkws, insoweit sie von deutschen Herstellern stammten, Geschäftswagen.[3]

Die Automotorisierung des europäischen Teils der ehemaligen Zweiten Welt, der mittel- und osteuropäischen Länder, ist, wie beschrieben, inzwischen weitgehend auf das Niveau von Westeuropa angehoben. Inzwischen greifen dort dieselben zwei beschriebenen neuen Marktstrategien zur fortgesetzten Steigerung der Pkw-Dichte. Der Renault-Konzern hat mit seiner rumänischen Tochter Dacia und mit dem Billigmodell Logan eine weitere Marktlücke entdeckt: perspektivisch ein Pkw für das neue Prekariat.[4] Im Übrigen wurde in dieser Region demonstriert, wie generalstabsmäßig das Projekt Automotorisierung zumindest in der Wolfsburger Konzernzentrale gesehen wird. Am 15. März 1999 schaltete der VW-Konzern in den großen tschechischen Zeitungen ein ganzseitiges Inserat mit der Überschrift: „Die große Frühjahrsoffensive“, um für VW und die VW-Tochter Škoda zu werben.

Viele Tschechen wurde dabei daran erinnert, dass am 15. März 1939, also auf den Tag genau vor 50 Jahren, deutsche Truppen in die tschechoslowakische Republik einmarschiert waren und das so genannte Protektorat Böhmen und Mähren errichtet hatten. Der VW-Konzern verschleierte diesen Zusammenhang auch kaum und präsentierte die Anzeige in Form einer alten Militärkarte.[5]

Den Massenmarkt für neue Autos sehen die Zentralen der großen Autokonzerne allerdings in der Dritten Welt, in Asien, Mittel- und Südamerika sowie in Afrika. Die Sonntagsreden auf den internationalen Konferenzen zum Schutz von Umwelt und Klima erweisen sich in diesen Regionen auf brutale Art als verlogen. Schon 1991 schrieb Eduardo Galeano dazu heute mehr denn je gültige Sätze: „Die Großstädte im Süden des Planeten gleichen den Großstädten im Norden, jedoch wie in einem Zerrspiegel betrachtet. Die nachäffende Modernisierung multipliziert nur die Mängel des Modells. Die lateinamerikanischen Hauptstädte, im Getöse und im Rauch untergehend, haben keine Fahrradspuren und keine Abgasfilter. Saubere Luft und Stille sind solch seltene und teure Güter, dass nicht mal mehr die Reichsten der Reichen sie kaufen können. In Brasilien fabrizieren Volkswagen und Ford Autos ohne Katalysatoren, um sie … in Ländern der Dritten Welt zu verkaufen. Dagegen produzieren dieselben brasilianischen Filialen von Volkswagen und Ford Autos mit Katalysatoren, um sie in der Ersten Welt zu verkaufen. Argentinien produziert bleifreies Benzin für den Export. Für den Binnenmarkt dagegen produziert es vergiftetes bleihaltiges Benzin. In ganz Lateinamerika besitzen die Autos die Freiheit, Blei durch den Auspuff auszuspucken. Aus Sicht dieser Autos erhöht das Blei die Oktanzahl und steigert somit die Gewinnmarge. Aus Sicht der Menschen schadet das Blei dem Gehirn und dem Nervensystem. Die Autos, die Besitzer der Städte, hören aber nicht auf die menschlichen Eindringlinge.“[6]

Im 2007 vorgelegten UNO-Klimabericht heißt es: Die „globale Automobilflotte wuchs seit 1950 fünf Mal schneller als die Weltbevölkerung“.[7] Dabei mag man die Steigerung vom niedrigen Ausgangsniveau von 50 Mio. Pkws im Jahr 1950 auf 350 Mio. im Jahr 1985 als „nachholende Entwicklung“ charakterisieren. Doch seither liegen die Steigerungen in absoluten Zahlen nochmals höher. 1985-2005 hat sich die Zahl der Pkws auf der Welt erneut mehr als verdoppelt – von 350 Mio. auf gut 700 Mio. Einheiten.[8] Die Aufholjagd, die es in der ehemaligen Zweiten Welt und in großen Teilen der Dritten Welt in Sachen Automotorisierung gab, hat bisher nur wenig an der grundsätzlich ungleichen Verteilung der Pkws in der Welt geändert, weil es das beschriebene fortgesetzte Wachstum der Pkw-Zahlen in den OECD-Staaten gab. Tabelle 20 liefert den Überblick über die globalisierte Autowelt.

Tabelle 20: Die weltweite Automotorisierung 1985-2005[9]

Region	Bevölkerung in Mio.			Millionen registrierte				Zahl der Menschen pro				Pkws/ 1.000 Einw.
				Pkws			Kfz	Pkw			Kfz	
	1985	**1995**	**2005**	**1985**	**1995**	**2005**	**2005**	**1985**	**1995**	**2005**	**2005**	**2005**
USA/Kanada	269	296	328	142	161*	152*	255	1,9	1,8*	2,2*	1,3	(770)**
Australien/ Neuseeland	18	22	25	8	10	13	16	2,3	2,2	1,9	1,6	640
EU-15	319	366	386	106	151	197	226	3,0	2,4	2,0	1,7	510
Deutsch-land***	62	82	82	25	41	46	49	2,5	2,0	1,8	1,7	561
Österreich	7,5	7,8	8,2	2,5	3,6	4,2	5,0	3,0	2,2	2,0	1,6	512
Frankreich	54	58	60	22	26	30	36	2,5	2,2	2,0	1,7	500
Großbritann.	56	58	60	17	25	31	35	3,3	2,3	1,9	1,7	517
Schweiz	6,5	7,0	7,5	2,6	3,2	3,9	4,2	2,5	2,2	1,9	1,8	520
MOEL******	–	–	100	–	–	29	34	–	–	3,4	2,9	290
Japan	118	125	128	27	43	57	74	4,4	2,9	2,2	1,7	530**
Autowelt OECD	731	816	975	286	368	452	609	2,6	2,2	2,2	1,6	ca. 590**
in v.H. der Welt insg.	16,5	14,1	16,8	81,0	77,1	70,5	69,3	–	–	–	–	–
UdSSR	269	–	–	11	–	–	–	25	–	–	–	–
Russland	–	145	144	–	14	25	31	–	10	5,8	4,7	174
Türkei	50	62	73	0,8	2,8	6	8	63	22	12	9,1	82
Lateinamerika+	385	485	554	22	32	50	70	18	15	11	7,9	90
Mexiko	75	95	106	5	8	14	21	15	12	7,6	5,0	132
Brasilien	126	164	188	9	13	19	23	14	13	9,9	8,2	101
Asien ohne Japan++	2.400	3.310	3.663	10	22	75	118	240	150	49	31	20
China	1.008	1.234	1.307	0,1	1	15	31	10.080	1.234	87	42	11
Indien	695	950	1.095	1,0	1,5	11	15	695	731	100	73	10
Afrika	504	748	893	7,0	9,5	17	25	72	79	53	36	19
Summen in Tabelle	4.339	5.566	6.302	337	448	625	861	–	–	–	–	–
Welt insg.+++	4.441	5.801	6.403	353	477	641	879	12,5	12,0	9,9	7,3	100

* Die SUVs sind in den 1995er und 2005er Zahlen der Pkw-Bestände und der Pkw-Dichte nicht enthalten. Sie tauchen erst als Teil der Summe der Kfz auf.

** Hier die Pkw-Zahl auf 1.000 Einwohner nach der Berechnung der EU-Statistik (unter Einschluss der SUVs)

*** 1985 = Westdeutschland/BRD

**** Polen, Ungarn, ČSSR bzw. Tschechische und Slowakische Republik, Lettland, Estland, Litauen, Bulgarien, Rumänien

\+ einschließlich der karibischen Staaten

++ Asien ohne Japan, ohne neue GUS-Staaten und ohne die asiatischen Teile Russlands

+++ Welt gesamt, insoweit Statistiken zu registrierten Kfz existieren

In den in der Tabelle als „Autowelt OECD" bezeichneten Regionen, die im Wesentlichen Nordamerika, Japan, Australien, Neuseeland und Europa umfassen, lebten im Jahr 2005 rund 975 Mio. Menschen, also knapp 17% der Weltbevölkerung. Diese Menschen verfügten über 452 Mio. Pkws, womit sie mehr als 70% des gesamten weltweiten Pkw-Bestands auf sich konzentrierten. Unter Berücksichtigung der erwähnten statistischen Problematik mit der Zuordnung der SUVs dürfte dieser Anteil sogar bei über 75% liegen.[10] Die „Erste Autowelt" erlebte in den zwei Jahrzehnten seit 1985 also nur eine leichte Reduktion ihres Anteils an der weltweiten Pkw-Flotte von vier Fünfteln auf gut drei Viertel. Die Pkw-Dichte in der „Ersten Autowelt" liegt inzwischen bei fast 600 Pkws je 1.000 Einwohner, wobei sich in dieser Zahl das große spezifische Gewicht der USA mit ihrer überproportional hohen Pkw-Dichte widerspiegelt.

Auf dem afrikanischen Kontinent leben etwas weniger Menschen als in der so definierten „Ersten Autowelt". Diese knapp 900 Mio. Menschen verfügten 2005 über 17 Mio. Pkws – auf 1.000 Einwohner kamen 19 Pkws. In den zwei deutschen Bundesländern Nordrhein-Westfalen und Baden-Württemberg sind mehr Pkws registriert als in ganz Afrika. Das mag vielleicht nur beschränkt verwundern, weil bekannt ist, wie sehr Afrika „abgehängt" wurde von dem, was allgemein als Fortschritt bezeichnet wird. Doch kann man als Vergleich China und Indien nehmen, die als Mekka des neuen kapitalistischen Booms gepriesen werden und von deren Automotorisierung es heißt, sie stelle ein ernstes Problem für das Weltklima dar. 2005 lebten in China und Indien 2,4 Mio. Menschen, was zu diesem Zeitpunkt 38% der Weltbevölkerung entsprach. Die addierte Zahl der Pkws in diesen Ländern lag bei 26 Mio. Einheiten; 11 Pkws kamen in China und 10 in Indien auf 1.000 Einwohner. Die Gesamtzahl der Pkws in Indien und China entsprach 2005 gerade einmal 4% der weltweiten Pkw-Flotte. In den vier deutschen Bundesländern NRW, Bayern, Baden-Württemberg und Sachsen rollten zu diesem Zeitpunkt mehr Pkws als in Indien und China.[11]

Damit soll weder die ungeheure Dynamik bestritten noch sollen die Probleme und Gefahren bagatellisiert werden, die mit der Automotorisierung von Indien und China verbunden sind. In China gab es zwischen 1995 und 2005 eine Verfünfzehnfachung und in Indien eine Versiebenfachung des Pkw-Bestandes. Diese Dynamik droht sich fortzusetzen.

Die Beispiele China und Indien

Verfolgt man die Verkehrsentwicklung in China und Indien, so stellt man bei einigen wichtigen Unterschieden, die überwiegend in den gegensätzlichen Gesellschaftsmodellen in der Vergangenheit begründet sind, weitreichende Parallelen fest. Beide Länder, deren addierte Einwohnerzahl in einem Jahrzehnt die Hälfte der Weltbevölkerung ausmachen könnte, haben sich auf einen beschleunigten Weg in die Automotorisierung begeben, der von drei Komponenten bestimmt wird: einer staatlich gelenkten Autoindustrie, einem staatlich gelenkten Programm zum Ausbau des Straßennetzes und einer Politik zur Schwächung und zum Abbau des Schienenverkehrs.

Chinas Autoindustrie wird durch staatliche Konzerne bestimmt, die in einem engen Bündnis mit den führenden westlichen Autokonzernen produzieren und mit diesen gemeinsame Unternehmen betreiben. An der Spitze stehen hier die Unternehmen SAIC in Schanghai und FAW in Changchun, die beide Joint Ventures mit dem Volkswagen-Konzern betreiben. Auch alle anderen international agierenden Autokonzerne (darunter General Motors, Hyundai mit der Tochter Kia, Toyota, Honda, Peugeot PSA, Nissan, Suzuki, Fiat, Mazda, Ford, BMW und die Daimler-Gruppe) sind mit Joint Ventures vertreten. Das größere Unternehmen Chery, das sich als rein chinesischer Autohersteller ausgibt, arbeitet eng mit Mitsubishi zusammen, ist kapitalmäßig mit dem VW-Partner SAIC verflochten und baut gegen den Willen des Wolfsburger Konzerns in seine Autos originale VW-Komponenten ein, die es von SAIC bezieht.[12] Die chinesischen Autokonzerne produzieren inzwischen auf einem Niveau, von dem aus sie eine Exportoffensive nach Nordamerika und Europa starten können. Dafür kommen vor allem die in China produzierenden Unternehmen in Frage, die Gemeinschaftswerke mit westlichen Autokonzernen betreiben.[13]

Als chinesische Miteigentümer der Gemeinschaftsunternehmen – in der Regel die Mehrheitseigentümer – fungieren meist die lokalen Regierungen derjenigen chinesischen Städte, in denen das jeweilige Unternehmen seinen Sitz hat. Es handelt sich um öffentliches Eigentum in dezentralisierter Form. Unter den gegebenen Bedingungen zählen in China die Autounternehmen zu den profitabelsten kapitalistischen Engagements; die Gewinnmargen im operativen Geschäft liegen beim Drei- bis Fünffachen des internationalen Branchenstandards.[14] Sie füllen die Kassen der großen Autokonzerne ebenso wie die Säckel von knapp 100 lokalen Stadtregierungen; 2002 gab es in China noch 106 unabhängige Autohersteller. Die lokale Autoindustrie wird, so eine aktuelle Studie, „durch den Protektionismus von Lokal- und Provinzregierungen gefördert und geschützt".[15] Eine andere Studie argumentiert: „Chinas Autolobby beeinflusst nicht die Regierung, sie ist die Regierung."[16] Mit landesweit 1,7 Mio. Beschäftigten ist die Autoindustrie auch ein maßgeblicher Industriezweig. Auf diese Weise ist die Nomenklatur der chinesischen Partei- und Staatsführung auf das Engste in die Automotorisierung eingebunden. Die Automotorisierung der 1980er und der frühen 1990er Jahre, als der private Pkw-Besitz für normale Bürgerinnen und Bürger noch nicht gestattet war, stützte sich auf die Millionen autoberechtigten Kader der Kommunistischen Partei.[17]

In Indien werden die Autoproduktion und der Automarkt zu mehr als 50% von dem Unternehmen Maruti bestimmt, das mehrheitlich vom japanischen Konzern Suzuki kontrolliert wird. Der indische Staat, der das Unternehmen bis Ende der 1990er Jahre als gleichberechtigter Partner betrieb, kontrolliert 46% der Maruti-Anteile. Der zweitwichtigste Autobauer ist das staatliche Unternehmen Tata Motors, das eng mit dem italienischen Fiat-Konzern zusammenarbeitet. Die Mehrzahl der übrigen westlichen Autokonzerne ist auf dem Subkontinent ebenfalls mit eigenen Werken oder Joint Ventures vertreten.[18] Die Geschichte des Maruti-Modells ähnelt den frühen Konzepten der Volksmotorisierung. Das Unternehmen befand sich zunächst ganz in Staatseigentum und kooperierte nur mit dem japanischen Hersteller Suzuki. Seit 1983 wird das auf dem Suzuki Alto basierende Grundmodell Maruti 800 weitgehend unverändert produziert und zu einem relativ niedrigen Preis angeboten (Ende der 1990er Jahre kostete ein Maruti 800 umgerechnet 5.000 Euro).[19] In den ersten 15 Jahren mussten sich die Interessenten, überwiegend Mitglieder der neuen Mittelschicht, in eine Warteliste eintragen und eine Anzahlung von 10.000 Rupien hinterlegen. Bis Ende der 1990er Jahre konnte eine Million Maruti-Modelle abgesetzt werden. 2006 präsentierte Indiens Minister für Schwerindustrie den Entwurf für einen Zehnjahresplan zum Aufbau eines international konkurrenzfähigen indischen Automobilsektors. Die Branche soll ihren Jahresumsatz von 34 Mrd. US-Dollar im Jahr 2006 bis zum Ende der nächsten Dekade auf 145 Mrd. US-Dollar vervierfachen. Die Regierung wird dabei von der Unternehmensberatung Booz Allen Hamilton (die von der deutschen Regierung für die Bahnprivatisierung engagiert wurde) unterstützt. Für den Zeitraum 2007-2015 prognostiziert Booz Allen Hamilton mindestens eine Verdreifachung und möglicherweise eine Versechsfachung des indischen Automarktes.[20]

Die staatlich stark beeinflusste Automotorisierung ist in Indien und China mit einem staatlichen Programm zum Ausbau der Straßennetze, insbesondere dem Bau eines Autobahnnetzes, verbunden. In Indien hatte bis 2007 die Fertigstellung des „goldenen Vierecks“ Vorrang, bei dem die vier größten Städte Neu-Delhi, Kalkutta, Madras und Bombay mit Autobahnen verbunden wurden. Die eigens für den Autobahnbau eingerichtete Behörde National Highways Authority of India plant die Verdopplung des Autobahnnetzes im kommenden Jahrzehnt. In Bau befinden sich eine Ost-West- und eine Süd-Nord-Verbindung, die beide den gesamten Subkontinent durchschneiden. Parallel kommt es zum Ausbau von einem Dutzend großer internationaler Flughäfen; der deutsche Flughafenbetreiber Fraport ist an dem Konsortium beteiligt, das den Ausbau des Flughafens von Neu-Delhi realisiert und später diesen Flughafen betreiben wird.[21]

Seit den 1980er Jahren ist der Bau neuer Straßen in den Fünfjahresplänen der chinesischen Regierung konkretisiert. Der 8. Fünfjahresplan (1991-1995) sah den Bau von 92.000 Kilometern neuer Straßen vor, im 9. Fünfjahresplan (1996-2000) waren es 110.000 Kilometer.[22] Noch schneller wurde in China ein Autobahnnetz gebaut. 1989 gab es erst 271 Kilometer Autobahnen, 1995 waren es 1.300 Kilometer und Anfang 2007 verfügte China mit 43.000 Kilometern über das drittlängste Autobahnnetz der Welt. Dieses soll bis 2011 auf 85.000 Kilometer verdoppelt werden. Anfang des nächsten Jahrzehnts wird China über ein deutlich größeres Autobahnnetz als die EU (mit ihren 27 Mitgliedsstaaten) und über ein fast so großes Schnellstraßennetz wie die USA verfügen, wobei die Flächen der USA und Chinas vergleichbar groß sind. Ähnlich generalstabsmäßig wie in Indien bestehen in China bisher zwei Ost-West- und zwei Nord-Süd-Straßentrassen; bis 2010 sollen zwölf „Hauptadern" das Land durchziehen. Der Ausbau des Schnellstraßennetzes wurde von der Weltbank und der Asian Development Bank mitfinanziert. In jüngerer Zeit wurden für den Bau neuer Autobahnen Privatinvestoren gewonnen, die nach der Fertigstellung Mautgebühren einheben wollen.[23]

China und Indien sind die einzigen großen Staaten der so genannten Dritten Welt, die noch über ein umfassendes Schienennetz mit relevantem Eisenbahnverkehr verfügen. Die Netzlängen sind vergleichbar groß – in China mit 62.200 und in Indien mit 63.500 Kilometern Betriebslänge, jeweils im Jahr 2005. In China wurde das Schienennetz bisher weiter ausgebaut und soll noch deutlich vergrößert werden; in Indien erfolgte in den letzten zehn Jahren kein größerer Ausbau. Es gibt in beiden Staaten weiter deutliche Steigerungen bei den Leistungen im Personen- und im Güterverkehr auf Schienen. Doch der Ausbau und die gestiegenen Leistungen können mit dem beschriebenen massiven Ausbau der Straßennetze, der Automotorisierung und dem explosionsartig ansteigenden Lkw-Verkehr nicht Schritt halten. In Indien verfünffachte sich im Zeitraum 1985-2005 die Zahl der Lkws auf 4,8 Mio., in China stieg die Zahl der registrierten Lkws im selben Zeitraum sogar um das Neunfache auf 15,2 Mio. Einheiten. Zu diesem Zeitpunkt gab es im Übrigen in China noch mehr Nutzfahrzeuge als Pkws; seit 2006 hat sich dieses Verhältnis umgekehrt. Bereits 1995 erfolgte in China bei den Verkehrsmarktanteilen eine wichtige Wende: Der Anteil der Schiene am motorisierten Personenverkehr, der 1990 noch bei 53% gelegen war, war auf 41% gesunken. Der Anteil der Schiene bei den Gütertransporten, 1990 noch 71%, war auf 51% gefallen.[24]

Der relative Bedeutungsverlust des Schienenverkehrs mündete in einen ersten schmerzhaften Abbau der Eisenbahnbeschäftigten. In Indien wurde deren Zahl im Zeitraum 1995-2005 von 1,6 auf 1,4 Mio. reduziert. In China waren 1995 2 Mio. Menschen im Eisenbahnsektor beschäftigt; 2005 waren es nur mehr 1,3 Mio. Geplant ist eine weitere Reduktion auf ein Niveau von weniger als 1 Mio. Beschäftigte.[25] Vor allem arbeiten die Eisenbahnen in Indien und in China seit den 1990er Jahren defizitär – im Rahmen einer Verkehrsmarktordnung, die, wie überall auf der Welt, grotesk falsch strukturiert ist: Der beschriebene beschleunigte Ausbau der Straßennetze und deren Unterhalt werden aus dem allgemeinen Steueraufkommen finanziert, womit auf indirektem Weg auch die gewaltigen Gewinnmargen der Autokonzerne subventioniert werden. Im Gegensatz dazu sind die Kosten für Bau und Unterhalt der Schienenwege grundsätzlich aus dem Etat der Eisenbahngesellschaften zu finanzieren. Kommt es nicht zu einer radikalen Wende in der Verkehrspolitik, so ist es nur eine Frage der Zeit, bis die Eisenbahnen in China und Indien ähnlich wie in Nordamerika heruntergewirtschaftet und vergleichbar wie in Europa marginalisiert und privatisiert werden.[26]

Stadtzerstörungen

Die Automotorisierung zeitigt die weitreichendsten Folgen in den Metropolen. Die großen Städte in Indien und in China sind vom Dauerstau der gewaltig angestiegenen Zahl der Pkws geprägt. In Peking gab es vor zwei Jahrzehnten nur einige Tausend Pkws; Anfang 2007 waren 2,8 Mio. Autos registriert. Tag für Tag werden im Stadtgebiet 1.000 Pkws neu zugelassen, die Infrastruktur ist völlig überlastet. Die Luftverschmutzung, zu der der Autoverkehr in den Städten rund 50% beiträgt, ist im Wortsinn tödlich. Nach Angaben des indischen Gesundheitsministeriums starben bereits Ende der 1990er Jahre in Neu-Delhi jährlich 7.500 Menschen an den Folgen hoher Luftverschmutzung; sechs von zehn Einwohnern der indischen Hauptstadt hatten „Asthma oder andere Atemwegserkrankungen".[27] 20 der weltweit 30 am stärksten verschmutzten Städte liegen laut UNO in China. In diesem Land sind nach Regierungsangaben Atemwegserkrankungen die häufigste Todesursache. In Hongkong gilt der Smog als „neues Wahrzeichen" der Stadt. An über 50 Tagen im Jahr liegt die Sichtweite unter einem Kilometer. Nach Schätzungen der Nichtregierungsorganisation Civic Exchange erfüllt Hongkong nur an einem von zehn Tagen die Richtwerte der Weltgesundheitsorganisation. Ähnlich wie vor einem Jahrzehnt im Fall Mexico City, als international tätige Firmen und Entwicklungshilfeorganisationen ihren Mitarbeitern in der mexikanischen Hauptstadt rieten, regelmäßig der Stadt den Rücken zu kehren, um in den Bergen oder am Meer weniger belastete Luft einatmen zu können, verlassen inzwischen Tausende qualifizierte Angestellte Hongkong wegen der extrem belasteten Luft.[28] Der überwältigenden Mehrheit der Menschen in den Hunderten Städten Chinas mit stark belasteter Luft steht diese Möglichkeit nicht offen.

Im Juli 2007 forderte Xu Zongheng, der Bürgermeister der Stadt Shenzhen, eindringlich: „Ich bitte alle Bürger, keine Autos mehr zu kaufen!" Allein in der ersten Hälfte des Jahres kauften die Bewohner von Shenzhen 90.000 neue Pkws; täglich kriechen bereits 1,2 Mio. Wagen durch die Stadt. Einen Monat später sah sich die chinesische Staatsführung veranlasst, für die Hauptstadt Peking ein viertägiges alternierendes Fahrverbot für Autos mit gerader respektive ungerader

Kennnummern-Endziffer zu verhängen. Damit sollte die drastisch verschlechterte Luftqualität verbessert und der internationalen Öffentlichkeit signalisiert werden, dass die Olympiade im Sommer 2008 unter akzeptablen Umweltbedingungen durchgeführt werden könnte. Im Jahr 2006 stieg die Zahl der Krebserkrankungen in den chinesischen Städten um 20%.[29]

Doch trotz drastischer Maßnahmen spricht viel dafür, dass sich die Probleme der von Autos dominierten Städte noch weiter verschärfen werden. 2006 lebte ein Viertel der chinesischen Bevölkerung in Städten. 2020 soll die Urbanisierungsrate nach der Prognose des chinesischen Wissenschaftsrates bei 50-55% liegen. Zum Zeitpunkt 2006 werden über 100 Städte neu gebaut oder umfassend ausgebaut. International agierende deutsche Architekturbüros sind maßgeblich an den Planungen für einzelne neue Großstädte beteiligt. Die Konzeptionen unterstellen dabei von vornherein eine hohe und schnell weiter steigende Pkw-Dichte. Das Architekturbüro von Albert Speer (jr.) gewann im Jahr 2000 einen Wettbewerb zum Bau einer „Autostadt Anting German Town" mit 50.000 Einwohnern im Umland von Schanghai. 2006 präsentierte Speer das Konzept für eine „Automobilstadt in Changchun" im Norden Chinas, dieses Mal für eine Bevölkerung von 300.000 Menschen. Es sind Planungen für die zwei großen Autoproduktionszentren in China und zugleich die zwei großen Produktionsstätten des Volkswagen-Konzerns im Reich der Mitte.[30]

Selbstverständlich übt der steigende und teilweise bereits hohe Besitz von Pkws einen großen Druck auf die städtischen Verkehrsplanungen zum Bau autogerechter Städte aus. Dennoch gibt es auch unter den asiatischen Metropolen erhebliche Unterschiede hinsichtlich der Pkw-Verfügbarkeit. In Schanghai etwa war die Pkw-Dichte lange Zeit deutlich niedriger als in Peking. In Peking liegt sie inzwischen weit höher als in den relativ wohlhabenden Metropolen Hongkong und Singapur. Der Grund ist in der unterschiedlichen Qualität der öffentlichen Verkehrssysteme sowie in einer in Peking liberalen und vor allem in Hongkong und Singapur restriktiven Politik hinsichtlich des Pkw-Besitzes zu suchen. Eine Vergleichsstudie unter den Metropolen der Welt ergab, dass in den chinesischen Städten Guangzhou, Schanghai und Peking und im indischen Mumbai dreimal so viel in den Bau eines autogerechten Straßennetzes investiert wird wie in den Ausbau des öffentlichen Verkehrs. In Städten wie Hongkong oder Singapur lag dieses Verhältnis „nur" beim Doppelten.[31]

Die Bundesrepublik Deutschland unterstützte finanziell und industriell den Bau von U-Bahn-Systemen in den chinesischen Metropolen Schanghai und Guangzhou (Kanton) und finanzierte weitgehend den Bau der Magnetbahn-Verbindung vom Flughafen Schanghai an den Stadtrand.[32] Allein für die zwei U-Bahn-Projekte gewährte die damalige Regierung in Bonn bzw. die bundeseigene Kreditanstalt für Wiederaufbau zinsenlose Kredite in der Höhe von umgerechnet mehr als 1 Mrd.

Euro. In den Teilen IV und V wird näher ausgeführt, inwieweit U-Bahnen als Rückgrat eines öffentlichen Verkehrssystems versagen müssen. Verkürzt: Sie sind viel zu teuer. Keine Metropole in der Dritten Welt kann sich eine einigermaßen flächendeckende U-Bahn leisten, die maßgeblicher Träger des innerstädtischen Verkehrs ist. Die U-Bahn in Schanghai etwa wird im Endstadium des projektierten Ausbaus im Jahr 2020 mit einem Liniennetz von 200 Kilometern nur halb so umfangreich sein wie das Londoner Metro-Netz, wobei Schanghais Bevölkerung mehr als doppelt so viel Menschen zählt wie London. Unter diesen Bedingungen erweisen sich die U-Bahn-Projekte in der Dritten Welt als Alibi-Investitionen, die gewaltige Kapitalsummen binden, völlig unzureichende Ergebnisse zeitigen, einen Teil des öffentlichen Verkehrs in den Untergrund der Städte verlegen und Argumente dafür liefern, die Straßen für die Autos freizuhalten.[33] Denn auf diesen Straßen gibt es noch zwei Hindernisse: Menschen, die sich auf Fahrrädern und in Fahrradrikschas bewegen, und Menschen, die zu Fuß gehen.

In der modernen Verkehrswissenschaft des Westens wurde in den letzten drei Jahrzehnten durchaus die Einsicht zurückgewonnen, dass in großen Städten auf eine Verkehrspolitik abgezielt werden muss, bei der auf die Verkehrsarten des Umweltverbundes – zu Fuß gehen, mit dem Rad fahren und öffentliche Verkehrsmittel – die große Mehrheit der Bewegungen und Fahrten entfällt. In großen niederländischen Städten erfolgen 30-40% der innerstädtischen Zielbewegungen durch die nichtmotorisierten Verkehrsarten Zu-Fuß-Gehen und Radeln. Doch für die Dritte Welt gelten diese Einsichten nicht. In erheblichem Maß sind westliche Verkehrsexperten für eine solche ignorante Verkehrspolitik mitverantwortlich. Die Weltbank präsentierte Ende der 1980er Jahre einen Bericht zum chinesischen Verkehrssektor, in dem das Fahrrad schlicht erst gar nicht auftauchte. Eine jüngere Studie des Wissenschaftszentrums Berlin (WZB) über „China – Automobilmarkt der Zukunft?“ erwähnt das Fahrrad nicht nur nicht, sondern es fehlt auch jegliche ernsthafte Auseinandersetzung mit dem Problem der fehlenden Straßenverkehrsinfrastruktur.[34] So gut wie alle westlichen Statistiken zur Verkehrssituation in der Dritten Welt gehen ausschließlich von den motorisierten Verkehrsarten aus. Sie ignorieren die Tatsache, dass gerade in diesen Regionen die überwiegende Bewegungsform die zwei nicht motorisierten Verkehrsarten sind und dass zum Beispiel in China den 17 Mio. Pkws 500 Mio. Fahrräder gegenüberstehen – wobei in dieser Region die Fahrräder als Bewegungsmittel im Alltagsverkehr und weniger als Freizeitgeräte genutzt werden. In der Realität werden das Fahrrad und das Zu-Fuß-Gehen aber nicht nur vergessen. Im Alltagsverkehr geraten sie immer mehr unter die Räder. Die Mehrheit der mehr als 200.000 Menschen, die allein in China und Indien jährlich durch den Kfz-Verkehr getötet werden, sind Menschen, die sich nicht motorisiert bewegten.

Bahnprivatisierungen

Die Automotorisierung der ehemaligen Zweiten und der Dritten Welt wird durch eine systematische Zerstörung der noch bestehenden Eisenbahnen ergänzt. Insbesondere verschwindet der Schienenpersonenverkehr aus dem Verkehrsmarkt dieser Regionen. Die entscheidende Rezeptur, die für die Eisenbahnen in diesen Regionen angeboten wird und zu diesen Resultaten führt, trägt folgende Bezeichnung: Privatisierung.

„Indien hat sich in einer eindeutigen Art von einer schienendominierten Ökonomie hin zu einer straßendominierten Wirtschaft entwickelt", bilanzierte die Weltbank 1996 in einem Report über Indiens Transportsektor. Der Bericht forderte die Privatisierung der indischen Eisenbahnen, womit ein Abbau von 400.000 Arbeitsplätzen verbunden sein würde.[35] Die indische Regierung befolgt diese Aufforderung im Großen und Ganzen, zumal dies mit einem Weltbank-Kredit verbunden ist. Vergleichbare Berichte der Weltbank aus den 1990er Jahren gibt es für die Mehrzahl der großen Drittweltländer mit größeren Eisenbahnnetzen. Seither hat sich zwar die Diktion in Weltbank-Berichten zu diesem Thema verändert; man spricht davon, dass der Schienenverkehr wieder „belebt" werden müsse, und propagiert die eine und andere Neubaustrecke – allerdings lediglich in Form einer Hochgeschwindigkeitsverbindung. Doch die Rezeptur für die Struktur der Eisenbahnen bleibt immer die gleiche: Nahe gelegt und faktisch gefordert werden Bahnprivatisierungen. Dafür gibt es auch immer neue Weltbank-Kredite. Der Niedergang der brasilianischen Eisenbahnen begann so. 1996 gewährte die Weltbank dem Land einen 350-Millionen-Dollar-Kredit zur „Umstrukturierung und Privatisierung" der Eisenbahnen.[36] Das Land hatte mit 24.000 Kilometern ein in absoluten Zahlen zwar großes Netz, das jedoch im Verhältnis zur enormen Flächenausdehnung Brasiliens eher als dünn bezeichnet werden musste. Die Privatisierung versetzte der brasilianischen Eisenbahn den Todesstoß. Inzwischen spielt der Schienenpersonenverkehr in Brasilien keine Rolle mehr.

Mexiko verfügte bis Anfang der 1990er Jahre über das drittgrößte Schienennetz in Lateinamerika. Die Ferrocarriles Nacionales de México (FNM) wurden ab 1919 als staatliche Eisenbahngesellschaft betrieben.[37] Mit den FNM sind beeindruckende eisenbahntechnische Leistungen verbunden – so etwa im Fall der heute noch touristisch betriebenen Strecke im Norden des Landes von Chihuahua zur Pazifikküste (Endpunkt Los Mochis) mit 83 Tunnels und 86 oft spektakulären Brücken oder der 1914 fertig gestellten Querung des Isthmus von Tehuantepec. Auf ihrem Höhepunkt in den 1980er Jahren hatten die FNM ein relativ dichtes und alle wichtigen Regionen erschließendes Eisenbahnnetz mit 25.000 Kilometern. Im Zuge der neoliberalen Welle und im Rahmen der Bildung der nordamerikanischen Freihandelszone NAFTA wurden 1996 unter Präsident Ernesto Zedillo Ponce de León die FNM einschließlich der Infrastruktur regionalisiert und in Form von 50-jährigen Konzessionen – mit Optionen auf weitere 50 Jahre – privatisiert. Das aufgesplitterte Streckennetz wird heute im Wesentlichen von drei großen privaten Gesellschaften betrieben, wobei US-Eisenbahngesellschaften, so die Union Pacific, eine führende Position einnehmen.

In einer gewissen Konsequenz, die sich aus dem Anschluss Mexikos an die NAFTA ergab, kam es zu einer Übernahme der Eisenbahnpolitik, wie sie in den USA und in Kanada umgesetzt wurde: Der Personenverkehr auf Schienen wurde binnen weniger Jahre de facto eingestellt.[38] Die Zahl der Beschäftigten wurde auf ein Viertel oder 13.500 Arbeitskräfte reduziert. Gleichzeitig wurden die Eisenbahnpensionäre in eine staatliche Gesellschaft ausgegliedert.[39] Ein verbliebenes Streckennetz von rund 18.000 Kilometern wird fast ausschließlich für den Güterverkehr eingesetzt. Dabei handelt es sich überwiegend um Langstreckenverkehr, der Teil der kontinental organisierten arbeitsteiligen Produktion der großen Unternehmen innerhalb der NAFTA ist. In diesem Rahmen kam es in den Jahren 2001-2005 auch zu einem leichten Anstieg des Schienengüterverkehrs.[40] In staatlichem Eigentum verblieb die Infrastruktur der Eisenbahnverbindung am Isthmus von Tehuantepec, da diese seitens der mexikanischen Regierung – in potenzieller Konkurrenz zum Panama-Kanal – als eine Verbindung „von strategischer Bedeutung“ gesehen wird.[41] Zu beachten ist, dass die Bahnprivatisierung in Mexiko erst vor gut einem Jahrzehnt erfolgte. Bereits damals zeichnete sich ab, dass auf Verschleiß gefahren wird und dass der Staat weiter erhebliche Subventionen an die privaten Eigentümer gewähren muss, um wenigstens den bestehenden Schienenverkehr aufrechtzuerhalten. Gleichzeitig agieren die privaten Bahnbetreiber willkürlich und erzwingen Streckenstilllegungen auch dort, wo der Staat zu neuen Investitionen in das Schienennetz bereit ist.[42]

Die Zerstörungen, die mit den Bahnprivatisierungen in den vergangenen zwei Jahrzehnten angerichtet wurden, werden oft erst dann deutlich, wenn man Beschreibungen über die Blütezeit der Eisenbahn liest. Ralf Roman Rossberg schrieb in seinem Standardwerk über die Geschichte der Eisenbahnen die folgenden Zeilen zu Argentinien: „Das umfangreichste und dichteste Eisenbahnnetz Südamerikas hat sich in Argentinien entwickelt … Heute umfaßt das Streckennetz, das im wesentlichen von der Hauptstadt nach Norden, Westen und Süden ausstrahlt, rund vierzigtausend Kilometer und spannt sich engmaschig mit einem Radius von annähernd siebenhundert Kilometern in großem Bogen von Buenos Aires bis Bahía Blanca, Santa Rosa, San Luis, Córdoba und Santa Fé. Die Spurbreite beträgt hier 1.676 Millimeter. Im Norden führt eine wichtige Breitspurstrecke weiter bis Tucumán, im Westen die Trans-Anden-Strecke bis Mendoza, wo die meterspurige Gebirgsbahn nach Chile anschließt. Mit dieser Schmalspur, der verbreitetsten Spurweite in Südamerika, besteht im Norden Argentiniens ein verzweigtes Netz

… die Breitspur bietet zwar den höheren Komfort … doch die Meterspurstrecken tragen den internationalen Verkehr, weil die Anschlußstrecken in Chile und Bolivien entsprechend angelegt sind.“[43] Argentiniens überwiegend mit englischem Kapital erbaute private Eisenbahnen wurden in den 1950er Jahren unter Juan Domingo Perón verstaatlicht.

Der größte Teil der bei Rossberg beschriebenen Eisenbahnstrecken existiert nicht mehr. In der ersten Hälfte der 1990er Jahre – unter dem neoliberalen Ausverkäufer-Präsidenten Carlos Sául Menem – wurde die argentinische Eisenbahn privatisiert. Ein Jahrzehnt später gab es nur noch auf einem Zehntel des ehemaligen argentinischen Schienennetzes Eisenbahnbetrieb für den Personentransport. Die privaten Betreiber auf den verbliebenen – fast ausschließlich auf Buenos Aires und das Umfeld reduzierten – Bahnstrecken bieten einen lausigen Service, obgleich der Staat ihnen weitreichende Subventionen zukommen ließ. Als am 15. Mai 2007 auf der Bahnverbindung Buenos Aires–Temperley, einer Schlafstadt im Südosten des Großraums von Buenos Aires, wieder einmal unangekündigt der Fahrbetrieb eingestellt wurde, kam es zu wütenden Protesten der Fahrgäste; der Bahnhof Constitución ging in Flammen auf. Argentiniens Präsident Néstor Kirchner reagierte darauf und verkündete – „wegen schwerer und wiederholter Nichterfüllung der Auflagen“ – die Wiederverstaatlichung zweier Linien, die von dem privaten Eisenbahnunternehmen Metropolitano betrieben werden. Eine der beiden Eisenbahnlinien ist die Verbindung Buenos Aires–Belgrano, die am 1. Dezember 1862 als erste argentinische Eisenbahnlinie eröffnet wurde.[44]

Je weiter man zum Zentrum der Dritten Welt vorrückt, desto brutaler erfolgt die Zerstörung des Schienenverkehrs. In Afrika wurde in den vergangenen zwei Jahrzehnten ein großer Teil der bis dahin überwiegend staatlichen Eisenbahnen privatisiert und im Bereich des Personenverkehrs weitgehend abgebaut. Das trifft auf die Eisenbahnen der Elfenbeinküste, von Burkina Faso, Kamerun und Togo zu. Ein spektakulärer Fall ist dabei die 1.259 Kilometer lange Schmalspurstrecke, die die senegalesische Hauptstadt Dakar über Bamako mit Koulikoro in Mali verbindet und auch als Dakar-Niger-Express bekannt ist. Mit dem Bau der Bahn wurde Ende des 19. Jahrhunderts begonnen; 1923 wurde sie von burkinischen Arbeitern, die wie Sklaven gehalten wurden, unter extremen Bedingungen fertiggestellt. Sie diente den französischen Kolonialherren als Truppentransportmittel und zum Abtransport von Rohstoffen. Nach dem Zweiten Weltkrieg spielten Streiks der Eisenbahner auf dieser Strecke eine wichtige Rolle im Entkolonialisierungsprozess. 1960 erklärte Leopold Senghor, der Präsident des unabhängigen Senegal, den Eisenbahnverkehr zur öffentlichen Angelegenheit. Nach 1980 begann der allmähliche Verfall, unter anderem in Folge der Konkurrenz mit dem aufkommenden Straßenverkehr. Erneut war es 2001/02 die Weltbank, die eine Privatisierung forderte und diese finanziell begleitete – unterstützt von der senegalesischen Regierung unter Abdulaye Wade und der malischen Regierung unter Amadou Toumani Touré. 2003 ging die Bahn in Form einer 25-jährigen Konzession an den französisch-kanadischen Investmentfonds Canac-Getma, der das Unternehmen Transrail bildete, als Erstes 632 Eisenbahner, darunter führende Gewerkschaftsvertreter, entließ, zwölf Bahnhöfe an der Strecke schloss, den Verkehr auf Zweigstrecken einstellte, das Angebot radikal reduzierte und gewerkschaftliche Arbeit unterdrückte. Die versprochenen Investitionen blieben allerdings aus. Jeden Tag schafft ein Zug mit 1.000 Tonnen Fracht die Fahrt durch das marode Netz, womit aus Sicht der Investoren eine passable Rentabilität erreicht wird. Die Politik der von Weißen geleiteten Transrail hat desaströse Folgen für Zehntausende Menschen, da sich, so Tiècoura Traoré, ein ehemaliger Bahnbeschäftigter und Eisenbahningenieur, „entlang der Eisenbahn über die hundert Jahres ihres Bestehens ein dichtes Geflecht aus wirtschaftlichen, sozialen und kulturellen Beziehungen entwickelt hat".[45] Der Verband der senegalesischen Eisenbahner und die Gewerkschaft der Eisenbahner Malis schlossen sich zu einem Bündnis für die Rückgabe und Weiterentwicklung des Schienennetzes (Cocidirail) zusammen. Mehrere Streiks und vielfältige Aktionen, an denen sich die Bevölkerung entlang der Strecke beteiligte, unterstrichen die Forderungen nachdrücklich. 2006 entstand ein Film über die Geschichte und die Zerstörung der Bahn („Rendez-vous manqué – Verpasstes Treffen"), der in Mali und Senegal auf breite Resonanz stieß und beim globalisierungskritischen Filmfestival „Globale" in Berlin im Mai 2007 vorgestellt wurde.[46]

Endstation Autosucht

In den vergangenen 15 Jahren wurden im weltweiten Verkehrssektor förmlich Bremsklötze entfernt, sodass es zu einem lawinenartigen Anwachsen der Zahl der Kraftfahrzeuge kam. Es gilt der Viersatz „Fortgesetzter Wirtschaftsboom Schwellenländer plus autoorientierte Verkehrspolitik plus Negierung des nichtmotorisierten Verkehrs und Vernachlässigung des öffentlichen Verkehrs plus Bahnprivatisierungen = unkontrollierbare weltweite Steigerung der Automotorisierung sowie unkontrollierbarer Anstieg der die Umwelt zerstörenden und das Klima bedrohlich verändernden Emissionen". Auch in absehbarer Zukunft wird im Verkehrsbereich die Zahl der Kraftfahrzeuge in den OECD-Staaten in der absoluten Masse den wesentlichen Beitrag zu Umweltzerstörungen und Klimabelastung darstellen. Der entscheidende Zuwachs an Autos wird unter den gegebenen Bedingungen allerdings in der Dritten Welt und in den Schwellenländern generiert. 1996 veröffentlichte das Worldwatch Institute in Washington die Warnung, bis 2020 könnte die Zahl der Autos auf eine Milliarde Personenkraftwagen angestiegen sein.[47] Extrapoliert man den Anstieg der Pkw-Zahl in den Jahren 2000-2006, wird diese Zahl möglicherweise bereits 2012, spätestens aber 2015 erreicht werden. Nach einer Ende 2006 vorgestellten Untersuchung der Asiatischen Entwicklungsbank (ADB) wird in den kommenden zwei Jahrzehnten die Hälfte des Anstiegs des Ölverbrauchs auf das Konto der asiatischen Schwellenländer zurückgehen. Wird die gesamte Dritte Welt einbezogen, dann dürfte dieser Anteil auf zwei Drittel steigen. In China wird sich nach dieser Analyse der Benzinverbrauch im Zeitraum 2005-2035 vervierfachen und in Indien versechsfachen. Realistischerweise schlussfolgert die Studie, dass damit „die Kohlendioxidemissionen in ähnlichem Umfang ansteigen" werden. Die Autoren scheinen den Behauptungen der Regierungen und der Autohersteller, es werde durch technische Fortschritte einen starken Rückgang der Emissionen je Pkw geben, wenig Glauben zu schenken.[48] Dafür gibt es gute Gründe. Immerhin haben die OECD-Staaten bewiesen, wie der technische Fortschritt durch schwerere, leistungsstärkere Pkws ausgehebelt wird. Eine Untersuchung der US-Umweltbehörde EPA kam zu dem Schluss, dass Pkws in den USA im Jahr 2006 um 24% sparsamer im Verbrauch wären, hätten sie lediglich das im Schnitt deutlich geringere Gewicht und die schwächere Motorisierung von 1987.[49]

Die Autokonzerne tun alles, um insbesondere in der Dritten Welt den Prozess der Massenmotorisierung zu beschleunigen. Im Sommer 2007 kündigte Renault-Chef Carlos Gohsn Pläne für den Bau eines 3.000-Dollar-Autos an, das sich ausschließlich an Käuferschichten in der Dritten Welt richten und in Indien gebaut werden soll. Der indische Staatskonzern Tata verfolgt sogar das Projekt eines 2.500-Dollar-Autos. In Kooperation mit Tata gab der Fiat-Konzern Pläne für ein vergleichbar preiswertes Billigauto bekannt. Die wachsende Konkurrenz in den OECD-Staaten treibt die Fahrzeughersteller auf die Märkte Asiens, Afrikas und Lateinamerikas.[50]

Ende 2006 wurde bei der Earth System Science Partnership in Peking eine Studie des Österreichischen Instituts für Wirtschaftsforschung (WIFO) präsentiert, die einen Anstieg der Pkw-Zahl bis 2050 auf „1,4 bis 2,7 Milliarden Einheiten" prognostizierte. Die „Wahrheit liegt wahrscheinlich zwischen diesen beiden Zahlen", argumentierte Studienautorin Ina Meyer. Sie betonte die „Autoverliebtheit der Asiaten", was „besonders auf China" zutreffe.[51] Es verhält sich hier allerdings im Großen ähnlich, wie dies im Kleinen am Beispiel der DDR (in Kapitel 10) beschrieben wurde. Nicht die Menschen an sich und auch nicht die Asiaten als solche sind „autoverliebt". Es werden materielle Strukturen geschaffen und ideologische Welten errichtet, die die Autoverliebtheit erst hervorrufen. Es dauerte ein halbes Jahrhundert, bis schwarz auf weiß – und in gerichtlichen Auseinandersetzungen dokumentiert – belegt wurde, wie die US-Zigarettenkonzerne mit einem detailliert ausgearbeiteten Konzept die Abhängigkeit von Nikotin und die Zigarettensucht förderten und dadurch den Krebstod von Millionen Menschen herbeiführten. Die Autosucht, insbesondere die Autoverliebtheit in der Dritten Welt, ist das Ergebnis einer vergleichbaren Marktstrategie. In China wurde 2006 das erste McDonalds-„drive-thru-restaurant" eröffnet. Laut McDonalds-Management soll es im Reich der Mitte „einen gewaltigen Markt" für diese Art „US-style car culture" geben. Ganz offensichtlich steht diese Art Esskultur, die mit Fettleibigkeit und Stress einhergeht, in einem Widerspruch zur chinesischen Esskultur, die von Genuss, Ruhe und Langsamkeit gekennzeichnet ist. Richtig ist jedoch, dass in China parallel mit der Automotorisierung der ideologische Überbau zur Zerstörung der kulturellen Traditionen und zur Implantierung der Autokultur geschaffen wurde. Ein britischer Autor berichtete, dass „bei den meisten Zeitschriftenhändlern inzwischen rund ein Viertel der Regalfläche Autozeitschriften mit Titeln wie 'Autogesellschaft', 'König der Autos' und 'Modernes Auto' vorbehalten ist. Die Zeitschriften bringen mit Leidenschaft verfasste Artikel über die Autos berühmter Schauspielerinnen und Schauspieler und drucken aufwändig präsentierte Strecken für lange Autofahrten durch das Land ab, in denen die neu gewonnene Freiheit und Unabhängigkeit der Pkw-Fahrer gefeiert wird".[52]

Der Motor der Automotorisierung

„Dreihundert Männer, von denen jeder jeden kennt, leiten heute die Geschicke des Kontinents." Diese Worte des AEG-Gründers Walther Rathenau aus dem Jahr 1909 lauten auf heute übertragen: 500 Menschen, von denen viele sich jährlich beim World Economic Forum in Davos treffen, beeinflussen maßgeblich die Geschicke von Hunderten Millionen Menschen im globalen Kapitalismus.[53] Sie stehen auf den Kommandobrücken der weltweit größten Unternehmen, die jährlich von dem US-Wirtschaftsblatt „Fortune" als Global 500 zusammengestellt werden. Darin sind Industriekonzerne ebenso wie Banken, Versicherungen, Handelshäuser und Dienstleistungsunternehmen zusammengefasst. Die Rangordnung wird nach den Jahresumsätzen gebildet. Die einleitenden Sätze in der 2006er Bilanz des US-Blattes zur Global 500-Liste verdeutlichen, was zur Zeit das Treibmittel in der Gruppe der mächtigsten Konzerne der Welt ist: „Eine einzige Schlussfolgerung drängt sich auf: Wie niemals zuvor sind es natürliche Ressourcen, die die globale Ökonomie antreiben. Fünf Unternehmen auf der Liste der zehn mächtigsten Konzerne sind Ölgesellschaften, eines mehr als im Vorjahr. Weitere vier sind Autokonzerne, deren Kundschaft viel Kraftstoff benötigt. Der Außenseiter in der Gruppe der Oberen Zehn ist das Unternehmen Wal-Mart Stores, das nunmehr von Exxon auf Platz 1, den es vier Jahre eingenommen hatte, abgelöst wurde." Die Spitzengruppe der zwölf größten Unternehmen wird gebildet von Exxon Mobil, Wal-Mart Stores, Shell, BP, General Motors, Chevron, DaimlerChrysler, Toyota, Ford, ConocoPhillips, General Electric und Total.[54] Betrachtet man das Einsprengsel Wal-Mart genauer, wird schnell deutlich, welche weitreichenden strukturellen Unterschiede bei diesem Unternehmen im Vergleich zum Rest der Spitzengruppe vorliegen: Wal-Mart Stores erzielte mit mehr als dem zwanzigfachen Einsatz von Personal weniger als ein Drittel des Profits von Exxon Mobil.

Im Globalisierungs-Diskurs wird hervorgehoben, die Weltwirtschaft werde in erster Linie durch „das Finanzkapital" bestimmt. Dies geht einher mit der These, dass die materielle und vor allem die industrielle Produktion eine immer geringere Rolle spiele. Eine Analyse der stofflichen Zusammensetzung der Global 500 stützt die erste These nur bedingt und widerspricht der zweiten. Das in Konzernen zusammengefasste Kapital stellt nicht allein eine Zusammenballung von anonymer Macht und von abstraktem Kapital dar, welches das Dollar-, Euro- oder Yen-, das britische Pfund-, das Schweizer Franken- oder das chinesische Yuan-Zeichen trägt. Es handelt sich auch um eine sehr spezifische stoffliche – „gebrauchswertmäßige" – Zusammensetzung. Untersucht man wie in Tabelle 21 die Global 500-Unternehmen nach ihrer Zugehörigkeit zu einzelnen Branchen, stellt sich Folgendes heraus: Das bereits vorgeführte Präludium, das von den zehn größten Konzernen der Welt aufgeführt wird, ist durchaus charakteristisch für das gesamte Konzern-Konzert: Die größte einzelne Branche ist das Öl- und Bergbau-Kohle-Business: die Ölexploration („Crude Oil Production"), der Bergbau („Mining") und die Ölverarbeitung („Petroleum Refining") einschließlich der Ölausrüstungsfirmen („Oil and Gas Equipment"). Allein in diesen Sektoren sind mehr als 15% des gesamten addierten Gruppenumsatzes (der Global 500) gebunden.

Damit ist allein diese Branche (in der Tabelle Zeile 1) unter den größten Konzernen der Welt stärker präsent als der Bankensektor (Zeile 20), wobei der Letztgenannte bereits die Investmentbanken beinhaltet, insoweit sie im elitären Club der Global 500 vertreten sind. Der Global 500-Report führt sieben verschiedene Branchen auf, die als Finanzsektor im weiteren Sinn zusammengefasst werden können. Darunter befinden sich natürlich alle Banken, alle Versicherungen und alle Investmentbanken. Als geschlossener Block bringt es dieser Finanzsektor auf 25,5% Anteil am gesamten Umsatz der Global 500 (Zeile 22).

Es ist sinnvoll, eine Gruppe „Öl/Auto/zivile Luftfahrt" zu bilden und zum Umsatz der Öl-Branche die Umsätze der Autoindustrie (Zeile 2), des zivilen Flugzeugbaus (Zeile 3) und der Fluggesellschaften (Zeile 4) zu addieren. Es handelt sich um eine Gruppe, die durch das Geschäft mit Öl sowie durch den Verbrauch von Öl und seinen Derivaten (Benzin, Diesel, Kerosin) bestimmt wird. Diese in der Tabelle in Zeile 5 zusammengefasste Gruppe kommt auf einen addierten Anteil von 26,1% am gesamten Global 500-Umsatz. Sie ist damit größer als der gesamte Banken- und Versicherungssektor. Wobei man argumentieren könnte, dass erhebliche Teile des Finanzsektors eng mit dem Öl/Auto/Airlines-Business verflochten sind. Es ließe sich auch argumentieren, dass Schifffahrtskonzerne, die in der Ta-

Tabelle 21: Stoffliche Zusammensetzung der Global 500 des Jahres 2005[55]

	Branchen/Gruppe	in Mrd. US-Dollar (Umsatz)	in v.H. des gesamten Umsatzes
1	Öl-Branche	2.880	15,2
2	Autoindustrie und Autozulieferer	1.812	9,6
3	Ziviler Flugzeugbau	110	0,6
4	Airlines	137	0,7
5	*Summe Öl/Auto/zivile Luftfahrt (1-4)*	*4.939*	*26,1*
6	Energie und Versorger	929	4,9
7	*Block fossile und atomare Energie (5+6)*	*5.868*	*31,0*
8	Chemie- und Pharma-Unternehmen	629	3,3
9	Rüstung, Raumfahrt (o. zivilen Flugzeugbau)	220	1,2
10	Elektro-, Elektronik- und Computer-Branche	1.415	7,5
11	Maschinenbau	193	1,0
12	Metall- und Stahlkonzerne	299	1,6
13	Bauunternehmen	364	1,9
14	Forstwirtschaft und Papierherstellung	65	0,3
15	Foto-Unternehmen	38	0,2
16	Nahrungsmittel-Unternehmen	546	2,9
17	Bekleidungs- und Modeunternehmen	32	0,2
18	*Übrige industrielle Konzerne (8-17)*	*3.801*	*20,1*
19	*Überw. industrieller Sektor (5+18; ohne 4)*	*8.603*	*45,5*
20	Banken	2.741	14,5
21	Versicherungen	2.082	11,0
22	*Finanzsektor (20+21)*	*4.823*	*25,5*
23	Telekommunikations-Unternehmen	970	5,1
24	Handel, Schiff, Bahn und Verpackungen	677	3,6
25	Einzelhandels-Unternehmen	1.950	10,3
26	Gesundheitssektor (ohne Pharma)	540	2,9
27	Firmen der Bereiche Unterhaltung und Hotel	180	0,9
28	Diverse	120	0,6
29	*Transport, Handel, Gesundheit (23-28)*	*4.437*	*23,4*
30	*Summen Global 500 (7+18+22+29)*	*18.929*	*100*

belle dem Handel zugeschlagen wurden (Zeile 24), in diesen Block eingerechnet werden könnten. Im folgenden Kapitel wird deutlich werden, dass dafür viel spricht. In der Bilanz heißt dies, dass das reale Gewicht einer eng mit Öl und dem Konsum von Ölderivaten verbundenen Kapitalgruppe noch größer ist als hier dargestellt.

Folgt man den Gedanken des Trägers des Alternativen Nobelpreises, Hermann Scheer, dann gibt es eine enge Verflechtung aller Sektoren, die von fossilen Energien (Öl, Gas, Kohle) und der atomaren Energie abhängig sind. In diesem Sinn wurden in der Tabelle die Energieunternehmen sowie die Strom- und Gasversorger (wie Suez, E.on, RWE, Vattenfall, EDF, Enel usw.) aufgeführt und ein „Block fossile und atomare Energie“ (Zeile 7) gebildet, in dem das Öl/Auto/zivile Luftfahrt-Geschäft mit den Energielieferanten und Versorgern zusammengefasst wird. Dieser Block kommt auf 31% des gesamten Umsatzes der Global 500.[56]

Das Gewicht der Öl/Auto/Luftfahrt-Gruppe bzw. des „Blocks fossile und atomare Energie“ ist bereits als statische Aufnahme der Situation im Jahr 2005 beeindruckend oder genauer beängstigend. Nochmals beängstigender ist die Dynamik, mit der sich diese stoffliche Konzentration entwickelt. Tabelle 22 dokumentiert diesen Prozess für den Zeitraum 1999-2005.

Tabelle 22: Das Gewicht der Gruppe Öl/Auto/Flugzeugbau bzw. des Blocks fossile und atomare Energie unter den 500 größten Konzernen 1999 und 2005[57]

Branchen/Kapitalgruppen	**1999**		**2005**	
	Mrd. US-Dollar	**in v.H.**	**Mrd. US-Dollar**	**in v.H.**
Kohle- und Ölförderung				
- Bergbau, Ölförderung	77	0,6	172	0,9
- Ölverarbeitung (Mineralölkonzerne)	903	7,1	2.673	14,1
- Öl- und Gas-Ausrüster	20	0,2	35	0,2
Gesamt	*1.000*	*7,9*	*2.880*	*15,2*
Autoindustrie und Autozulieferer*	1.263	9,9	1.812	9,6
Ziviler Flugzeugbau	60	0,5	110	0,6
Airlines	127	1,0	137	0,7
Zwischensumme	*2.450*	*19,3*	*4.939*	*26,1*
Energieproduktion und Versorgung				
- Energie	163	1,3	301	1,6
- Versorger	352	2,8	628	3,3
Gesamt	*515*	*4,1*	*929*	*4,9*
Block fossile und atomare Energie	*2.965*	*23,4*	*5.868*	*31,0*
Gesamte Global 500	**12.696**	**100**	**18.929**	**100**

* Jeweils einschließlich der Reifen-Konzerne, die 1999 noch als getrennte Gruppe aufgeführt wurden und 2005 Teil der Gruppe „Motor Vehicles and Parts“ waren.

Der gesamte „Block fossile und atomare Energie“ hatte innerhalb der Gruppe Global 500 im Jahr 1999 einen Anteil von 23,4%. Bis 2005 verdoppelte sich der hier erzielte Umsatz auf fast 6.000 Mrd. US-Dollar; der Anteil am gesamten Umsatz der Global 500 stieg um 7,6 Prozentpunkte von 23,4 auf 31,0%. Untersucht man nun genauer, in welchen Bereichen es innerhalb dieses Blocks zu Veränderungen kam, stellt man Folgendes fest: Das Gewicht der Autoindustrie (einschließlich der Zulieferer und der Reifenkonzerne) hat sich im genannten Zeitraum leicht reduziert (von einem Anteil von 9,9 auf 9,6%). Auch der Anteil der Airlines ist leicht gefallen (von 1,0 auf 0,7%).[58] Im Gegensatz dazu erlebte der Bereich Energieproduktion und Versorgung (in dem vor allem die Strom- und Gaskonzerne zusammengefasst sind) ein deutliches absolutes und ein erhebliches relatives

Wachstum. Einen weiteren Anstieg des jeweiligen strukturellen Gewichts gab es im Fall des Bereichs Bergbau und Ölförderung. Die mit Abstand wichtigste Veränderung betrifft allerdings den Bereich „Petroleum Refining": Im Jahr 1999 gab es bei 26 unter den Global 500 vertretenen Gesellschaften einen Umsatz von 903 Mrd. US-Dollar, was gut 7% des gesamten Umsatzes der Global 500 entsprach. Im Jahr 2005 war es mit 2.673 Mrd. US-Dollar fast dreimal so viel in absoluten Werten; der Anteil der ölverarbeitenden Konzerne am gesamten Global 500-Umsatz betrug nunmehr 14,1%, ziemlich genau das Doppelte des Anteils von vor sechs Jahren.

Die Mineralölkonzerne stiegen zu einer ständig größeren Macht auf. Es handelt es sich überwiegend um Konzerne, die ihre Zentralen in einem der G7-Staaten haben. Die treibende Kraft der hier beschriebenen Entwicklung ist der gestiegene Ölpreis, was im Übrigen dazu führte, dass sich diese Tendenz 2006 fortsetzte. Aus der Tabelle geht außerdem auch hervor: Die Branchen, die weitgehend dem industriellen Sektor zuzurechnen sind, kommen mit einem addierten Umsatz von 8.604 Mrd. US-Dollar auf einen Umsatzanteil, der fast der Hälfte des gesamten Umsatzes der Global 500 entspricht. Wobei, es sei hier nochmals wiederholt, der Kern dieser stofflichen industriellen Produktion das Öl/Auto/Flugzeug-Geschäft betrifft.

Milchmädchen

Die beschriebene wachsende stoffliche Konzentration auf Öl/Auto/Flugzeugbau und auf den Block fossile und atomare Energie besagt: Diese Kapitalgruppe ist der Motor im Kampf um Weltmärkte, im Heißhunger auf Öl, im Widerstand gegen eine Politik der Energiewende und der Verkehrswende sowie im Prozess der Militarisierung und der Kriegstreiberei. Der Bereich Flugzeugbau ist im Übrigen untrennbar verflochten mit den militärisch-industriellen Komplexen und wird in der Statistik der Global 500 mit „Aerospace and Defence" zusammengefasst. Es sind die stoffliche Zusammensetzung der größten Konzerne der Welt und die Logik der Kapitalverwertung, die der zerstörerischen Dynamik des Kapitalismus innewohnen.

Milchmädchen konnten und mussten – ganz im Gegensatz zu der Unterstellung im Spruch von den angeblich nicht stimmigen Milchmädchenrechnungen – sehr wohl rechnen. Angesichts der Endlichkeit der Ölressourcen, der zunehmenden regionalen Konzentration der noch ausbeutbaren Ölvorkommen sowie eines mittel- und langfristig steigenden Ölpreises würden Milchmädchen alles tun, um die Abhängigkeit vom Öl und das Gewicht der Öl/Auto/Flugzeugbau-Gruppe zu reduzieren. Die vorherrschende kapitalistische Ökonomie, die nach Karl Marx dem Prinzip „Après moi, le déluge – Nach mir die Sintflut!" folgt, ist bar jeglicher

Milchmädchen-Vernunft. Die Macht der Öl- und Autokonzerne und des Blocks fossile Energien wurde ausgerechnet in jener Periode immer stärker, in der deutlich wurde: Das Öl ist endlich, der auf fossile Energien konzentrierte Kapitalismus führt in tiefe strukturelle Krisen. Die jüngeren hier angeführten Extrapolationen für eine weltweite Pkw-Entwicklung in den Jahren 2030 oder gar 2050 benennen Zielkorridore, in denen sich der Preis für einen Liter Kraftstoff vervielfacht haben und die derzeit vorherrschende Automobilität als Anachronismus angesehen werden wird. Zumal, wie noch aufgezeigt werden wird, die wie ein Mantra hochgehaltenen angeblichen Alternativen Wasserstoffauto oder Biosprit keine gangbaren Alternativen darstellen.

Kapitel 14
Beton füllt „Missing Links"

Zaschelhuberinn: Fahren Sie mit nach Neustadt?
Peter: Bitt' unterthänig nur nach Brünn.
Zaschelhuberinn: O, das is nix, da is
kein Tun[n]el auf'n ganzen Weg.
…
Ignaz: Tun[n]el is eine unterirdische Bahn,
die man durch ganze Berge grabt.
Zaschelhuberinn (zu Peter): Wenn Sie einmahl den schauerlichen
Tun[n]el bey Gumpoldskirchen werden passiert haben.
Ignaz: Das is was Außerordentliches. Ein Tun[n]el, wo einer
nothwendig is, das is nix, was seyn muß, das muß halt seyn, aber da
hab'n sie mühsam vier Schuh Weingartengrund auf einen Schwibbogen aufg'schottert um nur unterirdisch fahren zu können, das ist
Riesenwerck.
Johann Nestroy, Eisenbahnheiraten[1]

Dr. Winfried Wolf: Das für das Projekt Magnetbahn gewählte
Verfahren ist feudal. Der Satz des französischen Sonnenkönigs
„L'état, c'est moi!" wird von Betonbolschewiken … mit „Den
Bedarf bestimmen wir selbst!" aktualisiert!
Vizepräsident Dr. Burkhardt Hirsch: Herr Dr. Wolf, Sie haben in
Ihrem Beitrag zwei Kollegen als Betonbolschewiken bezeichnet.
Dieser Ausdruck kann in einer parlamentarischen Debatte nicht
akzeptiert werden. Ich erteile Ihnen einen Ordnungsruf!
Deutscher Bundestag, Plenardebatte vom 12. 10. 1995[2]

Ach, unser Heinrich Heine! Wie lyrisch er das Thema Zeit und Raum doch aufgriff: „Durch die Eisenbahnen wird der Raum getötet und es bleibt uns nur noch die Zeit übrig … Mir ist, als kämen die Berge und Wälder aller Länder auf Paris angerückt. Ich rieche schon den Duft der deutschen Linden; vor meiner Tür brandet die Nordsee." Dieses Zitat wurde vielfach angeführt, immer in dieser Form, dabei allerdings ohne die hier eingefügten Auslassungszeichen. Man benutzte dabei offensichtlich Sekundärliteratur, die den politischen Dichter bereits entpolitisierte.[3] Im Original heißt es wie folgt: „Durch die Eisenbahnen wird der Raum getötet und es bleibt uns nur noch die Zeit übrig. Hätten wir nur Geld genug, um auch die letztere anständig zu töten!"[4]

Es ist so weit! Mit der Globalisierung ist „ausreichend Geld", ist genügend gewalttätiges Kapital vorhanden, um Raum *und* Zeit „anständig zu töten". Die Macht des global agierenden Kapitals wurde in den letzten 15 Jahren so groß, dass eine Schreckensvision, die Heinrich Heine in der ersten Hälfte der 1840er Jahre beschrieb, Realität wurde. Im Übrigen verdeutlicht Heine kurz nach der zitierten Passage, dass seine Sicht auf die neue Verkehrsrevolution eine höchst politische ist. Nachdem er darauf eingeht, welchen Charakter die Vorstände und Aufsichtsräte der neuen privaten Eisenbahngesellschaften Mitte des 19. Jahrhunderts hätten, in denen sich „die herrschende Geldaristokratie" konzentrieren würde, verallgemeinert er wie folgt: „Jene Leute (in den Führungskreisen der neuen Eisenbahngesellschaften; W.W.) werden bald nicht nur das comité de surveillance (den Aufsichtsrat) der Eisenbahnsozietät, sondern auch das comité de surveillance unserer ganzen bürgerlichen Gesellschaft bilden."[5]

In der globalisierungskritischen Bewegung war bisher der internationale Transportsektor im Allgemeinen oder die Transportinflation im Besonderen kaum ein Thema.[6] Doch letztlich ist die aktuelle Form der kapitalistischen Globalisierung nur möglich, indem alle Barrieren und Schutzmechanismen niedergerissen werden – nicht nur alle institutionellen, gesetzlichen und kulturellen, sondern auch alle natürlichen, unter anderem die topografischen Eingrenzungen. Es zeigt sich, so Karl Heinz Roth, „dass das kapitalistische Weltsystem nicht statisch, sondern ein aggressiver und expansiver Prozess der 'schöpferischen Zerstörung' und der Enteignung ist, in dem alle der Verwertung der Arbeitskraft und der darauf begründeten Kapitalverwertung im Weg stehenden ... Barrieren ... zermalmt werden".[7]

Der Alpenriegel

In den 1970er Jahren lautete ein Spontispruch, der die Terminologie des „Hoch! Weg! Nieder!" der damals führenden linksradikalen Strömung der Maoisten-Stalinisten veralberte: „Nieder mit den Alpen – freier Blick aufs Mittelmeer!" Inzwischen erhielt diese Parole überraschende Konkretisierungen. Mit den Projekten Lötschberg-Tunnel (realisiert), Gotthard-Tunnel (in Bau befindlich) und Brenner-Basis-Tunnel (projektiert) werden solche Vorstellungen offensichtlich in Beton gegossen. In einem übertragenen Sinn gilt dies ebenso für den – auch Eurotunnel genannten – Ärmelkanal-Tunnel (realisiert), die Scanlink-Brücken- und Tunnelverbindungen zwischen den dänischen Inseln sowie zwischen Dänemark und Schweden (realisiert), die Deutschland-Dänemark-Verbindung in Form des Fehmarnbelt-Projektes (projektiert) und den Somport-Tunnel in den Pyrenäen (realisiert).

Es waren nun nicht irgendwelche Bedürfnisse, die sich den Weg durch die Berge und über die Meeresengen bahnten. Es waren auch nie die Menschen vor

Ort, die nach allen diesen Begradigungen und Durchlöcherungen der Natur verlangten. Wohl aber existiert in der Europäischen Union seit 1984 mit dem European Round Table (ERT) ein nicht allzu geheimes Zentralkomitee der EU-Bourgeoisie, in dem, damals unter dem Vorsitz des Volvo-Chefs Pehr Gyllenhammar, die 23 mächtigsten Konzerne mit Sitz in der EG bzw. in Schweden und der Schweiz zusammenarbeiteten.[8] Heute sind im exklusiven ERT-Club die 45 mächtigsten europäischen Wirtschaftsbosse versammelt, darunter sechs deutsche und zwei schweizerische Firmenbosse sowie ein österreichischer Unternehmenschef.[9] Eine der ersten strategischen Veröffentlichungen des ERT trug den Titel „Missing Links", veröffentlicht 1985.[10] In diesem Text wurden die oben genannten Infrastrukturprojekte konkretisiert und als „europäische Aufgabe" präsentiert. Wenige Jahre später übernahm die Europäische Union diese Zielsetzungen und definierte sie als „Transeuropäische Netze" (TEN). Der ERT konstatierte 2003 mit erkennbarer Genugtuung: „Alle Missing-Link-Projekte haben in den darauf folgenden zwei Jahrzehnten, wenn auch gelegentlich in modifizierter Form, Gestalt angenommen, nachdem sie 1994 im Europäischen Rat die formelle Unterstützung erhielten."[11] Der ERT rühmt sich im Übrigen auch, maßgeblich den Maastrichter Vertrag mitformuliert zu haben, in dem unter anderem der Vorrang der freien Waren- und Kapitalzirkulation und die Liberalisierung aller Märkte festgelegt sowie die Privatisierung bisher öffentlicher Dienste gefördert wird.[12] Peter Sutherland, zu diesem Zeitpunkt der Top-Mann des Ölkonzerns BP Amoco, zuvor Wettbewerbskommissar der Europäischen Kommission, äußerte sich 1998 als ERT-Mitglied recht offen über diese Art, über die Bande zu spielen und die Politik der EG/EU im Kapitalinteresse zu bestimmen: „Man kann behaupten, dass nicht die Regierungen die Durchführung des Binnenmarktkonzepts anregten, sondern der Round Table und seine Mitglieder ... Ich denke überdies, daß er auch danach eine ziemlich beständige Rolle spielte, indem er sich mit der Kommission regelmäßig darüber austauschte, wie die Marktliberalisierung praktisch umzusetzen ist."[13]

Die Marktliberalisierung einigermaßen praktisch umzusetzen, mündet logisch in einer umfassenden „Entgrenzung" und „Entbettung" von Mensch und Natur.[14] Mit den Weihen eines „Vertragswerkes" – einer Art heimlicher und zugleich faktischer EU-Verfassung[15] – versehen, dient sie der Begründung für die vielen Betonprojekte, die schranken- und grenzenlose Transporte ermöglichen, und für das gnadenlose Profitdiktat insbesondere im Transport- und Logistiksektor.

Die Alpen sind ein kaum zu übersehendes Hindernis für einen schnellen und ungehinderten Warenverkehr. Sie erschienen den Planern in der Europäischen Kommission, den Mächtigen im ERT-Club und den Politikern in Bonn bzw. Berlin und in München ab den 1980er Jahren als eine Art Alpenriegel, der gesprengt werden musste. 1987 führte die Erhöhung der Lkw-Mautgebühren auf dem Brennerpass durch die österreichische Regierung zu einem Notenwechsel zwischen Bonn und Wien. Im Dezember 1989 sah sich die österreichische Regierung zur Verhängung eines Lkw-Nachtfahrverbots veranlasst. 1990 musste die Inntal-Autobahnbrücke bei Kufstein wegen „Auskolkung“ (Unterspülung) monatelang gesperrt werden; ein Jahr später gab es eine neuerliche Sperrung, nunmehr der Brenner-Autobahn in Südtirol wegen „Vermurung“ – der Niedergang von Geröll- und Wassermassen hatte Teile der Straße unpassierbar gemacht. Die deutsche Seite mit ihren Scharfmachern Friedrich Zimmermann (Bundesverkehrsminister) und Edmund Stoiber (damals bayrischer Innenminister) behandelte Österreich wie die vormalige „Ostmark“: Bonn verhängte ein Lkw-Nachtfahrverbot – ausschließlich für österreichische Lkws –, das offenkundig gegen internationales und europäisches Recht verstieß und deshalb bald wieder aufgehoben werden musste.[16] Der Generalsekretär der österreichischen Sozialdemokratie, Josef Cap, titulierte Zimmermann als „Reichsverkehrsminister“. Der österreichische Widerstand konnte bald darauf durch die Beitrittsverhandlungen zur EG bzw. durch den Eintritt des Landes in die EU, verbunden mit der Übernahme der liberalen EU-Verkehrspolitik als Teil des berüchtigten „acquis communautaire“[17], gebrochen werden.

Gleichzeitig mit den neuen Tunnelprojekten wächst der Lkw-Alpen-Transit

Im selben Zeitraum forderten die EU und deutsche Politiker gegenüber der Schweiz in einer nachgerade militärischen Sprache einen „40-Tonnen-Lkw-Korridor“, eine freie Transitpassage für EU-Schwerlaster mit 40 Tonnen zulässigem Gesamtgewicht, obgleich in diesem Nicht-EU-Land damals ein Maximalgewicht von 28 Tonnen galt. Das politische Establishment der Schweiz, das einen Beitritt zur EU oder zumindest eine enge Anbindung an die EU wünschte, hatte immer wieder den Erpressungsversuchen der EU nachgegeben. Doch in der Bevölkerung überwog der Widerstand. Am 20. Februar 1994 war in einer Volksabstimmung die so genannte Alpeninitiative erfolgreich, die in einem neuen, ergänzenden Artikel der Bundesverfassung mündete. „Artikel 24 quarter“ lautet: „Der alpenquerende Gütertransitverkehr von Grenze zu Grenze erfolgt auf der Schiene … Ausnahmen sind nur zulässig, wenn sie unumgänglich sind. Diese müssen durch ein Gesetz näher bestimmt werden. Die Transitstraßenkapazität im Alpengebiet darf nicht erhöht werden. Ausgenommen sind Umfahrungsstraßen zur Entlastung von Ortschaften vom Durchgangsverkehr.“

Eineinhalb Jahre zuvor, am 27. 9. 1992, hatte sich eine Mehrheit der schweizerischen Bevölkerung in einer anderen Volksabstimmung für den Bau zweier neuer Tunnels entschieden. Je eine Eisenbahnstrecke sollte den Lötschberg bzw. den St. Gotthard am Fuß des Bergmassivs – also in Form eines Basistunnels – durchqueren. Es handelt sich bei dieser Neuen Eisenbahn-Alpentransversale (NEAT) im Fall des Gotthard-Tunnels um eine 125 Kilometer lange Neubaustrecke mit einem 57 Kilometer langen Tunnel und im Fall des Lötschbergs um eine 55 Kilometer lange Neubaustrecke mit einem 34 Kilometer langen Tunnel. Die Baukosten wurden damals auf 15 Mrd. Schweizer Franken geschätzt; beim Kenntnisstand von 2007 werden sie am Ende bei rund dem doppelten Betrag liegen. Der Lötschberg-Tunnel wurde im Juni 2007 eröffnet. Der Gotthard-Tunnel wird frühestens 2015 realisiert sein. Die Finanzierung der Tunnelprojekte soll zu einem größeren Teil über die Maut auf den Lkw-Transit erfolgen.[18] Während sich die Volksabstimmung von 1994 eindeutig gegen die Transitflut – und gegen die erpresserische Politik der EG/EU – gerichtet hatte, ging die Initiative für die Abstimmung von 1992 von umweltbewussten Gegnern des NEAT-Projektes aus, die in der Abstimmung unterlagen. Das Ergebnis der letztgenannten Volksabstimmung war also widersprüchlich. Beide Voten zusammen werden inzwischen jedoch als Einheit in dem Sinn interpretiert, dass nach der Inbetriebnahme der beiden Basistunnels der gesamte Lkw-Transitverkehr auf die Schiene verlagert werden müsse.

Im Frühjahr 1994 wären die Beitrittsverhandlungen zwischen Österreich und der EU beinahe an der Transitfrage gescheitert. Damals konnte der seit 1992 bestehende Transitvertrag zwischen der EWG und Österreich nahezu vollständig in das „Protokoll 9" übernommen werden. Ohne diese Übergangsregelung, mit der der Lkw-Transit über den Brenner einige Jahre lang wirksam begrenzt wurde, wäre Österreich wahrscheinlich nicht EU-Mitglied geworden. Das erwähnte „Protokoll 9" enthielt ein „Ökopunktemodell" zur Verminderung der Schadstoffemissionen der Transit-Lkws und darüber hinaus als zweites Standbein eine aus dem EWG-Österreich-Transitvertrag übernommene Limitierung der maximal möglichen Transitfahrten durch das österreichische Hoheitsgebiet. Doch nach Österreichs EU-Beitritt war es mit solchen Rücksichtnahmen bald vorbei. Die quantitative Limitierung der Lkw-Transitfahrten wurde mit dem Treffen des Europäischen Rates in Laeken im Dezember 2001 in Frage gestellt und 2003 faktisch aufgehoben. Zur Beruhigung der nach der Aufhebung der Lkw-Kontingentierung erregten Gemüter wurde immer wieder das Projekt eines Brenner-Basistunnels für den Schienenverkehr lanciert, der durch die EU großzügig kofinanziert werden sollte: eine Röhre, die von Tirols Hauptstadt Innsbruck bis Franzensfeste/Fortezza in Südtirol/Alto Adige reichen soll und die mit einer Gesamtlänge von 56 Kilometern mit dem Gotthard-Tunnel, dem Ärmelkanal-Tunnel und dem japanischen Tunnel zwischen den Inseln Hokkaido und Honshu um den Titel „längster Tunnel der Welt" wetteifern würde. Die Kosten für den Tunnel einschließlich der Zubringerstrecken im Süden und Norden wurden Mitte 2007 auf 17 Mrd. Euro geschätzt. Die EU finanzierte 50% der Studien und der Kosten für die Probebohrungen und den Probestollen. Sie wird 20%, maximal 30% der Gesamtkosten des Projektes kofinanzieren. Da mit dem Bau des

Brenner-Basistunnels bis Mitte 2007 noch nicht begonnen wurde, ist eine Fertigstellung erst im Jahr 2020 – einige Experten sagen: 2030 – realistisch.[19]

Während all der Debatten über die Alpentunnelprojekte wuchs der Lkw-Transitverkehr auf der Brenner-Route stark und über die schweizerischen Alpen noch stärker an (siehe Tabelle 23). Dazu trug die weitgehende Kapitulation der schweizerischen Bundesregierung vor den EU-Forderungen bei. Mit dem Landverkehrsabkommen, das am 21. Juni 1999 zwischen der EU und der Schweiz geschlossen wurde und am 1. Juni 2002 in Kraft trat, wurde die schrittweise Anhebung der Lkw-Maximalgrößen im Transitverkehr bis auf 40-Tonner durchgesetzt.

Tabelle 23: Alpentransit auf der Straße und mit Eisenbahnen 1985-2005 – in Millionen Nettotonnen[20]

Jahre	Schweiz			Österreich	Frankreich	Summe
	Eisenbahnen					
	Gotthard	Simplon/ Lötschberg	Summe	Brenner	Mont Cenis	Gesamter Alpentransit
1985	11,2	2,8	14,0	4,7	7,5	26,2
1990	13,6	4,3	17,9	5,5	7,2	30,6
1995	13,6	4,4	18,0	8,4	8,0	34,4
2000	16,8	3,8	20,6	8,7	9,4	38,7
2005	15,6	8,1	23,7	10,0	6,0	39,7
	Lastkraftwagen					
	Gotthard	Simplon/ Bernhard	Summe	Brenner/ Reschen	Montgenève/ Fréjus/Montblanc	Gesamter Transit
1985	1,9	0,8	2,7	14,3	12,3	29,3
1990	3,1	1,1	4,2	13,6	21,8	39,6
1995	5,5	1,1	6,6	20,0	25,8	52,4
2000	7,6	1,3	8,9	25,4	25,8	60,1
2005	10,2	2,8	13,0	33,6	20,8	67,4
	Eisenbahn und Lkw					
1985	13,1	3,6	16,7	19,0	19,8	55,5
2005	25,8	10,9	46,7	43,6	26,8	107,1

Insgesamt hat sich der Alpentransit – per Bahn und Lastkraftwagen – im Zeitraum 1985-2005 von 55 Mio. auf 107 Mio. Nettotonnen pro Jahr knapp verdoppelt. Der Lkw-Verkehr über die Pässe Brenner und Reschen wuchs um das Zweieinhalbfache – von 14 auf knapp 34 Mio. Tonnen. Der Lkw-Verkehr durch die Schweiz hat sich verfünffacht – von 2,7 auf 13 Mio. Tonnen. Im eidgenössischen Lkw-Transitverkehr gab es allein im Jahrzehnt 1995-2005 eine Verdopplung. Im selben Zeitraum wuchs der Transitverkehr auf Schienen nur noch in bescheidenem Umfang. In der Folge ging in der Schweiz der Anteil der Schiene am gesamten Transitverkehr dramatisch zurück. 1985 entfielen 84% des Gütertransitverkehrs auf die Schiene; 1995 hielt die Schiene noch einen Anteil von 73%. 2005 war der Anteil der Schiene im Transit auf 50,7% gefallen. Das ist im Vergleich zu Österreich immer noch ein guter Wert. Der Anteil der Schiene am gesamten Transit lag hier 2005 bei 22,9%; allerdings lag dieser Wert 1985 mit 24,7% nicht viel höher. Dabei hat die Schweiz 2001 mit der Leistungsbezogenen Schwerverkehrsabgabe (LSVA) eine Lkw-Maut eingeführt, die rund dreimal so hoch ist wie die deutsche Lkw-Maut auf Autobahnen. Offensichtlich kam es zumindest im alpenquerenden Transit bis 2005 und nach der offiziellen EU-Statistik bei den transportierten Tonnagen nicht zu der viel zitierten Trendumkehr.[21]

In der Schweiz wird es mit der Eröffnung des Lötschberg-Tunnels eher eine geringe Verlagerung von der Straße auf die Schiene geben. Der Anteil des Lkw-Verkehrs könnte sogar weiter ansteigen, zumal im Jahr 2006 die volle Anhebung auf die maximale Obergrenze von 40 Tonnen zulässigem Lkw-Gesamtgewicht wirksam wurde. Ob nach der für 2015 geplanten Inbetriebnahme des Gotthard-Tunnels die gewaltige Lkw-Lawine tatsächlich auf die Schiene gezwungen werden kann oder ob sie sich – wegen der zu hohen abverlangten Kosten in der Schweiz bzw. wegen der niedrigeren Kosten auf den anderen Alpen-Routen, insbesondere auf der Brenner-Strecke – eine andere Bahn durch die Alpen sucht, wird sich dann zeigen. Sollte die jetzt durch die Schweiz fahrende Lkw-Kolonne nach 2015 jedoch nicht auf Schienen durch die neuen Tunnelröhren rollen, dann droht das NEAT-Finanzierungskonzept, das auf einen hohen, auf die Schiene huckepack genommenen Lkw-Transit abzielt, zu scheitern.[22] Die Problematik verstärkt sich noch dadurch, dass die NEAT-Zulaufstrecken auf deutscher und italienischer Seite nicht ausreichend ausgebaut werden.

„Ökologisch sensibler Korridor“

Die Europäische Kommission hat für die Alpenregion den Begriff „ökologisch sensibler Korridor“ geprägt, um homöopathische und zeitlich begrenzte Abweichungen von der reinen Lehre der ungehinderten Warenzirkulation zu rechtfertigen. Dieser Begriff stellt eine verantwortungslose Untertreibung der realen Situation im Alpenraum und der Bedrohungen dar, denen diese Region ausgesetzt ist. Dabei wird leicht darüber hinweggesehen, dass die Erde sich aus einer Summe „ökologisch sensibler“ Korridore zusammensetzt bzw. dass sie als Ganzes bedroht wird. So stellen sich in den Pyrenäen viele Umweltbelastungen ähnlich dar wie in den Alpen. Die EU-Kommission beklagte jedoch noch in ihrem 2001er Weißbuch zum Verkehr die „viel zu geringe Durchlässigkeit der Pyrenäen“ und meinte damit den noch zu geringen Warentransit. Dabei hat sich der Lkw-Transit allein im Zeitraum 1995-

2005 verdoppelt.[23] Richtig an der Hervorhebung der Alpen in den Texten der EU ist allerdings, dass man in dieser Region die allgemeinen Bedrohungen des Planeten und die bereits zu registrierenden Veränderungen oft besser als anderswo – und bereits vielfach mit dem bloßen Auge – erkennen kann.

Der Alpenraum ist 220.000 Quadratkilometer groß. Ein Viertel dieses am dichtesten erschlossenen Berggebiets der Erde ist bewohnbar und dort, wo es möglich ist, wird überall gesiedelt. Im Alpenraum leben 13 Mio. Menschen. Jährlich kommen fast zehnmal so viele Gäste; 2006 waren es 125 Mio. Sommer- und Wintertouristen. Im Alpenraum gibt es 400.000 Kilometer Straßen und Wege, darunter 4.000 Kilometer Autobahnen, 6.000 Kilometer internationale Fernstraßen sowie 18.000 Kilometer regionale Fern- und Hauptverbindungsstraßen. Hinzu kommen 11.000 Seilbahnen und 45.000 Kilometer Skipisten. Das Schienennetz in der Region ist rund 5.000 Kilometer lang, allerdings noch relativ flächendeckend und leistungsstark. Doch mehr als zwei Drittel der Urlauber reisen mit dem Auto an. Einzelne alpennahe Orte bauen neue Flughäfen oder sie bauen bestehende Flughäfen aus, sodass in dieser Region erstmals auch der Flugtourismus, Billigflieger eingeschlossen, eine Rolle spielt.[24]

Der Autoverkehr im Allgemeinen und der Lkw-Transit im Besonderen stellen eine immense Belastung für Umwelt und Menschen dar. Während in der Bundesrepublik Deutschland rund 30% der Schadstoffemissionen dem Verkehr zugerechnet werden, sind es im österreichischen Wipptal entlang der Brenner-Route bis zu 90%. An einem durchschnittlichen Tag werden auf der Brenner-Inntal-Strecke mehr als 50 Tonnen Kohlenmonoxid, Stickoxide, Kohlenwasserstoff, Ruß und Blei emittiert; allein 30 Tonnen davon entstammen den Auspuffrohren des Transitverkehrs. Die Lärmemissionen führen auf Grund der topografischen Struktur der Alpentäler dazu, dass sich ein fünfmal stärkerer „Lärmteppich" über die Landschaft legt als im Fall einer vergleichbar belasteten Autobahn in ebenem Gelände. Der Geländestreifen, in dem nachts eine Grenzwertüberschreitung von 55 dB registriert wird, ist auf beiden Seiten der Autobahn 800 Meter breit. Die Lärmwellen des Straßenverkehrs, aber auch der Eisenbahnen setzen sich bis in große Höhen fort und haben unter anderem die Vertreibung ganzer Tierarten zur Folge.[25]

Die Alpengletscher ziehen sich auf Grund der klimatischen Veränderungen sowie auf Grund der Schadstoffbelastungen und der Klimaerwärmung jedes Jahr um einige Meter zurück. Im gesamten Alpenraum Frankreichs, der Schweiz, Österreichs und Deutschlands (Bayerns) gibt es 13.000 Gletscher, die bereits zwei Drittel ihres Volumens verloren haben. Eisfelder, die seit einigen Tausend Jahren die Region prägen, schmelzen seit den 1970er Jahren in einer Geschwindigkeit dahin, dass der Schwund bei einem Abgleich von Urlaubsfotos mit einem Zeitabstand von drei bis fünf Jahren erkennbar ist. Die Versuche, diese Entwicklung auszubremsen, wirken mitunter hilflos: 2005 begannen einzelne Wintersportorte in der Schweiz und in Österreich „ihre" Gletscher im Sommer mit einem einige Millimeter dicken, aus Polyester und Polypropylen bestehenden Vlies abzudecken, um Wärme und UV-Strahlen abzuhalten, aber Wasser und Luft durchzulassen und so ein weiteres Abschmelzen der Gletscher im Sommer zu verhindern. Im schweizerischen Andermatt hat sich in den vergangenen 15 Jahren der Gurschengletscher bereits um 20 Meter abgesenkt, sodass die Bergstation am Gemsstock, die auf rund 3.000 Meter Höhe liegt, inzwischen nicht mehr am Gletscher, sondern deutlich oberhalb davon endet und jedes Jahr eine längere Rampe aus gepresstem Schnee zwischen Bergstation und Gletscher gebaut werden muss. Der Gletscher ist die Abfahrtspiste für jährlich einige Hunderttausend Wintertouristen.[26]

Das gelegentlich vorgetragene Argument, ein Schwinden der Gletscher in den Alpen sei nicht allzu problematisch, schließlich hätte es zu Ötzis Zeiten – rund 3.000 Jahre vor unserer Zeitrechnung – weit weniger „ewiges Eis" gegeben und im Übrigen würden dann die Alpen eben „ähnlich wie die Pyrenäen aussehen", ist unverantwortlich. Der Rückgang der Gletscher ist ein integraler Bestandteil der durch die Menschen verursachten Klimaveränderung, zu der auch der dramatische Rückgang der Gletscher im Polargebiet gehört. Damit sind Veränderungen verbunden, die die Lebensweise und oft auch direkt das Leben von Hunderten Millionen Menschen bedrohen.[27] Die Alpengletscher sind Seismographen für diese bedrohlichen globalen Veränderungen.

Alpen-Beton-Projekte

Mitte Juli 2007 verkündeten die Medien in Italien und Österreich als Top-Meldung: „Durchbruch am Brenner – Brenner-Basistunnel wird gebaut". Zwar gab es in den vergangenen zehn Jahren bereits eine Reihe vergleichbarer Schlagzeilen und auch bereits „erste Spatenstiche" zum Bau dieses Tunnels, die Entscheidung vom Juli 2007 scheint allerdings richtungsweisend zu sein. Italien und Österreich wollen je 30% für den Bau eines solchen 56 Kilometer langen Tunnels bezahlen. Erhofft wird, dass die EU für ein Drittel der Kosten aufkommt. In den italienischen, österreichischen und Südtiroler Medien wurde das Vorhaben überwiegend als „das größte Infrastrukturprojekt der EU" bejubelt. Der „Alpenhauptkamm wird durchbohrt für den einmal zweitlängsten Eisenbahntunnel der Welt, der Massengüter in Nord-Süd-Richtung auf der Bahn bündeln wird und die Plage des Lastverkehrs auf dem Weg über die Berge bändigen wird".[28]

Doch gerade das Brenner-Basistunnel-Projekt zeigt: Die Betonprojekte in den Alpen sind keine Antwort auf den anwachsenden Straßenverkehr und seine schädlichen Folgen. Teilweise gilt sogar, dass sich mit ihnen die Gefahren, die die Alpenregion bedrohen, noch vergrößern. Fünf Gründe sprechen gegen diese Projekte:

1. Zunächst einmal stehen die Kosten in keinem sinnvollen Verhältnis zu dem behaupteten Nutzen. Im Fall des Gotthard-Tunnels gehen die optimistischen Rechnungen des schweizerischen Verkehrsministeriums davon aus, dass die Kosten „nach rund 60 Jahren eingefahren" sein könnten. Die Finanzdelegation der eidgenössischen Räte errechnete als „denkbar schlimmsten Fall" – und beim Ausbleiben der erwarteten hohen Einnahmen aus dem Lkw-Transit –, dass nach 50 Jahren Bestehen der NEAT-Tunnels die Schweiz mit einer kumulierten Schuldenlast (Zinsen und Zinseszinsen) eingerechnet – von 300 Mrd. Schweizer Franken konfrontiert sein könnte.[29] Im Fall des Brenner-Basistunnels dürften die bisher unterstellten Kosten von 6 Mrd. Euro ausschließlich für den Tunnel deutlich zu niedrig liegen. Während die Schweiz als Nicht-EU-Land die erwähnte hohe Lkw-Maut (LSVA) zur Teilfinanzierung der NEAT-Projekte durchsetzen konnte, wird dies den EU-Ländern Österreich und Italien kaum gestattet und durch die EU bzw. den Europäischen Gerichtshof als Maßnahme wider die Liberalisierung des Warenverkehrs ausgelegt werden. Die Summe, die am Brenner für ein einzelnes Betonprojekt ausgegeben wird, wäre ausreichend, um eine flächendeckende Modernisierung der bestehenden Schienennetze in Norditalien, Südtirol und Osttirol zu realisieren.
2. Die teilweise in der Bevölkerung vorhandene Unterstützung für den Brenner-Basistunnel basiert vor allem auf der Hoffnung, dadurch würde die Region vom Straßenverkehr und vor allem vom Lkw-Transit entlastet. Das ist jedoch nicht der Fall. In Wirklichkeit wird der Tunnel ganz oder zumindest überwiegend für den Personenhochgeschwindigkeitsverkehr gebaut werden. Das wurde dem Südtiroler Europaparlamentarier Sepp Kusstatscher jüngst aus berufenem Mund bestätigt – durch den Chef der Deutschen Bahn AG persönlich.[30] Tatsächlich bedeutet der Bau solcher Projekte im Allgemeinen und des Brenner-Basistunnels im Besonderen, dass nach der Fertigstellung alle Verkehre auf allen Verkehrsträgern zunehmen und damit die Belastungen in ihrer Gesamtheit nochmals wachsen. Im Fall des Brenners wird der Lkw-Verkehr über die alte Brenner-Autobahn weiter stark zunehmen, auf der traditionellen Zugstrecke werden immer mehr laute Güterzüge durch die Täler rollen und im Tunnel und auf der Bahnstrecke bis Innsbruck und ab Franzensfeste/Fortezza werden neue Hochgeschwindigkeitszüge mit ebenfalls mit hohen Lärmemissionen verkehren.
3. Das Beispiel der Schweiz und der NEAT-Projekte hat es bereits demonstriert: Während der langen Bauzeit dieser Betonprojekte schwillt der Lkw-Verkehr an. Im Fall der Schweiz mag man noch argumentieren, dass eine mögliche dirigistische Politik, eventuell verbunden mit einer neuen Volksabstimmung, am Ende zu einer Rückverlagerung von Lkw-Verkehr auf die Schiene beitragen könnte. Im Fall der Brenner-Alpenquerung ist dies so gut wie ausgeschlossen. In den mindestens zwölf (eher 15) Jahren Bauzeit wird der Kfz-Verkehr allge-

mein stark anwachsen; insbesondere wird die Lkw-Walze immer massiver rollen. Damit aber erhält der Brenner-Basistunnel objektiv die Funktion, die Bevölkerung auf eine Erlösung an einem St. Nimmerleinstag zu vertrösten und gangbare, relativ schnell realisierbare Alternativen vergessen zu machen. Vergleichbares galt durchaus auch für die NEAT-Projekte.

Fachleute, die sich Unabhängigkeit bewahrt haben, und Institute mit Querdenkern legten in den vergangenen zwei Jahrzehnten immer wieder Studien vor, mit denen durch immanente Verbesserungen im bestehenden Schienennetz und mit einem Bruchteil der Gelder, die NEAT und Brenner-Basistunnel kosten, Kapazitätssteigerungen vor allem im Schienenverkehr von 50 und mehr Prozent erreicht werden könnten – und das binnen weniger Jahre. Verbunden mit steuernden Maßnahmen, wie sie in der Schweiz bis 1999 integraler Bestandteil der Verkehrspolitik waren und wie sie beim Brennertransit bis 2003 teilweise angewendet wurden, hätte man auf diese Weise reale und kurzfristige Verkehrsverlagerungen auf die Schiene erreichen und zumindest das weitere Anwachsen des Lkw-Verkehrs ausbremsen können.[31]

4. Gewaltige Tunnelprojekte sind im Grunde eine Dinosauriertechnik, die in jedem Fall mit gewaltigen Umweltzerstörungen und erheblichen Gefahren verbunden ist. Allein der Abraum ist so groß, dass damit ganze Alpentäler zugeschüttet werden – oder er wird Hunderte Kilometer weit weggebracht, was erneut massenhafte Lkw-Transporte zur Folge hat. Die Sicherheit in den Tunnels ist und bleibt ein kritisches Thema. Dies wurde in jüngerer Zeit durch schwere Unglücke und Brände im Ärmelkanal-Tunnel (Eurotunnel) 1996 und im Monblanc-Alpentunnel 1999 dokumentiert. Das Unglück im Montblanc-Tunnel forderte 39 Menschenleben. Wichtig beim Unglück im Eurotunnel war, dass es sich hier wie beim geplanten Brenner-Basistunnel und bei den NEAT-Projekten um einen Tunnel allein für den Schienenverkehr handelt und die Ausführung angeblich den höchsten Sicherheitsstandards entspricht. Dennoch kam es zu einem Unglück, das sich leicht zu einer Katastrophe hätte entwickeln können. Vor allem gab es dabei eine Hitzeentwicklung, die den Beton teilweise sprengte und das Stahlgerüst der Betonröhre weitete.[32]
5. Schließlich sind die Betonprojekte auch aus einer grundsätzlichen Erwägung abzulehnen: Die beschriebenen Transportsteigerungen sind wirtschaftlich völlig unnötig und sinnlos. Sie sind kein Ausdruck von Wohlstandsgewinnen, ja sie zerstören sogar Wohlstand und gesamtgesellschaftlichen Reichtum. Darauf wird in Kapitel 15 eingegangen und unter anderem beschrieben, wie Jeans nur zum Färben oder zur Herstellung des „stone washed"-Effekts mit Lkws über den Brenner gefahren werden. Im Sommer 2007 wurde in Bozen täglich ein litauischer Milchtankzug, der zuvor über den Brenner gerollt war, bei der örtlichen Molkereigenossenschaft MILA gesichtet; was immer der materielle Sinn

dieser Transporte ist (einen Stempel bei der MILA holen und alles als Südtiroler Milch in Norditalien vermarkten?) – sicher ist: Es handelt sich, wie so oft, um unnötige Verkehre.
Die einzige Chance, die zerstörerischen Auswirkungen des alpenquerenden Verkehrs wirksam zu reduzieren, ist eine massive Bewegung in der Bevölkerung selbst. Erforderlich wäre ein Aufstand der Sesshaftigkeit. In der Schweiz gibt es solche Tendenzen, die sich immer wieder in Volksabstimmungen äußern. Ansätze dafür gab es auch in Österreich und in Südtirol. Denn „sensibel" reagieren in diesen „sensiblen Korridoren" oft vor allem die Menschen. Die Proteste gegen den wachsenden Alpen-Lkw-Transit wurden in Ost- und Südtirol zeitweilig von allen Parteien und von der überwältigenden Mehrheit der Bevölkerung getragen. Es gab mehrere Blockaden der Brenner-Autobahn mit Trachtenvereinen, Musikkapellen und kirchlichem Segen. Walter Molt hat die Notwendigkeit solcher Bewegungen auf den folgenden Nenner gebracht: „Sesshaftigkeit ist auch Aufstand ...Der Aufstand der Sesshaftigkeit muss in die Rechtsordnung eingefügt werden. Ohne freie Zustimmung der Bewohner eines Gebiets darf es keinen Weg oder Durchgang geben. Das ist nicht das Ende der Bewegung, sondern das Ende des Mobilitätszwangs; nicht das Ende des öffentlichen Wohls, sondern der Anfang des Vorrangs des Dialogs vor der Gewalt der zentralen Macht. Nur wer fest in der Mitte des Kreises steht, hat die Kraft zu einem produktiven, friedensstiftenden Aufstand."[33]

Falsch platzierte Meeresengen

Ach, der Briten William Shakespeare! Auf ewige Zeiten sah er die britischen Inseln durch das Meer geschützt: „Dies Bollwerk, das Natur für sich erbaut / Der Ansteckung und Hand des Kriegs zu trotzen / Dies Volk des Segens, diese kleine Welt / Dies Kleinod, in die Silbersee gefasst / Die ihr den Dienst von einer Mauer leistet / Von einem Graben, der das Haus verteidigt / Vor weniger beglückter Länder Neid."[34] Als am 6. Mai 1994 der französische Staatspräsident François Mitterand und die britische Premierministerin Margret Thatcher das Band vor der Röhre des Eurotunnels durchschnitten hatten, war der „Graben, der das Haus verteidigt", überwunden und das „Kleinod, in die Silbersee gefasst", für den direkten EU-Warenverkehr zu Lande erschlossen. Die „eiserne Lady" hatte darauf bestanden, dass „not one penny" aus der britischen Staatskasse in das Projekt fließen dürfe und dass dieses ausschließlich privat zu finanzieren sei. Damit sollte die Überlegenheit der privatkapitalistischen Struktur vor dem Staatsinterventionismus bewiesen werden. Das Gegenteil trat ein. Wie üblich stiegen die veranschlagten Baukosten auf rund 15 Mrd. Euro und damit auf mehr als das Doppelte. Weit schlimmer jedoch ist die Unterschreitung der erwarteten Einnahmen. Der Eurotunnel war unter der Annahme gebaut worden, dass jährlich 16 Mio. Passagiere und 7 Mio. Tonnen Fracht die Röhre passieren würden. Ein Dutzend Jahre nach der Inbetriebnahme sind es jährlich weniger als 10 Mio. Fahrgäste und sogar weniger als 2 Mio. Tonnen Fracht, weniger als 30% des prognostizierten Aufkommens. Vier Mal – 1997, 2000, 2002 und 2006/07 – erlebte die Tunnelbaugesellschaft einen technischen Konkurs: Die Gläubiger mussten auf einen größeren Teil ihrer Forderungen verzichten; vor allem aber verloren die 500.000 Kleinaktionäre fast ihr gesamtes Aktienkapital. Beim „modal split" konnten die Fähren weiter einen großen Teil des Verkehrs zwischen dem Kontinent und der Insel halten. Inzwischen ziehen die Billigflieger Personenverkehr von den Eurostar-Zügen ab, die durch den Eurotunnel fahren.[35] Im Juli 2006 stellte ein französisches Gericht die „größte Mautstelle der Welt", so die Eigenwerbung von Eurotunnel Mitte der 1990er Jahre, unter Gläubigerschutz. Die Begründung des Gerichts widerspricht offen den Erklärungen, die es bei der Gründung von Eurotunnel gab: „Das Handelsgericht von Paris hat vor einem schwierigen Hintergrund eine starke Entscheidung getroffen, die das Unternehmen und den öffentlichen Dienst (im Französischen: le service public; W.W.), den es erfüllt, berücksichtigt und aufrechterhält."[36]

Im Fall der großen skandinavischen Betonprojekte wurde hingegen von vornherein darauf gebaut, dass staatliche Gelder und Staatsgarantien die mangelnde Wirtschaftlichkeit aufhübschen würden. Es geht dabei um drei Großprojekte: Als erstes wurde 1998 eine rund 5 Mrd. Euro teure Brücken-Tunnel-Verbindung über den Großen Belt und zwischen den beiden großen dänischen Inseln Fünen und Seeland dem Straßen- und Bahnverkehr übergeben. Als nächstes wurde 2000 eine weitere Tunnel- und Brückenkonstruktion über den Öresund in Betrieb genommen. Sie verbindet die dänische Insel Seeland mit Schweden – und auch Kopenhagen mit Malmö. Schließlich gab es im Juni 2007 die Entscheidung, zwischen der deutschen Insel Fehmarn und der dänischen Insel Lolland eine weitere Straßen- und Eisenbahnverbindung zu schaffen, deren (in erster Linie von der EU und der dänischen Seite zu tragende) Kosten bisher auf 5 Mrd. Euro geschätzt wurden. Damit wird das renitente Dänemark – dessen Bevölkerung in einem Referendum „nein" zu einem EG-Beitritt gesagt hatte und deshalb ein zweites Mal abstimmen musste und dessen Regierung es bisher nicht wagte, die dänische Krone abzuschaffen und den Euro als Währung zu übernehmen – durch Betonprojekte wie in einem Schraubstock in die EU eingespannt.

Die beiden bereits in Betrieb befindlichen Verbindungen haben zu einem starken Anstieg des Pkw-Verkehrs geführt, wobei die Volumina auch mit einem Fähren-Pendel-Betrieb zu bewältigen gewesen wären.[37] Die größten Steigerungen gibt es im Bereich des Lkw-Verkehrs, der sich verdreifacht hat. „Wir werden Eis und Würstchen an Schweden und Deutsche verkaufen", hieß es 1990 in einem Brief der dänischen Rot-Grünen-Einheitsliste, die gegen diese Betonprojekte argumentiert und im Parlament dagegen gestimmt hatte, an Eckhardt van Hooven von der Deutschen Bank. Diese hatte die nördlichen „Missing-Link-Projekte“ in besonders engagierter Weise vorangetrieben.

Das damit angesprochene weitere kritische Argument gegen derartige Großprojekte hat sich bewahrheitet. Durch die beiden bereits realisierten Scanlink-Verbindungen wurde Dänemark in den Status einer Transitregion gebracht. Was bereits für den Eurotunnel galt, der eine weitere Stärkung der Zentren Paris und London (und teilweise Brüssel) bei einer gleichzeitigen Schwächung anderer Regionen (beispielsweise durch den Wegfall von Fährverbindungen) mit sich brachte, trifft auf die neuen skandinavischen Betonprojekte in weit stärkerem Maß zu. Sie bewirken in erster Linie eine Beschleunigung und Inflationierung des Güterverkehrs. „Dänemark kann man jetzt in zwei Stunden machen“, hatte ein deutscher Industrievertreter nach dem Bau der Scanlink-Verbindungen geäußert; ein Land und ein Inselreich als Landpassage.

Jacob Vestergaard, der Direktor des Öresund-Konsortiums, will den neuen Menschentypus des Malmökopenhageners: „Wir schaffen die physische Verbindung. Die Bewohner sind nun für das Mentale verantwortlich. Sie müssen jetzt eine gemeinsame Öresund-Identität schaffen.“[38] Apropos Bewohner – deren Meinung zu den neuen Betonprojekten war nie gefragt. Kein Wunder, sind diese Projekte doch mit einer weitreichenden Zerstörung von Landschaft und in der Gesamtbilanz mit einem Abbau von Arbeitsplätzen verbunden. Transitregionen mögen für Touristen, die noch weiter reisen, interessant sein, doch für den Tourismus selbst sind diese neuen Transitstrecken schädlich. Die große Mehrheit auf Fehmarn lehnt aus diesem Grund das nächste Megaprojekt im Norden, die Fehmarnbelt-Brücke, ab. Mit den drei Großprojekten werden mehrere Tausend Arbeitsplätze bei den Fährgesellschaften und in den Häfen zerstört. Die Deutsche Bahn AG und der dänische Staat verkauften die gemeinsam betriebene und im Ostseeraum führende Fährgesellschaft Scandlines wenige Wochen vor der definitiven Entscheidung über den Bau der Fehmarnbelt-Verbindung. Scandlines war bis zu diesem Zeitpunkt äußerst gewinnbringend, wobei die ertragreichste Verbindung diejenige auf der „Vogelfluglinie“ zwischen Puttgarden (auf Fehmarn) und Rödby (auf Lolland) ist. Die Zukunft von Scandlines sieht inzwischen düster aus, was auch erklärt, dass ein Beteiligter am Aufkäuferkonsortium von Scandlines ein reiner Finanzinvestor ist.[39]

Bei der Realisierung der großen europäischen Infrastruktur-Betonprojekte wurde immer wieder betont, wie wichtig es sei, endlich von Glasgow bis Süditalien und von Süditalien bis zum Nordkap ohne Unterbrechung auf Landverbindungen „durchfahren“ zu können. Richtig, da fehlt noch die Anbindung Siziliens! Doch längst ist eine 3.660 Meter lange Brücke zwischen der italienischen Stiefelspitze und Sizilien geplant. Pietro Ciucci, Geschäftsführer der Gesellschaft Stretto di Messina, weiß: „Diese Brücke ist ein wichtiger Bestandteil des neuen Verkehrskorridors zwischen Berlin und Palermo.“ Das bis 2006 vor allem von den Regierungen unter Berlusconi vorangetriebene Projekt war im Jahr 2007 wieder umstritten. Doch es dürfte wie im Fall des 15 Jahre lang debattierten Fehmarnbelt-Projektes nur eine Frage des Zeitpunktes sein, wann die Überkapazitäten bei den Planungsbüros und den Baufirmen der großen Megabetonprojekte ausreichend drückend sind, dass auch dieses „Missing Link-Projekt“ realisiert werden wird.[40] Gegebenenfalls wird man zwischenzeitlich in Österreich für 4 Mrd. Euro Beton und Zubehör kaufen, um die Koralm-Unterfahrung zu bauen, oder für 6 Mrd. Euro den Bau eines Semmering-Basistunnels realisieren.[41]

Betonprojekte der beschriebenen Art können im Übrigen derart sinnlos sein, dass sie zwar gebaut, aber am Ende nicht wirklich genutzt werden. In Japan wurde in den 1970er und 1980er Jahren der damals längste Tunnel der Welt gebaut, der – bis zu 200 Meter unter dem Meeresspiegel verlaufend – mit einer Gesamtlänge von 54 Kilometern die Inseln Hokkaido und Honshu verbindet. Doch am Ende der 21-jährigen Bauzeit fehlte einerseits das Geld für die Realisierung der damit intendierten Shinkansen-Hochgeschwindigkeitsverbindung Tokio–Sapporo, andererseits wurde der Verkehr zwischen den beiden Inseln inzwischen auf dem Luftweg bewältigt. Der Tunnel wird seither allein für Güterverkehrszüge genutzt, was heißt, dass er niemals rentabel betrieben werden kann. Der Bau des Tunnels kostete 34 Bauarbeitern das Leben. Das japanische Verteidigungsministerium erklärte, der Tunnel ließe sich für den Fall eines drohenden Krieges als Bunker für viele Zehntausende Menschen umbauen.[42]

Kapitel 15

Standardcontainer mit Walnuss-Eis und HIS-Jeans

In den Jahrzehnten vor der Sintflut
Kamen kleine Fluten
Die Wasserbaukunst entwickelte sich
In einem bestimmten Jahr
Galt die Gefahr vor den Fluten als endgültig überwunden.
Im nächsten
Kam die Sintflut. Sie ersäufte
Alle Dämme und alle Dammbauer.
Bertolt Brecht[1]

„Kann mir jemand sagen, wie man mit dem Containerschiff von China durch den Suez-Kanal an die Ostküste der USA gelangt? Ich brauche die Information für ein Buch." Eine Frau reicht ein Kinderspielzeug, eine aufblasbare Plastik-Weltkugel. Wir verfolgen mit dem Finger den Schiffsweg, der von Schanghai entlang der philippinischen und indonesischen Inselwelt, um den indischen Subkontinent herum zum Golf von Aden, durch das Rote Meer und durch den Suez-Kanal, das Mittelmeer in Ost-West-Richtung querend, vorbei an Gibraltar und über die Transatlantikroute an die US-Ostküste führt. „Schreiben Sie ein Kinderbuch?" „Nein. Das wird die neue Route der Containerschiffe, weil der Panama-Kanal zu eng für die großen Pötte ist." „Aber so läuft das doch mit der Globalisierung. Die spielen mit der Welt Kindergarten."
Gespräch auf der Veranda eines Gasthofs in Südtirol, Juli 2007

In globalisierungskritischen Kreisen wird zu Recht auf das Abheben der Finanzmärkte von der materiellen Produktion verwiesen. Die daraus resultierenden Gefahren betreffen allerdings „nur" die Waren- und Finanzwelt; der größte anzunehmende Unfall wären ein Kollaps der Finanzmärkte und eine Weltwirtschaftskrise. Doch es gibt auch ein Abheben der Transportmärkte. Die Beschleunigung der „Entbettung der Ökonomie", die wir im weltweiten Transportsektor erleben, könnte bedrohlicher sein, da hier der GAU in einem stofflichen Kollaps besteht – unter anderem in einer unverträglichen Klimaveränderung. Im Zeitalter der Globalisierung kommt es zu einem immer stärker „nach außen gerichteten" Wachstum. Zwischen 1980 und 2000 hat sich das weltweite Bruttoinlandsprodukt in etwa verdoppelt. Der Welthandel wuchs im selben Zeitraum, in deflationierten US-Dollar-Werten gemessen, um das Dreifache. Noch größer als das wertmäßige ist das stoffliche, physische Wachstum in Form von geleisteten Tonnenkilometern und in Form der umgeschlagenen Tonnage in den Häfen.[2]

Spätestens an dieser Stelle betritt ein stählernes Gefäß die Bühne bzw. muss selbiges in die Betrachtung eingeführt werden: der Standardcontainer TEU. Der Begriff TEU sollte ähnlich wie andere „Three-Letter-Words" – siehe WTO, IWF oder MAI – baldmöglichst in die Terminologie der Anti-Globalisierungsbewegung aufgenommen werden. TEU steht für „Twenty Foot Equivalent Unit" und bezieht sich auf die Tatsache, dass die frühen Versionen dieses Behälters 20 Fuß Länge hatten. Zwar erfolgt der reale physische Transport heute überwiegend in 30- oder 40-Fuß-Containern. Um der besseren Vergleichbarkeit willen wird aber nach wie vor in 20-Fuß-Äquivalenzen gerechnet. Das Behältnis Container ermöglicht Transporte mit ein und demselben Transportbehälter vom Anfang bis zum Ende einer Transportkette, also vom Versandstart im Inland über einen ersten Transport zu einem Seehafen und die Verschiffung auf einem Containerschiff zu einem anderen Seehafen bis zu einem neuen Landtransport zum Kunden. Auf diese Weise wurden Lager und Warenhäuser in den Häfen zunehmend überflüssig, was die Transporte beschleunigte und verbilligte. Die Containerisierung des Welthandels ergänzt somit auf ideale Weise die Just-in-time-Strategie, mit der die frühere, privatwirtschaftlich zu finanzierende Lagerhaltung weitgehend aufgehoben wurde und nunmehr die öffentlich finanzierten Verkehrswege als Lager genutzt werden. Interessanterweise waren es Kriege – und zwar der Zweite Weltkrieg, der Korea-Krieg und der Vietnam-Krieg –, in denen Vorläufer des Containers zur Versorgung der US-Truppen erstmals eine größere Rolle spielten. Und es war das Gut Whiskey, bei dessen Transport Container erstmals massenhaft zum Einsatz gelangten, unter anderem, weil die Diebstahlsquote bei diesem hochgeistigen und vor allem höchst teuren Getränk in den Zwischenlagern sehr hoch war. Ergänzend zum Ausbau der Infrastruktur mit der Realisierung der Megabeton-Projekte (siehe das vorige Kapitel) und dem Ausbau der Infrastruktur in den Häfen und im Hafenhinterland (siehe unten) ist der Standardcontainer die wichtigste technische Voraussetzung für das Abheben der Transportmärkte.[3]

Die Verkehrsleistung im gesamten Weltseehandel – gemessen in Tonnenkilometern oder als internationaler Maßstab in der Seeschifffahrt in Tonnenmeilen, dem Produkt aus der Entfernung und der transportierten Menge – ist von 1990 bis 2005 im Durchschnitt pro Jahr um 3,6% gestiegen. Nach einer Studie der Deutschen Bank bildet „die Seeschifffahrt damit das Fundament für das hohe und weitgehend stetige Wachstum des Welthandels in den vergangenen Jahren". Doch, so die Deutsche Bank weiter, „verglichen mit der Dynamik der internationalen Containerschifffahrt fällt der Zuwachs des gesamten Weltseehandels bescheiden aus: Der

Weltcontainerhandel expandierte seit 1990 um annähernd 10 Prozent jährlich".[4] Das Wachstum in der Containerschifffahrt übersteigt das ohnehin überproportionale Wachstum im Flugverkehr.

Nur 17% der Schiffe der gesamten Welthandelsflotte sind Containerschiffe. Doch mehr als 70% aller international gehandelten Waren werden auf Containerschiffen und in Standardcontainern transportiert. Klammert man die Massentransporte (wie Öl, flüssige Stoffe, Chemikalien, Stahl und Kohle) aus und nimmt allein den hochwertigen und für einen Containertransport am besten geeigneten Stückguttransport als Ausgangspunkt, so stieg der Containerisierungsgrad (als Anteil am gesamten Umschlag von Stückgut) auf fast 100%. Im Hamburger Hafen betrug dieser Grad 1990 gut zwei Drittel (68,6%); 2005 waren es 96,8%. Die Containerisierung des Transportsektors hat wesentlich dazu beigetragen, dass die weltweiten Transporte in einem Ausmaß wie nie zuvor beschleunigt wurden, was wiederum den stofflichen Kern der Globalisierung darstellt. Im Zeitraum 2006-2025 soll sich der Container-Handel nochmals mehr als verdoppeln.

Die zukünftigen Beschleunigungen und Verbilligungen im Transport sind vor allem durch neue Größenordnungen bei den Containerschiffen und durch einen enormen Ausbau der Infrastruktur bedingt. Große Containerschiffe transportierten bis zum Jahr 2004 6.000 bis 7.000 TEU. Derzeit ist die „Emma Mærsk" der weltweit größte Container-Carrier mit einer offiziellen Kapazität von 11.000 TEU; real liegt diese eher bei 13.000 Standardcontainereinheiten.[5] Es existieren zwar Pläne für noch größere Containerschiffe. Doch in absehbarer Zeit scheinen diese nicht verwirklicht zu werden, da solche Schiffe als statisch schwer beherrschbar gelten und nicht mehr nur mit einem Hauptmotor betrieben werden können, was ihre Wirtschaftlichkeit negativ beeinflusst.[6]

Dabei werden die Containerschiff-Kapazitäten massiv erweitert. Für den Zeitraum 2006-2009 haben die Reedereien bei den Werften in Korea, der VR China, Deutschland und Norwegen so viele Schiffe neu bestellt, dass der Schiffsraum in einem Maß anwachsen wird wie zuletzt bei dem Globalisierungsschub vor rund einem Jahrhundert (vgl. Kapitel 6). Anfang 2007 gab es 3.749 Containerschiffe; 1.276 waren zusätzlich in Bau. Noch deutlicher ist das Verhältnis bei der realen Transportkapazität.[7] In Bau befinden sich vor allem Schiffe der bisher größten Kapazitätsklassen.[8] Selbst wenn die Weltwirtschaft und der Welthandel weiter wachsen wie in den vorangegangenen Jahren, droht der in Bau befindliche sprunghafte Anstieg der Schiffskapazitäten in eine Branchenkrise zu münden. Bleibt diese isoliert und greift nicht auf die Weltwirtschaft über, könnte es nach den typischen „schöpferischen Zerstörungen" mit Konkursen, Kapitalvernichtung und neuen Prozessen der Kapitalkonzentration zu einer weiteren Verbilligung der Transporte kommen, was in einen noch schnelleren – und erst recht zerstörerischen – Anstieg der weltweiten Transporte münden würde.

Ausbau von Häfen und Schifffahrtswegen

Parallel zum Aufbau einer weit größeren Welthandelsflotte kommt es zum Ausbau der internationalen Hafenkapazitäten und zum Aufstieg neuer Häfen in die Spitzengruppe. Der chinesische Hafen Shenzhen hat seine Kapazität im Zeitraum 1996-2005 verdreißigfacht, derjenige von Schanghai verachtfacht; beide zählen nun zusammen mit Hongkong und Singapur zur Spitzengruppe der vier größten Häfen der Welt.[9] Von den 25 größten Containerhäfen der Welt befanden sich im Jahr 2005 16 in Asien, davon sieben in China. In dieser Gruppe gab es nur noch drei US-Häfen (Los Angeles auf Rang 8, Long Beach auf Rang 12 und New York auf Rand 15), zwei japanische Häfen (Tokio auf Rang 20, Yokohama auf Rang 25) und immerhin sechs europäische Häfen (Rotterdam auf Rang 7, Hamburg auf Rang 9, Antwerpen auf Rang 11, Bremen-Bremerhaven auf Rang 19, Gioia Tauro in Italien auf Rang 22 und Algeciras in Spanien auf Rang 24). Die Struktur der weltweit führenden Häfen ist im Großen und Ganzen eine Widerspiegelung der veränderten Gewichte im Welthandel, also des deutlich gestiegenen Gewichts von Asien und vor allem von China.[10]

Die deutschen Häfen galten im internationalen Vergleich lange Zeit als abgeschlagen. Dies hat sich in jüngerer Zeit verändert. So hat der Containerhafen der Hansestadt Hamburg New York, Tokio, Antwerpen und London bereits hinter sich gelassen. Sein Standortvorteil ist vor allem die traditionell enge Einbindung in den Asienhandel und der Vorteil einer Metropolen-Region mit einem großen Hinterland: Mehr als ein Drittel der in Hamburg umgeschlagenen Containerfracht stammt aus einem Radius von 100 Kilometern. Zwischen 1995 und 2006 gab es in Hamburg eine Verdreifachung des Containerumschlags. Die 2007 neu beschlossenen Ausbaumaßnahmen – in deren Rahmen auch die Teilprivatisierung zu sehen ist – bringen eine weitere Verdopplung der Umschlagkapazitäten mit sich.[11] In Wilhelmshaven soll mit dem JadeWeserPort der erste deutsche Tiefwasserhafen für Containerschiffe entstehen. Wenn die – ehrgeizigen – Pläne des deutschen Betreibers Eurogate realisiert werden, sollen dort ab 2010 zunächst 2,7 Mio. Standardcontainer umgeschlagen werden; die Kapazitäten sollen bis zu 10 Mio. TEU ausbaubar sein, womit Wilhelmshaven als neuer Shooting Star in die Liga der Top-25-Welthäfen gelangen würde. Parallel wird der Containerterminal in Bremerhaven mit der teilweise bereits abgeschlossenen Ausbaustufe CT 4 in seinen Kapazitäten deutlich erweitert.[12]

Ab 1995 gab es im internationalen Hafen-, Reeder- und Logistik-Geschäft einen enormen Konzentrationsprozess. Es bildeten sich zunehmend internationale Hafen-Betreiber-Konzerne heraus, die teilweise mit den Reedereien und Logistik-Konzernen verbunden sind. So übernahm 2005 der staatliche Hafenbetreiber aus den Vereinigten Arabischen Emiraten, Dubai Ports World (DP World), den auf eine

165-jährige Tradition zurückblickenden britischen Hafenbetreiber P&O (ausgeschrieben: Peninsular and Orient Steam Navigation Company). Die weltweit führenden Hafenbetreiber sind der in Hongkong ansässige Konzern Hutchison Whampoa, der dänische Konzern A. P. Møller-Mærsk (der auch als Reeder und Logistiker aktiv ist), Dubai Ports, PSA International in Singapur und die deutsche Gesellschaft Eurogate, die zur Hälfte der landeseigenen bremischen BLG Logistics Group, zur anderen Hälfte dem privaten Hamburger Hafenunternehmen der Familie Eckelmann gehört. Wenn die Privatisierungspläne bei den deutschen Häfen umgesetzt werden, erhält der Konzentrationsprozess einen neuen Schub.[13]

Ausgebaut werden auch die internationalen Schifffahrtswege. Die spektakulärste Entscheidung wurde in diesem Bereich 2006 in Panama mit dem Referendum zugunsten des Ausbaus des Panama-Kanals getroffen. Dieses für den Welthandel wichtige Nadelöhr – weiterhin passieren rund 5% des Welthandels den Panama-Kanal (vgl. Kapitel 6) – wird bis 2014 für so genannte Post-Panamax-Frachter schiffbar gemacht: Bisher kann der Kanal von Containerschiffen mit maximal 294 Metern Länge und bestückt mit 4.500 Standardcontainern passiert werden; zukünftig soll er für 366 Meter lange Frachter mit bis zu 12.000 TEU, also für die derzeit größten Container-Carrier, befahrbar werden. Das Frachtaufkommen soll sich mehr als verdoppeln. Allerdings wird dieses „Nadelöhr" erst 2015 „geweitet" sein, sodass bereits in großem Umfang Umwegtransporte von Asien, vor allem China, über den Suez-Kanal an die Ostküste der USA projektiert werden.[14]

Die VR China plant, in Europa einen neuen großen Hafen für den Containerschiffsverkehr zwischen Asien und Europa und mit Drehkreuzfunktion für Europa zu bauen. Nach den ursprünglichen Plänen, diese Investition auf der Insel Kreta zu tätigen, fiel 2007 die Wahl auf den griechischen Hafen Piräus bei Athen. Investiert werden soll rund 1 Mrd. Euro; die Kapazität des Hafens wird auf 4,5 Mio. TEU verdreifacht. Zusammen mit dem Containerhafen von Thessaloniki (3,5 Mio. TEU), der im Verbund mit Piräus betrieben werden soll, wird eine Kapazität in der Größenordnung des Hamburger Containerhafens erreicht werden. Der chinesische Hafenbetreiber Cosco, der für das Engagement in Griechenland im Gespräch ist, kontrolliert bereits 70% des Containerhafens im italienischen Neapel. Die enge chinesisch-griechische Zusammenarbeit erklärt sich aus den Tatsachen, dass Griechenland mit der weltweit drittgrößten Containerflotte den größten Teil seiner neuen Schiffe in der VR China fertigen und im Gegenzug die VR China 80% ihrer Erdöl- und Rohstoffimporte mit griechischen Tankern und Trockengutfrachtern importieren lässt.[15] Wird das Projekt des Vorstands der Deutschen Bahn AG und der russischen Regierung realisiert und eine durchgehende Schienenverbindung zwischen Deutschland und China durch Russland hergestellt, wodurch die Transportzeit gegenüber dem klassischen Weg zur See um mehrere Tage verkürzt würde, so kommt es zu einem weiteren strategischen Ausbau der globalen Transport-

Infrastruktur. Das Vorhaben, das im Juni 2007 mit einem deutsch-russischen Joint Venture konkretisiert wurde, ist im Übrigen eingebettet in die in beiden Ländern verfolgten Privatisierungs- und Umstrukturierungspläne der Eisenbahnen – was mit einer Schwächung des Personenverkehrs im Inland und im Nahverkehr bei gleichzeitigem Ausbau des Güterschienenverkehrs auf internationalen Verbindungen einhergeht.[16]

Entbettung im Wortsinn

Alle Hafenerweiterungen sind mit erheblichen Umweltbelastungen verbunden. Wattflächen werden weiter zerstört, Flussströmungen beschleunigt und Deiche immer größeren Belastungen ausgesetzt. Das Beispiel Hamburg: Der rund 100 Kilometer lange Lauf der Elbe vom Hamburger Hafen bis nach Cuxhaven, wo der Strom in die Nordsee mündet, war einmal 8 Meter tief. Der Flusslauf wurde ausgebaggert; die Fahrrinne misst inzwischen 13,5 Meter. In den Jahren 2008 und 2009 sollen weitere 38 Mio. Kubikmeter Sand und Schlick aus dem Fluss geholt werden, um einen weiteren Meter Tiefe zu gewinnen und den größten Containerschiffen den Weg zu bereiten. Hier wird der Begriff „Entbettung von Natur" in konkreter Form exekutiert. Die Elb-Anrainer in Niedersachsen und Schleswig-Holstein bangen um die Standsicherheit ihrer Deiche, zumal sich diese Bollwerke – auch wegen des Verlustes vorgelagerter Wattflächen – bereits heute oft nur noch mit Mühe gegen die von den schnellen, schweren Schiffen aufgeworfenen Wellen behaupten. Der Klimawandel verstärkt die Angst vor der großen Flut. „Wenn der Meeresspiegel schon ansteigt, dürfen wir keine zusätzlichen Risiken schaffen", so Hans-Jürgen Klein, Abgeordneter der Grünen im niedersächsischen Landtag. Doch es geht natürlich um ein höheres Gut als die freie Natur, es geht um die Warenfreiheit und, so Manfred Zachcial vom Bremer „Institut für Seeverkehrswirtschaft und Logistik", um die Frage, „ob Hamburg ein Welthafen bleibt oder sich aus dieser Liga verabschiedet".[17]

Viele Projekte zum Ausbau der Infrastruktur werden auf ähnliche Weise und generell damit begründet, es gelte Engpässe und Nadelöhre zu beseitigen. Doch wie bei den Anti-Stau-Projekten im Straßenverkehr und im Fall der angeführten Beton-Missing-Link-Projekte ergibt sich immer, dass die Beseitigung eines Nadelöhrs durch Weitung desselben in der Schaffung neuer Nadelöhre mündet. So werden im Anschluss an die Hafenerweiterungen gewaltige Ausbaumaßnahmen im so genannten Hafen-Hinterland gefordert. Hier stehen dann neue Ausbauten von Straßen, Schienentrassen, Binnenwasserwegen, Fluss- und Kanalvertiefungen und -begradigungen sowie der Ausbau von Binnenhäfen für hochseegängige Schiffe auf der Tagesordnung. Die erwarteten Steigerungsraten im Schiffsverkehr sind derart groß, dass sich am Ende die gesamte Infrastruktur der Binnenökonomie als ein einziges Nadelöhr erweisen muss. Eine im Oktober 2006 vorgelegte Studie des Hamburger Weltwirtschaftsinstituts (HWWI) und der Hamburger Berenberg Bank über die „Langfristigen Trends der maritimen Wirtschaft und Logistik" kommt zu dem Ergebnis, dass sich das Frachtvolumen in den europäischen Seehäfen bis zum Jahr 2030 verdoppeln und gleichzeitig das Volumen des Containerumschlags in den europäischen Häfen sich „mehr als versechsfachen" wird.[18] Das sind Steigerungsraten, die jede bestehende Infrastruktur überfordern und Aspekte wie Umwelt und Klima – und die externen Kosten des Verkehrs – auch nicht ansatzweise in die Betrachtung einbeziehen. Darüber könnte man zur Tagesordnung übergehen und alle diese Studien und Planungen als Hirngespinste abtun, würde nicht auf Basis solcher Planungen privatisiert, Kapital konzentriert und flächendeckend betoniert.

Wer sind die Akteure?

Innerhalb der globalisierungskritischen Bewegung wird eine Debatte zu der Frage geführt, inwieweit das Kapital seine nationalen Fesseln abgestreift hat und als „internationales" und anonymes Finanzkapital agiert. Es handelt sich dabei um eine einseitige Sichtweise. Parallel zu Internationalisierungstendenzen gibt es die verschärfte internationale Konkurrenz, in deren Kontext Blockkonkurrenz und Konkurrenz zwischen einzelnen Nationalstaaten eine entscheidende Rolle spielen.[19] Dies trifft auch auf den Transportsektor zu. Ein Großteil der Handelsflotte ist in „Billigflaggen"-Ländern registriert, etwa in Liberia oder Panama. Diese Form der Registrierung, die auf die Zeit der Alkoholprohibition in den USA in den 1920er Jahren sowie auf die militärischen Unterstützungslieferungen der USA für Großbritannien im Zweiten Weltkrieg zurückgeht[20], ist teilweise durch internationales Recht – das UN-Seerechtsübereinkommen – gedeckt. Gleichzeitig aber böte dieses internationale Recht, das eine „echte Verbindung … zwischen dem Staat (in dem das Schiff registriert ist; W.W.) und dem Schiff" fordert, einen guten Ansatzpunkt, um das Elend der Ausflaggungen und der Billigflaggen-Registrierungen zu beenden.[21]

An dieser Stelle ist allerdings das reale – finanzielle – Eigentum an der Welthandelsflotte und die Art, wie sie aufgebaut und finanziert wird, von Interesse. Tatsächlich befindet sich rund ein Drittel der TEU-Stellplatzkapazitäten der weltweiten Containerschiff-Flotte in deutschem Eigentum. Deutschland, seit mehreren Jahren Exportweltmeister, ist seit wenigen Jahren auch größter Eigentümer der für die globalen Transporte entscheidenden Container-Carrier. Auf Rang 2 folgt Japan, auf Rang 3 Griechenland und auf Rang 4 Dänemark. Der Bestellbestand deutscher

Reeder für neue Schiffe lag 2007 so hoch, dass die führende deutsche Position in den kommenden Jahren noch ausgebaut werden dürfte.[22] Lange Zeit galten die deutschen Werften als nicht mehr konkurrenzfähig. Doch seit Ende der 1990er Jahre gab es hier ebenfalls eine erstaunliche Expansion. Im Jahr 2002 verfügten die BRD-Werften über Auftragsbestände in der Höhe von gut 5 Mrd. Euro. 2006 lagen sie mit knapp 12 Mrd. Euro bei weit mehr als dem Doppelten. Die Zahl der vom Stapel gelaufenen Schiffe stieg von 119 im Jahr 2002 auf 230 im Jahr 2006.[23] Zwar geben inzwischen die Werften in Südkorea, Japan und China bei den Massenfertigungen die Schlagzahl vor, doch die deutschen Werften spielen eine maßgebliche Rolle im Spezialschiffbau. Vor allem aber ist die deutsche Werftenzulieferindustrie – unter anderem im Bereich des Schiffsmotorenbaus – weltweit führend.

Diese neue hervorgehobene deutsche Position im weltweiten maritimen Komplex ist nicht das Ergebnis purer Marktkräfte, deutscher Ingenieurskunst oder hanseatischer Kaufmannstradition. Es waren und sind auch hier der Staat und die Regierungen, die diese Entwicklung fördern und eine aktive Industriepolitik betreiben, wie sie angeblich im Zeitalter der Globalisierung keinen Platz mehr hat bzw. nach gängiger Leseart nur von Ländern mit einer sehr spezifischen Tradition, so von Frankreich, betrieben wird. Die expansive Orientierung im deutschen maritimen Komplex wurde seit Antritt der SPD-Grünen-Regierung Ende der 1990er Jahre verfolgt. So konnten sich die Reeder schon 1999, ein Jahr nach Schröders Übernahme der Kanzlerschaft, über Entlastungen bei den Lohnnebenkosten und über die Einführung der so genannten Tonnagesteuer freuen – beides zusammen stellte staatliche Subventionen im dreistelligen Millionen-Euro-Bereich dar. Regelmäßig finden „Maritime Konferenzen“ statt, die Position eines „Maritimen Koordinators“ in Gestalt eines Staatssekretärs im Wirtschaftsministerium wurde eingerichtet, die Rüstungsaufträge für die deutschen Werften wurden deutlich gesteigert. Seit 2002 gibt es in der deutschen Werften-Politik die Orientierung auf eine „EADS zur See“; Ziel ist eine europäische Kapitalkonzentration im Schiffbausektor mit dem Kern einer deutsch-französischen Werftenfusion. Gleichzeitig soll dabei ein Komplex mit einer engen Verflechtung zwischen der zivilen und der militärischen Fertigung entstehen, der es ermöglicht, über staatliche Rüstungsaufträge zugleich die zivilen Kapazitäten zu stärken, die auf eine „friedliche Eroberung“ des Weltmarkts orientiert sind. Vorbild ist dabei EADS/Airbus, das Zusammenspiel zwischen dem Rüstungssektor von EADS und dem Geschäft mit dem zivilen Flugzeugbau bei Airbus (siehe Kapitel 16). Wie im Vorfeld der EADS-Herausbildung, als 1998/99 in der BRD und in Frankreich zunächst die nationalen Kapazitäten bei der Rüstung und im Flugzeugbau zusammengebracht wurden, um die bestmöglichen Karten beim innereuropäischen Poker und der späteren bi- und trinationalen (deutsch-französisch-spanischen) Kapitalkonzentration zu haben, kam es 2005 zu einem umfassenden maritimen Konzentrationsprozess auf nationaler Ebene: Die Thyssen-Werften Blohm + Voss (Hamburg) und Nordseewerke (Emden) fusionierten mit der Kieler HDW zu dem neuen Werften-Konzern ThyssenKrupp Marine Systems (TKMS). Zu TKMS gehören auch Werften in Griechenland und Schweden.[24] In Bälde dürfte es neue Kapitalkonzentrationsprozesse mit einer europäischen Dimension und in ihrem Kern mit einem Zusammengehen von deutschen und französischen Schiffbau-Konzernen und maritimer Rüstung geben.

Auch im wichtigen Hafensektor zeichnen sich nationale Lösungen ab. Bereits das im Jahr 2006 betriebene Projekt der Deutschen Bahn AG, den Hamburger städtischen Hafenterminalbetreiber HHLA zu übernehmen, zielte auf einen nationalen Logistikverbund. Er scheiterte auch auf Grund von Befürchtungen im Speditionsgewerbe, dass im Fall einer solchen vertikalen Konzentration der Konkurrent Deutsche Bahn AG mit der Tochter Schenker eine monopolartige Position erhalten würde. Im März 2007 beschloss der Hamburger Senat, dass 70% der Anteile an der HHLA im kommunalen Eigentum verbleiben und 30% Anteile an der Börse verkauft werden sollen, um unter anderem den skizzierten weiteren Hafenausbau zu finanzieren. Letzten Endes entspricht der nationale Weg auch den Interessen eines Großteils der deutschen Logistik-Branche.[25]

Falsche Gleichung: Transportsteigerungen = Wohlstandsgewinne

Die Wirtschaftslehre der Globalisierungs-Befürworter besagt, dass der ständig wachsende Handel – die schnell steigenden Exporte, der beschleunigt wachsende Hafenumschlag usw. – weltweit oder zumindest in Europa in Wohlstandsgewinnen resultieren. Die „Süddeutsche Zeitung“ brachte dies in einer Ausgabe ihrer regelmäßig erscheinenden Dokumentation mit dem Titel „Verkehrsparlament“ wie folgt auf den Punkt: „Der verstärkte Warenaustausch ist ein Garant für Lebensqualität in Europa. Europas Verkehrsadern transportieren Lebensqualität.“[26] Dass diese These nicht belegbar ist, verdeutlicht eine Untersuchung der Handels- und Transportströme. Vier Strukturelemente der internationalen Warenströme, die diese Aussage verdeutlichen, seien im Folgenden herausgegriffen.

Strukturelement 1 – Intrafirm-Trade: Bis zu 50% des weltweiten Handels stellen einen Warenaustausch innerhalb ein und desselben – weltweit agierenden – Unternehmens dar. Dieser Austausch findet statt, weil einzelne Standortvorteile (hinsichtlich des Steuerniveaus, der Arbeitskosten, der Umweltstandards) ausgenutzt werden können. Die gleichen Waren könnten in der gleichen Qualität und ohne jegliche Wohlstandsverluste auch an einem einzigen Standort desselben Unternehmens hergestellt werden. Der höhere Gestehungspreis läge deutlich unter dem, was im Fall der weiten Transportwege an realen – nur zu einem Bruchteil von den Unternehmen zu begleichenden – Kosten anfällt.[27]

Strukturelement 2 – Austausch von Waren ein und derselben Art: Die traditionelle Wirtschaftslehre besagt, die Vorteile des internationalen Handels lägen darin, dass Produkte, auf die sich ein Land – auf Grund von Traditionen, oft begünstigt von klimatischen Bedingungen – spezialisiert hat, gegen Produkte aus einem anderen Land ausgetauscht würden, auf das dieses sich wiederum spezialisiert hat. Das klassische Beispiel, das der britische Nationalökonom David Ricardo dazu anführte, betraf den Tausch von portugiesischem Wein gegen britisches Tuch.[28] Tatsächlich entfällt ein großer Teil des gegenwärtigen internationalen Handels auf den Austausch von Gütern ein und derselben Art und oft auch vergleichbarer Qualität. Die deutsche Import- und Exportstatistik weist aus, dass im Jahr 2005 für 4 Mrd. Euro Milcherzeugnisse exportiert und für 5 Mrd. Euro Milcherzeugnisse importiert wurden. Im selben Jahr wurden „Zucker, Zuckerwaren und Honig" im Wert von 1,2 Mrd. Euro importiert und „Zucker, Zuckerwaren und Honig" im Wert von 1,3 Mrd. Euro exportiert. Interessant auch die Angaben zu den Importen und Exporten der Rubrik „Tierfutter (ausgenommen ungemahlenes Getreide)": Laut amtlicher Statistik wurde 2005 in Deutschland Tierfutter im Wert von 1,6 Mrd. Euro importiert, gleichzeitig wurde Tierfutter im exakt gleichen Wert exportiert. Großbritannien exportierte 2004 ebenso viele Tonnen Schweinefleisch, wie solche importiert wurden.[29]

Ein kleinerer Prozentsatz dieser Austausch-Vorgänge mag mit unterschiedlichen Geschmacksrichtungen und differierenden Qualitätsmerkmalen gerechtfertigt werden. Doch der größte Teil macht weder volkswirtschaftlich einen Sinn noch dürften Unterschiede in der Qualität erkennbar sein.

Strukturelement 3 – Transhipment-Verkehre: Im Containerverkehr wird zwischen drei Formen des Frachtvorgangs unterschieden: Erstens gibt es den Containerhandel. Damit wird die Anzahl der beladenen Container (in Millionen TEU-Einheiten) definiert, die endgültig am Bestimmungshafen angeladen werden. Sodann gibt es den Containerumschlag, der rund viermal so groß ist wie der Containerhandel; damit wird die Summe aller Ladungsvorgänge mit Containern (erneut in Millionen TEU-Einheiten) angegeben, wobei ein Container während einer Fracht mehrmals umgeschlagen (und neu verladen) werden kann. Beim Containerumschlag werden auch leere Container erfasst; ihr Anteil am Umschlag macht immerhin 20% aus. Es kann sich hier um alle Umschlagvorgänge handeln, also von Landtransport auf Schiffe, von Schiff zu Schiff oder von Schiffen zu Landtransportmitteln.[30] Schließlich gibt es den Transhipment-Verkehr, einen reinen Umschlagverkehr ausschließlich von Schiff zu Schiff. Er wird in der Studie der Deutschen Bank folgendermaßen erklärt: „Ähnlich der Drehkreuzstrategie in der internationalen Luftfahrt wird ein wachsender Anteil von Containern durch Zubringerdienste (Feeder-Verkehr) an die großen Containerumschlaghäfen (Hubs) verschifft, wo die Schiffsladungen neu zusammengestellt und zu anderen Hubs oder an die eigentlichen Bestimmungshäfen weitertransportiert werden (Hub-and-Spoke-Konzept). Wichtige Gründe für den steigenden Transhipment-Anteil sind der Bedeutungsgewinn größerer Containerschiffe und die damit verbundenen Größenvorteile sowie der zunehmende Containisierungsgrad auch an kleineren Häfen."[31] Während der Containerhandel seit 1990 jährlich durchschnittlich um 10% anstieg und das jahresdurchschnittliche Wachstum des Containerumschlags bei 10,6% lag, lag das Wachstum des Transhipment-Verkehrs bei 14% jährlich. Damit wächst der vom Transportweg her unproduktive Verkehr, das Transhipment, am schnellsten.

Strukturelement 4 – die überragende Bedeutung der Küstenschifffahrt: Wie bereits dargelegt liegt im innereuropäischen Güterverkehrsmarkt und bei einem „5-mode modal split" die Transportform „short sea shipping" knapp hinter den Lkw-Transporten. Das heißt, dass im Vergleich zu den direkten Straßen- und Schienenverbindungen gewaltige Umwege in Kauf genommen werden, dass Transporte von Hamburg nach Neapel, von Rostock nach Stubal (Portugal), von Bilbao nach Piräus, von Thessaloniki nach Brest per Schiff und entlang der europäischen Küstenlinien abgewickelt werden. Die damit errechneten Tonnenkilometerverkehrsleistungen dürften im Vergleich zu den oft möglichen direkten Verbindungen zu mehr als 50% Umwegverkehr sein, mit dem die Statistik künstlich aufgebläht wird, was gleichzeitig, zumindest im Vergleich zu einem möglichen Schienenverkehr, mit einem höheren Energieverbrauch verbunden sein dürfte.

Für alle vier Strukturelemente der internationalen Transporte gilt: Sie kommen in erster Linie zustande, weil die von den Unternehmen zu tragenden Transportkosten inzwischen nur noch einen minimalen Kostenfaktor darstellen. In einer Flasche Vinho Verde, der vom Abfüller in Portugal zum Großhändler in Deutschland transportiert wird, stecken rund 2,5 Cent Transportkosten. In einer Flasche Cabernet Sauvignon, der vom Abfüller in Chile zum Großhändler nach Deutschland transportiert wird, stecken 5 Cent Transportkosten. Damit konkurrieren Waren mit sektoriell vorhandenen Standortvorteilen (niedrigeres Lohn- und Steuerniveau; weniger kostspielige Umweltauflagen) fast direkt mit Waren vergleichbarer Qualität und Geschmacksausbildung (z.B. mit einem Gutedel-Wein aus dem Badischen oder einem Cabernet Sauvignon aus Frankreich oder Italien), ohne dass die realen Transportkosten – von denen ein großer Teil externalisiert ist – ins Gewicht fallen würden.

Deutsches Walnuss-Eis aus China, brasilianische Sojabohnen für China

Diese Transportstruktur, ergänzt um die Billigkeit des Containerverkehrs und um die umfangreiche Subventionierung aller Arten von Transporten, führt zu der absurden stofflichen Zusammensetzung der globalisierten Waren. Hierzulande ist Walnuss-Eis hinter Vanille die zweitbeliebteste Art Speiseeis. „In diesem kühlen Meisterwerk sind Aromen, Geschmacksnoten und kulinarische Feinheiten harmonisch vereint", lässt das Unternehmen Mövenpick auf seine Eissorte „Maple Walnut" drucken. Stünde dort: „Jegliches Walnussfleisch stammt garantiert aus der VR China", wäre das möglicherweise weniger werbewirksam, auf alle Fälle würde es für Irritationen sorgen. Doch so ist es: Fast alle Walnussbestandteile im Eis dieser Sorte stammen aus der VR China. Die Walnüsse werden dort von Bauern geerntet und geknackt und in Säcken in Fabriken abgeliefert. Dort wird das Walnussfleisch sortiert; die Walnuss-Stege und jegliches zu dunkle Walnussfleisch werden aussortiert. Ein eingeflogener deutscher Experte kontrolliert das Walnussfleisch vor Ort, bevor es in Säcken verpackt wird, diese in einem Container in einen chinesischen Hafen transportiert und dann auf dem Seeweg nach Europa verschifft werden. In Europa werden die Walnüsse karamellisiert, durch heißen Ahornsirup gezogen und schließlich dem Eis beigemischt. China hat laut Statistik im Jahr 2002 6.721 Tonnen Walnussfleisch exportiert; allein Großbritannien nahm 1.300 Tonnen ab, in den deutschsprachigen Raum gingen 500 Tonnen. Derweil bleiben jedes Jahr in der EU Hunderte Tonnen Walnüsse ungeerntet; sie verrotten unter den Bäumen. Nur Walnüsse aus Moldawien sollen künftig für die Konkurrenz mit chinesischen Walnüssen in Frage kommen – auf Grund des extrem niedrigen Lohnniveaus in Moldawien.[32]

Bei der Herstellung einer Jeans der deutschen Marke HIS, Modell „Sunny", im Jahr 2002 stammte die Baumwolle aus Usbekistan, den USA, Griechenland oder Syrien. Die gepflückte Baumwolle wurde in einer italienischen Weberei zu Denimstoff verarbeitet und dunkelblau eingefärbt. Der in der HIS-Zentrale im bayerischen Garching entworfene Schnitt und der Stoff aus Italien wandern nach Tunesien, wo Näherinnen die Weiterverarbeitung übernehmen. Die fertig genähten Jeans werden dann, so ein Bericht von Kerstin Moeser, „von Nordafrika nach Italien geschickt. Um eine gebrauchte Optik zu bekommen, wird die Hose dort wahlweise mit Steinen gewaschen, mit Schmirgelpapier abgerieben oder mit einer dünnen, weißen Farbschicht besprüht und – um waschfest zu werden – im Backofen getrocknet. Anschließend fahren die fertigen 'Sunnys' im Lkw zurück nach Garching, werden dort kontrolliert, abgepackt und an 4.000 Geschäfte in ganz Europa geliefert".[33]

Gewaltige neue globale Transportströme entstehen auch durch eine sich schnell verändernde Ernährungsweise. 2.000 Jahre lang waren in China Sojabohnen, die in Tofu umgewandelt wurden, ein wichtiger Bestandteil der Ernährung. Mit dem Wachstum der Wirtschaft wächst der Konsum von Schweinefleisch, Rindfleisch und Geflügel, wobei Hühner, Rinder und Schweine zu einem großen Teil mit Tierfutter aus Sojabohnen gefüttert werden. Die nunmehr weit größeren erforderlichen Mengen wurden zunächst überwiegend aus den USA und – seit dort die Herstellung von „Biosprit" den Sojaanbau verdrängt – aus Brasilien bezogen. 2004 wurden 5 Mio. metrische Tonnen und 2006 bereits 10 Mio. metrische Tonnen brasilianischer Sojabohnen ins 24.000 Kilometer entfernte China transportiert – die ersten 1.600 Kilometer Wegesstrecke, vom Anbaugebiet im Mato Grosso zu einem brasilianischen Hafen, werden auf Lkws zurückgelegt.[34]

Bis Sommer 2007 war es in der EU nicht erlaubt, gewöhnlichen Abfall zu exportieren; Müllverbrennungsanlagen in der EU durften nur Müll aus der Region verbrennen. Hier handelte es sich offenkundig um einen groben Verstoß gegen das Prinzip der freien Warenzirkulation. Folgerichtig entschieden Ende Juni 2007 die EU-Umweltminister, dass zukünftig Müllverbrennungsanlagen in der EU Abfall aus der ganzen EU verbrennen dürfen. Voraussetzung dabei ist, dass die Verbrennungsanlagen einen größeren Anteil der von ihnen erzeugten Energie an Strom- oder Fernwärmenetze abgeben. Die entsprechende „Reform" einer geltenden EU-Richtlinie trägt das Etikett „Ende des Müllprotektionismus". Da die Standards der bestehenden Müllverbrennungsanlagen und entsprechend die abverlangten Entsorgungskosten extrem unterschiedlich sind (sie liegen in Mittel- und Osteuropa, aber auch in Portugal bei rund einem Drittel des Niveaus von Deutschland und einem Viertel des Niveaus von Dänemark), wird es einen gewaltigen zusätzlichen „Mülltourismus" geben.[35]

Selbst Menschen, die sich bewusst ernähren und Lebensmittel in erster Linie im Bioladen kaufen oder den Bio-Lebensmittel-Regalen entnehmen, erhalten oft keine Lebensmittel aus der Region, sondern solche, in denen Zehntausende Kilometer Transportwege stecken. „Getreide, Hülsenfrüchte und Saaten wie Sesam, Leinsamen oder Sonnenblumenkerne kommen in den Bioläden schon heute überwiegend aus China", so Michael Radau, Vorstand der Superbiomarkt AG in Münster. China werde in Zukunft „zu den Hauptakteuren auf dem Weltmarkt für Bio-Lebensmittel und Naturwaren zählen". Die deutsche Gesellschaft für Technische Zusammenarbeit (GTZ) hat dafür 2005 vor Ort, in China, für den Export von Bio-Lebensmitteln ein eigenes nationales Biosiegel entwickelt. In Zukunft sollen vor allem Kräuter, Pilze, Nüsse, Honig und Fische mit Biosiegel aus dem Reich der Mitte nach Europa exportiert werden.[36] Für den vermeintlichen Vorteil, dass Bio-Lebensmittel damit deutlich billiger vermarktet werden und damit mit Produkten von Aldi, Lidl oder Edeka konkurrieren können, zahlen die Verbraucher einen hohen Preis: In diesen Bio-Produkten stecken in großem Maß externe Kosten des Verkehrs. Wäre jedes Biosiegel mit dem Gebot der regionalen Herkunft verbunden, würde diese Art eines transportintensiven, Umwelt und Klima stark belastenden Pseudo-Bio-Marktes kollabieren.

Ganz offensichtlich stehen die Einzelbeispiele für eine allgemeine Tendenz. In einer Ware ein und derselben Art und derselben Qualität stecken von Jahr zu Jahr mehr Transportkilometer. Dafür gibt es einen wissenschaftlichen Begriff, den der „Transportintensität". Bis zur 1996er Jahresausgabe wurde in dem Statistikwerk „Verkehr in Zahlen", herausgegeben vom Deutschen Institut für Wirtschaftsforschung (DIW) und vom Bundesministerium für Verkehr, Bau und Stadtentwicklung, die Kategorie „Transportintensität" ausgewiesen. Ab dem Jahr 1997 wurde diese Statistik leider eingestellt. Die „Transportintensität" stellt einen Maßstab dafür dar, wie viele Transportkilometer in einer Ware enthalten sind. Es handelt sich laut „Verkehr in Zahlen" um einen „Index (tkm/Produktmenge), der den volkswirtschaftlichen Transportaufwand (Eisenbahnen, Binnenschiffahrt, Straßengüterverkehr und Rohrfernleitungen) je produzierte Wareneinheit wieder(gibt)".[37] Bereits diese Statistik, die vor der massiven Intensivierung der globalen Transporte endet, ist aufschlussreich. Danach steigerte sich die Transportintensität aller in Deutschland gefertigten Gütergruppen von Index 100 im Jahr 1970 auf Index 149 im Jahr 1992. In 22 Jahren kam es also dazu, dass in einer Ware der gleichen Qualität rund 50% mehr Transportkilometer „stecken". Am stärksten stieg hier die Transportintensität bei „Maschinen und Elektroerzeugnissen", wo 1996 bereits die Indexeinheit 183 erreicht war und es also fast zu einer Verdopplung der in den Waren dieser Branche steckenden Transportkilometer kam.

Karl Marx schlug sich mit dem Thema der Transportkosten in Band II des „Kapital" herum. Ihn beschäftigte vor allem die Frage, inwieweit diese Kosten in den Wert der Waren eingehen oder inwieweit sie „faux frais", tote Kosten, sind. Die gesellschaftlich notwendigen Transporte, so seine Theorie, seien wertbildend; unnötige Kosten in der Zirkulationssphäre – beispielsweise solche in der Lagerhaltung, die daraus resultieren, dass die Waren nicht absetzbar sind – gehören dagegen „zu den faux frais der kapitalistischen Produktion". Marx beendete seine Betrachtungen zu diesem Thema mit den Sätzen: „Die kapitalistische Produktionsweise vermindert die Transportkosten für die einzelne Ware durch die Entwicklung der Transport- und Kommunikationsmittel wie durch die Konzentration … des Transports. Sie vermehrt den Teil der gesellschaftlichen Arbeit, lebendiger und vergegenständlichter, der im Warentransport verausgabt wird, zuerst durch die Verwandlung der großen Mehrzahl aller Produkte in Waren, und sodann durch die Ersetzung lokaler durch entfernte Märkte. Das Zirkulieren, d.h. das tatsächliche Umlaufen der Waren im Raum löst sich auf in den Transport der Ware."[38]

Hiermit wird einiges von dem angesprochen, was wir aktuell im globalisierten Transport erleben. Doch das Ausmaß der Transportinflation war kaum vorhersehbar, zumal Marx mehr oder weniger von Transportpreisen ausging, die die realen

Kosten decken, und der Aspekt externe Kosten keine größere Rolle spielte. Erstens „vermehrt sich“ tatsächlich „die gesellschaftliche Arbeit“, die im „Warentransport verausgabt“ wird – und sie vermehrt sich auch, weil so gut wie alle „Produkte zu Waren“ und „lokale durch entfernte Märkte ersetzt werden“. Zweitens sinken auch die Transportkosten, unter anderem durch „Entwicklung der Transport- und Kommunikationsmittel und durch die Konzentration“ des in der Transportbranche angelegten Kapitals. Drittens steigen gleichzeitig die volkswirtschaftlichen Kosten der Transporte gewaltig an, doch diese tauchen nicht in den von den Unternehmen und von den Konsumenten zu bezahlenden Warenpreisen auf.

Wachstum der umweltschädlichsten Transporte

Es wächst keineswegs „der Transportsektor als solcher“. Im internationalen Güterverkehr wachsen vor allem Lkw-Verkehre und der Schiffsverkehr. Die Transporte auf Schienen und mit Binnenschiffen gehen anteilsmäßig und weltweit auch bei den absoluten Transportleistungen zurück. Für den beschleunigten Anstieg der Gütertransporte zur See, insbesondere für den der Containerschifffahrt, sind vier Aspekte verantwortlich:

1. Die realen Kosten im Transport steigen, doch die Transportpreise sinken – weil die externen Kosten steigen: Nach den seit vielen Jahren vorliegenden Analysen zu den externen Kosten im Verkehr decken die Transportpreise beim Lkw-Verkehr nur rund die Hälfte der realen Transportkosten. Konkrete Berechnungen für die Schifffahrt fehlen zwar weitgehend; es muss aber nach dem, was dazu bisher ausgeführt wurde, davon ausgegangen werden, dass auch hier mit den Frachtraten nur ein Teil der realen Kosten abgedeckt wird. Der schnell wachsende internationale Schiffsverkehr wird offensichtlich nur dann als umweltpolitisch problematisch erkannt, wenn es schwere Havarien gibt wie etwa im Fall des Tankers „Exxon Valdez“. Dieser lief am 2. März 1989 vor der Küste Alaskas auf ein Riff, verlor 42 Mio. Liter Rohöl und verursachte allein für (unzureichende) Reinigungsarbeiten Kosten in der Höhe von 2,5 Mrd. US-Dollar.

Doch der Schiffsverkehr stellt auch ohne spektakuläre Unglücksfälle eine dauerhafte Belastung der Umwelt dar. Transportschiffe, aber auch große Fahrgastschiffe können zu Recht als mobile Müllverbrennungsanlagen bezeichnet werden. Die Motoren der hochseegängigen Schiffe verbrennen gewöhnlich Schweröl oder Heavy Fuel Oil. Dahinter verbergen sich hoch giftige und unter anderem stark schwefelhaltige Abfallprodukte des Raffinerieprozesses. Könnten die Ölkonzerne dieses Rückstandsöl – ein Sammelsurium von Dreckschemie – nicht weiterreichen und an Reedereien für die Hochseeschifffahrt verkaufen, müssten sie es mit hohen Kosten als Sondermüll entsorgen. Da die Schifffahrt bisher fast komplett von gesetzlichen Bestimmungen zur Luftreinhaltung ausgenommen ist, können diese Abfallprodukte der Ölwirtschaft in den Schiffsmotoren verbrannt werden. Daran verdienen alle Beteiligten des maritimen Komplexes: Die Ölkonzerne können diese hoch giftigen Abfälle mit satten Gewinnen verkaufen, die Reeder können mit spottbilligem, nicht zu versteuerndem Treibstoff über die Weltmeere schippern und die Wirtschaft insgesamt profitiert von den niedrigen und langfristig immer weiter sinkenden Transportkosten. Tatsächlich emittiert ein durchschnittliches Schiff je Tonnenkilometer im Vergleich zum Lkw, der bereits eine äußerst negative Schadstoffbilanz ausweist, deutlich mehr Schadstoffe. Die gewaltigen Transportleistungen der europäischen Küstenschifffahrt führen dazu, dass alle küstennahen Gebiete in Europa in erheblichem Maß unter dem Schadstoffausstoß des Schiffsverkehrs leiden. Beispielsweise stammten in Hamburg im Jahr 2005 rund 80% der Schwefeldioxid-Emissionen aus der Schifffahrt. Allein in den Gewässern der EU werden jährlich mehr als 35 Mio. Tonnen Schweröl verbrannt, was in erster Linie der Küstenschifffahrt geschuldet ist. Das entspricht 29% der weltweiten Verbrennung von Heavy Fuel Oil, die bei 120 Mio. Tonnen jährlich liegt.[39]

Spätestens zu dem Zeitpunkt, als die Theorie der externen Kosten im Verkehrssektor von der offiziellen Politik anerkannt wurde, hätten diese Kosten Schritt für Schritt in die Transportpreise einfließen müssen. Damit wären die Transportkosten deutlich angestiegen und die Transportarten mit den höchsten externen Kosten hätten die größten Kostensteigerungen verzeichnet. Das hätte in der Folge einen Verlagerungseffekt zu den weniger die Umwelt belastenden Transportarten mit sich gebracht. Tatsächlich kam es zu einer entgegengesetzten Entwicklung. Die Kosten im Lkw-Verkehr haben sich in den letzten 15 Jahren halbiert. Die Kosten bei Schiffstransporten wurden in den letzten 20 Jahren auf rund ein Drittel des ursprünglichen Niveaus reduziert. Die Kosten für die gesamten Transportketten dürften – vor allem auf Grund der Containertransporte – noch stärker gesunken sein.

2. Ehemaliges öffentliches Eigentum finanziert die Kapitalanlage und die Kapitalkonzentration im Transportsektor: Es gibt einen Zusammenhang zwischen dem Wachstum der internationalen Transporte, den Privatisierungen und der Zerstörung von Daseinsvorsorge. Zu den weltweit größten Logistikkonzernen zählen die drei deutschen Unternehmen Deutsche Post mit der Tochter DHL, die Deutsche Bahn AG mit der Tochter Schenker (zu der wiederum der US-Logistiker Bax Global und der britische Schienengüterverkehrsbetreiber EWS gehören) und Hapag Lloyd (mit den Reederei-Töchtern Rickmers, Lütgens & Reimers und HL Transport sowie dem Speditionsunternehmen Pacht). Bei der Deutschen Post AG handelt es sich um ein ehemaliges Unternehmen in öffentlichem Eigentum. Die Deutsche Bahn AG ist ein noch in öffentlichem Eigentum befindliches Unternehmen, das sich in einem Privatisierungsprozess befindet. Die Muttergesellschaft von Hapag

Lloyd, TUI, ist zu einem großen Teil ebenfalls auf ehemals öffentliche Unternehmen (Preussag, VEBA und Salzgitter AG) zurückzuführen, die in einem komplizierten Prozess privatisiert wurden.[40] In allen drei Fällen wurde öffentliches Eigentum zu günstigen Bedingungen in private Hände gegeben. In den Fällen Post und Bahn werden die klassischen Betätigungsfelder der öffentlichen Daseinsvorsorge zurückgefahren. Das ehemals mit staatlichen Hilfen akkumulierte Kapital wird eingesetzt, um in den Transport- und Logistikbereich zu expandieren. Führende Konzerne der internationalen Transportbranche haben teilweise einen ähnlichen Hintergrund. Der weltweit größte Expressdienstleister FedEx profitierte vor allem von der Deregulierung im US-amerikanischen Lufttransportsektor. Das niederländische Logistikunternehmen TNT ging 1996 in das Eigentum der privatisierten niederländischen Staatspost und der daraus abgespalteten TPG über, wobei TPG seit 2006 selbst den Namen TNT trägt.[41]

Die Privatisierungen erweisen sich als eine spezifische ursprüngliche Akkumulation eines gewaltigen Transportbranche-Kapitals. Indem die damit verbundenen Bereiche der Daseinsvorsorge gleichzeitig den Prinzipien der Profitmaximierung unterworfen werden, wird bewusst oder stillschweigend in Kauf genommen, dass sie vernichtet werden. Kommt es zu einer Privatisierung der Deutschen Bahn AG einschließlich des gewaltigen Immobilienschatzes, dann wird dies zu einem neuen Schub der Transportkapitalakkumulation führen. Das Aktionsbündnis „Bahn für Alle“ hat vorgerechnet, dass damit in den kommenden 15 Jahren Steuergelder in der Höhe von mehr als 150 Mrd. Euro einer teilprivatisierten Deutschen Bahn AG zufließen werden.[42] Diese will – unter anderem mit diesen Geldern – erklärtermaßen ihr internationales Logistikgeschäft ausbauen und den Schienenverkehr im Inland abbauen, also im Großen und Ganzen die Geschäftspolitik fortsetzen, die sie seit Ende der 1990er Jahre betreibt. Öffentliches Eigentum im Allgemeinen und Daseinsvorsorge im Besonderen sind mit einer Reduktion von Geschwindigkeit im System der privaten Profitmaximierung und damit auch mit einer Begrenzung der Zerstörung von Raum und Zeit verbunden. Umgekehrt bringt die Reprivatisierung eine neuerliche Beschleunigung dieser zerstörerischen Prozesse mit sich.

3. Subventionierung von Zerstörung: Diese beschriebenen Prozesse werden in unterschiedlicher Weise subventioniert, so etwa wenn die Verbrennung des hoch giftigen Schweröls mit keinerlei Steuer – wie im Fall allen anderen Treibstoff- und Energiekonsums, Kerosin ausgenommen – belegt wird. Der Ausbau der Häfen wird durch große Summen öffentlicher Gelder finanziert. Der Bau des JadeWeser-Ports beispielsweise wird direkt durch die Bundesländer Niedersachsen und Bremen sowie durch den Bund finanziert.[43] Die eigentlichen Kosten für den Hafenbau werden zu 100% öffentlich finanziert; selbst die Hafenausrüstung wird von der öffentlichen Hand noch mitfinanziert. Bremen ist bekanntlich eines der ärmsten

Bundesländer; es geriet 2006 in die Schlagzeilen, weil im Zuge der radikalen Sparmaßnahmen in allen sozialen Bereichen unter anderem auch Mittel für elementare Aufsichtspflichten im Bereich der Familienfürsorge gekürzt worden waren – mit tödlichen Folgen für ein Kleinkind. Das Argument, die gewaltigen Hafeninvestitionen würden erfolgen, um Arbeitsplätze zu schaffen, ist abwegig – Containerhäfen arbeiten weitgehend automatisiert. Die Umweltorganisation „Aktionskonferenz Nordsee" (AKN) erwartet im Fall des JadeWeserPorts nur einen Bruchteil der versprochenen Arbeitsplätze. Es gibt kaum einen anderen Bereich, in dem man mit Investitionen in der Höhe vieler Hundert Millionen Euro derart wenige Arbeitsplätze schafft.[44] Es sind nicht die Tanker- oder Containerschiffbetreiber und nicht die Konsumenten von Mövenpick-Walnuss-Eis, die die Elbvertiefung bezahlen. Selbst wenn es dabei bleiben sollte, dass die Bundesländer Niedersachsen und Schleswig-Holstein dieses Projekt kritisch sehen – bei der Elbe handelt es sich um eine Bundeswasserstraße. Der Bund übernimmt mehr als zwei Drittel der Kosten für die Vertiefung des Flusslaufes; den Rest wird die Stadt Hamburg finanzieren.[45] Der Bau der Welthandelsflotte wird ebenfalls nicht primär von den „Bedürfnissen des Marktes" sowie vom allgemeinen Drang zur freien Zirkulation der Waren im Allgemeinen und der HIS-Jeans im Besonderen diktiert. Seit vielen Jahrzehnten ist die Werftindustrie weltweit eine stark subventionierte Branche.[46] In Deutschland stellt die private Kapitalanlage in diesem Bereich eine der wichtigsten Formen der Steuersparmodelle dar. Ganz offen formuliert die Tageszeitung „Financial Times Deutschland", dass es erst auf diesem Weg gelungen sei, Deutschland zum Eigentümer der weltweit größten Containerschiffsflotte zu machen.[47] In den Jahren 2004-2006 wurden über so genannte Schiffsfonds und durch Steuersparmodelle jährlich knapp 3 Mrd. Euro eingesammelt, mit denen der beschriebene Aufbau einer deutschen Handelsflotte bzw. der Containerschiffsflotte finanziert wurde. Auf die Quersubventionierung der Werften durch die Rüstungsaufträge wurde bereits verwiesen.

4. Flächendeckendes Lohndumping auf den Weltmeeren durch die Akzeptanz von Ausflaggung und Zweitregistern: Eine maßgebliche, wenn nicht die entscheidende Form des Preisdumpings der Güterverkehre auf See besteht darin, dass die Eigentümer der weltweiten Handelsschiffsflotte, vor allem der großen Massengutfrachter, Tanker und Containerschiffe, ihre Schiffe in Staaten registriert haben, in denen die steuerliche Belastung gegen null tendiert und die Auflagen für Schiffssicherheit und Umweltstandards äußerst niedrig sind. Dadurch wird auch der Einsatz von Schiffsmannschaften mit extrem niedrigen Arbeitseinkommen und unter ausbeuterischen Arbeitsbedingungen ermöglicht. Die Bundesrepublik Deutschland als wichtige Exportnation richtete – wie auch einige andere OECD-Staaten – als Antwort auf diese Situation Anfang 1989 ein so genanntes Zweitregister ein, das Deutsche Internationale Schiffsregister (DIS), und warb dafür, ausgeflaggte Schiffe mit deutschen Eignern in diesem zu registrieren und diese Schiffe somit wieder unter deutscher Flagge die Meere befahren zu lassen. Dies erwies sich aus Sicht der Politik teilweise als erfolgreich. Allerdings wurden damit die Umweltstandards und die Arbeitsbedingungen auf den Schiffen nur graduell verbessert und die Arbeitseinkommen bloß unzureichend erhöht. Dass die Eigentümer eines großen Teils der internationalen Handelsflotte zwar Bürger oder Unternehmen eines OECD-Landes sind, ihre Schiffe jedoch überwiegend in einem Drittwelt-Land registriert haben, in dem sie so gut wie nie anlegen, wird zwar weiterhin von den Gewerkschaften auf nationaler Ebene (so durch die Dienstleistungsgewerkschaft ver.di) und auf internationaler Ebene (so durch die International Transport Workers Federation) bekämpft, von der offiziellen Politik aber als traditionelle Struktur der Seeschifffahrt hingenommen. Die deutsche Verkehrsstatistik führt die unter fremder Flagge segelnden Schiffe mit deutschen Eignern sogar als Teil der „nationalen Infrastruktur“ an.[48] Interessanterweise gibt es bei der Luftfahrt keine vergleichbare Struktur, weshalb die Arbeitseinkommen der Piloten und des fliegenden Personals relativ hoch und in der Regel deutlich höher als die des Bodenpersonals sind. Diese erheblichen strukturellen Unterschiede zwischen internationaler Schifffahrt und internationaler Luftfahrt dürften darauf zurückzuführen sein, dass der Luftfahrt bei dem für die Industrie entscheidenden Gütertransport noch nicht die zentrale Bedeutung zukommt, wie dies bei der Seeschifffahrt der Fall ist.

***

Bringt man für die zwei zuletzt angeführten Subventionierungen der Seeschifffahrt bzw. für das Dumping auf unterschiedlicher Ebene konservativ geschätzte Beträge in Anrechnung, dann dürften Jahr für Jahr rund 100 Mrd. US-Dollar öffentliche Gelder in diesen Bereich des internationalen Transportsektors fließen.[49] Diese Gelder finanzieren in erster Linie die Transportinflation und exekutieren die „Tötung von Raum und Zeit“.

Kapitel 16
Für 29 Euro Cevapcici. Flug Berlin–Ljubljana inbegriffen

Time is cash, time is money
Hä nannt'se Julia, sie'n Romeo.
Denn bei der Landung wohrn se längs per du.
Vum Airport dann mem Taxi treck nohm Camp
(met Stacheldroht vum Pöbel affjetrennt).
Begrüßungscocktail – Eintausch Muscheljeld un schon
wohr'n coole Atmosphäre en der Luft
die air-conditioned (absolutes Muß).
Op jedem Lendenschurz stund drop: Club Robinson.
BAP/Wolfgang Niedecken, Ahl Männer, Aalglatt[1]

Bei keiner anderen Verkehrsart spielen Raum und Zeit eine so geringe Rolle wie beim Flugverkehr. Im Gegensatz zum Fußgänger-, Fahrrad-, Auto- und Eisenbahnverkehr gibt es beim Luftverkehr nach dem Start und bis zur Landung keine Bodenhaftung, keinen physischen Kontakt zur Landschaft, zu Städten und den Menschen „dort unten". Die Entfernung zur Erdoberfläche und die Geschwindigkeit des Flugzeuges sind so groß, dass es – einmal abgesehen von den Blicken auf Lego-Länder nach dem Start, beim Anflug und bei wolkenfreier Sicht auch zwischendurch – während des Fluges auch so gut wie keine Wahrnehmung einer Materie außer derjenigen des Fluggeräts und von Menschen in der Kabine selbst gibt. Die Bewegung vollzieht sich im Bewusstsein der Transportierten derart losgelöst vom realen Umgebungsraum, dass bei Langstreckenflügen die Kabine bevorzugt zu einem Kinosaal umfunktioniert wird und Filme zu beliebigen Themen angeboten werden. So vergeht „die Zeit wie im Fluge": Ist mit Scanlink ein kleines Land wie Dänemark, „in zwei Stunden zu machen", so ist im Flugverkehr ganz Europa „in zwei Stunden zu machen". Im Nachtsprung, auch im Schlaf, ist die Transatlantikroute zu bewältigen. Wenn wegen der Hub-and-Spoke-Struktur umgestiegen werden muss, dann sehen alle Drehkreuz-Airports in der ganzen Welt weitgehend gleich aus. Die abgehobene, raum- und zeitlose Art des Reisens begünstigt, dass die Umwelt- und Klimaproblematik des Flugverkehrs kaum ein Thema ist.

Ein halbes Jahrhundert lang, bis Ende der 1960er Jahre, lagen die Flugpreise so hoch, dass Fliegen eine luxuriöse Mobilitätsform für eine kleine, gut verdienende Schicht in der Bevölkerung war. Ein weiteres Vierteljahrhundert lang, bis Mitte der 1990er Jahre, blieben in Europa die Preise für Linienflüge weiter so hoch, dass Fliegen bei den Alltagsverkehren weiterhin keine größere Rolle spielte. Allerdings war inzwischen der Urlaubs-Charterflug zum Bestandteil des Warenkorbs von

Millionen Durchschnittsverdienenden geworden. Mit dem Aufkommen der so genannten Billigflieger Mitte der 1990er Jahre in Großbritannien und seit Ende der 1990er Jahre in ganz Europa wurde Fliegen eine Angelegenheit für breite Schichten der Bevölkerung. Die Zahl der Flugverkehrsreisenden – das Verkehrsaufkommen – lag 1975 in Deutschland (BRD und DDR) bei 30 Mio. Personen. Damals entfielen zwei Drittel des Flugverkehrs auf den Geschäftsreiseverkehr und damit auf Vielflieger, sodass in diesen Jahren nur wenige Millionen Deutsche – oder bloß eine deutliche Minderheit – in einem Flugzeug saßen. 2006 lag das Flugverkehrsaufkommen in Deutschland mit 121 Mio. beim Vierfachen, wobei inzwischen die Urlaubs-, Freizeit- und Städtereisen den Flugverkehr dominierten und eine Mehrheit der Deutschen zumindest einmal im Jahr einen Flug absolvierte.

Eine vergleichbare Entwicklung gab es in ganz Westeuropa. Zwar geht der größte Teil der Flüge weiterhin ins Ausland. Doch in einem relativ großen Land wie Deutschland – und erst recht in Großbritannien – sind auch Inlandsflüge zu einer Massenerscheinung geworden. 1980 wurden in Deutschland 8,7 Mio. einzelne Inlandsflüge (mit 4 Mrd. Personenkilometer) zurückgelegt; 2006 waren es mit 16 Mio. Flügen (und 10 Mrd. pkm) knapp zweimal so viel Flüge mit einer zweieinhalbmal so großen Transportleistung.[2] Untersucht man die unterschiedlichen Verkehrsarten nach den Mobilitätszwecken über einen Zeitraum von 30 Jahren, wird offensichtlich, dass sich deren Struktur vor allem hinsichtlich der Nutzung des Flugverkehrs deutlich verändert hat. 1976 spielten bei den Verkehrsleistungen – den im Jahr zurückgelegten Kilometern – das Zu-Fuß-Gehen und das Radfahren eine deutlich größere Rolle als das Fliegen. 2004 ist der Flugverkehr nach dem Auto und kurz hinter dem Eisenbahnverkehr zur drittwichtigsten Verkehrsart aufgerückt. Er dürfte, wie dies bereits für den Fall des EU-Binnenverkehrs berichtet wurde, bald den Schienenverkehr hinter sich lassen.[3]

Weltweit explosionsartiges Wachstum

Die Entwicklung in Deutschland findet ihre Entsprechung in allen industrialisierten (OECD-)Staaten, wobei, ähnlich der Automotorisierung, der Flugboom in Nordamerika rund drei Jahrzehnte früher einsetzte als in Europa. Die Leistungen der europäischen Fluggesellschaften haben sich zwischen 1975 und 2006 verfünffacht. In Japan wächst der Flugverkehr seit den 1990er Jahren beschleunigt. Interessant ist, dass sich der innerjapanische Flugverkehr seit 1985 bzw. seit der Privatisierung der japanischen Staatsbahn JNR beschleunigt steigerte: 1985 wurden in Japan 45 Mio. Binnenflugverkehr-Gäste gezählt. 1991 waren es 70 Mio. 2005 wurde die 100-Millionen-Grenze überschritten. Dies deckt sich mit den Angaben in Kapitel 12 zu den Bahnprivatisierungen, wonach der Schienenverkehr in Japan inzwischen auch auf den Shinkansen-Verbindungen stagniert und teilweise rückläufig ist.[4]

Weltweit werden 2007 laut International Air Transport Association (IATA) 4,7 Mrd. Fluggäste gezählt.[5] Die schnellste Verkehrsform ist zugleich die am schnellsten wachsende Personentransportart. Die Struktur der internationalen Luftfahrt liefert eine beeindruckende Widerspiegelung der Struktur der Weltwirtschaft mit einem reichen Norden, der sich den überwältigenden Teil der Umwelt und Klima belastenden Luftfahrtemissionen leistet, und einem armen Süden, bei dem die materiellen Lebensbedingungen bisher beim Luftverkehr und damit beim Schadstoffausstoß als Bremse wirkten. 2003 entfielen rund 50% der weltweiten Flugverkehrsleistungen im Personenverkehr auf Flüge innerhalb Nordamerikas. Es sei hier wiederholt: Derzeit entfällt rund die Hälfte der Leistungen der weltweiten Luftfahrt auf Flüge innerhalb der USA bzw. Kanadas sowie zwischen den USA und Kanada. Entsprechend sind diese Staaten allein mit ihren Flug-Binnenverkehren für die Hälfte der weltweit vom Flugverkehr ausgehenden Schadstoffemissionen verantwortlich. Weitere rund 25% waren 2003 Luftverkehrsleistungen innerhalb Europas und Flugverkehrsleistungen auf der Transatlantikroute, also Verkehre zwischen dem alten Kontinent und der Neuen Welt. Damit konzentrierten sich rund 75% der auf der Welt zurückgelegten Flugleistungen auf Regionen, in denen nur 12% der Weltbevölkerung leben.[6] Dem entspricht die Struktur der internationalen Großflughäfen: Unter den 30 größten Airports der Welt lagen 2002 18 in den USA, sechs in Europa, zwei in Japan und weitere vier in anderen Regionen Asiens, wobei London und Tokio jeweils mit zwei Airports gelistet sind. Russland, die GUS-Staaten und der afrikanische Kontinent sind in dieser Liga gar nicht vertreten. Selbst der zweitgrößte deutsche Airport, München, zählte zu diesem Zeitpunkt nicht zu den Top 30.[7] Es wiederholt sich ein Bild wie beim Pkw-Bestand, allerdings in einer nochmals schärferen Akzentuierung.

Die mit zivilen Flugverkehrsmaschinen durchgeführten Attentate vom 11. September 2001 in den USA und der Ausbruch der – zunächst in Asien aufgetretenen – Lungenkrankheit SARS, deren schnelle Verbreitung mit dem Flugverkehr in Verbindung gebracht wurde, führten dazu, dass es 2002 und 2003 in der internationalen Luftfahrt erstmals seit Jahrzehnten beachtliche Einbrüche bei den Flugverkehrsleistungen und große Verluste bei den Airlines gab. Mit einem Schlag wurde die enorme Anfälligkeit dieser Verkehrsform demonstriert. Doch das scheint inzwischen weitgehend vergessen. Seit 2004 gibt es im Flugverkehr wieder hohe Wachstumsraten in allen Teilen der Welt und eine wiedererlangte Profitabilität bei der großen Mehrheit der Fluggesellschaften. Der Umsatz der Liniengesellschaften lag 2006 um 45% über dem Niveau von 2003.[8] Die 2007 im UNO-Klimabericht genannten Prognosen gehen davon aus, dass sich die Leistungen im internationalen Flugverkehr im Zeitraum 2005-2020 ein weiteres Mal verdoppeln und bis 2025 um das Zweieinhalbfache ansteigen werden.[9] Dafür werden die Kapazitäten bereit gestellt und langfristige Investitionsentscheidungen getroffen. Beispielsweise fiel die Entscheidung, in Dubai mit Dubai World den größten Flughafen der Welt zu bauen, inmitten der großen Krise des internationalen Flugverkehrs. Das Projekt wird 2010 realisiert sein; es rechnet sich erst ab dem Jahr 2025. Die Ölvorkommen in der Nordsee werden dann versiegt sein und auch in Dubai wird es zu diesem Zeitpunkt keine Ölförderung mehr geben.

Kommt es zu dem prognostizierten weiteren Wachstum des weltweiten Flugverkehrs, werden sich die beschriebenen Strukturen nivellieren. Wie beim Autoverkehr gilt China als der entscheidende Wachstumsmarkt. Bis 2020 soll der innerchinesische Flugverkehr jährlich um gut 8% wachsen. Hierfür werden vor Ort die Infrastrukturkapazitäten ausgebaut; es wurden bereits Hunderte neue Flugzeuge bestellt bzw. werden vor Ort in einem neuen Airbus-Werk gebaut. In China befanden sich 2007 bereits 50 neue Flughäfen im Planungsstadium, in Indien waren es 35. Das Wachstum des innereuropäischen Flugverkehrs wird mit jährlich 6% ebenfalls sehr hoch eingestuft – offensichtlich eine Prognose, die auf die Dynamik des EU-Binnennmarktes setzt und en passant den weiteren Niedergang der Eisenbahnen als Folge der Privatisierungen einrechnet. Das Schlusslicht bei den Wachstumsraten bilden die USA; die Flüge innerhalb der Vereinigten Staaten sollen pro Jahr „nur“ noch um 2% wachsen. Im IATA-Sprech heißt es, Nordamerika würde einen „weitgehend gesättigten Markt“ darstellen. Doch ein Wachstum von 2% bei einer Flugverkehrsleistung, die deutlich mehr als die Hälfte der weltweiten darstellt[10], heißt in absoluten Werten, dass Nordamerika immer noch weltweit der größte Markt für neue Flugzeuge ist, zumal es außer dem Wachstum auf hohem Niveau auch einen gewaltigen Erneuerungsbedarf bei der bestehenden nordamerikanischen Luftflotte gibt.[11]

Die Luftfracht ist die Güterverkehrsform mit den größten Umweltbelastungen. Sie wächst weltweit schneller als der Lkw-Verkehr und fast so schnell wie die Containerschifffahrt. Sie ist für die Hersteller industrieller Fertiggüter mit hoher Qualität und hohem Wert das Herzstück in der im globalen Maßstab arbeitsteilig organisierten Wirtschaft. Es handelt sich um einen gewaltigen Markt: 2006 wurden im weltweiten Aircargo-Verkehr 55 Mrd. US-Dollar umgesetzt. Die zweitgrößte Airline der Welt, FedEx, ist ein reines Luftfrachtunternehmen.[12] 35% des Werts (nicht des Volumens) aller international gehandelten Waren werden per Luftfracht transportiert. Die Luftfracht soll in den nächsten 20 Jahren noch schneller wachsen als der internationale Personenflugverkehr. Allerdings beklagen die Cargo-Airlines, dass das Wachstum der Containerschifffahrt höher liegt und dass es zu einem harten Konkurrenzkampf zwischen Luftfracht und Container-Carriers kam.[13] In Deutschland hat sich der Luftfrachtverkehr zwischen 1980 und 2005 vervierfacht; zwischen 1991 und 2005 hat er sich verdoppelt.[14]

Vor knapp 100 Jahren, als es den ersten Massentourismus zwischen Europa und Nordamerika gab und auf dieser Verbindung im Jahr 1913 2,5 Mio. Menschen verkehrten, gab es als Transportmittel den Ozeandampfer. Dieser wurde als schnelles Verkehrsmittel bejubelt. Bis in die 1960er Jahre hinein wurde das „Blaue Band" demjenigen Ozeanschiff zugesprochen, das die Atlantikquerung in der kürzesten Zeit realisieren konnte; es war das Symbol schlechthin für hohe Geschwindigkeit bei weiten, den Globus umspannenden Entfernungen. Inzwischen wurde, so Peter Borscheid in einer Abhandlung über das „Tempo-Virus", „der Ozeandampfer … zum Synonym für Gemächlichkeit und Überfluss an Zeit – Transportmittel für Rentner ohne Zeitnot".[15] Der Transatlantikverkehr hat völlig abgehoben. 2006 gab es 27 Mio. Flugpassagiere von Europa nach Amerika; 2020 sollen es mehr als 50 Mio. sein. Linienschiffe für den Personenverkehr, die den Atlantik queren, gibt es längst nicht mehr. Hat sich die Bedürfnisstruktur der Menschen grundsätzlich geändert? Ist die Zeit heute weit knapper als vor 100 Jahren, obgleich die Arbeitszeiten deutlich reduziert wurden und sich die Urlaubstage vervielfacht haben? Ist der internationale Kommunikationsbedarf gestiegen, ausgerechnet heute in einer vielfach vernetzten Welt, die mit Telefon, Fax, Video-Konferenzschaltungen und vor allem mit dem Internet erstmals in der Geschichte der Menschheit direkte Kommunikationsformen anbietet, die keine physische Präsenz erfordern und Hunderten Millionen Menschen zu akzeptablen Preisen zugänglich sind?

Die Luftfahrt als Milliarden-Euro-Subventionsmaschine

Tatsächlich existieren diese Mobilitätsbedürfnisse als solche nicht; sie werden gemacht – auch bei der Verkehrsform Flugverkehr. Mit Slogans wie „Zum Taxitarif nach Bologna", „Für 35 Euro zum Shoppen nach London" und „Für 29 Euro Cevapcici-Essen in Ljubljana – Flug ab Berlin inklusive" wird dem Publikum suggeriert, dass Fliegen für lau zu haben sei. Die Welt wird als Schnäppchen angeboten. Im Juli 2007 formulierte es der CDU-Verkehrspolitiker, das Mitglied des Europaparlaments Peter Liese, so: „Ein Kegelclub spart heute Geld, wenn er zum Jahresausflug nach Mallorca jettet, statt mit der Bahn ins Sauerland zu fahren."[16]

Wie im Fall des Straßenverkehrs und der Schifffahrt ist das Wachstum des Flugverkehrs in erster Linie Resultat der konkreten Verkehrs- und Infrastrukturpolitik auf nationaler Ebene sowie Ergebnis konkreter internationaler Politik. Wie dies für die anderen Verkehrsarten bereits dokumentiert wurde, kann diese Verkehrsart in der gegebenen preiswerten Form, die die Voraussetzung für ihren massenhaften Einsatz ist, nur angeboten werden, indem Jahr für Jahr Hunderte Milliarden Euro öffentlicher Gelder in die Subventionierung dieser Verkehrsart fließen und darüber hinaus Jahr für Jahr Hunderte Milliarden Euro an weiteren externen Kosten späteren Generationen mit Zinsen- und Folgekosten aufgelastet werden – indem also auch diese Transportform zu Preisen angeboten wird, die nur einen Bruchteil der tatsächlichen Kosten decken. Die Flugpreise sind nicht kostendeckend; vor allem ist der Treibstoff spottbillig, da unversteuert, was ab den 1970er Jahren in den USA und ab Mitte der 1990er Jahre weltweit zu einer neuen Flugverkehrsstruktur mit Umwegverkehren führte. Bei den internationalen Verbindungen machen diese Umwegverkehre bis zu 30% und im kontinentalen Frachtverkehr – etwa dem der USA – bis zu 50% aus. Die bereits am Beispiel der Containerschifffahrt beschriebene Hub-and-Spoke-Struktur hat sich ursprünglich in der Luftfahrt entwickelt: Es gibt einige wenige große internationale Airports mit Drehkreuz-Funktion, die von den großen Flugzeugen für alle Ziele in einzelnen Ländern oder sogar für alle Ziele in ganzen Weltregionen angesteuert werden. Und es gibt eine wachsende Zahl von Feeder-Verbindungen, Zubringer- und Verteiler-Flügen.[17] Der ab Ende der 1960er Jahre eingesetzte Jumbo von Boeing trug erheblich dazu bei, diese Struktur durchzusetzen. Airbus will noch eins draufsetzen und mit dem Großraumflugzeug A380 diese unproduktive Struktur der internationalen Flugverbindungen verstärken.[18]

Im Jahr 2000 beschloss die deutsche Bundesregierung (damals SPD und Bündnis 90/Die Grünen) ein Flughafen-Konzept, das – ähnlich wie im Fall der neuen großen Häfen für Containerschiffe – auf eine weitere Verdopplung des Flugverkehrs orientiert und die bestehende Struktur (mit einem weiteren Ausbau der Hub-Airports Frankfurt/M. und München sowie mit einem internationalen Airport Berlin-Brandenburg) verstärken wird.[19] So kommt es dazu, dass knapp 40% aller transatlantischen Flüge – aller Flüge zwischen Europa und Nordamerika – über den Airport London-Heathrow abgewickelt werden. Im März 2008 wird in Heathrow ein neuer Terminal den Betrieb aufnehmen, womit die Kapazitäten dieses strategischen Drehkreuzes nochmals deutlich erweitert werden. Damit soll erreicht werden, dass der Hub bei den Atlantikquerungen noch wichtiger wird und die Spoke-Funktionen noch vielgliedriger werden – oder auch: dass jährlich zusätzlich Hunderte Milliarden Personenkilometer für unproduktiven Umwegverkehr geleistet werden.

Die flächendeckende Subventionierung des internationalen Flugverkehrs lässt sich auf acht verschiedenen Ebenen konkretisieren.

1. Die Flughäfen und die Airport-Infrastruktur werden überwiegend von der öffentlichen Hand getragen. Die Airports wurden fast überall zunächst mit öffentlichen Mitteln aufgebaut. Sie wurden oder werden erst dann privatisiert, wenn sich dies rechnet, wobei das Grundinvestment in der Regel nicht oder nur zu einem Teil in die Bilanz des dann privatisierten Unternehmens eingeht. Diese ursprünglichen – strategischen – Investitionen müssen damit auch nicht oder nur zu einem kleineren Teil abgeschrieben werden, was einerseits die Gewinne steigert und andererseits die Transportpreise niedrig hält.[20] Das heißt allerdings auch, dass kein Kapital angesammelt wird, dass keine Rücklagen gebildet werden, um nach 25, 50 oder mehr Jahren die grundlegende Großinvestition in die bestehende Infrastruktur (zur umfassenden Modernisierung) zu tätigen oder eine völlig neue Infrastruktur aufzubauen. Wenn dergleichen ansteht, werden es erneut die Steuerzahlenden sein, die dies finanzieren. In Europa befindet sich die große Mehrheit der Airports noch in öffentlichem Eigentum. In der so genannten Dritten Welt und in den Schwellenländern ist das ohnehin der Fall. In Deutschland sind alle Flughäfen mehrheitlich öffentliches Eigentum; nur bei den Airports in Frankfurt/M., Hamburg und Düsseldorf gibt es private Miteigentümer. Aber auch hier liegen die Mehrheiten eindeutig bei den öffentlichen Eigentümern.[21] Ebenfalls in öffentlichem Eigentum – und überwiegend aus Steuermitteln finanziert – befindet sich die gesamte Infrastruktur der Airport-Erschließung durch Straßen oder Schienen. Auch die Flugsicherheit ist vielfach noch in staatlicher Hand, womit die Airlines und die Airports teilweise finanziell entlastet werden. Die Privatisierung der deutschen Flugsicherung scheiterte 2006 an der Weigerung des Bundespräsidenten, das entsprechende Gesetz zu unterzeichnen, bzw. an der Verfassung, die diesen Bereich als Teil der staatlichen Verantwortung sieht. Versteht man den Flugverkehr als Einheit von Verkehrsmitteln (Flugzeugen) und Verkehrswegen (Airports, Flugsicherheit), dann ist der weitaus größte Teil des gesamten Kapitals in der Infrastruktur gebunden. Bezöge man die Gewinne der Airlines auf das gesamte in der Infrastruktur angelegte Kapital, dann wäre die Kapitalrendite seit dem Abheben des ersten Jets negativ. In den Jahren 2002-2006 hätte das vorgestellte Unternehmen Weltluftfahrt den Konkurs anmelden müssen, da selbst die von vielen Kosten befreiten Airlines vier Jahre lang einen Nettoverlust einfuhren.[22]

2. So gut wie alle internationalen Fluggesellschaften befanden sich ursprünglich in öffentlichem Eigentum; ein größerer Teil von ihnen wird noch von öffentlichen Eigentümern kontrolliert. Bei den Fluggesellschaften verhält es sich in der Regel wie bei den Flughäfen: Erst nachdem die öffentliche Hand diese Fluggesellschaften Jahrzehnte lang aufbaute und dafür Milliardenbeträge investierte, dies als nationale Prestige-Angelegenheit betrachtete und damit die gewaltigen Ausgaben gegenüber den Steuerzahlenden rechtfertigte und nachdem die Jahrzehnte lange Subventionierung die Airlines rentabel machte, wurde ein Teil von ihnen in privates Eigentum überführt. Inzwischen ist die Mehrheit der Airlines auch in Europa privatisiert bzw. befinden sich die Gesellschaften auf dem Weg dorthin. Es gibt dennoch weiterhin eine größere Zahl wichtiger Airlines in Staatseigentum, über die jährlich einige Milliarden US-Dollar Subventionen in das System Flugverkehr fließen (so bei Alitalia, Iberia und Olympic Airways, aber auch im Fall der äußerst dynamischen, in Staatseigentum befindlichen Gesellschaft Emirates). In der Dritten Welt und in den Schwellenländern sind die Fluggesellschaften weiterhin überwiegend staatliche Unternehmen.

3. Drei der vier führenden US-Airlines, zugleich drei Fluggesellschaften aus der Weltliga der Top 5, haben unter dem Deckmantel Gläubigerschutz Kosten in der Höhe von Dutzenden Milliarden Dollar vergesellschaftet. Die Airlines Delta (Nummer 3 unter den IATA-Fluggesellschaften), United (Nr. 4) und NorthWest (Nr. 5) flüchteten sich in den letzten Jahren jeweils für mehrere Jahre unter den Schutz von Chapter 11 des US-amerikanischen Konkursrechtes. Delta operierte darunter auch im Jahr 2007. Es gab einen Belegschaftsabbau, der dreimal so hoch war wie der Rückgang der Verkehrsleistungen. Auf diese Weise konnten diese Unternehmen die Lohnkosten um rund ein Drittel reduzieren, angehäufte Kredite stark verringern und Pensionsverpflichtungen in der Höhe von einigen Dutzend Milliarden US-Dollar auf staatliche und halbstaatliche Institutionen übertragen.[23] Bei einem normalen marktwirtschaftlichen Gang der Dinge wären diese Gesellschaften in Konkurs gegangen, es hätte eine Marktbereinigung und Kapazitätsvernichtung gegeben, worauf die Preise in der Luftfahrt angezogen hätten. Im vorliegenden Fall trat das Gegenteil ein: Die Kapazitäten blieben weitgehend dieselben, die Kosten wurden durch eine erpresserische Politik gegenüber den verbliebenen Beschäftigten massiv reduziert. Die Situation bei den angeschlagenen Gesellschaften strahlt auf das gesamte Gewerbe aus, sodass es weltweit zu einem deutlichen Rückgang bei den Lohnkosten sowie vor allem zu verschlechterten Arbeitsbedingungen des Personals auf dem Boden und in der Luft kam. Weltweit wurden bei den IATA-Belegschaften 400.000 Arbeitsplätze abgebaut. 1.500 Düsenflugzeuge wurden, erneut staatlich subventioniert, in trockenen Wüstenregionen geparkt und zeitweilig aus den Bilanzen herausgenommen. Das entspricht 14% der damaligen IATA-Gesamtflotte von 10.500 Jets. Die gesamte Art der Krisenbereinigung bewirkte einen Druck in Richtung weiter sinkender Flugverkehrspreise.

4. Während der Luftfahrtkrise 2001/02 gab es seitens der US-Regierung, aber auch durch Regierungen in der EU und durch die EU selbst massive staatliche Hilfen für die Airlines. Allein in den USA erhielten diese in den Jahren 2001-2003 direkte staatliche Subventionen in der Höhe von 20 Mrd. US-Dollar. Die gewaltigen Sonder-Subventionen führten dazu, dass Überkapazitäten erhalten blieben – und für eine neue Offensive genutzt wurden. Interessanterweise gab es nirgendwo eine relevante Kritik an dieser Subventionspraxis; es gab auch keine Versuche beispielsweise seitens der EU, dagegen internationales Recht anzuführen und zum Beispiel im Rahmen der WTO eine Klage wegen Wettbewerbsverzerrung anzustrengen. Im Gegenteil: Die EU benutzte die US-Subventionen als Argument, ihrerseits die Luftfahrt finanziell zu unterstützen.

5. Die Billigflieger profitieren von den meisten der hier geschilderten Subventionsformen. Sie erhalten darüber hinaus noch zusätzliche staatliche Unterstützungen. Lowcost-Airlines wie Ryanair, Easy Jet und Air Berlin orientieren vor allem auf die Überkapazitäten bei den kleineren und regionalen Airports. Letztere sind oft Ergebnis der Wendejahre 1989/90, als eine größere Zahl ehemaliger Militärflughäfen aufgegeben wurden und in kommunales Eigentum übergingen. In Deutschland existieren 39 größere regionale Airports, von denen keiner 2 Mio. Fluggäste pro Jahr erreicht – das gilt als kritische Größe, um grundlegende Kosten abzudecken. 34 dieser Regionalairports hatten sogar jährliche Fluggastzahlen unter 500.000, sodass nicht einmal die Betriebskosten abgedeckt werden.[24] Die Regionalairports betreiben ständiges Dumping bei den von den Airlines abverlangten Fluggebühren; sie müssen, um wenigstens ihr Gesicht zu wahren, alles tun, um einzelne Billig-Airlines anzulocken. So kommen exotische Verbindungen wie Heringsdorf–Mönchengladbach oder Neubrandenburg–Antalya und Paderborn–Manchester zustande. Die addierten Verluste der Regionalairports dürften sich auf einige Hundert Millionen Euro pro Jahr belaufen. Diese überschüssigen und ständig subventionierten Airport-Kapazitäten üben einen permanenten Druck auf die Flugtarife aus. In den Worten des Netzplaners einer großen Billig-Airline: „Viele ehemalige Fliegerhorste sind genial für uns – da sparen wir zehn Euro pro Passagier an Abfertigungsgebühren."[25]

Billig-Airlines schießen auch in der so genannten Dritten Welt förmlich aus dem Boden. Sie werden in der Regel von den staatlichen Airlines als Billig-Töchter ausgegründet, also auf diesem Weg subventioniert. 2006 gab es allein im Raum Asien/Pazifik 50 neue Billig-Airlines. Ihre Konzepte ähneln denen in Europa. Der Chef von Tiger Airways, einer vietnamesischen Low-cost-Fluglinie, die bereits von drei vietnamesischen Städten aus operiert, argumentierte 2006: „Mit 83 Millionen Vietnamesen ist das Potential gewaltig. Die Leute wollen doch alle mal von Saigon nach Singapur fliegen, um zum ersten Mal in ihrem Leben bei McDonalds essen zu gehen."[26] Die Billig-Flieger verkehren zunehmend auf Strecken, die in Konkurrenz zum Schienenverkehr stehen, beispielsweise Köln/Bonn–Berlin (beim Stand des Jahres 2006 Flugverbindungen von DBA und HLX), München–Berlin (DBA), Stuttgart–Berlin (HLX) sowie Hamburg–Düsseldorf (HLX und DBA). Selbst auf der kurzen Strecke Hannover–Berlin, auf der mindestens stündlich ein ICE-Zug verkehrt, der von Zentrum zu Zentrum nur gut anderthalb Stunden Fahrzeit benötigt, gab es 2006 DBA-Billigflug-Angebote.[27] Der Chef der australischen Billig-Fluggesellschaft Virgin Blue Airlines, Brett Godfrey, erklärte offen, dass ein wesentliches Ziel der aggressiven Strategie der Schienenverkehr ist: „Wir holen die Menschen aus Zügen. Jetzt vergrößern wir den Kuchen, an dem sich alle laben."[28]

6. Die – in der Regel noch staatlichen – Eisenbahnen fungieren zunehmend als Zubringer zum Flugverkehr und subventionieren diesen damit. Die allerorten vorgetragene (und so in der Flughafen-Konzeption der Bundesregierung aus dem Jahr 2000 enthaltene) Forderung „Anbindung der Flughäfen an die Schiene" wirkt auf den ersten Blick sinnvoll. Sie wird auch immer mit Verweisen auf Umwelt- und

Klimaschutz untersetzt. Tatsächlich aber agiert die Schiene in diesen Anbindungsmodellen immer mehr als preiswerter Zubringer zum Flugverkehr und keineswegs als ein Verkehrsmittel, das Flugverkehr auf die Schiene bringen könnte oder auch nur wollte. Bahntarife wie das Ride & Fly-Ticket können für die Bahn nicht kostendeckend sein. Während bei den Hochgeschwindigkeitsstrecken große Städte mit Hunderttausenden Einwohnern mit dem Argument umfahren werden, es gelte, hohe Reisegeschwindigkeiten zu erzielen, legt die Bahn Stopps bei Flughäfen wie Frankfurt/M. ein, begründet neue Großprojekte wie „Stuttgart 21" damit, dass der Flughafen in den ICE-Verkehr integriert werden müsse, und lässt für den zukünftigen Airport Berlin Brandenburg International (BBI) einen komplett neuen ICE-Bahnhof bauen.[29] Mit solchen ICE-Halten nur wenige Dutzend Kilometer vor den eigentlichen ICE-Halten im Zentrum der nächstgelegenen Metropole wird jedoch die durchschnittliche Reisegeschwindigkeit deutlich reduziert; der ICE übernimmt zwischen Airport und Stadtzentrum die Funktion einer S-Bahn.

7. *Die beiden einzigen Hersteller großer ziviler Flugzeuge weisen eine weitgehend identische Struktur auf: Sie sind zugleich Rüstungskonzerne; über Militäraufträge wird der zivile Flugzeugbau systematisch subventioniert.* Die Produktion von großen zivilen Jets weist eine derart starke Kapitalkonzentration auf, wie es sie in keiner anderen großen Weltbranche gibt. Es regiert das „Duopol" Boeing (in Seattle/USA) und Airbus (in Toulouse/EU). In den 1980er und 1990er Jahren wurden verbliebene andere Anbieter (wie Fokker in den Niederlanden und Dornier in Deutschland) aufgekauft und zerstört oder, wie im Fall von McDonald-Douglas, in den Boeing-Konzern integriert. Boeing ist der größte Rüstungskonzern der Welt – und der führende Hersteller ziviler Flugzeuge. Airbus ist eine Tochter des Rüstungs-, Weltraum- und Flugzeugbau-Konzerns EADS; EADS ist der größte kontinentaleuropäische Rüstungskonzern. Der größte gesamteuropäische Rüstungskonzern BAe (früher ausgeschrieben British Aerospace) hielt bis Anfang 2007 25% an der EADS-Tochter Airbus. Inzwischen kontrolliert EADS Airbus allein. Die Bereiche Rüstung und ziviler Flugzeugbau sind bei Boeing und EADS zunehmend verflochten; finanztechnisch können (und sollen) sie nicht sauber voneinander abgegrenzt werden. Dadurch gibt es wie bei einer Osmose einen ständigen Transfer von staatlichen Rüstungsaufträgen, mit denen der zivile Flugzeugbau quersubventioniert – und auf diese Weise erneut verbilligt – wird. So erklärte 2002 der damalige Airbus-Top-Manager Manfred Bischoff, der Bau des neuen Militärtransporters A400M sei erforderlich, damit der A380 gebaut werden könne.[30] Im Juli 2007 teilte der Staatsfonds Dubai International Capital (DIC) mit, bei EADS für 616 Mio. Euro einen Anteil von gut 3% gekauft zu haben. Damit ist der Eigentümer der dynamischsten Airline der Welt, Emirates, der weltweit zweitgrößte Eigentümer von Container-Häfen, der Erbauer des größten Airports der Welt und der größte Abnehmer des Airbus-Gigaliners A380 zugleich Miteigentümer von EADS/Air-

bus.[31] Neu auf dem Markt auftretende Flugzeugbauer wie das russische Unternehmen Suchoj und der japanische Konzern Mitsubishi Heavy Industries, die 2006 und 2007 beide den Bau eines eigenen Regionaljets ankündigten, sind ebenfalls Teil des militärisch-industriellen Komplexes ihres jeweiligen Landes.[32]

8. Der größte Umfang der Luftfahrt-Subventionierung erfolgt durch die steuerliche Bevorzugung der Luftfahrt gegenüber anderen Verkehrsträgern. Der gesamte in der Luftfahrt verbrauchte Treibstoff (überwiegend Kerosin) ist steuerfrei. Während der Lkw-Verkehr, der Pkw-Verkehr und die Schiene beim Treibstoff, den ihre Verkehrsmittel konsumieren, Mineralölsteuer und Ökosteuern zu zahlen haben, genießen die Luftfahrt und wie bereits erwähnt die Hochseeschifffahrt weltweit absolute Steuerfreiheit beim Treibstoffverbrauch. Die Luftfahrt benötigt je Personenkilometer und je Tonnenkilometer im Vergleich zu den konkurrierenden Verkehrsträgern am meisten Energie; eine Besteuerung nach den Standards bei den anderen Verkehrsträgern würde die Luftfahrt also besonders stark belasten. Umgekehrt gilt: Da der Treibstoff in der Luftfahrt keiner Besteuerung unterliegt, wird der spezifische Nachteil dieser Transportform, ihr hoher Energieaufwand, neutralisiert. Die anderen Vorteile der Luftfahrt – wie Schnelligkeit, wenige „Staus" in der Luft – werden dadurch hervorgehoben.

Flughäfen als Erlebniswelt – Fliegen als Scheinwelt

Im Flugverkehr und mit demselben entwickeln sich eigene Welten, Scheinwelten. Die großen Drehkreuz-Airports ähneln einander auf der ganzen Welt. Ähnlich den großen Tankstellen und den Autobahnraststätten sind sie eine eigene Branche mit einem Eigenleben geworden, wobei das Kerngeschäft oft zum Nebengeschäft gerät. Wie bei den Containerhäfen entstehen weltweit agierende Airport-Betreiber, die ein gutes Dutzend der Drehkreuz-Flughäfen kontrollieren.[33] Wie bei den Tankstellen, bei denen oft das Nebengeschäft das Tankgeschäft überrundet hat, überwiegt bei den großen Flughäfen das Non Aviation Business – das Geschäft mit Mieten, Pachten, Einzelhandel und Duty Free – das eigentliche Flugbetriebsgeschäft. Im Fall des Flughafens London-Stansted macht der Nichtflugbetrieb-Umsatz bereits 130% des Flugbetrieb-Umsatzes aus. Bei den zwei anderen Londoner Airports liegt er weitgehend gleich hoch. Auch beim Münchner Franz-Josef-Strauß-Flughafen wird etwas mehr Umsatz im Non Aviation Business erzielt als mit den Einnahmen von den Airlines und durch die Landegebühren. Ob die Fraport-Leute „bei der Platzierung der Angebote entlang der Stresskurve" etwas falsch machen? Jedenfalls macht der Nichtflugbetrieb-Umsatz in Frankfurt/M. nur 54% des Umsatzes aus dem Flugbetrieb aus. Fachleute gehen davon aus, dass ein hoher Umsatz im Non Aviation Business vor allem dann zustande kommt, wenn in jener Stresskurve, die der Fluggast zwischen Einchecken und Boarding erlebt, „optimal auf dessen Konsumbedürfnisse“ eingegangen wird.[34]

Duty Free und stimulierende Angebote in der Stresskurve sind Erlebniswelten für die Masse der Fluggäste. Die global organisierte Arbeitsteilung führt jedoch zur Herausbildung eines neuen, abgehobenen Berufsstandes: zu den globalen Berufspendlern (der Begriff Globetrotter ist fehl am Platz und wird als ein eher gemütliches Durch-die-Welt-Trampen definiert). Weltweit dürfte es einige Hunderttausend Menschen geben, die sich mehr in Airport-Lounges aufhalten als im eigenen Wohnzimmer. Während die Airlines für die Masse der Fluggäste den Komfort – etwa bei der Beinfreiheit – abbauen, um mit neuen Billig-Rekorden das Massengeschäft weiter anzukurbeln, wird der Komfort in der ersten Klasse mit Raffinement ausgebaut. Es gibt breite Ledersitze und Zwei-Meter-Betten; Sitzkonsolen mit ausgeklügelter Technik, unter anderem einer Stromversorgung für den Betrieb von Laptops und DVD-Playern; Fluggäste sollen per Wireless LAN mit ihren eigenen Laptops im Internet surfen. Virgin Atlantic will ihren First-Class-Passagieren im A380 erstmals auch Duschkabinen anbieten. Die Installation von Whirlpools gestalte sich noch schwierig – wegen möglicher Luftturbulenzen.[35]

Die Soziologie sieht sich vor interessante neue Aufgaben gestellt, etwa die Gruppe der LATs zu definieren und deren Lebensweise zu analysieren: die „Living Apart Together“-Couples, Paare, die einander nur am Wochenende und dann oft noch dazu an immer anderen Orten sehen – in Airports womöglich. Die globalen Berufspendler fliegen von Flughafen zu Flughafen. Geschäftliche Treffen finden oft in Konferenzräumen auf den großen Flughäfen statt. Am Rande der Airports betreiben Ketten wie Hilton oder Four Seasons ihre Airport-Hotels, in denen die Geschäftsreisenden überall auf der Welt eine identische Inneneinrichtung, einen ähnlichen Service und das identische Sortiment in der Minibar vorfinden – um sich dann „wie zu Hause“ zu fühlen.

In einem Bericht mit dem Titel „Schneller leben in der Lounge“ heißt es, der globale Pendler sei „das Öl im Getriebe der Exportmaschine“. Nur diese Art „Varimobile“ könne „Deutschland den Rang als Exportweltmeister sichern“. Eine Studie der Johannes-Gutenberg-Universität in Mainz über diesen neuen Berufsstand konstatiert, gefragt sei „der Mensch, der möglichst frei ist von privaten Bindungen und Obligationen und bereit, sich offen und flexibel auf immer neue Anforderungen einzustellen“.[36] Unfreiwillig treffend an dieser Aussage ist der Hinweis auf die „möglichst fehlenden Obligationen“. Diese Gruppe von Leuten dürfte sich tatsächlich gegenüber fast niemandem – und vor allem nicht gegenüber Umwelt und Natur – verpflichtet fühlen. 800.000 Flugmeilen pro Jahr in der Ersten Klasse, das soll die typische Mobilitätsleistung eines Mitglieds dieses Berufsstandes sein.

Ganz oben in der Flieger-Hierarchie thront die Gruppe der Privatflieger. Der Begriff „Die oberen Zehntausend“ scheint – ein Jahrhundert, nachdem er aufkam

– erneut zuzutreffen: In den USA gibt es 9.000 private und Business Jets, in Europa 1.200, im Rest der Welt einige Hundert. Damit ist die Fliegerflotte der Privaten und der Business-Leute zahlenmäßig ähnlich groß wie die gesamte IATA-Flugzeugflotte. Weit mehr als für die Massenflieger und sogar mehr als für die Erste-Klasse-Fluggäste gilt hier Reinhard Meys Feststellung „Über den Wolken muss die Freiheit wohl grenzenlos sein“: Die privaten und Business-Jets dürfen über den oft verstopften Flugkorridoren der Fluggesellschaften fliegen, womit sie eine Art Überholspur für sich haben. Sie können außer den großen auch die vielen kleinen Flughäfen ansteuern, um möglichst nahe am Ort ihres Geschäftstermins oder ihres Häuschens im Grünen zu landen. In der Regel bleiben den „oberen Zehntausend Jet-Benutzern“ auch die zeitaufwändigen Sicherheitschecks erspart; sie werden „durchgeschleust“.

Ein dynamisches Unternehmen hat sich daran gemacht, die Privatfliegerei zu demokratisieren – dies jedenfalls ist die Auffassung von Mark Booth, dem Europa-Chef von Netjet: „Das private Fliegen ist demokratischer geworden. Vielleicht sind wir noch eine kleine Demokratie, aber vor zwanzig Jahren musste man schon der Boss eines Riesenunternehmens sein, um überhaupt Zugang zur privaten Fliegerei zu haben, oder ein Supermilliardär. Jetzt kann man sich schon für 114.000 Euro eine Karte bei uns kaufen.“[37] Die Geschäftsidee lautet: plane sharing. Reiche Leute können sich bei den zwei weltweit tätigen Unternehmen Netjet und Flexjet Service – das Erstere gehört dem reichsten Mann der Welt, Warren Buffet, das Zweitere dem Flugzeughersteller Bombardier/Kanada – einen Teil eines luxuriösen Flugzeugs kaufen, zum Beispiel ein Sechzehntel am Modell Citation Excel (Reichweite 2.000 km, Platz für sieben Personen) für bescheidene 681.250 US-Dollar. Man bezahlt dann – Stand 2006, Angaben Netjet – monatlich 8.047 Dollar Wartungsgebühr und pro Flugstunde 2.660 Dollar. Wer zur so genannten Netjet-Gemeinschaft zählt – und Ähnliches gilt für den Konkurrenten Flexjet –, kann sich innerhalb von zehn Stunden in ganz Europa und in den USA einen Jet bestellen, Chauffeur-Pilot inklusive. Man hat die Wahl zwischen 1.000 Flughäfen in Europa und einer weit größeren Airport-Zahl in den USA. Die Jets dieser Mitfahrzentrale für Betuchte genießen die gleichen Privilegien wie die Jets im Eigentum von Privaten oder von Unternehmen. Netjet hatte 2006 bereits 5.000 Kunden, davon 1.000 in Europa, darunter 70 in Deutschland. Während Fliegen ein Massengeschäft wurde, legt man beim Mitfliegen im Club der Reichen Wert auf Individualität und Nachbarschaftshilfe im kleinen Kreis. Im Oktober 2005 gab Netjet-Kunde Ronaldo den Kindern anderer Kunden einen Tag Fußballunterricht. Die Rockgruppe U2, ebenfalls Mitglied im Club, gab ein Exklusivkonzert für 200 Netjet-Kunden. Und, sehr wichtig: „Kunden des Clubs können mit der Limousine bis auf zwei Meter an den Jet heranfahren. Und selbst für diese kurze Distanz liegt ein roter Teppich bereit.“[38]

Im März 2007 beschlossen die EU-Verkehrsminister und die US-Regierung das Open Sky-Abkommen. Es deckt 60% aller grenzüberschreitenden Flüge weltweit ab. Es soll den transatlantischen Luftverkehr vereinfachen, den „Wettbewerb anheizen, die Preise drücken sowie Fusionen und Allianzen fördern".[39] Der deutsche Bundesverkehrsminister Wolfgang Tiefensee offenbarte seine Freude über „den gleichberechtigten Marktzugang". Die Verkehrsministerin der USA, Mary Peters, erklärte, sie erwarte „einen Wachstumsschub für die gesamte Branche".

Teil IV
Struktur und Kosten der Autogesellschaft

Die hohen Geschwindigkeiten sowie der individuelle Zugriff auf Bürger, ihr Kapital, ihr Eigentum und ihren Lebensraum sind die Voraussetzungen für die dynamische Zentralisierung aller unserer Strukturen. Nur über hohe Geschwindigkeiten in einem billigen Verkehrssystem mit starker positiver Reizung und damit Täuschung der Opfer kann man in einer Demokratie … jene zentralen Strukturen errichten, die für eine immer stärkere Abhängigkeit aller Bevölkerungsgruppen von einzelnen Organisationen benötigt werden. Die zentralistischen Großstrukturen des Westens haben längst erkannt, dass sie einen Fehler des Ostens nie nachmachen dürfen, nämlich die Menschen zu viel zu Fuß gehen zu lassen. Die Revolution im Osten hätte nie stattgefunden, hätte man die Menschen rechtzeitig motorisiert und mechanisch mobilisiert … Revolutionen finden nur zu Fuß statt. Die Unterwerfung der Menschen erfolgt auf Rädern.

Hermann Knoflacher, Wien[1]

Ein Sports Utility Vehicle, wie man Geländewagen heute nennt, kann einen Bankkaufmann zum Abenteurer machen. Doch der Hummer macht einen Menschen zum Gott. Er ist nicht einfach größer und höher und stärker als alle anderen Offroader, sondern eine ganz andere Kategorie – ein Militärfahrzeug im zivilen Einsatz. Wenn man den Zündschlüssel dreht, meldet sich der bullige Motor und brummt: „Ich bin dein Freund. Machen wir uns die Erde untertan.“

Wolfgang Münchau, Hamburg[2]

Die Autogesellschaft präsentiert sich als eine Gesellschaft, die Geschwindigkeit als vernünftig ausgibt, da Zeit doch Geld und Freiheit universell sei. Die dabei verbundenen Umweltbelastungen und Klimaveränderungen werden als Kollateralschäden ausgegeben. Tatsächlich zerstört der Tempowahn gesellschaftlichen Reichtum und sinnvolle wirtschaftliche Strukturen; er ist unvernünftig, gegen die Ratio gerichtet. Mit ihm ist der Krieg gegen die individuelle Freiheit, sind Aggression, Gewalt, Schmerzen und Tod verbunden. In der Autogesellschaft kommt es zu einer Verherrlichung der Brutalität und zur Hinnahme von Todesopfern, wie es dies in der Geschichte der Menschheit in so genannten Friedenszeiten zuletzt in der Periode der Heiligen Inquisition gab.

Seit Erfindung des Automobils wurden rund 35 Millionen Menschen im Straßenverkehr getötet. Nach den Schusswaffen gibt es keine andere menschliche Erfindung, die mit einem derartig großen Blutzoll – zur Zeit eine Million Getötete und 35 Millionen Verletzte pro Jahr – verbunden ist. Weltweit wird sich bei einem Fortgang der aktuellen Automotorisierungwelle die Zahl der im Straßenverkehr Getöteten und Verletzten in den nächsten zweieinhalb Jahrzehnten nochmals verdoppeln. Das Risiko, bei einem Straßenverkehrsunfall getötet oder verletzt zu werden, wird in 25 Jahren zu den höchsten Risiken weltweit gehören. Es handelt sich dabei nicht um einen erforderlichen Preis der Mobilität, sondern um das Ergebnis einer besonders tödlichen und verletzenden Transportorganisation.

Die moderne Transportorganisation, deren zentrale Transportmittel Kraftfahrzeuge und Flugzeuge sind, wird als effizient, kostensparend und Wohlstand verbreitend ausgegeben. Das Gegenteil trifft zu. Noch nie in ihrer Geschichte mussten die Menschen einen derart großen Anteil ihrer kostbaren gesellschaftlichen Zeit für Transporte aufwenden, noch nie gab es eine Gesellschaftsformation, in der die Transportkosten – die direkt bezahlten und die externen zusammengerechnet – mit rund einem Fünftel des gesamten Bruttoinlandsproduktes einen derart großen Anteil eingenommen haben. Darunter befinden sich so genannte externe Kosten des Verkehrs, die nicht von den Nutzerinnen und Nutzern und nicht von den Transportunternehmen beglichen, sondern auf die Allgemeinheit übergewälzt werden. Sie fallen vor allem in den Bereichen Unfälle sowie Umwelt- und Klimaschädigung an. Diese hohen Transportkosten stellen Abzüge vom gesellschaftlichen Reichtum dar; diese Mittel fehlen der Menschheit für die Befriedigung elementarer Bedürfnisse in den Bereichen Gesundheit, Essen, Wohnen, Ausbildung und Kultur.

Kapitel 17
Macho, Tempo, Stau

> In einer Gesellschaft, die dem Geschwindigkeitswahn verfallen ist, zeigt der Tacho die Klassenzugehörigkeit an. Jeder Bauer konnte (in den frühen 1930er Jahren den mexikanischen Präsidenten; W.W.) Lazaro Cardenás begleiten, wenn er auf seinem Pferd saß. Wenn heute ein Gouverneur in seinem privaten Hubschrauber sitzt, kann ihn nur sein persönlicher Troß begleiten. Wie häufig jemand in den kapitalistischen Ländern größere Entfernungen zurücklegen kann, hängt davon ab, wieviel er bezahlen kann. In den sozialistischen Ländern hängt die Reisegeschwindigkeit davon ab, welche gesellschaftliche Bedeutung ein Mensch in den Augen der Bürokratie hat. In beiden Fällen zeigt die spezielle Reisegeschwindigkeit an, welcher Schicht ein Mensch angehört und welchen Umgang er pflegt. In einer Leistungsgesellschaft trägt die Geschwindigkeit zur Schichtenbildung bei.
>
> *Ivan Illich, Selbstbegrenzung*[1]

Die Autogesellschaft war, wie gezeigt, bereits in ihren Ursprüngen eng mit der Verherrlichung von Geschwindigkeit verbunden. Die massenhafte Motorisierung und die ersten Erscheinungen von Ölkrisen, Energieverknappung und Treibstoffverteuerung führten in allen Ländern mit hohem Motorisierungsgrad, die Bundesrepublik Deutschland ausgenommen, zur Einführung von allgemeinen Begrenzungen der Höchstgeschwindigkeit, die in einer Spannweite zwischen 88 km/h in den USA, in der Regel 130 km/h in Italien und 140 km/h in Frankreich liegen und eine gewisse – zeitlich begrenzte – Zivilisierung im Straßenverkehr mit sich brachten.[2] Seit den 1990er Jahren gibt es einen wachsenden Druck, die beschlossenen Tempolimits anzuheben, teilweise auch sie aufzuheben; vor allem werden sie in der Praxis flächendeckend unterlaufen, was in einigen Ländern kaum geahndet wird. In den meisten mittel- und osteuropäischen Ländern gab es nach der Wende Anhebungen der Tempolimits; Ähnliches erfolgte in einzelnen US-Bundesstaten, so in Texas.[3] In Österreich tat sich das von der FPÖ abgespaltete rechtspopulistische Bündnis Zukunft Österreich (BZÖ), dessen Vertreter Hubert Gorbach 2005 in Wien den Verkehrsminister stellte, mit der Wahlkampfforderung hervor, versuchsweise auf einer zwölf Kilometer langen Autobahnstrecke die Anhebung der Höchstgeschwindigkeit auf 160 km/h zu fordern. Die Versuchsstrecke wurde eingerichtet.[4] Sie wurde zum Anziehungspunkt für Raser. Im Juni 2006 jagte die österreichische Polizei „einige Dutzend" griechische Sportwagenfans, die in Ferrari-, Porsche-,

BMW- und Lamborghini-Pkws mit Geschwindigkeiten zwischen 200 und 238 Stundenkilometern über die Autobahn jagten.[5]

Die Gewalt im Autoverkehr, einmal als „Asphalt-Aggression", einmal als „road rage" bezeichnet, nahm in jüngerer Zeit weltweit wieder deutlich zu. Prominente machen es vor. Die Schwimmerin Franziska von Almsick raste mit 116 km/h durch Berlin; der Schauspieler Mel Gibson wurde in Malibu/USA mit zu hohen Promillewerten wegen überhöhter Geschwindigkeit festgenommen und klärte die Verkehrspolizei darüber auf, dass „die Juden für alle Kriege in der Welt verantwortlich" seien. Der Schauspieler Jack Nicholson, der sich von einem Mercedes-Fahrer geschnitten fühlte, stieg an der nächsten roten Ampel aus, nahm den Golfschläger von der Rückbank seines Wagen und traktierte das „gegnerische" Auto.[6] Es handelt sich um ein Massenphänomen. In Berlin wurde ein Mercedes-Fahrer verurteilt, der mit einem Tischbein auf den Lenker eines Austin-Mini eingeprügelt hatte. Die Erklärung des Tischbeinschwingers vor Gericht: Er habe dringend einkaufen und zu lange auf einen freien Parkplatz warten müssen.

In Massachusetts gab es eine wilde Verfolgsjagd auf dem Highway. Die Fahrer, Donald Graham und Michael Blodgett, stoppten schließlich ihre Pkws. Graham riß eine Armbrust vom Rücksitz und tötete Blodgett. Harmlose Streiche endeten böse: In Florida bespritzte ein Jugendlicher vorbeifahrende Autos mit Wasser aus seiner Wasserpistole; ein Pkw-Fahrer zog eine echte Waffe und erschoss den Jungen. Der US-Autoclub AAA gab eine allgemeine Warnung heraus: „Jeden Tag sind Tausende geistig und emotional gestörte Fahrer auf den Straßen unterwegs. Provozieren Sie niemanden! Sie spielen russisches Roulett, wenn sie einem anderen Fahrer den Mittelfinger zeigen." Der Berliner Verkehrsrichter Peter Fahlenkamp: „Es wird getreten, gehauen, gespuckt oder gleich der Baseballschläger eingesetzt. Selbst mit Kreuzschlüssel und Klappspaten wird aufeinander losgegangen."[7]

Beispiele der Alltagsaggression im Autoverkehr werden tausendfach aus fast allen Ländern mit entwickeltem oder auch unterentwickeltem Pkw-Verkehr gemeldet. Nach extremen Exzessen in Polen verkündete der Bischof von Olsztyn (Allenstein) ein Hirtenwort, in dem es hieß: „Aggressiv und draufgängerisch ein Auto zu fahren ist eine Sünde wider das Gebot 'Du sollst nicht töten!'"[8] Die deutsche Polizei setzt Teams in zivilen Pkws ein, die Extrem-Raser auf den Autobahnen filmen und diese dann mit aufgesetztem Blaulicht zu stellen versuchen. Das gelingt nicht immer. Aus einem Bericht aus dem Jahr 2004: „Doch das Auto flüchtet so lange, dass selbst der von (den zwei Beamten) Kunz und Hahn herbeigerufene Polizeiwagen den Fahrer nur zum Anhalten bringen kann, indem er ihn rammt."[9]

Die Erklärungen für die wachsende Aggression auf den Straßen sind vielfältig. Gern wird Vulgärpsychologie bemüht und auf die traditionell-archaische Rolle des Mannes als Jäger (auch, so der US-Club AAA, als „Verteidiger eines Reviers") hingewiesen, wobei es rund um das „Revier Parkplatz" oft zu gewalttätigen und auch tödlichen Szenen kommt. Es scheint sinnvoll zu sein, auf drei objektive Faktoren und auf einen strukturellen Aspekt zu verweisen.

Die Autohersteller bieten immer stärkere und schwerere Pkw-Modelle an, die den Fahrern ein Gefühl von Sicherheit vermitteln, das mit den Gesetzen der Physik nicht in Übereinstimmung zu bringen ist. Diese Pkws bieten die technischen Möglichkeiten für besonders aggressives Fahren und betreiben dabei eine gezielte Aufrüstungsstrategie. Die Versicherungstarife sind einigermaßen ehrlich. Sie steigen fast parallel mit den PS-Klassen und Top-Geschwindigkeiten, wobei es dort Zuschläge gibt, wo Modellbezeichnungen wie GTI zu einer besonders sportlichen – sprich: aggressiven – Fahrweise herausfordern. 1993 gab es in Deutschland bei einem Bestand von knapp 39 Mio. Pkws rund 9 Mio. Pkws (oder 23%), die Spitzengeschwindigkeiten von 181 und mehr Stundenkilometern ermöglichten. Darunter befanden sich 2,5 Mio. Pkws mit Top-Speed 200 km/h und mehr. Die letztgenannte leistungsstärkste Gruppe hatte einen Anteil von 6,4% am gesamten Pkw-Bestand. 2005 befanden sich im Bestand von 45,3 Mio. Pkws bereits 18,5 Mio. Pkws (rund 43%) mit Spitzengeschwindigkeiten von mehr als 180 km/h. Darunter waren 7,8 Mio. Pkws, aus denen mehr als 200 Stundenkilometer herauszuholen waren. Die Top-Klasse hat nun einen Anteil von 17% am gesamten Bestand erreicht. Ergänzt man die Angaben zum Pkw-Bestand um die Angaben zum Neukauf von solchen Autos, deren Spitzengeschwindigkeit bei rund dem Doppelten dessen liegt, was in den Nachbarstaaten erlaubt ist, wird die Tendenz noch deutlicher: Unter den 2005 neu erstandenen Pkws waren mehr als 30% Modelle mit mehr als 200 Stundenkilometern Spitzengeschwindigkeit.[10] Wobei es als Spitzengeschwindigkeiten inzwischen eine nach oben offene Raser-Skala gibt: Der unten erwähnte Mercedes-Test- und Todespilot soll mit seinem 476 PS starken Mercedes CL 600 Biturbo Coupé auch Tempo 300 gerast sein.[11]

Ein zweiter objektiver Faktor ist die hohe Zahl der schweren Unfälle mit Lkw-Beteiligung. 2001 wurden in Deutschland bei 42.501 Lkw-Unfällen 1.500 Menschen getötet, was 21,5% aller im Straßenverkehr Getöteten entsprach. Gemessen an den gesamten Fahrleistungen von Pkws und Lkws ergibt dies einen deutlich überproportionalen Anteil des Lkw-Verkehrs an tödlichen Straßenverkehrsunfällen.[12] Verantwortlich dafür sind der schnell und überproportional ansteigende Straßengüterverkehr, die beschriebenen international arbeitsteilig organisierten Produktions- und Distributionsketten, die wachsende Konkurrenz im Gewerbe mit einem enormen Termindruck sowie nicht zuletzt die völlig unzureichenden Kontrollen geltender Lenkzeiten und allgemeiner Sicherheitsstandards. 2001 wurden in der BRD 643.000 Lastkraftwagen kontrolliert. Bei 188.000 oder 29% wurden Verstöße festgestellt, darunter 120.000 Verstöße gegen die Lenk- und Ruhezeiten. Aus dem Bericht des Lkw-Lenkers W.: „Wenn du in Andalusien Erdbeeren für den deutschen Markt geladen hast, dann musst du schnell sein. Sehr schnell. Sonst ist das ganze Zeug verdorben, bevor du die deutsche Grenze passiert hast. Da ist es schon fast normal, 16 oder 18 Stunden hinterm Steuer zu sitzen." Und wenn er erwischt wird? „Das plant mein Chef schon mit ein. Das fällige Bußgeld zahlt der aus der Portokasse." Die Dienstleistungsgewerkschaft ver.di verweist auf Fahrtzeiten-Pläne der Disponenten von Speditionen, in denen der Fahrer eines 30-Tonnen-Lkw 2.000 Kilometer in 20 Stunden zu schaffen hat.[13]

Ein dritter – neuer – objektiver Faktor betrifft die rasenden Transporter. Die deutschen Gesetze kennen für Klein-Lkws bis 3,5 Tonnen keinerlei Geschwindigkeitsbegrenzung. Darüber hinaus wurden diese 2002 bei der Einführung der Lkw-Maut von der Maut-Pflicht ausgenommen. Die absehbare Folge: Die Zahl der im beruflichen Geschäft eingesetzten Kleintransporter hat sich – unter anderem, um die Mautkosten zu unterlaufen – drastisch erhöht. Darüber hinaus wuchs als Folge der Privatisierungen bei den Paket- und Zustelldiensten der Termin- und Konkurrenzdruck in dieser mit bis zu 180 km/h schnellen Kleintransportern hochgerüsteten Branche – was objektiv die Raserei mit dieser Kfz-Spezies enorm begünstigt.[14]

Schließlich gibt es einen strukturellen und massenpsychologischen Effekt. Helmut Holzapfel, Professor für Verkehrsplanung an der Universität Kassel: „Aggressivität pflanzt sich fort. Es geht um ein Gruppenverhalten, und wer dabei ist, wird nach einiger Zeit selbst aggressiv."[15] Das gilt natürlich besonders in einem Land, in dem auf größeren Strecken des Autobahnnetzes völlige Tempofreiheit existiert. Die hier gefahrenen Spitzengeschwindigkeiten und der dadurch begünstigte aggressive Fahrstil beeinflussen das Klima im gesamten Straßenverkehr. Spektakuläre Prozesse mit unverantwortlich milden Urteilen für aggressive Raser bestätigen in der Öffentlichkeit den Eindruck, dass in der Autogesellschaft der Einsatz des Pkw als Waffe als Kavaliersdelikt akzeptiert wird.[16] Der Prozess gegen einen Mercedes-Testfahrer, der 2003 die Verantwortung für den Tod einer Mutter und ihrer zweijährigen Tochter trug, verdeutlichte, dass es sich nicht allein um ein individuelles Fehlverhalten handelte. Der Daimler-Autokonzern testet seine Pkws mit Höchstgeschwindigkeiten in, wie ein Konzernsprecher mitteilte, „kundennaher Erprobung", also nicht nur auf Teststrecken, sondern auch im allgemeinen zivilen Straßenverkehr. Besonders beliebt bei mehreren deutschen Autokonzernen sind Fahrten nach Skandinavien und im winterlichen Schweden, bei denen, so ein Zeitungsbericht, „Tausende Testfahrer" regelmäßig die Straßen unsicher machen und auch für tödliche Unfälle verantwortlich gemacht werden.[17]

Die Struktur der Pkw-Typen bringt den aggressien Trend zum Ausdruck. Das Gewicht der durchschnittlichen Pkws hat sich in den vergangenen 15 Jahren um mehr als 50% erhöht. Die durchschnittliche Motorleistung im deutschen Pkw-Bestand lag 1985 bei 78 PS, immerhin das Doppelte der Leistung von Mitte der 1960er Jahre. 2006 lag die durchschnittliche Motorleistung knapp unter 100 PS, wobei die Gruppe der Pkws mit mehr als 100 PS inzwischen 40% des Gesamtbestandes ausmacht.[18] 1998 gab es in Deutschland 650.000 Geländewagen; 2005 waren es 1,4 Millionen.[19] Bei diesem klobigen Wagentyp sind die Verletzungsgefahren vor allem für nichtmotorisierte Verkehrsteilnehmer besonders hoch. Oft sind solche Pkws noch mit einem Gestänge am Kühler ausgerüstet („Kuhfänger"), das im Fall von Unfällen insbesondere Fußgängern, Radfahrenden und Kindern besonders schwere Verletzungen zufügen kann. Das berüchtigtste Modell dieser Klasse, der 3,1 Tonnen schwere Chevrolet Hummer H1, wurde zunächst ausschließlich als teilweise gepanzertes Fahrzeug bei der US-Armee eingesetzt. Seinen großen Auftritt hatte der H1 im Golfkrieg 1991 als Lieblingsfahrzeug von General Norman Schwarzkopf. Einem breiten Publikum wurde der H1 mit dem aggressiven Film „Terminator III" vertraut gemacht. Da der Kaufpreis eines H1 mit 160.000 Euro einer größeren Verbreitung abträglich war, gibt es inzwischen eine um 5% geschrumpfte Variante als H2 für bescheidenere 100.000 Euro Kaufpreis. Der Anteil der Frauen unter den H1- oder H2-Käufern soll bei exakt null Prozent liegen.[20]

Die Geländewagen-Modelle sind Teil einer asymmetrischen Kriegsführung im Pkw-Alltag: Es geht darum, sich panzerartig zu schützen und dadurch andere zu gefährden. In den Worten von Hans Mahr, Informationsdirektor des TV-Senders RTL, nach einer Probefahrt mit dem VW-Modell Touareg: „Als Familienwagen kann ich mir den gut vorstellen. Die meisten Menschen, die starke, große Autos kaufen, tun das, um darin ihre Familie zu beschützen."[21]

Hallen- und Freibäder werden geschlossen, Parks und Wälder privatisiert. Kinderspielplätze verwahrlosen. Aber eine neue Gattung von Freizeitparks boomt: die „Offroad-Geländeparks". 2003 gab es in Deutschland offiziell zwei Dutzend solcher Anlagen, zwei Drittel davon in den neuen Bundesländern. Aus einem Bericht über das Übungsgelände in Aspenstedt/Sachsen-Anhalt: „So wie die Republik nach dem Krieg für die Straßenautos planiert wurde, wird sie nun für die Geländewagen wieder aufgerissen. ... Auf ehemaligen Truppenübungsplätzen, LPG-Brachen und zugeschütteten Mülldeponien kann jeder für den Gegenwert eines Rummelplatzbesuchs das tun, was andernorts verboten ist. ... Mit dem Mietbagger und der Hilfe der örtlichen Bauernschaft graben sie Schlammlöcher, schieben Mergel und Ton zu Miniaturgebirgen auf, um sie danach mit ihren Unterböden wieder zu schleifen. 'Was wir hier schon an Erosion angerichtet haben', sagt Vereinschef Rüdiger Müller, der in der Nähe einen Bauernhof hat, und lächelt."[22]

Autogesellschaft und Patriarchat

Je höher der Automotorisierungsgrad in einer Gesellschaft, desto höher liegt auch der Grad, in dem Frauen an der Pkw-Mobilität teilhaben. Das ist auch kaum anders vorstellbar, da Frauen für die Organisation eines erheblichen Teils der familiären

Mobilität – die Kinder zum Kindergarten und zur Schule bringen, Einkäufe und Verwaltungsgänge erledigen – verantwortlich sind und immer mehr Ziele der Alltagsmobilität (fast) nur per Pkw erreichbar sind. Dennoch wird die Gleichberechtigung zwischen dem männlichen und dem weiblichen Geschlecht in Sachen Pkw-Mobilität regelmäßig überschätzt bzw. die Fortsetzung der patriarchalen Strukturen in der Autogesellschaft unterschätzt. 2003 gab es 64,4 Mio. Menschen im führerscheinbefähigten Alter in Deutschland – also Bürgerinnen und Bürger, die 18 Jahre und älter waren. Davon waren 31,8 Mio. Männer, von denen 28,3 Mio. (89,1%) einen Pkw-Füherschein hatten. Von den 32,7 Mio. Frauen hatten 23,7 Mio. (72,7%) einen Führerschein.[23] Bereits hier gilt: Nur gut 10% der Männer dürfen nicht Auto fahren, aber ein gutes Viertel aller Frauen darf keinen Personenwagen steuern. Doch einen Führerschein zu haben heißt nicht, einen Pkw zu haben oder über ein Auto zu verfügen. Im Alltag verfügen laut offizieller deutscher Statistik 76% der Männer über einen Pkw; bei den Frauen liegt dieser Anteil bei 54,6%. Das heißt: Auch heute noch verfügen gut 45% der erwachsenen Frauen im Alltag nicht über einen Pkw; sie sind in ihrer Mobilität auf ihre Füße, das Fahrrad oder öffentliche Verkehrsmittel angewiesen. Bei den Männern liegt dieser Anteil mit 24% bei rund der Hälfte.

Erschwerend kommt hinzu, dass Frauen aus dem öffentlichen Raum vielfach ausgegrenzt werden – als Ergebnis der Aggression, die Teil der Autogesellschaft und Resultat patriarchaler Strukturen ist. Die Braunschweiger Verkehrsplanerin Juliane Krause betonte in einer Debatte zu dem Thema, dass Frauen „bei der Gestaltung des öffentlichen Verkehrsraums nur ungenügend Berücksichtigung" finden: Frauen meiden „aus Angst vor Bedrohung, sexuellen Übergriffen und Anmache so genannte Angsträume wie zum Beispiel Tiefgaragen, Grünanlagen, Gewerbegebiete und Tunnels" oder begehen sie „nur in männlicher Begleitung" und bleiben deswegen – und wegen fehlender Pkw-Mobilität – „einfach zu Hause".[24]

Bei den beschriebenen aggressiven Akten im Straßenverkehr waren in 85% der Fälle Männer die Verantwortlichen. Generell gilt, so auch die Erkenntnis der Versicherungswirtschaft, dass der Anteil von Frauen an selbst verschuldeten Straßenverkehrsunfällen in dem Maß sinkt, wie die Unfälle mit schwereren Folgen verbunden sind. Das gilt auch dann, wenn die geringeren Kilometerleistungen der Frauen berücksichtigt werden und wenn die Zahl der schweren selbst verschuldeten Autounfälle als Anteil an den gesamten Fahrleistungen des männlichen bzw. des weiblichen Geschlechts gemessen wird. Besonders hoch liegt der Anteil von Männern dort, wo Autofahrende Fußgänger oder Fahrradfahrer schwer verletzen oder töten. Es handelt sich um ein internationales Phänomen. So schreibt etwa die „New York Times" in Auswertung einer umfangreichen Studie: „Die Ergebnisse der Studie legen nahe, dass Fußgänger schnell aus dem Straßenraum verschwinden sollten, wenn sich ein männlicher Autofahrer nähert. Männliche Pkw-Fahrer sind in Unfälle, bei denen Fußgänger getötet werden, dreimal öfter verwickelt als Frauen, und zwar je gefahrene Meile", die unterschiedlichen Fahrleistungen von Männern und Frauen also bereits berücksichtigend. „Und in Unfälle, bei denen Fahrradfahrende getötet werden, sind männliche Autofahrer sogar zehnmal öfter verwickelt als Frauen am Steuer." Die offiziellen Zahlen der Highway Traffic Safety Administration, Teil des Bundesverkehrsministeriums in Washington, besagen, dass Männer je gefahrene 100 Mio. Meilen 3,11 Mal in Unfälle mit Todesopfern verwickelt sind, bei Frauen, so die „New York Times", „liegt dieser Anteil nur etwas höher als bei der Hälfte, bei 1,81".[25]

Der Stau, das unbekannte Wesen oder das bekannte Unwesen

„Der Spiegel" gelangte zu der Feststellung: „67 Stunden verbringt der Deutsche durchschnittlich pro Jahr im Stau, deutlich mehr als mit Sex (40 Stunden)."[26] „Das Deutsche Nachrichten-Magazin" schlägt nun nicht vor, Kapital aus dieser Angelegenheit zu schlagen, was angesichts eines durchschnittlichen Besetzungsgrades von 1,2 Personen je Personenwagen partnertechnisch auch auf Schwierigkeiten stößt. Doch das Thema Stau wird in aufwändigen Artikeln von allen führenden Medien, bevorzugt vor Wahlen und besonders vor der Urlaubssaison, zu einem Thema der Nation hochgezogen. Es gab zwar in der Geschichte der Menschheit bis zum Aufkommen des Autoverkehrs nie Staus im Verkehrswesen als Massenphänomen. Es gibt keine Staus im Fußgänger-, Fahrrad-, öffentlichen und Eisenbahnverkehr. Es gibt keine wirklichen Staus im Flugverkehr. In der Regel werden nur so viele Starts und Landungen zugelassen, wie dies die vorhandenen Kapazitäten verkraften. Auffahrunfälle gibt es nur im Straßenverkehr. „Aufflugunfälle" wurden bisher in der Regel vermieden. Wenn es dennoch, wie im Fall Überlingen am Bodensee im Jahr 2002, als ein Resultat der Privatisierung – also des Abbaus von Kontrolle und Regelung – zu einem solchen „Aufflugunfall" kommt, hagelt es zu Recht heftige Proteste, sodass man wieder zum bewährten Prinzip einer flugsicherungstechnisch kontrollierten Luftfahrt zurückkehrt. Nur im Straßenverkehr wird massenhafter Stau, werden Tausende Auffahrunfälle mit Hunderten Toten und Tausenden Schwerverletzten wie eine Naturnotwendigkeit hingenommen. Wegen der Einmaligkeit des Phänomens Stau im allgemeinen Verkehrssektor akzeptiert die Verkehrswissenschaft, soweit sie nicht direkt von den Autokonzernen gesponsert wird, die so genannten Staukosten auch nicht als Teil der externen Kosten des Verkehrs; vielmehr handle es sich hier um so genannte Clubkosten, die ausschließlich bei der spezifischen Struktur des Straßenverkehrs auftreten und, insoweit man hier überhaupt von Kosten sprechen könne, ausschließlich von den Nutzerinnen und Nutzern des Autoverkehrs zu bezahlen seien.

Dennoch existiert eine ganze Wissenschaft mit Stauexperten und Stautheorien. Herausgearbeitet wurde eine elaborierte Typologie des Staus, die fünf Stauarten kennt: die „einzelne Stauwelle", den „getriggerten Stop-and-go-Verkehr", den „oszillierenden zähflüssigen Verkehr", den „homogenen zähfließenden Verkehr" und den „lokalisierten Zusammenbruch". Es gibt Computersimulationsprogramme für Staus.[27] Das neue Berufsbild eines Stauberaters wurde entwickelt (wobei sich herausstellte, dass dessen Fähigkeiten vor allem auf dem Gebiet der Partnerschaftsberatung liegen sollten). Es gibt die ehrenamtlichen Staumelder. Vor der Urlaubsperiode veröffentlichen die Automobilclubs eine Staukarte und nach der Saison eine Staubilanz. In Entwicklung befindet sich die Telematik, die einen via Satellit aus einem Stau schleust und in den nächsten Stau gleiten lässt. Und es gibt die täglichen, in der Summe Dutzende Minuten langen Staumeldungen zu den besten und teuren Sendezeiten; die Rundfunksender bringen sie gratis, obgleich jeder Autofahrende den fragwürdigen Nutzen solcher Meldungen kennt.

Neue Straßen werden gebaut, um die enorm hohen Zeitverluste durch Staus zu minimieren. So die offizielle Theorie. Daraus resultiert seit Jahrzehnten die Praxis, dass Nadelöhre beseitigt, Umgehungsstraßen gebaut, Entlastungsstraßen in Angriff genommen und „hoch belastete Straßen" um neue Fahrspuren verbreitert werden; unter Kurzzeit-Verkehrsminister Reinhard Klimmt wurde sogar ein ganzes Staubeseitigungsprogramm beschlossen. Ein Viertel des gesamten deutschen Autobahnnetzes, so der ADAC, flankiert vom Verband der Automobilindustrie (VDA), stelle „einen Engpass" dar, der „dringend beseitigt werden" müsse. Der Autokonzern BMW ließ berechnen, dass der stockende Verkehrsfluss mit den dadurch entstehenden „Zeitverlusten" die Deutschen jährlich „rund 100 Milliarden Euro" in Form von nutzlosem Benzinverbrauch und entgangenen Löhnen kostet.[28] Manchen Stauexperten gelingt es, höchst konkrete Ursachen für einen spezifischen Stau auszumachen: „Weil es in München noch immer keinen geschlossenen Autobahnring gibt, quälen sich jeden Tag Tausende Fernreisende im Stau durch die Stadt. So werden große Teile des Mittleren Rings von Bayerns Hauptstadt zu Kriechzonen."[29] In Köln gibt es einen durchgehenden Autobahnring. Die Staus in der Stadt Köln sind nicht kleiner als die in München. Wie es auf dem Kölner Autobahnring aussieht und zugeht, wurde sinnigerweise exakt berechnet: Dort kommt der Verkehr im Jahr „rund 3.000-mal völlig zum Erliegen. Allein 2002 hat es dort 4.134-mal gekracht, dabei gab es neun Tote und 87 Schwerverletzte, zwei von fünf Unfällen hatten mit Staus zu tun. Zuweilen verstopft ein Staupropfen nicht nur den Kölner Ring, sondern vergrößert sich bis zur City oder ins Provinzstädtchen Bergheim".[30]

Tatsächlich gibt es in Westeuropa ein so enges und gut ausgebautes Straßennetz wie in kaum einer anderen Region der Welt. Wo das Straßennetz, wie in Los Angeles, noch enger ist, erleben wir den gleichen Effekt wie in Westeuropa, nur in höherer Potenz: Die kalifornische Metropole erstickt im Dauerstau; die Durchschnittsgeschwindigkeit im innerstädtischen Pkw-Verkehr liegt unter derjenigen eines mittelmäßig sportlichen Fahrradfahrers (unterstellt, er bekommt im Autosmog ausreichend Luft). Würde es bei der Debatte über die Staus tatsächlich um die Zeitverluste gehen, bestünde eine erste banale Maßnahme in klaren Tempolimits. Dirk Helbig, der an der Technischen Universität Dresden das Institut für Wirtschaft und Verkehr leitete, kam zu einer Schlussfolgerung, die Mitte der 1970er Jahre bereits die US-Regierung und zwischenzeitlich eine Reihe anderer Verkehrsexperten und wissenschaftlicher Institute gewonnen hatten: „Die meisten Staus sind vermeidbar. Unsere Straßen könnten deutlich mehr verkraften." Das Dresdner Institut errechnete, dass der Verkehrsfluss am höchsten ist, wenn die Autos mit einem Tempo von 85 Stundenkilometern fahren. Das ist zufällig fast genau die Geschwindigkeitsbegrenzung, die in den USA in den 1970er Jahren mit umgerechnet 88 km/h beschlossen wurde. Nach den jüngeren Dresdner Berechnungen würde bei einem solchen „entindividualisierten Fahrverhalten" eine Autobahnspur bis zu 2.600 Autos pro Stunde verkraften – deutlich mehr als bei Tempo 130 oder gar bei Tempofreiheit.[31] Damit könnte auch die Zahl der Straßenverkehrstoten drastisch reduziert werden; inzwischen finden in Deutschland 70% aller tödlichen Unfälle, zu denen es auf den Autobahnen kommt, auf den Abschnitten ohne Tempolimit statt.[32]

Warum gibt es ständig neue Staus? Auch hier gilt: It's the economy, stupid! Neue Verkehrskapazitäten haben sich noch immer mit neuem Verkehr „gefüllt", wenn die Verkehrskosten niedrig genug waren. Straßen haben sich noch immer mit neuem Straßenverkehr gefüllt, weil er – relativ zu den anderen Verkehrsmitteln, gemessen an den realen Einkommen und im Verhältnis zu den tatsächlichen Kosten – immer preiswerter angeboten wurde. Hermann Knoflacher hält den Stautheoretikern vor, dass Straßenbauinvestitionen den Stau nicht beseitigen, sondern „dass ein Stau vor allem dort entsteht, wo man Jahre vorher enorme Investitionen getätigt hat, um die Verhältnisse für den Autoverkehr zu verbessern, also Wartezeiten abzubauen. … Die Voraussetzungen für die heutigen Staus sind die seinerzeitigen Investitionen in überdimensionierte Verkehrsanlagen". Knoflacher weist auf eine wichtige „mentale Wertschöpfung" und auf eine sinnvolle „soziale Funktion des Staus" hin: „Man ist heute nicht mehr in, wenn man nicht am Stau teilgenommen hat. Wie glücklich müssen sich jene schätzen, die über das Staureignis in allen Details berichten können … Der Stau hat auch eine wichtige soziale Aufgabe, weil viele Autofahrer feststellen, dass in den anderen Autos auch Menschen sitzen, mit denen man sogar in Kommunikation treten kann, wenn genügend Stau entstanden ist."[33]

Wenn denn auch in Sachen Stau alles Rationale für einen Ausstieg aus dem Teufelskreis ständig neuen Straßenbaus, ständig neuen Straßenverkehrs, ständig neuer Staus usw. spricht und es dennoch nicht dazu kommt, was sind dann die Gründe dafür? Es geht schlicht und einfach darum, dass die maßgeblichen Verkehrspolitiker nach der Pfeife der Raum- und Zeittöter tanzen und eine Politik für diejenigen betreiben, die als Einzige davon profitieren. Sepp Kusstatscher, Mitglied des Europaparlaments und ein Südtiroler politisches Urgestein, führte dazu im Sommer 2007 ein Beispiel an: „Als Beweis, wie mächtig und erfolgreich die Lobbyisten auf europäischer Ebene arbeiten, Folgendes: Der Parlamentarische Staatssekretär Großmann hat als Vertreter des deutschen Verkehrsministers Tiefensee am 27. März 2007 vor dem Ausschuss für Verkehr und Fremdenverkehr in Brüssel die Halbjahresbilanz der deutschen Ratspräsidentschaft vorgelegt. Dabei ging er zunächst auf Klimaschutz und Energiefragen ein. Wörtlich sagte er: 'Diese Thematik können wir nicht den Umweltexperten überlassen. Bereits beim Verkehrsministerrat am 22. März sind wir sehr konkret in diesen Themenkomplex eingestiegen. Eingeleitet wurde der Diskussionsprozess am Vorabend des Verkehrsministerrates. Die Minister haben bei einem Abendessen mit Vertretern der Automobilwirtschaft und der Mineralölindustrie über die drängenden energie- und klimaschutzpolitischen Fragen diskutiert.'" Kusstatschers Kommentar: „Zorn und Trauer befallen mich, wenn diese Lobbyisten die klimaschutz- und energiepolitischen Berater der Verkehrsminister sind."[34]

Schwarze Messen

Wenn eine Verkehrsstruktur zunehmend irrationale Züge aufweist oder wenn ihr eine Ratio innewohnt, die nur den Interessen weniger dient, und sie in Widerspruch zu den Bedürfnissen der Mehrheit steht, dann muss man sie überhöhen, ihr religiöse oder quasi-religiöse Weihen verleihen. Als „Gottes Drive-in" hat eine führende deutsche Tageszeitung die immerhin 31 Autobahnkirchen in Deutschland bezeichnet. Die Kirchen haben bestimmte Normvorgaben (direkte Anbindung ans Autobahnnetz und an eine Raststätte, der Altarraum kann mindestens die Passagiere eine gefüllten handelsüblichen Reisebusses fassen). Einige Millionen Menschen kehren hier ein, vor allem „um Ruhe zu tanken"; es soll aber auch viele Heiraten in den Autobahnkirchen geben.[35] Der Alltagsbetrieb besteht darin, dass der Autobahnpfarrer „Gottesdienste für Fernfahrer, Autobahnpolizisten und Rotkreuzhelfer zelebriert, Durchreisenden die Beichte abnimmt, Fortbewegungsmittel segnet und im Foyer … Autoputzschwämme zum Verkauf auslegt".[36]

Wichtiger als die traditionelle Form der Verbindung von Religion und Auto sind die informellen und schwarzen Messen der Autogesellschaft. Die Detroit Motor Show, die Frankfurter Internationale Automobilausstellung (IAA) und der Genfer Autosalon werden Jahr für Jahr oder im Zwei-Jahres-Rhythmus inzwischen wie gewaltige Messen zu Ehren des Goldenen Kalbs Auto inszeniert. Sie ziehen ein Publikum von Dutzenden Millionen Menschen an. Im Mittelpunkt stehen die technologische Aufrüstung, das Mehr an PS, die neuen Spitzengeschwindigkeiten, der wachsende Luxus. Dies wird nochmals deutlicher bei den Auto-Tuning-Messen, sei es bei der jährlich in Las Vegas/USA veranstalteten SEMA-Messe, die ein Millionenpublikum anzieht, oder bei der Essen Motor Show, mit 400.000 Besuchern immerhin fünftgrößte Messe in Deutschland. Die Shows haben vom eigentlichen Gegenstand, dem Auto, oder gar der gelieferten Dienstleistung, der Mobilität, weitgehend abgehoben. Ein Umfrage unter Besuchern der Essener Show ergab, dass für 42% der Befragten die wenig bekleideten Models entscheidend sind. Es handelt sich um eine in Blech und Chrom verkleidete Verneinung von Verantwortung für Klima, Umwelt und Zukunft. Großer Beliebtheit erfreuen sich die Aufkleber „Testament-Vordrucke im Handschuhfach". Die Umsätze des Tuning-Business – also des Business mit dem Aufmotzen der Pkws mit Auspuffrohren, besonders breiten Reifen und auffrisierten Motoren – erreichen in Deutschland 2 Mrd. Euro und in den USA 25 Mrd. US-Dollar pro Jahr.[37]

Alle großen Autokonzerne haben inzwischen sündhaft teure Gebäude, in denen auf Wunsch der Autokäufer die Auslieferung des Pkw an die Erstbesitzer wie ein Event gefeiert oder besser zelebriert wird. Bei VW, wo betont wird, dass „die Abholer sogar aus der Schweiz und Österreich (nach Wolfsburg; W.W.) anreisen", kann man ein Gesamtpaket mit Übernachtung im Ritz-Carlton-Hotel buchen. Auf dem Werksgelände gibt es zwei 48 Meter hohe Glastürme – das entspricht ziemlich genau der traditionellen Kirchturmhöhe –, in denen sich die zur Abholung bereiten Neuwagen stapeln. Die Übergabe erfolgt in einer Art genau geregelter Zeremonie.[38] Im Rahmen einer Werksführung kann man auch der so genannten Hochzeit beiwohnen: Das ist der Punkt in der Fertigungsfolge, wenn das Chassis mit dem Motor bestückt wird. Von der Errichtung der neuen Wolfsburger Autostadt im Jahr 2000 bis Ende 2006 holten knapp eine Million künftige Eigner und Eignerinnen ihr neues Auto dort persönlich ab. Mercedes begann bereits 1953 mit der direkten Übergabe der Autos im Stammwerk Sindelfingen. Bei Porsche holt sich jeder dritte Kunde seinen Neuwagen im Werk in Zuffenhausen (inzwischen auch im neuen Werk in Leipzig) ab. BMW konnte 2006 die Errichtung einer aufwändigen „BMW-Welt" feiern, in der seither Neuwagen direkt an Kunden übergeben werden. Das Verständnis des Autos als vollwertiges Familienmitglied lässt sich auch weiter entwickeln. In Berlin wurde 2006 das Wohnprojekt „Carloft" vorgestellt: Elf exklusive Appartements in den Paul-Lincke-Höfen in Kreuzberg, deren Bewohner ihre Autos per Lift mit in die Wohnung nehmen, wo sie hinter einer Glaswand vor den Wohngemächern geparkt werden. Als einer der ersten Eigentümer eines trauten Autoheims wurde ein Auto-Designer von VW präsentiert.[39]

Die neu geschaffenen Autowelten von VW, Audi, Mercedes-Benz, Porsche und BMW wurden um aufwändige neue Auto-Museen ergänzt, die angeblich eine neue Baukunstrichtung verkörpern: die Carchitecture. Bezugspunkt dieser Bauten ist der Lingotto, ein fünf Stockwerke hoher Eisenbetonriegel, zwischen 1913 und 1924 von Fiat in einem Vorort von Turin errichtet und als ein „Altar der Bewegung" interpretiert.[40] Während das Fiat-Gebäude als Teil der Produktion gedacht war, stehen die neuen Automuseen als eine in Beton gegossene Verherrlichung der Autowelt da. In einem – durchaus wohlwollenden – Artikel über das 2006 eröffnete Mercedes-Benz-Museum bei Stuttgart heißt es: „... das beeindruckendste Exponat ist die (vom Museum aus zu beobachtende; W.W.) B 14, auf der – unmittelbar unter den Panoramascheiben – der Verkehr entlangdonnert."[41]

Die maßgeblichen Zeremonien für die aggressive Expansion der Autogesellschaft in die ehemalige Zweite und in die Dritte Welt sind, wie bei den Ursprüngen des Autos im Fordismus und Faschismus, noch immer die Autorennen und die Verherrlichung von unverantwortlicher Raserei als bewundernswerte Kühnheit. Als im Juni 2007 der polnische Formel-1-Pilot Robert Kubica beim Großen Preis von Kanada während eines Überholvorgangs mit Tempo 280 von der Strecke abkam, einen Frontflügel verlor, mit 230 km/h gegen eine Betonmauer prallte, überlebte und erklärte, bereits vier Wochen später beim nächsten Rennen in Indianapolis/USA mitzufahren, wurde er in Polen als Nationalheld gefeiert. (Die Ärzte erteilten ihm dann aber für jenes Rennen Startverbot.) Der Münchner Sportpsychologe Jan Mayer erteilte den Ratschlag, Kubica müsse nun „die Angst akzeptieren", dürfe dieser aber nicht gehorchen, denn: „Bei Angst wird früher gebremst, doch dann braucht man keinen Leistungssport mehr zu machen."[42]

2004 konnte der Formel-1-Zirkus seine Kreise erweitern und einen „Großen Preis von Bahrain" sowie die „Formel 1 von China" feiern. In Bahrain wurden als Konzession an die herrschende Kultur die Sieger mit alkoholfreiem Champagner geduscht. Auf einen körpernahen öffentlichen Einsatz von „grid girls" wurde ganz verzichtet. Als Vorteil wurde jedoch gepriesen, dass man hier dem europäischen Verbot der Tabakwerbung entfliehen konnte. Michael Schumacher staunte: „Das ist doch Wahnsinn: Mitten im Niemandsland taucht so ein Ding auf."

In der Nähe Schanghais wurde inmitten bitterer bäuerlicher Armut „so ein Ding" für 200.000 Zuschauer aus dem Boden gestampft; die offiziellen staatlichen Ausgaben für die nunmehr „größte Autorennstrecke der Welt" lagen bei 317 Mio. US-Dollar. Seit September 2004 ist China offizieller Bestandteil des jährlichen Formel-1-Zirkus, der sich rühmt, nun „tatsächlich eine Weltmeisterschaft" darzustellen, zumal mehr als die Hälfte der Rennen außerhalb Europas stattfinden.

„Die Jugend sucht neue Begeisterung und liebt die Freude an der Geschwindigkeit", weiß Shi Tianshu, Präsident der chinesischen Automobilsportvereinigung (FASC) und zugleich Abteilungsleiter im Pekinger Sportministerium.[43] Der Dirigent des Formel-1-Zirkus, Bernie Ecclestone, kann seine Meinung klarer äußern. „Ich glaube an die Diktatur. Nicht nur in der Formel 1, sondern überall. Nur so können Sie wirklich die Sachen schnell erledigen."[44]

Kapitel 18
Schlachtfeld Straße

Quentin Tarantino („Pulp Fiction") stellte gestern Abend in Berlin seinen Streifen „Death Proof – Todsicher" vor. Kurt Russell spielt darin einen fiesen Stuntman, der mit seinem Auto vier Frauen ermordet. Tarantino auf die Frage, ob es solche Killerautos wirklich gibt: „Ja, man kann jedes Auto so umbauen, dass der Fahrer alle Unfälle heil übersteht. 'Death Proof' heißt das Tuning der todsicheren Art. Der Ausdruck hat mich so begeistert, dass er 12 Jahre in meinem Kopf herumspukte – und sich jetzt daraus diese Story entwickelte."
Schwarzwälder Bote vom 24. Juli 2007

Marterl am Straßenrand, mit denen Angehörige von tödlich verunglückten Menschen der Verstorbenen gedenken, sind Ausdruck des bayerischen Lebensgefühls. Sie werden auch in Zukunft an Bayerns Straßen stehen.
Amtsleiter Hermann Jung, Ingolstadt, 1997[1]

Bridget Driscoll, eine Hausfrau aus Croydon, ging zu einer Folkdance-Veranstaltung im Crystal Palace im Süden Londons. Ihre Schwester und ein Freund begleiteten sie. Da geschah der Unfall. Zeugen sagten später aus, das Auto sei mit hoher Geschwindigkeit auf die Gruppe zugefahren – „ähnlich schnell wie ein Radfahrer". Die beiden rechten Räder rollten über Mrs. Driscoll. Zwei Minuten später war sie tot. Das Auto hatte sich auf einer Demonstrationsfahrt der Anglo-French Motor Car Company befunden. Man schrieb den 17. August 1896. Bridget Driscoll gilt als das erste Opfer des Automobil-Verkehrs. Der Unfall ereignete sich nur wenige Monate, nachdem die bis dahin geltende Vorschrift aufgehoben worden war, wonach jedem Motor-Auto ein Mann mit einer roten Fahne voranzugehen hatte.[2]

In seiner Rede anlässlich der Beisetzung von Mrs. Driscoll sagte der Geistliche: „Vergleichbares darf sich nie wieder ereignen." Seither – zwischen 1896 und Ende 2007 – hat der Autoverkehr weltweit rund 35 Millionen Tote und rund 500 Millionen Schwerverletzte gefordert. Die schweren Straßenverkehrsunfälle entwickelten sich parallel mit der Automotorisierung. Grundsätzlich liegt die Zahl der bei dieser Verkehrsform Getöteten bei einem Vielfachen aller anderen Transportarten, auch dann, wenn dies auf eine feste Transporteinheit bezogen wird.

Es kam zu einer spezifischen Wellenbewegung, die sich in den verschiedenen Regionen der Welt parallel mit der Automotorisierung wiederholte. In den USA, wo die massenhafte Automotorisierung in den 1920er Jahren stattfand, gab es bereits 1929 30.000 durch den Kfz-Verkehr getötete Menschen. Einen traurigen Höhepunkt bildete das Jahr 1972, als in den USA knapp 55.000 Straßenverkehrstote gezählt wurden. Dieser Blutzoll binnen eines Jahres lag immerhin höher als die Zahl aller US-Amerikaner, die im Vietnam-Krieg 1965-1974 getötet wurden.[3] Danach ging in den USA die Zahl der Kfz-Toten zurück, obgleich sich die Motorisierung weiter steigerte. Der Grund lag auch in der Durchsetzung von – im Vergleich zu Europa – weitreichenden Geschwindigkeitsbegrenzungen. Seit 1994 sinken die absoluten Zahlen in den USA nicht mehr. Sie hatten sich zunächst bei 43.000 Toten pro Jahr „eingependelt“ und stiegen 2004 erneut an.

Es folgte, wie beschrieben, die Automotorisierung in Westeuropa. Hier gab es 1970 den traurigen Höchststand mit fast 80.000 Straßenverkehrsopfern auf dem Gebiet der späteren 15 EU-Staaten. Seither ist in Westeuropa – erneut bei weiter steigender Automotorisierung – die Zahl der Straßenverkehrstoten rückläufig.

In Japan erfolgte die Automotorisierung nochmals verzögert. Sie war mit einem deutlichen Anstieg der Straßenverkehrsopfer verbunden: 1999 gab es 9.006 Tote. Seither ist die Zahl der im Kfz-Verkehr Getöteten auch in absoluten Zahlen rückläufig.

Zu einer neuen Welle gestiegener Zahlen an Straßenverkehrsopfern kam es seit den 1990er Jahren in Mittel- und Osteuropa sowie seit Ende des 20. bzw. seit Beginn des 21. Jahrhunderts in den Schwellenländern und in der Dritten Welt. Darauf wird noch einzugehen sein. Da die unterschiedlichen Motorisierungswellen phasenversetzt stattfinden und der Rückgang in den inzwischen hoch motorisierten Ländern weit geringer ist als der Anstieg in den neu motorisierten Regionen, steigt seit Erfindung des Automobils insgesamt die Zahl jener, die jährlich im Wortsinn unter die Räder kommen.

35 Millionen Tote seit Erfindung des Automobils

Die Statistiken über die Verkehrsopfer werden weltweit sehr unterschiedlich erhoben. Oder auch nicht erhoben: Ein halbes Hundert – meist niedrig motorisierte – Länder, in denen rund 300 Mio. Menschen leben, führten beim Stand 2000 keine Statistik zu den Opfern im Straßenverkehr.[4] Wo es eine offizielle Statistik gibt, liegen die Zahlen in der Regel deutlich zu niedrig. Die Weltbank, die Weltgesundheitsorganisation (WHO), die Asian Development Bank (ADB) und eine Reihe von Wissenschaftlerinnen und Wissenschaftlern haben in jüngerer Zeit zu diesem Thema Studien vorgelegt, die teilweise aufeinander aufbauen, teilweise einander ergänzen. Klaus Gietinger hat auf Basis dieser Studien und ergänzt um eigene Forschungen Anfang 2007 eine gründliche Gesamtrechnung vorgelegt. Dieser zufolge wurden im Jahr 2005 weltweit 955.892 Menschen im Straßenverkehr getötet, fast doppelt so viel wie die addierten offiziellen Zahlen (563.313) ausweisen.[5] Gietingers Zahl von zu diesem Zeitpunkt rund einer Million Straßenverkehrsopfer jährlich ist dabei eher konservativ – also vorsichtig – geschätzt. Die WHO etwa kam hochgerechnet auf das Jahr 2005 mit 1,28 Mio. auf eine deutlich höhere Opferzahl.[6] Die offiziellen Angaben einzelner Polizeiverwaltungen und Verkehrsministerien stellen teilweise groteske Beschönigungen des realen Blutzolls dar. So monierte die Asian Development Bank in ihrer Studie zu den tatsächlichen Verkehrstoten im Raum Südost-Asien – ohne China – laut der britischen „Financial Times": „In Indonesien behauptet die Polizei, dass 2003 8.761 Menschen durch Straßenverkehrsunfälle getötet und 13.941 verletzt wurden; die ADB dagegen nennt als realistische Zahl 30.000 Tote und 2,5 Millionen Verletzte. Für die Philippinen liegt die offizielle Opferzahl für 2003 bei 995 Toten und 6.790 Verletzten. Demgegenüber kommt die ADB auf 9.000 Getötete und fast eine halbe Million Verletzte."[7] Gietinger verweist darauf, dass „die extremste Abweichung im Fall des Irans vorliegt, wo eine zehnmal höhere Zahl als die offizielle als realistisch angenommen" werde. In der Türkei gibt es, so der Autor, „nach Angaben türkischer Medien doppelt so viele Opfer wie offiziell registriert".[8]

In einer Gesamtrechnung für die Zeit seit Erfindung des Automobils – für die Jahre 1900-2005 – kommt Gietinger auf 35,4 Millionen Straßenverkehrstote.[9] Das deckt sich weitgehend mit vorausgegangenen veröffentlichten Angaben, wonach es bis 1985 bereits 25 Millionen Straßenverkehrstote gegeben habe.[10] Um es hier festzuhalten: Es dürfte keine zivile technische Erfindung in der Menschheitsgeschichte gegeben haben, die auch nur annähernd mit einem derart hohen Blutzoll verbunden war – und weiter verbunden ist. Denn in einem sind sich alle Wissenschafter und alle mit dem Thema befassten Institutionen einig: Die Zahl der im Straßenverkehr Getöteten und Verletzten wird insbesondere in den nächsten zwei bis drei Jahrzehnten drastisch ansteigen. Der Grund liegt darin, dass es derzeit zu der beschriebenen weltweiten Verallgemeinerung der Automotorisierung kommt und nun erst die große Mehrheit der Weltbevölkerung unter die Räder dieser Verkehrsorganisation gerät. Dies erfolgt in zwei knapp aufeinander folgenden neuen Wellen.

Seit Anfang der 1990er Jahre gibt es die Motorisierungswelle in den Ländern Mittel- und Osteuropas und gleichzeitig jene in der Türkei. Exemplarisch war der Anstieg der Todeszahlen auf dem Gebiet der ehemaligen DDR bzw. in den neuen Bundesländern der erweiterten Bundesrepublik Deutschland. In der DDR war die Zahl der Straßenverkehrstoten ab 1978 deutlich rückläufig – trotz der weiter ansteigenden Motorisierung. 1978 lag diese Zahl bei 2.600; 1989 bei 1.330. 1991 explodierte die Zahl förmlich auf 3.800. Im Jahr 2001 lag die Zahl derjenigen, die in den neuen Bundesländern auf den Straßen getötet wurden, über 2.000 und damit über dem Stand von 1989. Zwischen 1990 und 2001 gab es durch Straßenverkehrsunfälle auf dem Gebiet der ehemaligen DDR insgesamt etwa 12.000 Tote. Dieser hohe Blutzoll ist keineswegs, wie oft dargestellt, eine Art „Preis für Freiheit und Mobilität"; darauf wird zurückzukommen sein.

In Polen, Ungarn, Tschechien und der Slowakei gab es 1996 nach den offiziellen Angaben 9.937 Straßenverkehrstote – mehr als das Doppelte dessen, was Ende der 1980er Jahre gezählt wurde. Diese Zahl stieg weiter – 1998 waren es in dieser Ländergruppe 10.630 Straßenverkehrstote. Erst 2000, als 9.608 Kfz-Verkehrstote gezählt wurden, begann der langsame Abbau. Damit gibt es in Europa weitreichende Unterschiede hinsichtlich der Gefährdung durch den Autoverkehr. In Tschechien kamen 2004 statistisch 11,8 Straßenverkehrstote auf 100.000 Einwohner, in Österreich waren es 7,9 und in Deutschland 7,1.[11]

Inzwischen stieg die Zahl der Verkehrsopfer in anderen Ländern, so in Litauen, gegenüber dem Niveau von Mitte der 1990er Jahre bis 2004 weiter an.[12] Selbst in einigen Ländern mit sehr hohem Automotorisierungsgrad bleibt es bei dem sehr hohen Blutzoll. So lag in Spanien 1996 und 1997 die Zahl der Kfz-Verkehrstoten bei 5.483 bzw. 5.605, doch in den Folgejahren kam es erneut zu einem Anstieg; 2004 waren es 5.741 Straßenverkehrstote. Es ist auch nicht ohne weiteres zu erklären, warum die Schweiz ein sehr niedriges Niveau der Straßenverkehrsopfer hat und es hier gelang, dieses weiter kontinuierlich abzubauen (1996: 616; 1999: 583; 2004: 510), wohingegen das ähnlich große und vergleichbar strukturierte Österreich eine weit höhere Straßenverkehrsopferzahl ausweist, bei der auch der Rückgang weniger deutlich ausfällt (1996: 1.027; 1999: 1.079; 2004: 878).[13]

Blutzoll in den Schwellenländern und in der Dritten Welt

Die gravierendsten Folgen zeitigt die Automotorisierung in den Schwellenländern und in der Dritten Welt. In Afrika und Asien sind vielfach private Busse, Minibusse und Lastwagen in Unfälle mit tödlichen Folgen verwickelt. In Nigeria, so Gietinger, „werden diese Fortbewegungsmittel im Volksmund als 'rollende Leichenhäuser' und 'fliegende Särge' bezeichnet. Sie sind alt, schlecht gewartet, überladen und werden meist aggressiv gefahren und nicht selten von einem betrunkenen Fahrer gesteuert".[14] Auch in Lateinamerika stiegen die Opferzahlen nochmals deutlich an, obwohl die Region bereits einen hohen Motorisierungsgrad erreicht hat. Teilweise werden auch erst jetzt die realen Zahlen bekannt. Nach einer Untersuchung der Interamerikanischen Entwicklungsbank lag in Brasilien im Jahr 2004 die tatsächliche Zahl der Straßenverkehrsopfer bei 50.000; die offizielle Angabe war rund 32.000. Grundsätzlich sind es weltweit deutlich mehr Männer als Frauen, die im Straßenverkehr getötet werden. In den Schwellenländern und in der Dritten Welt liegt der Anteil der Männer unter allen Straßenverkehrsopfern bei zwei Dritteln; im stark patriarchalisch geprägten Brasilien sind es rund 80%. Die offene Gewalt des Straßenverkehrs richtet sich in starkem Maß gegen die Schwächsten; Klaus Gietinger: „Starben in São Paulo binnen eines Jahres 1.621 Fußgänger durch Kontakt mit einem Motorfahrzeug, so waren es in New York 271 und in Tokio 43.“[15] Auf Kuba waren die Straßenverkehrsopfer lange Zeit kein Thema in der Öffentlichkeit. Als am 27. November 2002 der bekannte Sänger Polo Montañez an den Folgen eines Autounfalls starb, entwickelte sich auf der Insel mit dem eher gering entwickelten Autoverkehr erstmals eine breite Debatte zu den enormen Kfz-Verkehrs-Opferzahlen. Allein im Jahr 2000 wurden 1.636 Männer und 413 Frauen durch Straßenverkehrsunfälle getötet – auch hier ist das männliche Geschlecht mit einem 80-Prozent-Anteil auf traurige Weise Avantgarde. Eine kubanische Berechnung zu den Verkehrsopfern über einen längeren Zeitraum ergab, dass zwischen 1975 und 2001 auf Kuba 30.000 Menschen ihr Leben durch einen Autoverkehrsunfall verloren.[16]

In China liegt die Zahl der pro Jahr im Straßenverkehr Getöteten höher als 100.000, in Indien bei 85.000; nach Schätzungen des Verkehrsinstituts in Peking (im Fall China) bzw. der Weltbank (im Fall Indien) sind es in beiden Ländern deutlich mehr als 140.000 Straßenverkehrstote pro Jahr.[17] Die WHO geht davon aus, dass Verletzungen bei Verkehrsunfällen inzwischen „die Haupttodesursachen bei Chinesen im Alter zwischen 15 und 45 Jahren darstellen“. Bezogen auf die gesamte Bevölkerung Chinas stellen „Verkehrsunfälle nach Lungenkrebs die häufigste Todesursache dar“.[18] Ein Spezifikum der in China geltenden Regelungen hinsichtlich Entschädigungszahlungen bei Unfällen scheint dazu zu führen, dass in Einzelfällen Autofahrer angefahrene und verletzte Verkehrsteilnehmer absichtlich töten. Aus einem Bericht im Jahr 2007: „‘Malu Zhuihun Shou’ werden sie in China genannt. Frei übersetzt: ‘Seelenjäger der Straße’. Um Entschädigungszahlungen und teure Behandlungen zu vermeiden, fahren Autofahrer in China Medienberichten zufolge die Opfer von Verkehrsunfällen absichtlich tot. ‘Fälle wie dieser passieren häufig’, meldet die Tianfu Morgenzeitung.“ Im Dezember 2006 hatte ein dreijähriger Junge in der Provinz Sichuan auf der Straße gespielt, als ein Mercedes ihn anfuhr und verletzte. Der Fahrer, führender Mitarbeiter einer Aluminiumfabrik, stieg laut Augenzeugenberichten aus, schaute sich den Jungen an, um wieder einzusteigen und das Kind zu überrollen. Als die Polizei und ein Arzt eintrafen, war es tot. Laut Gesetz muss ein Unfallverursacher den Hinterbliebenen im Fall eines tödlichen Verkehrsunfalls eine einmalige Entschädigung bezahlen. Diese ist sozial gestaffelt und liegt im Fall eines getöteten Bauern bei einem Drittel dessen, was im Fall eines getöteten Städters zu bezahlen ist. „Wenn das Opfer den Unfall überlebt, sind die Kosten oft deutlich höher. Der Autofahrer muss dann für die Behandlung im Krankenhaus, den Verdienstausfall und ein Schmerzensgeld aufkommen.“[19]

2006 wurde nach den zitierten Berechnungen von Klaus Gietinger weltweit erstmals die Zahl von einer Million Straßenverkehrstoten überschritten. In Übereinstimmung mit den Studien, die in den Jahren zuvor erstellt worden waren, geht Gietinger beim Stand des Jahres 2007 davon aus, dass bei einem Fortgang der Automotorisierung in einer Form, wie sie sich bisher abzeichnet, die Zahl der jährlich auf den Straßen der Welt Getöteten bis Ende der 2020er Jahre kontinuierlich anwachsen und 2028 die Zahl von zwei Millionen Toten pro Jahr übersteigen wird. Die Zahl der Straßenverkehrsopfer wird dabei deutlich schneller anwachsen als die Weltbevölkerung. 2005 lag die Todesrate – die Zahl der im Kfz-Verkehr Getöteten bezogen auf 100.000 Einwohner – bei 16,4; im Jahr 2030 würde sie bei 25 liegen. Während es, wie angeführt, von der Erfindung des Automobils bis 2005 rund 35 Millionen Straßenverkehrstote gab, würden es bis zum Jahr 2030 (und für den Zeitraum 1900-2030) 75 Millionen sein. Nicht zu vergessen die erschreckend hohen Zahlen der Verletzten. 2005 wurden 35 Millionen Menschen im Straßenverkehr verletzt; 2030 werden es 70 Millionen sein. Ein großer Teil ist dabei psychisch und physisch fürs Leben gezeichnet. Klaus Gietingers Bilanz deckt sich mit den Aussagen von WHO und Weltbank: „Das Risiko, in einem Straßenverkehrsunfall getötet oder verletzt zu werden, wird in 25 Jahren zu den höchsten Risiken weltweit gehören.“[20]

Die Legende vom Preis der Mobilität

Es gibt eine Reihe von Relativierungen solcher Berechnungen. Eine erste, eher allgemeine lautet: Das ist der Preis für Freiheit und Mobilität. Eine weitere, diese ergänzende läuft auf die Aussage hinaus: Aber die Leute wollen es doch so – sie wünschen diese Form der Automobilität. Eine dritte besagt: Die Zahl der Straßenverkehrstoten sinkt in allen Regionen irgendwann wieder, siehe OECD-Staaten und siehe insbesondere Europa; irgendwann werde überall ein einigermaßen akzeptables tiefes Niveau erreicht werden.

Alle drei Relativierungen sind verantwortungslos, sachlich nicht haltbar und zynisch. Zunächst einmal ist diese Form des Verkehrswachstums unnötig, überflüssig und irrational. Sie wird zu einem großen Teil durch die Zerstörung von Strukturen für kurze Wege und durch die Beseitigung der nichtmotorisierten Verkehrsarten erzwungen. Für alle in Frage kommenden Länder und Regionen gibt es Entwicklungsmodelle für einen Verkehrssektor, der aus einer sinnvollen Mischung aus nichtmotorisierten Verkehrsarten, Eisenbahnverkehr und übrigem öffentlichen Verkehr besteht. Dieser würde nicht einmal ein Dreißigstel des Blutzolls erfordern, der mit der Automotorisierung abverlangt wird. Selbst wenn man den Straßenverkehr direkt mit dem schienengebundenen Verkehr vergleicht – und auf

Modelle von Verkehrsvermeidung und auf einen Mix von motorisiertem und nichtmotorisiertem Verkehr verzichtet –, besagen alle Untersuchungen, dass es im Straßenverkehr bezogen auf eine Einheit Personen- und Güterverkehrsleistung – 1 Mrd. Einheitskilometer (= Personen- und Tonnenkilometer addiert) – mindestens zehnmal mehr Todesfälle durch Verkehrsunfälle und 50-mal mehr Verletzte durch Unfälle gibt.[21] Da solchen eher abstrakten Vergleichszahlen oft ein – wenig begründetes – Misstrauen entgegenschlägt, sei ein Vergleich aus der Praxis angeführt. Japan war in den Jahren 1966-1975 bereits eine reiche, entwickelte und mobile Gesellschaft – reicher, entwickelter und mobiler als etwa die gegenwärtige chinesische oder indische. Nun gab es in dem genannten Zeitraum in Japan insgesamt nur 190 Tote im Schienenverkehr, aber gleichzeitig bereits 46.486 Straßenverkehrstote. Oder: Im japanischen – damals noch eher gering entwickelten – Straßenverkehr wurden im Zeittraum 1966-1975 245-mal mehr Menschen getötet als im Schienenverkehr. Dieser Vergleich ist deshalb besonders aussagekräftig, weil es im japanischen Schienenverkehr in diesem Zeitraum eine größere Verkehrsleistung gab als im Autoverkehr in derselben Periode. Das britische Blatt „The Economist" brachte diesen beeindruckenden Vergleich und kommentierte ihn wie folgt: „Aber solchen Statistiken wird heutzutage kein größeres Gewicht beigemessen – weder bei den Politikern noch bei den Wählern."[22]

Das Argument, es handle sich bei dem gewaltigen Blutzoll des Straßenverkehrs um einen Preis der Freiheit, ist zynisch, weil es selbst bei einem rein immanenten Vergleich der Automotorisierung enorme Unterschiede zwischen den Unfallzahlen einzelner Länder gibt. Würden auch nur elementare Sicherheitsmaßnahmen wie strikte Geschwindigkeitsbeschränkungen, Gurtanlegepflichten und Alkoholverbot für Kfz-Fahrer eingeführt sowie die dafür erforderlichen Strukturen und Kontrollen geschaffen, ließe sich die Zahl der Getöteten und Verletzten drastisch reduzieren. Nehmen wir das Beispiel DDR bzw. die neuen (deutschen) Bundesländer. Es gab in der DDR bis 1989 im Kfz-Verkehr eine Maximalgeschwindigkeit von Tempo 100 km/h auf Autobahnen und ein Null-Promille-Alkohol-Gebot am Steuer. Mit der deutschen Einheit gab es über Nacht Tempofreiheit auf Autobahnen und eine 0,8-Promille-Grenze. Noch 17 Jahre nach der deutschen Einheit gibt es Sonderregelungen für große Teile der Bevölkerung in den neuen Bundesländern, sodass diese meist deutlich weniger verdienen und länger arbeiten müssen. Doch beim Autoverkehr musste über Nacht die Gleichmacherei her. Diese verhieß einen Taumel in die neue Automotorisierung, sie war gleichbedeutend mit schnellen Einbrüchen beim Schienenverkehr und bei den übrigen öffentlichen Verkehrsmitteln und damit ein Synonym für eine optimale Profitmaximierung bei den Autokonzernen. Es wurde auch einiges dafür getan, dass die unzureichende Vereinheitlichung von Straßenverkehrsordnungen in einzelnen europäischen Staaten aufrechterhalten und ausgenutzt werden konnte. Bis zum 1. Juni 2006 – gut 15 Jahre nach der

Wende – war es möglich, dass ein Deutscher, der zu Hause den Führerschein abgeben musste, zu einer tschechischen Fahrschule gehen und einen neuen Führerschein erwerben konnte. Mehr als 1.000 Deutsche sind nach Erkenntnissen der Behörden diesen neuartigen „kurzen Dienstweg“ gegangen. Seit Mitte 2006 ist das auf diese einfache Weise nicht mehr möglich. Doch wenn ein Bundesbürger, dem der Führerschein abgenommen wurde, in Tschechien seinen Erstwohnsitz nimmt – was bei einer guten Einkommens- und Vermögenslage machbar ist –, steht ihm dieser Weg weiterhin offen.[23]

Es gibt keine ernsthaften Initiativen, die absehbaren absurden und die Gesellschaft immens teuer zu stehen kommenden Steigerungen des Autoverkehrs in den Schwellenländern und der Dritten Welt wenigstens zu begrenzen. Im Gegenteil – man fördert den zerstörerischen Prozess aus reiner Profitgier. Der in Deutschland wie ein Autopapst gehandelte Prof. Ferdinand Dudenhöffer forderte im Juli 2007, die deutsche Autoindustrie müsse endlich einen „Billigwagen für weniger als 4.000 Euro“ für die Schwellenländer und die Dritte Welt bauen. „Verglichen mit Mofas, auf denen in China ganze Familien ohne Helme durch die Straßen“ knatterten, böten „selbst Billigautos ausreichend Schutz“. Es geht nicht um die Beglückung der Menschen mit Mobilität. Man will dabei sein und mitverdienen unter Hinnahme des gewaltigen und zum großen Teil vermeidbaren Blutzolls. Ausdrücklich verweist Dudenhöffer darauf, dass indische „Hersteller wie Maruti und Tata“ solche preiswerten Autos entwickeln und die deutsche Autobranche Gefahr laufen würde, „den Eintritt in diesen Wachstumsmarkt zu verschlafen“.[24]

Die Behauptung, diese Art der Auto-Massenmotorisierung sei von der jeweiligen Bevölkerung gewollt, ist willkürlich und unbewiesen. Tatsächlich wird die Bevölkerung nirgendwo gefragt. Rein statistisch ist es auch so, dass selbst bei krisenfreier Weiterentwicklung der Automotorisierung die Mehrheit der Menschen in der Dritten Welt auch in 25 Jahren über keinen Pkw für die eigene Mobilität verfügen wird. Objektiv kann die Mehrheit gar kein Interesse an diesem Prozess haben. Der wichtigste Aspekt aber besteht darin, dass der Prozess der Massenmotorisierung als alternativenlos dargestellt und alles getan wird, um andere Entwicklungsmöglichkeiten zu zerstören – etwa durch die beschriebenen Bahnprivatisierungen. Schon gar nicht wird versucht, den Menschen deutlich zu machen, mit welchen Gefahren für Leib und Leben der beschrittene Entwicklungspfad verbunden ist – und mit welchen Gefahren für die Umwelt und für das weltweite Klima.

Letzteres ist auch kaum möglich. Wie sollten die Regierungen der OECD-Länder, wie könnte die US-Regierung, wie die Europäische Kommission den Bevölkerungen in den Schwellenländern, in Indien und China einen Verzicht auf Automotorisierung predigen, wenn sie selbst die in den eigenen Regionen bestehende extrem hohe Automotorisierung weiter vorantreiben und in Nordamerika bereits dem Tag entgegensehen, an dem es mehr Autos als Menschen geben wird?

Somit bleibt die Behauptung, es gebe irgendwann überall ein akzeptables niedriges Niveau der Straßenverkehrsopfer. Zunächst ist etwas zum Zeitpunkt zu sagen. Allerorten wird in Sonntagsreden beklagt, die Zahl der Straßenverkehrsopfer sei unverantwortlich hoch. Nun besagen die belastbaren Statistiken, dass diese Zahl sich weltweit im nächsten Vierteljahrhundert verdoppeln wird. Um danach vielleicht zurückzugehen. Rund eine Generation lang läge sie also bedeutend höher, als sie heute bereits ist. Sodann wäre zu untersuchen, worin der Rückgang, wenn es ihn denn gibt, besteht und welche Faktoren zu einem Absinken der Verkehrsopferzahlen führen.

Unbestreitbar ist ein Rückgang dieser Zahlen, wie es ihn in Europa seit Mitte der 1990er Jahre gibt, positiv zu werten. Einige Aspekte, weshalb es dazu kommt, bedürfen allerdings einer kritischen Würdigung. So nimmt die Zahl der Fußgänger und Radfahrer ab, während immer mehr Menschen in Autos sitzen und diese immer sicherer werden. Es verbessern sich Fahrverhalten und Gurtanlegequoten, während sich zugleich Geschwindigkeitsbegrenzungen und Tempolimits verallgemeinern. Gleichzeitig erobert das Auto den öffentlichen Raum. Die Straßen, die früher allen zur Verfügung standen und traditionell Orte der Kommunikation waren, werden zu Autostraßen; die Menschen werden aus dem Straßenbild und aus großen Teilen des Stadtbildes schlicht verdrängt. Das trifft insbesondere Kinder, für die der Lebens- und Spielraum massiv eingeschränkt wird, bereits aus dem Grund, weil inzwischen der Aufenthalt im Straßenraum lebensgefährlich ist. Das trifft auch ältere Menschen, für die insbesondere in südlichen Ländern der Straßenrand ein traditioneller Aufenthaltsort war und oft weiter ist. Schließlich führt der massenhafte Autoverkehr dazu, dass die Durchschnittsgeschwindigkeit des Pkw-Verkehrs in den Städten deutlich abnimmt und sich teilweise auf dem Niveau eines Fahrradfahrers bewegt; bei Stop-and-Go und Dauerstau sind Fußgänger gelegentlich schneller unterwegs als die Transportgefäße, aus denen sich die Blechlawine bildet. Als positiver Nebeneffekt steckt dann Gevatter Tod selbst im Stau. Die hier angeführten Faktoren, die zum Rückgang der Straßenverkehrsopfer beigetragen haben, sind also auch mit einem Abbau an Urbanität und Lebensqualität verbunden.

Dunkelziffer bei den Kfz-Verkehrstoten per Definition

Hinzu kommt, dass der offizielle Rückgang der Straßenverkehrstoten teilweise durch die spezifische Definition dessen, was als Kfz-Verkehrstoter zählt, erklärt wird. Nach europäischer Standard-Definition wird ein Mensch als Verkehrsopfer definiert, wenn er binnen 30 Tagen nach einem Verkehrsunfall an den Folgen desselben stirbt. Bereits 1984 veröffentlichte die Zeitschrift „Bild der Wissenschaft" die Zusammenfassung dreier Pilotstudien, in denen in zwei westdeutschen Städten und einem Bundesland sämtliche Todesfälle der Jahre 1970-1980 untersucht wurden. Bilanz: „Es scheint, dass sich die amtliche Statistik von der tatsächlichen Zahl der verunglückten Verkehrsteilnehmer signifikant unterscheidet." Eine wesentliche Rolle spiele dabei „die Tatsache, dass immer häufiger Verletzte mehr als 30 Tage überlebten" und nach dieser Frist an den Unfallfolgen stürben. „Während in Hamburg 1970 nur neun Prozent derjenigen, die schließlich an den Unfallfolgen gestorben sind, mehr als 30 Tage überlebten, waren es 1980 bereits 18 Prozent." Dem zufolge sei der „Rückgang (der ausgewiesenen Zahlen der Verkehrstoten; W.W.) nicht ausschließlich Verdienst verbesserter Sicherheitsmaßnahmen, sondern zumindest auch ein Erfolg verbesserter medizinischer Versorgung" – und somit trügerisch.[25] Ähnlich bilanzierten das die Ärzte Till Bastian und Harald Theml, die davon ausgehen, dass „der Anteil der Verkehrstoten, die mehr als 30 Tage nach dem Unfall sterben, bei 10 bis 20 Prozent liegt", was auch durch Untersuchungen der Bundesanstalt für Straßenwesen (Bast) unterstrichen werde.[26] Demnach müsse zum Zeitpunkt 1990 mit „fast 2.000 unbekannten Unfalltoten im Jahresdurchschnitt" gerechnet werden. Umgerechnet auf die inzwischen weiter gesunkenen Zahlen mit Toten und Schwerverletzten im Straßenverkehr wären dies im Jahr 2005 rund 1.500 „unbekannte" – oder besser: nicht registrierte – Straßenverkehrstote gewesen.

Wer es ernst meint mit der Feststellung, die Verkehrsopferzahlen seien zu hoch und müssten dringend weiter reduziert werden, der müsste dafür eintreten, dass die bestehenden Tempolimits erneut deutlich gesenkt werden und, im Fall der Bundesrepublik Deutschland, dass als Erstes auf allen Autobahnen ein allgemeines Limit für die Höchstgeschwindigkeit festgelegt wird. Es gibt einen unbestreitbaren Zusammenhang zwischen Topgeschwindigkeiten und Verkehrsopfern. Die 636.000 deutschen Autos, die Spitzengeschwindigkeiten von 240 km/h und mehr ermöglichen, machten im Jahr 2005 im gesamten deutschen Pkw-Bestand 1,4% aus. Doch sie waren für 3,1% der im Straßenverkehr Getöteten verantwortlich – das heißt, diese Autos töten 2,2-mal mehr, als es ihrem eigentlichen Anteil entspricht.[27] Die gefahrene Geschwindigkeit eines Fahrzeugs beeinflusst sowohl die Wahrscheinlichkeit einer Kollision mit einem anderen Verkehrsteilnehmer als auch die Schwere der dabei auftretenden Unfallfolgen.[28]

Doch der Weg der reduzierten oder erst einzuführenden Tempolimits wird in der Regel nicht gegangen. Stattdessen herrscht die Tendenz vor, aus dem Unfallgeschehen, aus Tod, Schmerz und Leid ein neues Geschäftsfeld zu entwickeln. Die Kurzformel dazu lautet eCall. Geplant ist, so Bundesverkehrsminister Wolfgang Tiefensee im Juni 2007, „dass möglichst von 2010 an alle neu in Europa auf den Markt gelangenden Pkws mit eCall ausgerüstet werden". Es geht um die Einführung eines aufwändigen europaweiten elektronischen Notrufsystems. Werden die Airbags eines mit eCall ausgerüsteten Pkw ausgelöst, dann schickt das System automatisch eine Daten-SMS mit Rufnummer und über Satellit ermittelter Positionsbestimmung des Unfallfahrzeugs. Über ein integriertes Telefonmodul versucht eine Leitstelle dann einerseits, die Fahrzeuginsassen zu erreichen (um Fehlalarme möglichst zu reduzieren), gleichzeitig wird der nächstgelegene Rettungsdienst alarmiert. Unter idealen Bedingungen können die Sanitäter dann doppelt so schnell wie bisher bei den Verletzten sein. Das System wird allerdings erstens teuer sein (und pro Pkw zwischen 1.000 und 2.000 Euro Mehrkosten verursachen). Zweitens ist es mit einer beträchtlich hohen Zahl von Fehlmeldungen verbunden, was die Kosten steigert. Es dürfte somit drittens die ohnehin vorherrschenden Tendenzen zu einer Mehrklassen-Medizin verstärken. In den USA, wo es eCall seit geraumer Zeit gibt, waren damit Anfang 2007 erst 1,4 Millionen Autos ausgestattet – eCall gilt als „Standard in der automobilen Oberklasse". Tatsächlich geht es um den Aufbau eines neuen, gewaltigen Geschäftszweigs, zumal eCall mit zusätzlichen Assistenzdiensten wie Pannenhilfen, dem ferngesteuerten Aufsperren des Fahrzeugs oder der Ortung von gestohlenen Autos verbunden werden soll. „Klar ist", so ein für eCall werbender Bericht, „dass es bei eCall nicht nur um Leben und Tod, sondern auch um viel Geld geht."[29]

Kapitel 19
Externe Kosten des Autoverkehrs oder Das vergessene Zehntel-BIP

> Wir bringen hier Menschenopfer in einer gigantischen Art und Weise, wo man auch Vergleiche anstellen kann mit Menschenopfern primitiver Kulturen. Wenn eine Gruppe von Menschen heute auf die Idee käme, eine neue Technologie einzuführen, die auch nur einen Bruchteil dieser Menschenopfer mit sich bringen würde, dann können wir uns ausmalen, was passieren würde, wenn diskutiert würde, eine solche Technologie einzuführen … Da die Technologie Auto sich inzwischen seit Jahrzehnten etabliert hat … ist die psychologische Situation seltsamerweise eine andere. … Wenn bei uns keine grundlegende Änderung der Verkehrspolitik erfolgt, dann heißt das, daß in Zukunft jedes 95ste heute geborene Kind im Lauf seines Lebens durch das Auto getötet wird und daß zwei von drei Kindern im Lauf ihres Lebens durch einen Autounfall verletzt werden. Anders formuliert: Wenn man sich einen Parkplatz mit 400 Autos vorstellt: Eines davon wird mit statistischer Sicherheit einen Menschen töten und jeder siebte Pkw wird einen Menschen verletzten. Und das nehmen wir in Kauf!
>
> *Dieter Teufel, Verkehrswissenschaftler*[1]

> Ich denke nicht, dass irgend jemand in der Lage ist, eine durch wissenschaftliche Analyse belegbare Angabe über die tatsächlichen Kosten des Straßengüterverkehrs zu machen.
>
> *Mathias Grüter, Direktor Transeuropäische Verkehre bei der Europäischen Kommission*[2]

Im ersten Halbjahr 2007 gab es intensive Debatten zum Thema Klima. Gleich am Anfang des Jahres sorgte der Klima-Bericht des Leiters des volkswirtschaftlichen Dienstes der britischen Regierung, Nicholas Stern, der so genannte Stern-Report, weltweit für Schlagzeilen. Stern war zuvor Chefökonom bei der Weltbank und versteht sich als Neoliberaler. Auch er gelangte zu der Schlussfolgerung: „Das Risiko, dass sich (im Fall einer „Weiter so“-Politik; W.W.) die Erdtemperatur in den kommenden Jahrzehnten um fünf Grad erwärmt, liegt bei 50 Prozent.“ Stern forderte, im Rahmen der Marktwirtschaft, drastische Gegenmaßnahmen; der damalige Premierminister Tony Blair und sein Finanzminister Gordon Brown, der kurz darauf neuer britischer Premier wurde, schlossen sich dem an.[3] Der Klimabeirat der Vereinten Nationen, IPCC, legte im Frühjahr 2007 seinen Klimabericht vor, der ein deutlich bedrohlicheres Bild über die tatsächlichen Klimaveränderungen lieferte als das bisher Kommunizierte. Erneut beherrschte das Thema an vielen Tagen die Titelseiten der großen Zeitungen; nun wurde es sogar von der Boulevard-Presse mit Schlagzeilen auf den ersten Seiten aufgegriffen. Im Juli 2007 wandte sich der ehemalige Vizepräsident der USA, Al Gore, mit einem dramatischen Appell an die Weltöffentlichkeit: „Bereits innerhalb der nächsten zehn Jahre könnte es so weit sein, dass die Bewohnbarkeit des Planeten so weit abgenommen hat, dass der Schaden irreparabel ist."[4] Schließlich legte – ebenfalls im Juli 2007 – die OECD eine umfangreiche „ökologische Bestandsaufnahme" vor, in der vor den Klimaveränderungen gewarnt und vor allem die chinesische Regierung kritisiert wird – unter anderem, weil sie „tatenlos zusieht, wie immer mehr Privatautos die städtischen Straßen verstopfen", während „der Ausbau des Nahverkehrs keine ausreichende Beachtung" fände und – man höre, staune und lese – „die Nutzung von Fahrrädern zurückgegangen" sei.[5]

Doch das Thema Verkehr und die Rolle des Straßenverkehrs in den hochentwickelten Ländern spielten in allen diesen Debatten kaum eine Rolle. Selbst die im Frühjahr 2007 innerhalb der Europäischen Union geführte Diskussion über die Politik der europäischen Autokonzerne wurde nur äußerst begrenzt geführt: Kritisiert wurden die Fahrzeugbauer, weil sie nicht bereit sind, eine zuvor eingegangene freiwillige Selbstverpflichtung bei der Reduktion des CO_2-Ausstoßes der europäischen Pkw-Produktion einzuhalten. Doch es gab keine grundsätzliche Debatte zur Rolle des Straßenverkehrs als Teil des Klimaproblems. Die Aspekte Lkw-Verkehr, Flugverkehr, Seeschifffahrt und der weitere Abbau des Schienenverkehrs unter anderem als Folge der Bahnprivatisierungen wurden fast komplett ausgeblendet.[6]

Das widerspricht den harten Fakten. Laut UN-Klimabericht ist der Verkehr bei der Produktion des entscheidenden Treibhausgases Kohlendioxid (CO_2) der viertwichtigste Sektor – nach der Land- und Forstwirtschaft, der Energieversorgung und der Industrie. Auf den Verkehrssektor entfielen im Jahr 2006 13% der weltweiten CO_2-Emissionen, wobei der verkehrsbedingte Schadstoffausstoß wiederum zu 74% auf den Pkw- und Lkw-Verkehr zurückzuführen ist. In Ländern mit einem hohen Automotorisierungsgrad wie Deutschland oder Österreich ist der Verkehr bereits der zweitwichtigste Kohlendioxid-Emittent. Selbst der Straßenverkehr allein – ohne die übrigen Verkehrsträger – ist zweitwichtigster CO_2-Emittent.[7]

Der Verkehr ist vor allem derjenige Bereich, der unter allen für die CO_2-Emissionen wichtigen Sektoren am schnellsten wächst: Dieses Wachstum lag – auf weltweiter Ebene – zwischen 1970 und 2004 bei 222%, mehr als eine Verdreifachung. Das vorhergesagte Wachstum im Zeitraum 2005-2030 soll bei 80% liegen; die verkehrsbedingten CO_2-Emissionen sollen sich also nochmals knapp verdoppeln.[8] Damit wird der Verkehrssektor in seiner Bedeutung für das Weltklima mit der Industrie beinahe gleichziehen. Treffen die jüngsten Zahlen zur Automotorisierung der Schwellenländer, insbesondere von Indien und China, zu, wird dieser Sektor sogar die drittwichtigste Klimakiller-Branche werden.

Externe Kosten des Verkehrs

„Lassen Sie uns das Thema externe Kosten des Verkehrs im Rahmen der Weiterentwicklung der EU-Verkehrspolitik angehen. Ich gehe davon aus, dass die EU-Kommission hierzu Vorschläge machen wird", so der deutsche Bundesverkehrsminister Wolfgang Tiefensee am 10. Juli 2007 anlässlich eines Gesprächs mit der „Allianz pro Schiene", einem – so die Eigendarstellung – „Bündnis zur Förderung des umweltfreundlichen und sicheren Schienenverkehrs".[9] Das Frappierende ist: Seit knapp zwei Jahrzehnten gibt es vergleichbare Statements aus der offiziellen Politik; die von dem deutschen Verkehrsminister angesprochene EU-Kommission hat zu diesem Thema nicht nur „Vorschläge" gemacht, sondern sich seit 1988 mehrmals zu den Grundsätzen der externen Kosten des Verkehrs bekannt.[10] Der Autor Christian Hey bilanzierte dazu: „In der Tat gehört seit der Veröffentlichung des Weißbuchs (zum Verkehr im Jahr 1992; W.W.) die Internalisierung externer Effekte zu den zentralen Elementen einer als 'nachhaltige Mobilität' bezeichneten effizienzorientierten Verkehrspolitik." Der nachfolgende Satz bei Hey „Dennoch löste dieses Glaubensbekenntnis keine unmittelbaren Arbeiten an einem konkreten Vorschlag aus"[11] muss knapp zehn Jahre, nachdem er formuliert wurde, wie folgt erweitert werden: Es wurde nicht nur kein konkreter Vorschlag ausgelöst, sondern es kam auch zu einer Transportkostenentwicklung, die in offenem Gegensatz zur Theorie der externen Kosten steht. Während eine Verfolgung dieser Konzeption über die Internalisierung (Einrechnung) bisher nicht berücksichtigter Verkehrskosten dazu führen müsste, dass die Preise für den Pkw- und Lkw-Verkehr sowie für die Luftfahrt steigen und, zumindest in Relation dazu, die Preise in den öffentlichen Verkehrsmitteln (in Bussen und bei Bahnen) sinken, findet der umgekehrte Prozess statt. Der Pkw-Verkehr verbilligte sich in der Periode zwischen 1950 und dem Ende der 1980er Jahre gemessen an den Einkommen; das damals relativ niedrige Niveau wurde – wiederum gemessen an den Einkommen – weitgehend gehalten. Der Lkw-Verkehr und der Luftverkehr wurden sogar in absoluten Preisen bemessen billiger. Die Tarife im öffentlichen Verkehr und insbesondere diejenigen im Schienenverkehr haben sich hingegen deutlich erhöht; die Schiene wurde damit im Vergleich zum Luft- und Straßenverkehr überproportional verteuert.

Die Theorie der externen Kosten im Verkehr versucht nun, „wahre Kosten" im Verkehr zu ermitteln, um dann vorzuschlagen, dass die bisher nicht berücksichtigten Verkehrskosten bei den jeweiligen Verkehrsträgern in die Preise eingerechnet werden. Das erste Fragezeichen gibt es bereits beim Begriff. Warum handelt es sich eigentlich um „externe Kosten des Verkehrs"? Liegen die Kosten wirklich „außerhalb" des Transportsektors? Sind es nun reale Kosten oder nicht reale Kosten des Verkehrs? Hermann Knoflacher argumentiert, dass mit diesem Begriff offensichtlich „Kosten gemeint (sind), die sie (die Verkehrsökonomen; W.W.) in ihren Berechnungen als Folge falscher Systemabgrenzungen einfach vergessen haben. Externe Kosten sind nichts anderes als das Lehrgeld, das die Gesellschaft für die Unkenntnis der Ökonomen zu bezahlen hat – leider manchmal auch mit dem Leben von Menschen. ... In der Verkehrsökonomie spricht man auch hochakademisch von 'sunk costs', den 'versunkenen Kosten'. In der Bauwirtschaft sind diese Begriffe unter 'in den Sand gesetzt' als wirtschaftliche Fehlentscheidung bekannt".[12]

Es geht natürlich in Wirklichkeit nicht um Kosten außerhalb des Verkehrsbereichs, sondern um reale Kosten der Verkehre und Transporte, die jedoch den Verursachern, den Nutzern oder auch den Anbietern der Transporte auf wundersame Weise nicht angelastet und von der offiziellen Politik nicht einmal in einer groben Größenordnung anerkannt werden. Es handelt sich hier tatsächlich um eine verblüffende Verneinung der Grundregeln der Ökonomie. Gäbe es „externe Kosten" bei einem Autokauf (30% des Pkw-Kaufs würde jeweils der Nachbar in der Straße zur rechten Hand zahlen), externe Kosten beim Friseur (25% würde jeweils der Friseur übernehmen) oder externe Kosten beim Brötchenkauf (derjenige in der Warteschlange hinter einem bezahlt immer 33% der Rechnung), würde das zu Recht als Ökonomie in Absurdistan angesehen werden. Auch sind Fälle wie eine kostenfreie Ausbildung oder eine Kinderbetreuung, bei der die Eltern nur einen Teil der Kosten bezahlen, nicht mit den externen Kosten im Verkehr vergleichbar. Denn die gesamten Ausbildungskosten sind bekannt, sie tauchen in den Etats der Länder oder im Haushalt einer Ausbildungseinrichtung auf; auch die Kosten des Kinderhorts oder des Kindergartens sind bekannt; ebenso transparent sind in solchen Fällen die staatlichen Gelder, die in diese Bereiche fließen. Bei den externen Kosten im Verkehr verhält es sich jedoch anders. Sie sind trotz einer Debatte, die sich über Jahrzehnte hinzieht, und trotz Dutzender Studien zu dem Thema offiziell schlicht unbekannt. Genauer gesagt: Es wird alles getan, um die realen Größen dieser „sunk costs" im Nebel zu belassen.

Hier soll die seit mehr als drei Dekaden geführte Debatte zu den externen Kosten im Verkehr nicht ausführlich referiert werden.[13] Die derzeit am meisten zitierte Arbeit zum Thema ist die Studie „External Effects of Transport. Accident, Environmental and Congestion Costs of Transport in Western Europe" (Externe Effekte des Verkehrs. Unfall-, Umwelt- und Staukosten im Transportsektor von Westeuropa), vom Institut für Wirtschaftspolitik und Wirtschaftsforschung (IWW) der Universität Karlsruhe und der INFRAS Consulting Group for Policy Analysis and Implementation in Zürich erstellt und vom Internationalen Eisenbahnverband UIC (Union International des Chemins de Fer) in Auftrag gegeben. Die letzte Aktualisierungsstudie wurde im Oktober 2004 veröffentlicht. Dieser Arbeit gingen in den Jahren 1994 und 2000 Studien vergleichbarer Art von denselben zwei Instituten voraus, auf die sich auch die EU-Kommission wiederholt bezog.[14]

Nach dieser umfassenden Arbeit (hier zitiert nach der Studie von 2004) beliefen sich im Jahr 2000 und für den Raum der 15 EU-Mitgliedsstaaten sowie die Schweiz und Norwegen – hier als EUR-17 bezeichnet – die gesamten externen Kosten des Verkehrs (ohne so genannte Staukosten)[15] auf 650 Mrd. Euro. Dies entsprach 7,3% des Bruttoinlandsproduktes dieser Staatengruppe. Unter den verschiedenen Positionen, die zur Gesamtheit der externen Kosten beitragen, schlug der Beitrag des Verkehrs zur Klimaveränderung mit einem Anteil von 30% der Gesamtkosten am stärksten zu Buch.[16] Die Kosten für die Luftverschmutzung mit den damit verbundenen gesundheitlichen Folgen machten 27% der Gesamtkosten aus. Die Unfallkosten lagen bei 24% aller externen Kosten. In der Bedeutung folgen Lärmkosten, die sich auf 7% der gesamten externen Kosten beliefen, sowie Kosten bei den so genannten Upstream- und Downstream-Prozessen ebenfalls mit einem Anteil von 7%.[17] Die Kosten im Bereich der Natur- und Landschaftszerstörung kamen auf einen Anteil von 3%. Die Kosten auf Grund der Zerschneidung städtischer Gebiete und der Raumknappheit in urbanen Räumen machten weitere 2% der Gesamtkosten aus.

Bereits in der vorausgegangenen Studie auf Basis der Werte von 1995 war „die Straße mit 92 Prozent der am stärksten belastende Verkehrsträger, gefolgt von der Luftfahrt (sechs Prozent). Schiene (zwei Prozent) und Wasserstraßen (0,5 Prozent) verursachten die geringsten Kosten".[18] Damit kamen der Straßen- und der Luftverkehr 1995 zusammen auf 98% aller externen Kosten. In der jüngsten Studie auf Basis der Werte von 2000 lag der Anteil des Straßenverkehrs an allen externen Kosten des Verkehrs mit 83,7% deutlich niedriger, während der Anteil des Luftverkehrs auf 14% geklettert und damit mehr als verdoppelt war. Die Anteile der Schiene (1,9%) und der Binnenschifffahrt (0,4%) sind nochmals gesunken. Der Straßenverkehr und die Luftfahrt zusammen brachten es addiert erneut auf knapp 98% Anteil an allen externen Kosten im Verkehr. Oder in absoluten Zahlen: Von den insgesamt für das Jahr 2000 errechneten externen Kosten in der Höhe von 650,3 Mrd. Euro entfielen allein auf den Straßenverkehr und die Luftfahrt 635,4 Mrd. Euro. Das heißt, es geht bei den externen Kosten in erster Linie um die beiden Verkehrsarten Straßenverkehr und Luftverkehr.[19]

In der Studie wurde eine Umrechnung der externen Kosten auf die Verkehrsleistungen vorgenommen. Damit lassen sich Aussagen darüber machen, in welcher

Höhe ein Mensch, wenn er 1.000 km zurücklegt, externe Kosten im Pkw-Verkehr, per Bus, mit dem Motorrad, im Luftverkehr oder per Bahn verursacht bzw. wie hoch die externen Kosten beim Transport einer Ware mit einer Tonne Gewicht über 1.000 Kilometer liegen – sei es per Lkw, Bahn, Binnenschiff oder Luftfracht.

Im Personenverkehr lagen die durchschnittlichen externen Kosten je 1.000 Personenkilometer im Pkw-Verkehr bei 76 Euro. Der Schienenverkehr wies 23 Euro an externen Kosten auf, also 3,3-mal weniger als der Pkw-Verkehr. Die Bahn schneidet auch deutlich besser ab als der Bus. Im Flugverkehr liegen die externen Kosten fast zweieinhalbmal so hoch wie im Schienenverkehr, allerdings günstiger als im Pkw-Verkehr. Extrem hohe externe Kosten weist der Motorradverkehr auf (was vor allem auf die hohen Unfallkosten zurückzuführen ist).

Im Güterverkehr belaufen sich die externen Kosten für schwere Lkws auf 71 Euro pro 1.000 Kilometer, das ist beinahe viermal mehr als im Fall der Schiene (19,9 Euro). Das Binnenschiff weist fast so gute Werte auf wie die Schiene. Extrem hoch liegen die externen Kosten bei der Luftfracht (271 Euro) und bei den Transporten in leichten Lkws oder Lieferwagen (250 Euro). Bezeichnenderweise werden die letzteren zwei Transportarten in besonderem Maß staatlich gefördert – durch die Steuerbefreiung von Kerosin bzw. auf Grund der Lkw-Maut-Befreiung bei Lkws bis zu 3,5 Tonnen zulässigem Gesamtgewicht.

Für einzelne Länder gab es (hier für die vorausgegangene Studie) die folgenden Konkretisierungen: In Deutschland lagen 1995 die gesamten externen Kosten des Verkehrs bei 133 Mrd. Euro, von denen wiederum 127 Mrd. Euro oder mehr als 96% allein auf den Kfz- und den Flugverkehr entfielen. Die externen Kosten entsprachen rund 7,3% des Bruttoinlandsproduktes (BIP). In Österreich wurden externe Kosten in der Höhe von 13,2 Mrd. Euro errechnet, von denen fast 98% allein auf den Kfz- und den Flugverkehr entfielen. Die gesamten externen Kosten entsprachen in diesem Jahr 7,4% des BIP. Für die Schweiz wurden externe Kosten des Verkehrs in der Höhe von 11,7 Mrd. Euro errechnet, wovon 97,5% durch den Kfz- und den Flugverkehr verursacht wurden. Hier entsprachen die gesamten externen Kosten 5,2% des BIP, das heißt, dieses Niveau lag in der Schweiz deutlich niedriger als in den anderen EUR-17-Staaten; die signifikant höheren Anteile der Schiene und des öffentlichen Verkehrs am „modal split" erwiesen sich für Mensch, Natur und Klima als weniger belastend.[20]

Das Umwelt- und Prognose-Institut (UPI) in Heidelberg hat eine eigene Berechnung der externen Kosten des Verkehrs in Deutschland für das Jahr 1996 vorgenommen, also hinsichtlich der Periode, die weitgehend vergleichbar mit der 2000er IWW/INFRAS-Studie ist, die das Jahr 1995 als Basis hatte. Dabei bezog das Heidelberger Institut die „erweiterte Kostenbilanz" ausschließlich auf den Kraftfahrzeugverkehr. Das Ergebnis lautete wie folgt: „Insgesamt stehen im Jahr 1996 den staatlichen Einnahmen durch den Kfz-Verkehr in der Höhe von 63,7

Tabelle 24: Durchschnittliche externe Kosten nach Kostenkategorie und Verkehrsträger im Raum EUR-17 (EU-15, Schweiz und Norwegen) im Jahr 2000

	Durchschnittskosten Personenverkehr							Durchschnittskosten Güterverkehr						
	Straße				Schiene	Luft	Ges.**	Straße			Schiene	Luft	Wasser*	Ges.
	Pkw	Bus	Motorrad	Ges.**				Lieferwagen	Lkw	Ges.				
	Euro je 1.000 Personenkilometer							Euro je Tonnenkilometer						
Unfälle	30,9	2,4	189	32,4	0,8	0,4	22,3	35,0	4,8	7,6	0,0	0,0	0,0	6,5
Lärm	5,2	1,3	16,0	5,1	3,9	1,8	4,2	32,4	4,9	7,4	3,2***	8,9	0,0	7,1
Luftverschmutzung	12,7	20,7	3,8	13,2	6,9	2,4	10,0	86,9	38,3	42,8	8,3	15,6	14,1	38,5
Klimaveränderung	17,6	8,3	11,7	16,5	6,2	46,2	23,7	57,4	12,8	16,9	3,2	235,7	4,3	16,9
Natur & Landschaft	2,9	0,7	2,1	2,6	0,6	0,8	2,0	10,9	2,0	2,9	0,3	3,8	0,8	2,6
Up-down Stream	5,2	3,9	3,0	5,0	3,4	1,0	3,9	22,4	7,4	8,8	2,4	7,4	3,3	8,0
Städtische Effekte	1,6	0,4	1,1	1,5	1,3	0,0	1,1	5,2	1,1	1,5	0,5	0,0	0,0	1,3
Gesamt EUR-17	76,0	37,7	226	76,4	22,9	52,5	67,2	250	71,2	87,8	17,9	271	22,5	80,9

* Binnenschifffahrt
** gewichtete durchschnittliche Kosten
*** Lärmkosten für Güterzüge wurden laut INFRAS/IWW möglicherweise unterschätzt, da das hier angewandte vereinfachte Verfahren einen Großteil der Güterzüge dem Tagesverkehr zugeordnet hat.

Quelle: INFRAS/IWW

Milliarden Mark quantifizierbare Kosten des Kfz-Verkehrs in der Höhe von 301 Milliarden Mark gegenüber. Damit ergibt sich für das Jahr 1996 ein volkswirtschaftliches Defizit durch den Kfz-Verkehr in der Höhe von rund 240 Milliarden Mark." Dieser Betrag bewegt sich in einer ähnlichen Größenordnung wie die Werte aus der IWW/INFRAS-Studie. Die UPI-Studie enthält einige interessante Konkretisierungen, die aus einer solchen Zahl ablesbar sind: „Umgerechnet auf den einzelnen Bürger subventioniert jeder Bewohner der Bundesrepublik im Jahr 1996 den Kfz-Verkehr mit 3.000 DM/Jahr. Im Mittel verursacht ein Pkw pro Jahr rund 4.500 DM externe Kosten, die von der Allgemeinheit getragen werden. Über die Laufzeit des Pkw gerechnet sind dies rund 45.000 DM."[21] Bereits damals, vor mehr als einem Jahrzehnt, bedeutete das, dass ein Pkw deutlich mehr als doppelt so teuer hätte sein müssen, um die von ihm verursachten Kosten zu decken. Dabei sei darauf verwiesen, dass die Berechnung der externen Kosten auf Basis der offiziellen Statistiken und teilweise auf Basis der Mitteilungen der Autoindustrie (etwa im Fall der Angaben zum Kraftstoffverbrauch der Autoflotte) erfolgt. Inzwischen gibt es eine Reihe ernst zu nehmender Untersuchungen, die besagen, dass diese offiziellen Zahlen die durch den Kfz-Verkehr verursachten Belastungen deutlich zu niedrig ansetzen.[22] Insofern dürften die bisher referierten Angaben zu den externen Kosten im Verkehr eher eine Untergrenze darstellen.

Die aufeinander folgenden IWW/INFRAS-Studien lassen auch längerfristige Aussagen zu. Im Verlauf eines Jahrzehnts (1990-2000) und von Studie zu Studie stiegen die externen Kosten des Verkehrs kontinuierlich an. Allein im Zeitraum 1995-2000 kam es zu einem Wachstum von 12,1%. Dieses ist übrigens in dem genannten Zeitraum ausschließlich auf das Wachstum der externen Kosten in den Bereichen Luftfahrt und Straßengüterverkehr zurückzuführen. Die absolute Höhe der Kosten des Personenverkehrs auf Straßen verharrte in diesem Zeitraum weitgehend auf dem gleichen – sehr hohen – Niveau. Die Belastungen, die insbesondere der Straßenverkehr insgesamt und die Luftfahrt für die Umwelt, die Menschen und das Klima darstellen, haben sich also ausgerechnet in einer Zeit, in der sich das Umweltbewusstsein positiv entwickelte, drastisch erhöht. Das gemessen am Bruttoinlandsprodukt gleich bleibende Niveau der externen Kosten ändert nichts an der Aussage steigender externer Kosten: Das BIP wächst vergleichbar schnell wie die externen Kosten. Die Umwelt, die „Klimasubstanz" und – in Europa – die Bevölkerung sind jedoch konstante Größen. Insofern wachsen real die Belastungen, denen Menschen, Umwelt und Klima ausgesetzt sind. Das wird beim Thema Klima deutlich: Die Zunahme der CO_2-Emissionen erfolgte zwar „nur" in einem Umfang, wie auch das Bruttoinlandsprodukt anwuchs. Doch für das Klima ist das ein äußerst bedrohliches Szenario. Diese Entwicklung steht auch in einem Widerspruch zu den öffentlichen Proklamationen und Zusagen, denen zufolge – um die gefährliche Klimaveränderung auszubremsen – die Kohlendioxidemissionen weltweit zu reduzieren sind und in besonderem Maß in den hoch industrialisierten (und hoch motorisierten) Ländern zurückgefahren werden müssen.

Dabei muss berücksichtigt werden, dass die bisher ausgewiesenen externen Kosten des Verkehrs noch nicht das gesamte Spektrum des Transportsektors erfassen. Die externen Kosten der Seeschifffahrt und der Küstenschifffahrt sind nicht enthalten. Auf die wachsende Bedeutung dieser Transportformen und die von ihnen ausgehenden Belastungen wurde verwiesen – in Europa insbesondere auf die Bedeutung der Küstenschifffahrt, die eine ähnlich hohe Transportleistung erbringt wie der Lkw. Konservativ geschätzt dürften die gesamten externen Kosten des Verkehrs damit auf einem Niveau liegen, das im Raum der genannten 17 europäischen Länder gut 10% des BIP entspricht.[23]

Bisher wurden demnach regelmäßig Kosten des Verkehrs in der Höhe von rund einem Zehntel des Bruttoinlandsproduktes „vergessen". Sie wurden natürlich nicht wirklich vergessen, sondern eher bewusst übersehen – nach dem Motto: „aus den Augen, aus dem Sinn". Denn indem diese Kosten nicht in den offiziellen Bilanzen auftauchen und teilweise nicht einmal Teil des nominellen Bruttoinlandsproduktes sind[24], wird die Zerstörung von Raum, Zeit, Umwelt und Klima ausgeblendet. Zugleich ist diese Destruktion eine Quelle spezifischer Profite. Hermann Knoflacher charakterisiert Ökonomen, die Betriebswirtschaft mit Volkswirtschaft „beliebig austauschen" – also den Gewinn des einzelnen Unternehmens gleichsetzen mit einem Gewinn für die Gesellschaft –, wie folgt: „Dass solche Diener 'bei Hofe' hoch angesehen sind, ergibt sich von selbst, da sie doch Dreck in Gold verwandeln können. Und bis die Bürger erkannt haben, dass es doch nur Dreck war, haben die Verantwortlichen das Gold schon in Sicherheit gebracht. Und so kann mancher Steuerzahler dank dieser Zauberer, die die Zukunft abzinsen, damit sie nicht stört, durch immer mehr Tunnelröhren schauen, die sich keineswegs mit Geld füllen, ebenso wie den Zügen oder Lkws nachschauen, die nur Lärm und Abgase, aber sonst keine wunderbaren Regionaleffekte haben, von denen immer die Rede ist, wenn absurde neue Verkehrsprojekte durchgesetzt werden sollen."[25]

„Das Auto deckt seine Kosten"

Der Theorie der externen Kosten im Verkehr wird immer wieder das Argument entgegengestellt: Aber der Autoverkehr spült doch weit höhere Summen in die staatlichen Kassen, als er kostet. Behauptet wird, der Straßenverkehr sei zumindest heute gewinnbringend. Just so reagierte der Verband der Automobilindustrie (VDA) auf eine neue Studie zu den externen Kosten, die vom Bündnis „Allianz pro Schiene" im Juli 2007 bekannt gegeben wurde. „Schon heute", so die Meinung des VDA, fließe „nur ein Drittel dessen, was die Autofahrer an Steuern und Abgaben zahlen, in Form von Investitionen auf die Straße zurück."[26] Zunächst gilt: Hier werden zwei Dinge vermengt, die getrennt behandelt werden müssen. Nochmals zur Definition der externen Kosten: Es handelt sich hier um Kosten, die per definitionem einerseits genuine Kosten der jeweiligen Verkehrsart sind und andererseits mit den Ausgaben, die bei der Nutzung dieser Verkehrsarten getätigt werden, nicht gedeckt und auch nicht von den Transportunternehmen beglichen werden.

Doch auch die Behauptung, es fließe durch den Straßenverkehr mehr in die öffentlichen Kassen, als von diesen für den Straßenverkehr ausgegeben werde, ist falsch. Selbst wenn man sich auf eine weitgehend betriebswirtschaftliche Momentaufnahme einlässt und die hundertjährige Geschichte der Vorfinanzierung und Subventionierung des Straßenverkehrs durch die öffentlichen Hände zunächst ignoriert, gelangt man zu einem anderen Ergebnis (siehe Tabelle 25).

Tabelle 25: Ausgaben und Einnahmen im Kfz-Verkehr in Deutschland 2000[27]

	Kosten des Kfz-Verkehrs	**Mrd. Euro**
1	Nettoanlagevermögen der Straßen und Brücken für den Kfz-Verkehr	308,3
2	Verzinsung der Straßen-Verkehrsinfrastruktur mit 3 v.H.	9,3
3	Nettoausgaben von Bund und Ländern (ohne Gemeinden) für das Straßenwesen	10,8
4	Verkehrspolizei – Ausgaben größer als	4,0
5	Kommunale Subventionen für den Kfz-Verkehr (ICLEI-Studie)	10,5
6	Kostensumme (Zeilen 2-6)	34,6
	Einnahmen aus dem Kfz-Verkehr	
7	Einnahmen Mineralölsteuer aus dem Kfz-Verkehr	25,6
8	Kfz-Steuer (gesamt)	7,0
9	Summe 1 der Einnahmen (Zeile 7+8)	32,6
10	Steuerrückerstattung Pkw-Anteil an der Entfernungspauschale; größer als	3,0
11	Summe 2: tatsächliche Einnahmen aus dem Kfz-Verkehr (Zeilen 9/10)	29,6
	Bilanz	
12	**Zusätzliches Defizit des Kfz-Verkehrs (Zeilen 11/6)**	**5,0**

Das in mehr als 100 Jahren gewachsene Infrastrukturanlagevermögen des Straßenverkehrs ist gewaltig. Die offizielle deutsche Verkehrsstatistik weist für das Jahr 2000 allein für den Bereich „Straßen und Brücken" ein Nettoanlagevermögen von gut 308 Mrd. Euro aus. Bei diesem Posten ist ein großer Teil der städtischen Anlagen, die dem Kfz-Verkehr dienen wie etwa Parkhäuser, noch nicht berücksichtigt; es sind nur zu einem geringen Teil die Pkw- und Lkw-Stellplätze enthalten. In Tabelle 25 wurde demnach nur eine Verzinsung eines Teilbereichs der Straßenverkehrsinfrastruktur „Straßen und Brücken" vorgenommen und dabei ein Zinssatz von 3% zugrunde gelegt. Jeder private Investor würde eine solche Rendite des angelegten Kapitals als lächerlich niedrig ansehen – und inzwischen gibt es eine große Zahl privat betriebener Infrastrukturanlagen. Um auf der sicheren Seite zu bleiben, wurde hier der Ansatz der Kommission Verkehrsinfrastrukturfinanzierung übernommen, die 1999 vom Bundesministerium für Verkehr, Bau und Wohnungswesen einberufen wurde und 2000 ihren Abschlussbericht vorlegte. Die Kommission betonte ausdrücklich, dass im Straßenverkehr die „Berücksichtigung von kalkulatorischen Zinsen auf das Nettoanlagevermögen der Infrastruktur erforderlich (ist), weil nur dadurch der Wertverzehr für das gebundene Kapital berücksichtigt wird. Im anderen Falle würden die Grundlagen für ökonomische Entscheidungen verzerrt".[28] Auch in dieser Studie wurde eine Verzinsung mit 3% vorgenommen.

Zu den Verzinsungskosten kommen die Ausgaben von Bund und Ländern für das Straßenwesen im fraglichen Jahr 2000 hinzu (Spalte 3) hinzu. Die Ausgaben für die Verkehrspolizei wurden in der Tabelle konservativ auf 4 Mrd. Euro geschätzt. Einen weiteren großen Ausgabenposten stellen die kommunalen Subventionen für den Kfz-Verkehr dar. Hier liegt seit einigen Jahren eine Studie des Europasekretariats des International Council for Local Environmental Initatives (ICLEI) vor, in der am Beispiel der Städte Bremen, Dresden und Stuttgart detailliert ermittelt wurde, in welchem Umfang die Kommunen den Straßenverkehr subventionieren. Das heißt, es wurden in dieser Arbeit die realen Ausgaben der Städte für den Straßenverkehr – für Gemeindestraßen, Straßenreinigung, Straßenbeleuchtung, Bau und Unterhalt von Stellplätzen, anteilige Ausgaben der Feuerwehren – den kommunalen Einnahmen aus dem Kfz-Verkehr gegenübergestellt. In der Bilanz gab es in Bremen ein jährliches Defizit – eine Subventionierung der Kommune zugunsten des Kfz-Verkehrs – in der Höhe von 60 Mio. Euro, in Dresden waren es 55 Mio. Euro und in Stuttgart 85 Mio. Euro. Um einen Eindruck davon zu gewinnen, was das konkret für den einzelnen Bürger bedeutet, ist hier die Aussage interessant: Jeder Einwohner – alt und jung, Autofahrende und nicht Autofahrende – subventioniert jährlich mit 128 Euro den Kfz-Verkehr seiner Stadt. Wohlgemerkt: Es geht nur um den Kfz-Verkehr in der eigenen Kommune und nur um die Differenz zwischen den realen Einnahmen und den realen Ausgaben. Weder die außerhalb der Kommune entstehenden Kfz-Kosten noch die externen Kosten des Kfz-Verkehrs in der eigenen Kommune und außerhalb sind damit erfasst. Insgesamt errechnete das ICLEI-Europasekretariat für die Bundesrepublik Deutschland kommunale Subventionen für den Autoverkehr in der Höhe von mehr als 10 Mrd. Euro. Die vier Ausgabenpositionen zusammen ergeben bereits Kosten in einer Höhe von 34,6 Mrd. Euro.

Diesen Ausgaben wurden die Einnahmen aus dem Kfz-Verkehr gegenübergestellt. Das waren, resultierend aus der Mineralölsteuer und der Kfz-Steuer, im Jahr 2000 zunächst 32,6 Mrd. Euro (Spalte 9). Diese Einnahmen wurden reduziert um die Steuerrückerstattungen durch die Kilometerpauschale bzw. durch den Pkw-

Anteil bei der Entfernungspauschale. Dieser Betrag wurde erneut konservativ auf 3 Mrd. Euro geschätzt. In der Bilanz errechnet sich ein zusätzliches jährliches Defizit des Kfz-Verkehrs in der Höhe von 31,3 Mrd. Euro.

Drei große Kostenstellen des Autoverkehrs sind in dieser Rechnung noch nicht berücksichtigt. Erstens wurde, wie bereits erwähnt, nur eine Verzinsung der Position „Nettoanlagevermögen Straßen und Brücken" vorgenommen. Die gewaltigen Infrastrukturanlagen des Kfz-Verkehrs in den Kommunen (Stellplätze, öffentliche Parkhäuser und Tiefgaragen, Park&Ride-Plätze) wurden nicht in eine solche Verzinsung einbezogen.[29] Zweitens wurde nur eine aktuelle Verzinsung des – im Umfang eingeschränkten – Infrastrukturkapitals vorgenommen. Damit bleibt unberücksichtigt, dass es eine über hundertjährige staatliche Finanzierung und Subventionierung der Straßenverkehrsinfrastruktur gab und dass in einer volkswirtschaftlichen Gesamtrechnung eine Zinseszinsrechnung für diese Vorfinanzierung erfolgen müsste. Im gesamten ersten halben Jahrhundert nach der Erfindung des Autos gab es kaum Einnahmen aus dem Straßenverkehr, aber Jahr für Jahr erhebliche Ausgaben. Selbst im Jahr 1950 bezifferte eine offiziöse bundesdeutsche Schrift, veröffentlicht für die bayerischen Schulen, das jährliche Defizit beim Unterhalt der (westdeutschen) Straßen auf eine dreiviertel Milliarde Mark.[30] Aber auch in einer Zeit, in der die Automotorisierung bereits fortgeschritten war, lagen die Einnahmen aus der Kfz-Steuer und der Mineralölsteuer oft niedriger als die direkten Ausgaben für den Straßenbau und -unterhalt und die Kosten der Verkehrspolizei. In Westdeutschland war das bis Anfang der 1980er Jahre der Fall.[31] Drittens sind bei dieser Berechnung die im vorangegangenen Abschnitt zusammengestellten externen Kosten des Verkehrs, die sich nach der INFRAS-IWW-Studie für Deutschland im Jahr 1995 auf 130 Mrd. Euro im Jahr beliefen, nicht berücksichtigt.

Somit addieren sich die externen Kosten im Kfz-Verkehr, die realen aktuellen Defizite und die bisher nicht berücksichtigten Kosten wie eine Verzinsung des in den Städten in der Straßenverkehrsinfrastruktur angelegten Kapitals bzw. eine Zinseszinsrechnung zumindest über einen gewissen Zeitraum der mehr als 100 Jahre währenden Subventionierung des Straßenverkehrs auf einen jährlichen Betrag von deutlich mehr als 200 Mrd. Euro. Zum Vergleich: Der Umsatz der Autoindustrie lag im Jahr 2000 bei 238 Mrd. Euro. Das heißt: Die tatsächliche Subventionierung des Autoverkehrs in Deutschland – die Gelder, die die Allgemeinheit der Steuerzahlenden für den Kfz-Verkehr zusätzlich zu den direkt für den Straßenverkehr getätigten Ausgaben beisteuert – liegt auf dem Niveau des gesamten Umsatzes der Autoindustrie einschließlich ihrer Zulieferer.

Diese Kosten dürften in Zukunft noch deutlich ansteigen. Seit einigen Jahren gibt es belastbare Informationen darüber, dass die gewaltige Kapitalanlage in der Straßen- und Brückeninfrastruktur am Ende weit höhere Ersatzinvestitionen erfordern wird, als man bisher dachte. Der Verschleiß der Straßenbeläge und des Unterbaus der Kfz-Verkehrswege erfolgt auf Grund der schnell steigenden Belastungen, der ständig höheren Geschwindigkeiten und der fortgesetzt höheren Gesamtgewichte im Lkw-Verkehr deutlich schneller als bisher angenommen. Ein besonderes Problem stellen dabei die Brücken dar. In Deutschlands Straßennetz gibt es 117.000 Brücken. Viele von ihnen wurden in der Zeit des großen Auto-Booms in der Periode 1955-1975 gebaut. Sie kommen nun in ein Alter, in dem eine Grundsanierung erforderlich ist. Nach einem Test, dessen Ergebnisse der deutsche Automobilclub ADAC im Juli 2007 veröffentlichte, gibt es „einen großen Bedarf an Instandsetzung". Viele Brücken seien in einem mangelhaften Zustand, einige auch einsturzgefährdet. Eine Brücke in Chemnitz musste noch am Testtag wegen Einsturzgefahr für den Kfz-Verkehr gesperrt werden. Von den erwähnten knapp 120.000 deutschen Brücken befinden sich 37.000 in Bundesbesitz, wo noch am ehesten die Milliarden-Euro-Beträge für die Sanierung aufgebracht werden können. Doch 80.000 Brücken befinden sich in kommunalem Eigentum und die Kommunen sind in ihrer Mehrheit mit den in Bälde anstehenden Sanierungsarbeiten finanziell völlig überfordert.[32] Übrigens verweist die Kommission Verkehrsinfrastrukturfinanzierung darauf, dass solche „nicht getätigte, aber substanznotwendige Investitionen" bereits heute in die Kosten des Straßenverkehrs eingerechnet werden müssten.[33]

In Minneapolis, USA, stürzte im August 2007 eine Autobahnbrücke während der Hauptverkehrszeit ein, was fünf Menschen das Leben kostete. Die Brücke war bereits zuvor als „strukturell mangelhaft" klassifiziert worden. Nach Angaben der US-Highway Administration sind 75.000 der insgesamt rund 600.000 Brücken des überörtlichen Verkehrs als „strukturell mangelhaft" eingestuft.[34]

Qualitative Vergleiche

Grundsätzlich stellt sich die Frage, ob qualitative Werte wie die durch den Kfz-Verkehr belastete Gesundheit eines großen Teils der Bevölkerung, die fortgesetzt hohe Lärmbelästigung, die bei Millionen Menschen zu einem ruinierten Nervenkostüm und zu Gehörschäden führt, Tausende Verkehrstote und Hunderttausende im Kfz-Verkehr Verletzte, ob Naturzerstörung und Klimaveränderung quantifizierbar – in Euro-Werten messbar – sind. Zumal, auf dieser Ebene der Quantifizierungen angelangt, es auch einen Basar geben kann, auf dem man um diese Kosten feilscht und selbige herunterrechnet. Ein jüngeres Beispiel hierfür ist eine von „Allianz pro Schiene" im Juli 2007 vorgestellte Studie. Darin werden die externen Kosten, die der Straßenverkehr der Gesellschaft aufbürdet, plötzlich nur noch halb so hoch angegeben wie seitens desselben Bündnisses ein knappes Jahr zuvor. Dabei hatten sich binnen eines Dreivierteljahres ausgerechnet die Kosten halbiert, die dem Straßenverkehr hinsichtlich der Klimabelastung angelastet wurden.[35]

Deutlich wird die Problematik im Fall der Berechnungen zum Wert eines Menschenlebens. Die Studie von IWW/INFRAS geht das Thema wie folgt an: „Der subjektive Wert eines Menschen wird durch die Zahlungsbereitschaft bzgl. der Vermeidung von Verkehrsunfällen gemessen." Ergebnis: „Die geschätzten subjektiven Werte eines Menschen liegen (im Jahr 1990; W.W.) zwischen 0,9 und 2 Millionen ECU."[36] Die beträchtliche Spannweite, die es nach diesen Berechnungen beim Wert eines Menschenlebens bereits innerhalb Westeuropas gibt, wird noch größer, wenn man ins Detail geht. So gibt es den Faktor „Nettoproduktionsverluste pro Todesfall", der in den Wert eines Menschen eingeht.[37] Doch diese Produktionsverluste liegen bei einem Langzeitarbeitslosen nahe null. Im Fall einer getöteten Seniorin sind sie mit nullkommanull anzusetzen. Doch bei einem jungen, dynamischen Ingenieur, der möglicherweise die Autos konstruiert, die mit den hier debattierten Todesfällen verbunden sind, liegen die Nettoproduktionsverluste im Fall seines Todes überproportional hoch.

Dies soll nicht heißen, dass die Schäden, die der Straßen-, Luft- und Schifffahrtsverkehr anrichtet, zu vernachlässigen wären. In anderen Worten: Es kann nicht gleichgültig sein, wie teuer uns diese spezifische Verkehrsorganisation zu stehen kommt. Doch einen Eindruck der besonderen, schwer wiegenden und nachhaltigen Schäden, die mit dieser Transportform verbunden sind, erhält man teilweise eher durch qualitative Vergleiche der verschiedenen Verkehrsarten als durch all die angeführten Quantifizierungen. Dies soll im Folgenden konkretisiert werden für Systemvorteile und Nachteile, für den Energieverbrauch und die Schadstoffemissionen (damit die Luftverschmutzung und die Klimaschädigung), für den Flächenverbrauch, für die Lärmemissionen und für die Unfallhäufigkeit.

Sechs Systemfaktoren

„Der Rollwiderstand des Stahlrades auf der Schiene ist relativ gering. Er ist bei vergleichbaren Durchschnittsgeschwindigkeiten etwa sechs Mal geringer als der Rollwiderstand eines herkömmlichen Gummireifens auf der Straße." So die Autoren Ulf Häusler, Dagmar Haase und Günter Lange in einer grundlegenden Schrift aus den 1980er Jahren.[38] Weiter heißt es dort: „Dieser recht lapidare physikalische Ursache-Wirkungszusammenhang prägt entscheidend die Produktionsweise und die Kosten der Schienenverkehrsleistung. Der geringe Rollwiderstand erfordert auch nur eine geringe spezifische Antriebsleistung und damit einen äußerst sparsamen Energieverbrauch. Der Rollwiderstand eines Kraftwagens wird durch die Haftung des Gummireifens auf der Straße bestimmt. Die erforderlichen Antriebskräfte sind dementsprechend auch relativ höher als bei der Bahn. Dies gilt sowohl für den spezifischen Leistungs- und Energieaufwand als auch für den Personalaufwand pro Leistungseinheit. Die Folge davon ist ein geringer produktionswirtschaftlicher Wirkungsgrad."

Damit wurden bereits zwei qualitative Faktoren angesprochen, die bei der Debatte über externe Kosten meist völlig aus dem Blick geraten. Erstens besagt die Feststellung über den unterschiedlichen Rollwiderstand, dass der Schienenverkehr auch dann über einen Systemvorteil verfügt, wenn der Pkw oder Lkw mit anderen als den herkömmlichen Kraftstoffen (Diesel, Benzin) angetrieben wird – also etwa mit so genanntem Biosprit, mit Strom, mit Solarenergie, mit Wasserstoff oder mit verschiedenen Energiequellen beim Einsatz eines Hybrid-Autos. Der im Vergleich zur Schiene sehr hohe Rollwiderstand und die damit verbundene höhere Energieaufwendung bleiben als Fakt bestehen. Wenn andere, weniger energieintensive Antriebsarten entwickelt oder bereits entwickelte Antriebsarten immanent verbessert werden, gilt in aller Regel: Diese Verbesserungen wirken sich beim Einsatz in allen Verkehrsarten aus – Solarstrom kann über Batterien einen Pkw antreiben, aber auch als Antrieb für ein Schienenverkehrsfahrzeug dienen. Der unterschiedliche Rollwiderstand führt jedoch immer dazu, dass die Schiene einen Systemvorteil ausspielen kann.

Zweitens gibt es das Spezifikum, dass bei einem Auto ein Mensch am Steuer sitzt, der in der Regel maximal vier weitere Personen befördert. Im statistischen Durchschnitt werden pro Pkw-Fahrt sogar nur 1,2 Personen je Pkw befördert. Im schienengebundenen Verkehr hingegen gibt es einen Lokführer (möglicherweise ergänzt um einen Zugbegleiter, ehemals Schaffner), der im Nahverkehr mit 70 bis 100 Personen im statistischen Durchschnitt mindestens 50-mal so viel Personen befördert wie ein Pkw-Lenker. Im Schienenpersonenfernverkehr sind die Relationen noch größer. Analoge Verhältnisse gelten für den Güterverkehr auf Schienen im Vergleich zum Lkw-Verkehr. Der Straßenverkehr ist damit auch eine extrem personalintensive Transportart. Wenn im motorisierten Personenverkehr zumeist der Fahrer der einzige Beförderte ist, mag dies der Befriedigung spezifischer individueller und massenpsychologischer Bedürfnisse dienen. Aus volkswirtschaftlicher und praktischer Sicht handelt es sich jedoch um eine extrem unproduktive Transportorganisation.

Drittens benötigt der Straßenverkehr für die gleiche Verkehrsleistung ein Vielfaches der für den schienengebundenen Verkehr erforderlichen Fläche. Im Personennahverkehr ist diese achtmal größer als die je Personenkilometer bei einer Straßenbahnfahrt erforderliche Fläche. Im Fernverkehr liegt der Flächenbedarf des Straßenverkehrs je Verkehrsleistung mindestens fünfmal höher als im Schienenverkehr. Im Güterverkehr benötigt ein Transport mit einem schweren Lkw mindestens 15-mal so viel Fläche wie ein Güterzug. Der seit der Lkw-Maut in Deutschland explosionsartig ansteigende Transport mit leichten Lkws (mit einem zulässigen Gesamtgewicht von weniger als 3,5 Tonnen) erfordert mehr als 70-mal so viel

Fläche wie Transporte auf der Schiene. Im Nahverkehr konkurriert der Pkw auch mit dem nichtmotorisierten Verkehr. Hier ergeben sich folgende Relationen: Ein Pkw, der sich mit Tempo 30 km/h bewegt und mit 1,4 Personen besetzt ist, benötigt je Person eine Fläche von 75 Quadratmetern (bei Tempo 50 sind es bereits 199 Quadratmeter). Bei einer Fahrt in einer Straßenbahn oder in einem Bus liegt der Flächenbedarf bei 5 Quadratmetern je Person (oder einem Fünfzehntel gegenüber einem Pkw mit Tempo 30). Ein Fahrradfahrer benötigt 1,2 Quadratmeter und ein Fußgänger weniger als einen Quadratmeter Fläche. Eine Stärkung des öffentlichen und des nichtmotorisierten Verkehrs schafft demnach auch unschlagbar viel freie Fläche – etwa für Mobilität, aber auch für Flanieren, den Genuss des freien Raums.[39]

Immer wieder wird von Vertretern der Autolobby argumentiert, bei der Kritik am Straßenverkehr müsse die große wirtschaftliche Bedeutung des Kfz-Verkehrs berücksichtigt werden. Hermann Knoflacher argumentiert entgegengesetzt: „Die Straßen von heute sind auf Pkws konzipiert. Sie blockieren damit das Wirtschaftsleben, weil die Städte zu Lagerplätzen degradiert werden, weil man dem Auto das Privileg einräumt, öffentliches Gut auch ohne Notwendigkeit kostenlos zu benutzen. Wo ein Pkw parken kann, können sich bequem immer noch drei bis vier Personen bewegen. Ein Verkehrskonzept, das Pkws im öffentlichen Raum zuläßt, zeigt ein erhebliches Maß an sachlicher Unkenntnis und Wirtschaftsfeindlichkeit. Es zeigt sich, daß überall dort, wo viele Fußgänger unterwegs sind, auch die Umsätze des Handels und der Wirtschaft steigen. Man kann … wesentlich mehr Brieftaschen in Fußgängern unterbringen als in Autofahrern.“[40] Der unterschiedliche Flächenverbrauch und die damit verbundene Mehrfachbelastung durch den Pkw-Verkehr existieren bei jeder Art von motorisiertem Individualverkehr. Solarstrom-Pkws, Wasserstoffautos oder Personenwagen mit Biodiesel können diesen Systemnachteil des Pkw-Verkehrs nicht wesentlich reduzieren und schon gar nicht aufheben.

Ein vierter Systemvorteil der Schiene – und zugleich ein Systemnachteil des Straßen- und Luftverkehrs – besteht in den stark unterschiedlichen Lärmemissionen. Der Transport auf Straßen bringt unter allen Verkehrsarten die größte spezifische Lärmbelastung mit sich. Verallgemeinernd kann gesagt werden, dass der Lärm im Straßenverkehr (Personenverkehr und Güterverkehr gemittelt) je vergleichbare Transporteinheit mindestens dreimal höher ist als im Schienenverkehr. Inzwischen fühlt sich ein Drittel der Bevölkerung vom Straßenverkehr gestört oder belästigt; ein Fünftel klagt über Fluglärm (wobei es hier Überschneidungen gibt); jeweils 12% klagen über Belästigungen durch Schienenverkehr und Gewerbe.[41]

Auf diesem Gebiet vollzieht sich ein historischer Prozess, dessen Auswirkungen auf die Menschen erst begrenzt analysiert wurden. Hans Dollinger schrieb dazu Anfang der 1970er Jahre: „Um die Jahrhundertwende (vom 19. auf das 20. Jahrhundert; W.W.) entsprach der Lärm einer Großstadt im Durchschnitt der Lautstärke üblicher Unterhaltungsgespräche, also etwa 50 Phon. Bis zum Beginn des Zweiten Weltkriegs hat sich der Lärmpegel auf 70 Phon gesteigert, wobei eine Erhöhung um zehn Phon jeweils einer Verdopplung des Lärms entspricht. Der Lärmteppich über einer Großstadt hat sich nach dem Beirat für Raumordnung beim Bundesinnenministerium heute noch einmal mehr als verdoppelt. Er stieg auf 80 bis 85 Phon."[42] Der wachsende Lärm in der modernen Gesellschaft, zu der der Straßenverkehr in erheblichem Umfang beiträgt, hat negative Konsequenzen für die Gesundheit. Lärm hat auch negative Auswirkungen auf allgemeine gesellschaftliche Prozesse. Michael Busse führt in seinem Buch „Autodämmerung" eine interessante Studie aus den Vereinigten Staaten an. Der Psychologe Lance Canon kam in einer Untersuchung in US-Städten zu dem Ergebnis: „Bei starkem Lärm sind nur noch 15 Prozent der Passanten bereit, spontan Hilfe und Gefälligkeit zu erweisen. Unter normalen Umständen sind es 80 Prozent. Bei Lärm sind die meisten nicht mehr bereit, ihr normales Potential an Hilfsbereitschaft, Höflichkeit und Verträglichkeit zu zeigen und zu aktivieren. Die Lärmbeeinflussung löst antisoziale Impulse aus und unterdrückt die Persönlichkeit."[43]

Ein fünfter Systemvorteil des schienengebundenen Verkehrs und vor allem ein Systemnachteil des motorisierten Individualverkehrs betrifft die Unfallhäufigkeit. Trotz des viel zitierten Rückgangs der Anzahl jener, die im Straßenverkehr getötet werden, und des – allerdings bereits deutlich geringeren – Rückgangs der durch den Kfz-Verkehr Verletzten gibt es hier weiterhin eine enorme Diskrepanz. Das verursachte Risiko, also das Unfallrisiko, das von den Verkehrsmitteln ausgeht und entweder die Insassen des Verkehrsmittels oder andere Unbeteiligte trifft, ist bei der Bahn 25- bis 30-mal geringer als beim Pkw. Bus, Straßenbahnen und U-Bahnen weisen ähnliche günstige Werte aus wie die Bahn. Auch beim Fahrrad liegt dieser Wert äußerst niedrig. Ganz anders sieht es allerdings aus, wenn es um das erlittene Unfallrisiko der schwachen Verkehrsteilnehmer geht, also der Fußgänger und Fahrradfahrer. Dieses ist inzwischen – auf Grund der verbesserten Sicherheitstechnik der Autos – für Fußgänger und Fahrradfahrer und bezogen auf zurückgelegte Personenkilometer höher als das Risiko der Insassen von Autos. Umgerechnet auf die Zeit, die man im Verkehr verbringt, ist die Differenz geringer. In absoluten Zahlen für Deutschland: Unter den 5.361 Menschen, die im Jahr 2005 in Deutschland laut offizieller Verkehrsstatistik bei Straßenverkehrsunfällen getötet wurden, befanden sich 686 Fußgänger und 575 Radfahrer; zusammen waren dies 1.261 Menschen, was einem knappen Viertel aller Straßenverkehrsopfer entspricht.[44] Bei den Verletzten liegt der entsprechende Anteil nochmals leicht höher.[45] In diesen Relationen zeigt sich, so Dieter Teufel, die „Irrationalität unserer Verkehrsplanung und Verkehrspolitik": Die umweltfreundlichsten und natürlichen Fortbewegungsarten sind mit einem hohen Unfallrisiko behaftet – als Resultat des dominierenden Autoverkehrs, der diese Unfälle zu mehr als 95% verursacht.[46] Dieser Systemnachteil des hohen verursachten Unfallrisikos durch den Pkw- und Lkw-Verkehr, dem, wie im vorigen Kapitel gezeigt, verkehrsgeschichtlich und im Weltmaßstab gesehen eine sehr große Bedeutung zukommt, kann durch andere Antriebstechniken (Hybridauto, Elektroauto, Wasserstoff-Pkw usw.) grundsätzlich nicht aufgehoben werden.

Schließlich gibt es als einen sechsten Systemfaktor die einmalige Konstellation im Pkw-Verkehr, dass ein großer Teil der Bevölkerung – in Deutschland, Österreich, der Schweiz und natürlich in den USA die Mehrheit der erwachsenen Bevölkerung – das strategisch entscheidende Transportmittel persönlich erwerben, unterhalten und finanzieren muss. Auf der einen Seite deckt der motorisierte Individualverkehr seine direkten Kosten nicht und bürdet darüber hinaus der Gesellschaft die hohen externen Kosten auf. Auf der anderen Seite werden dem Durchschnittsbürger gemessen an dessen Einkommen überproportional hohe Kosten dafür aufgebürdet, dass er das in der Autogesellschaft gewöhnlich erforderliche Transportgefäß als Privateigentum erwirbt. Die entsprechenden Ausgaben stellen Abzüge von seinem Realeinkommen dar. Oft übersteigen die Pkw-Kosten die Kosten für die Miete. Die Wohnung allerdings wird von einer Familie fast rund um die Uhr genutzt. Anders verhält es sich mit dem privaten Pkw. Im statistischen Durchschnitt wird ein Pkw der bestehenden Autoflotte pro Tag nur 50 Minuten lang als Mobilitätsmittel genutzt; mehr als 23 Stunden am Tag bleibt das Auto ungenutzt. Ein Nutzungsgrad von weniger als 4% für ein Produktionsmittel bzw. für ein Transportmittel stellt volkswirtschaftlich eine groteske Vergeudung dar. Außerdem erhält auf diese Weise der Begriff Individualverkehr eine neue Bedeutung: Die Autogesellschaft bietet eine Transportorganisation, in der das Individuum in der Regel dafür verantwortlich ist, sich ein strategisches Transportgefäß zuzulegen und dafür die – volkswirtschaftlich gesehen zu niedrigen, aus individueller Sicht erheblichen – Kosten zu tragen. Das Auto kommt die Gesellschaft teuer zu stehen. Und es ist für das Individuum eine teure Angelegenheit.

Es handelt sich hier auch historisch um eine Einmaligkeit. Wenn es im Römischen Reich oder in den mittelalterlichen Städten zur Befriedigung der elementaren Mobilitätsbedürfnisse erforderlich gewesen wäre, dass jede Familie zumindest ein Pferd als Privateigentum besaß, dass viele Familien sich Zweit- und Drittpferde zulegten, dass für diese Tiere der entsprechende Stall (immer größer als die Kinderzimmer) und das erforderliche Futter (oft teurer als die Wohnungskosten) bereitzustellen gewesen wären, so würden die Historiker diese Gesellschaftsformation und Transportweise zu Recht als irrational qualifizieren.

Energieverbrauch, Klimabelastung und Luftverschmutzung im Vergleich

Vor allem als Resultat aus den erwähnten physikalischen Gesetzmäßigkeiten und den niedrigen Auslastungsgraden des Pkw-Verkehrs ist der Energieverbrauch im Straßenverkehr im Vergleich zum schienengebundenen Verkehr deutlich höher – was wesentlich zur größeren Luftverschmutzung durch den Kfz-Verkehr beiträgt. Berücksichtigt man alle Verkehrsarten und ihre Gewichtung im Alltagsverkehr, gilt die Faustformel: Im Personenverkehr liegt der spezifische Primärenergieverbrauch im Straßenverkehr drei- bis viermal höher als im schienengebundenen Verkehr. Im Güterverkehr liegt der Primärenergieverbrauch auf der Straße mindestens doppelt so hoch wie auf der Schiene.[47] Die in jüngerer Zeit gefeierten Erfolge beim Reduzieren des Spritverbrauchs im Pkw-Verkehr relativieren sich. Laut offiziellen Angaben lag in Deutschland im Jahr 2005 der durchschnittliche Verbrauch je 100 Kilometer bei Pkws mit Ottomotoren bei 8,3 Litern und bei Diesel-Pkws bei 6,8 Litern.[48] Das stellt zwar eine deutliche Verbesserung gegenüber den Werten früherer Jahre dar; 1980 betrug der Verbrauch 10,2 respektive 9,1 Liter je 100 Kilometer. Doch in den 1950er Jahren lagen diese Werte deutlich besser. 1960 waren sie auf dem inzwischen wieder erreichten Niveau. Gemessen als Kraftstoffverbrauch je Personenkilometer – was volkswirtschaftlich gesehen die entscheidende Kategorie ist – sind die Werte des Kraftstoffverbrauchs auch heute noch deutlich schlechter als in den 1950er, 1960er und 1970er Jahren. Der Grund dafür ist der deutlich niedrigere Besetzungsgrad je Pkw.

Jörg Linser, Professor für Antriebstechnik und lange Jahre in der Kfz-Fertigung und -Entwicklung tätig, trug in seinem Buch „Unser Auto – eine geplante Fehlkonstruktion“ eine Reihe überzeugender Beispiele dafür zusammen, wie die „moderne“ Autotechnik teilweise weit hinter frühere Standards zurückfällt. So bringt er den Vergleich zwischen dem „als so schrecklich sparsam gelobten VW-Passat mit dem in Gewicht und Abmessungen entsprechenden Goliath GP 700 aus dem früheren Borgwardstall“. Ergebnis: Der VW Passat, Baujahr 1974, benötigte bei Tempo 60 5,3 Liter auf 100 Kilometer, bei Tempo 80 6,0 Liter auf 100 km und 7,3 Liter bei Geschwindigkeit 100. Der Goliath, Baujahr 1953, kam bei Tempo 60 auf 4,7 Liter, bei Tempo 80 auf 5,7 Liter und bei Tempo 100 auf 7,4 Liter. Wobei alle Werte noch unter jenen liegen, die inzwischen als neuer niedriger Durchschnitts-Kraftstoffverbrauch gefeiert werden.[49] Die aktuellen Werte beziehen sich im Übrigen auf den unterstellten Kraftstoffverbrauch, wie ihn die Fahrzeughersteller für den Normalbetrieb angeben. Inzwischen hat auch in Europa die Mehrzahl der Pkws eine Klimaanlage. Nach Berechnungen des ADAC erhöht eine eingeschaltete Klimaanlage den Verbrauch je 100 Kilometer im Durchschnitt um einen Liter. Um die Innentemperatur in einem Pkw von 31 auf 22 Grad Celsius zu senken, verbrauchten im Jahr 2007 ADAC-Testfahrzeuge einige Minuten lang 2,5 bis 4,2 Liter je 100 Kilometer. Um diese Temperatur dann zu halten, schlug je nach Fahrzeug und Bauart der Klimaanlage ein Mehrverbrauch von 0,8 bis 2,1 Liter pro 100 Kilometer in der Stadt und von 0,1 bis zu 0,7 Liter auf der Autobahn zu Buch. Moderne Pkws verfügen auch über eine größere Zahl von elektrischen Motoren (zur Betätigung der Scheiben, der Sitzeinstellung, der Spiegel usw.), die sich ebenfalls als Kraftstofffresser erweisen.[50]

Der überdurchschnittliche hohe Energieverbrauch im Autoverkehr wirkt sich direkt auf die Schadstoffemissionen aus. Die Belastung der Luft mit verschiedenen Schadstoffen liegt je Personenkilometer bei einem modernen schadstoffarmen Pkw rund dreimal höher als im Schienenverkehr. Im Luftverkehr liegen die Werte je Personenkilometer siebenmal höher als im Schienenfernverkehr (wobei hier bedacht werden muss, dass jeder unternommene Flug über eine weit größere Distanz führt als eine unternommene Reise im Schienenfernverkehr). Im Güterverkehr sind die Spannweiten noch größer. Im Fall der Luftfracht werden je Tonnenkilometer 25-mal mehr Kohlendioxide emittiert als beim Schienengüterverkehr. Der Lkw belastet das Klima je Tonnenkilometer sechsmal stärker als die Schiene (siehe Tabelle 26).

Tabelle 26: Schadstoffbelastung im Vergleich der einzelnen Verkehrsträger[51]

	Personenverkehr/Gramm je Personenkilometer							Güterverkehr/Gramm je Tonnen-km			
Schadstoff*	Flugzeug	Pkw	Schiene		Bus		Metro/ Tram	Luftfracht	Lkw	Schiene	Binnenschiff
			Fernverk.	Nahverk.	Linie	Reisebus					
Kohlendioxid	369**	144	52	95	75	32	72	814	204	32	16,6
Stickoxide	0,58	0,29	0,07	0,36	0,83	0,34	0,07	3,162	1,449	0,117	0,282

* Die Emissionen zur Erzeugung der Energieträger (Strom, Kerosin, Benzin, Diesel) sind berücksichtigt.

** im Personenverkehr in der Luft unter Berücksichtigung aller klimawirksamen Effekte des Flugverkehrs

Während Kohlendioxid vor allem als klimaschädigende Substanz wirkt, sind die Stickstoffoxide eine entscheidende Substanz bei der gesundheitsgefährdenden Luftverunreinigung. 2003 gab es in Deutschland eine Emission von 1.428 Kilotonnen Stickoxiden, von denen 700 oder rund die Hälfte auf den Verkehr im Allgemeinen – und davon mehr als 90% auf den Straßenverkehr – zurückzuführen sind.[52] Die Stickoxide sind für die Bildung von Ozon verantwortlich. Sie tragen – gemeinsam mit Ozon und dem sauren Regen – zu den Waldschäden bei. Stickoxide sind auch verantwortlich für die Ozonbelastung. Die Ärzte Till Bastian und Harald Theml beschrieben die Wirkungen wie folgt: „Stickoxide dringen beim Menschen in die feinsten Verzweigungen der Atemwege ein. Sie reduzieren die

Abwehrkräfte und führen zu chronischen Erkrankungen. Spitzenwerte können bei Kindern akute Atemwegserkrankungen auslösen … Unter der Sommersonne verwandelt sich NO_X in Ozon (O_3). In 20 Kilometern Höhe ist Ozon lebensnotwendig, da es die gefährlichen UV-Strahlen abschwächt. In Bodennähe aber ist Ozon für alle Lebewesen schädlich. Es entsteht hier unter Einwirkung von Sonnenstrahlen aus Stickoxiden und Kohlenwasserstoffen. … Spitzenwerte von Ozon werden vor allem in der Umgebung unserer Städte erreicht. Ozon reizt Augen und Atemwege und führt zu Einschränkungen der Atemleistung."[53] Dass das Auto in erster Linie für den Smog und die damit verbundenen gesundheitlichen Schäden verantwortlich ist, veranlasste den ADAC 1991, als die Umweltdebatte engagierter geführt und mit dem Kfz-Verkehr in einen direkten Zusammenhang gebracht wurde, zu drastischen, selbstkritischen Aussagen: „Das (die Ozonbelastungen; W.W.) haben wir Autofahrer uns leider selbst eingebrockt … Was tun, damit die Ozonwarnung im Radio Sie nicht kalt erwischt? Machen Sie doch Testfahrten in den öffentlichen Bussen und Bahnen … Vermeiden Sie unnötige Autofahrten … Gehen Sie Kurzstrecken zu Fuß oder fahren Sie mit dem Rad."[54]

Vergleichbare Mehrfachbelastungen gibt es bei anderen Schadstoffen. Der Pkw-Verkehr emittiert je Personenkilometer neunmal mehr Rußpartikel als der Schienenfernverkehr und 2,2-mal so viel wie der Schienennahverkehr. Inzwischen sind rund 35% der Ruß- und Staubbildung (Partikel-Emissionen) auf den Verkehr zurückzuführen.[55] Vor 15 Jahren lag dieser Anteil bei einem Zehntel. Während die Staubbildung sich insgesamt auf ein knappes Drittel reduzierte, verharrte sie im Verkehr weitgehend auf dem gleichen Niveau. Die Zunahme der Diesel-Pkws trug entscheidend zu dieser Entwicklung bei. Diesel-Pkws werden steuerlich gefördert; Dieselkraftstoff ist deutlich preiswerter als Benzin. Jahrelang konnte der Dieselmotor in Deutschland als umweltfreundlich und klimaschonend verkauft werden. Bereits im Jahr 2000 kam eine Studie des Wuppertaler Instituts für Klima, Umwelt, Energie zu einem entgegengesetzten Urteil: „Die weit verbreitete Einschätzung, dass Diesel-Pkws erhebliche Beiträge zur Energieeinsparung und zur CO_2-Reduzierung im Pkw-Verkehr leisten, ist falsch." Dem geringen Vorteil bei den spezifischen CO_2-Einsparungen stehen erhebliche dieseltypische Gesundheitsrisiken gegenüber. So gilt Dieselruß als krebserregend.[56]

Im Frühjahr 2005 gab es EU-weit eine heftige Debatte über die Belastungen durch Feinstaub, überwiegend verursacht durch Dieselruß. Im Grunde ging es um eine Alltagsbelastung, mit der die Menschen seit Jahrzehnten mehr schlecht als recht leben; sie wurde jedoch auf Grund einer acht Jahre zuvor verfassten EU-Richtlinie plötzlich ins Bewusstsein und auf die Titelseiten der Tagespresse gehoben. Danach darf der Wert von 50 Mikrogramm Staubpartikel pro Kubikmeter Luft nur an 35 Tagen im Jahr überschritten werden. In einigen europäischen Städten wurde diese Schwelle jedoch bereits im März 2005 überschritten. Die vielfach vorgetragenen Argumente der Autolobby, es gebe viele Quellen für diese Schadstoffemissionen, werden inzwischen durch den empirischen Befund widerlegt. Eine Bilanz der „Süddeutschen Zeitung" mit einem Überblick über deutsche Städte lautete: „Ganz klar zeigt sich an den Messstationen der Republik im Durchschnitt eine Abnahme des Feinstaubs in der Reihenfolge Stadt/Vorstadt/Land. Die höchste Belastung wird in der Regel an Verkehrsstationen gemessen, so dass nur das Auto als Verursacher in Frage kommt. ... Innerhalb der Dieselflotte kommt dem Schwerverkehr große Bedeutung zu. Er verursacht die Hälfte bis zwei Drittel der von Autos erzeugten Partikel."[57]

Beim Kohlenmonoxid resultieren 40% der gesamten jährlichen Emissionen – oder 1.756 von 4.155 Kilotonnen – aus dem Pkw- und Lkw-Verkehr. Im Pkw-Verkehr wird je Personenkilometer 73-mal mehr Kohlenmonoxid ausgestoßen als im Schienenfernverkehr (im Vergleich zum Schienenpersonennahverkehr sind es 24-mal mehr). Schon 0,5% dieses hoch giftigen Schadstoffs in der Atemluft wirken nach zehn Minuten tödlich. Till Bastian und Helmut Theml: „In geringeren Konzentrationen erzeugt Kohlenmonoxid Kopf- und Herzschmerzen, Schwindel und Sehstörungen – Gefühle, die jeder Autofahrer kennt, der längere Zeit im Stau steht. Alle, die in besonderem Maße auf natürliche Sauerstoffversorgung angewiesen sind, werden durch CO-Anstiege gefährdet: ältere Menschen mit Durchblutungsstörungen bei Arteriosklerose, Kinder und Sportler. Ein Taxifahrer hat nach achtstündiger Fahrt im Großstadtverkehr so viel Kohlenmonoxid eingeatmet wie ein Kohlenarbeiter in einer Schicht unter Tage. Die Luftgebläse erhöhen die CO-Konzentration im Auto gegenüber der Straße um 25%."[58] Dies gilt im Übrigen generell: Die Schadstoffbelastung der Luft im Inneren eines Pkw liegt um bis zu 35% höher als außerhalb. Selbst ein Radfahrer im dichten Kfz-Verkehr atmet weniger Schadstoffe ein als die Insassen eines Autos.[59]

Der Begriff „städtisches Ballungsgebiet" nimmt Bezug auf die hohe Bevölkerungsdichte. Tatsächlich treten hier die Schadstoffe in geballter Form auf. Vielfach muss von einer Giftküche gesprochen werden. Rund 80% der Schadstoffemissionen in den städtischen Zentren resultieren aus dem Kfz-Verkehr. In den City-Lagen addieren sich nicht nur die Schadstoffe, sie steigern sich in ihren schädigenden Wirkungen auch gegenseitig. In der Epidemiologie spricht man von einem „Urbanfaktor", der für die Erhöhung bösartiger Erkrankungen gegenüber dem Landleben verantwortlich gemacht wird. In einer umfangreichen Studie für die Stadt Hamburg wurde ein Zusammenhang zwischen einer deutlich höheren Krebsrate bei Anwohnern verkehrsreicher Straßen im Vergleich zur Gesamtbevölkerung belegt.[60] 1997 schlug das Umweltschutzreferat der Stadt München nach Veröffentlichung einer neuen Studie zur Luftqualität in der bayerischen Metropole Alarm. An 10% des 500 Kilometer langen Münchner Hauptstraßennetzes erwies sich die Luftbelastung mit dem Stoff Benzol als „besorgniserregend hoch". Benzol verursacht Leukämie. Bereits niedrige Konzentrationen führen unter Umständen zu schwersten Blutbildungsstörungen. Der Stoff wird auch für Chromosomenschäden verantwortlich gemacht. An knapp 8% der Münchner Straßenstrecken lag, so die Studie, die Belastung mit dem „ebenfalls karzinogenen Dieselruß oberhalb der tolerablen Werte". Bisher lautete die Forderung auf solche Untersuchungen immer wieder, man müsse nun den Verkehr verflüssigen und neue Tunnels und breitere Straßen bauen. Die Untersuchung ergab jedoch, dass die hohen Benzol- und Dieselrußwerte „vornehmlich vor besonders gut ausgebauten Straßenabschnitten auftreten". So gebe es beispielsweise eine „auffallend hohe Überschreitung der Benzolwerte an den überwiegend kreuzungsfrei ausgebauten Abschnitten des Mittleren Rings, insbesondere an der Landshuter Allee".[61]

Sterbende Wälder, zerfallende Kulturdenkmäler

Das Leben und die Gesundheit der Menschen sowie eine menschenwürdige Zukunft für spätere Generationen auf der Erde sind die wichtigsten Güter. Sie werden durch den Straßenverkehr, den Luftverkehr, die Küstenschifffahrt und die Hochseeschifffahrt stark bedroht. Möglicherweise haben sich die Menschen angesichts der hundertjährigen Verkehrsgeschichte mit dem Blutzoll und den Gesundheitsgefährdungen abgefunden, die damit verbunden sind. Zumindest bis vor kurzem erschien ihnen auch der bedrohliche Klimawandel als eine in weiter Ferne liegende Angelegenheit. Denkbar ist, dass es zu dem notwendigen gesellschaftlichen Aufbäumen eher kommt, wenn Bestandteile des kulturellen Erbes und der Tradition bedroht werden. Denn zu den externen Kosten des Verkehrs – genauer: zu den nicht quantifizierbaren Kosten dieser Transportorganisation – zählt die Zerstörung der Wälder, der Städte und der Kulturdenkmäler. Auch in dieser Hinsicht ist darzulegen, wie teuer uns der Verkehr zu stehen kommt.

In den 1980ern und Anfang der 1990er Jahre gab es in Deutschland eine leidenschaftliche Debatte über das Waldsterben, das zu einem nicht unwesentlichen Teil auf die Stickoxid-Emissionen u.a. des Kfz-Verkehrs zurückzuführen ist.[62] In anderen europäischen Ländern herrschte teilweise Unverständnis; die Tageszeitung „Le Monde" behauptete, das Wort ließe sich nicht ins Französische übersetzen, und berichtete lediglich über „le Waldsterben".[63] Inzwischen gibt es Statistiken über den Zustand der europäischen Wälder. Ihnen zufolge ist das deutsche Waldsterben eher typisch für die europaweite Lage der Wälder; in Polen, der Ukraine, Tschechien, Irland und der Schweiz sind die Wälder stärker geschädigt. Deutlich weniger große Waldschäden gibt es nur in Schweden, Finnland, Österreich und Frankreich. Im europäischen Durchschnitt weist ein knappes Viertel des Waldbestandes „schwere Schäden" auf. In Deutschland gibt es laut Waldzustandsbericht 2006 bei

28% der Bäume „sehr schwere Schäden". Weitere 40% gelten als geschädigt, sodass insgesamt 68% der Bäume als krank und 32% des Bestands als gesund eingestuft werden. Noch beunruhigender ist der Befund bei einzelnen Baumarten: Jede zweite Buche wird als „schwer erkrankt" klassifiziert.[64] J. W. v. Goethes Zeilen könnten eine ganz neue Bedeutung gewinnen: „Über allen Gipfeln / Ist Ruh' / In allen Wipfeln / Spürest Du / Kaum einen Hauch; / Die Vögelein schweigen im Walde. / Warte nur, balde / Ruhest Du auch."[65]

Dabei verbindet sich das Thema Waldsterben auf beunruhigende Art mit dem Thema Globalisierung und Dumping bei den internationalen Transportkosten. China ist die Holzwerkstatt der Welt. Ein Drittel der weltweiten Möbelproduktion und 80% des Kinderspielzeugs aus Holz kommen mittlerweile aus China. Längst stammt ein großer Teil dieses Holzes nicht mehr aus eigenem Holzeinschlag. Im Jahr 2005 importierte China 143 Mio. Kubikmeter Rundholz. Laut einer im Jahr 2006 erschienenen Studie absorbiert China mehr als 50% der Importe aus Indonesien, Papua-Neuguinea und Birma sowie 40% der russischen Rundholzexporte. China plant eigens für die Olympischen Spiele im Jahr 2008 den Bau eines Sägewerkes in Indonesien für 1 Mrd. US-Dollar. Nach dem Weltwaldbericht der UN-Organisation FAO werden in Indonesien jährlich etwa 11,8 Mio. Hektar Waldfläche kahl geschlagen – pro Minute eine Größe von fünf Fußballfeldern. 80% der Bäume werden illegal gefällt, ein Großteil davon durch klimaschädigenden Raubbau am Tropenwald. Der Holzhunger in China hat längst Auswirkungen auf Europa. Einerseits gibt es bereits deutsche Holzexporte nach China; beispielsweise exportiert der Freistaat Bayern Buchenholz nach China. Gleichzeitig traten im ersten Halbjahr 2007 erstmals chinesische Investoren in Erscheinung, um deutsche Wälder aufzukaufen. Der Bund Deutscher Forstleute teilte mit: „Deutschland ist aufgrund der hohen Holzvorräte für die Chinesen ein lukratives Waldland, in dem es sich lohnt, zu investieren."[66] In Bayern, dem waldreichsten deutschen Bundesland und in Europa die Region mit den größten Holzressourcen, befinden sich 54% des Waldes in Privatbesitz. Das Waldgesetz gilt als ausgesprochen liberal und die Aufsichtsbehörden der Forstverwaltung, die die Einhaltung einer „nachhaltigen Bewirtschaftung" der Wälder garantieren sollen, sind personell ausgedünnt und überlastet.[67]

Einen wesentlichen Hintergrund für den Holzhunger bildet erneut die Energiefrage: Holz ist inzwischen auch Grundlage der Energiegewinnung; je knapper die traditionellen Energieressourcen werden, desto größer wird der Hunger auf Holz als Energieträger, unter anderem in Form von Pellets. Der gewaltige Holzeinschlag in den tropischen Wäldern hängt wiederum mit der aus demselben Grund massiv angestiegenen Nachfrage nach Palmöl zusammen – auf den frei werdenden Flächen wird Palmöl für „Biosprit" angebaut (siehe Kapitel 20). Doch bei dem gesamten furchterregenden Panorama in Sachen Angriff auf die Wälder müssen erneut die

Verhältnisse gerade gerückt werden: Nicht der böse Chinese greift nach Deutschlands Wäldern. Der Export von Holzfertigprodukten in die USA und nach Europa hat sich in den letzten zehn Jahren um das Zehnfache gesteigert. Der größte Teil davon kommt aus China. Der Holzkonsum in den hoch industrialisierten Staaten ist enorm angewachsen. Das gilt auch für das Holzprodukt Zellulose bzw. Papier. Ein Deutscher verbraucht im Jahr 235 Kilogramm Papier – siebenmal so viel wie ein Mensch in China.[68] Es bilden sich absurde, zerstörerische Kreisläufe heraus: Buchenholz aus Bayern wird mit Diesel-Lkws und Schweröl-Schiffen nach China transportiert, dort zu Kinderspielzeug verarbeitet und dann auf ähnliche Art zurück nach Bayern transportiert – derweil das fränkische und thüringische Handwerk zur Fertigung von Kinderspielzeug weitgehend zugrunde gerichtet wurde bzw. seine Reste sich in eine Marketingorganisation für chinesische Ware verwandelt haben. All das rechnet sich. Für wen? Wie lange? Auf wessen Kosten?

Die Umwandlung der großen Städte in Autostädte ist weltweit eine Tatsache. Die Durchschnittsgeschwindigkeiten im motorisierten städtischen Verkehr sind eigentlich mehr als skurril – und dennoch vielfach für Menschen tödlich: In Athen errechnete eine Studie eine Durchschnittsgeschwindigkeit von 8 km/h bei Nutzung der städtischen öffentlichen Busse und von 12 km/h im Pkw-Verkehr.

Die „ewige Stadt“ wird als Stadt des ewigen Staus bezeichnet: Der Verband der Taxifahrer Roms beklagte sich, dass die Durchschnittsgeschwindigkeit bei Taxifahrten auf 5 km/h gesunken sei – das entspricht dem Tempo eines rüstigen Fußgängers. An den schlecht ausgebauten Straßen kann es dabei nicht liegen: In Los Angeles, der Stadt mit der größten Highway-Dichte, liegen die durchschnittlichen Geschwindigkeiten im Pkw-Verkehr bei 12 bis 15 km/h; das heißt, ein trainierter Radler bewegt sich weit schneller durch das Dickicht der Städte.[69] Deshalb zählen in allen diesen Städten die Radkuriere als Boombranche.

Neben der Zerstörung von Urbanität durch Lärmemissionen, gesundheitlichen Belastungen und dem Flächenverbrauch für den rollenden und vor allem für den stehenden Kfz-Verkehr werden zunehmend kulturelle Denkmäler und Wahrzeichen der großen Metropolen zerstört. „Fast tausend Jahre prägte die lichtdurchflutete Farbenpracht die Glasfenster der mittelalterlichen Kirchen und Kathedralen.“ So heißt es in einem Bericht über die Glasmalereien in Kirchenfenstern, die in Europa binnen weniger Jahrzehnte durch aggressive Umwelteinflüsse und „chemische Korrosion“ einem Zerstörungsprozess ausgesetzt seien: „Die Glasmalereien sind trübe geworden. Eine häßliche Kruste, durchsetzt von Kratern, Ruß und Schmutz, überzieht große Teile der Gläser.“ So litten die biblischen Könige und andere Steinfiguren auf dem Wahrzeichen der Stadt Köln, dem Dom, unter einem massiven Zersetzungsprozess. Ohnehin sind große Teile des Gebäudes fast kontinuierlich mit Baugerüsten versehen.[70] Nicht viel anders verhält es sich in Paris, dessen berühmteste Kirche, Notre Dame, in den 1990er Jahren fast durchgehend eingerüstet war. Der Kalkstein des Gebäudes hatte sich in Folge der Schadstoffbelastung und des sauren Regens zersetzt und musste umfassend ausgebessert werden. 1989 wurde als Schutzmaßnahme für die Bausubstanz ein Parkverbot für Reisebusse im Umfeld der Kirche erlassen.[71] Am 1. Oktober 1997 erreichten die Schadstoffwerte die Gefahrenstufe 3, sodass erstmals die „alternierende Autobenutzung" angeordnet wurde: An Tagen mit ungeradem Datum durften nur Pkws mit ungeraden Kennzeichen-Nummern verkehren. Seither finden in Paris regelmäßig „Tage ohne Auto" statt – was die Bevölkerung durchaus begrüßt.[72]

1991 mussten die spanischen Behörden den Autoverkehr in unmittelbarer Nähe des berühmtesten Gebäudes dieser Region, des maurischen Festungspalastes Alhambra, verbieten. Die Alhambra sei „zu einem Parkhaus verkommen". Ihre Steinfassaden, die mehr als ein halbes Jahrtausend allen Umwelteinflüssen getrotzt hatten, wurden binnen weniger Jahre massiv angegriffen und seien „bereits völlig zerfressen".[73]

In Athen wird der einst strahlend leuchtende Parthenon auf der Akropolis vom ätzenden Smog der Großstadt angegriffen. Graubraune Schmutzkrusten bedecken das beinahe 2.500 Jahre alte Bauwerk. Die Athener Stadtverwaltung befürchtet, dass demnächst nur noch die 1802 von Lord Egin nach Großbritannien entführten und im Londoner Museum ausgestellten Teile des Skulpturenschmucks sowie eine Säule der Korenhalle des Erechteion die ehemalige Pracht der Akropolis erahnen lassen werden.[74]

„Man braucht in der Nähe der Sphinx nur zu niesen", so der Archäologe Umar El-Arini, „und schon fallen Teilchen ab." Das 4.000 Jahre alte Denkmal mit dem Leib eines Löwen und dem Kopf eines Königs dürfte sein hohes Alter auch der Tatsache verdanken, dass es Jahrhunderte lang unter dem Wüstensand begraben lag, bis es Ende der 1920er Jahre freigelegt wurde. Es konnte dann ein Dreivierteljahrhundert lang uneingeschränkt besichtigt werden – „bis die Ausdünstungen der Zivilisation den schnellen Zerfallsprozess einleiteten", so ein Bericht im Magazin „Der Spiegel": „Stickoxide und Schwefelverbindungen, die vom Smog aus Kairo herüberwehen, ramponieren das Äußere des altägyptischen Meisterwerks." Eine Gruppe von ägyptischen Archäologen forderte, „die Jahrtausend-Statue erneut im Wüstensand zu begraben".[75] 2006 wurde die 3.200 Jahre alte Statue des Pharao Ramses II. mit einem Tieflader aus dem Zentrum Kairos heraustransportiert und nach Giseh in Sicherheit gebracht. Die Abgase der Millionen Autos und die schmutzige Luft in Kairo hatten der Statue stark zugesetzt.

In Rom zerfällt ein Denkmals, dessen Geschichte das moderne Menetekel der Autogesellschaft ins Gedächtnis ruft. Die „Frankfurter Allgemeine Zeitung" berichtete hierüber – allerdings nicht in der Beilage „Verkehr und Auto", sondern im Kulturteil – wie folgt: „Das Reiterstandbild des römischen Kaisers Mark Aurel, das bis 1981 rund 1.800 Jahre lang im Herzen Roms gestanden hatte, wird nach den Restaurierungsarbeiten nicht auf seinen Sockel zurückkehren. Das kostbare Original soll in einem Palast wohlbehütet vor den schädlichen Einflüssen aufgestellt werden, während eine Kopie auf den Sockel gestellt und damit der aggressiven römischen Luft ausgesetzt wird. Nach einer Legende geht Rom an dem Tag unter, an dem die Vergoldung der Statue verschwunden ist. Von der Originalvergoldung sind jedoch nur noch kleine Flächen erhalten."[76]

Im folgenden Beispiel zu Venedig vereinen sich die Themen Klimaveränderung und Anstieg des Meeresspiegels sowie eher hilflose menschliche Versuche, diesen Herausforderungen durch Beton und Ignoranz zu begegnen. Die Lagunenstadt wird immer wieder vom Wasser der Adria überschwemmt. Offiziellen Zahlen zufolge hat sich die Häufigkeit von Pegelständen von mehr als 1,1 Meter über normal seit den 1920er Jahren, als dies alle ein oder zwei Jahre der Fall war, auf heute bis zu fünfmal pro Jahr vervielfacht. Nun soll – so die Beschlüsse aus den Jahren 2006 und 2007 – bis zum Jahr 2012 ein gewaltiges Sperrwerk errichtet werden. Die Anlage wird in Zeiten mit normalem Pegelstand in auf dem Meeresboden verankerten Fundamenten ruhen. Steigt der Wasserpegel überdurchschnittlich an, blasen Kompressoren Luft in die Barriere ein und die gewaltigen Stahl-Beton-Elemente klappen nach oben, um das weitere Eindringen von Wasser in die Lagune zu stoppen. Allerdings will man in solchen Flutzeiten nicht auf den kommerziellen Schiffsverkehr und schon gar nicht auf Tankerfahrten verzichten. Entsprechend werden große Schleusen in das Sperrwerk eingebaut, die bei Malamocco riesige Tanker von bis zu 280 Metern Länge und 12 Metern Tiefgang aufnehmen können und den freien Zugang zu den riesigen Raffinerien von Marghera auch in diesen Zeiten gewährleisten. Da solche Schiffsbewegungen mit erheblichem Wellenschlag und damit mit zusätzlichen Gefährdungen für die Lagunenstadt verbunden sind, werden solche prekären Passagen bereits 2007 geprobt – im Simulationsmodell: „Langsam driftet das 240 Meter lange Containerschiff auf die Schleuse zu. Ein rauer Südwestwind presst das Wasser der Adria in die Lagune. Nichts Ungewöhnliches für Lauro Celentano, den langjährigen Cheflotsen in den flachen Gestaden von Venedig. Die Motoren dröhnen. Schneller als mit Schrittgeschwindigkeit darf der Container-Carrier sich hier nicht bewegen."

Das geplante Sperrwerk in Venedig trägt den biblischen Namen Mose, was hebräisch volksetymologisch für „aus dem Wasser gezogen" steht.[77] Das 2. Buch Mose im Alten Testament, das die Geschichte des Auszugs der „Kinder Israels" aus der ägyptischen Gefangenschaft schildert, bringt die Philosophie, die das venezianische Sperrwerk begründet, auf den Punkt: Der Mensch hat, so Gott es will, die Macht, Meere zu teilen, durch sie hindurchzuschreiten und alle seine Feinde in Meeresfluten zu ertränken.[78] Eine solche Philosophie blockiert jedoch jedes Verständnis für die reale Zerstörungsdynamik und jeden Ansatz für eine nachhaltige, zukunftsfähige Politik.

Teil V
Letzte Ausfahrt Zukunft – Perspektive und Alternative

2025 wird Benzin so knapp sein, dass es schlichtweg nötig ist, es zu rationieren. Deshalb wird Deutschland in den kommenden 25 Jahren mehr Veränderungen erleben als im gesamten vergangenen Jahrhundert zusammengenommen.
Dennis Meadows, Mitverfasser der Schrift „Grenzen des Wachstums", 2007[1]

Seit ich erfahren habe, dass zwei Atomkraftwerke in Deutschland abgeschaltet werden könnten, wenn hierzulande alle auf Stand-by verzichten würden, bin ich hellhörig geworden. Mir wurde klar, dass jeder von uns zählt und auch ich als kleines Rädchen etwas verändern kann.
Ursula Karven, Schauspielerin, 2007[2]

Die Struktur der modernen Transportorganisation ist letzten Endes ein Abbild der stofflichen Struktur des modernen Kapitalismus – eines Wirtschaftsmodells, das auf dem Verbrauch fossiler Energie basiert. Je mehr die bestehende globalisierte Wirtschaftsordnung und die internationale Transportorganisation vom Konsum der fossilen Energieträger abhängig und je knapper gleichzeitig die Öl- und Gasvorräte werden, desto größer wird die Gefahr von Kriegen um Öl und um die Transportwege der Öl- und Gaslieferungen. Biokraftstoffe bieten keinen Ausweg aus der Sackgasse. Sie sind in der Gesamtbilanz in vergleichbarem Umfang wie herkömmliche Treibstoffe auf Ölbasis mit Treibhausgasen verbunden; der behauptete Nutzen für die Klimaentwicklung ist fraglich. Vor allem aber wird der bereits in die Wege geleitete massenhafte und auf internationaler Ebene betriebene Anbau von Pflanzen zur Gewinnung von Biokraftstoffen in Konkurrenz zum Anbau von Feldfrüchten für Lebensmittel betrieben. In der Folge werden Lebensmittel verteuert und verknappt. Damit vergrößert der Heißhunger der Autos nach der täglichen „Bioenergie" den Hunger von Millionen Menschen nach dem täglichen Brot aus Weizen, der täglichen Tortilla aus Mais und der täglichen Schale Reis.

Die Gleichgültigkeit gegenüber Raum und Zeit, Umwelt, Klima und Natur sowie die in den Kapiteln 17 und 18 beschriebene Gewalttätigkeit, die mit der Autogesellschaft verbunden sind, bilden eine Brücke zur Militarisierung der Gesellschaft und zu neuen Kriegen um Energieressourcen. Die Bereitschaft, die bereits begonnene neue Hochrüstungsphase und den in Gang gesetzten neuen Kriegszyklus zu unterstützen, droht in dem Maß zu wachsen, wie die Menschen in der „Ersten Autowelt“ vom motorisierten Personenverkehr und vom Gütertransport strukturell und massenpsychologisch abhängig gemacht werden und wie ihnen suggeriert wird, es gebe keine Alternative zur Automobilität.

Doch eine solche Alternative kann entwickelt werden. In einzelnen Regionen und Städten existieren längst Elemente davon. Sie können – zunächst am grünen Tisch – wie in einem Mosaik zu einem umfassenden alternativen Mobilitätsmodell zusammengefügt und schrittweise in der Praxis mit Leben erfüllt werden. Ein elementarer Bestandteil dieser Alternative besteht darin, Tempo aus der Wirtschaftsentwicklung und der Transportorganisation zu nehmen sowie Nähe, regionale Wirtschaftskreisläufe und direkte Formen der Kommunikation im näheren Umfeld neu zu entdecken. Eine alternative energiearme Transportorganisation würde einen entscheidenden Beitrag dazu leisten, dass das Versiegen der Brennstoffe des fossilen Kapitalismus, zu dem es in der ersten Hälfte des 21. Jahrhunderts unausweichlich kommen wird, nicht in einem Horrortrip für die Menschheit endet. Auf die Behauptung, ein alternatives Modell zur vorherrschenden Verkehrsorganisation sei „nicht realistisch“, muss entgegnet werden: Völlig unrealistisch und irrational ist eine Politik des „Weiter so“.

Kapitel 20
Ölkriege und nachwachsende Biokraftstoffkriege

Ist etwas auf Erden schief und krumm,
Dann riecht es bestimmt nach Petroleum.
Kurt Tucholsky, 1931[1]

Es gibt drei idealtypische Haltungen, wie man mit der brandaktuellen Endlichkeit der Erdölvorräte nicht umgehen sollte. Sozusagen die drei Affen der Ölkrise. Die erste ist die Theorie, der Markt werde schon Lösungen erzwingen. Hohe Preise würden für die Substitution des Rohstoffs Öl sorgen. Sehr langfristig ist das richtig. Die meisten Menschen möchten aber die damit verbundene Krise vermeiden. Die zweite äffische Haltung ist die Behauptung, die Politik könne wenig ausrichten. Das Gegenteil ist der Fall. Durch relativ höhere Energiesteuern ist es Europa gelungen, halb so viel Öl pro Kopf zu verbrauchen wie in den USA … Schließlich gibt es die Haltung vieler privater Ölfirmen. Sie behaupten, es lagere genug von dem Material in der Welt, doch hinderten sie die Eigentümerstaaten daran, die Quellen mit moderner Explorationstechnik forsch auszubeuten. Man wird den Ölunternehmen schlecht vorwerfen können, sie hätten deshalb den Irakkrieg gewünscht. Sie haben aber einem Rechtfertigungsargument der Regierung Bush Vorschub geleistet. Ein wichtiges Kriegsziel war die Privatisierung und Steigerung der Erdölproduktion. Beides ist nicht gelungen.
Lucas Zeise, „Drei Affen des Öls“, 2007[2]

Der Zusammenhang zwischen Ölverbrauch und Klimawandel ist Realität. Der Beitrag des Transportbereichs und dabei insbesondere des Straßenverkehrs, der Luftfahrt, der Küstenschifffahrt und der Handelsschifffahrt auf den Weltmeeren ist dabei von besonderer Bedeutung, da es sich um den Sektor mit den am schnellsten wachsenden Kohlendioxidemissionen handelt. Die maßgeblichen Manager in den großen Ölkonzernen kennen diesen Zusammenhang und fürchten, er könnte ins Massenbewusstsein dringen und im Rahmen einer Politik der Energie- und Verkehrswende zu Maßnahmen führen, die die Rendite ihrer Unternehmen schmälern. Weil das so ist, sorgen oft die Ölunternehmen selbst für Millionen US-Dollar dafür, dass von ihnen ausgehaltene Wissenschaftler diesen Zusammenhang bestreiten.

Sie verfolgen damit eine ähnliche Strategie, wie sie in den vorangegangenen Jahrzehnten eine andere Branche verfolgte, die die Sucht und den gesundheitlichen Ruin von Hunderten Millionen Menschen förderte: die Zigarettenindustrie.

Exxon Mobil ist der größte Ölkonzern und zugleich das weltweit größte Unternehmen überhaupt; es konnte 2006 mit 36 Mrd. US-Dollar den höchsten Nettogewinn ausweisen, den je ein Unternehmen erzielte. Exxon Mobil finanziert nach Angaben der britischen „Financial Times" seit den 1990er Jahren „Think-tanks, die den Einfluss der menschlichen Aktivität auf den Klimawandel leugnen". Da Europa „führend in der Klimapolitik" sei und den Zusammenhang zwischen Kohlendioxidemissionen und dem Klimawandel „engagiert auf die politische Agenda" setze, konzentriere sich der US-Konzern in jüngerer Zeit vor allem auf europäische, scheinbar unabhängige Institutionen. Nach Untersuchungen der Gruppe Corporate Europe Observatory (CEO) erhielten im Jahr 2005 insbesondere das International Policy Network und das Centre for the New Europe größere Beträge von Exxon; beide Einrichtungen hätten in „Brüssel massiv Lobbyarbeit gegen eine Ausweitung der Klimaschutzmaßnahmen betrieben". Eine beliebte Taktik in der Öffentlichkeitsarbeit der Öllobby besteht darin, Wissenschaftler medial aufzubauen, die die These vertreten, in maßgeblichen wissenschaftlichen Kreisen existiere eine kontroverse Debatte über die Ursachen des Klimawandels.

Zu dem Chor derjenigen, die diese Lobbyarbeit anprangern, zählt seit jüngerer Zeit auch die renommierte Royal Society, die britische Akademie der Wissenschaften. Sie unternahm Mitte 2006 einen ungewöhnlichen Schritt, indem sie sich in einem Brief direkt an Exxon Mobil wandte und den US-Konzern aufforderte, die Unterstützung von Gruppen zu beenden, die den wissenschaftlich Konsens über den Klimawandel unterminieren. Einem Sprecher der Akademie zufolge konnte Exxon vor allem in den USA die Aufklärung über die Ursachen der Klimaerwärmung erfolgreich behindern. Hier sponserte der Ölriese unter anderem die Denkfabriken Cato Institute, Heritage Foundation, Centre for the Study of Carbon Dioxide and Global Warming sowie das Competitive Enterprise Institute. Auf einer Website wurden zu diesem Zeitpunkt 124 Organisationen aufgelistet, die von Exxon Mobil direkt oder indirekt gefördert werden.[3] Für Aufsehen sorgte im Herbst 2006 die Weigerung der naturwissenschaftlichen Lehrervereinigung der USA, 50.000 Gratiskopien des Films „Eine unbequeme Wahrheit" anzunehmen, der vom ehemaligen US-Vizepräsidenten Al Gore konzipiert wurde und den Klimawandel überzeugend visualisiert. Es stellte sich heraus, dass die Lehrervereinigung 2005 von den Ölkonzernen Exxon, Shell und ConocoPhillips sowie vom American Petroleum Institute Spenden in der Höhe von 6 Mio. US-Dollar erhalten hatte.[4]

Der zeitweilige Erfolg der Lobbyarbeit, den die Ölkonzerne im wichtigsten Land der Erde verbuchen konnten, wurde in hohem Maß durch den Charakter der US-Regierung unter George Bush jr. begünstigt. „Erdgas ist hemisphärisch. Ich nenne es gern hemisphärisch von Natur aus, weil es ein Produkt ist, das wir in unserer Nachbarschaft finden." Mit Sätzen wie diesen hat Bush immer wieder seine Ignoranz gegenüber dem Klimawandel unter Beweis gestellt.[5] Die Weigerung der Bush-Regierung, das Kyoto-Protokoll mit seinen eher zaghaften und insgesamt unzureichenden Maßnahmen zum Klimaschutz zu ratifizieren, dürfte vor allem auf die engen personellen Verbindungen zwischen der Bush-Administration und den Ölkonzernen zurückzuführen sein.[6] Noch 2006 konnte der Vorsitzende des Umweltausschusses im US-Senat, der Republikaner James Inhofe, behaupten, die These vom menschlich verursachten Klimawandel sei „der größte am amerikanischen Volk jemals verübte Betrug".[7] Am Ende der Amtszeit von George Bush jr. zeigen sich die Ölkonzerne flexibler und richten sich für den Jahreswechsel 2008/09 auf eine Regierungsübernahme durch die Demokratische Partei ein. „Wir müssen uns den Treibhausgasen stellen", äußerte Ende 2006 John Hofmeister, Präsident des Ölkonzerns Royal Dutch Shell, in einer Rede vor dem National Press Club in Washington. Er forderte dabei einen „nationalen Ansatz zur Lösung des Treibhausgasproblems".[8] Die Wende hat jedoch einen pragmatischen Hintergrund. Auf die beinharte Haltung der Bush-Regierung zugunsten der Ölkonzerne hatten einzelne US-Bundesstaaten – so die Vorreiter Kalifornien und Massachusetts – mit einer Verschärfung ihrer eigenen Klimaschutz-Gesetzgebung reagiert. Der Shell-Boss begründete sein Plädoyer für eine „einheitliche, überwölbende Politik" daher unter anderem damit, dass „wir nicht 50 verschiedene Politiken bewältigen" können.[9] Grundsätzlich setzen die großen Ölkonzerne darauf, dass ein flexibles Eingehen auf die Befürchtungen in der Bevölkerung und die Präsentation scheinbarer Lösungen wie der verstärkte Einsatz von Biokraftstoffen faktisch eine Fortsetzung eines „business as usual" ermöglichen werden. Vor allem setzen sie auf die weltweite Anziehungskraft der energieintensiven Mobilitätsgesellschaft und des öldurchtränkten „American way of life", der, wie dies der ehemalige Sicherheitsberater Zbigniew Brzezinski betonte, letzten Endes ebenfalls materiell, durch die Kapitalmacht der US-Filmindustrie, der US-amerikanischen TV-Programme und der US-Medienkonzerne, abgesichert wird.[10]

Die Knappheit der Ressource Öl ist eine Realität. Diese Einsicht setzt sich in der Öffentlichkeit zunehmend durch. Allerdings sind es auch hier die Ölkonzerne, die diese Erkenntnis immer wieder relativieren. Sie verfügen dabei über eine erhebliche Medienmacht und können auf eigene Wissenschafts-Truppen zurückgreifen. Denn praktischerweise stammen die Angaben über die Erdölvorräte und die zu erwartende Energienachfrage in der Regel von den Ölmultis selbst; den regelmäßig veröffentlichten Shell-Studien und der BP-Publikation „Statistical Review of World Energy" wird von den meisten Medien der Nimbus der Wissenschaftlichkeit zugesprochen. Im Frühjahr 2007 gab Christoph Rühl, stellvertretender Chefvolkswirt von BP, die weltweit ausgewiesenen Erdölreserven mit „gut 1.200 Milliarden Barrel an“ (ein Barrel entspricht 159 Litern) und betonte: „Das wird für die nächsten 40 Jahre reichen. Wir sind dabei optimistisch, dass es sich um eine konservative Schätzung handelt. Neue Technologien wie Ölsande werden die Zeitperiode strecken.“[11] In diesem Rahmen werden auch die Ausbeutung von Schieferöl, Teersanden und Tiefwasservorkommen sowie Fördervorhaben am Nordpol und in der Antarktis genannt. Alle diese neuen Formen der Ölgewinnung gelten als ökologisch besonders bedenklich. Shell veröffentlichte zur selben Zeit Schätzungen, denen zufolge der „Energiebedarf für Mobilität“ mittels eines Energiemixes, bei dem ab dem Jahr 2040 „synthetische Treibstoffe und Biotreibstoffe“ und ab dem Jahr 2060 Wasserstoff eine wachsende Bedeutung erhalten würden, bis zum Jahr 2100 gedeckt werden könne. Gleichzeitig soll sich nach Angaben von Shell und dem Londoner World Energy Council in diesem Zeitraum der „Energiehunger für Mobilität“ verdreifachen.[12]

Peak Oil: Ist der Gipfel der Ölförderung bereits erreicht?

Neu ist an solchen Aussagen der Ölunternehmen im Vergleich zu den 1980er und 1990er Jahren, dass nicht mehr behauptet wird, es gebe immer neue große Funde von Ölvorkommen, sodass von einer in einem bestimmten Zeitraum erreichten Endlichkeit der Rohölvorkommen nicht gesprochen werden könne. Allerdings werden die Begriffe Peak Oil und Peak Theory vermieden. Damit wird der Zeitpunkt bezeichnet, an dem die Rohölförderung nicht mehr steigt, sondern sinkt, was sich angesichts des steigenden Energiehungers vor allem auf Grund der beschleunigt gesteigerten Automobilität in einem schnell steigenden Ölpreis niederschlagen und in eine schwere Wirtschaftskrise münden wird. Drei Gründe sprechen allerdings dafür, dass die Förderspitze bereits in wenigen Jahren erreicht wird oder gar schon erreicht wurde.

Erstens stagniert die Fördermenge seit 2005 bei 75 Mio. Barrel pro Tag. Die zusätzliche Energienachfrage kann inzwischen nur durch einen verstärkten Einsatz von Gas – das bei der Ölförderung anfällt, mit aufwändiger Technik abgekühlt, verflüssigt und mit der Öllieferung verkauft wird –, durch aufwändige Förderungen wie Ölgewinnung aus Ölsand sowie durch die Beimengung von Biokraftstoffen befriedigt werden.

Zweitens gab es in den letzten 25 Jahren keine Funde wirklich großer Ölvorkommen. Der US-Regierungsberater Matthew Simmons argumentiert, solche neuen Funde seien zwar theoretisch möglich, aber unwahrscheinlich: „Die großen Ölkonzerne investieren schon seit Jahren bis zu 20 Milliarden US-Dollar im Jahr in die Suche und Erschließung neuer Ölquellen, ohne dass bislang viel dabei herauskam.“[13]

Drittens werden diejenigen Ölfelder, die maßgeblich zur Befriedigung des Massenbedarfs beitragen, bereits mit erheblichem Kapitaleinsatz unter hohem technischen Aufwand ausgebeutet. Bei den strategisch entscheidenden saudischen Ölquellen kann die Produktionsleistung meist nur noch erreicht werden, indem riesige Mengen Wasser in den Boden gepumpt werden, um den Druck in den unterirdischen Feldern aufrechtzuerhalten und auf gleich bleibendem Niveau fördern zu können. Eine ähnliche Bedeutung kommt der Tatsache zu, dass bereits jetzt die großen Ölkonzerne dazu übergegangen sind, die aufwändige und teure Förderung von Ölsand in großem Maßstab zu betreiben.[14]

Das Öl dieser Vorkommen ist mit Erdreich, Sand und Wasser gemischt. Die Trennung erfolgt aufwändig und teuer; das daraus gewonnene Öl ist teerhaltig und qualitativ eher schlecht. Die klimarelevante Kohlendioxidbilanz der Förderung ist verheerend, da das Energieäquivalent von einem Barrel Öl notwendig ist, um zwei Barrel Kraftstoff aus Ölsand zu gewinnen. Während Shell und der französische Ölkonzern Total in großem Maßstab in diesem Bereich aktiv sind, lehnt der Ölkonzern BP ein Engagement auch unter Verweis auf die damit verbundenen hohen Umweltbelastungen ab. Vor allem ist die Ölsandförderung nur dann rentabel, wenn der Ölpreis bei rund 50 US-Dollar liegt, also mehr als doppelt so hoch ist wie vor dem Irak-Krieg 2003. Offensichtlich rechnen Shell und Total nicht mehr mit einem größeren Verfall des Ölpreises, was ebenfalls ein deutliches Zeichen für den nahenden Peak Oil ist. Die Verknappung der Ölvorkommen erklärt auch den Druck, der seitens der Ölkonzerne und der führenden Länder mit eigener Autoindustrie ausgeübt wird, um Biokraftstoffe stark zu subventionieren und diese den konventionellen Kraftstoffen auf Rohölbasis in großem Umfang beizumengen. Gäbe es keinerlei Ölverknappung, so würden sich Biokraftstoffe als Beimengungen im herkömmlichen Kraftstoff für die Ölkonzerne geschäftsschädigend auswirken, weil sie den maximalen Einsatz der eigenen Ölvorkommen mindern.[15] Unter den gegebenen Bedingungen einer beginnenden Ölknappheit wird der Peak Oil mit dieser Politik jedoch hinausgezögert.

Seit Mitte der 1970er Jahre lässt sich ein Zusammenhang zwischen Ölpreisentwicklung und Weltkonjunktur belegen. Der ersten internationalen zyklischen Krise nach dem Ende des Zweiten Weltkrieges, zu der es 1974/75 kam, ging der sprunghafte Anstieg des Ölpreises von 4 auf 11 US-Dollar je Barrel voraus. 1979 schnellte der Ölpreis von 17 auf 40 US-Dollar hoch; 1980-1982 gab es eine zweite weltweite Krise. Der lange Boom der 1980er Jahre wurde von einem zunächst bis 1986 stark fallenden Ölpreis begünstigt, der dann bis 1990 auf einem Niveau unter 20 US-Dollar je Barrel verharrte. 1990 kam es erneut zu einem deutlichen Anstieg des Ölpreises, worauf 1991-1993 eine neuerliche internationale Rezession folgte. In den Jahren 1993-1999 lag der Ölpreis erneut meist unter 20 US-Dollar je Fass – die Weltökonomie boomte. 2000 stieg der Ölpreis stark an und 2001/02 erlebte die Weltwirtschaft eine neue Krise. Das soll nicht heißen, dass der angestiegene Ölpreis jeweils der direkte Auslöser der Wirtschaftskrisen gewesen wäre. Der Zusammenhang ist in Wirklichkeit ein komplexer; letzten Endes ist der zyklische Verlauf der kapitalistischen Konjunktur durch eine tiefer liegende innere Widersprüchlichkeit und Dynamik begründet. Dennoch spielt der Ölpreis inzwischen ohne Zweifel eine wichtige Rolle für die internationale Wirtschaftskonjunktur.[16]

Zyklus der Ölkriege

Die größeren Kriege der jüngeren Zeit stehen überwiegend in Zusammenhang mit der Ölknappheit und dem Kampf um die Kontrolle der Energieressourcen. Der erwähnten internationalen Rezession 1974/75 ging der Nahostkrieg 1973 voraus. Vor der Krise 1980-1982 erfolgte der Einmarsch der sowjetischen Truppen in Afghanistan, einer Region, der bereits damals strategische Bedeutung für die Energietransporte zugesprochen wurde. Der niedrige Ölpreis in den 1980er Jahren, der den langen Boom unter der Präsidentschaft von Ronald Reagan begünstigte, war zu einem größeren Teil Resultat des achtjährigen irakisch-iranischen Krieges (1980-1988), in dem der Westen überwiegend den irakischen Aggressor Saddam Hussein unterstützte. Die zwei Ölförderländer mussten zur Finanzierung des Krieges so viel Öl wie möglich aus dem Boden pumpen, was einen Verfall des Ölpreises zur Folge hatte. Gleichzeitig kauften die Regimes in Teheran und Bagdad für rund 200 Mrd. US-Dollar Waffen. Der niedrige Ölpreis und die Waffenkäufe wirkten auf den Westen wie ein Konjunkturprogramm – bezahlt mit dem Tod von einer Million Menschen.[17] Mit dem Irak-Krieg des Jahres 1991 sollte verhindert werden, dass sich in der strategisch entscheidenden Ölförderregion eine dominierende Regionalmacht etablierte – ein Irak, der Kuwait militärisch kontrollierte. US-Präsident Bush senior nannte die Kriegszielsetzung „We create a new world order", womit gemeint war, dass die auf der Verbrennung fossiler Rohstoffe bestehende Weltordnung mit einer neuen Runde von Kriegen verteidigt wird.

1999 spielten im NATO-Krieg gegen die Bundesrepublik Jugoslawien, auch als Kosovo-Krieg bezeichnet, neben geostrategischen Interessen auch neu entdeckte Ölvorkommen vor Montenegro eine Rolle; vor allem ging es dabei um wichtige Ölpipelines.[18] Der Afghanistan-Krieg des Jahres 2001 hatte seinen Ursprung nur teilweise in den Ereignissen vom 11. September 2001. Ein Dreivierteljahr zuvor hatte das Repräsentantenhaus in Washington – inzwischen gab es die neue US-Regierung unter George Bush jr. – die Öl- und Erdgasvorräte am Kaspischen Meer und die „Brechung des russischen Monopols über die Transitwege sowie das Betreiben einer Ost-West-Pipeline, die nicht durch den Iran und nicht durch Russland führt", zur strategischen Zielsetzung erklärt. Damit rückte Afghanistan als mögliche

Transittrasse ins Visier.[19] Die Feststellung des damaligen deutschen Verteidigungsministers Peter Struck, dass die „Freiheit am Hindukusch verteidigt" werde, ist zutreffend, wenn dies als die Freiheit des Energietransits konkretisiert wird.

Schließlich spielten 2003 beim Krieg gegen den Irak die dort lagernden Ölvorräte die entscheidende Rolle. Dies wurde offen ausgesprochen, etwa von Martin Wolf, dem führenden Ökonomen der britischen „Financial Times", der „die Sicherung des westlichen Nachschubs mit Rohöl als ein legitimes Ziel des Krieges" bezeichnete, und in der „Financial Times Deutschland", in der Lucas Zeise vorrechnete: „Das eigentliche Kriegsziel besteht … darin, nicht nur den Zugang zum Erdöl zu sichern, sondern auch die Ölquellen und ihre sprudelnde Rente der Verfügungsgewalt der nahöstlichen Staaten zu entwinden. Für die Amerikaner ist das ein lohnendes Ziel. Die Reserven des Iraks, die zweitgrößten der Welt, sind zu heutigen Preisen zwischen 3.000 und 4.000 Milliarden Dollar wert."[20] Nach dem Ende des Krieges sollte durch eine Verdreifachung der irakischen Ölförderung auf bis zu 6 Mio. Barrel pro Tag der Ölpreis erneut gesenkt und auf mittlerem Niveau stabilisiert werden. Es kam anders; die irakische Ölförderung lag im Juli 2007 gerade bei 2 Mio. Barrel pro Tag, niedriger als in den letzten drei Jahren unter Saddam Husseins Regime. Entsprechend verharrt der Ölpreis seither auf hohem Niveau; im August 2007 erreichte er mit gut 78 US-Dollar je Barrel einen neuen Rekord. Das sind weitere Indizien für ein Erreichen des Peak Oil oder zumindest für eine Nähe zur größtmöglichen Ölförderung.[21]

Vieles spricht dafür, dass sich die fatale Verknüpfung von knappen Ölressourcen, hohem und steigendem Ölpreis sowie Kriegen um Lagerstätten und Transitwege noch intensivieren wird. Dabei geraten auch bereits existente, noch nicht erwähnte Kriegsschauplätze (so Nigeria und Darfur im Sudan) und neue potenzielle Austragungsorte militärischer Auseinandersetzungen (so Pakistan und Saudi-Arabien) in das Blickfeld.[22] Seit Ende der 1990er Jahre gibt es auf internationaler Ebene einen Prozess der Militarisierung und neuerlichen Hochrüstung, der von der US-Regierung angeführt wird. Die USA haben ihre Rüstungsausgaben im Zeitraum 1998-2006 mehr als verdoppelt: von rund 250 Mrd. US-Dollar auf 570 Mrd. US-Dollar 2007/08. Die Ausgaben für die Kriege in Afghanistan und im Irak sind in diesen Zahlen nur zu einem Teil enthalten. Weltweit wurden in den Jahren 1996-1998 jährlich rund 830 Mrd. US-Dollar für Rüstung ausgegeben; 2007 sind es 1.200 Mrd. US-Dollar. Im Juli 2007 beschloss die Bush-Regierung gewaltige neue Waffenlieferungsprogramme, mit denen Saudi-Arabien, fünf ölreiche Kleinstaaten in der Golfregion sowie Israel hochgerüstet werden. Offensichtlich wird in der Region mit den entscheidenden Ölvorräten ein Pulverfass gefüllt. Mohssen Massarrat argumentiert, dass es sich hier um eine gezielte Politik zur Erzeugung „von Chaos und Instabilität in einer der sensibelsten Weltgegenden" handle und dass diese Strategie „von der gesamten Elite der USA getragen" werde. Das Ziel sei, „dass

Öl weiter im Überfluss fließt und dass Preise von 200 Dollar pro Barrel verhindert werden".[23]

Biokraftstoffe sind keine Lösung, sondern Teil des Problems

Seit Anfang des 21. Jahrhunderts wird eine intensive Debatte darüber geführt, inwieweit Kraftstoffe aus nachwachsenden Pflanzen Treibstoff aus Öl und Ölderivaten ablösen können.[24] In den letzten Jahren haben Regierungen in aller Welt Fakten geschaffen. Seit Anfang 2007 existieren in Deutschland gesetzlich verpflichtende Mindestquoten, wonach im Dieselkraftstoff mindestens 4,4% Biodiesel und im Benzin mindestens 1,2% Bioethanol beigemengt sein müssen. 2006 betrug der Anteil der Biokraftstoffe am deutschen Kraftstoffverbrauch bereits knapp 5%.[25] Nach einer im Juli 2007 zwischen der Bundesregierung, dem Bauernverband und der Autoindustrie geschlossenen Vereinbarung soll dieser Anteil in den nächsten Jahren auf rund 10% gesteigert werden.[26] US-Präsident George Bush jr. verkündete Anfang 2007 das Ziel, in den kommenden zehn Jahren den Ölverbrauch des Landes um ein Fünftel zu reduzieren – in erster Linie durch eine massive Steigerung der Beimengungen von Ethanol. Bis 2017 sollen Biokraftstoffe 24% aller Fahrzeugkraftstoffe ausmachen. Im März 2007 verkündete der damalige britische Finanzminister Gordon Brown, nunmehr britischer Premier, dass der Anteil der aus Pflanzen hergestellten Kraftstoffe am gesamten Kraftstoffverbrauch bis 2010 auf 5% gesteigert werden würde. Brasilien ist seit Ende der 1970er Jahre Weltrekordhalter in Sachen Erzeugung von Ethanol, das hier aus Zuckerrohr gewonnen wird. Von den 2005 hergestellten 15 Mrd. Litern Ethanol ging ein knappes Fünftel in den Export. Nach den jüngsten Plänen will die brasilianische Regierung die Ethanol-Erzeugung bis 2017 um fast das Zweieinhalbfache auf 40 Mrd. Liter steigern und davon ein Drittel exportieren. Alle diese Programme sind mit deutlichen Steuerrabatten verbunden; in Deutschland entfällt beispielsweise jede Besteuerung von Biokraftstoffen. Die Schaffung einer Infrastruktur für Biokraftstoffe wird vielfach durch direkte Subventionen unterstützt.

Diese Fakten wurden geschaffen, obgleich es seriöse Studien und Stimmen gibt, die davor warnen, diesen Weg zu beschreiten, und den Kraftstoffen aus nachwachsenden Pflanzen sogar das Gütesiegel „Bio" rundweg absprechen. Solche Stimmen kommen von Umweltverbänden, kritischen Journalisten und Gruppierungen in Solidarität mit der so genannten Dritten Welt. Aber auch staatliche Institutionen haben äußerst kritische Studien vorgelegt. Das deutsche Umweltbundesamt präsentierte 1993 und 1997 Untersuchungen, die belegten, dass Rapsöl umweltschädlicher ist als herkömmlicher Diesel.[27] Eine Studie von 2005 im Auftrag der EU-Kommission ergab, dass beim Einsatz von Braunkohle in den deutschen Anlagen zur Herstellung von Ethanol mit rund 180 Gramm Kohlendioxid-Äquivalenten pro Kilometer mehr Treibhausgase anfallen, als heute viele Pkws mit herkömmlichem Benzin produzieren.[28] Mitte 2007 stellten Schweizer Forscher um Rainer Zah von der Eidgenössischen Materialprüfungs- und Forschungsanstalt (Empa) in St. Gallen eine Studie vor. Die Wissenschaftler nahmen alle Umweltbelastungen unter die Lupe, die bei der Produktion und beim Verbrauch von Biosprit entstehen – vom Düngen der Rohstoffe auf dem Acker über das Beliefern der Tankstellen mit Lkws bis zum Verbrennen des Sprits in den Motoren –, und verglichen dann die Ökobilanz der so genannten Biotreibstoffe mit derjenigen von Benzin. Vergleichbares wurde im Fall von Diesel bzw. Biodiesel gemacht. Die Bilanz: Biotreibstoffe aus Raps, Roggen, Mais und einigen anderen nachwachsenden Rohstoffen sind umweltschädlicher als Benzin und Diesel.[29]

Im Wesentlichen sprechen drei Faktoren gegen einen groß angelegten Einsatz von Kraftstoffen aus nachwachsenden Rohstoffen und dokumentieren gleichzeitig, dass diese zu herkömmlichen Kraftstoffen keine Alternative sind, die den Geboten von Nachhaltigkeit und Sozialverträglichkeit gerecht wird.

Erstens ist die Umweltbilanz eine weit kritischere als offiziell dargestellt; die behauptete Klimaneutralität ist nicht gegeben.[30] Wenn die – bei der Schweizer Studie angeführte – gesamte Kette der Erzeugung dieser Kraftstoffe betrachtet wird, ist beim Einsatz von Kraftstoffen aus nachwachsenden Pflanzen der Ausstoß von Kohlendioxid teilweise größer als bei herkömmlichen Kraftstoffen. In jedem Fall sind sie wesentlich geringer als behauptet. Wenn die Konzeption auf weltweiter Ebene betrachtet wird, ist die Klima-Bilanz deutlich negativ: Die brasilianischen Zuckerrohrfelder werden vor der Ernte in Brand gesteckt, was zu großen gesundheitsschädlichen Rauchentwicklungen und zu Vorläufersubstanzen für bodennahes Ozon führt, das ebenfalls als Treibhausgas wirkt. Jeder Anbau auf Flächen, die bisher nicht der landwirtschaftlichen Produktion dienten und brachlagen, setzt in großem Maßstab Treibhausgase frei, die bisher im Boden gebunden waren. Vor allem wird der tropische Regenwald in verstärktem Umfang abgeholzt. Das ist zum Beispiel auch Mitgliedern der britischen Regierung bewusst. So war noch Mitte 2006 auf der Homepage des britischen Umweltministers David Miliband zu lesen, dass Palmölplantagen zur Biospritgewinnung „jährlich 0,7 Prozent des malayischen Regenwaldes zerstören und so den Bestand einer lebensnotwendigen Naturressource vermindern (und im Übrigen auch den natürlichen Lebensraum des Orang-Utan zerstören)".[31] In Indonesien sollen in den nächsten Jahren ausländische Direktinvestitionen in der Höhe von 12 Mrd. US-Dollar in den Bau von Plantagen und Biodieselanlagen fließen; davon stammen 5,5 Mrd. Dollar von dem Ölunternehmen China National Offshore Oil Corporation (CNOOC). Ein erheblicher Teil dieser Plantagen ist mit Abholzungen von Regenwald verbunden.[32] 2007 publizierten die Vereinten Nationen einen Bericht, wonach 2022 bereits 98% des indonesischen Regenwaldes schwer beschädigt oder vernichtet sein werden. Nur fünf Jahre vorher hatte dieselbe Institution vorhergesagt, dass dies nicht vor 2032 der Fall sein würde. Damals hatte sie den Anbau von Palmöl für die Erstellung von Biokraftstoff außer Acht gelassen.[33]

Zweitens ist der Flächenverbrauch im Fall der groß angelegten Biokraftstoff-Programme in der „Ersten Autowelt" gewaltig, weswegen es zu einer Umstrukturierung der weltweiten Landwirtschaft und zur Schaffung neuer fataler Abhängigkeiten kommen würde. Selbst die USA mit ihrer großen Landwirtschaft müssten ihre gesamte jährliche Maisernte für die Erzeugung von Biosprit einsetzen, um die neuen Zielsetzungen für Beimischungen für das Jahr 2017 zu erreichen. Wolfgang Pomrehn rechnet in seinem Buch „Heiße Zeiten – Wie der Klimawandel gestoppt werden kann" vor, dass selbst bei extrem günstigen Annahmen von technisch verbesserter Ethanol-Erzeugung die deutsche Benzinerflotte nur dann komplett mit Biosprit betrieben werden könnte, „wenn wir Brandenburg, Berlin und Hessen (einschließlich aller Wälder, Dörfer und Städte) umgraben" und dort entsprechende nachwachsende Rohstoffe anpflanzen. „Für die Dieselflotte müsste zusätzlich ... noch Bayern dran glauben."[34] Eine britische Studie konstatiert, dass ganz Großbritannien ein einziges Rapsfeld sein müsste, wollte man alle britischen Autos mit Rapsöl betreiben.[35] Der überproportionale Flächenverbrauch bedeutet, dass die „Erste Autowelt" die Masse der alternativen Kraftstoffe aus den Ländern der so genannten Dritten Welt importieren muss – was bereits heute zu einem großen Teil der Fall ist. Damit aber werden die entsprechenden Länder erneut zu Rohstofflieferanten degradiert. Fatale Strukturen der Abhängigkeit dieser Länder von der „Ersten Autowelt" und von den früheren Kolonialmächten entstehen und verstärken sich. Bereits heute ist die Ethanolproduktion etwa in Brasilien von extrem ausbeuterischen Arbeitsbedingungen und einer Stärkung der überkommenen Struktur des Großgrundbesitzes bestimmt.[36] Millionen Kleinbauern werden im Rahmen dieser Umstrukturierung ihre Existenzgrundlage verlieren. „Biosprit bringt das Big Business ins Spiel und macht die Reichen reicher", zitiert Shane Romig von der Nachrichtenagentur Associated Press im Mai 2007 einen protestierenden argentinischen Bauern. „Für die Armen bedeutet es nur noch mehr Hunger und Elend. Sie wollen argentinisches Agrarland aufkaufen, um es zu zerstören und Biosprit zu produzieren, den sie dann mit zurück in die USA nehmen."[37] Im Übrigen gelangen wir hier wieder zum Thema der problematischen Ausweitung internationaler Transporte zur See und den damit verbundenen gewaltigen Ausbauten der Hafeninfrastrukturen.

Drittens kommt es bei einem groß angelegten Anbau nachwachsender Rohstoffe zu einer Konkurrenz zwischen einer Landwirtschaft, die Nahrung für die Menschen anbaut, und einer Landwirtschaft, die Kraftstoffe für Autos erzeugt. Dabei werden die Menschen im Süden, deren Ernährungslage ohnehin prekär ist, immer den

Kürzeren ziehen. Die Nachfrage nach Kraftstoffen für Autos ist eine kaufkräftige. Der Hunger nach dem täglichen Brot jedoch ist nur ein menschliches Bedürfnis. Im Kapitalismus geht Kaufkraft immer vor Mensch. Oder in den Worten des britischen Journalisten George Monbiot: „Die Umsetzung dieser Pläne ist ein Garant für eine humanitäre Katastrophe … Die Biokraftstoffe werden einen Wettbewerb um Nahrung für Menschen und für Autos auslösen. Die Menschen werden dabei zwangsläufig verlieren: Jene, die es sich leisten können, Auto zu fahren, sind reicher als die, die Gefahr laufen zu verhungern.“[38]

Einen ersten Beweis für diesen Zusammenhang lieferte der umfassende Anstieg von Lebensmittelpreisen, den es seit 2005 als Konsequenz aus der verstärkten Nutzung von Land für Biosprit gibt. In Mexiko verdoppelte sich der Preis für Tortillas, weil der Weltmarktpreis für Mais drastisch anstieg.[39] Eine vergleichbare Entwicklung der Maispreise wurde in China registriert, wo auf Grund der finanziellen Anreize weit über die staatlich festgelegten Quoten Mais für die Biospritgewinnung eingesetzt wird.[40] Da China längst Nahrungsmittelimporteur ist, dürfte hier die Konkurrenz zwischen Landwirtschaft für Menschen und Landwirtschaft für Autos schnell schmerzhaft zu spüren sein. Selbst die deutlichen Preissteigerungen für Bier – durch gestiegene Preise für Hopfen, Gerste und Malz – und Milch bwz. für Milchprodukte, zu denen es Mitte 2007 in Europa und teilweise weltweit kam, sollen mit dem Heißhunger nach Biokraftstoffen und der groß angelegten Umwidmung agrarisch genutzter Flächen zusammenhängen.[41] Die großen Programme für Biokraftstoffgewinnung sind noch kaum angelaufen, da warnt die Welternährungsbehörde FAO, eine Unterorganisation der UNO, bereits vor Hungerkrisen – und stellt einen Zusammenhang zwischen der Nachfrage nach Biokraftstoffen, dem Klimawandel und dem weltweiten Hunger her: „Klimawandel und wachsende Nachfrage nach Biokraftstoffen führen dazu, dass das Nahrungsangebot sinkt, während zugleich die Nachfrage nach Unterstützungsprogrammen weiter steigt“, so die FAO-Direktorin Josette Sheeran. Die FAO laufe Gefahr, ihre Programme nicht mehr finanzieren zu können, da sich viele Lebensmittel „immens verteuert“ hätten. Nach Angaben der FAO sind die Kosten für das Welternährungsprogramm in den vergangenen fünf Jahren um rund 50% gestiegen. Mais sei in einigen Ländern in den letzten sechs Monaten um 120% teurer geworden. Gleichzeitig seien die Weizenvorräte in den USA auf den niedrigsten Stand seit 25 Jahren gefallen. „Wir beobachten den härtesten Agrarmarkt seit Jahrzehnten“, so Sheeran.[42]

Das sind nur drei der wichtigsten Argumente, die deutlich machen, dass Kraftstoffe aus nachwachsenden Pflanzen keinen Ausweg aus der Sackgasse weisen, in der sich die Autogesellschaft befindet.[43] Im Zusammenhang mit dem immensen Flächenaufwand im Fall groß angelegter Biokraftstoffprogramme sei auf einen anderen Aspekt verwiesen. Gegen einen Einsatz alternativer Energien wie Sonnenkollektoren oder Windkraftanlagen wird immer wieder vorgebracht, diese würden die Landschaft verschandeln oder das Stadtbild beeinträchtigen. Beim Anbau von Pflanzen für Biokraftstoffe, der im Übrigen meist in Monokultur erfolgt, taucht dieses Argument nicht mehr auf. Dabei zeitigt ein Vergleich des Flächenverbrauchs beim Anbau von Pflanzen für Biokraftstoffe mit der Gewinnung von echten – umweltfreundlichen – alternativen Energien interessante Ergebnisse. Die zitierte Schweizer Studie brachte das wie folgt auf den Punkt: Damit ein VW Golf 10.000 Kilometer zurücklegen kann, müsste Raps für Biodiesel auf einer Ackerfläche von 2.062 Quadratmetern angepflanzt werden. Solarzellen würden die für 10.000 Kilometer nötige Energie auf einer Fläche von 37 Quadratmetern ernten – nur rund ein Sechzigstel der Fläche des Rapsfeldes.[44]

Grotesk ist die Debatte um den Einsatz von Biokraftstoffen vor dem Hintergrund der Motorentechnik. Selbst wenn alle oben genannten kritischen Aspekte nicht existierten, so könnte es durch einen weltweit im großen Maßstab realisierten Anbau von Biokraftstoffen in den nächsten zehn bis zwanzig Jahren nur zu einer Reduktion des Kraftstoffverbrauchs auf Ölbasis um 20-25% kommen. Das wäre deutlich weniger als das bereits einprogrammierte Wachstum der weltweiten Pkw-Flotte. Damit würden die Biokraftstoffe nur einen Teil des Wachstums des weltweiten Kraftstoffverbrauchs abdecken; in jedem Fall bliebe es beim bereits hohen Niveau des Verbrauchs an herkömmlichen Kraftstoffen und damit beim hohen Niveau der verkehrsbedingten Kohlendioxidemissionen. Nun ist die Motorentechnologie längst so entwickelt, dass eine Halbierung des spezifischen Kraftstoffverbrauchs eines Ottomotors (auf rund 4 Liter je 100 Kilometer) und auch eine Reduktion auf ein Drittel (auf 2,5 bis 3 Liter je 100 Kilometer) aus dem Stand heraus möglich ist. Dafür benötigt man keine neue Infrastruktur und keinen einzigen Hektar Boden. Erforderlich wäre nur der politische Wille und seine Umsetzung in entsprechende Richtlinien, Gesetze und Auflagen. Damit könnte binnen weniger Jahre der Kraftstoffverbrauch der bestehenden Autoflotte zumindest halbiert werden. Das absehbare weitere Wachstum der Pkw-Flotte mit einbezogen könnte zumindest ein deutlicher Rückgang des Kraftstoffverbrauchs und der damit verbundenen Kohlendioxidemissionen erzielt werden. Doch genau darauf wird nicht orientiert. Im Gegenteil: Anfang 2007 gab es in der EU die bereits erwähnte Auseinandersetzung um die Reduktion der Kohlendioxidemissionen auf 120 Gramm pro Kilometer. Obgleich dieser Wert, der den Einsatz deutlich sparsamerer Motoren voraussetzt, längst mit den Autoherstellern vereinbart war, wurde er wieder aufgegeben. Der neu vereinbarte Kompromiss, wonach das Ziel auf 130 Gramm Kohlendioxidemissionen je Kilometer festgelegt wurde, ist mit der Steigerung der Biokraftstoff-Beimengungen verbunden. Den Programmen zum Einsatz so genannter Biosprit-Beimengungen auf EU-Ebene wird so ein entscheidender Schub verliehen.

Damit wird deutlich, dass die Programme zum groß angelegten Einsatz von so genannten Biokraftstoffen nur die Ziele verfolgen, die Tatsache der sich abzeichnenden Ölverknappung zu verschleiern, die ihre Mobilität mit Pkws realisierenden Menschen zu beruhigen und falsche Argumente für ein gutes Gewissen bei der Fortsetzung einer fatalen Politik des „Weiter so!“ zu liefern.[45] Vor allem können vor diesem Hintergrund die drohenden neuen Kriege um die Ölressourcen damit begründet werden, es gehe „nur“ darum, kurzfristig einen wichtigen Versorgungsengpass zu schließen. Im Übrigen verfüge man über eine tragfähige Perspektive im Rahmen der bestehenden Transportorganisation. Doch dies ist ein historischer Irrtum oder genauer: Ausdruck einer infamen Demagogie.[46]

Kapitel 21
Die sieben Tugenden einer alternativen Verkehrsorganisation

Emissionsminderungen im Verkehrsbereich können durch Vermeidung von Verkehrsleistung und Verlagerung auf andere Systeme … erreicht werden.
Enquete-Kommission „Schutz der Erdatmosphäre" des Deutschen Bundestages 1994[1]

Die formulierten Klimaziele von 50 Prozent Reduktion bis zum Jahr 2020 und 80% bis zum Jahr 2050 sind für den Verkehrsbereich so ersichtlich mit der verkehrspolitischen Realität inkompatibel, dass für eine ernsthafte Diskussion die Bezugspunkte fehlen.
Enquete-Kommission „Nachhaltige Energieversorgung" des Deutschen Bundestages 2002[2]

Die Einhaltung eines dichten Taktes im Bahnverkehr den ganzen Tag über kostet nur etwa 50 Prozent mehr als ein reines Stoßzeitangebot, kann aber die Fahrgastzahlen vervierfachen und damit den Kostendeckungsgrad deutlich erhöhen.
Verkehrsclub Österreich (VCÖ) 2005[3]

Eine alternative Organisation der persönlichen Mobilität und der Transporte von Gütern steht auf der politischen Tagesordnung. Ihre Notwendigkeit resultiert aus der aufgezeigten fortgesetzten Dynamik der bestehenden Verkehrsorganisation in Richtung Chaos, Ineffizienz, hohe Verkehrsopferzahlen, wachsende Zerstörung von Urbanität und Lebensqualität, steigende Belastungen für Umwelt und Klima, Militarisierung und Kriege um die knappen Ölvorräte. Die zerstörerische Entwicklung ist unausweichlich, wenn nicht in umfassender Weise gegengesteuert wird. Die offizielle Politik bekennt sich verbal zu den Klimaschutzzielen und gelegentlich auch zu den allgemeinen Zielen einer Verkehrswende, doch in der Realität kapituliert sie vor der inneren Dynamik einer Entwicklung, die primär der Kapitallogik folgt und sich keineswegs an den Bedürfnissen der Menschen orientiert. Die Staaten der Ersten Welt, überwiegend zusammengeschlossen in der OECD, haben die moralische Verpflichtung, als Erste eine Politik der Verkehrswende einzuleiten. Dies resultiert allein schon aus der Tatsache, dass die OECD-Staaten für vier Fünftel aller verkehrsbedingten Schadstoffemissionen verantwortlich zeichnen, obgleich in den entsprechenden Regionen nur ein Sechstel der Menschheit lebt. Darüber hinaus sind es ein Dutzend Autohersteller und zwei Flugzeugbauer, alle mit Sitz in den OECD-Staaten, die das energieintensive und emissionsextensive Mobilitäts- und Transportmodell im Rest der Welt durchsetzen.[4]

An anderer Stelle verwies ich auf „Sieben Todsünden" der aktuellen Verkehrs- und Bahnpolitik.[5] Im Folgenden sollen sieben Tugenden einer alternativen Verkehrsorganisation vorgestellt werden. Prof. Helmut Holzapfel kritisierte 2006 anlässlich des Amtsantritts eines neuen deutschen Bundesverkehrsministers die Kurzatmigkeit der Verkehrspolitik und plädierte für eine längerfristige Planung.[6] Die folgenden sieben Elemente einer alternativen Verkehrspolitik sind auf einen solchen längeren Zeitraum ausgerichtet. Die am Ende des Kapitels vorgestellten Modellrechnungen orientieren auf das Jahr 2025; sie erstrecken sich über einen Zeitraum, der auch von offizieller Seite für viele Klimaschutzziele als Bezugspunkt gewählt wurde. In den Modellrechnungen gibt es den Entwicklungspfad FAST, was für Tempowahn, Beschleunigung, für die Politik des „Weiter so" und letzten Endes für Stress bei Natur, Klima und Mensch steht, sowie den Pfad SLOW, was für Entschleunigung, die Politik der Verkehrswende und letzten Endes auch für Genuss, erfahrungsintensives Leben und Kommunizieren steht.[7]

Tugend I – Verkehrsvermeidung

Absolute Priorität in einem Modell SLOW hat die *Vermeidung von Verkehr.* Dies gilt für den Personenverkehr und in noch stärkerem Maß für den Güterverkehr (vgl. Tugend VII). Durch eine *gezielte Strukturpolitik* kann rund die Hälfte der aktuellen Verkehrsleistung im Personenverkehr vermieden werden. Dies ist mit einem Gewinn an Lebensqualität verbunden.

Den Schlüsselgedanken für die Verkehrswende-Tugend I lieferte der Berliner Verkehrsplaner Martin Wagner, der – 1957 im Exil in den USA – New York als Autostadt Anfang der 1950er Jahre und Berlin als Stadt der öffentlichen Verkehre Ende der 1920er Jahre miteinander verglich: „Das Verkehrsbedürfnis eines Großstädters westlicher Zivilisation beläuft sich pro Jahr und Nase auf etwa 1.000 Zielbewegungen, von denen etwa 650 fußläufigen Charakter hätten, wenn sie vom Städtebauer richtig geplant worden wären, von denen die restlichen nur mit Hilfe von privaten und öffentlichen Verkehrsmitteln erreichbar sind."[8]

Wagner postulierte, dass Verkehrsbedürfnisse nicht nach der Zahl der zurückgelegten Kilometer, sondern qualitativ bestimmt werden. Demnach gibt es die Verkehrsarten Berufs- und Ausbildungsverkehr, Einkaufsverkehr, Freizeitverkehr, Geschäftsreiseverkehr und Urlaubsverkehr.[9] Die Zahl von rund 1.000 Zielbewegungen im Jahr – die Addition der Verkehrswege für die hier genannten Verkehrsbedürfnisse – blieb dieselbe. Was sich änderte, sind die Entfernungen, die bei der Realisierung jedes einzelnen Verkehrsbedürfnisses zurückgelegt werden müssen, um von A (in der Regel der Wohnort) nach B (dem Ziel des Mobilitätsbedürfnisses, also etwa Arbeitsplatz, Einkaufsmöglichkeit oder Freizeitort) zu gelangen. Dies hat mit den strukturellen Veränderungen, in erheblichem Maß mit der Zerstörung urbaner Strukturen und der Zersiedelung in der Fläche sowie vielfach auch mit der enormen Verbilligung von Fahrten und Flügen über weite Distanzen zu tun. Auch dies beschrieb Martin Wagner bereits vor einem halben Jahrhundert wie folgt: „Unzweifelhaft hat die ungeplante und ungehemmte Entwicklung unserer Großstädte aus fußläufigen Dimensionen in solche, die nur motorisch beherrschbar sind, eine Verkehrsinflation erzeugt, die sich ebenso quälend auf die Fahrgäste auswirkt, wie sie sich verteuernd für die Stadtkosten erweist."

Die Struktur der Wege bei einem durchschnittlichen Menschen in Deutschland und die Struktur der von ihm zurückgelegten Kilometer, die in Tabelle 27 dokumentiert werden, verdeutlichen die von Martin Wagner genannte Verkehrsinflation. Gleichzeitig zeigen sie auf, welche enormen Potenziale für Verkehrsvermeidung es auch heute weiter gibt.

Zunächst springen zwei Dinge ins Auge: Erstens liegt die Zahl der im Jahr 2004 von einem Durchschnittsmenschen zurückgelegten Wege mit 1.216 nahe an der von Wagner als „konstantes Verkehrsbedürfnis" genannten Zahl von 1.000 Zielbewegungen. Die Steigerung um ein Fünftel resultiert überwiegend aus der breiteren Auffächerung der Wegearten – neu ist die gesonderte Wegekategorie „Begleitung", womit auch die begleiteten Wege von Kleinkindern erfasst werden. Neu ist auch die Definition, wonach Verwaltungsgänge und Arztbesuche als Bestandteile des „Einkaufsverkehrs" integriert wurden. Teilweise dürfte auch die Zunahme der Freizeitwege eine Rolle spielen. Zweitens ist die Summe von 14.067 Kilometern pro Jahr, die ein Mensch in Deutschland im Durchschnitt im Jahr zurücklegt, sehr hoch – mehr als doppelt so hoch wie 1970 in Westdeutschland, als es so gut wie keine Arbeitslosigkeit gab und so gut wie alle von einer „Wohlstandsgesellschaft" sprachen. Dabei ist zu bedenken, dass hier der Luftverkehr nur insoweit berücksichtigt ist, als die über deutschem Boden von Deutschen zurückgelegten Kilometer Berücksichtigung finden. Erfasst werden nur der reine Binnenflugverkehr und der Anteil der Flüge von Deutschland ins Ausland und vom Ausland zurück nach Deutschland, welcher über deutschem Boden stattfindet. Demnach legte 2004 ein Durchschnittsmensch in der BRD jährlich 590 Kilometer in der Luft zurück. Diesen Wert darf man, wenn man die gesamte Flugverkehrsleistung ermessen will, gut mit 3, eher mit 5 multiplizieren, sodass sich die gesamte Kilometerleistung je Person und Jahr um mindestens 1.000 Kilometer (auf 15.000 insgesamt), realistischerweise eher um 2.000 Kilometer (dann auf 16.000 Kilometer insgesamt) erhöht.

Tabelle 27: Struktur des Verkehrsaufkommens (Wege bzw. Fahrten pro Person) und der Verkehrsleistung (km pro Person) in Deutschland 2004[10]

Verkehrsart	Beruf	Ausbildung	Einkauf+	Freizeit++	Begleitung	Urlaub	Geschäft	Summe
	Verkehrsaufkommen/Wege pro Person							
zu Fuß	15	20	106	113	20	–	4	280
per Rad	16	10	34	39	5	–	2	106
ÖPNV*	18	30	31	26	3	0,3	2	110
Eisenbahn**	9	4	4	7	–	–	2	25
Summe „grüne" Wege bzw. Fahrten	*58*	*64*	*175*	*185*	*28*	*0,3*	*10*	*521*
„Grün" in v.H. aller Wege bzw. Fahrten	*32%*	*75%*	*44%*	*48%*	*29%*	*15%*	*14%*	*42,8%*
MIV***	123	21	222	197	69	1	61	694
Luftverkehr****	–	–	–	0,1	–	0,5	0,5	1
Summe „rote" Verkehrsfahrten	*123*	*21*	*222*	*197*	*69*	*1,5*	*61,5*	*695*
„Rot" in v.H. aller Wege bzw. Fahrten	*68%*	*25%*	*56%*	*52%*	*29%*	*85%*	*87%*	*57%*
alle Wege pro Person	**181**	**85**	**397**	**382**	**98**	**2**	**71**	**1.216**
	Verkehrsleistung/Kilometer pro Person							
zu Fuß	19	28	133	253	26	–	10	470
per Rad	56	26	70	204	9	–	5	368
ÖPNV*	149	200	148	331	15	113	47	1.002
Eisenbahn**	210	60	62	331	9	74	135	881
Km–Summe „grüne" Wege und Fahrten	*434*	*314*	*413*	*1.119*	*59*	*187*	*197*	*2.721*
„Grüne" Wege/Fahrten in v.H. aller Kilometer	*17,2%*	*59,5%*	*17,0%*	*22,6%*	*8,0%*	*16,6%*	*11%*	*19,3%*
MIV***	2.081	214	2.015	3.765	674	325	208	10.756
Luftverkehr****	–	–	–	57	–	325	208	590
Km-Summe „rote" Fahrten	*2.081*	*214*	*2.015*	*3.822*	*674*	*942*	*1.597*	*11.346*
„Rot" in v.H. aller Kilometer	*82,8%*	*40,5%*	*83%*	*77,4%*	*92%*	*83,4%*	*89%*	*80,7%*
Summe km pro Person	**2.515**	**528**	**2.428**	**4.941**	**733**	**1.129**	**1.794**	**14.067**

+ inklusive Arztbesuche und Behördengänge
++ inklusive Besuche kultureller Veranstaltungen, Wege in Ausübung eines Hobbys
* öffentlicher Straßenpersonenverkehr (Tram, U-Bahnen, Busse; ohne S-Bahnen)
** mit S-Bahn und Schienenpersonennahverkehr
*** mit Pkw, Kombi und motorisierten Zweirädern
**** nur Luftverkehr über Deutschland

Zum Vergleich: Ein durchschnittlicher US-Bürger legt jährlich rund 25.000 Kilometer zurück – die EU-Bürgerinnen und -Bürger sind auf gutem Weg, auch hier zum Land der unbegrenzten Unmöglichkeiten aufzuschließen.

Grundsätzlich ist an den Strukturdaten in der Tabelle der Unterschied zwischen den Wegen (= dem Verkehrsaufkommen im oberen Teil der Tabelle) und den zurückgelegten Kilometern (der Verkehrsleistung im unteren Teil der Tabelle) interessant. Bei den insgesamt im Jahr 2004 zurückgelegten 1.216 Wegen je Person wurden 521 oder knapp 43% mit den „grünen Verkehrsarten" – zu Fuß, per Rad, im öffentlichen Nahverkehr und mit der Bahn – zurückgelegt. 43% der Verkehrsbedürfnisse konnten mit diesen Verkehrsarten befriedigt werden. 57% aller Wege wurden mit dem motorisierten Individualverkehr und in Flugzeugen zurückgelegt. Der Anteil dieser „roten Verkehrsarten" stellt (mit 57%) zwar eine deutliche Mehrheit an allen Wegen dar, dennoch ist es eine relativ knappe Mehrheit. Fällt der Blick auf den unteren Tabellenteil, also auf die Verkehrsleistung, haben die „grünen Verkehrsarten" an der gesamten Verkehrsleistung nur noch einen Anteil von knapp 20%, wohingegen der Autoverkehr und der Luftverkehr mehr als 80% der von jeder Person zurückgelegten Kilometer auf sich vereinen. Aus diesen Zahlen lässt sich Folgendes herauslesen: Die erwähnten rund 43% aller Wege, die zu Fuß, per Rad, im öffentlichen Personennahverkehr (ÖPNV) und per Bahn zurückgelegt wurden, addierten sich nur auf 2.721 Kilometer pro Jahr. Hier wurden tatsächlich überwiegend kurze Wege realisiert. Im Durchschnitt lag hier jede Weglänge bei 5,2 Kilometern.[11] Die 57% aller mit dem Pkw und in der Luft zurückgelegten Wege addierten sich auf 11.346 Kilometer pro Jahr. Hier mussten zur Befriedigung jedes Verkehrsbedürfnisses jeweils ausgesprochen lange Wege – im Durchschnitt je Fahrt 16,3 Kilometer oder dreimal mehr je Weg – in Kauf genommen werden.

Die Strukturdaten für den Freizeit- und den Einkaufsverkehr dokumentieren einen erheblichen Teil des Potenzials der Verkehrsvermeidung. Auch 2004 wurden immer noch 48% aller Wege im Freizeitverkehr mit „grünen Verkehrsarten" zurückgelegt – ein erstaunlich hoher Prozentsatz. Die mit der „roten" Verkehrsart Pkw-Verkehr (der Luftverkehr ist hier noch zu vernachlässigen) zurückgelegten Freizeitwege lagen nur unwesentlich höher. Doch während die Freizeitwege mit „grünen Verkehrsmitteln" sich insgesamt im Jahr nur auf 1.119 Kilometer (oder auf 6 Kilometer je Weg und Fahrt) addierten, erreichten die Freizeitfahrten mit Pkws 3.822 Kilometer – je Freizeitfahrt benötigte man mit 19,4 Kilometern mehr als dreimal so viel Kilometer als bei den Freizeitfahrten mit „grünen Verkehrsmitteln". Das soll heißen: Es gibt viele Freizeitziele, die im nichtmotorisierten Verkehr oder mit öffentlichen Verkehrsmitteln erreicht werden. Diese weisen je Freizeitfahrt relativ kurze Entfernungen aus. Viele Freizeitfahrten, die mit Pkws zurückgelegt wurden, sind Resultat zerstörter Naherholungsstrukturen (fehlende Grünanlagen, keine attraktiven Gaststätten, keine kulturellen Einrichtungen). Oft werden solche

Fahrten aber auch unternommen, um Stress abzubauen und einer verlärmten, unattraktiven Umgebung zu entfliehen – gelegentlich auch ohne konkretes Ziel bwz. mit der puren Bewegung als Ziel.[12] Schließlich spielt bei der Nutzung der Verkehrsmittel eine große Rolle, wie die Bedingungen für die „grünen" Verkehrsarten am Wohnort sind (vgl. Tugend II und III). Entsprechend ist zu untersuchen, wie Strukturen dafür geschaffen werden können, dass ein großer Teil der derzeit mit Pkws zurückgelegten Freizeitverkehre mit grünen Verkehrsmitteln bewältigt werden kann. Städte mit Urbanität und hoher Lebensqualität und damit Städte mit wenig Autoverkehr und mit vielen Grünanlagen, mit gut ausgebauten Verkehrsnetzen für den nichtmotorisierten und den öffentlichen Verkehr sind geeignet, diese Art Freizeitverkehr „im grünen Bereich" zu halten – und damit Verkehr in großem Maßstab zu vermeiden.

Ähnlich aufschlussreich gestaltet sich eine Untersuchung der Einkaufswege. Auch heute noch werden 44% aller Einkaufswege zu Fuß, per Rad und mit öffentlichen Verkehrsmitteln zurückgelegt; der Anteil der Einkaufswege, die im nichtmotorisierten Verkehr unternommen werden, ist mit 35% erstaunlich hoch.[13] Immer wieder wird argumentiert, man benötige das Auto zum Einkaufen, u.a. weil es so viel zu tragen gäbe. Der hohe Anteil des Einkaufsverkehrs, der ohne Pkw stattfindet, belegt etwas anderes: Dort, wo es (noch) Einkaufsmöglichkeiten im Nahbereich gibt, wird gerne ohne Pkw, vielfach zu Fuß und per Rad eingekauft. Oder auch: Würden Einkaufsmöglichkeiten grundsätzlich im Nahbereich angeboten, ließe sich Pkw-Verkehr in großem Maßstab reduzierten.

In der am Ende dieses Kapitels vorgestellten Modellrechnung wird davon ausgegangen, dass die Zahl der mit Pkws zurückgelegten Kilometer auf knapp 30% reduziert wird. Diese Reduktion könnte zu einem erheblichen Teil bei den Verkehrszwecken Einkaufs- und Freizeitverkehr erreicht werden.[14] Längerfristig läuft eine Strukturpolitik der kurzen Wege auf eine Umkehrung der seit Mitte des 20. Jahrhunderts den Städtebau dominierenden Charta von Athen hinaus, in der Wohnen und Arbeiten – und teilweise auch die Freizeitgestaltung – als voneinander getrennte Bereiche geplant und gebaut wurden.[15]

Tugend II – Förderung des nichtmotorisierten Verkehrs

In dem Maß, wie eine Strukturpolitik der kurzen Wege verwirklich wird, kann ein großer und wachsender Teil der Wege wieder *zu Fuß und mit dem Rad* zurückgelegt werden.

Gut ein Fünftel aller Wege werden heute noch zu Fuß zurückgelegt; zusammen mit den Radwegen sind es mehr als 30% oder knapp ein Drittel. In den 1920er und 1950er Jahren lag dieser Anteil in europäischen Städten noch bei 50 und mehr

Prozent. In diesem Bereich steckt ein erhebliches Verlagerungspotenzial. „Es lässt sich kaum leugnen", so Heiner Monheim und Rita Monheim-Dandorfer in dem Standardwerk „Straßen für alle", „daß wegen der natürlichen Ausstattung der Menschen mit Füßen in der Verkehrsart des Gehens zunächst das größte Mobilitätspotential überhaupt liegt. Immer, überall und jederzeit verfügbar. Ohne Gehprüfung und Gehberechtigungsschein."[16] Wege im Entfernungsbereich von bis zu 1.000 Meter sind typische Gehwege, allerdings nur dann, wenn diese Wege bequem und ohne größere Belästigungen (beispielsweise durch Kfz-Verkehrslärm) und ohne Gefährdung (durch schnell verkehrende Autos) zurückgelegt werden können. Vor gut 100 Jahren brachte das Fahrrad eine wesentliche Erweiterung des mit eigener Muskelkraft erschlossenen Radius. Alltagswege im Bereich von einem bis zehn – gelegentlich auch 15 – Kilometern können per Velo in akzeptabler Zeit bewältigt werden. Rad- und Fußwege erreichten in Berlin und Wien – und in vielen anderen großen europäischen Städten – Ende der 1920er Jahre einen Anteil von knapp 50% an allen zurückgelegten Wegen. Es gibt heute Städte, in denen der Anteil des nichtmotorisierten Verkehrs wieder bei 40 und mehr Prozent liegt. Dies ist in den niederländischen Städten Delft, Groningen und Amsterdam sowie in den deutschen Städten Münster (Westfalen), Bremen, Aachen und Karlsruhe der Fall.[17] In Österreich erreichten nach einer VCÖ-Studie die Orte Bürmoos (im Bundesland Salzburg), Altach und Höchst (beide in Vorarlberg) einen Anteil des Radverkehrs an allen Wegen, der über 40% liegt.[18] Während Fahrradfahren Jahrzehnte lang als altmodisch und – mit Ausnahme der Niederlande – perspektivenlos galt, ist diese Verkehrsart wieder zu einem Massenphänomen geworden. Das Fahrrad selbst erlebte weitreichende technologische Innovationen; teilweise hat es Kultstatus erlangt. In vielen europäischen Städten entwickelte sich ein fahrradfreundliches Klima; es wurden Infrastrukturen geschaffen, die den Radverkehr fördern. Im Juni 2007 beteiligten sich an der mittlerweile bereits traditionellen Fahrrad-Sternfahrt in Berlin 250.000 Radler. Es handelt sich um die weltweit größte jährliche Fahrrad-Demo, während der ein Großteil des Kfz-Verkehrs im inneren Stadtgebiet eingestellt wird. Benno Koch, Vorsitzender des Allgemeinen Deutschen Fahrradclubs (ADFC), sah in der radelnden Großdemo ausdrücklich einen Zusammenhang mit der Klimaveränderung: „Beim G8-Gipfel (der kurz darauf in Heiligendamm stattfand; W.W.) wird über den Klimaschutz diskutiert. Wir zeigen, wie es geht."[19]

Dabei haben Investitionen in den Ausbau des nichtmotorisierten Verkehrs einen weit höheren Effekt als Investitionen in die Förderung des motorisierten Individualverkehrs. In den Worten des Radverkehrs-Berichtes der deutschen Bundesregierung: „Da ein Großteil des städtischen Kfz-Verkehrs auf kurzen Distanzen unter fünf Kilometern stattfindet und die Verlagerungspotenziale von Pkw-Fahrten auf Fahrradfahrten bei 15 bis 30 Prozent liegen" – einschließlich der Verlagerungspotenziale auf Fußwege werden 40 und mehr Prozent erreicht –, „ist es möglich

… gleiche Mobilitätsanforderungen bei geringeren Investitions- und Betriebskosten als mit dem Kfz-Verkehr zu befriedigen."[20]

Tugend III – Ausbau des öffentlichen Personennahverkehrs

Erforderlich sind die *Erhaltung, die Modernisierung und der Ausbau des öffentlichen Personennahverkehrs*. Vorrang genießen dabei oberirdisch geführte Schienensysteme, insbesondere moderne Straßenbahnen.

Bei einem alternativen Verkehrszenario SLOW wird davon ausgegangen, dass sich die Zahl der ÖPNV-Fahrgäste bis zum Jahr 2025 knapp verdoppelt und die Verkehrsleistung um rund 80% erhöht wird. Damit liegt der ÖPNV in Europas Städten wieder auf einem Niveau, wie es in der Regel in denselben Städten und teilweise auf denselben Netzen bereits erreicht worden war – Ende der 1920er und in den 1950er Jahren.

Der Ausbau der ÖPNV-Netze wird an der vorgefundenen, bisher verwendeten Transporttechnologie ansetzen. In der Regel kann durch Optimierung, verbesserte Fahrpläne und neue Tarifgestaltung – bei der auch Modelle eines beitragsfinanzierten Nulltarifs zu prüfen sind[21] – in kurzer Zeit eine Steigerung der ÖPNV-Leistungen um 30-40% erreicht werden, wie das in der Modellrechnung für 2015 als Ziel vorgegeben wird. Die notwendigen Steigerungen darüber hinaus erfordern in der Regel eine Überprüfung und gegebenenfalls eine Neuausrichtung des Gesamtsystems. Oft ist dabei ein Blick in die Geschichte des städtischen ÖPNV sinnvoll. Warum war es beispielsweise in Berlin Ende der 1920er Jahre möglich, dass die städtischen Verkehrsbetriebe (BVG) rund doppelt so viele Fahrgäste zählten wie 2005? Wie kann erklärt werden, dass die BVG damals gewinnbringend betrieben wurden, heute jedoch große und steigende Verluste einfahren? Die Antwort lautet: Damals bestand das Rückgrat des Berliner ÖPNV aus der Straßenbahn; die Tram konnte auf ihrem mehr als 500 Kilometer langen Netz mehr als die Hälfte aller Fahrgäste im gesamten Berliner ÖPNV befördern. Die U-Bahn (die zu einem großen Teil oberirdisch, als Hochbahn, geführt wurde) und die Busse spielten hinter der Tram und der S-Bahn nur eine relativ geringe Rolle. Heute ist es umgekehrt: Die wenig attraktiven Busse und die für die öffentlichen Verkehrsunternehmen sündhaft teure U-Bahn rangieren auf Rang 1 und 2, die ausgesprochen populäre Straßenbahn spielt auch knapp zwei Jahrzehnte nach der Wiedervereinigung fast nur im Ostteil Berlins eine Rolle.

Dabei gibt es aus guten Gründen weltweit ein Revival der Straßenbahn. Das hat materielle Gründe: Eine Tram kostet bei fast gleich großer Leistung je gebautem Kilometer höchstens ein Zehntel einer U-Bahn; gleichzeitig liegt die Beförderungsleistung mindestens doppelt so hoch wie im Fall einer Bus-Linie. Langfristig ist eine Straßenbahn rentabler (oder: unter den gegebenen Bedingungen weit weniger defizitär) als eine U-Bahn. Sie ist langfristig sogar kostengünstiger als ein Bus. Die Straßenbahn-Renaissance resultiert vor allem aus der hohen Betriebssicherheit, dem optimalen Fahrkomfort und dem urbanen Charakter dieses Verkehrsmittels. Walter Grawenhoff, Leiter der Abteilung Straßen- und Stadtbahnen beim Konzern Bombardier Transportation: „Der Mensch ist ja kein Maulwurf. Er fährt lieber im Tageslicht – und dann direkt an den Autokolonnen vorbei.“[22] Der Vergleich Tram/U-Bahn heißt auch, dass U-Bahnen und Straßen- oder Stadtbahnen, die über längere Strecken hinweg im Untergrund verkehren, in der Regel Komponenten der Autostadt sind: Die schwachen Verkehrsteilnehmer werden wie Kellerkinder behandelt, damit auf der wertvollen Oberfläche der Stadt noch mehr Raum für den Kfz-Verkehr frei wird. Gleichzeitig bindet der Bau unterirdischer Bahnen eine gewaltige Summe Kapital – nicht nur einmalig, beim eigentlichen Bau der Bahnen, sondern kontinuierlich infolge hoher Betriebskosten und hoher Abschreibungen, wobei nach 50 bis 75 Jahren gewaltige Kosten für eine umfassende Modernisierung und Grundüberholung der Systeme anstehen, die die betroffenen Kommunen meist nicht tragen können. Die Misere der Londoner U-Bahn ist hier beispielhaft. Die Tatsache, dass nach dem Zweiten Weltkrieg die Straßenbahnen westeuropaweit radikal abgebaut und neue U-Bahnen gebaut wurden, ergänzt gewissermaßen die Tatsache der Beherrschung der Städte durch den Kfz-Verkehr. Erst seit gut einem Jahrzehnt gibt es weltweit eine Trendwende und ein Revival der Tram.[23]

Das alternative Verkehrsmodell SLOW hat außerdem den Vorteil, dass fast alle seine Konkretionen nicht Utopie, sondern an irgendeinem Ort bereits verwirklicht sind. In Zürich liegt der kombinierte Anteil der „grünen Verkehrsarten“ bei 72%, der Anteil des Kfz-Verkehrs beträgt nur noch 28%.[24] Zum Vergleich: In Bochum (mit seiner teils unterirdisch geführten Straßenbahn) kommen die „grünen Verkehrsarten“ auf nur 42% (und der ÖPNV als Teil davon nur auf 10%); der Kfz-Verkehr dominiert mit einem Anteil von 57%. Vielfach lässt sich das Szenario SLOW auch mittels eines Rückgriffs auf die Verkehrsgeschichte begründen. In sehr vielen Städten gab es vor und nach dem Zweiten Weltkrieg einen weit besseren, stärker frequentierten und fast immer kostendeckenden öffentlichen Verkehr.[25]

Tugend IV – Pilotprojekte autofreie Stadtteile, Orte, Städte usw.

Die alternative Verkehrsorganisation muss praktisch erfahrbar sein. *Erste autofreie Straßen, autofreie Tage, autofreie Stadtteile* oder gar *autofreie Städte* bekommen Vorbild- und Vorreiterfunktionen. *Autofreie Ferienorte* ergänzen diese Option.

Die Autostadt war bis in die 1970er Jahre hinein das Leitbild für alle großen Städte auf der Welt (Venedig ausgenommen).[26] Seither entwickelten sich unterschiedliche Elemente, die die Vision einer autoarmen oder gar autofreien Stadt eröffnen. Das begann mit den Fußgängerzonen, gegen die in den 1970er und 1980er Jahren ein Glaubenskrieg geführt wurde. Heute hat so gut wie jede größere Stadt eine solche autofreie Einkaufsstraße; der Umsatz der Einzelhändler dort ging nicht, wie dutzendfach mit „Studien" belegt wurde, zurück, sondern stieg deutlich an. Dies setzte sich fort, indem erste Innenstädte zu Zonen mit stark reduziertem Pkw-Verkehr (z.B. nur frei für Anwohner-Pkws) erklärt wurden; Bologna und Lübeck sind Beispiele hierfür. City-Maut-Systeme wurden eingeführt, die den Pkw-Pendler-Verkehr in die Innenstädte deutlich verteuern und dadurch verringern. Nach London und Stockholm soll nach dem Willen von Bürgermeister Michael Bloomberg ab 2008 auch in New York ein solches Projekt verwirklicht werden. Bloomberg nannte für dieses Vorhaben ausdrücklich als Ziel, die Kohlendioxidemissionen und damit die Klimafolgen zu reduzieren.[27] In den Alpen gibt es erste Stadtverwaltungen, die zeitweilige weitgehende Reduktionen von Pkw-Fahrten beschlossen haben.[28] Einzelne Großstädte (darunter Paris) beschlossen die Durchführung von „autofreien Tagen"; europaweit wurde koordiniert zur Durchführung von „autofreien Tagen" aufgerufen. Ausgerechnet im angeblich autoverliebten Italien sprach sich eine Mehrheit für mehr Aktionen dieser Art aus.[29]

Schließlich kam es in jüngerer Zeit zum Bau autofreier Häuser und Siedlungen – so geschehen in Freiburg im Breisgau, Wien, Amsterdam, Hamburg, Bremen und Münster (Westfalen). Es handelt sich um Siedlungen, bei denen die Anwohner von vornherein auf den Besitz eines privaten Pkw verzichten (oft kombiniert mit der Option Car-Sharing). Es erwies sich, dass die Verwirklichung von autofreien Stadtteilen meist nicht an der Nachfrage, wohl aber gelegentlich an der Bauordnung und anderen bürokratischen Hindernissen scheitert. Letztere sehen in fast allen deutschen Bundesländern vor, dass pro Wohnung ein Pkw-Stellplatz gebaut werden muss. Markus Heller, Vorsitzender des bundesweit agierenden Vereins „autofrei leben!", verwies darauf, dass die Interessenten für solche autofreien Siedlungen „aus allen Schichten kommen" und meist keine „Öko-Fundis" seien, sondern Leute, die „Autos einfach unpraktisch finden", wobei „der Familienanteil sehr hoch ist: In Berlin hatten wir (bei einem am Ende gescheiterten Projekt eines autofreien Stadtteils; W.W.) 500 Interessenten mit deutlich mehr Kindern als im Stadt-Durchschnitt. Die Spanne reichte vom Müllmann bis zum Professor, sogar einen Daimler-Mitarbeiter hatten wir".[30]

Für Markus Hellers Sicht spricht die Statistik. Auch wenn die Zahl der Pkws weiter zunimmt, liegt der Anteil der Haushalte ohne Auto umso höher, je größer die Städte sind. Im Jahr 2005 hatte in Berlin die Mehrheit der Haushalte kein Auto; in Hamburg waren es immerhin 44%. Diese Anteile blieben in den letzten 15 Jahren weitgehend stabil (in Berlin wuchs die Zahl der autofreien Haushalte sogar).[31] In Österreich weist Wien mit 410 Pkws auf 1.000 Einwohner die geringste Pkw-

Dichte auf, in Niederösterreich und Burgenland liegt sie mit 566 und 570 um mehr als ein Drittel höher.[32] Der Grund für die Differenzen sind nicht die Einkommensverhältnisse – ginge es nach diesen, wäre das Gefälle umgekehrt. Studien ergaben vielmehr, dass die große Mehrheit derjenigen, die derart unspektakulär autofrei leben, dies nicht aus finanziellen oder ideologischen Gründen tut. Vielmehr wird bei einer Mehrheit der Menschen in autofreien Haushalten ein Pkw in Verbindung mit Stress und Zeitvergeudung gesehen. Mit Genuss autofrei leben können allerdings nur Menschen, in deren Umfeld die wichtigen Verkehre des Alltagslebens mit den „grünen Verkehrsarten" gut zu bewältigen sind.[33]

Ein guter Einstieg in ein autofreies oder autoarmes Leben kann ein Urlaub in entsprechenden Urlaubsorten sein. Auch dies schien bis Anfang der 1990er Jahre utopisch. Schweizerische Tourismus-Orte entdeckten als Erste den „Markterfolg autofrei"; seit der Jahrhundertwende gibt es unter den Markenkennzeichen „Alps Mobility I" und „Alpine Pearls" Zusammenschlüsse von Gemeinden und Tourismusorten in Norditalien, der Schweiz, Österreich und Deutschland, die auf weitgehend autofreien Tourismus setzen – und damit ausgesprochen erfolgreich sind. En passant wurde neben dem Abschied vom Auto die Entschleunigung der Urlauber-Gangart entdeckt. Eine Umfrage in Berchtesgaden im Jahr 2006 ergab, dass jeder zweite Gast zum Wandern in die Watzmann-Region kommt. Zusammen mit denen, die sich hier „nur ausruhen" wollen, ergab dies einen Anteil von 70%.[34]

Autofrei mag im Automeer auf den ersten Blick noch untergehen. Doch es handelt sich um Beispiele, die heute Leuchtturmfunktion haben. Das praktische autofreie Leben, die Demonstration, dass es sich hier nicht (primär) um Verzicht handelt, dass die Lebensqualität ohne Auto oft höher ist als beim Leben mit Auto, stellt eine wichtige Botschaft der alternativen Verkehrsorganisation dar.

Tugend V – Flächenbahn

Das alternative Verkehrsszenario SLOW steht für die *Erhaltung und den Ausbau des bestehenden Schienennetzes sowie für die deutliche Steigerung des Personen- und Güterverkehrs auf Schienen*. Das Ziel besteht darin, dass unter den motorisierten Verkehrsarten der Transport von Menschen und Gütern auf Schienen wieder zur vorherrschenden Transportform wird (wobei hier Eisenbahnen und schienengebundene Verkehrsmittel im ÖPNV addiert zu verstehen sind).

Beim Szenario SLOW würde sich die Beförderungsleistung von Eisenbahnen um gut 80% erhöhen und diejenige von Trams und S-Bahnen sich rund verdoppeln. Das sind realistische Werte, zumal sie teilweise – so im Güterverkehr und im öffentlichen Nahverkehr – bereits einmal erreicht wurden.[35] Das erfordert zunächst, dass der Schienenverkehr in der Fläche erhalten bleibt und der Abbau der Streckennetze, zu dem es in den letzten 30 Jahren kam, so weit wie möglich wieder rückgängig gemacht wird. In Deutschland, wo 2001 ein wichtiges Bindeglied zwischen dem Nahverkehr und dem teuren Fernverkehr (ICE) weitgehend zerstört wurde, muss die Zuggattung Interregio in neuer Konzeption wieder aufgebaut werden. Darüber hinaus ist es notwendig, einige Neubaustrecken zu realisieren, insbesondere solche, die den veränderten Siedlungszentren, den neuen Verkehrsströmen und den Erfordernissen eines integralen Taktfahrplans gerecht werden. Entscheidend ist nicht die Geschwindigkeit, mit der man von Metropole A zu Zentrum B gelangt, sondern eine relativ hohe Netzgeschwindigkeit mit einer guten Verknüpfung von Nah-, Regional- und Fernverkehr, internationale – vor allem innereuropäische – Verbindungen eingeschlossen.[36]

Vergleichbar wichtig für die Akzeptanz der Schiene als Alternative zur Straße und teilweise für den Luftverkehr ist der Komfort. Ein guter Service auf den Bahnhöfen, in den Zügen und im Bahnverkehrsangebot spielt eine wichtige Rolle: Personal, das – anstelle von Automaten – für die Fahrgäste präsent ist; Speisewagen im Fernverkehr und Bistros in vielen regionalen Zügen; Familie-Kind-Abteile, die flächendeckende Möglichkeit zur Fahrradmitnahme; der Einsatz von optimaler behindertengerechter Technik; ein Netz von Urlaubsreisezügen usw., um nur einige Elemente zu nennen.[37] Letzten Endes muss der öffentliche Verkehr im Allgemeinen und der Verkehr auf Eisenbahnen im Besonderen ein transparentes Tarifsystem haben, das auf eine ständig wachsende Stammkundschaft zielt (und nicht zur Schnäppchenjägerei erzieht). Wichtig ist dabei die Entwicklung von Mobilitätskarten, die in Deutschland auf 2 bis 3 Dutzend Millionen regelmäßige Fahrgäste im Eisenbahnverkehr – in Österreich auf 2,5 bis 3 Millionen überzeugte Bahnfahrende – abzielen. Den Erfolg der Schweizerischen Bundesbahnen (SBB) sieht auch die großbürgerliche „Frankfurter Allgemeine Zeitung" genau hierin: „Das Preissystem der SBB ist von einer genialen Einfachheit, und daher muss man weder am Schalter lange warten noch am allzu komplizierten Ticket-Automaten verzweifeln. Der Schweizer fährt … Halbtax, das heißt zum halben Preis … Jeder Dritte hat ein Halbtax-Abonnement. Das kostet 150 Franken (99 Euro) jährlich. Für 350 Franken (220 Euro) kann man drei Jahre lang zum halben Preis fahren … Frühbucher-Rabatte und andere komplizierte Schnäppchen-Angebote kennt man in der Schweiz nicht."[38]

Tugend VI – Reduktion und Verlagerung von Flugverkehr

Das Szenario SLOW ist mit einer deutlichen *Einschränkung des Flugverkehrs* verbunden. Ein größerer Teil der Flugverkehre über mittlere Distanzen wird auf den Schienenfernverkehr verlagert.

Die Beendigung der Subventionierung des Flugverkehrs und die Einpreisung der damit verbundenen externen Kosten werden dazu führen, dass ein großer Teil dieser stark klimaschädigenden Verkehrsart nicht mehr stattfindet und der größere Teil dieser Fahrten durch solche auf dem ausgebauten Schienenfernverkehrsnetz – dann oft über kürzere Distanzen – ersetzt wird. Ein großer Teil des innereuropäischen Flugverkehrs besteht aus Binnenverkehren und Verkehren mit weniger als 700 Kilometern Entfernung. In diesem Bereich sind Verlagerungen auf die Schiene in großem Maßstab realisierbar. Die Mehrzahl der 2005 auf den drei Berliner Flughäfen registrierten Flüge waren Inlandsflüge; bei den ostdeutschen Flughäfen Leipzig/Halle, Dresden und Erfurt liegen diese Anteile noch deutlich höher. Die innereuropäischen Flugverbindungen mit dem größten Aufkommen sind nicht solche zwischen Lissabon und Warschau oder zwischen Stockholm und Rom. Es sind teilweise Inlandsverbindungen, die natürlich in den Flächenstaaten Frankreich, Spanien, Deutschland, Italien und Großbritannien besonders stark zu Buch schlagen[39] und rund ein Drittel der gesamten innereuropäischen Leistung in Personenkilometern ausmachen. Teilweise handelt es sich um Flüge zwischen EU-Zentren, zwischen denen es auch Hochgeschwindigkeitsverbindungen gibt (z.B. London–Paris, London–Brüssel), und um Verbindungen, auf denen ein schneller Schienenverkehr ohne größeren Aufwand hergestellt werden kann (z.B. Paris–Madrid, Madrid–Lissabon).[40]

Noch gibt es in Europa ein 200.000 Kilometer langes europäisches Schienennetz. Eine vergleichbar dichte Infrastruktur existiert nur noch in Japan. Sie wird durch das bestehende Verkehrsmodell und das Szenario FAST ebenso elementar gefährdet, wie sie in einem alternativen Modell SLOW unverzichtbar ist und eine Option für einen zukunftsfähigen Verkehrssektor darstellt.

Tugend VII – Vermeidung und Verlagerung von Güterverkehr

Das alternative Transportmodell SLOW ist mit einer radikalen Reduktion der Güterverkehrsleistungen verbunden. Der verbleibende Güterverkehr kann zu einem großen Teil auf die Schiene und auf Binnenschiffe – teilweise auch in Rohrleitungen – verlagert werden.

Das überproportionale Wachstum des Güterverkehrs, das sich im Wesentlichen auf Lkw-Transporte, Luftfracht, Küsten- und Seeschifffahrt konzentriert, resultiert wie beschrieben aus einer vielfachen Subventionierung dieser Transportarten bzw. aus der fehlenden Integration der hohen externen Kosten dieser Verkehrsarten in die Transportpreise. Das Wachstum der klimaschädigenden Emissionen des Verkehrssektors, zu dem es seit Anfang der 1990er Jahre kam, ist in erster Linie auf die Gütertransporte mit den genannten Verkehrsmitteln zurückzuführen.[41] Im von der offiziellen Verkehrspolitik verfolgten Szenario FAST werden dieses Verkehrswachstum und die Transportintensität nochmals deutlich gesteigert. Dem entsprechen keinerlei Wohlstandsgewinne; im Gegenteil, die Transportinflation ist mit enormen Belastungen und Zerstörungen – und damit mit immensen Kosten – verbunden. Der Güterverkehr hat durch die fortgesetzte, künstlich herbeigeführte Verbilligung der Transportkosten förmlich abgehoben.

Eine Rückführung der Güterverkehrsleistungen auf ein vernünftiges Maß ist geboten. Auch die Europäische Kommission fordert eine „Entkopplung" zwischen Verkehrsentwicklung und Wirtschaftswachstum.[42] Im Szenario SLOW wird vor allem der Lkw-Verkehr massiv reduziert und die Luftfracht weitgehend aufgegeben. Teile des bisher auf den Straßen abgewickelten Verkehrs müssten auf die Schiene, auf Binnenschiffe und in Rohrleitungen verlagert werden. Damit stellt das Szenario SLOW auch ein Schlüsselelement für eine Stärkung des kleinräumigen Wirtschaftens und für die Stärkung der Regionen dar – sowie einen Schutz gegen das weitere Ausbluten regionaler Strukturen, wie es im Rahmen der Globalisierung erfolgt, die weitgehend durch extrem verbilligte Transportkosten charakterisiert wird.

***

Die Umsetzung der sieben Tugenden eines alternativen Verkehrsmodells SLOW in der Praxis wird mit unterschiedlichen Mitteln erfolgen. Zweifelsohne muss es dafür auch einen ordnungspolitischen Rahmen geben. Die vielen Verweise in der aktuellen verkehrspolitischen Debatte, dass „der Markt" die richtigen Entscheidungen treffen müsse und es keinen „Dirigismus" geben dürfe, sind unernst und durchsichtig: Weiterhin ist der Verkehrsmarkt von Politik und damit von „Dirigismus" geprägt. Wenn der Bundesverkehrsminister und der Bundestag eine Zulassung der 60-Tonnen-Lkws beschließen sollten, dann ist dies Ordnungspolitik pur – und ein Gigaliner-Dirigismus, der in Richtung des Entwicklungsmodells FAST und in die fortgesetzte Zerstörung weist. Das gleiche gilt für die Politik der EU-Kommission, die es Österreich untersagt, im Alpentransit so hohe Mautgebühren zu verlangen, dass die real entstehenden Kosten gedeckt werden – und der Schwerlastverkehr stark reduziert wird. Es handelt sich um Dirigismus, der sich gegen die „ökologisch sensiblen Korridore", gegen die hier lebenden Menschen und die hier anzutreffende Flora und Fauna wendet. Umgekehrt wird ein ordnungspolitischer Rahmen zur Umsetzung des Modells SLOW mit Einschränkungen für den Lkw-Verkehr verbunden sein, was mit Tempolimits für Lieferwagen beginnt, die radikale Reduktion jeglichen Lkw-Verkehrs in den Alpen beinhaltet und mit Nachtfahrverboten für Lkws noch lange nicht enden muss. Andere Bestandteile eines ordnungspolitischen Rahmens für das Szenario SLOW sind die Beendigung jeglichen Straßenbaus und der Beginn des Rückbaus von Straßen, wobei ehemalige Straßen oder einzelne Fahrbahnen von Straßen für Schienenwege frei werden – oft für die erneute Einführung von Schienentrassen auf einem Gelände, auf dem es solche vor einigen Jahrzehnten noch gab.[43] Ein weiterer Bestandteil von SLOW: Im städtischen Verkehr darf der Bau unterirdischer Schienenwege nicht mehr gefördert werden; SLOW setzt auf Präsenz des öffentlichen Verkehrs als Teil der Urbanität.

Modellrechnungen für FAST und SLOW

Selbstverständlich lässt sich nicht genau berechnen, wie die Verkehrsentwicklung im Fall einer Politik des „Weiter so“ (bei Verfolgung des Entwicklungspfades FAST) bwz. im Fall der Verwirklichung einer alternativen Verkehrsorganisation SLOW im Detail aussehen wird. Dennoch ist es sinnvoll, in Modellrechnungen darzustellen, wie diese unterschiedliche Entwicklung aussehen könnte. Die Vorgaben im Fall FAST sind relativ deutlich. Sie lassen sich aus der Entwicklung der letzten 15 Jahre und aus den vorliegenden Verkehrsprognosen ableiten. Im Fall der alternativen Verkehrsorganisation sind die Unwägbarkeiten größer. Interessant ist jedoch, wenn diese Option SLOW sich in der konkreten Vergangenheit des Transportsektors „verankern“ lässt.

Für den Güterverkehrsbereich wurde in Tabelle 28 die bisherige und die mögliche weitere Entwicklung auf Ebene der auf 25 Mitgliedsstaaten erweiterten EU dargestellt. Für dieses Gebiet sind Daten für die Zeit vor 1990 schwer erhältlich bzw. sind sie, wenn man sie zusammenstellt, wegen der unterschiedlichen Wirtschaftssysteme in West-, Mittel- und Osteuropa wenig aussagekräftig. Daher wurde hier der Zeitraum 1990-2005 für die reale Verkehrsentwicklung und sodann der Zeitraum bis 2025 für die zwei Entwicklungspfade gewählt.

Die bisherige Entwicklung im Zeitraum 1990-2005 brachte im Lkw-Verkehr eine Steigerung um 75%, bis einschließlich 2007 wird eine Verdopplung erreicht. Bei der vorprogrammierten Politik des „Weiter so“ wird es bis 2025 eine weitere Verdopplung geben. Der Anteil der „grünen Transportarten“ (Schiene, Binnenschifffahrt und Pipelines) sinkt weiter. Der Anteil der „roten Transportarten“ – Straßengüterverkehr und Luftfracht – steigt auf über 50%.[44] Bei Realisierung des alternativen Modells muss vor allem der Lkw-Verkehr radikal reduziert werden. Einen Teil davon würden die „grünen Transportarten“ übernehmen, deren Anteil damit auf 50% klettert. Der Anstieg der Transportleistungen, die dann die Schiene übernehmen würde, liegt bei diesem Modell auf dem Niveau, das die Europäische Kommission im 2001er Weißbuch vorsieht. Es geht bei diesem Modell jedoch vor allem um eine Zurückführung der gesamten Verkehrsleistungen und damit um einen Abbau der Transportintensität und um eine Stärkung der regionalen Wirtschaftskreisläufe. Die gesamten Transportleistungen liegen bei diesem Szenario 2025 mit knapp 1.900 Mrd. Tonnenkilometern noch unter dem Niveau von 1990 oder auf dem – bereits hohen – Niveau, das Anfang der 1980er Jahre in Westeuropa erreicht wurde. Allerdings liegt dann der Anteil der „roten Transportarten“ unter 20%.

Tabelle 28: Güterverkehr in der EU-25 als reale Entwicklung bis 2005, mit den Entwicklungspfaden FAST und SLOW bis 2025; in Mrd. tkm[45]

Verkehrsart	bisherige Entwicklung			Pfad FAST		Pfad SLOW	
	1990	1995	2005	2015	2025	2015	2025
Schiene	380	358	392	430	470	450	550
Binnenschifffahrt	130	117	129	135	140	160	180
Pipelines	90	112	131	140	160	180	190
Summe „grüne Transportarten“	*600*	*587*	*652*	*705*	*770*	*790*	*920*
Anteil „Grün“ in v.H.	*22,8%*	*19,8%*	*16,7%*	*13,9%*	*11%*	*30,5%*	*49,2%*
Lkw	1.050	1.250	1,740	2.500	3.700	900	350
Luft/Air-Cargo	0,3	1,9	2,5	5,0	10,0	1	–
Summe „rote“ Transportarten	*1.500*	*1.252*	*1.726,5*	*2.505*	*3.710*	*901*	*350*
Anteil „Rot“ in v.H.	*39,9%*	*42,1%*	*44,2%*	*49,5%*	*53,2%*	*34,8%*	*18,7%*
Küstenschifffahrt	980	1.133	1.525	1.850	2.500	900	600
Küstenschifffahrt in v.H.	37,3%	38,1%	39,1%	36,6%	35,8%	34,7%	32,1%
Summe Güterverkehrs-tkm	*2.630*	*2.972*	*3903,5*	*5.060*	*6.980*	*2.591*	*1.870*

Die Modellrechnung für den Personenverkehr bezieht sich auf Deutschland, da hier die statistischen Grundlagen gut abgesichert sind. Damit ist es auch möglich, eine Zeitspanne 1928-2004 – hinsichtlich der bisherigen Entwicklung – abzudecken, wobei in diesem Fall die zurückgelegten Kilometer je Person die Ausgangsbasis sind (siehe Tabelle 29). Im Modell FAST wird die Zahl der je Person zurückgelegten Kilometer weiter steigen – auf knapp 20.000 im Jahr 2025. Dies liegt immer noch unter dem in den USA bereits erreichten Niveau. Die „grünen Verkehrsarten“ – nichtmotorisiert zurückgelegte Wege, ÖPNV und Eisenbahnen – werden weiter zurückgehen; bis 2025 wird ihr Anteil an allen zurückgelegten Kilometern auf knapp 11% sinken. Auch dies entspricht weitgehend dem US-Niveau. Bei den Eisenbahnen und im ÖPNV wurden leichtere Rückgänge unterstellt und ein Einbruch der Verkehrsleistungen, wie es ihn in Nordamerika gab, ausgeklammert. Der wesentliche Anstieg der zurückgelegten Kilometer erfolgt im Pkw-Verkehr und im Luftverkehr. Für den Letzteren gilt erneut der Hinweis, dass hier nur der Luftverkehr über deutschem Boden ausgewiesen ist; die realen Flugverkehrsleistungen je Person liegen beim Drei- bis Fünffachen.

Das Modell FAST ist damit mit einer deutlichen weiteren Steigerung der Emissionen verbunden. Die durch verbesserte Technik erzielten Einsparungen werden durch die größere Zahl der zurückgelegten Pkw- und Flugverkehrskilometer mehr

Tabelle 29: Verkehrsentwicklung 1928-2005; Szenario FAST/„Weiter so", Szenario SLOW/Verkehrswende bis 2025; jeweils km pro Jahr und pro Person in Deutschland[46]

	Bisherige Entwicklung				FAST/„Weiter so"		SLOW/Verkehrswende	
Verkehrsart	**1928**	**1970***	**1994**	**2004**	**2015**	**2025**	**2015**	**2025**
ÖPNV**	400	1056	1060	1000	900	700	1.600	1.800
Eisenbahnen	760	735	880	880	800	600	1.200	1.700
Zu-Fuß-Gehen	750	350	340	470	430	350	500	550
Radverkehr	800	250	290	370	350	300	450	500
Km-Summe „grüne Verkehrsarten"	*2.710*	*2.391*	*2.570*	*2.720*	*2.580*	*2.050*	*3.750*	*4.550*
Anteil „grüne Verkehrsarten" an allen km/Jahr/Person	*85,7%*	*33,4%*	*21,7%*	*19,3%*	*16,3%*	*10,8%*	*35,9%*	*63,0%*
MIV***	450	4.665	8.900	10.750	12.000	15.000	6.500	2.600
Luftverkehr****	1	103	370	590	1.200	2.000	200	80
Km-Summe „rote Wege"	*451*	*4.768*	*9.270*	*11.340*	*13.200*	*17.000*	*6.700*	*2.680*
Anteil „rote Wege" an allen km	*14,3%*	*66,6%*	*78,3%*	*80,7%*	*83,7%*	*89,2%*	*64,1%*	*37,0%*
Gesamte km je Person und Jahr	**3.161**	**7.159**	**11.840**	**14.060**	**15.780**	**19.050**	**10.450**	**7.230**

* auf deutschem Boden (BRD und DDR)
** einschließlich S-Bahnen
*** Pkws und motorisierte Zweiräder
**** nur Luftverkehr über Deutschland

als wettgemacht. Selbst die bescheidenen klimapolitischen Ziele werden durch das Anwachsen der „roten Verkehrsarten" konterkariert.

Das alternative Szenario SLOW ist mit einem drastischen Abbau des Pkw-Verkehrs verbunden – auf 2.600 Kilometer pro Jahr oder auf ein Niveau, wie es Anfang der 1960er Jahre existierte. Dabei können die hier ausgewiesenen Pkw-Kilometer auch mit Modellen des Car-Sharing und mit Mietwagen zurückgelegt werden, was die ökologische Gesamtbilanz nochmals verbessert. Es kommt zu einem weiteren Anstieg der nichtmotorisiert zurückgelegten Wege – auf ein Niveau, das dennoch deutlich unter jenem liegt, das vor dem Zweiten Weltkrieg und danach erreicht wurde. Die im ÖPNV zurückgelegten Kilometer steigen deutlich an – bis 2025 mit 1.800 Kilometern auf fast das doppelte Niveau von 2004. In der Schweiz legt eine Person heute 1.200 Kilometer im ÖPNV zurück. Vor diesem Hintergrund scheint eine solche Steigerung realistisch. Vergleichbares gilt für die mit Eisenbahnen zurückgelegten Kilometer, wobei hier mit 1.800 Kilometern je Person, die bis 2025 erreicht werden sollen, ein Wert vorgegeben wird, wie er heute in der zehnmal kleineren Schweiz erreicht wurde. Fast zwei Drittel aller Wege (63%) würden im Modell SLOW bis 2025 mit „grünen Verkehrsarten" realisiert. Die Gesamtzahl der pro Jahr zurückgelegten Kilometer liegt mit gut 7.000 auf einem Niveau, das demjenigen vom Anfang der 1970er Jahre entspricht (und immer noch doppelt so hoch ist wie das Niveau Ende der 1920er Jahre). Die Zahl der Wege bliebe dieselbe, doch es handelt sich um ein Modell der kurzen Wege. Vor allem kann nur bei diesem Modell der Verkehrssektor einen deutlichen Beitrag zum erforderlichen Rückgang der klimarelevanten Schadstoffemissionen leisten.

***

Eine Politik der Verkehrswende muss eng verbunden werden mit einer Politik der Energiewende. Den Hintergrund für das bestehende Modell der Energiewirtschaft sowie für die Basis für das westliche Mobilitäts- und Transportmodell bildet die Macht der Ölkonzerne und der großen Energieunternehmen. Zwei Grundgedanken, die für die Energiewende entwickelt wurden, lauten: Einsparen von Energie und Einsatz alternativer Energien. Tugend I, Verkehrsvermeidung, und die Tugenden II, III und V – die Verlagerung verbleibender Verkehre – stellen Entsprechungen dar. Vor allem verbindet sich mit einer Politik der Verkehrswende der Gedanke einer „solar city" und einer „solar transport society": Öffentliche Verkehrsmittel in den Siedlungen und Städten und eine Flächenbahn können – da sie bereits heute überwiegend mit elektrischem Strom betrieben werden und fast komplett auf elektrifizierte Systeme, O-Busse eingeschlossen, umzustellen sind – in relativ kurzer Zeit mit alternativen Energien und in großem Maßstab mit Strom aus Sonnenenergie betrieben werden.

Kapitel 22
Entschleunigung als realistische Utopie

> Die Rückkehr zu Heimat und Träumen ereignete sich in einer bunten Eisenbahn, so musste es sein. Gabriel García Márquez würdigte immer wieder einen wackligen Personenzug, wenn er seinen Geburtsort Aracataca beschrieb und das mythische Macondo aus seinem Roman „Hundert Jahre Einsamkeit". Zur Wochenmitte stellten die Organisatoren im Norden Kolumbiens tatsächlich eine Dampflokomotive mit drei Waggons aus den fünfziger Jahren auf die Gleise, bemalten sie himmelblau und karminrot und mit zitronengelben Schmetterlingen und brachten den Meister standesgemäß nach Hause. Die Fahrt begann in Santa Marta an der Karibik, 100 Kilometer entfernt, und dauerte vier Stunden und 27 Minuten.
>
> *Peter Burghardt in der „Süddeutschen Zeitung" vom 2. Juni 2007*

Gewöhnlich wird auf die Forderung nach einer alternativen Verkehrsorganisation mit drei Argumenten geantwortet: Das ist nicht zu bezahlen. Es gefährdet Hunderttausende Arbeitsplätze. Dafür gibt es keine Mehrheiten in der Bevölkerung. Die Entgegnungen auf die drei ernst zu nehmenden Einwände belegen zusätzlich die Richtigkeit einer Politik der Verkehrswende.

Selbstverständlich kostet die Verwirklichung einer alternativen Verkehrsorganisation viel Geld – europaweit einige Hundert Milliarden Euro. Die Strukturpolitik der kurzen Wege erfordert Investitionen in eine Infrastruktur mit Einkaufsmöglichkeiten in der Nähe sowie mit Freizeiteinrichtungen und kulturellen Stätten im Wohnquartier. Eine Förderung des nichtmotorisierten Verkehrs macht den Umbau von Bürgersteigen und Straßen erforderlich, den Rückbau von Straßen für den Kfz-Verkehr zu öffentlichem Raum inbegriffen. Der Ausbau des öffentlichen Verkehrs und der Eisenbahnen erfordert erhebliche Investitionen in neue Schienenwege, modernes rollendes Material und neue oder wieder eröffnete Bahnhöfe. Die Neuausrichtung des Güterverkehrs mit der Vermeidung von Transporten und der Verlagerung des verbleibenden Verkehrs auf die Schiene und auf Schiffe ist mit Investitionen in Güterverteilzentren und in neue, auf regionales Wirtschaften abzielende Logistikkonzepte wie weit kleinere Standardcontainer sowie mit einer Reaktivierung des Schienengüterverkehrs im Nahverkehr und regionalen Verkehr verbunden.[1]

Bei diesen Kosten handelt es sich um konstruktive Umbaukosten auf dem Weg zum Szenario SLOW. Diesen Kosten stehen weit höhere Ausgaben gegenüber, die im Fall der Fortsetzung des Entwicklungspfades FAST anfallen. Hier handelt es sich um destruktive Kosten für ein perspektivenloses „Weiter so“: Bau neuer Straßen, neuer Parkhäuser, neuer Airports und neuer Startbahnen; Ausbaggerung der Flüsse, Vertiefung der Seehäfen, Begradigung von Flüssen und Kanälen, Bau neuer unterirdischer Schienenstränge nebst Untergrund-Bahnhöfen, Bau neuer Hochgeschwindigkeitsstrecken und einer Magnetbahn-Verbindung. Alle diese verkehrspolitisch kontraproduktiven Projekte sind nicht nur mit hohen Baukosten verbunden, sondern ziehen teilweise noch höhere Folgekosten nach sich. Allein die Privatisierung der Deutschen Bahn AG – die auf einen Abbau des Schienenverkehrs sowie auf eine Stärkung des Straßen- und Luftverkehrs hinausläuft – kostet die Steuerzahler in den ersten 15 Jahren mehr als 100 Mrd. Euro.[2] Es geht bei der Realisierung von SLOW nicht um zusätzliche Ausgaben. Es werden ja gewaltige Beträge für Mobilität ausgegeben. Sie werden für ein ausgesprochen ineffizientes und teures Mobilitätsregime eingesetzt (Stichwort: 50 Millionen Stehzeuge). Ein Einsatz dieser Mittel im Rahmen des Szenarios SLOW heißt: für weniger Geld mehr Mobilität mit größerem Komfort erlangen. In den Worten von Franz Alt und Heiner Monheim: „Heute (im Jahr 1993; W.W.) zahlt ein Durchschnittshaushalt 750 Mark für das Auto. Wenn derselbe Haushalt künftig auf das Auto verzichtet und statt dessen 500 Mark pro Monat für den öffentlichen Verkehr ausgibt, dann haben wir eine billigere und weitaus attraktivere Mobilität als heute. Für dieses Geld können die Leute Taxi fahren, Busse, Straßenbahnen, den Regionalzug, den Intercity, den ICE und den Schiffsverkehr benutzen.“[3] Interessant ist übrigens, dass ausgerechnet in der Autogesellschaft die Devise „Zeit ist Geld“ nicht ernst genommen wird. In keiner anderen Transportorganisation in der Geschichte müssen die Menschen derart viel Zeit in ihre Mobilität investieren. Inzwischen wird ein moderner Mensch, wenn er 70 Jahre alt geworden ist, der Autogesellschaft mindestens ein Jahrzehnt seines Lebens für die Mobilität geopfert haben.[4] Auch das sollte in geldwerte Verluste umgerechnet werden.

Mitte der 1990er Jahre veröffentlichte Daimler-Benz eine Anzeige unter der Überschrift „Ein Auto darf nicht die Welt kosten“.[5] Solche Anzeigen sieht man heute kaum noch. Zu offenkundig wären dabei Zynismus und Bodenlosigkeit. Denn populistisch zugespitzt verhält es sich just so: Das Szenario FAST „kostet die Welt“.

Der Verweis auf die Arbeitsplätze wird gegen jede Politik, die die ausgetretenen Pfade der bisherigen Entwicklung verlässt, in Form eines Totschlagarguments vorgetragen. Hier ist zunächst interessant, dass die Autoindustrie seit mehr als einem Vierteljahrhundert in Europa, im OECD-Bereich und auf weltweiter Ebene keine neuen Arbeitsplätze schafft. Trotz einer gewaltigen Steigerung der Produktion und der Umsätze werden die Belegschaften abgebaut; bestenfalls – so in Deutschland – kann das erreichte Niveau verteidigt werden. Dies erklärt sich aus der Tatsache, dass sich die Autoproduktion auf Grund ihrer enormen Konzentration auf ein Dutzend Unternehmen und auf Grund der standardisierten Massenfertigung als die ideale Branche für einen weitgehend automatisierten Fertigungsprozess eignet. Die „menschenleere Fabrik" wird es zuerst in der IT-Branche und im Fahrzeugbau geben. Sodann springt bei der Diskussion um die Arbeitsplätze eine verquere Wertigkeit ins Auge. Eine Reduktion der Arbeitsplätze bei den Eisenbahnen und bei den kommunalen Verkehrsunternehmen wird in der öffentlichen Debatte meist als „sinnvolle Einsparung" ausgegeben. Ein möglicher Abbau von Arbeitsplätzen im Fahrzeugbau und in der Flugzeugfertigung gilt jedoch als Bedrohung (weswegen er zu bekämpfen sei). Allein in Deutschland, so antwortete die Bundesregierung auf eine parlamentarische Anfrage, sind mit dem Schienenverkehr 800.000 Arbeitsplätze verbunden.[6] Europaweit gibt es knapp eine Million Arbeitsplätze direkt bei den Bahnen und weitere 300.000 in der Bahntechnik; einschließlich der damit verbundenen Bereiche sind es rund 3,5 Millionen Arbeitsplätze.[7] Die Arbeitsplätze bei den öffentlichen Verkehrsunternehmen Europas addieren sich auf weitere 1,5 Millionen. Ein fortgesetzter Ausbau des bestehenden Mobilitätsmodells wird diese Arbeitsplätze direkt gefährden – und im Bereich der Autogesellschaft kaum neue schaffen. Auch hier gilt: Im Verkehrsbereich wird bereits viel Geld ausgegeben. Die Frage ist, für welchen Entwicklungspfad diese Gelder verwendet werden. Hier gibt es hinsichtlich der Beschäftigungseffekte beträchtliche Unterschiede. Ausgaben für die Umsetzung des Entwicklungspfades SLOW schaffen zwei- bis dreimal mehr Arbeitsplätze als die Investition derselben Summe für das Modell FAST, für die Fortsetzung einer Verkehrsorganisation mit den Prioritäten Straßenverkehr und Luftfahrt.[8] Damit aber kehrt sich die Debatte um die Arbeitsplätze in das Gegenteil dessen um, was die Verteidiger der Autogesellschaft bezwecken. Mit dem bestehenden Transportmodell und dem Szenario FAST wird die Zahl der Arbeitsplätze im Bereich des Fahrzeugbaus nicht gesteigert, eher kommt es zu einem neuen Beschäftigungseinbruch durch Automatisierung und absehbare Energieverknappung. Im Fall der Umsetzung des Szenarios SLOW dagegen werden mit einer vergleichbaren Summe insgesamt gesehen zusätzliche Arbeitsplätze geschaffen. Eine solche Tendenz wurde im Übrigen für die Umweltindustrie bereits belegt. Noch vor einem Jahrzehnt galt die These, Umwelttechnik schaffe viele Arbeitsplätze, als versponnen. In einer Mitte 2007 veröffentlichten Studie der Unternehmensberatung Roland Berger heißt es nun: „Im Bereich Umwelttechnik werden in Deutschland heute schon eine Million Arbeitnehmer beschäftigt. Im Jahr 2020 wird die Umweltbranche mehr Mitarbeiter ernähren als der Maschinenbau oder die Autoindustrie."[9]

Auch das dritte Argument, das Szenario SLOW werde keine Mehrheiten finden, überzeugt nicht. Immer, wenn die Umwelt- und Klimaproblematik ins Zentrum der öffentlichen Diskussion rückte, stellten die Meinungsforschungsinstitute fest, dass eine deutliche Mehrheit der Menschen zu einem Engagement und auch zur Hinnahme von Opfern bereit ist, vor allem dann, wenn „es etwas bringt“. Dies war der Fall Mitte der 1990er Jahre, als das Ozonloch im Zentrum der Debatten stand, und im Frühjahr 2007, als die beschleunigte Klimaveränderung die Schlagzeilen dominierte.[10] Seit Mitte der 1970er Jahre gibt es in Westdeutschland und inzwischen im vereinten Deutschland klare Mehrheiten für ein Tempolimit. Im November 2006 und im Juli 2007 wurden repräsentative Umfragen zur Zukunft der Deutschen Bahn durchgeführt; beide Male erklärten rund zwei Drittel der Befragten, sie wünschten eine „Bahn in öffentlichem Eigentum“.[11] Wenn dieser Mehrheitswille nicht umgesetzt, ja wenn darüber kaum berichtet wird, dann liegt es nicht an den Menschen, sondern an den politisch Verantwortlichen, an denjenigen, die die Medien kontrollieren, und an einer mächtigen Lobby, die Einfluss auf Politik und Medien nimmt. Dabei ist zu berücksichtigen, dass die angeführten, punktuell sichtbar werdenden Mehrheiten in der Bevölkerung für einen Entwicklungspfad SLOW in einer Situation zustande kamen, in der eine umfassende Alternative, wie sie beispielsweise in diesem Buch ausgebreitet wird, einer breiteren Öffentlichkeit nicht bekannt war. Eine glaubwürdige Aussage darüber, was die Menschen wollen, ist nur dann möglich, wenn Pro und Kontra zu FAST und SLOW in den Massenmedien ausgebreitet werden. Es gibt gute Gründe für die Annahme, dass sich in einem solchen Fall eine deutliche Mehrheit für den nachhaltigen und zukunftsfähigen Entwicklungspfad entscheiden wird. Die Volksabstimmungen in der Schweiz zu Verkehrs- und Energiefragen, in denen eine solche öffentliche Debatte ansatzweise möglich ist, liefern dafür immer wieder Belege. Dem zollen die Autokonzerne, die ihr Ohr näher am Volk haben als manche Politiker, ihren Tribut. Der Volkswagen-Konzern warb in der Schweiz damit, dass derjenige, der einen VW kauft, „einen Zweitwagen erhält“. Gemeint war das Halbtax-Ticket der SBB.[12]

Es wäre falsch zu behaupten, eine Politik der Verkehrswende könne gleitend und mit Trippelschritten vollzogen werden: „Ein schneller Strukturwandel ist ohne Inkaufnahme von Kapitalvernichtungen im Ist-Bestand nicht zu haben.“ Hermann Scheers Sätze zur Energiewende gelten auch für die Verkehrswende.[13] Andererseits wird eine Politik des „Weiter so“ unvergleichbar größere Strukturbrüche mit sich bringen und dann, wenn die materiellen Bedingungen (schnell steigender Ölpreis, Verknappung der fossilen Brennstoffe und neue Kriege um Energieressourcen) dazu zwingen, kaum mehr politischen Handlungsspielraum bieten. Die Politik der Verkehrswende kostet einiges. Die Verfolgung des Pfades FAST kommt uns aber deutlich teurer zu stehen. Völlig falsch wäre es jedoch, den Entwicklungspfad SLOW in erster Linie mit Opfern und Entsagung gleichzusetzen. Die Verkehrswende würde zunächst einmal vielen zugute kommen, die bisher im Schatten des vorherrschenden Mobilitätsmodells stehen: Kindern, Jugendlichen, Frauen, behinderten Menschen, Seniorinnen und Senioren. Greifen wir nur die letztgenannte

Bevölkerungsgruppe heraus: Es ist verblüffend, dass bei all den vielen Publikationen und Diskussionen zum demografischen Wandel dessen Auswirkungen auf den Verkehr kaum thematisiert werden. Am Ende der Laufzeit des Szenarios SLOW, im Jahr 2025, wird gut ein Viertel der deutschen Bevölkerung älter als 65 Jahre sein. Das altersbedingte Interesse an Ruhe, Erholung und Einkauf im Nahbereich, an bequem und sicher zurückzulegenden Fußwegen, oft auch weiterhin an Radwegen, und vor allem an flächendeckend vorhandenen und komfortablen öffentlichen Verkehrsmitteln wird enorm zunehmen. Doch der bisher verfolgte Entwicklungspfad FAST weist bei allen diesen Anforderungen in die entgegengesetzte Richtung.[14]

Das Entwicklungsmodell SLOW bedeutet jedoch vor allem ein Zu-sich-Finden, die Nähe zu entdecken, die Verwurzelung im Regionalen zu erkennen. Das ist mit Lebensqualität und Genuss verbunden. Wie bereits bei Homer, der die klassische Figur des Reisenden, Odysseus, als tragisch Leidenden und Getriebenen darstellte, liegt im Tempowahn, der mit Billigsprit und Billigfliegern verwirklicht, und in einem Mobilitätsbegriff, der mit Kilometerfraß gleichgesetzt wird, zugleich die Tragik des Getriebenseins und des Identitätsverlustes.[15] Vor allem heißen SLOW und Entschleunigung, dass Raum und Zeit wieder zu ihrem Recht verholfen und damit der Zerstörung Einhalt geboten wird, die die Rücksichtslosigkeit gegenüber Raum, Zeit, Umwelt und Klima mit sich bringt. Das gegenwärtige Mobilitätsregime ist von einer globalen Ortlosigkeit, einer Atopie des Irgendwo, geprägt.[16] Dem gilt es die Utopie SLOW entgegenzusetzen – den Ort, den es als verwirklichtes Gesamtmodell noch nirgendwo gibt, von dem aber wichtige Elemente bereits den Praxistest bestanden haben. Die globale Ortlosigkeit ist insofern auf Dauer unrealistisch; sie ist Teil der umfassenden Zerstörung der Lebensgrundlagen. Die Utopie SLOW ist realisierbar und allein realistisch, da allein nachhaltig und zukunftsfähig.

Anmerkungen

Vorwort

1 Jüngere verkehrspolitische Bücher von Winfried Wolf: Sackgasse Autogesellschaft, Frankfurt/M. 1986 und 1989; Auto-Krieg – Konzerne rüsten für die Zukunft, Hamburg 1986; Neues Denken oder neues Tanken? – DDR-Verkehr 2000, Frankfurt/M. 1990; Die autofreie Stadt – Der Autowahn am Beispiel der Stadt Marburg an der Lahn, Köln 1993; Berlin – Weltstadt ohne Auto? Eine Verkehrsgeschichte 1848-2015, Köln 1994; Stuttgart 21 – Hauptbahnhof im Untergrund?, Köln 1995 und 1996; W.W. mit J. Gymbel, I. Köhler, K. Koschinski, B. Strowitzki, Tunnelmania – Licht und Schatten im Untergrund, Köln 1996; W.W. mit G. Altmann, H. Monheim, A. Schmidt, B. Strowitzki, Einmal Chaos und zurück – Wege aus der Verkehrsmisere, Köln 1998; Die sieben Todsünden des Herrn M., Berlin 2002; W.W. mit K. Gietinger, K. Schweizer, W. Hesse, Inselkrimi Bahnhof Lindau, Wilhelmshorst 2004; In den letzten Zügen – Bürgerbahn statt Börsenwahn, Hamburg 2006.

2 Mitglieder der Bahnfachleutegruppe „Bürgerbahn statt Börsenbahn" sind: Hendrik Auhagen (Konstanz), Adolf-Heinrich von Arnim, Christian Auffhammer, Rolf Becker, Karl-Dieter Bodack, Peter Conradi, Klaus Gietinger, Eberhard Happe, Johannes Hauber, Liesel Hartenstein, Wolfgang Hesse, Hans-Joachim Kernchen, Karl-Heinz Ludewig, Andreas Kleber, Heiner Monheim, Jürgen Rochlitz, Wolfgang Schacht, Gangolf Stocker, Hermann Scheer und Winfried Wolf.

Einleitung

1 Gabriel García Márquez, Hundert Jahre Einsamkeit, Köln 1982, S. 259 f. (Originaltitel: Cien años de soledad; Erstausgabe 1967).

2 Heinrich Heine, Sämtliche Schriften, Bd. 5, München – Wien 1984, S. 449.

3 Natur wird „gerichtet", ausgerichtet, letzten Endes „hingerichtet". Dazu schrieb die Sprachwissenschaftlerin Jiřina van Leeuven-Turnovcová: „Der Ausdruck hinrichten ist eine perfekte Form für richten, 'gerade machen' bzw. 'in Ordnung bringen' … Er hat vordergründig nichts mit umbringen … zu tun. Was zu einer Todesstrafe geworden ist, war der Versuch, Ordnung wieder herzustellen." Jiřina van Leeuwen-Turnovcová, Rechts und Links in Europa. Ein Beitrag zur Semantik und Symbolik der Geschlechterpolarität, Berlin 1990, S. 257.

4 Zitat nach: Europäische Kommission: Weißbuch – Die europäische Verkehrspolitik bis 2010: Weichenstellungen für die Zukunft, Brüssel 2001, S. 21.

5 Zit. in: Süddeutsche Zeitung vom 11. 12. 2006.

6 Dankwart Guratzsch, „Im Rausch der Beschleunigung", in: Die Welt vom 1. 3. 2007.

7 Zeiträume, hrsg. von Martin Bergelt/Hortensia Völckers, München – Wien 1991, S. 12. Bergelt kannte noch nicht die Bilder aus dem jüngsten Irak-Krieg, in dem sich die US-Soldaten eben so bewegen wie von Bergelt beschrieben.

8 Paul Virilio, Geschwindigkeit und Politik, Berlin 1980, S. 80.

9 Rommel nach: Stuttgarter Zeitung vom 2. 3. 1995. Bei Leo Trotzki (Mein Leben, Berlin 1930, S. 420) heißt es richtig: „Hätten wir (im Krieg und Bürgerkrieg; W.W.) mehr Zeit für Erwägungen und Diskussionen gehabt, es wären sicherlich viel mehr Fehler begangen worden."

10 Zukunftsfähiges Deutschland. Ein Beitrag zu einer global nachhaltigen Entwicklung. Eine Studie des Wuppertal Instituts im Auftrag von BUND und Misereor, Bonn – Aachen 1995, S. 16 f. und 28 f.

11 Angaben zu Europa/EU jeweils für das Gebiet von 25 EU-Mitgliedsstaaten. Nach: EU Energy and Transport in Figures, EU-Kommission, Brüssel, Ausgabe 2007.

12 Lewis Mumford, Mythos der Maschine. Kultur, Technik und Macht, Frankfurt/M. 1978, S. 807 (Originaltitel: The Myth of the Machine). Mumford vergleicht im Übrigen die Nikotinsucht mit der Autosucht und schreibt: „Unsere heutige Versessenheit auf das private Auto … erweist sich als ebenso schwer zu brechen, solange nicht jede Verkehrsader permanent verstopft und jede Stadt ruiniert ist.“ (Ebd.)

Teil I

1 Karl Marx/Friedrich Engels, Manifest der Kommunistischen Partei (1848), Berlin 1970, S. 47.

Kapitel 1

1 „Hier (beim Bau von Eisenbahnen; W.W.) fand das Spekulationsgelüst der Fabrikanten und Kaufleute zuerst Befriedigung.“ Karl Marx, MEW Bd. 25, S. 421.

2 Mike Clark, Leeds and Liverpool Canal. A History and Guide, Aston 1990, S. 139.

3 Joseph A. Schumpeter, Konjunkturzyklen. Eine theoretische, historische und statistische Analyse des kapitalistischen Prozesses, Erstveröffentlichung New York – London 1939, deutsche Ausgabe Göttingen 1961, S. 286. Schumpeter bezeichnet die „langen Wellen“ der kapitalistischen Wirtschaft als „Kondratieff-Zyklen“ und bezieht sich dabei auf den russischen Ökonomen N. D. Kondratieff, der Mitte der 1920er Jahre diese Theorie weiterentwickelte. Zuvor gab es Beiträge von Leo Trotzki und nach Schumpeter solche von Ernest Mandel zu dieser Theorie. Vgl. Die langen Wellen der Konjunktur, Beiträge zur marxistischen Konjunktur- und Krisentheorie, von Parvus, Karl Kautsky, Leo Trotzki, N. D. Kondratieff und Ernest Mandel, Berlin 1972.

4 Allgemeine Geschichte der Technik von den Anfängen bis 1870, hrsg. von Semjon W. Schuchardin/Nikolai K. Laman/Alexander S. Fjodorow, Leipzig 1981, S. 261.

5 Meyers Konversationslexikon, 4. Auflage, Leipzig – Wien 1890, Bd. 9, S. 441.

6 Ebd., Bd. 16, S. 114.

7 Vgl. Einbaum, Dampflok, Düsenklipper. Ein Streifzug durch das deutsche Verkehrswesen in Vergangenheit, Gegenwart und Zukunft, hrsg. von Elfriede Rehbein/Hein Wehner/Rudi Keil/Peter Kirchberg, Leipzig – Jena – Berlin 1968, S. 54.

8 Einbaum, Dampflok, Düsenklipper. a.a.O., S. 153. Vgl. auch: Werner Sombart, Die deutsche Volkswirtschaft im neunzehnten Jahrhundert und im Anfang des 20. Jahrhunderts. Eine Einführung in die Nationalökonomie, Berlin 1927, S. 252 ff.

9 Meyers Konversationslexikon, a.a.O., Bd. 9, S. 444.

10 Ebd., Bd. 12, S. 495.

11 Allgemeine Geschichte der Technik …, a.a.O., S. 257.

12 Ebd., S. 267.

13 Ron Freethy/Catherine Woods, Discovering the Leeds to Liverpool Canal, o.O., o.J. (printed by Tamley-Reed-Limited), S. 9.

14 Friedrich Engels, Die Lage der arbeitenden Klasse in England, MEW Bd. 2, S. 291.

15 Allgemeine Geschichte der Technik …, a.a.O., S. 258.

16 Bertolt Brecht, Gesammelte Werke (Werkausgabe), Frankfurt/M. 1967, Bd. 9, S. 656.

17 Will Durant/Ariel Durant, Kulturgeschichte der Menschheit, München 1978, Bd. 17, S. 313.

18 Josef Kiepe, „Die anderen ‘Navigators’“, in: Bauwelt 14 vom 12. April 1991 (82. Jahrgang), S. 735.

19 Mike Clark, Leeds and Liverpool Canal, a.a.O, S. 31.

20 Gustavus Myers, Money – Die großen amerikanischen Vermögen, Frankfurt/M. 1979, S. 201 ff. und S. 510 f.

21 Karl Marx, Das Kapital, Bd. 1, MEW Bd. 23, S. 405.

22 Allgemeine Geschichte der Technik …, a.a.O., S. 256.

23 Vgl. Sven Pieper, „Die Ära der Kanäle", in: Bauwelt 14 vom 12. April 1991 (82. Jahrgang), S. 724. Die heute touristisch befahrbaren britischen Kanäle weisen weiterhin überwiegend diese relativ kleinen Maße auf, was ihnen ihren besonderen Charme verleiht.

24 1820 wurde in Preußen durch den zuständigen Minister verfügt, dass die zukünftigen Schleusen zwischen Elbe und Oder nur für Schiffe von umgerechnet 38,92 m Länge und 4,24 m Breite bemessen werden sollten. Die heute auf dem Finow-Kanal noch betriebsfähigen Schleusen weisen diesen Grundriss auf. Die älteste noch erhaltene Schleuse, diejenige von Eberswalde, stammt aus dem Jahr 1831. Nach: Hans-Joachim Uhlemann, Berlin und die märkischen Wasserstraßen, Berlin 1987, S. 41.

25 Michael E. Ware, Canals and Waterways, Aylesbury 1987, S. 6. Bei Mike Clark heißt es, dass die Kosten des Transportgutes Lehm sich nach Fertigstellung eines Kanals um ein Drittel reduziert hätten (M. Clark, Leeds and Liverpool Canal, a.a.O., S. 40). Immanuel Wallerstein zitiert eine Reduktion der Transportkosten durch die Kanäle „um 50 bis 75%". Nach: I. Wallerstein, Die große Expansion – Das moderne Weltsystem III. Die Konsolidierung der Weltwirtschaft im langen 18. Jahrhundert, Wien 2004, S. 97.

26 Es handelt sich um grobe Schätzungen, die die Transportsteigerungen eher vorsichtig bewerten. So kam es beispielsweise bei der Rheinschifffahrt im ersten Jahrzehnt des 19. Jahrhunderts grob geschätzt zu einer Verdopplung der Transportleistungen und – exakt dokumentiert für die Rheinpassage bei Mannheim – im Zeitraum 1828-1835 zu einer nochmaligen Verdopplung; insgesamt also im Zeitraum 1800-1835 zu einer Vervierfachung. Vgl. Werner Sombart, Die deutsche Volkswirtschaft …, a.a.O., S. 253.

27 Meyers Konversationslexikon, a.a.O., Bd. 9, S. 441.

28 Joseph A. Schumpeter, a.a.O., Bd. 1, S. 363.

29 The Random House College Dictionary, New York 1973, S. 1214.

30 Bloomsbury Dictionary of Modern Slang, London 1990, S. 357. Vgl. Auch: Josef Kiepe, „Die anderen 'Navigators'", a.a.O., S. 734 ff.

31 Dieses Kapitel beschränkt sich beim Thema Binnenwasserwege auf den Güterverkehr, da dieser in so gut wie allen Ländern mit Binnenwasserstraßen diesen Verkehrsträger dominierte und Personenverkehr als Überlandverkehr zu Wasser im 18. und Anfang des 19. Jahrhunderts eine Randerscheinung war. Im damaligen Holland gab es allerdings bereits zu dieser Zeit einen umfangreichen Personenverkehr auf einem weit ausgebauten Kanalnetz. Vgl. Jan de Vries, Barges and Capitalism. Passenger Transport in the Dutch Economy 1632-1839, Utrecht 1981.

Kapitel 2

1 Allgemeine Geschichte der Technik …, a.a.O., S. 261.

2 Thomas Gray, Observations on a General Iron Rail-Way, London 1822, zit. bei: Wolfgang Schivelbusch, Geschichte der Eisenbahnreise – zur Industrialisierung von Raum und Zeit im 19. Jahrhundert, München – Wien 1977, Neuauflage 1981, S. 12.

3 Wolfgang Schivelbusch, a.a.O., S. 11.

4 Ralf Roman Rossberg, Geschichte der Eisenbahn, Künzelsau 1977, S. 21.

5 Ebd., S. 22.

6 Angaben zum Lokrennen von Rainhill nach: Peter Herzog, Die stählerne Straße. Roman der Eisenbahn, Bonn 1955, S. 124-133. Übrige Angaben zur Strecke Liverpool–Manchester und das vorausgegangene Zitat nach: Ralf Roman Rossberg, a.a.O., S.22.

7 Eröffnung der ersten deutschen Ferneisenbahn von Leipzig nach Dresden am 7. April 1839, hrsg. von der Kustodie im Zusammenwirken mit der Bibliothek der Hochschule für Verkehrswesen „Friedrich List" Dresden aus Anlass der 150. Wiederkehr des Streckenjubiläums, Dresden, April 1989, S. 3.

8 Die vorausgegangenen Angaben zu den Anfängen der Eisenbahnen in Europa: Karlheinz Hartung, 1835-1985. Daten und Fakten aus 150 Jahren Eisenbahngeschichte, Düsseldorf 1985, S. 13; zu Nordamerika nach: Hans-Christoph Noack, „Liberaler Protektionist und Visionär – Das Werk Friedrich Lists", in: Frankfurter Allgemeine Zeitung vom 5. August 1989. Angaben zur Strecke Leipzig–Dresden nach: Eröffnung der ersten deutschen Ferneisenbahn von Leipzig nach Dresden am 7. April 1839, a.a.O., S. 3. Angaben zu Österreich nach Ralf Roman Rossberg, a.a.O., S. 63 ff. und Beppo Beyerl, Die Eisenbahn. Historische Weichenstellungen entlang des österreichischen Schienennetzes, Wien 2004, S. 7 ff. Angaben zu Russland nach: Helmut Maier, Die erste russische Eisenbahn von Sankt Petersburg nach Zarskoe Selo und Pawlowsk, Berlin o.J. (ca. 1982; Verlag Ästhetik und Kommunikation), S. 50 ff. und S. 69. Zu Italien nach Brian Hollingsworth, Railways of the World, New York 1979, S. 89 f.

9 Grunddaten nach: Ralf Roman Rossberg, a.a.O., S. 89.

10 Nach: E. Sax, Die Eisenbahnen, Berlin 1922; hier wiedergegeben bei: Hermann Witte, „Lebensadern der Wirtschaft – Die ökonomischen Auswirkungen des Eisenbahnbaus", in: Zug der Zeit – Zeit der Züge. Deutsche Eisenbahn 1835-1985, hrsg. von der Eisenbahnjahr Ausstellungsgesellschaft mbH Nürnberg, Berlin (West) 1985, S. 173. Angaben für Großbritannien einschließlich Irland. Angaben für Italien nach R. R. Rossberg, a.a.O., S. 90 ff.; zum Teil auf Grund sich verändernder regionaler Strukturen (mit/ohne Sardinien bzw. Sizilien usw.) nur zum Teil vergleichbar.

11 W. I. Lenin, Der Imperialismus als höchstes Stadium des Kapitalismus, Vorwort zur französischen und deutschen Ausgabe, Lenin Werke, Bd. 22, S. 194.

12 Paul A. Baran/Paul M. Sweezy, Monopoly Capital. An Essay on the American Economic and Social Order, New York – London 1966, S. 220 f.; eigene Übersetzung.

13 Rainer Fremdling, „Industrialisierung und Eisenbahn", in: Zug der Zeit ..., a.a.O., S. 126.

14 Ebd., S. 132.

15 Ebd., S. 133.

16 Manfred Ohlsen, Der Eisenbahnkönig Bethel Henry Strousberg. Eine preußische Gründerkarriere, Berlin 1987, S. 132 ff.

17 Brief Friedrich Engels an Karl Marx vom 5. September 1869, in: Marx-Engels-Briefwechsel, Berlin 1950, Bd. IV, S. 270 f. Angaben zu Strousberg siehe die vorige Anmerkung.

18 Werner Sombart, Die deutsche Volkswirtschaft ..., a.a.O., S. 243.

19 Angaben zu den Bahnbeschäftigten nach: Lothar Gall/Manfred Pohl (Hrsg.), Die Eisenbahn in Deutschland. Von den Anfängen bis zur Gegenwart, München 1999. Vorausgegangenes Zitat: Werner Sombart, Die deutsche Volkswirtschaft ..., a.a.O., S. 240 f.

20 Werner Sombart, Die deutsche Volkswirtschaft ..., a.a.O., S. 242.

21 Gerald Sammet, „Das Klassensystem der Beweglichkeit", in: Sonderbeilage der Nürnberger Nachrichten vom 10. 5. 1985.

22 Dorothee Klinksiek, „Die Eisenbahnbauarbeiter in der Frühzeit des Eisenbahnbaus in Bayern", in: Zug der Zeit ..., a.a.O., S. 249.

23 Aus einer behördlichen Anweisung von 1851; wiedergegeben bei Dorothee Klinksiek, a.a.O., S. 252.

24 Dorothee Klinksiek, a.a.O., S. 253.

25 Peter Herzog, Die stählerne Straße, a.a.O., S. 326. Berichte über die Arbeitsbedingungen der Eisenbahnbauarbeiter sind äußerst selten und dünn. Auch Peter Herzog nennt keine Zahlen der beim Gotthard-Tunnel-Bau und beim Aufstand Getöteten und Verletzten. Stattdessen berichtet er (ähnlich wie Ralf Roman Rossberg in seiner „Geschichte der Eisenbahn") vom „dramatischen" Tod des Genfer Ingenieurs Louis Favre, dem verantwortlichen Bauleiter; er starb „inmitten seiner Arbeiter – von einem Herzschlag getroffen" (S. 326 f.).

26 Beppo Beyerl, Die Eisenbahn, a.a.O., S. 62.

27 Ebd., S. 63. Angaben zuvor nach: Dorothee Klinksiek, a.a.O., S. 263 f.

28 Zit. bei: Dorothee Klinksiek, a.a.O., S. 269.

29 Beppo Beyerl, Die Eisenbahn, a.a.O., S. 65.

30 Bei der Präsidentschaftswahl 1876 verlor der Republikaner Rutherford B. Hayes gegen den Demokraten Samuel Tilden. In einigen Südstaaten wurde das Ergebnis angefochten. Einige demokratische Wahlmänner in den Südstaaten liefen zu Hayes über. Das Wahlergebnis wurde umgedreht. Maßgeblich dafür, dass am Ende der Zweitplatzierte neuer US-Präsident wurde, war Thomas Scott, Präsident der Pennsylvania Railroad, einer Eisenbahngesellschaft mit 200.000 Beschäftigten, die gleichzeitig die größte Transportgesellschaft der Welt war. Die Pennsylvania Railroad hatte damals – zusammen mit anderen Eisenbahngesellschaften wie der Penn Central – maßgeblichen Einfluss auf das politische Geschehen in den USA. Der Historiker Philip Foner: „Es war wohl kaum ein Zufall, dass Hayes am 2. März 1877, als er das Telegramm erhielt, in dem seine Wahl als neuer US-Präsident bestätigt wurde, sich in Tom Scotts eigenem, privaten, luxuriösen Waggon auf der Fahrt nach Washington befand." Vgl. Dick Roberts, American Railroads. The case for nationalization, NewYork 1980, S. 23. Das zuvor angeführte Hayes-Zitat findet sich dort.

31 Harald Bodenschatz, „Eisenbahn und Städtebau im 19. Jahrhundert", in: Die Stadt, hrsg. von der Neuen Heimat, Heft 2/1985.

32 Friedrich List im Staatslexikon von Rotteck Welcker, erschienen 1837. Wiedergegeben in der Einleitung zu Lists maßgeblicher Schrift: Über ein sächsisches Eisenbahn-System als Grundlage eines allgemeinen deutschen Eisenbahn-Systems, Leipzig o.J., S. 10. Lists programmatischer Text wurde 1833 in einer Auflage von 500 Exemplaren an „alle Einwohner Leipzigs, die einen Einfluß im öffentlichen Leben haben", verteilt. Die Hochschule für Verkehrswesen „Friedrich List" Dresden (der Wahrung und Weiterentwicklung des Erbes dieses Theoretikers und Praktikers des Schienenverkehrs verschrieben) verlieh dem Autor dieses Buches im Dezember 1989 die – wohl letzte – „Friedrich-List-Ehrung der Deutschen Demokratischen Republik". Ironischerweise war die Leitung dieser Hochschule bald „gewendet" und propagierte schon im Sommer 1990 die Entwicklung der Autogesellschaft.

33 Vgl. Friedrich Schaerfenberg, Wir fahren immer. Geschichte der deutschen Eisenbahnen. Gestern, heute und … übermorgen, Frankfurt/M. 1969), S. 26.

34 Noch nach Errichtung und Betrieb der Eisenbahnlinie Liverpool–Manchester betrug der Fahrpreis pro Person im Fall der Kutschenfahrt das Zweieinhalbfache der Fahrt mit der Eisenbahn; die Fahrzeit sank um zwei Drittel. Die Preise im Güterverkehr waren dabei bedeutend stärker reduziert worden, zumal sie unter dem Konkurrenzdruck der Binnenschifffahrt standen. Nach: Allgemeine Geschichte der Technik …, a.a.O., S. 262.

35 Rainer Fremdling, „Industrialisierung und Eisenbahn", in: Zug der Zeit …, a.a.O., S. 129-131; eigene Berechnungen.

36 Eine Rechnung, die die *reale* Entwicklung der Transportpreise analysieren will, muss die Preisentwicklung (Inflation und Deflation) berücksichtigen. Trotz einer unzureichenden Datenlage lässt sich sagen, dass zumindest im Zeitraum 1850-1870 die Preise weitgehend stabil blieben, d.h., die in der Tabelle wiedergegebene nominelle Preisrevolution war die reale (vgl. Schumpeter, Konjunkturzyklen, a.a.O., Bd. 2, S. 585). Für die Zeit ab 1871 hat das Statistische Bundesamt in Wiesbaden Indices für die Grundstoffpreise errechnet. Danach sinken die Preisindices zwischen 1871 und 1886 um über 25%, d.h., die Preisrevolution im Transportsektor ist in diesen 15 Jahren nochmals größer als in den nominellen Zahlen ausgedrückt. Danach – zwischen 1887 und 1913 – steigt der Preisindex wieder auf den Wert von 1871, d.h., die in der Tabelle 3 ausgewiesene nominelle Senkung des Transportpreises wird durch die Inflation mehr als wettgemacht. In diesem Zeitraum steigt der Transportpreis real zum ersten Mal, wenn auch in bescheidenem Umfang. Nach: Statistisches Bundesamt, Bevölkerung und Wirtschaft 1872-1972, Wiesbaden 1972, S. 247.

37 In seiner Theorie von der Bodenrente ging der deutsche Nationalökonom J. H. von Thünen (1783-1850) davon aus, dass der Standort der landwirtschaftlichen Produktion entscheidend für die Intensität ist, mit der der Boden bearbeitet wird. Je näher eine landwirtschaftliche Produktion am Absatzmarkt (Konsumzentrum) ist, desto intensiver wird der Boden bearbeitet; je weiter entfernt davon sie sich befindet, desto niedriger ist die Bodenkultur. Als Ursache für die so entstehenden „Thünen'schen Kreise" werden die hohen Transportkosten (vor dem Aufkommen der Eisenbahnen) gesehen, die ab einer gewissen Entfernung vom Absatzmarkt eine (arbeits- und kapital)intensive Produktion nicht rentabel erscheinen lassen.

38 Werner Sombart, Die deutsche Volkswirtschaft …, a.a.O., S. 245.

39 In dem am 21. März 1836 an Gerstners Aktiengesellschaft verliehenen „Kaiserlichen Privileg" zum Bau der ersten russischen Eisenbahnstrecke von St. Petersburg nach Zarskoe Zelo hieß es: „Wird die Bahn durch Ländereien geführt, welche sich im Besitz von Kronsbauern befinden, so werden solche ohne Bezahlung abgetreten, und die Krone nimmt es auf sich, den Bauern andere Ländereien anzuweisen. … Wenn die Eisenbahn Grundstücke durchschneidet, welche Privatleuten angehören … so soll sich die Kompagnie über die Abtretung dieser Grundstücke mit den Eigenthümern gütlich ausgleichen; würden sie sich über den Preis nicht verständigen, oder wollten die Eigenthümer ihre Grundstücke und Gebäude gar nicht abtreten, so wird dieser Gegenstand nach denselben Gesetzen behandelt, welche über die gezwungene Abtretung der Privatgüter für öffentliche Zwecke bestehen, und die Grundstücke mit oder ohne Gebäude werden den Eigenthümern gegen Entschädigung von Seiten der Kompagnie nach der gesetzlichen Schätzung abgenommen. Um die Bauarbeiten nicht zu hemmen, ist es der Kompagnie erlaubt, zu denselben zu schreiten, ohne die Vollführung der Schätzung abzuwarten. … Die Eisenbahn, für deren Errichtung dieses Privilegium ausgefertigt ist, wird während der (zunächst zehnjährigen; W.W.) Dauer desselben keinen Steuern und Abgaben unterworfen." Zit. bei: Helmut Maier, Die erste russische Eisenbahn, a.a.O., S. 11.

40 Zit. bei: Wolfgang Schivelbusch, Geschichte der Eisenbahnreise …, a.a.O., S. 54. Brief von V. Hugo vom 22. August 1837 nach: Marc Baroli, Le train dans la litérature française, Paris 1964, S. 58.

Kapitel 3

1 Brian Hollingsworth, Railways of the World, New York 1979, S. 138.

2 Schivelbusch, Geschichte der Eisenbahnreise …, a.a.O., S. 98.

3 Vgl. Einbaum, Dampflok, Düsenklipper, a.a.O., S. 132 f.

4 Ralf Roman Rossberg, Geschichte der Eisenbahn, a.a.O., S. 386.

5 Schivelbusch, Geschichte der Eisenbahnreise …, a.a.O., S. 96.

6 Auch die USA haben „ihren Trevithick", den „zu früh gekommenen" genialen Erfinder: Oliver Evans veröffentlichte 1797 eine Schrift über den Wert von Schienenwegen, die er zu einem selbstständigen Netz zusammenwachsen sah. 1801 baute er ein erstes Dampfmobil, 1804 ein zweites, das in den Straßen Philadelphias ebenso verkehren konnte wie auf den Wasserläufen. Seine Pläne fanden aber keinen Widerhall, v.a. nicht ausreichend Kapital. US-amerikanische Geschichtsbücher schreiben ihm der Satz „Auch der Fortschritt will Weile haben" zu. Tatsächlich sind Evans und Trevithick eine Bestätigung für die Auffassung, der zufolge Erfindungen erst in Kombination mit einem dringenden ökonomischen Bedürfnis in „Fortschritt" umschlagen, d.h. in der gesellschaftlichen Produktion realisiert werden. Vgl. u.a. Rossberg, a.a.O., S. 151; Herzog, a.a.O., S. 52. Vergleichbares wird weiter unten zum Bogie-Fahrgestell berichtet werden. Ernest Mandel hat das Verhältnis zwischen Erfindungen, ihrer Anwendung durch das Kapital und der langfristigen Entwicklung des Kapitalismus untersucht in: Die langen Wellen im Kapitalismus, Frankfurt/M. 1983, S. 39 ff.

7 Angaben nach: Ralf Roman Rossberg, Geschichte der Eisenbahn, a.a.O., S. 89 und 151.

8 Ebd., S. 151.

9 Gustavus Myers, Die großen amerikanischen Vermögen, Frankfurt/M. 1916 und Darmstadt 1969, Bd. 1, S. 279.

10 Ralf Roman Rossberg, Geschichte der Eisenbahn, a.a.O., S. 153. Vgl. auch Peter Herzog, Die stählerne Straße, a.a.O., S. 260 ff.

11 Eine andere – ebenso glaubwürdige – Version über den „historischen Moment" lautet wie folgt: „Der große Augenblick verlief eher lächerlich als feierlich. Als chinesische Streckenarbeiter die letzte Schiene auf die Bettung hoben, rief ein Photograph seinen Helfern zu: 'Drück ab!' Die Chinesen ließen die Schiene fallen und liefen erschrocken davon. Als sie zurückkamen, schwang Central Pacific-Präsident Leland Stanford gerade den Hammer, um den letzten … Schwellennagel einzuschlagen, der so geschickt mit der Telegraphenleitung verbunden war, daß jeder Schlag in alle Welt übermittelt werden würde. Er verfehlte den Nagel. Trotzdem sandte der Telegraphist das Signal." „Als das Dampfroß den Wilden Westen eroberte", in: ZUG (hrsg. von der Deutschen Bahn AG), 10/1994, S. 43.

12 Vgl. Marcus Junkelmann, „Die Eisenbahnen im Krieg", in: Zug der Zeit …, a.a.O., Bd. 1, S. 236.

13 Schivelbusch, Geschichte der Eisenbahnreise …, a.a.O., S. 103.

14 Ralf Roman Rossberg berichtet hierzu wie folgt: „In seinen Erste-Klasse-Abteilen bot (dieser Zug) einen Schreibtisch mit Polstersessel und … je eine eigene Toilette. Marmorverkleidete Bäder mit den legendären Porzellanwannen rollten ebenso mit wie eine Bibliothek mit Lesesaal." (Rossberg, Geschichte der Eisenbahn, a.a.O., S. 365.) Die „Transsib" benötigte für die Strecke Moskau–Wladiwostok neun Tage.

15 Ralf Roman Rossberg, Geschichte der Eisenbahn, a.a.O., S. 153.

16 Gustavus Myers, a.a.O., S. 178; auf S. 175 die übrigen Angaben zur Lage der Pullman-Beschäftigten.

17 Eugene Debs war 1900 erstmals Präsidentschaftskandidat und erhielt 97.000 Stimmen. Bei den Wahlen 1904 waren es 408.230, 1908 424.488 und 1912 890.868 Stimmen. Angaben dazu nach: L. B. Boudin, „Der Kampf der Arbeiterklasse gegen die richterliche Gewalt in den Vereinigten Staaten", in: Archiv für die Geschichte des Sozialismus und der Arbeiterbewegung, hrsg. von Carl Grünberg („Grünberg-Archiv"), Jg. 4 (Bd. 4), Leipzig 1914, S. 38 f.

18 Am 30. Juni 1912 waren 1.729.144 Arbeiter und Arbeiterinnen bei den „Dampfeisenbahnen“ beschäftigt. Hinzu kamen „zwischen 150.000 und 200.000 Arbeiter auf den Straßenbahnlinien in den Städten und zwischen den Städten.“ Myers, a.a.O., S. 783.

19 Laut US Government Statistical Abstract des Jahres 1912 hatten die Unterhaltskosten einer Arbeiterfamilie (nur Ernährung) 1907 eine Höhe von jährlich 374 Dollar erreicht, die Mietkosten lagen pro Jahr bei mehr als 200 Dollar. Wiedergegeben bei Myers, a.a.O., S. 784.

20 In den Zahlen sind die Toten und Verletzten „auf den Linien der Kopfstations- und Rangiergesellschaften eingeschlossen“. Auch liegt die tatsächliche Zahl deshalb noch deutlich höher, da als „im Eisenbahndienst getötet“ nur diejenigen aufgeführt wurden, die binnen 24 Stunden nach einem Arbeitsunfall tot waren. Zum Zeitpunkt 1907 gab es 1,2 Mio. Beschäftigte bei den Dampfeisenbahngesellschaften, wovon 527.000 im Außendienst – auf den Zügen, beim Streckenunterhalt – beschäftigt waren. Myers, a.a.O., S. 784.

21 Angaben nach Dick Roberts, American Railroads, a.a.O., S. 34 und S. 22.

22 Das Bogie-Fahrgestell, das nach dem Ersten Weltkrieg auch in Europa breitere Anwendung fand, wurde in den USA 1834 von Ross Winans als Patent angemeldet. Es besteht aus zwei starren Achsen, die mit sehr engem Abstand auf einem Fahrgestell zusammengefügt sind, während das Fahrgestell selbst mittels eines Drehzapfens mit dem Wagenchassis verbunden ist. Ein Eisenbahnwaggon verfügt an beiden Enden über je ein Bogie-Fahrgestell, also über vier Achsen. Indem diese Bogie-Fahrgestelle sich unabhängig vom Wagenchassis bewegen, können sie sich dem Kurvenverlauf anpassen; die Waggons können enge Radien beschreiben bzw. lange Waggons können enge Kurven durchlaufen. Oder nach der Definition eines Eisenbahn-Lexikons: „Drehgestell: Laufwerk von Eisenbahnfahrzeugen, besteht grundsätzlich aus Rahmen, zwei oder mehreren Radsätzen und Federung; vermag sich gegenüber Wagenkasten bzw. Hauptrahmen eines Fahrzeugs um lotrechtfesten Drehpunkt drehen.“ Lexikon der Eisenbahn, hrsg. von Gerhard Adler, Wolfgang Fenner, Peter Franke, Karl Hofmann, Günter Schümberg und Klaus Töpfer, Berlin 1971, S. 195 f.

Ein vierrädriges Fahrgestell vergleichbarer Art wie das Bogie-Drehgestell ließ sich ein gewisser William Chapman bereits 1812 in England patentieren. „Es gab dafür jedoch kein wirkliches Bedürfnis, weil die geradlinige Strecke in England so natürlich und ökonomisch vernünftig erschien – aufgrund der hohen Grundstückspreise und der niedrigen Arbeitslöhne.“ Dies sei, so Wolfgang Schivelbusch weiter, „eine schöne Bestätigung dafür, daß eine technische Neuerung zur historisch bedeutsamen Innovation nur dann wird, wenn es einen realen ökonomischen Bedarf für sie gibt.“ (Schivelbusch, a.a.O., S. 93.)

23 Frederick A. Cleveland/Fred W. Powell, Railroad Promotion and Capitalization in the United States, New York 1909, S. 246, hier nach: Wolfgang Schivelbusch, a.a.O., S. 192.

24 Das Staatsgebiet der Vereinigten Staaten von Amerika umfasste 1871 4.739 Mio. Quadratkilometer, wobei hier die relativ jungen Bundesstaaten wie Kalifornien und Florida (die 1845 bzw. 1850 zum Staatenbund kamen) sowie West-Virginia (1863 zu den USA hinzugekommen) berücksichtigt sind. 2005 umfassten die USA 9.372 Mio. Quadratkilometer. Allein der Zugewinn von Alaska im Jahr 1959 brachte 1,5 Mio. Quadratkilometer. Nach: Länder der Erde, Politisch-ökonomisches Handbuch, Berlin 1980, S. 674 f.

25 Im Zeitraum 1824-1860 gingen laut Myers 4.224.073 Morgen Land per Schenkung an die privaten Kanalgesellschaften, „hauptsächlich in (den Bundesstaaten) Indiana, Ohio, Illinois, Wisconsis und Michigan“. Vgl. Myers, a.a.O., S. 202.

26 Gustavus Myers, a.a.O., S. 245.

27 Joseph R. Daughen/Peter Binzen, The Wreck of the Penn Central, Boston – Toronto 1971, S. 35.

28 Wolfgang Schivelbusch zitiert hierbei Benton MacKaye, den Promoter des „limited access highway", der 1930 seine Forderung nach einer nicht mehr durch die Städte zu führenden, sondern ausschließlich dem Autoverkehr dienenden Straße damit begründet habe, dass das Auto „keine motorisierte Kutsche, sondern eine Lokomotive" sei. MacKaye weiter: „Entsprechend haben wir bis vor kurzem noch die Autostraße betrachtet als ein passendes Zubehör zu unserem Haus, anstatt sie realistisch zu sehen als eine Verkehrsader, die ebenso zu meiden ist wie eine Eisenbahnstrecke. Entledigen wir uns erst einmal dieser konventionellen Vorurteile, so erkennen wir deutlich, daß die Autostraße eine neue Art von Eisenbahnlinie ist." Benton MacKaye, „The New Exploration", in: The New Republic, März 1930, hier nach: W. Schivelbusch, a.a.O., S. 100 f.

Kapitel 4

1 Constantin Pecqueur, Économie Sociale, Paris 1839, S. 335-338, zit. bei: Wolfgang Schivelbusch, Geschichte der Eisenbahnreise ..., a.a.O., S. 67 f.

2 Wiedergegeben in: Sonderbeilage der Nürnberger Nachrichten vom 10. 5. 1985.

3 Werner Sombart, Die deutsche Volkswirtschaft ..., a.a.O., S. 244 f.

4 Einbaum, Dampflok, Düsenklipper, a.a.O., S. 97.

5 Getötet wurde ein Gerichtspräsident mit Namen Poinsot, was die Fantasie zusätzlich beflügelte. Der Pariser „Figaro" am 25. 12. 1860: „Der Mord an Monsieur Poinsot beschäftigt immer noch die Öffentlichkeit ... Für die Angestellten der Eisenbahngesellschaft ist dieses Drama zur Komödie geworden. Man sieht Millionäre in der dritten Klasse reisen ..." Wolfgang Schivelbusch, Geschichte der Eisenbahnreise ..., a.a.O., S. 77.

6 Ebd., S. 83.

7 Zit. in: Sonderbeilage der Nürnberger Nachrichten vom 10. 5. 1985.

8 Schivelbusch, Geschichte der Eisenbahnreise ..., a.a.O., S. 71.

9 Vgl. Schivelbusch, a.a.O., S. 69. Karl Marx setzt sich im 2. Band des „Kapital" intensiv mit der Frage auseinander, welche Formen des Transports als (gesamtgesellschaftlich) produktiv und welche als unproduktiv zu gelten haben (MEW Bd. 24, S. 150 ff). Nur der Transport von Waren und der Transport von Menschen zu ihren Arbeitsstätten und zurück – Letzteres eben auch Transport der Ware Arbeitskraft – hat demnach als produktiv zu gelten, der Reise- und Ausflugsverkehr jedoch als unproduktiv, d.h., Letzterer wird aus der gesellschaftlichen Revenue bezahlt. Interessant ist, dass die hier für die Anfänge der englischen Eisenbahnen angeführte Trennung der Züge weitgehend entlang dieser Trennung in produktiven und unproduktiven Verkehr erfolgte, zumal wenn berücksichtigt wird, dass zu dieser Zeit der Transport der unteren Klassen fast ausschließlich ein Transport der Ware Arbeitskraft war.

10 Beppo Beyerl, Die Eisenbahn, a.a.O., S. 8.

11 Wirtschaftswoche vom 1. 6. 1984, Spezial Geschäftsreisen.

12 Ralf Roman Rossberg, Geschichte der Eisenbahn, a.a.O., S. 388.

13 Timothy Wheaton, Die großen Salonwagen. Der Orientexpress und andere Luxuszüge, London 1991, S. 41 f. Vergleichbare Luxuszüge gab es in Südafrika mit dem „Blue Train" auf der Transkontinentalstrecke Kapstadt–Durban (ebd., S. 74 ff.), in Australien mit dem „Indian Pacific" (ebd., S. 6 ff.), in Kanada mit dem „Canadian" oder „Canadian Pacific" (ebd., S. 92 ff.) und in den USA mit dem „Southern Pacific Daylight" (ebd., S. 120 ff.). Die Luxuszüge in den USA blieben bis nach dem Zweiten Weltkrieg Fahrgästen weißer Hautfarbe vorbehalten. Der südafrikanische „Blue Train" war bis Ende der 1960er Jahre auf weiße Fahrgäste beschränkt. Alle diese Luxuszüge zeichneten sich dadurch aus, dass das dienende Personal, also Zugbegleiter, Köche und Schuhputzer, meist von Schwarzen gestellt wurde.

14 Schivelbusch, Geschichte der Eisenbahnreise ..., a.a.O., S. 43.

15 Nach: Max I. Coturnix, „Der Kampf um das Maß", in: Die Schöne Welt, hrsg. von der Deutschen Bundesbahn, Nr. 3/1985.

16 Die (bis heute gültige) russische Breitspur beträgt, wie bereits beschrieben, 5 englische Fuß (1.524 Millimeter). In Südafrika wird weiter auf der „Kapspur" gefahren: 1.067 Millimeter. Die Großherzoglich-Badischen Staatseisenbahnen hatten sich auf 1.600 Millimeter festgelegt („badische Breitspur"), der Umbau auf Normalspur wurde im April 1855 beendet.
In Australien existierten in den sechs Siedlungsgebieten vier verschiedene Spurweiten (Normalspur, irische Breitspur, Kapspur und Schmalspur). Im 20. Jahrhundert wurde mit der „Umnagelung" auf Normalspur begonnen; die Strecke Adelaide–Port Pirie wurde erst 1984 von Breit- auf Normalspur umgebaut. (Nach: Fritz Stöckl, Die großen Eisenbahnrouten der Welt, Hamburg 1985, S. 444.) Gemeinhin wird behauptet, die spanische und portugiesische Bahn würden beide auf identischer Breitspur fahren. Dies ist unrichtig: Die Realität ist auch hier Beispiel für die Anarchie: Die Spurbreite der spanischen RENFE beträgt 1.674 Millimeter, diejenige der portugiesischen Companhia dos Caminhos de Ferro Portugueses (CP) misst mit 1,665 Metern 9 Millimeter weniger. Dieser Differenz wegen können nur wenige Züge mit besonderem Radprofil durchgehend auf beiden Schienenbreiten laufen. Nach: Brian Hollingsworth, Railways of the World, New York 1979.

17 Insgesamt weist die DB-Statistik für 1972 10.679 Triebfahrzeuge aus. Darunter befanden sich 5.939 mit Dieseltraktion (Diesellokomotiven und Dieseltriebwagen), was einem Anteil von 56% entspricht, 3.649 mit elektrischer Traktion (elektrische Lokomotiven und elektrische Triebwagen), was einen Anteil von 34% ausmacht, und 1.091 Dampflokomotiven, die damit – trotz einer beschleunigten Verschrottung im vorangegangenen Jahrzehnt – immer noch 10% ausmachten. Statistisches Jahrbuch 1975 für die Bundesrepublik Deutschland, hrsg. vom Statistischen Bundesamt Wiesbaden, S. 325.

18 Siehe Klaus Gietinger, „'Fahren wir übers Ausland?' – Die zwei Bahnstrecken Buchloe–Lindau", in: Winfried Wolf, Inselkrimi Bahnhof Lindau, Berlin 2004, S. 40 ff.

19 Joseph A. Schumpeter, Konjunkturzyklus, a.a.O., Bd. 1, S. 358.

20 Schivelbusch, a.a.O., S. 44. Das weltweit für die Einheitszeit zuständige Observatorium musste 1954 wegen der Luftverschmutzung seinen Sitz von Greenwich bei London nach Schloss Herstmonceaux ins südenglische Sussex verlegen, behielt jedoch den Namen Royal Greenwich Observatory bei. Ab 1966 sorgten sechs Atomuhren für exaktere Zeiten. Im November 1985 wäre eine grundlegende Erneuerung der Anlagen erforderlich gewesen. Das war der britischen Regierung zu teuer – seither wird die Greenwich Mean Time (GMT) vom Internationalen Büro für Maße und Gewichte in Paris gemessen. U.a. nach: Süddeutsche Zeitung vom 27. 12. 1985.

21 Ralf Roman Rossberg, Geschichte der Eisenbahn, a.a.O., S. 90. Nach dem Zweiten Weltkrieg wurde auch hier das Netz drastisch abgebaut.

22 „Es galt einerseits die hungernden Arbeiter in Wien zu beruhigen und sie fernab der politisch stark brodelnden Hauptstadt zu beschäftigen sowie andererseits den revolutionären und aufrührerischen Elan der Massen ... zum Stillstand zu bringen. Der Minister für Öffentliche Arbeiten ... entschloss sich im Oktober 1848 für ein staatliches Arbeitsbeschaffungsprogramm durch den Bau der Semmeringbahn. Noch während der Oktoberkämpfe in Wien wurden in Sonderzügen massenweise Arbeiter nach Gloggnitz (am Semmering; W.W.) gekarrt." Beim ersten (1848er) Baulos wurden 5.000 und 1849 insgesamt 20.000 Arbeitskräfte für den Semmeringbahnbau eingesetzt. Nach: Beppo Beyerl, Die Eisenbahn, a.a.O., S. 35.

23 Ralf Roman Rossberg, a.a.O., S. 67.

24 Ebd., S. 103.

25 Angaben und das vorausgegangene Zitat nach: Service Public – Perspektiven jenseits der Privatisierung, hrsg. von Attac Schweiz, Zürich 2005, S. 91.

26 Die japanischen Eisenbahnen sind ein besonderer Fall. Hier begünstigte das Abweichen von der internationalen Normalspur die spätere Entwicklung einheitlicher staatlicher Eisenbahnen. Die japanische Normalspur war zunächst eine Schmalspur von 1 Meter Breite, was keine hohen Geschwindigkeiten ermöglichte. Als nach dem Zweiten Weltkrieg das Projekt von Schnellbahn-Verbindungen zwischen den großen japanischen Städten entstand, entschied man sich für ein neues, parallel zur normalen Schmalspur verlaufendes System mit europäischer Normalspur (1.435 mm). Die Shinkansen-Züge, die bereits Anfang der 1960er Jahre fahrplanmäßig Geschwindigkeiten von 200 km/h fuhren, waren entstanden.

27 „US-Eisenbahnen. Ein ruhmloses Ende?“, in: Wirtschaftswoche vom 14. 6. 1985. Die vorausgegangenen Angaben zur Eisenbahngeschichte in den anderen Ländern orientieren sich, soweit nicht anders vermerkt, an der Darstellung bei Ralf Roman Rossberg, a.a.O., S. 72 ff.

28 Die erste ausschließlich in staatlicher Regie errichtete und finanzierte Strecke war die Verbindung Braunschweig–Wolfenbüttel, die 1838 in Betrieb genommen wurde.

29 Bernd Breitfeld, „Von der Privatbahn zur Staatsbahn. Zur Finanzierung der deutschen Eisenbahnen“, in: Zug der Zeit …, a.a.O., S. 185.

30 Angaben nach: Schaerfenberg, Wir fahren immer …, a.a.O., S. 19. Bei diesen Angaben sind die oben erwähnten Sekundärbahnen nicht enthalten.

31 Joseph A. Schumpeter, Konjunkturzyklen, a.a.O., Bd. 1, S. 357.

32 Die erste deutsche Kolonialbahn wurde in einem ersten Abschnitt am 16. Oktober 1894 in „Ostafrika“ als „Usambarabahn“ von Tanga nach dem 14 km entfernten Pongwe errichtet (200 km nördlich von Daressalam). Ralf Roman Rossberg: „Die Finanzkraft der zunächst privaten Gesellschaft reichte jedoch nicht weiter, so daß schließlich der Staat die Bahn übernahm. Daraufhin konnten weitere Teilstrecken gebaut und in Betrieb genommen werden.“ (Rossberg, a.a.O., S. 142.)

33 Joseph A. Schumpeter, Konjunkturzyklen, a.a.O., Bd. 1, S. 340.

34 Josef Kulischer, Allgemeine Wirtschaftsgeschichte des Mittelalters und der Neuzeit, Bd. 2, München 1958, S. 523.

35 Hermann Witte, „Eisenbahnen, Banken und Finanzwirtschaft“, in: Zug der Zeit …, a.a.O., S. 195. Wie eng damals auch die Börse mit dem Eisenbahnbau verbunden war, zeigt, dass 1870 die Hälfte der 359 an der Berliner Börse gehandelten Wertpapiere Eisenbahnpapiere waren. Nur neun Papiere von Industrieunternehmen waren damals registriert.

36 Harald Bodenschatz, „Eisenbahn und Städtebau“, in: Stadt, hrsg. von der Neuen Heimat, Heft 2, 1985.

37 Gustavus Myers, Die großen amerikanischen Vermögen, a.a.O., S. 224.

38 Manfred Ohlsen, Der Eisenbahnkönig Bethel Henry Strousberg, a.a.O., und Joachim Borchart, „Der Mann, der zuviel wollte“, in: Süddeutsche Zeitung vom 25. 8. 1985.

39 Ulrich Küntzel, Die Finanzen großer Männer, Erstausgabe Düsseldorf – Wien 1964; hier nach der überarbeiteten Ausgabe Frankfurt – Berlin – Wien 1984, S. 449.

40 Vgl. Fritz Stern, Gold und Eisen – Bismarck und sein Bankier Bleichröder, Frankfurt/M. 1978, hier zit. nach Ulrich Küntzel, a.a.O., S. 488.

41 Der Bericht des Oberhauses wird zitiert bei Karl Marx, Das Kapital, Bd. 3, MEW Bd. 25, S. 425.

42 Angaben zur Crédit Mobilier nach: Karl Marx, MEW Bd. 12, S. 20 ff., 202 ff., 289 ff.

43 Joseph A. Schumpeter, Konjunkturzyklen, a.a.O., Bd. 1, S. 355 f.

44 Das Zitat von Engels über Strousberg nach: Marx-Engels-Briefwechsel, a.a.O., Bd. 4, S. 271. Das Zitat aus Strousbergs Zeitung „Die Post“ ist wiedergegeben in: Manfred Ohlsen, Der Eisenbahnkönig Bethel Henry Strousberg, a.a.O., S. 77.

45 Emile Zola, Das Geld, Berlin – Weimar 1981. Diese Ausgabe enthält ein aufschlussreiches Nachwort von Rita Schober über die geschilderten Zusammenhänge.

46 Schumpeter: „Einige Aspekte der Depression 1873-77 waren mindestens ebenso düster wie die von 1929-33. Zwar sind die Daten über Arbeitslosigkeit völlig unzuverlässig ... Wenn wir aber der von einigen Verfassern erwähnten Zahl von 3 Millionen Landstreichern ... Glauben schenken können, dann würde dies ... zeigen, daß die relative Arbeitslosigkeit tatsächlich noch größer war als während der Weltkrise 1930 ... Der Eisenbahnbau erreichte seinen Tiefpunkt ... 1875 und erlitt im Jahre 1877 einen weiteren Rückschlag.“ Im Jahr 1876, drei Jahre nach den ersten Pleiten, erfolgte ein „neuerliches Ansteigen der (Eisenbahn-)Konkurse und ein großer Sturz der Eisenbahnaktienkurse ...“. (Schumpeter, Konjunkturzyklen, a.a.O., Bd. 1, S. 348 f.)

47 Ralf Roman Rossberg, a.a.O., S. 155.

48 Vgl. Myers, a.a.O., u.a. S. 543, 550 f., 585.

49 Rossberg, a.a.O., S. 154. Myers bringt viele Belege für die Kontrolle der politischen Macht durch die Eisenbahngesellschaften. Er beschreibt auch, wie sich Präsident Roosevelt 1902 gezwungen sah, sich zur Beendigung eines großen Kohlestreiks mit den Eisenbahnmagnaten zusammenzusetzen und diese um Mäßigung zu bitten. Die Eisenbahngesellschaften kontrollierten damals die wichtigsten Kohle- und Stahlengagements. Myers, a.a.O., S. 582 f.

50 Robert Fitch, „The Love Machine: Sex and Scandal in the Penn Central“, in: Ramparts, Berkeley (California), March 1972. Mit dem Penn Central-Einstieg ins Luftfahrtgeschäft war ein gewisser General Lassiter als Generalbevollmächtigter befasst. Er erwies sich als ebenso unfähig wie einfallsreich. Als die Penn Central-Bosse nach jahrelangen großen Verlusten in Lassiters Luftfahrt-Engagements ihm die Gelder zu streichen begannen, richtete der General eine spezielle Agentur ein, die die Penn Central-Bosse auf ihren Geschäfts- und anderen Reisen mit „passender (weiblicher) Begleitung“ versah. Lassiter wurde mit weiteren Dollar-Millionen versorgt, zumal er nun seine intimen Kenntnisse in erpresserischer Weise nutzte. Lassiters Abgang aus der Geschäftswelt war eines Ex-Generals würdig: Als auf Grund der Pleitegefahr und diverser Finanzdelikte Beamten der Staatsanwaltschaft im Juli 1970 die Büros der Fluggesellschaft besetzten, ließ „Lassiter von einer Truppe bewaffneter Männer einen Gegenangriff auf die Büros durchführen, wurde aber von den Kräften (des Staatsanwalts) Sundlun zurückgeworfen. Seither hindert ein Urteil eines Gerichts in Delaware General Lassiter an der Durchführung weiterer Luft- oder Bodenoperationen“. Ramparts, a.a.O., S. 34.

51 Karl Marx, Das Kapital, Bd. 2, MEW Bd. 24, S. 179-181.

52 Ebd., S. 178.

53 Vgl. ebd., S. 171. Hier nennt Marx als Zeitpunkt für die allgemeine Verwendung stählerner Schienen – die zwar doppelt so viel kosteten wie die bis dahin verwendeten, „aber mehr als doppelt so lang dauerten“, nämlich 20 bis 40 Jahre – das Jahr 1867. Die „Allgemeine Geschichte der Technik“, a.a.O., S. 259, stellt allerdings fest: „Seit den zwanziger Jahren des 19. Jahrhunderts wurden die Schienen auf Walzstraßen hergestellt.“ Damit seien die zuvor verwendeten schmiedeeisernen Schienen abgelöst worden, während Letztere bereits Anfang des 19. Jahrhunderts die gusseisernen Schienen ersetzt hatten.

54 Ebd., S. 180 f. Die genauen Zahlen der Abschreibungssätze, die Marx hier in einer Tabelle für die britischen Eisenbahngesellschaften anführt, variieren von 200 bis 370 Pfund Sterling je Meile der Bahnlänge.

55 Vgl. Winfried Wolf, In den letzten Zügen, Hamburg 2006, S. 37 ff.

56 Schumpeter, Konjunkturzyklen, a.a.O., Bd. 1, S. 414 f.

57 Schumpeter, a.a.O., S. 421. Schumpeters Erklärung für diese Krise mutet originell, wenn auch nicht befriedigend an: „In dieser Beziehung war es nicht das Kapital, das im Jahr 1907 erschöpft war, sondern das Angebot an Dummheit."

58 Schumpeter, a.a.O., S. 418.

59 Zit. bei: Myers, a.a.O., S. 619.

Kapitel 5

1 Ralf Roman Rossberg, Geschichte der Eisenbahn, a.a.O., S. 89.

2 „Am 24. (Juni 1848) morgens kamen 500.000 Patronen und 12 Stück Geschütz von Vincennes in die Stadt, die Eisenbahnarbeiter an der Nordbahn übrigens haben die Schienen zwischen Paris und Saint Denis ausgehoben, damit keine Verstärkungen mehr ankommen." Friedrich Engels, „Der 24. Juni", in: Engels, Militärische Schriften, Berlin 1958, S. 20.

3 Marcus Junkelmann, „Die Eisenbahn im Krieg. Militärische Theorie und Kriegsgeschehen bis zum Ausbruch des Ersten Weltkriegs", in: Zug der Zeit ..., a.a.O., S. 234.

4 Ebd., S. 235.

5 Ebd., S. 237.

6 Vgl. Alfred Gottwaldt, Deutsche Eisenbahnen im Zweiten Weltkrieg. Rüstung, Krieg und Eisenbahn 1939-1945, Stuttgart 1983, S. 166.

7 Erich Preuß, „Von der Manöverfahrt zum Millionenaufmarsch – Die Anfangszeit der Eisenbahn im Kriegseinsatz", in: Bahn Extra – Eisenbahn im Krieg, München, Mai 2002, S. 15.

8 Moltkes militärische Korrespondenz, aus den Dienstschriften des Krieges, hrsg. vom Großen Generalstab, Berlin 1896, S. 128. Auf dieselbe immanente Logik verwies ein Bericht der „Financial Times" während des Aufmarsches am Persischen Golf im Vorfeld des Krieges von 1991 gegen den Irak: „Das Problem für Mr. Bush liegt darin: Indem er diese gewaltige militärische Maschine aufgebaut hat, wird er so gut wie keine Wahl mehr haben, als diese Anfang nächsten Jahres (1991) einzusetzen. ... Indem Bush die Drohung mit einer militärischen Aktion glaubwürdiger machte, hat er auch seine Optionen eingeengt." Financial Times vom 10. 11. 1990.

9 Erich Preuß, a.a.O., S. 17.

10 Wolfgang Klee, „Gleise für den Krieg – Der Bau von strategischen Bahnen in Deutschland, in: Bahn Extra – Eisenbahn im Krieg, a.a.O., S. 19 f.

11 Manfred Marschalek, „Die Eisenbahnen und der Imperialismus", in: Neue AZ, Thema „Happy Birthday, Eisenbahn", 9. Juni 1987, S. IX.

12 Lothar Gall, „Vehikel für die deutschen Interessen in der Orientpolitik – Der Bau der Bagdadbahn", in: Frankfurter Rundschau vom 18. 3. 1995, Auszüge aus dem Buch von Lothar Gall/Gerald D. Feldmann/Harold James/ Carl-Ludwig Holtfrerich/Hans E. Büschgen, Die Deutsche Bank 1870-1995, München 1995.

13 Franz Sonnenberger, „Kolonisieren heißt transportieren – Europa und der Beginn des Eisenbahnzeitalters in Afrika", in: Zug der Zeit ..., a.a.O., S. 228.

14 Nach: Horst Drechsler, Aufstände in Südwestafrika, Berlin 1984, S. 47. Ein Baubeschleunigungsvertrag, den die Otavi-Gesellschaft mit der Reichsregierung abschloss, u.a. um die Kriegsführung auf Schienen zu erleichtern, sah den Einsatz italienischer Fremdarbeiter vor. Auf Grund schlechter Bezahlung und erniedrigender Behandlung traten diese „Gastarbeiter" in der deutschen Kolonie in einen Streik, was den Bahnbau erneut verzögerte. In dem Vertrag

wurde der Otavi-Gesellschaft von der Reichsregierung die Summe von 1,75 Mrd. Mark für die beschleunigte Fertigstellung der Teilstrecke zugestanden. Drechsler, a.a.O., S. 76.

15 Ralf Roman Rossberg, a.a.O., S. 132 und S. 142 f.

16 Das UN-Zitat und das vorausgegangene Zitat nach: Walter Rodney, Afrika – Die Geschichte einer Unterentwicklung, Berlin 1975, S. 180 f. und 196.

17 Walter Rodney, a.a.O., S. 180.

18 Die Disconto-Gesellschaft. Denkschrift zum 50jährigen Jubiläum, Berlin 1901, S. 130 ff.; zit. bei: Ludwig Helbig, Imperialismus – Das deutsche Beispiel, Frankfurt/M. 1976, S. 61 ff.

19 Vgl. Andreas Knipping, „Fünf Spurweiten, vier Fronten – Die deutschen Eisenbahnen im Ersten Weltkrieg“, in: Bahn Extra – Eisenbahn im Krieg, a.a.O., S. 22.

20 Erich Preuß, a.a.O., S. 17. Es handelt sich dabei „nur“ um die Transportleistung in den ersten Kriegstagen. Zuvor, während der Mobilmachung, waren bereits 2 Mio. Menschen und 118.000 Pferde per Eisenbahnen in ihre Stellungen gebracht worden.

21 Angaben nach: Fritz Platten, Lenins Reise durch Deutschland im plombierten Wagen, Frankfurt/M. 1985, S. 47 und S. 85.

22 Bericht von Larissa Reissner/Alfred Rosmer in: Leo Trotzki 1879-1940. In den Augen von Zeitgenossen, Hamburg 1979, S. 83 und S. 77; Isaac Deutscher, Trotzki, Bd. 1, Der bewaffnete Prophet 1879-1921, Stuttgart 1962, S. 402.

23 „Trotzki unterstellte die Eisenbahnen und das Personal der Reparaturwerkstätten (1920) dem Kriegsrecht ... Als die Eisenbahnergewerkschaft gegen seine Aktion Einspruch erhob, setzte er ihre Führer ab und ernannte andere, die bereit waren, auf sein Geheiß zu handeln. Er wiederholte dieses Verfahren auch bei anderen Transportarbeitergewerkschaften.“ Isaac Deutscher, Trotzki, Bd. 1, a.a.O., S. 470.

24 Nach: Frankfurter Allgemeine Zeitung vom 1. 11. 1983 und Peter Bley, „Üben für den Krieg – Die Militäreisenbahn Berlin–Zossen–Jüterbog“, in: Bahn Extra – Eisenbahn im Krieg, a.a.O., S. 70-72.

25 Erich Preuß, a.a.O., S. 17.

Teil II

1 Werner Sombart, Die deutsche Volkswirtschaft ..., a.a.O., S. 239.

2 Michael Hennecka, „Hundertfünfzig Jahre Eisenbahn. Für die Bahn ist der Zug längst abgefahren“, in: tageszeitung (taz) vom 18. 1. 1985.

Kapitel 6

1 Allgemeine Geschichte der Technik ..., a.a.O., S. 258. „In dem Jahrzehnt von 1790 bis 1800 erhöhte sich das Importvolumen Großbritanniens um 73%, das des Exports um 95%. Die Tonnage der britischen Handelsflotte vergrößerte sich um 26%.“ (Ebd., S. 258 f.)

2 Werner Sombart, Die deutsche Volkswirtschaft ..., a.a.O., S. 521. Als Welthandel wird die Summe von Exporten und Importen bezeichnet (bzw. als Handel bei den einzelnen Ländern die Summe ihrer jeweiligen Ausfuhren und Einfuhren). In dem Buch „Einbaum, Dampflok, Düsenklipper“ (a.a.O., S. 129) heißt es: „Der Welthandel stieg zwischen 1820 und 1900 fast auf das 28fache.“ Auch wenn die hier gewählte Periode im Vergleich mit der von Sombart betrachteten um ein Jahrzehnt differiert und allem Anschein nach dabei der *gesamte* Welthandel gemeint (und bei Sombarts Zahlen nur eine maßgebliche Ländergruppe ausgewiesen) ist, so wird hier ein deutlich stärkeres Wachstum des Welthandels behauptet. Das Buch „Einbaum, Dampflok, Düsenklipper“ spezifiziert diese genannte Steigerung jedoch nicht näher. Die oben im Textteil dieses Buches gewählten Angaben sind also eher konservativ.

3 Ein Indiz dafür mögen die Zahlen für den deutschen Schiffsverkehr sein: Danach hat sich zwischen 1873 und 1910 die Register-Tonnage der in allen deutschen Häfen eingehenden Schiffe knapp verfünffacht (von 6,3 Mio. Registertonnen auf 29,9 Mio. Registertonnen). Im (größeren) Zeitraum 1870-1910 wurde der Wert der von Deutschland exportierten und importierten Waren jedoch „nur" um das 3,9fache gesteigert. W. Sombart, a.a.O., S. 495.

4 „Die sorgfältigen statistischen Nachweise der abgelesenen 14 Jahre zeigen, daß der Wert des besonderen Warenverkehrs von 5.957 Mill. Mk. im J. 1872 auf 6.720 Mill. Mk. im J. 1873 gestiegen war, unter dem Einfluß der Krise eine wesentliche Einbuße erlitt, im J. 1883 mit 6.626 Mill. Mk. wieder einen Höhepunkt erreicht hat und wegen sinkender Preise im J. 1885 neuerdings auf 5.905 Mill. Mk. zurückging. Dagegen haben die Mengen der ein- und ausgeführten Waren in demselben Zeitraum stetig und rasch zugenommen; die Menge der Waren betrug im J. 1872 im Spezialhandel, Ein- und Ausfuhren zusammengerechnet, nur 23,4 Mill. Ton., im J. 1885 aber bereits 36,7 Mill. T.; noch größer ist die Zunahme im Generalhandel, welcher von 25,3 Mill. T. im J. 1872 auf 42,7 Mill. T. im J. 1884 gestiegen ist", Meyers Konversationslexikon, a.a.O., Bd. 8, S. 75.

5 Einbaum, Dampflok, Düsenklipper, a.a.O., S. 277.

6 Sombart, a.a.O., S. 369 ff. Sombart geht allerdings davon aus, dass es in Deutschland auf Grund des starken Gründerbooms im Verlauf der zweiten Hälfte des 19. Jahrhunderts „eine abnehmende Bedeutung der internationalen Handelsbeziehungen für die einheimische Volkswirtschaft" gab (ebd., S. 370). Für die USA konstatiert Immanuel Wallerstein, dass „die Kostenstruktur des Transportwesens die Vereinigten Staaten dazu verurteilte, einen großen Teil ihres Einkommens mit dem Außenhandel zu erwirtschaften", was sich „nach 1820" mit der Errichtung des Kanalsystems geändert habe. Immanuel Wallerstein, Die große Expansion. Das moderne Weltsystem III – Die Konsolidierung der Weltwirtschaft im langen 18. Jahrhundert, Wien 2004, S. 359.

7 Werner Sombart, a.a.O., S. 494. Ähnlich in Einbaum, Dampflok, Düsenklipper, a.a.O., S. 157.

8 Sombart (a.a.O., S. 249) belegt dies zum einen mit der Verdopplung der Zahl der im „Fracht-, Stadt- und Reitefuhrwesen" Beschäftigten. Für Sachsen zitiert er eine exakte Statistik des eigentlichen Chausseen-Frachtverkehrs für den Zeitraum 1870-1899, wonach die „durchschnittliche Anzahl der an einem Tag auf den Staatsstraßen Sachsens vorüberfahrenden Geschirre von 76.501 im Jahr 1870 auf 106.612 im Jahr 1899 anstieg".

9 Werner Sombart., a.a.O., S. 248 f.

10 Siehe Joseph A. Schumpeter, Konjunkturzyklen, Bd. 2, a.a.O., S. 364.

11 Werner Sombart, a.a.O., S. 268.

12 Meyers Konversationslexikon, a.a.O., Bd. 4, S. 488.

13 Sombart, a.a.O., S. 247.

14 Arno Boecker, „Millimeterarbeit auf 380 Kilometern – Der 100 Jahre alte Mittellandkanal ist ein wichtiger Wirtschaftszweig geworden", in: Süddeutsche Zeitung vom 7. 10. 2006.

15 Für den 23 km langen Ems-Jade-Kanal nennt Sombart als Preis für einen Tonnenkilometer 1,5 Pfennig, wohingegen auf dem parallel verlaufenden Schienenweg 6 bis 11 Pfennig anfielen. Für Massengüter würde die Fracht auf den „freien großen Strömen wie Elbe und Rhein" zu Schiff 0,8 bis 0,6 Pfennig pro Tonnenkilometer kosten, wohingegen „die Sätze der Eisenbahnen 2,2 Pfennig betragen" und selbst „Ausnahmetarife" „nur bis 1,5 Pfennige heruntergehen". Sombart, a.a.O., S. 259.

16 Sombart, a.a.O., S. 257.

17 Reimar Hobbing, „100 Jahre Ständige Tarifkommission", in: Die Bundesbahn, hrsg. von der Deutschen Bundesbahn, 54, Nr. 2/1978.

18 Sombart, a.a.O., S. 259. Dies moniert auch Joseph A. Schumpeter wie folgt: „Der Bau von Straßen und Kanälen und der noch viel wichtigere Ausbau der natürlichen Wasserwege … wurde … durch die öffentliche Hand, aus öffentlichen Mitteln und auf nicht erwerbswirtschaftlicher Basis durchgeführt.“ (Schumpeter, a.a.O., Bd. 1, S. 363.)

19 Angaben nach: Holger Gumprecht, „Pforte der Völker – der Suezkanal“, in: Stuttgarter Zeitung vom 12. November 1994.

20 „Wir haben versucht, die wichtigsten Posten dieser Ausplünderung der Kolonien durch direkten Raub, Sklavenhandel und ‘normalen’ Handel in der Zeit von 1500 bis 1750 zu berechnen … Wenn wir die einzelnen Summen addieren, erhalten wir mehr als eine Milliarde Goldpfund, das heißt, mehr als den Wert des gesamten Anlagekapitals in allen europäischen Industrieunternehmen um das Jahr 1800. Das Hineinfließen dieser riesigen Kapitalmassen in die Handelsnationen Europas schuf nicht nur eine günstige Atmosphäre für Kapitalinvestitionen und ‘Unternehmergeist’, es finanzierte in vielen Fällen direkt große Manufaktur- und Fabrikgründungen, die mit den Anstoß für die industrielle Revolution gaben.“ Ernest Mandel, „Die Marxsche Theorie der ursprünglichen Akkumulation und die Industrialisierung der Dritten Welt“, in: Folgen einer Theorie. Essays über „Das Kapital“ von Karl Marx, Frankfurt/M. 1971, S. 76 f.

21 Cornelius Vanderbilt, der Anfang der 1850er Jahre vor allem im Schiffsverkehr aktiv war, bezog seine ersten Dollar-Millionen daraus, dass er den Unternehmen, die den „round trip“ von Kalifornien zur Ostküste der USA über Nicaragua oder Panama organisierten und daran vor allem durch Subventionen der US-Regierung gut verdienten, damit drohte, eine wirksame Konkurrenz aufzubauen, wozu er, um die Drohung glaubwürdig zu machen, eine eigene Gesellschaft errichtete, die „Accessory Transit Company“. Auf diesem Weg kassierte er gewaltige Erpressungsgelder von den hier aktiven US-Unternehmen, was wiederum sein Startkapital als Eisenbahnkönig bildete. Vgl. Gustavus Myers, Die großen amerikanischen Vermögen, a.a.O., S. 270.

22 „Im Jahr 1951 trat das US-Gesetz Nr. 841 in Kraft, das eine Neuordnung der Verwaltung der Kanalzone vorsah. Die Panama Railroad Co., die 1948 in eine öffentliche Körperschaft umgewandelt worden war, betrieb von nun an unter dem Namen ‘The Panama Canal Company’ den Kanal. Alle Regierungsgewalt wurde dem ‘Government of the Canal Zone’ übertragen“, wobei die Panama Canal Company und die Regierung der Kanalzone „von einer einzigen Person geleitet werden, denn der Präsident der Gesellschaft ist gleichzeitig der Gouverneur der Kanalzone.“ Nach: Alex Schubert, Panama – Geschichte eines Landes und eines Kanals, Berlin 1978, S. 93.

23 Zit. bei: Alex Schubert, a.a.O., S. 88.

24 Zit. bei: ebd., S. 57.

25 Vgl. ebd., S. 98, und Nancy Stein, „U.S. Army School for Scoundrels“, in: NACLA’s Latin America & Empire Report, New York, Vol. VIII, Nr. 3, März 1974.

26 Das vorausgegangene Zitat nach: NACLA’s Latin America & Empire Report, New York, Vol. VIII, Nr. 7, September 1974. Die genaueren Berechnungen der Subventionierung nach Carlos Gonzáles de la Lastra, „Canal Panameño“, in: Muñoz, Castillero et al., S. 108 ff, hier zit. nach: Alex Schubert, a.a.O., S. 101.

27 Sombart, a.a.O., S. 270.

28 Meyers Konversationslexikon 1890, a.a.O., Bd. 8, S. 73.

29 Alfred von der Leyen, Die Eisenbahnpolitik des Fürsten Bismarck, Berlin 1914, S. 243 ff.

30 Myers, a.a.O., S. 744 f.

Kapitel 7

1 Allgemeine Geschichte der Technik …, a.a.O., S. 259.

2 Peter Herzog, Die stählerne Straße – Roman der Eisenbahn, a.a.O., S. 46. Die Vorführung von Trevithicks Dampfautomobil fand in Camborne/England statt.

3 Einbaum, Dampflok, Düsenklipper, a.a.O., S. 107. Die Dampfbusse erreichten Geschwindigkeiten zwischen 16 und 30 km/h; ihr Fassungsvermögen betrug bis zu 50 Personen.

4 Ebd., S. 112.

5 Henry Ford, Erfolg im Leben, München 1922, S. 33 (Original: My Life and Work, 1922).

6 Ford, zit. bei: Robert Lacey, Ford – Eine amerikanische Dynastie, Düsseldorf 1987, S. 85 (Original: Ford, The Man and the Machine, London 1986).

7 Henry Ford, a.a.O., S. 112.

8 Ford rühmte sich um 1920, seinen Arbeitern 5 Dollar am Tag zu zahlen, was einem Monatsgehalt von rund 125 Dollar entsprach. Diese Summe erhielt allerdings nur ein Teil der Arbeiter. Lacey, Ford …, a.a.O., S. 77.

9 Während 1929 in den USA fünf Personen auf einen Pkw kamen, waren es in Großbritannien 30, in Frankreich 33, in Deutschland 102, in Japan 702 und in der Sowjetunion 6.130. Nach: Daniel Yergin, Der Preis – Die Jagd nach Öl, Geld und Macht, Frankfurt/M. 1991, S. 270 (Original: The Prize. The Epic Quest for Oil, Money, and Power, New York 1991).

10 Zahlen zur Pkw-Produktion und Pkw-Dichte nach: Heiner Köhnen, Industrielle Beziehungen und betriebliche Auseinandersetzungen in Nordamerika. Neue Unternehmensstrategien und die Automobilgewerkschaften UAW und CAW, Münster 2000, S. 69.

11 Angaben zu den frühen militärischen Formen des Automobils nach: „Autos an die Front – Krieg auf vier Rädern", in: Geschichte mit Pfiff, Nürnberg, Nr. 1/1986; und „Verkehrsrevolution Krieg", in: Spuren sichern – Schülerwettbewerb Deutsche Geschichte um den Preis des Bundespräsidenten, hrsg. von der Körber-Stiftung, Nr. 4/1990.

12 Vgl. Ernest Mandel, Die langen Wellen im Kapitalismus – eine marxistische Erklärung, Frankfurt/M. 1983, S. 32 und S. 11. Für den Welthandel führt Mandel dabei folgende Zahlen an: Im Zeitraum 1891-1913 lag die jährliche durchschnittliche Wachstumsrate bei 3,7%, in der darauf folgenden Periode 1914-1937 bei 0,4%.

13 Während 1900-1907 5.100 Meilen an Schienenwegen gebaut wurden und der Bestand an Lokomotiven um 2.300 Einheiten, derjenige von Güterwaggons um 87.000 anstieg, waren im Zeitraum 1908-1915 alle diese Zahlen halbiert: Es gab 2.800 zusätzlich errichtete Schienenmeilen, einen um 1.400 Stück angestiegenen Bestand an Triebfahrzeugen und einen um 43.800 Stück höheren Bestand an Güterwaggons. Nach: Baran/Sweezy, Monopoly Capital, An Essay on the American Economic and Social Order, New York – London 1966, S. 227.

14 Baran/Sweezy, a.a.O., S. 227 f., eigene Übersetzung.

15 Oberingenieur Wünsche, „Henry Fords neuer Benzol-Eisenbahntriebwagen", in: Verkehrstechnik, Berlin, Jg. 1920, 25. August 1920, S. 339 f. Der Wagen soll zunächst auf der Strecke Detroit–Chicago „im Wettbewerb mit dem schnellsten Zug der Strecke" gelaufen sein.

16 Nach: Brian Hollingsworth, a.a.O., S. 139, eigene Übersetzung. Die vorausgegangenen Angaben zum Abbau der „inter-urbans" und des Personenverkehrs auf Schienen sind derselben Arbeit entnommen. Ähnliche Angaben auch bei Ralf Roman Rossberg, a.a.O., S. 151.

17 Angaben zur Traktionsumstellung und Zitat bei Brian Hollingsworth, a.a.O., S. 13 und 40.

18 Joseph A. Schumpeter, a.a.O., Bd. 2, S. 1056.

19 Ralf Roman Rossberg, a.a.O., S. 366.

20 Vgl. Dick Roberts, The American Railroads, New York 1980, S. 76.

21 Hollingsworth, a.a.O., S. 52.

22 Albert Kock, „Auf dem Highway Number One durch die Karibik", in: Welt am Sonntag vom 16. 9. 1990.

23 Marcus Müller, „Die Brücken nach Key Largo", in: Süddeutsche Zeitung vom 14. 10. 2006. Zur Verbindung Fagler/Rockfeller siehe auch bei Daniel Yergin, a.a.O., S. 47.

24 Morgan trat zunächst als Finanzagent von Vanderbilt und dann im Bündnis mit Vanderbilt auf – ebenso wie später Rockefeller zunächst Vanderbilt am Standard Oil-Kapital beteiligte und lange Zeit eng mit Morgan liiert war. Was man unter einer solchen „Konsolidierung" zu verstehen hat, schildert Gustavus Myers an einem Beispiel aus dem Jahr 1903, der Zeit der gemeinsamen Raubzüge von Vanderbilt und Morgan: Es galt die Philadelphia- und Reading-Bahnen, die mit Kohleinteressen verbunden waren, zu übernehmen. „Zunächst veranlaßte die Morgan-Vanderbilt-Gruppe die Veröffentlichung aufregender Berichte, wonach der Erlaß gewichtiger Gesetze, die den Kohlekombinationen ungünstig wären, bevorstehe. Sofort ließ der Kurs der Reading-Aktien an der Börse nach. Dann ließen die beiden Verbündeten noch verderblichere Nachrichten folgen. ... Die Vermögenslage der Philadelphia- und Reading-Eisenbahn wurde (in von Vanderbilt und Morgan beeinflußten Zeitungen; W.W.) als sehr schlecht hingestellt ... Die Philadelphia- und Reading-Eisenbahn fand plötzlich ... alle Geldquellen abgeschnitten. Die Philadelphiaer Kapitalisten hatten bereits große Summen entliehen und Reading-Aktien als Sicherheiten gegeben. Als der Aktienkurs fiel, wurden sie aufgefordert, die Darlehen zurückzuzahlen. Als sie dazu nicht fähig bzw. nicht bereit waren, wurden die 50.000 hinterlegten Aktien verkauft. Dieser Verkauf drückte den Kurs noch weiter herunter ... Die meisten Aktien wurden sofort von J. P. Morgan und den Vanderbilts aufgekauft, die dann in aller Ruhe die Beute unter sich teilten." (Myers, a.a.O., S. 343 f.) Myers beschreibt auch, wie Vanderbilt vier Jahrzehnte zuvor, 1867, das Herzstück seiner Eisenbahn-Interessen, die New York Central, ergaunerte. Er ordnete an, dass die bereits in seinem Besitz befindliche Hudson-River-Bahn, die für die New York City-Eisenbahn eine wichtige Anschlusslinie darstellte, eine Meile vor dem Anschluss an die New York City-Bahn den Betrieb stoppte. Frachtgut konnte nicht mehr über lange Distanzen transportiert werden, die Fahrgäste mussten eine Meile zu Fuß oder per Kutsche reisen. In kurzer Zeit war die New York City-Bahn niederkonkurriert. Vanderbilt konnte die Aktienmehrheit zu einem Spottpreis erwerben. Ebd., S. 298.

25 In deren Besitz gelangte Morgan meist durch ähnliche Raubzüge wie im Fall der beschriebenen Eisenbahnkonsolidierungen. Die Morgan gehörenden Eisenbahnen verlangten von den Montanunternehmen oft derart hohe Frachttarife, dass sie ausbluteten, oder Morgan-Eisenbahngesellschaften weigerten sich überhaupt, Transporte für diese Gesellschaften durchzuführen. Myers, a.a.O., S. 585.

26 Nach Myers, a.a.O., S. 320.

27 Es geht dabei um die Schwerpunkte der beiden Kapitalgruppen. Eine differenziertere Untersuchung müsste auf Überschneidungen eingehen. So verfügte die Morgan-Gruppe (u.a. mit Continental Oil) über Ölgesellschaften, wenn auch solche zweiten Ranges, war in der Chemie-Branche (Dupont de Nemours) sowie im Elektro- und Elektroniksektor (IBM) vertreten und stieg mit General Motors in den Fahrzeugbau ein. Im Bankensektor kam es im Verlauf der Weltwirtschaftskrise zu einem Großreinemachen bei den Morgan'schen Banken, die teilweise an Rockefeller gingen. Die verbliebene wichtigste Morgan-Bank, die First National Bank, brach 1955 zusammen und fusionierte mit Rockefellers National City Bank of New York zur First National City Bank of New York. Angaben nach: Ulrich Küntzel, Der nordamerikanische Imperialismus, Darmstadt – Neuwied 1974, S. 42 f. und 49 f.

Küntzel arbeitet auch den engen Zusammenhang heraus, der zwischen den Verschiebungen innerhalb des Kapitals und „der Politik" besteht: „Demgemäß waren die Präsidenten der USA in diesen vier Jahrzehnten (1890-1932) fast sämtlich Morgan-Kreaturen." Wohingegen „seit dem Zweiten Weltkrieg die wirtschaftliche und politische Führung bei der Rockefeller-Gruppe liegt und demgemäß ... die maßgebenden Politiker Rockefeller-'Exponenten' (sind), beispielsweise die Brüder Dulles und Kennedy, General Maxwell Taylor, der Wasserstoffbombenvater Edward Teller und Henry Kissinger." Küntzel, a.a.O., S. 42.

28 „In der Holding-Gesellschaft-Ära (ca. 1899-1909; W.W.) war es üblich, daß eine Bankengruppe, meist unter Führung von J. P. Morgan & Co., die Eigentümerfamilien von miteinander konkurrierenden Unternehmungen bewog, ihre Aktienpakete einzutauschen gegen bares Geld oder gegen Papiere einer konsolidierten Unternehmung. Dann wurden die Papiere solcher neuen (fusionierten; W.W.) Unternehmungen an ein leichtgläubiges Publikum verhökert, das durch gleißende Zeitschriften- und Zeitungsartikel in angemessene Verfassung versetzt war. Den Erlös der Emissionen bezogen die ursprünglichen Eigentümer der fusionierten Unternehmungen, ferner – in Form fetter Vermittlergebühren – die Bankiers ... Die meisten neuen Wertpapiere repräsentierten, wie im Falle (des Stahltrusts; W.W.) United Steel zur Hälfte Wasser ... Viele der Neugründungen explodierten einfach vor dem Konkursrichter ... und der Kurswert der überlebenden Papiere sank häufig bis in die Nähe der Nullgrenze. Die kleinen Kapitalanleger – abermals durch anschauliche Zeitungsberichte wild gemacht – flüchteten aus dem Effektenbesitz wie aufgescheuchte Gänse, während die Börsenmacher und ursprünglichen Eigentümer die Aktien weit unter ihrem wirklichen langfristigen Wert zurückkauften." (Ferdinand Lundberg, America's 60 Families, New York 1938, S. 63 f.)

29 1933 wurde die kämpferische Gewerkschaft Congress of Industrial Organizations (CIO) gegründet. Der CIO hatte 1933 3,7 Mio. Mitglieder, 1935 waren es 8,3 Mio. und Ende der 1940er Jahre 16 Mio. Die United Auto Workers (UAW) (in Kanada: Canadian Auto Workers – CAW) wurden 1934 gebildet; sie traten der CIO bei. Vgl. Heiner Köhnen, a.a.O., S. 73.

30 Zit. bei: Dick Roberts, a.a.O., S. 53.

31 William Ford, ein Enkel von Henry Ford I. und Sohn von Edsel Ford, ehelichte Martha Firestone, die Erbin des riesigen Gummi- und Reifenvermögens (Ferdinand Lundberg, Die Reichen und die Superreichen, Hamburg 1969, S. 196). Henry Ford selbst war mit dem Gründer des Reifenkonzerns, Harvey Firestone, eng befreundet (vgl. Robert Lacey, a.a.O., S. 141).

32 Bradford C. Snell, The American Ground Transport. A Proposal for Restructuring the Automobile, Truck, Bus and Rail Industries, vorgelegt dem Subcommittee on Antitrust and Monopoly of the Committee on the Judiciary United States Senate, 26th February 1974; eigene Übersetzung.

33 Angaben bei Snell, a.a.O., S. 38 f. und Dieter Plehwe, Deregulierung und transnationale Integration der Transportwirtschaft in Nordamerika, Münster 2000, S. 113 f. Ein Beispiel: 1956 nutzte GM seine Nachfragemacht, um die New Haven-Eisenbahn zur Umstellung der elektrischen auf Dieseltraktion zu veranlassen. 1955 hatte die Eisenbahnlinie 5,7 Mio. Dollar verdient. 1959 verlor sie 9,2 Mio. Dollar; der Transport mit Personen und Gütern war geschrumpft. 1961 musste die New Haven-Linie Bankrott anmelden. In ihrer Untersuchung des Bankrotts ließ die staatliche Aufsichtsbehörde Interstate Commerce Commission (ICC) verlauten, dass ohne eine intelligente Lokomotivpolitik keine effiziente Eisenbahnoperation möglich sei. Die Umstellung auf Diesellokomotiven wurde als einer der wichtigsten Faktoren für den Niedergang erkannt. (Snell a.a.O., S. 40 f).

34 Vgl. z.B. Stefan Bratzel, Der verkehrspolitische Mißerfolgsfall Los Angeles. Entwicklungen und Paradoxien städtischer Mobilität, Report der Forschungsstelle für Umweltpolitik an der

Freien Universität Berlin, Berlin 1995. Zutreffend ist der Verweis dieses Autors, wonach es „charakteristisch für die verkehrspolitische Entwicklung von Los Angeles“ sei, dass die Bahnen als dominanter Verkehrsträger nicht zu verdichteten Siedlungsstrukturen“ führten, sondern „vielmehr … die heute noch typischen entfernungsintensiven Mobilitätsmuster (prägten) und die weiträumige Trennung der Aktivitäten Wohnen, Arbeiten und Konsum“ ermöglichten (S. 7). Völlig falsch wäre eine Idealisierung der – privatwirtschaftlich-kapitalistisch betriebenen – Straßen- und Stadtbahnen. Im Fall von Los Angeles dürfte bei der Herausbildung der „entfernungsintensiven Mobilitätsmuster“ das Vorhandensein von großen Flächen und niedrigen Bodenpreisen eine erhebliche Rolle gespielt haben. Doch es war ja, wie oben zitiert, Snell selbst, der darauf verwies, dass die Trambahnen die großräumige Ausdehnung von Los Angeles herbeigeführt oder begünstigt hatten. Bratzels Polemik geht völlig ins Leere. Er kritisiert sodann die „verklärten Bilder eines vormaligen Stadtbahn-Utopias (in Los Angeles; W.W.), das noch dazu von der Autoindustrie zerstört worden sei“, und argumentiert, dass es in diesem Fall „weniger die Autoindustrie als vielmehr die Bahnen selbst“ gewesen seien, die „durch Struktur und Form der angebotenen Verkehrsdienstleistungen ihren eigenen Niedergang programmierten“ (S. 9). Dafür liefert er keine Belege. Tatsache ist, dass in der Snell-Studie die mehr als ein Jahrzehnt andauernden Anstrengungen der erwähnten Konzerne zum Aufkauf der Unternehmen mit schienengebundenen Verkehrsmitteln und zur Umstellung des Schienenverkehrs auf Busverkehre ausführlich dokumentiert sind. Die Stadt Los Angeles war zuvor sicherlich kein „Stadtbahn-Utopia“. Allerdings beanspruchten die schienengebundenen Systeme trotz der auch von ihnen mitzuverantwortenden „entfernungsintensiven Mobilitätsmuster“ bei vergleichbarer Leistung einen Bruchteil der Fläche, die nun der motorisierte Verkehr in Beschlag nimmt. Sie verursachten kaum Smog und die Zahl der im Verkehr Verletzten und Getöteten lag bzw. liegt bei weniger als einem Fünfzigstel dessen, was die Autostadt Los Angeles an Verkehrsopfern fordert.

35 In: Die Bundesbahn, Nr. 4/1974, S. 223. Dort heißt es: „Einem amerikanischen Senatskomitee liegt ein brisantes Papier von rund 10 Seiten (gemeint: 100 Seiten; W.W.) vor, wonach unter Führung von General Motors 100 elektrifizierte öffentliche Stadtnetze aufgekauft und verschrottet wurden. Millionenstädte wie Baltimore, Philadelphia, New York, St. Louis und Los Angeles besaßen vor Jahrzehnten gut funktionierende Verkehrssysteme, die planmäßig aufgekauft und abgebaut wurden.“

36 „Im Jahr 1921 exportierten die Vereinigten Staaten 2.712.000.000 Gallonen und 1922 3.012.000.000 Gallonen weniger, als sie importierten, und im Jahr 1923 übertrafen die Importe den Export um 1.099.000.000 Gallonen, trotzdem in diesem Jahr die Produktion um 7.000.000.000 Gallonen gestiegen war (1924 sank die Produktion in den Vereinigten Staaten).“ (Louis Fischer, Ölimperialismus, Berlin 1927, S. 116.)

37 Ulrich Küntzel, a.a.O., S. 62 f.

38 1937 lag Großbritannien mit einem Weltmarktanteil von 14% vor den USA (12%), dem Deutschen Reich (9%) und Frankreich (5%).1950 kontrollierten die USA 17% des Welthandels. Großbritannien war auf 12% zurückgefallen, Frankreich hielt weiter 5%, während das auf den Westen beschränkte kapitalistische Deutschland bereits wieder 4% auf sich vereinen konnte. Bis 1959 blieb es im Wesentlichen bei diesen Relationen. Erst in den 1970er Jahren ergaben sich durch den Verfall der britischen Position und wegen der Relativierung der US-Hegemonie durch den westdeutschen und später japanischen Imperialismus neue Verschiebungen. Vgl. Ernest Mandel/Winfried Wolf, Ende der Krise oder Krise ohne Ende?, Berlin (West) 1977, S. 149.

39 Angaben zum US-Kapitalexport nach: Ulrich Künzel, a.a.O., S. 180 f.

Kapitel 8

1 John F. Kennedy, Wilde Jugend, Frankfurt/M. 1993, S. 236, hier zit. nach: Erhard Schütz/ Eckhard Gruber, Mythos Reichsautobahn – Bau und Inszenierung der „Straßen des Führers“ 1933-1941, Berlin 1996, S. 6.

2 Angaben nach: Bevölkerung und Wirtschaft 1872-1972, hrsg. vom Statistischen Bundesamt in Wiesbaden, Wiesbaden 1972, S. 203 ff.; eigene Berechnungen.

3 Angaben zur Reichsbahngründung nach: Otmar Lang, „Die Eisenbahn in der Weimarer Zeit“, in: Zug der Zeit ..., a.a.O., S. 655. Zur Bahnprivatisierungsdebatte in Deutschland 2006/07 vgl. Kapitel 13.

4 Eberhard Kolb, „Die Reichsbahn vom Dawes-Plan bis zum Ende der Weimarer Republik“, in: Gall/Pohl, (Hrsg.), Die Eisenbahn in Deutschland, München 1999, S. 110.

5 Otmar Lang, a.a.O., S. 656.

6 Nach: Kolb, a.a.O., S. 431 (dort Anmerkung 7).

7 Eberhard Kolb, a.a.O., S. 116 bilanziert: „Dieses völlig einmalige Unternehmen, das im deutschen Rechtsraum ohne Parallele war, bezeichnete die Begründung zum entsprechenden Reichsbahngesetz als 'eine Gesellschaft eigenen Rechts mit privatwirtschaftlichem Charakter, aber mit starkem öffentlich-rechtlichen Einschlag'.“ Im Dawes-Gutachten wurde das Anlagevermögen der Reichsbahn auf 26 Mrd. Goldmark veranschlagt.

8 Rossberg, a.a.O., S. 46.

9 Eberhard Kolb, a.a.O., S. 117. An Reparationszahlungen sollen es 1925 200 Mio. Mark, 1926 595 Mio. Mark und 1927 550 Mio. Mark sowie 1928-1930 jeweils die genannten 660 Mio. Mark gewesen sein. Die Beförderungssteuer lag jährlich bei 205 Mio. Mark. Für Dividenden und Pensionen wurden jährlich weitere 160 Mio. Mark abgeführt. Angaben nach: Otmar Lang, a.a.O., S. 658.

10 Insgesamt scheint ein Einstieg des deutschen privaten Kapitals mit rund 500 Mio. Mark erfolgt zu sein. Bei der garantierten Verzinsung von 7% entsprach das einer jährlichen Überweisung von 35 Mio. Mark an die private Industrie. Vgl. Otmar Lang, a.a.O., S. 658, und Einbaum, Dampflok, Düsenklipper, a.a.O., S. 199.
Interessant ist im Übrigen der Kontrast, der zwischen den Milliarden-Zahlungen der Reichsbahn an die Alliierten und den Auflagen für die deutsche Industrie besteht: Nach dem Dawes-Plan musste die deutsche Industrie, immerhin maßgeblich für den Ersten Weltkrieg verantwortlich, gerade 300 Mio. Mark aufbringen.

11 „Der Verwaltungsrat ... entschied alle grundsätzlichen Fragen des Eisenbahnbetriebs, z.B. die Tarifpolitik, das Beschaffungswesen und die Personalpolitik. Er hatte außerdem unmittelbaren Einfluß auf die Verwaltung der Reichsbahn-Gesellschaft, indem er den Generaldirektor und die übrigen Vorstandsmitglieder ernannte.“ (Einbaum, Dampflok, Düsenklipper, a.a.O., S. 199.)

12 Die Fakten zu dieser kurzen Periode sind wichtig, um sich klarzumachen, dass die Reichsbahn in dieser Zeit als „Fast-Staatsbahn“ *trotz* extremer Belastungen aus Krieg, Fremdbestimmung, Ruhrbesatzung, Reparationen und schließlich Krise auf einen relativ guten Kurs gelangte bzw. demonstriert all dies, was unter normalen Bedingungen in der Verfasstheit einer einheitlichen Bahn in öffentlichem Eigentum möglich gewesen wäre.

13 Vgl. Lothar Gall/Manfred Pohl (Hrsg.), Die Eisenbahn in Deutschland, München 1999, S. 171; Alfred A. Gottwaldt, Deutsche Eisenbahnen im Zweiten Weltkrieg, a.a.O., S. 7.

14 Mit dem Hoover-Moratorium vom Juli 1931 wurden die Zahlungen ausgesetzt; das darauf folgende Abkommen von Lausanne stellte eine deutsche Restschuld von 3 Mrd. Goldmark fest, die jedoch nie beglichen wurde.

15 Stellvertreter Dorpmüllers wurde der NSDAP-Mann Wilhelm Kleinmann. Dorpmüller, der als unpolitischer „Hindenburg der Reichsbahn“ galt, trat 1941 der NSDAP bei.

16 Schütz/Gruber, a.a.O., S. 88 f.

17 Nach: Gottwaldt, a.a.O., S. 102.

18 Aus einer Reichsbahnanzeige: „Das macht der deutschen Frau keiner nach ... Frau Luise Uckmann aus Hamburg. Ihr Mann steht bei einer Fallschirmjäger-Division. Ihre beiden Kinder betreut die Großmutter in der Nähe von Kassel. Sie selbst ist dauernd kreuz und quer durch Deutschland unterwegs. Bestimmt kein leichtes Leben und doch bleibt sie stets gleich höflich, freundlich und hilfsbereit. Statte diesen Frauen Deinen Dank durch Höflichkeit und Rücksichtnahme ab! Wenn Du noch nicht kriegswichtig eingesetzt bist, komm zu uns! Im Kameradenkreis der Reichsbahn bist Du willkommen.“ Aus: Gottwaldt, a.a.O., S. 152.

19 Zit. bei: Anton Joachimsthaler, „Gigantomanie auf Rädern. Die Breitspureisenbahn Adolf Hitlers“, in: Zug der Zeit ..., a.a.O., S. 718. Joachimsthaler liefert in diesem Aufsatz (S. 703 ff.) ausreichend Material, das die obigen Aussagen rechtfertigt. Gottwaldt (a.a.O., S. 112, und Rossberg (a.a.O., S. 48) vertreten eine ähnliche Auffassung. Albert Speer schreibt in seinen „Spandauer Tagebüchern“ (Berlin – Wien 1975, S. 240), dass Hitler eine solche Bahn als den „Vorteil unseres Kolonialreiches“ betrachtet habe. Wo andere Nationen eine teure und verwundbare Flotte benötigten, verfüge Deutschland über die Breitspurbahn. Ein ganzer Zug, so habe Hitler überschlagen, „müsste soviel transportieren wie ein mittleres Schiff von etwa dreitausend Tonnen. Das seien dann seine Geleitzüge, gegen die es keine U-Boote gebe“.

20 Kolb, a.a.O., S. 160 f.

21 Nach: Reinhard Doleschal/Rainer Dombois (Hrsg.), Wohin läuft VW? Die Automobilproduktion in der Wirtschaftskrise, Hamburg 1982, S. 19.

22 Nach: Bevölkerung und Wirtschaft 1872-1972, a.a.O., S. 204 f.; eigene Berechnungen.

23 Doleschal/Dombois, a.a.O., S. 20.

24 Völkischer Beobachter vom 9. 3. 1934.

25 Hinzu kamen Reichsbahn-Werkstätten, die im Zweiten Weltkrieg für die Reparatur von Wehrmacht-Kfz und Panzermotoren eingesetzt werden mussten. Rehbein u.a. bemerken hinsichtlich der reinen Reichsbahn-Zahlungen für die Reichsautobahngesellschaft: „Allerdings war diese Summe gering im Vergleich zu den 3,33 Mrd. Mark, die die deutschen Arbeiter aufbringen mußten; denn ihnen wurden trotz der Rüstungskonjunktur, die eine ständige Beschäftigung zur Folge hatte, nach wie vor hohe Beiträge für die Arbeitslosenversicherung (wie sie auf dem Höhepunkt der Massenarbeitslosigkeit festgelegt worden waren; W.W.) abgezogen. Mit diesen Arbeitergroschen wurde der Bau der Autobahnen finanziert.“ (Einbaum, Dampflok, Düsenklipper, a.a.O., S. 224.)

26 Völkischer Beobachter vom 12. Juli 1933; zit. bei: Schütz/Gruber, a.a.O., S. 39.

27 Vgl. Schütz/Gruber, a.a.O., S. 32.

28 Zit. bei: Schütz/Gruber, a.a.O., S. 14 f.

29 Hanno Loewy, „Reichsautobahnen – Pyramiden des Dritten Reichs“, in: links, sozialistische Zeitschrift, hrsg. vom Sozialistischen Büro, Juni 1983.

30 Der Mehraufwand, den die bedeutend geringeren Steigungen und die weiteren Kurvenradien im Schienenverkehr erfordern, kompensiert den Mehraufwand, der im Straßenverkehr durch die größere Breite zustande kommt.

31 Nach Kurt Pritzkoleit (Gott erhält die Mächtigen, Düsseldorf 1963, S. 14) waren 1934 38.600, 1935 80.000, 1936 145.000, 1937 129.000 sowie 1938 und 1939 jeweils 100.000 Menschen im Autobahnbau beschäftigt. Ähnlich Schütz/Gruber, a.a O., S. 48.

32 Schütz/Gruber, a.a.O., S. 89 f.

33 Doleschal/Dombois, a.a.O., S. 25.

34 Ebd., S. 37.

35 Einbaum, Dampflok, Düsenklipper, a.a.O., S. 237.

36 Zitate ausländischer Presseorgane wiedergegeben in: Hans Dollinger, Die totale Autogesellschaft, München 1972, S. 131.

37 Zum Aspekt der Militarisierung des deutschen Verkehrswesens allgemein vgl. Einbaum, Dampflok, Düsenklipper, a.a.O., S. 225 ff.

38 Anforderung von Verbindungsoffizier Zuckertorts im Reichsverkehrsministerium, zit. bei: Doleschal/Dombois, a.a.O., S. 24. Laut Doleschal/Dombois sei die primär militärische Funktion der Volksmotorisierung schon 1934 offen dargestellt worden, und zwar in: Parole Motorisierung. Ein Jahr nationalsozialistische Kraftfahrzeugwirtschaft, März 1934, S. 7 f.

39 In diesem Rahmen wurde der „Typ 64" entwickelt, das Basismodell des nach dem Krieg von F. Porsche gebauten Sportwagens.

40 OMGUS – Ermittlungen gegen die Deutsche Bank, hrsg. von der Militärregierung der Vereinigten Staaten für Deutschland,1946/47; neu aufgelegt bei Franz Greno, Nördlingen 1985, S. 116.

41 Angaben zur Rüstungsproduktionssteigerung bei Daimler-Benz und BMW nach: OMGUS ..., a.a.O., S. 146 und 148. Die Firmensymbole der beiden Firmen unterstreichen diese Geschichte: Der dreizackige „Mercedes-Stern" (erstmals 1919 als Markenemblem angemeldet) soll die beginnende Motorisierung zu Lande, zu Wasser und in der Luft symbolisieren; der weiß-blau geviertelte Kreis bei BMW soll einen sich drehenden (Flugzeug-)Propeller versinnbildlichen.
Eine Firma, deren Chef nach dem Zweiten Weltkrieg als Verkörperung des deutschen Wirtschaftswunders gehandelt wurde, erlebte damals ihre erste große Blüte: die Borgward-Werke in Bremen. Zwei Jahre, nachdem Firmenchef Carl Borgward der NSDAP beigetreten und „Wehrwirtschaftsführer" geworden war, produzierten rund 8.000 Borgward-Arbeiter fast ausschließlich Rüstungsgüter. In dem damals größten Bremer Werk wurden neben Lkws vor allem Artillerie-Zugmaschinen gefertigt. Als Carl Borgward nach dem Krieg und einer Internierung durch die Alliierten auf zivile Produktion umstieg, blieb ein Stück der alten Ideologie erhalten: Die Rede war von der großen „Borgward-Familie", die Unternehmensleitung und Betriebsangehörige vereinte. Mit der spektakulären Pleite im Jahr 1961 kam es dann zu einer Art Familienkrach. Nach: Frankfurter Allgemeine Zeitung vom 14. 3. 1984.

42 Nach Alfred Gottwaldt, „Zeichen des Sieges – Der Wagen von Compiègne", in: Bahn Extra – Eisenbahn im Krieg, a.a.O., S. 73.

43 Alfred Gottwaldt, „Die Deutsche Reichsbahn im Dritten Reich", in: Zug der Zeit ..., a.a.O., S. 681.

44 Um nur ein markantes Beispiel zu nennen: Die SS sprengte in den letzten Kriegstagen die Karninerbrücke, welche auf der Strecke Berlin–Usedom über Karnin und Swinemünde (heute Świnoujście) eine direkte Verbindung zwischen der Hauptstadt und der „Badewanne Berlins" und damit Fahrtzeiten im Schienenschnellverkehr von weniger als zwei Stunden ermöglicht hatte. Die technisch aufwändige Hebebrücke, die im angehobenen Zustand eine Durchfahrt für Schiffe ermöglicht hatte, konnte bis heute nicht wieder instandgesetzt bzw. neu errichtet werden, sodass gewaltige Umwegverkehre auf der Verbindung Berlin–Usedom (über Wolgast) notwendig sind und dadurch der Autoverkehr unschlagbare Zeitvorteile bietet. Eine vergleichbare Verbindung Berlin–Usedom mit der Bahn, allerdings nicht über die Karninerbrücke, sondern einige Kilometer über polnisches Staatsgebiet, ist seit Mai 2007 im Gespräch.

45 In: Nürnberger Nachrichten vom 15. 9. 1982.

46 So wurden 1941 33.000 Kiewer Juden in der Schlucht von Babi Jar zusammengetrieben und erschossen. Ähnliche Massenmorde in Riga und Minsk überzeugten Himmler davon, dass diese herkömmliche Art zu viel öffentliches Aufsehen errege, zu „umständlich" und für seine „Männer unzumutbar" sei. Vgl. Heiner Lichtenstein, Mit der Reichsbahn in den Tod. Massentransporte in den Holocaust, Köln 1985, S. 40.

47 Heiner Lichtenstein, a.a.O.; Raul Hilberg, Sonderzüge nach Auschwitz, Mainz 1981; Helmut Schwarz, „Das Räderwerk des Todes. Die Reichsbahn und die 'Endlösung' der Judenfrage", in: Zug der Zeit ..., a.a.O., S. 683 ff.

48 Eine eindrucksvolle Gedenktafel, die in Offenburg (Baden) an die Transporte in den Holocaust erinnert, beschränkt sich weitgehend darauf, ein Faksimile des offiziellen Fahrplans wiederzugeben, auf dem die „Einfachfahrten" nach Auschwitz enthalten waren. Die Tafel sollte Ende der 1990er Jahre am Offenburger Bahnhof angebracht werden. Die Deutsche Bahn AG weigerte sich, dies zuzulassen. Die Tafel befindet sich nun gegenüber dem Bahnhof am DGB-Haus.

49 Die Reichsbahn orientierte sich bei der Gestaltung ihrer Fahrpläne in den Holocaust an den Programmen zur optimalen Vernutzung von Leben. Götz Aly und Susanne Heim berichten: „Zum Beispiel transportierte ein und derselbe Zug zwischen dem 25. Januar und dem 4. Februar 1943 zunächst tausend Leute aus Zamość (Polen) zur Zwangsarbeit nach Berlin. Dort wurden tausend Berliner 'Rüstungsjuden' und ihre Angehörigen in die Waggons gepfercht und zum Zielbahnhof Auschwitz transportiert. Von dort fuhr der Zug leer zurück nach Zamość, wo tausend Polen, weil sie als nutzlos und gefährlich eingestuft worden waren, verladen und mit demselben Zug zurück nach Auschwitz gefahren wurden. Vielfach wurden Zugleerfahrten ab Auschwitz dazu genutzt, die Textilien der Gaskammeropfer zurück ins 'Altreich' zu transportieren und sie dort Leuten mit ausgebombten Wohnungen zur Verfügung zu stellen." Götz Aly/Susanne Heim, Vordenker der Vernichtung. Auschwitz und die Pläne für eine europäische Ordnung, Frankfurt/M. 1993, S. 436 f.

50 A. Ganzenmüller, zit. bei: Helmut Schwarz, a.a.O., S. 689.

51 Der spätere Präsident der Deutschen Bundesbahn, Dr. Fritz Schelp, leitete vom 1. Juni 1942 bis zum Ende des Krieges die Abteilung E 1 = Verkehrs- und Betriebsabteilung der Reichsbahn. Martin Zabel war während des Krieges Referent für Reise- und Güterzugpläne in Krakau; er unterschrieb die Fahrpläne für die Transporte in Vernichtungslager. Nach dem Krieg war Zabel DB-Direktor in Stuttgart. Der „Mann, der im NS-Verkehrsministerium die geheimen Akten verwahrte, übernahm nach dem Krieg die zentrale Aktei der Bundesbahn". Angaben nach Heiner Lichtenstein, a.a.O., S. 144.

52 Nürnberger Nachrichten vom 14. 5. 1985. In dem Artikel heißt es: „Die Vertreter von Funk und Zeitungen kritisierten die Behauptung des Bundesbahnpräsidenten (Weigelt, der behauptet hatte, die Ausstellung würde einen umfassenden Überblick auch über die Rolle der Reichsbahn im NS-Regime wiedergeben; W.W.). Sie kritisierten, die Rolle der Reichsbahn in der Hitler-Diktatur sei allzu versteckt und verschämt dargestellt worden. ... Die Ausstellung wurde als Alibi-Schau bezeichnet." Zur Auseinandersetzung um eine Ausstellung zum Thema Reichsbahn und NS-Regime vgl. Winfried Wolf, „Mit der Reichsbahn nach Auschwitz", in: junge Welt vom 2. November 2006.

53 OMGUS ..., a.a.O., S. 156.

54 Vgl. Doleschal/Dombois, a.a.O., S. 45. Im Übrigen ist von einem rein juristischen Standpunkt aus gesehen die Frage berechtigt, weshalb das Volkswagenwerk nach dem Krieg in staatliche Regie und nicht in Gewerkschaftseigentum überging. Immerhin war es im Handelsregister als Eigentum der Zwangsgewerkschaft DAF eingetragen; diese wiederum baute auf der

Zerschlagung der demokratischen Gewerkschaften auf und hatte sich deren Eigentum einverleibt. Eine andere Frage ist, inwieweit ein gewerkschaftseigener Autokonzern für die Gewerkschaftsbewegung als sinnvoll anzusehen ist, nachdem gewerkschaftseigene Konzerne in Sektoren, die bedeutend mehr mit gewerkschaftlichen Interessen zu tun haben, ausreichend Anschauungsmaterial für Pleiten, Misswirtschaft und Korruption boten (das Reiseuntemehmen „gut", die Wohnungsbaugesellschaft „Neue Heimat", die Verbrauchermärkte „coop").

55 „Er lief und lief und lief … 50 Jahre Käfer", in: ADAC-motorwelt, Nr. 10/1985.

56 Schuld daran ist für das liberale Blatt ein Naturereignis: „ … denn nachdem das Produktionswerk auf der Gemarkung Fallersleben fertig war und die Produktion anlaufen konnte, brach der Zweite Weltkrieg aus." Hans-Rüdiger Etzold, „Des Käfers Ende", in: Süddeutsche Zeitung vom 11. 9. 1985.

57 „Das stille Ende eines Weltmeisters", in: Frankfurter Rundschau vom 9. 11. 1985.

58 ADAC-motorwelt, Nr. 4/1985.

Kapitel 9

1 Eugen Diesel/Gustav Goldbeck/Friedrich Schildberger, Vom Motor zum Auto. Otto, Daimler, Benz, Diesel, Bosch, Stuttgart 1968, S. 305 f.

2 Robert Lacey, Ford. Eine amerikanische Dynastie, a.a.O., S. 254.

3 Detroit News vom 31. Juli 1938.

4 Zit. im dokumentarischen Anhang zu Philip Roth, Verschwörung gegen Amerika, München 2004, S. 415 (Originaltitel: The Plot Against America, New York 2004).

5 Lacey, a.a.O., S. 234.

6 Diesel/Godbeck/Schildberger, a.a. O., S. 307. Dort wird folgende Begegnung berichtet: „Als die 'Welt nach Krieg roch' und die Rüstung gewaltig betrieben wurde, drang Bosch zu dem Generalobersten von Blomberg vor, um ihm die politischen und wirtschaftlichen Gefahren auf dem eingeschlagenen Weg zu verdeutlichen. Aber die Besprechung verlief gänzlich ergebnislos. Bosch hatte die Empfindung, der Soldat habe ihn 'abfahren lassen'. Blomberg lehnte es rundweg ab, die eigentliche Sacherörterung aufzunehmen. Es sei seine Aufgabe, die Befehle des Führers zu verwirklichen" (ebd., S. 306). Robert Bosch starb am 12. März 1942.

7 Rede Adolf Hitlers auf der Automobilausstellung 1934, wiedergegeben in: Doleschal/Dombois, a.a.O., S. 23.

8 Zit. bei: Till Bastian, „Autos und Nazis", in: tageszeitung (taz) vom 15. 1. 1994.

9 Henry Ford, Erfolg im Leben, a.a.O., S. 35 f.

10 Ebd., S. 37.

11 Zit. bei: Hanno Loewy, a.a.O.

12 „Als Beispiel möchte ich unsere Ventilfabrik anführen. Wir haben sie dreißig Kilometer von der Stadt entfernt auf dem Land eingerichtet, damit die Arbeiter zugleich Bauern sein können" (Ford, a.a.O., S. 102). „Eine ziemlich große Fabrikanlage wird jetzt in Flat Rock, etwa 25 Kilometer von Detroit entfernt, gebaut. Die Arbeiter werden neben ihrer Fabriktätigkeit noch Gartenland oder Äcker bebauen, die in einem Umkreis von 25 bis 30 Kilometer gelegen sind – denn heutzutage ist der Arbeiter selbstverständlich in der Lage, im Automobil zur Fabrik zu fahren. Wir werden dort eine Verknüpfung von Landwirtschaft und Industrie ohne alle nachteiligen Begleitumstände der Übervölkerung haben" (ebd., S. 152). Das vorausgegangene Zitat (zu „Die schwere und harte Farmerarbeit Fleisch und Blut …") nach ebd., S. 11.

13 Nach: Hans Mommsen/Manfred Grieger, Das Volkswagenwerk und seine Arbeiter im Dritten Reich, Düsseldorf 1996, S. 188.

14 Zu Italien vgl. Daniela Zenone, Das Automobil im italienischen Futurismus und Faschismus – Seine ästhetische und politische Bedeutung, Projektgruppe Mobilität, Wissenschaftszentrum Berlin für Sozialforschung (WZB), Berlin o.J. (2002), S. 43.

15 Nach: Die Straße, hrsg. vom Generalinspekteur für das deutsche Straßenwesen, Heft 1/34 (August 1934).

16 Nach: Alfred Pückel, „Die Reichsautobahn Frankfurt a. M.–Mannheim–Heidelberg", in: Die Straße 9/1935, S. 306.

17 John Steinbeck, Travels with Charley, 1962; eigene Übersetzung.

18 Henry Ford, a.a.O., S. 36.

19 Wilfried Bade, Das Auto erobert die Welt. Biographie des Kraftwagens, Berlin 1938, S. 317 f., hier zit. bei: S. Reinecke, a.a.O., S. 116. Eine ähnliche Argumentation fand sich auch in der „tageszeitung": „Der Zug der Bahn war und ist heute noch der Zug der Subordination, der obrigkeitsstaatlichen Begegnung. Die Eisenbahn hat immer nur die Unterwerfung, die Anpassung gefordert, offen und gemeinschaftlich: Fahrplan, Bahnhofsuhr, Schlangen am Schalter, Klassentrennung waren Elemente der Mechanik der Disziplinierung, der Erziehung zum Untertan, und darin erfüllte diese Technologie vor allem im letzten Jahrhundert ihre historische Aufgabe." Michael Hennecka, „Hundertfünfzig Jahre Eisenbahn – Für die Bahn ist der Zug längst abgefahren", in: tageszeitung (taz) vom 18. 1. 1985.

20 „Nichts in unserem Land bietet ein schlimmeres Beispiel für die Art, wie sich ein Unternehmen von dem Prinzip der Dienstleistung entfernen kann, als die Eisenbahnen. ... Die Eisenbahnen haben fast alle versagt ... Viel zu viele Eisenbahnen werden nicht von den Büros des praktischen Eisenbahners, sondern von den Bankinstituten aus geleitet – die ganzen Geschäftsmethoden ... alles ist finanztechnisch, nicht verkehrstechnisch organisiert. Der Zusammenbruch ist gekommen, da man das Hauptaugenmerk statt auf die Dienste, die die Eisenbahnen dem Volk leisten, auf ihren Wert für den Effektenmarkt (= Börse; W.W.) gerichtet hat." Ford, a.a.O., S. 177 und 181.

21 Ford, a.a.O., S. 77. Möglicherweise kam es Ford in den Sinn, praktischerweise aber nicht in die Philosophie, dass es umgekehrt sein könnte, wie nämlich von Marx analysiert: „Während die Maschinenarbeit das Nervensystem aufs äußerste angreift, unterdrückt sie das vielseitige Spiel der Muskeln und konfisziert alle freie körperliche und geistige Tätigkeit. Selbst die Erleichterung der Arbeit wird zum Mittel der Tortur, indem die Maschine nicht den Arbeiter von der Arbeit befreit, sondern seine Arbeit vom Inhalt." Karl Marx, Das Kapital, Bd. 1, a.a.O., S. 445 f.

22 Ford, a.a.O., S. 58.

23 Upton Sinclair, Der Dschungel, Hamburg 1985, S. 51 ff.

24 Sinclair, a.a.O., S. 152 (Akkord/Arbeitstempo); S. 362 f. (hoher Anteil ungelernter Arbeitskräfte), S. 371 (Schwarze als Streikbrecher).

25 Ebd., S. 55 ff.

26 Der Anteil schwarzer Arbeitskräfte an der Gesamtbelegschaft wurde ab Beginn der 1920er Jahre systematisch gesteigert und lag Ende des Jahrzehnts bei 12%. Köhnen, a.a.O., S. 77.

27 Daniela Zenone, a.a.O., S. 51 und 53 f.

28 Mommsen/Grieger, a.a.O., S. 167.

29 Ebd., S. 168 ff. Es wurde auch versucht, moderne Anlagen aus den Ford-Fabriken oder von anderen US-amerikanischen Autoherstellern zu erwerben. Dies scheint nur zum Teil gelungen zu sein, was aber auch daran lag, dass keine Produktion ziviler Pkws aufgenommen wurde.

30 Die DRP wurde bald darauf verboten. Die Wolfsburger Kommunalwahl wurde für ungültig erklärt. Bei der Wiederholungswahl erhielt dann die Deutsche Partei (DP), zu der die meisten

DRP-Mitglieder übergewechselt waren, 48% der Stimmen. Nach: Doleschal/Dombois, a.a.O., S. 44.

31 Zit. bei: Lacey, a.a.O., S. 141.

32 Der deutsche Titel lautete: Der internationale Jude – Ein Weltproblem. Das erste amerikanische Buch über die Judenfrage, hrsg. von Henry Ford, Leipzig 1922.

33 Hier nach: Philip Roth, a.a.O., S. 414. Ähnlich bei Lacey, a.a.O., S. 142.

34 Robert Lacey zitiert aus den Aktenordnern, die die Überwachung dokumentieren. U.a. wurden für den Betriebsangehörigen „E-3349" an einem Tag exakt die Aufenthaltszeiten auf der Toilette festgehalten und mit „89 Minuten gestohlene Arbeitszeit" bilanziert. Lacey, a.a.O., S. 232 f.

35 Lacey, a.a.O., S. 248 bzw. bei den vorausgegangenen Angaben a.a.O., S. 242 ff. In einem Spitzelbericht heißt es: „90 Prozent der Werkzeugmacher sind Sozialisten oder ziemlich überzeugte Bolschewisten" (ebd., S. 233). Um die Unterstützung der schwarzen Community zu erhalten, unterstützte Ford bekannte rechte schwarze Kirchenführer wie Reverend Robert Bradby oder Father Everard Daniel.

36 Lacey, a.a.O., S. 230 f.

37 Heiner Köhnen, a.a.O., S. 77 ff.

38 Ford, a.a.O., S. 33.

39 Lacey, a.a.O., S. 59 f. In Fords Autobiografie (S. 32 f.) wird für das Rennen, in dem Oldfield und das Modell „999" gewannen, das Jahr 1905 genannt. Das scheint falsch zu sein.

40 Zit. in: Ilja Ehrenburg, Das Leben der Autos, Berlin 1930, S 33.

41 Lacey, a.a.O., S. 204 f. Das Ford-Modell „Mustang" aus den 1960er Jahren – ein Zweisitzer mit zwei Notsitzen – knüpfte an die Strategie des flachen, aggressiven, möglichst rot lackierten Autos an. Vgl. ebd., S. 354 ff.

42 In den 1930er Jahren entwickelte Marinetti eine neue Kunstrichtung, die „futuristische Flugmalerei", die nahtlos in die „aeropittura di guerra", die Kriegsmalerei, überleitete. Marinetti: „Wir wollen den Krieg verherrlichen – diese einzige Hygiene der Welt." Zit. bei: Lionel Richard, Deutscher Faschismus und Kultur, Berlin 1981, S. 67 f. Krieg und Maschine bildeten für Marinetti eine Einheit: „Der Krieg ist schön, weil er dank der Gasmasken … und der kleinen Tanks die Herrschaft des Menschen über die Maschine begründet. Der Krieg ist schön, weil er die erträumte Metallisierung des menschlichen Körpers inauguriert." Nach: Walter Benjamin, Das Kunstwerk im Zeitalter seiner technischen Reproduzierbarkeit, Frankfurt/M. 2003, S. 42.

43 Nach: Barbara Schäfer, „Die Straße der Sehnsucht", in: Frankfurter Allgemeine Zeitung vom 19. 10. 2006.

44 Manifest zit. bei: Daniela Zanone, a.a.O., S. 10. Die Autorin dieser sehr informativen Studie begrenzt die enge Zusammenarbeit zwischen Faschismus und Futurismus auf die frühe Phase des Mussolini-Regimes. Wie erwähnt, war der führende Kopf der Futuristen, Marinetti, bis zu seinem Tod Mitglied in Kabinetten der Regierung Mussolini. Das enge Bündnis Faschismus/Futurismus resultiert aus der futuristischen Ideologie selbst, etwa wenn Giovanni Papini, ein anderer Vertreter der Futuristen, schreibt: „Das Blut ist der Wein der starken Völker; das Blut ist das Schmieröl der Räder dieser Maschine, die von der Vergangenheit bis in die Zukunft fliegt … Das ganze Leben unserer Zeit besteht aus der Organisation von Massakern … Die industrielle Zivilisation, wie die kriegerische, ernährt sich von Leichen, Kanonenfleisch und Maschinenfleisch." Zit. bei: Zanone, a.a.O., S. 19. Interessant ist die Verherrlichung der Maschine, zu der es in der futuristischen Ideologie kam, und der italienische Begriff „macchina" für Auto.

45 Adolf Hitler, zit. bei: Busse, a.a.O., S. 28 f.

46 Victor Klemperer, LTI – Notizbuch eines Philologen, Leipzig 1975, S. 10.

47 Ebd.

48 Beim Start des Reichsautobahnbaus gab es eine interne Polemik zwischen Fritz Todt und einem gewissen Georg Halter, Professor für Landstraßenbau und Eisenbahnwesen an der TH München. Halter monierte, dass Fahrgeschwindigkeiten „über 120 km/h stets ein Privileg weniger, reicher Leute" bleiben würden. Er betonte auch den Widerspruch zwischen Todts Forderung, die Reichsautobahnen müssten dem „Landschaftsgenuß" dienen, und dem Ausbau für ein späteres Tempo 180 km/h. Halter formulierte sodann einen klugen Gedanken: Geschwindigkeit als Selbstzweck und Beitrag zum Lebensgenuss des Fahrenden mache Autos und Autobahn zu dem, „was für Kinder das Karussell ist". Zit. nach. Schütz/Gruber, Mythos …, a.a.O., S. 22.

49 Völkischer Beobachter vom 28. September 1933.

50 Zit. bei: Till Bastian, a.a.O.

51 Ebd.

52 Nach: Bevölkerung und Wirtschaft 1872-1972, hrsg. vom Statistischen Bundesamt, Wiesbaden 1972, S. 207.

53 Darüber hinaus waren GM- und Ford-Werke auch in anderen europäischen Ländern in die NS-Rüstungsproduktion eingebunden. Bei Snell (siehe die folgende Anmerkung) werden dazu angeführt: im Fall GM Werke in Wien, Antwerpen und Warschau; im Fall Ford Werke in Antwerpen, Wien und Budapest.

54 Bradford C. Snell, a.a.O., S. 84, Anmerkung 115.

55 Zit. bei: Richard Sasuly, IG Farben, Berlin 1952, S. 168. Vgl. auch Daniel Yergin, a.a.O., S. 428.

56 Yergin, a.a.O., S. 432. In den kommenden Kriegsjahren erhöhte sich die Bedeutung der Kohlehydrieranlagen noch – ebd., S. 447.

57 Ebd., S. 448.

58 Ebd., S. 449 f. Ende 1944 schrieb Speer: „Wir hatten das Glück, daß der Gegner diese Planung erst im letzten halben oder dreiviertel Jahr konsequent durchführt … daß er vorher, von seinem Standpunkt aus gesehen, Unsinn gemacht hat." Ebd., S. 451. Es muss vermutet werden, dass die engen Bindungen von Standard Oil und I.G.-Farben dazu beitrugen, dass diese Angriffe, die erheblich zur Verkürzung des Krieges beitrugen bzw. die, wenn sie früher stattgefunden hätten, den Krieg erheblich hätten verkürzen können, so lange nicht geflogen wurden. Die Luftwaffe der Alliierten verschonte auch die Produktionsanlagen von Ford und GM/Opel weitgehend, was in Köln dazu führte, dass viele Menschen während alliierter Angriffe auf das Gelände der Ford-Werke flüchteten.

59 Lindbergh in einer im Rundfunk übertragenen Rede am 11. 9. 1941 für das America First Committee in Des Moines vor 8.000 Zuhörern: „Die drei Gruppen, die dieses Land in den Krieg treiben wollen, sind die Briten, die Juden und die Regierung Roosevelt. Hinter diesen Gruppen stehen … eine Reihe von Kapitalisten, Anglophilen und Intellektuellen, die der Meinung sind, die Zukunft der Menschheit hänge von der Vorherrschaft des britischen Empires ab. … Die größte … Gefahr für unser Land geht vom Einfluß der Juden auf unsere Filmindustrie, unsere Presse, unseren Rundfunk und unsere Regierung aus." Wiedergegeben in: Philip Roth, a.a.O., Zitate dort auf S. 424 und 426. Lindbergh verband seinen Beruf und den Rassismus so: „Die Luftfahrt ist eines jener unschätzbaren Besitztümer, die der weißen Rasse angesichts einer anschwellenden See aus Gelb, Schwarz und Braun überhaupt das Leben ermöglichen." Tagebucheintrag im September 1939, zit. bei: Roth, a.a.O., S. 403.

60 Die These, Ford habe seinen Antisemitismus Ende der 1920er Jahre aufgegeben, lässt sich nicht aufrechterhalten. Ford traf sich 1939/40 regelmäßig mit dem antisemitischen Rundfunkprediger Father Coughlin, dessen Aktivitäten nach Präsident Roosevelts Überzeugung von Ford finanziert wurden. Auch der Lebensunterhalt und die wöchentlichen Rundfunksendungen des Nazi-Führers Gerald L. K. Smith wurden von Ford finanziert. Smith veröffentlichte noch in den 1940er Jahren eine Neuauflage von Fords Buch „International Jew", das aus der zitierten antisemitischen Artikelsammlung im „Dearborn Independent" bestand. Angaben nach: Roth, a.a.O., S. 416.

61 Dies wird deutlich, wenn man die Dokumente im Anhang zu Philip Roths Buch „Verschwörung gegen Amerika" liest. Dort auf den Seiten 395-431. Im Übrigen drohte 1922/23 auch eine Kandidatur Henry Fords für die US-Präsidentschaft. Lacey, a.a.O, S. 145: „Selbst das 'Wall Street Journal' stellte im Herbst 1922 die Frage: 'Warum sollte Ford nicht Präsident werden?' Die Veröffentlichung seiner Autobiographie 1922 und der Kauf und Ausbau der Wochenzeitung 'Dearborn Independent' – er hatte auf dem Höhepunkt eine Auflage von 300.000 Exemplaren – waren als Instrumente für die Präsidentschaftskampagne gedacht."

Teil III

1 Lyrik des US-amerikanischen Dramatikers Raymond Federman. Übersetzung: „Jeden Morgen nach dem Frühstück / versammelt sich die Familie in der Garage / um vor ihren zwei Chevrolets / ihre tägliche Ration / an Bewunderung & Verehrung zu murmeln / während / im Fernsehen / ein alter arbeitsloser schrumpeliger / Schauspieler / Budweiser / seine Treue schwört." In: Raymond Federman, Spieltexte/Playtexts, Berlin 1990, S. 116.

2 „Renn-Pappe" war neben „Trab(b)i" die wohl am meisten verbreitete Bezeichnung für den Trabant. Übermittelt ist auch „Sachsenporsche". Nach: Lava – Das neue Magazin. Ein Digest, Berlin, Mai 1990, S. 46.

Kapitel 10

1 Nationalatlas Bundesrepublik Deutschland, Verkehr und Kommunikation, hrsg. vom Institut für Länderkunde, Leipzig 2000, S. 32; Verkehr in Zahlen, hrsg. vom Deutschen Institut für Wirtschaftsforschung, Berlin, letzte verwendete Ausgabe 2006/2007.

2 Die Verkehrsleistungen werden in Personenkilometern (pkm) gemessen – die Zahl der transportierten Personen multipliziert mit den zurückgelegten Kilometern. Eine auf Personenkilometer orientierte Verkehrsmarktaufteilung („modal split") nimmt als 100% die Summe der mit Eisenbahnen, U-, S- und Straßenbahnen bzw. mit Bussen und mit Autos (bzw. gegebenenfalls in der Luft) zurückgelegten Personenkilometer. In der Regel liegt die Kilometerzahl je Pkw-Fahrt höher als bei der jeweiligen Fahrt mit der Straßenbahn, der U-Bahn oder in einem Bus und zunehmend auch höher als bei der Fahrt mit der Eisenbahn (90% der Bahnfahrten liegen im Bereich unter 50 km). Dadurch erhält der motorisierte Individualverkehr ein weit höheres Gewicht, als wenn die Zahl der Verkehrswege als solche – das „Verkehrsaufkommen" – als Ausgangspunkt genommen wird. Berücksichtigt man darüber hinaus den wichtigen nichtmotorisierten Verkehr (zu Fuß gehen und mit dem Rad fahren) und nimmt man als 100-Prozent-Summe anstelle des motorisierten Verkehrs den gesamten – motorisiert und nicht motorisiert zurückgelegten – Verkehr, ergibt sich eine weitere deutliche Relativierung des Pkw-Verkehrs und eine „Aufwertung" des Verkehrs, der nicht motorisiert oder in öffentlichen Verkehrsmitteln zurückgelegt wird. Darauf wird in Teil V eingegangen.

3 Bei den im Jahr 1960 neu zugelassenen Pkws entfielen 47,3% auf „Unternehmen und Selbständige" als Käufer, 7% auf Beamte und weitere 3% auf „Nichterwerbspersonen" (Vereine etc.). Der Anteil der Arbeiter, der 1955 bei 7,1% gelegen war, erreichte nun 20,8%; der Anteil

der Angestellten, der 1955 bei 14,2% gelegen war, betrug nun 21,8%. Nach: Lange Reihen zur Wirtschaftsentwicklung, hrsg. vom Statistischen Bundesamt, Wiesbaden 1974, S. 102 f.

4 Der formal größere Sprung im Jahrzehnt 1990-2000 ergibt sich in überwiegendem Maß durch die Vereinigung BRD/DDR und die um rund 16 Mio. Menschen gewachsene Bevölkerung. Die Angaben in der Tabelle für 1950 bis (einschließlich) 1990 beziehen sich auf das alte Bundesgebiet.

5 Basisdaten nach: Verkehr in Zahlen 1984 (S. 166) und Verkehr in Zahlen 2005/2006, S. 229 ff.

6 Analog der Definition von Personenkilometer entspricht ein Tonnenkilometer (tkm) der Transportleistung von einer Tonne, die über einen Kilometer bewegt wird.

7 Mitte 1951 wurden die Kosten zum Ausgleich der Kriegsschäden auf 3,3 Mrd. DM geschätzt. Damals hatte die junge Bundesbahn Verbindlichkeiten in der Höhe von 1,76 Mrd. DM, für die sie 102 Mio. DM für Zinsen und Tilgung zu zahlen hatte. Der letztgenannte Betrag war höher als der Ansatz des Wirtschaftsplans für die Erneuerung des Oberbaus. Angaben nach: Hans Jahn, Vorsitzender der Gewerkschaft der Eisenbahner Deutschlands (GdED), „Zur Wirtschaftslage der Deutschen Bundesbahn“, in: Neuer Vorwärts vom 31. August 1951.

8 Im Jahr 1980 erhielt die Bundesbahn seitens des Bundes Ausgleichszahlungen für außerordentliche Belastungen in einer gesamten Höhe von 12,9 Mrd. DM. Zum Vergleich: 2007 erhält der Schienenverkehr (DB AG und private Anbieter) Bundesleistungen in der Höhe von rund 15 Mrd. Euro, umgerechnet rund 29 Mrd. DM. Laut Direktion der Bundesbahn gab es eine Reihe von besonderen Belastungen, die nicht abgedeckt wurden und deren Summe sich auf 3,5 Mrd. DM belief. Im selben Jahr zahlte die Bundesbahn für Zinsen und Tilgung auf die seit 1949 aufgelaufenen Bundesbahnschulden 2,3 Mrd. DM. Der Bilanzverlust lag bei 3,8 Mrd. DM. Mit anderen Worten: Ohne den Schuldendienst auf Verbindlichkeiten, für die die Bahn keine Verantwortung hatte und die bei anderen staatlichen Bahnen in der Regel in diesen Jahren nicht anfielen, hätte der Verlust „nur“ 1,5 Mrd. DM betragen. Bei einem Ausgleich aller Sonderlasten hätte es einen satten Gewinn von 2 Mrd. DM gegeben. Angaben bei: Winfried Wolf, Eisenbahn und Autowahn. Personen- und Gütertransport auf Schiene, Straße, in der Luft und zu Wasser. Geschichte, Bilanz, Perspektiven, Hamburg 1992, S. 185 und 405, basierend auf den Jahresbilanzen der Deutschen Bundesbahn und bei Ulf Häusler/ Dagmar Haase/Günter Lange, Schienen statt Straßen?, Würzburg – Wien 1983. S. 137 ff.

9 1978 gab es 9 Mio. Reisende im überwiegend auf die 1. Klasse beschränkten IC, zwei Jahre später waren es 21 Mio. im für beide Klasse offenen IC. Nach: Blickpunkt Bahn, 11/1991.

10 1969 wurde die Kfz-Steuer-Befreiung für Linienbusse beschlossen. 1993 gab es das Tarifaufhebungsgesetz für den Güterverkehr. Die beschlossenen Kfz- und Kraftstoff-Steuern als Kostenbeiträge für die Infrastrukturabnutzung lagen bei großen Lkws mit rund 1 Pf/tkm deutlich niedriger als im Fall der den Pkws angelasteten Kosten, und dies, obgleich die erheblich höhere Fahrwegbeanspruchung durch Lkws bekannt war.

11 1960 gab es 638.000 Lkws, davon hatten 2.000 (= 0,3%) eine zulässige Nutzlast von 9 Tonnen und mehr. 1990 waren 1,389 Mio. Lkws zugelassen, von denen 101.001 (= 7,3%) eine Nutzlast von 9 und mehr Tonnen hatten. (Verkehr in Zahlen 1991, S. 232 f.). Im Dezember 1984 einigten sich die EG-Verkehrsminister (Bonn stimmte zu!) auf den „Eurolaster“ als Norm. Dieser hat ein maximales Gesamtgewicht von 40 Tonnen, im Fall des Containertransports von 44 t. Für die BRD brachte das eine erlaubte Mehrtonnage von 5%. Das Batelle-Institute errechnete damals, dass allein dadurch jährlich (!) 290 Mio. DM Mehrkosten auf Grund der erhöhten Straßenbelastung und bei der Bundesbahn zusätzlich jährlich (!) Einnahmeverluste von 200 Mio. DM entstanden. Nach: Winfried Wolf, Eisenbahn und Autowahn, a.a.O., S. 444.

12 Selbstverständlich soll damit nicht gesagt werden, dass die SPD-geführten Bundesregierungen grundsätzlich und im Detail eine schienenfeindliche Politik betrieben hätten. Eine Reihe von Maßnahmen in dieser Ära, so unter Verkehrsminister Volker Hauff (1980-1982) und unter Bahnchef Reiner Gohlcke (1982-1990), wiesen in die richtige Richtung. Doch letzten Endes gab es einen Zickzackkurs, die Höhe der Bundesleistungen für die Bundesbahn war willkürlich und Angelegenheit der politischen Konjunktur (1979 gab es 14,6 Mrd. DM an Bundesleistungen, 1981 12,7 Mrd. DM). Makaber ist, dass die Bundesbahn ausgerechnet in den Jahren nach der „Ölkrise" 1973 an Boden verlor und dass in diesen Jahren der Bau von bundesdeutschen Autobahnen beschleunigt wurde: 1960 gab es 2.551 km BABs; 1970 waren es 4.110 km – der Zubau betrug 1.559 km oder jährlich 156 km. 1980 hatte das BAB-Netz 7.292 km erreicht. 1970-1980 wurden 3.182 km zugebaut oder jährlich 318 km, mehr als das Doppelte des vorausgegangenen Dekaden-Zubaus. In den 1980er Jahren sank der Zubau auf jährlich 153 km, wobei er bis 1982 (= Ende der SPD-geführten Regierungen) noch bei jährlich 250 km lag und dann – unter Kanzler Kohl – auf gut 100 km jährlich sank. Angaben nach: Verkehr in Zahlen 1991, S. 172 f.

13 Vgl. hierzu ausführlich Teil IV.

14 Erich Preuß referiert Schätzungen, denen zufolge „mindestens 5.922 km mehrgleisige DR-Strecken in eingleisige zurückgebaut, 904 km DR-Nebenbahnen sowie 823 Privat- und Kleinbahnstrecken abgebaut wurden, zusammen 7.649 km". Überdies habe es einen „großflächigen Gleisrückbau auf den Rangierbahnhöfen" gegeben. Erich Preuß, Der Reichsbahn-Report. 1945-1993, Stuttgart 2001, S. 12.

15 Christoph Kopper, „Die Deutsche Reichsbahn 1949-1989", in: Gall/Pohl, Die Eisenbahn in Deutschland, a.a.O., S. 299.

16 Die Kosten der Anlage sollen bei 3,6 Mrd. DDR-Mark gelegen sein. Die Reichsbahn dürfte nur einen Teil dieser Kosten getragen haben. Dennoch band das Vorhaben erhebliche personelle und technische Kapazitäten. Vgl. Kopper, a.a.O., S. 315 und S. 462.

17 Vgl. Kopper, a.a.O., S. 314; Preuß, a.a.O., S. 26 ff.

18 Nach Preuß, a.a.O., S. 67 ff.

19 Allerdings ist hier der Werksverkehr und damit weitgehend der Lkw-Nahverkehr integriert. Da in der voranstehenden Tabelle zu Westdeutschland der Lkw-Nahverkehr ausgeklammert wurde, muss ein direkter Vergleich dies berücksichtigen.

20 Nach: Statistische Jahrbücher der BRD und der DDR. Im Fall des Pkw-Verkehrs eigene Berechnungen und teilweise Schätzungen wie folgt: Zahl der Pkws (siehe Tabelle 12) multipliziert mit der für jedes Jahr zunehmenden durchschnittlichen Fahrleistung je Pkw multipliziert mit dem abnehmenden Besatzungsgrad je Pkw. 1960: 600.000 mal 7.500 mal 2,0 (= 9 Mrd. pkm), 1970: 1.200.000 mal 8.800 mal 1,8 (= 19,0 Mrd. pkm); 1980 = 2.700.000 mal 9.800 mal 1,8 (= 48 Mrd. pkm); 1982 = 2.900.000 mal 9.900 mal 1,7 (= 49 Mrd. pkm) und 1987 = 3.500.000 mal 10.500 mal 1,6 (= 59 Mrd. pkm). Grundlagendaten zur Pkw-Nutzung und zu den Auslastungsgraden nach: W. Voigt, Beitrag zur Entwicklung des Personenverkehrs – DDR 2000, Expertise erarbeitet im Rahmen des Initiativprogramms zur Vorbereitung des 40. Jahrestages der DDR und des XII. Parteitags der SED, Hochschule für Verkehrswesen „Friedrich List", September 1989, S. 21 (unveröffentlichtes Manuskript).

21 Vgl. Winfried Wolf, Berlin – Weltstadt ohne Auto? Eine Verkehrsgeschichte 1848-2015, Köln 1994, S. 118. Interessant ist, dass in Berlin (wie in vielen anderen DDR-Städten) die Straßenbahn das Rückgrat des öffentlichen Personennahverkehrs bildete, wie dies vor dem Zweiten Weltkrieg auch im Westteil Berlins der Fall war. 1986 entfielen von allen BVB-Fahrten 33,4% auf die Tram, 28,5% auf die S-Bahn, 23,1% auf Busse und 15,0% auf die U-Bahn.

22 Das Arbeitsstunden-Äquivalent für einen Liter Kraftstoff lag 1960 bei 24 Minuten, 1970 bei 16 Minuten und 1985 bei 9 Minuten. Die Anzahl der monatlichen Haushaltsnettoeinkommen für den Kauf eines Trabant (Wartburg) betrug 1960 10,8 (23,6), 1970 7,8 (17,4) und 1985 5,7 (12,6). Nach: Beitrag zur Entwicklung des Personenverkehrs – DDR 2000, a.a.O., S. 52.

23 „Im Streckennetz häuften sich die Langsamfahrstellen, die zum Fahrplanwechsel in ständige Geschwindigkeitsbeschränkungen umgetauft wurden und im Fahrplanabschnitt 1989/90 die stattliche Länge von 2.610 km (fast ein Fünftel des Gesamtstreckennetzes!) erreichten. 1988 bestanden 1.800 La-Stellen (= Langsamfahrstellen; W.W.), auf 100 km kamen jährlich 24 Schienenbrüche." E. Preuß, a.a.O., S. 21.

24 Im oben zitierten „Beitrag zur Entwicklung des Personenverkehrs – DDR 2000", der der „Vorbereitung des XII. Parteitages der SED" diente, hieß es: „Der öffentliche Personenfernverkehr innerhalb der DDR ... ist ausschließlich durch die Eisenbahn zu sichern. Ein flächendeckendes und integriertes Reiseverkehrssystem ist aufzubauen und muss bei signifikanter Reisezeitverkürzung volkswirtschaftlich finanzierbar sein ... Als Grundgerüst ... werden deshalb Knoten-Takt-Verbindungen zwischen allen Bezirksstädten einschließlich Berlin sowie den Städten mit mehr als 75.000 Einwohnern vorgeschlagen, die von nach einem Taktfahrplan auf den wichtigsten Magistralen mit Höchstgeschwindigkeiten von 160 km/h verkehrenden Schnellzügen getragen werden. Dieses Verkehrssystem wäre für 90 Prozent der DDR-Bevölkerung mit einer Zubringerzeit von weniger als 60 Minuten und für 50 Prozent mit weniger als 30 Minuten nutzbar. Der Fernverkehrsbedarf der Bevölkerung wäre damit zu etwa 70 Prozent abzudecken. Die für die DDR konzeptionell neuen Eisenbahn-Fernverkehrslösungen bieten unter Verzicht auf Schnellstverkehrsstrecken eine hohe Verkehrsqualität bei vertretbaren Investitions- und Betriebskosten ... Eigenständige Schnellstverkehrsstraßen sind ... nicht zu vertreten" (S. 50). Schließlich wird argumentiert, es sei aus den „Pkw-Nutzungskosten ... begründbar, daß den Pkw-Nutzern ein höherer Anteil der gesellschaftlichen Aufwendungen für den individuellen Kfz-Verkehr angelastet wird, als das gegenwärtig der Fall ist" (S. 52).

25 Christa Liro, „Small cars hit the big time", in: Kontakt. Youth Magazine from the GDR, 1/1985, S. 2 f. Die Zeitschrift „kontakt" wurde von der Freien Deutschen Jugend (FDJ) herausgegeben. Das zweimonatliche Magazin erschien nicht in deutscher, sondern in englischer, französischer, spanischer, portugiesischer und arabischer Sprache und richtete sich u.a. gezielt an befreundete Jugendbewegungen im Ausland.

26 Die Wartezeiten für ein Wartburg-Modell lagen bei zwölf Jahren und mehr.

27 Angaben nach: Verkehr in Zahlen 2006/2007 und Statistisches Jahrbuch der Bundesrepublik 2006 für die Bundesrepublik Deutschland.

28 In Berlin haben weiterhin knapp 50% der Haushalte kein Auto. Daher ergibt die Pkw-Dichte in den fünf Bundesländern und in Berlin zusammengenommen eine deutlich niedrigere Pkw-Dichte als im Fall der gesamtdeutschen. In den fünf ostdeutschen Flächenstaaten jedoch liegt die Pkw-Dichte mit 541 Pkws auf 1.000 Einwohner nur noch unwesentlich unter dem gesamtdeutschen Level von 550 Pkws je 1.000 Einwohner.

29 1989 beförderte die BVB mit der Straßenbahn 200.000 Personen; 1992 waren es bei der Tram in der BVG (in der die BVB aufgegangen war) noch 157.477 Fahrgäste. Vgl. Winfried Wolf, Berlin – Weltstadt ohne Auto?, a.a.O., S. 331. Der erwähnte BVG-BVB-Straßenbahnplan trug den Titel „Tramkonzept", und wurde von BVB und BVG gemeinsam herausgegeben, zuletzt im November 1991. Eine weiter reichende Broschüre, die von mehreren Bürgerinitiativen und Verbänden getragen wurde, trug den Titel: „Tra(u)mstadt Berlin. Die Zukunft gehört der modernen Straßenbahn", Sommer 1991. „Der Spiegel" wusste (in Nr. 8/1992): „Nicht Nostalgie, sondern schiere Notwendigkeit treibt die Berliner Verkehrspolitiker nun, das im Ostteil vorgefundene Vehikel (Straßenbahn; W.W.) wieder nach Westen zu führen."

30 Nach Hans-Peter Schwarz, „Wiedervereinigung und Bahnreform", in: Gall/Pohl, Die Eisenbahn in Deutschland, a.a.O., S. 382.

31 Die addierte Güterverkehrsleistung von Reichsbahn und Bundesbahn lag 1990 bei 145 Mrd. tkm. 1992 waren es nur mehr 76 Mrd. tkm (Die Deutschen Bahnen 1992, hrsg. von der Deutschen Bundesbahn und der Deutschen Reichsbahn 1993, S. 74).

32 Vor seinen Engagegements bei Bundesbahn, Reichsbahn und Deutscher Bahn AG war Heinz Dürr Vorstandsvorsitzender von AEG (u.a. ein Hersteller von Bahntechnik) und dann Vorstandsmitglied der Daimler-Benz AG. Dürr war und ist vor allem wichtigster Eigentümer des Familienunternehmens Dürr AG. Die Dürr AG rühmt sich in ihren Geschäftsberichten, bis zu einem Drittel des Weltmarktes bei Autolackierautomaten und Autolackierstraßen zu kontrollieren. Dürr behielt dieses Engagement auch in seiner Zeit als Bahnchef bei. 2000 hatte die Dürr AG einen Umsatz von 1,9 Mrd. Euro und zählte weltweit 12.000 Beschäftigte.

33 1992 gab es einen gemeinsamen Vorstand von Bundesbahn und Reichsbahn, an dessen Spitze Heinz Dürr stand. An der Spitze des Verwaltungsrats der Deutschen Reichsbahn stand Friedrich Zimmermann, der Bundesverkehrsminister. Nach: Die Deutschen Bahnen 1992, a.a.O., S. 64 ff.

34 So wörtlich in: Die Deutschen Bahnen 1992, a.a.O., S. 6.

35 Verkehr in Zahlen 2006/2007

36 Zur Kritik der Zahlenakrobatik der DB AG im Nahverkehr vgl. Klaus Gietinger, „Der Markterfolg der Deutschen Bahn AG nach der Bahnreform – Dichtung und Wahrheit", in: Heiner Monheim/Klaus Nagorni (Hrsg.), Die Zukunft der Bahn. Zwischen Bürgernähe und Börsengang, Herrenalber Protokolle – Ev. Akademie Baden, März 2004, S. 83 ff. Schon 1997 kritisierte der Bundesrechnungshof die Statistik der Deutschen Bahn AG und stellte fest, dass der behauptete Fahrgastzuwachs zu größeren Teilen auf „Ausweisveränderungen", Veränderungen der Statistik, zurückzuführen sei. U.a. wurden S-Bahn-Fahrgäste nach der Bahnreform als Bahnfahrende mitgezählt. Da sie jedoch vor der Bahnreform nicht als Fahrgäste der Bahn erfasst, sondern getrennt ausgewiesen waren, entstand bereits Wachstum – auf dem Papier. Der wichtigste Schritt zur Produktion von Bahnreform-Erfolgen im Nahverkehr erfolgte dadurch, dass man, so Klaus Gietinger in seiner erhellenden, akribischen Arbeit, „aus 'Beförderungsfällen', die laut Verordnung keine sind, einfach welche macht. Ab der Ausgabe 1998/99 von 'Daten und Fakten' (einer DB AG-eigenen Publikation der Bahnstatistik; W.W.) wurden rückwirkend nicht mehr nur die zahlenden Passagiere, sondern auch die nicht zahlenden, also Bundestagsabgeordnete, Behinderte, Militärpersonen und vor allem die eigenen Mitarbeiter mitgezählt. Und plötzlich kam es zu Zuwächsen von bis zu 21 Prozent. … Hartmut Mehdorn … vergleicht die Nahverkehrsleistung seines Unternehmens im Jahr 2000 – nach der neuen, allen statistischen Gepflogenheiten widersprechenden Definition – mit der Leistung seines Unternehmens 1993, für die jedoch die alte, richtige Definition herhalten muss. Nur so kommen die Steigerungen zustande. Es sind Steigerungen auf dem Papier" (a.a.O., S. 92 f.). Die halboffizielle Statistik „Verkehr in Zahlen", für die das DIW verantwortlich zeichnet, übernahm in der Regel die Statistik der DB AG.

37 In Beantwortung einer Kleinen Anfrage der Abgeordneten Horst Friedrich (Bayreuth) und der Fraktion der FDP vom 16. 7. 2007 (Bundestagsdrucksache 16/2243) wurden die unterschiedlichen Zahlungen aus dem Bundesetat für den Schienenverkehr seit Gründung der Deutschen Bahn AG und detailliert nach den verschiedenen „Zuwendungsarten" aufgelistet. Danach erhielt allein die DB AG im Jahr 2005 Bundesleistungen in der Höhe von insgesamt 13,76 Mrd. Euro (einschließlich 4,5 Mrd. Euro an Regionalisierungsmitteln und 5,47 Mrd. Euro Ausgleichszahlungen an das BEV). Für den Schienenverkehr als Ganzes wurden im selben Jahr 16,277 Mrd. Euro ausgegeben. Im Zeitraum 1994 bis einschließlich 2005 flossen

der DB AG Bundesmittel in der Höhe von 179,865 Mrd. Euro zu; in den Schienenverkehr insgesamt flossen in diesem Zeitraum 200,535 Mrd. Euro.

38 Laut Angaben der DB AG vom April 2006 lagen die „Finanzschulden“ des Unternehmens Ende 2005 bei 19,7 Mrd. Euro. Die gesamten Verbindlichkeiten – einschließlich nicht zinsenpflichtiger Schulden – liegen bei 25 Mrd.

39 Verkehr in Zahlen 2006/2007; Mitteilung des Statistischen Bundesamtes vom 17. 1. 2007 und mündliche Datenabfrage vom 29. Mai 2007.

40 Vgl. Kapitel 12.

41 Bezeichnenderweise stieg kein privater Investor auf Dauer und in größerem Umfang in den Bahnfernverkehr ein. Dabei hat die DB AG 2001 hier mit der Aufgabe des InterRegio eine große Lücke geöffnet. Vor 1994 gab es im Fernverkehr mehr privates Engagement. So wurde 1994 der TUI-Ferien-Express eingestellt.

42 In dem seit 2001 novellierten Regionalisierungsgesetz ist die Bindung der Mittel für den Einsatz im Schienennahverkehr weitgehend aufgehoben. Seither nutzen die Bundesländer die Mittel zunehmend für andere Aufgaben. 2006 beschloss die Bundesregierung (mit Zustimmung des Bundesrats), die Regionalisierungsmittel bis 2010/11 schrittweise von 7,2 auf 6 Mrd. Euro jährlich zu kürzen.

43 Finanziert wurden die Neubaustrecken Hannover–Stendal–Berlin, Frankfurt/M.–Köln und München–Ingolstadt–Nürnberg–Erfurt. Allein 10 Mrd. Euro flossen in den „Knoten Berlin“ mit einem neuen Hauptbahnhof, dessen Konzept als Kreuzungsbahnhof problematisch und dessen Ort im Niemandsland falsch ist. Vgl. Winfried Wolf, Kritik des neuen Hauptbahnhofs Berlin, in: junge Welt vom 25. Mai 2006.

44 Die Streckenlänge (Betriebslänge) der Deutschen Bahn AG lag 1993 bei 40.400 km; bis 2005 sank sie auf 34.000 km. Direkt stillgelegt wurden im Zeitraum 1994 bis Anfang 2006 laut Angaben der Bundesregierung 5.126 km. Zusätzliche 1.863 km wurden im selben Zeitraum aus dem Streckennetz der DB AG ausgegliedert; sie gingen in das Eigentum von nicht bundeseigenen Eisenbahnen über, wobei hier offen ist, auf wie vielen Kilometern dieser Strecken noch Regelbetrieb mit Eisenbahnen stattfindet. Nach: Verkehr in Zahlen 2005/2006, S. 56; Antwort der Bundesregierung auf eine Kleine Anfrage von Bündnis 90/Die Grünen (Bundestagsdrucksache 16/1810).

45 Die meisten InterRegio-Linien waren nicht verlustbringend. Die unrentablen Linien wiederum wären mit adäquaten kleineren Fahrzeugen zu sanieren gewesen. Werden die Kosten für die Neubaustrecken korrekterweise eingerechnet, so ereichte der IR im Vergleich zum ICE einen deutlich besseren Kostendeckungsgrad.

46 Karl-Dieter Bodack, InterRegio – Die abenteuerliche Geschichte eines beliebten Zugsystems, Freiburg/Brsg. 2005.

47 Das neue Bahnpreissystem PEP wurde bis zu seiner Einführung im Dezember 2002 u.a. von der „Allianz für die Schiene“ und den in ihr zusammengeschlossenen Gruppen und Verbänden – so von VCD, „pro Bahn“ und Transnet – explizit verteidigt. Darunter fiel auch die Abschaffung der damaligen BahnCard, heute BahnCard 50. „Die Bahn hat ihre Hausaufgaben gemacht. Jetzt entscheiden die Kunden über den Erfolg.“ Es sei „falsch, sich zum jetzigen Zeitpunkt auf Details (von PEP) zu stürzen. Das neue Preissystem muss in seiner aufeinander abgestimmten Gesamtheit gesehen werden“ (Allianz-Presseerklärung vom 9. Oktober 2002/ Nr. 17/02). Im Koalitionsvertrag von SPD und Bündnis 90/Die Grünen vom Oktober 2002 hieß es: „Wir setzen auf den Erfolg des neuen Tarifsystems bei der Deutschen Bahn.“
Zur Klarstellung: Von der „Allianz“ (bzw. von VCD und „pro Bahn“ etc.) kommen viele gute Beiträge zur Kritik der auto- und flugzeugzentrierten Verkehrspolitik. Sobald es jedoch um den *Kern* der Bahnpolitik geht, kommt es oft zu fatalen vorstandsloyalen Bekundungen.

48 Nach: Financial Times Deutschland vom 22. 5. 2003.

49 Für den Zeitraum bis 2004 nach: Johannes Hauber, „Arbeitsplatzabbau statt Marktoffensive", in: Monheim/Nagorni, Die Zukunft der Bahn, a.a.O., S. 190 ff.

50 Bundesrechnungshof zum Arbeitsplatzabbau und zum Zukauf von Fremdleistungen: Bericht vom 20. 5. 1999.

51 Letzteres wurde in der gerichtlichen Aufarbeitung des Eisenbahnunglücks von Brühl im Februar 2001 dokumentiert.

Kapitel 11

1 The Future of the Automobile. The Report of MIT's International Auto Program, London 1984. Als Autoren sind genannt: Alan Altshuler, Martin Andersen, Daniel Jones, Daniel Roos, James Womack.

2 Ebd., S. 113.

3 Tatsachen und Zahlen aus der Kraftverkehrswirtschaft – 2006; hrsg. vom Verband der Automobilindustrie (VDA), S. 368.

4 Der Begriff „Ölkrise" ist zwar gebräuchlich, aber dennoch missverständlich. 1973/74 wurde er u.a. vom deutschen Bundeskanzler Helmut Schmidt dafür verwendet, um die weltweite Wirtschaftsrezession zu „erklären", zu der es dann 1974/75 kam. Tatsächlich spielte der Anstieg der Ölpreise im Gefolge des Nahost-Krieges 1973 bestenfalls eine krisenauslösende Rolle. Die Rezession selbst dokumentierte vielmehr den Wiedereintritt des Kapitalismus in seinen klassischen, in 250 Jahren Wirtschaftsgeschichte dokumentierten Krisenzyklus. Spezifische Sonderfaktoren hatten dazu geführt, dass es zwischen 1955 und 1973 zwar einen zyklischen Verlauf der Ökonomie gegeben hatte; die konjunkturellen Rückgänge waren jedoch nicht mit absoluten Rückgängen in der Produktion und beim Bruttoinlandsprodukt verbunden. 1980-1982 und 2001-2003 gab es weitere internationale Krisen.

5 EU Energy and Transport in Figures, Statistical Pocketbook 2006, hrsg. von der Europäischen Kommission in Zusammenarbeit mit Eurostat, Tabelle 3.1.10.

6 Ebd., Tabelle 3.1.10.

7 The Future of The Automobile, a.a.O., S. 108.

8 1956 wurde nach einer intensiven Lobbyarbeit der US-Autokonzerne das Gesetz zum Aufbau eines die USA umspannenden Autobahnnetzes beschlossen. Das Gesetz trägt die Bezeichnung National Interstate and Defence Highway Act. US-Präsident Dwight D. Eisenhower hatte sich das Projekt zu Eigen gemacht und warb dafür mit Verweisen auf das von ihm hoch geschätzte deutsche Autobahn-System. Ein Highway-Netz stelle „eine notwendige Komponente des nationalen Verteidigungssystems" dar. Damit würden die entscheidenden Transportadern für den militärischen Nachschub und für die Mobilisierung von Truppeneinheiten geschaffen. Tatsächlich dürfte – wie in Deutschland in der NS-Zeit – die militärische Bedeutung der Highways gering sein. Doch mit ihrer Einstufung als Teil des „nationalen Verteidigungssystems" war vorgegeben, dass die Nutzer der Highways den Bau derselben nur zu einem geringeren Teil finanzieren würden. Die Bauzeit des Highway-Netzes wurde auf zwölf Jahre geschätzt; als Kosten wurden 25 Mrd. US-Dollar prognostiziert. Die tatsächliche Bauzeit betrug 35 Jahre und die Kosten erreichten Anfang der 1990er Jahre 114 Mrd. US-Dollar. Offiziell gilt der Bau des US-Highway-Netzes mit der Demontage der letzten Ampel am Interstate (Highway) 90 in Wallace/Idaho am 15. September 1991 als vollendet. Es wird natürlich weiter ausgebaut und es werden weiter neue Highways gebaut. Nach: Wikipedia, „Interstate Highway System" [Zugriff vom 21. 5. 2007].

9 In: Wirtschaftswoche 17/1985.

10 EU Energy and Transport …, a.a.O., Tabelle 3.1.10.

11 Nur 53% des gesamten EU-Schienennetzes sind elektrifiziert. Mehr als die Hälfte des Netzes besteht aus eingleisigen, also in der Kapazität deutlich eingeschränkten Strecken (Stand jeweils 2002). Die EU-Staaten mit dem größten Anteil an mehrgleisigen Strecken im Gesamtnetz sind Belgien (76%), die Niederlande (67%), Frankreich und Luxemburg (mit jeweils 51%) sowie die BRD mit 49%. Dänemark liegt mit 44% noch im vergleichbaren Bereich. Bei den anderen EU-Mitgliedsstaaten überwiegt die Eingleisigkeit. Der Grad der Elektrifizierung ist unzureichend, was heißt, dass es keine optimale Produktivität gibt. Zum Vergleich: Das schweizerische Schienennetz hat eine Gesamtlänge von 3.216 km, wovon 3.197 km oder 99,4% elektrifiziert sind (siehe EU Energy and Transport …, a.a.O., Tabelle 3.5.3).

12 EU Energy and Transport …, a.a.O., Tabelle 3.5.5. Dieselbe Statistik nennt zusätzlich zwölf Hochgeschwindigkeitsstrecken mit insgesamt 1.400 km Gesamtlänge, die „in Bau befindlich" sind. Fast 40% davon (520 km) entfallen auf Spanien: die Strecken Barcelona–französische Grenze (180 km), Madrid–Valladolid (194 km), Antequera–Malaga (65 km) und Tarragona–Barcelona (86 km). Das verstärkt den Eindruck, dass in Spanien exemplarisch ein Hochgeschwindigkeitsnetz mit Spurweite 1.435 mm gebaut wird, während gleichzeitig das übrige RENFE-Netz mit Breitspur unsicheren Zeiten entgegensieht. Die AVE-Strecken in Spanien werden im Übrigen überwiegend mit EU-Geldern finanziert.

13 Deutschland ist das einzige Land, das seit mehr als einem Jahrzehnt keine Angaben zur Kategorie „Other Roads" übermittelt; die deutschen Gemeindestraßen sind daher nicht in der Gesamtsumme der ausgewiesenen EU-Straßen enthalten. Die in Deutschland maßgebliche Publikation zur Verkehrsstatistik, „Verkehr in Zahlen", weist die Gemeindestraßen nur bis zum Jahr 1992 aus. Ebenso verfährt das Statistische Jahrbuch für die Bundesrepublik Deutschland. 1992 hatten die Gemeindestraßen eine gesamtdeutsche Länge von 430.000 km. Der Nationalatlas Bundesrepublik Deutschland (hrsg. vom Institut für Länderkunde, Leipzig 2000), nennt für 1998 als gesamte Länge des deutschen Straßennetzes 630.000 km, wobei hier rund 450.000 km auf die Gemeindestraßen entfallen (S. 34).

14 Nach: Laurent Carroué, „Die Straßenverkehrskrankheit – Europas Straßen vom Kollaps bedroht", in: Le Monde Diplomatique, deutsche Ausgabe, vom 18. Dezember 1997.

15 Richard Beeching arbeitete ab 1961 zunächst als Berater für die Tory-Regierung unter Premier Harold Macmillan und Transportminister Marples und war bald darauf Chef von British Rail. Der Beeching-Plan wurde 1962 präsentiert. Er sah einen Abbau des Schienennetzes um 30.000 km binnen drei Jahren vor. Beeching: „Das Auto ist das Verkehrsmittel der Zukunft Großbritanniens. 15.000 Meilen (Schienennetz; = 24.000 km; W.W.) sind genug." Nirgendwo auf der Welt gab es ein derart brutales, schnell durchgezogenes Programm zur Kappung des Schienennetzes. Nach: Andreas Kleber, Vor 25 Jahren: Dr. Beeching, Manuskript 1987.

16 Nach offiziellen Angaben hatte das dänische Schienennetz 1970 2.352 km Länge – ein Stand, der weitgehend bis 1999 gehalten werden konnte. Die nachfolgenden Veränderungen nach unten und dann wieder relativ steil nach oben scheinen auch Ergebnis unterschiedlicher Netzlängenberechnungen zu sein (2000: 2.047 km; 2002: 2.273 km; 2004: 2.785 km).

17 Beppo Beyerl berichtet von der Stilllegung der Strecke Stammersdorf–Dobermannsdorf 1988 und einer der letzten Fahrten mit dem „Marchfelddiesler". Beyerl, Die Eisenbahn, a.a.O., S. 130.

18 Alle Angaben zu den Schienennetzen nach EU Energy and Transport …, a.a.O., Tabelle 3.5.4, wobei die EU-Statistik auf derjenigen der UIC (Union Internationale des Chemins de Fer) basiert.

19 Vgl. Teil IV.

20 Vgl. Winfried Wolf, Berlin – Weltstadt ohne Autos?, a.a.O., S. 89 f.

21 Heiner Monheim/Rita Monheim-Dandorfer, Straßen für alle. Analysen und Konzepte zum Stadtverkehr der Zukunft, Hamburg 1990, S. 22.

22 Nach: Focus, 2/1996.

23 Verkehr in Zahlen 2006/2007, S. 211.

24 EU Energy and Transport …, a.a.O., Tabelle 3.3.2.

25 Eine genauere Untersuchung des innereuropäischen Binnenflugverkehrs ist aufschlussreich. Sie ergibt, nun allerdings wieder „nur" für das Gebiet der EU-15, folgende Struktur: Beim Verkehrsaufkommen (bei der Zahl der Flugverkehrspassagiere bzw. deren einzelnen Flügen) entfallen gut 40% des gesamten innereuropäischen Flugverkehrs auf reine Binnenflüge, also auf Flüge innerhalb Deutschlands, Frankreichs, Großbritanniens, Italiens, Spaniens oder Polens usw. Bei „nur" knapp 60% dieses Flugverkehrsaufkommens handelt es sich um innereuropäische Flüge, bei denen Quell- und Ziel-Land nicht identisch sind. Nimmt man die Verkehrsleistung als Maßstab, so ergibt hier eine konservative Schätzung, dass rund ein Drittel der gesamten Transportleistungen im innereuropäischen Flugverkehr auf reine nationale Binnenflüge entfallen – auf Flüge also, die ihren Start- und Zielpunkt innerhalb ein und desselben Landes haben. Das heißt, es handelt sich hier in aller Regel um Verkehre, die zum größten Teil von einem effizienten Schienenfernverkehr übernommen werden könnten. Dabei ist jedoch, wie noch gezeigt wird, nicht primär die Geschwindigkeit des Zugverkehrs entscheidend. Berechnungen auf Basis der 2003er Ausgabe von EU Energy and Transport …, a.a.O.

26 EU Energy and Transport …, a.a.O., Tabelle 3.3.8.

27 Die EU-Statistik definiert Hochgeschwindigkeitsstrecken als „length of lines or of sections of lines (!) on which trains can go faster than 250 km/h at some point (!) during the journey" (hier nach: EU Energy and Transport …, a.a.O., Tabelle 3.5.5). Eine Definition des Hochgeschwindigkeits*verkehrs* enthält die zitierte Statistik nicht. Es ist davon auszugehen, dass damit die in Hochgeschwindigkeitszügen erbrachte Verkehrsleistung gemeint ist – also alle pkm in ICE, TGV, AVE, Pendolino-Zügen usw. Diese Züge rollen aber auch auf konventionellen Strecken. Im deutschen Gleisnetz fährt der ICE sogar überwiegend im konventionellen Gleisnetz mit Tempi von 150-200 km/h und nur ausnahmsweise auf den wenigen Hochgeschwindigkeitsstrecken Mannheim-Stuttgart, Frankfurt/M.–Köln, Hannover–Berlin, Würzburg–Hannover und München–Nürnberg. Wendet man eine strengere Definition von Hochgeschwindigkeitsverkehr an (= Verkehr auf Hochgeschwindigkeitsstrecken), entfallen maximal 8-10% der gesamten deutschen Schienenverkehrsleistungen auf Hochgeschwindigkeitsverkehre.

28 Frankreich verfügte 1990 über erste Hochgeschwindigkeitsstrecken mit einer Gesamtlänge von 667 km. 1995 hatte das TGV-Netz 1.124 km und 2006 1.573 km Gesamtlänge. Das deutsche ICE-Netz hatte Mitte der 1990er Jahre 434 km und im Jahr 2006 1.291 km. Nach: EU Energy and Transport …, a.a.O., Tabelle 3.5.5. Vom gesamten Wachstum der Schienenverkehrsleistung (42% im Zeitraum 1970-2004) entfiel mit 22% mehr als die Hälfte nur auf den Zeitraum 1970-1990, in dem es faktisch keinen Hochgeschwindigkeitsverkehr gab.

29 Dies ist allerdings das Ergebnis einer sehr formalen Betrachtung. Es wurde bereits darauf hingewiesen, dass die Ausführung der AVE-Strecken in 1.435 mm „Normalspur" dazu beiträgt, das spanische Schienennetz, das ansonsten in Breitspur ausgeführt wurde, zu desintegrieren und damit auch zu beschädigen.

30 In Großbritannien wuchs allein im Zeitraum 1995-2002 die Zahl der Erwerbstätigen um 6,6%. Gleichzeitig kam es zu einem erheblichen Anstieg von prekären Jobs, Kurzzeitjobs und „flexiblen Arbeitsverhältnissen". Schließlich stiegen die Mieten im Großraum London exorbitant an. All dies zusammen generierte objektiv massiven zusätzlichen Berufs- und Pend-

lerverkehr bzw. steigerte die Zersiedelung. Darauf verweist u.a.: Oliver Schöller, „Zu den Folgen einer neoliberalen Deregulierungsstrategie – Das Beispiel der britischen Eisenbahnprivatisierung“, in: Internationales Verkehrswesen (55), 1+2/2004, S. 26 ff.

31 Frankreich hat eine Fläche von 547.000 Quadratkilometern und die Schweiz 41.293 Quadratkilometer. Das Schweizer Schienennetz hat eine Länge von 3.381 km, das französische kommt auf 29.246 km. Angaben zur Verkehrsleistung auf Schienen je Kopf der Bevölkerung nach: Union International de Chemins de Fer (UIC), 2006.

32 So etwa führte die Hochgeschwindigkeitsverbindung Köln–Frankfurt/M. dazu, dass Bonn, Koblenz und Mainz vom Schienenpersonenfernverkehr weitgehend abgehängt wurden. Angaben zuvor zu den Flugpassagieren auf innereuropäischen Routen nach EU Energy and Transport …, a.a.O., Ausgabe 2003, Tabelle 3.4.3.

33 Angaben nach: Peter Kirnich, „Europas Bahnen schmieden Schienenallianz“, in: Berliner Zeitung vom 24. April 2007 und Karin Finkenzeller/Nikolaus Doll, „Das Gleis in die Zukunft“, in: Welt am Sonntag vom 22. April 2007.

34 Im Fall des Einsatzes von Gigalinern erwarten deutsche Umweltverbände, dass rund 30% der aktuellen Bahnfracht auf die Straße abwandern, was einen Mehrausstoß an Kohlendioxid von etwa 3,4 Mio. Tonnen jährlich zur Folge hätte. Nach: Jürgen Voges, „Keine Absage an Monster-Trucks“, in: tageszeitung (taz) vom 20. 4. 2007. Die zuvor wiedergegebenen unterschiedlichen Lkw-Limits sind aufgelistet in: EU Energy and Transport …, a.a.O., Tabelle 3.1.4.

35 Im gesamten Jahr 1999 seien, so der Zeitungsbericht, „durch die Autobahnpolizeistationen Wiesbaden, Butzbach und Neu-Isenburg ganze 452 Fahrzeuge angehalten worden. Nur 56 Prozent der Fahrer konnten eine Ausnahmegenehmigung präsentieren, fast jeder zweite Brummi war schwarz unterwegs“. Wolfgang Schubert, „Brummis fahren sonntags immer öfter“, in: Frankfurter Rundschau vom 21. 10. 2000.

36 Laut Verkehr in Zahlen 2006/2007, S. 211 hatte die Personenverkehrsleistung per Pkw 2001 ein Niveau von 872 Mrd. pkm erreicht; 2004 waren es 887,4 und 2005 869,7 Mrd. pkm. Die Transportleistung im Lkw-Verkehr lag 2001 bei 353 Mrd. tkm und erreichte 2005 404,5 Mrd. tkm (ebd., S. 235). Allerdings wurde auch Ende der 1990er Jahre und bis 2002 im selben statistischen Grundlagenwerk mit Zahlen „belegt“, dass der Pkw-Verkehr rückläufig sei. 2003/04 folgte eine weitreichende Revision, sodass nun doch ein fortgesetztes Pkw-Verkehrswachstum dokumentiert wurde. Man wird abwarten müssen, wie sich nicht nur der Pkw-Verkehr, sondern auch die Statistik weiterentwickelt. Die wesentliche Unsicherheit bei diesen Zahlen rührt aus dem Tanktourismus: Da die Verkehrsleistungen im Personen- wie im Güterverkehr auf Basis der in Deutschland verkauften Kraftstoffmengen berechnet werden, wird diejenige Transportleistung, die mit durch „Tanktourismus“ aufgenommenen Kraftstoffen erreicht wird, nur in Form unzureichender Schätzungen erfasst.

37 EU Energy and Transport …, 2006, a.a.O., Tabelle 3.2.5.

38 Daten nach: ebd., Tabelle 3.2.2.

39 Die 22 EU-Mitgliedsstaaten mit Meereshäfen sind beim Stand 2007: Portugal, Spanien, Frankreich, Irland, Großbritannien, Italien, Malta, Belgien, Niederlande, Deutschland, Slowenien, Griechenland, Zypern, Polen, Dänemark, Schweden, Finnland, Estland, Litauen, Lettland, Rumänien und Bulgarien.

40 Europäische Kommission: Weißbuch – Die europäische Verkehrspolitik bis 2010: Weichenstellungen für die Zukunft, Brüssel 2001, S. 15.

41 Das polnische Schienennetz wies 1990 eine Gesamtlänge von 26.200 km auf. 1995 waren es knapp 24.000 und 2005 20.200 km. EU Energy and Transport …, Tabelle 3.5.4.

42 Nach: ebd., Tabelle 3.5.1.

43 Angaben nach Handelsblatt vom 11. 5. 1995, Süddeutsche Zeitung vom 1. 11. 1995 und Financial Times vom 6. 4. 1995.

44 Nach: EU Energy and Transport ..., a.a.O., verschiedene Tabellen.

45 Extrem ist hier auch das Beispiel Rumänien: 1980 wurde auf dem rumänischen Schienennetz eine Güterverkehrsleistung von 65 Mrd. tkm erbracht; 1990 waren es 49 Mrd. tkm – und 2005 waren es nur mehr 16 Mrd. tkm.

46 West goes east! – External Costs of Transport in Central and Eastern Europe, hrsg. von OECD und dem Bundesministerium für Land- und Forstwirtschaft, Umwelt- und Wasserwirtschaft, Wien, o.J. (wahrscheinlich 2004), S. 5.

47 In der Zeitschrift „grün & bündig", hrsg. von der Bundestagsfraktion Bündnis 90/Die Grünen, Nr.10/2001.

48 Im Fall der in Tabelle 17 aufgeführten vier größeren mitteleuropäischen Länder gab es – unter Berücksichtigung der in der Tabelle nicht aufgeführten Transportleistungen auf Binnenwasserwegen und in Pipelines – im Jahr 2005 eine addierte Verkehrsleistung im Güterverkehr in der Höhe von 340 Mrd. tkm, wenn die Küstenschifffahrt ausgeklammert wird, und in der Höhe von 420 Mrd. tkm einschließlich der Küstenschifffahrt. Im ersten Fall (= 4-mode modal split) entsprachen die 2005 registrierten 83,6 Mrd. tkm Schienenverkehrsleistung einem Anteil von 27%; im letztgenannten Fall (= 5-mode modal split) waren es 22%. Die EU-Statistik hat seit 2002 richtigerweise auf einen „modal split" unter Einschluss der Küstenschifffahrt umgestellt. In jedem Fall wird die von der EU-Kommission im 2001er Weißbuch genannte untere Marke von 35% deutlich unterschritten.

49 Berechnet nach EU Energy and Transport ..., Ausgabe 2003, a.a.O., Tabelle 3.1.12. Eine Kontrollrechnung, die ich für das Gebiet EU-25 und für das Jahr 2004 anstellte, ergab einen Wert von 0,28 tkm je 1 Dollar EU-25-BIP. Der etwas niedrigere Wert macht Sinn, da die neuen EU-Mitgliedsstaaten noch nicht so weit in die Europäische Union integriert sind wie die 15 „Altstaaten". Auf Grund der weniger abgesicherten Datenlage, vor allem beim Vergleich mit den USA, sei dies hier nur ergänzt. (Nach: EU-EU Energy and Transport ..., Ausgabe 2006, a.a.O.).

50 2003 lag der Anteil der Schiene im US-Güterverkehrsmarkt bei 42,4% gegenüber 33,4% Anteil des Lkw-Verkehrs. EU Energy and Transport ..., a.a.O., Tabelle 3.4.13.

51 Europäische Kommission: Weißbuch – Die europäische Verkehrspolitik bis 2010, S. 29.

52 Verkehrsbericht 2000 der Bundesregierung, hrsg. von Bundesverkehrsminister Kurt Bodewig, Berlin 2000.

53 Europäische Kommission: Weißbuch – Die europäische Verkehrspolitik bis 2010, a.a.O., S. 117 und S. 29.

54 Tram und U-Bahnen konnten im Raum EU-15 in den Jahren 2000-2004 ihren Anteil von 1,0 auf 1,3% steigern.

55 Die Zahlen für die US-Luftfahrt enthalten auch die Personenkilometer, die im internationalen Flugverkehr, ausgehend von den USA, zurückgelegt wurden. Da der Binnenflugverkehr allerdings mehr als 95% der gesamten Flugverkehrsleistung ausmacht, ist ein Vergleich mit der reinen Binnenflugverkehrsleistung im Raum EU-15 gerechtfertigt. Die Pkm-Leistungen im gesamten US-amerikanischen Flugverkehr betrugen 2000 854 Mrd. pkm. Die Pkm-Leistung im internationalen Flugverkehr („general aviation") betrug im selben Jahr 22 Mrd. pkm, was einen Anteil von 2,6% des gesamten Flugverkehrs ausmacht. Auf Grund dieser Proportionen vergleicht die EU in ihrer Statistik auch den Binnenflugverkehr im Raum EU-15 mit dem gesamten Flugverkehr der US-Verkehrsstatistik. Nach: EU Energy and Transport ..., Ausgabe 2003, a.a.O., Tabelle 3.5.24.

56 Basisdaten in EU Energy and Transport ..., Ausgaben 2003 und 2006, a.a.O.; verschiedene Tabellen.

Kapitel 12

1 Thomas Fischermann, „Irrfahrt in den Wettbewerb“, in: Die Zeit vom 24. 10. 1997.

2 Karl Marx, Das Kapital, Bd. 1, MEW Bd. 23, S. 267 f.

3 Angaben nach: Juliette Jowitt, „Britain's overstressed Railways“, in: Financial Times (London), 21. 10. 2000; Economist vom 11. 10. 1999, Frankfurter Rundschau vom 8. 10. 1999 und 11. 10. 1999; Der Spiegel 41/1999. 1997 gab es in Southall nahe London das erste schwere Eisenbahnunglück nach der Bahnprivatisierung. Es forderte zwei Menschenleben. In diesem Fall hatten die maroden Sicherheitsanlagen versagt. Im Oktober 2000 gab es ein schweres Bahnunglück bei Hatfield, das vier Menschenleben forderte. Es war insofern lehrreich, weil eine Schiene unter dem durchfahrenden Zug buchstäblich zerbröselte. Gleisbauarbeiter hatten Railtrack bereits im Februar 2000 auf die brüchige Infrastruktur an dieser Stelle hingewiesen, doch Reparaturarbeiten unterblieben, weil diese Geld und Bußgelder – Letztere wegen gesperrter Strecken während der Bauzeit – gekostet hätten.

4 Henrik Bork, „Eine Sache von Sekunden“, in: Süddeutsche Zeitung vom 2. 5. 2005 und vom 25. 4. 2005. Im erstgenannten Artikel heißt es: „Wie schwer die Zugführer mit diesen Methoden (der 'Tagesschicht-Erziehung'; W.W.) unter Druck gesetzt werden, zeigt der Fall Masaki Hattori. Der damals 44-Jährige war 2001 zu einer Tagesschicht-Erziehung abkommandiert worden, um für einen unfahrplanmäßigen Halt von 60 Sekunden bestraft zu werden. Er musste tagelang in einem winzigen Büro sitzen und wurde pausenlos angeschrien ... Am vierten Tag wurde Zugführer Hattori erhängt in seiner Wohnung aufgefunden.“
Am 14. Mai 1991 kam es in der japanischen Provinz Shiga zu einem Zugunglück mit 38 getöteten Reisenden, als zwei Züge auf einem eingleisigen Streckenabschnitt aufeinander prallten. In einem Bericht hieß es: „Die Polizei gab an, die private Gesellschaft Japan Railways West habe im Gegensatz zu den Zugführern der halbstaatlichen Bahngesellschaft Shigaraki Kogen ihre Zugführer nicht mit Funk ausgestattet. Damit fehlte ihnen auch die Möglichkeit, gegenseitig Kontakt aufzunehmen.“ Nach: Frankfurter Rundschau vom 12. Mai 1991.

5 Nach: Izumi Takeda/Fujio Mizuoka, „The Privatization of the Japan National Railways: The Myth of Neoliberal Reform and Spatial Configuration of the Railway Network in Japan – A View from Critical Geography“, in: Nicholas Low/Brendan Gleeson (Hrsg.), Making Urban Transport Sustainable, London 2003, S. 161 f.

6 Dieser für den Verkehrsausschuss des Deutschen Bundestages angefertigte umfassende und äußerst aufschlussreiche Bericht durfte in seiner Langfassung von den Bundestagsabgeordneten des Ausschusses nur eingesehen werden. Er stand ihnen nicht zur Verfügung und durfte nicht kopiert werden. Ich war damals der einzige Bundestagsabgeordnete des Verkehrsausschusses, der eine solche Einsichtnahme vornahm, sich Abschriften anfertigte und diese veröffentlichte. Vgl. „Ungereimtheiten und Fehler in der Bibel der Lokführer – Das Eisenbahn-Unglück von Brühl, die Frage nach der Schuld und die Geheimniskrämerei um den Untersuchungsbericht – eine Analyse von Winfried Wolf“, in: Frankfurter Rundschau vom 11. Oktober 2000.

7 Mit der Bahnreform wurde das Niveau der Triebfahrzeugführer-Ausbildung in Qualität und Quantität radikal abgesenkt. Die bis dahin zweieinhalbjährige Ausbildungszeit wurde auf sieben Monate („Sieben-Monats-Kinder“) reduziert, bei einigen privaten Gesellschaften soll es noch kürzere Ausbildungen geben. Das Brühler Unglück verdeutlicht die Folgen der Personaleinsparungsmaßnahmen. 1. Bei der „alten“ Bundesbahn wäre S. B. nicht ohne neuerliche Prüfung als Triebfahrzeugführer eingestellt worden. 2. Die beschleunigte Übernahme

erfolgte auch, weil die DB AG zur Expo 2000 und den damit verbundenen Mehrleistungen im Fahrbetrieb im Schnellverfahren Lokomotivführer einstellte und für solche Spitzenbelastungen über eine unzureichende Personaldecke verfügte. 3. Nach der Übernahme von S. B. als DB AG-Lokführer war geplant, ihn hinsichtlich „sicherheitsrelevanter Dinge“ zu prüfen. Diese Prüfung entfiel, weil der Lokführer statt zur Nachschulung zu „dringenden Inventurarbeiten“ in ein Lager geschickt wurde – bis zum Ende der „Nachschulung“. U.a. nach: Erich Preuß, „Unerfahrener Lokführer, überforderte Mitarbeiter“, in: Neues Deutschland vom 24. 7. 2001.

8 Der Brühler Bahnhof weist als Besonderheit zwei Bahnhofsteile auf, den Brühler Güterbahnhof und den Brühler Personenbahnhof; dazwischen liegen 2,5 Kilometer, die überwiegend auf freier Strecke durchfahren werden. Der ehemalige Bundesbahndirektor Eberhard Happe bezeichnete dies im Zusammenhang mit dem Brühler Unglück als „Lokführerfalle“; ein wenig erfahrener und mit der Strecke nicht vertrauter Lokführer konnte nach der Durchfahrt durch den Brühler Güterbahnhof und der Fahrt auf freier Strecke den Eindruck gewinnen, den Bahnhofsbereich verlassen zu haben, womit er auch hätte beschleunigen dürfen.

9 Im fraglichen Fall lag die Betra für den Brühler Baustellenbereich nicht rechtzeitig vor. Daher wurde die La auf einer falschen Grundlage erstellt und wies Tempo 120 km/h aus. Als die La gedruckt war, wurde der Fehler erkannt. Doch die Verantwortlichen versuchten nicht, den fatalen Irrtum über eine nachgeschobene La-Korrektur auszubügeln. Stattdessen wurde in die Betra der Eintrag hinzugefügt: „Die Triebfahrzeugführer bitte über die Fahrt durch Gleis 2 im Güterbahnhof (Brühl) und Gleis 3 im Personenbahnhof (Brühl) verständigen.“ Eine solche „Verständigung“ erfolgte in der fraglichen Nacht nicht. Nach: W. Wolf, Frankfurter Rundschau, a.a.O., und E. Preuß, a.a.O.

10 Peter Brock, „Mehr Sicherheit statt harter Urteile“, in: Berliner Zeitung vom 26. 10. 2001.

11 Ingrid Müller-Münch, „Der Brühl-Prozess führte immerhin zu neuen Sicherheitsüberlegungen“, in: Frankfurter Rundschau vom 25. 10. 2001.

12 Am 5. Juli 1997 gab es in Neustadt bei Stadtallendorf (Hessen) ein schweres Zugunglück, das sechs Menschenleben kostete. Ein Güterzug mit Stahlrohren fuhr unsachgemäß beladen: Die normalerweise senkrecht aufgestellten Rungen (bewegliche Eisenarme) waren waagrecht unter der Ladung liegend geblieben. Die Ladung war nur durch quergespannte Textil- und Nylonbänder sowie durch Holzkeile gesichert. Ein Stahlrohr löste sich und bohrte sich in den entgegenkommenden Regionalexpress Stadtallendorf–Marburg/L. Die Verantwortlichen der Deutschen Bahn AG ließen damals in einer ersten Stellungnahme mitteilen, das Fahren mit heruntergelassenen Rungen sei inzwischen „üblich“.
Am 3. Juni 1998 entgleiste bei Eschede (Niedersachsen) der ICE 884 Conrad Röntgen und prallte gegen ein Brückenbauwerk. 101 Menschen fanden den Tod. Oberflächliche Ursache war der Bruch eines Radreifens im vorderen Zugteil, der mehrere Kilometer vor dem Bahnhof Eschede zur Entgleisung des Radsatzes führte. In der Einfahrweiche wurde der betroffene Wagen so abgelenkt, dass er gegen die Brückenstütze einer Drei-Platten-Brücke prallte. Die wiedererrichtete Brücke besteht aus Spannbeton ohne Zwischenstützen. Zum Einsatz des spezifischen, für Hochgeschwindigkeitsfahrten nicht geeigneten Radreifens war es gekommen, nachdem in den Speisewagen der ICE-Garnituren störende Vibrationen aufgetreten waren und ein Vorstandsmitglied der Deutschen Bahn AG angeordnet hatte, die bisher eingesetzten üblichen Monoblock-Räder durch Räder zu ersetzen, die aus einem Stahlrad bestehen, über das ein elastischer Gummireifen gezogen wird, der schließlich außen von einem dünnen Stahlreifen („Radreifen“) gehalten wird. Es handelte sich, so ein Bericht, „um einen Radreifen, der von der Bahn ungenügend getestet, vorschnell eingeführt und mangelhaft gewartet wurde und schließlich viel zu weit abgefahren war“.

Am 7. Januar 2005 kam es auf der eingleisigen Bahnstrecke Bologna–Perugia zum Zusammenstoß zweier Züge, was 17 Menschen das Leben kostete. Die Bahnbeschäftigten traten unmittelbar darauf in einen Streik und verwiesen darauf, dass die Sicherheitsausschüsse in den vergangenen Monaten viele Male auf die Gefahren auf diesem Streckenabschnitt hingewiesen und den Einbau von Sicherheitseinrichtungen verlangt hatten, was jedoch aus Kostengründen abgelehnt worden war.
Angaben zu Stadtallendorf nach: Süddeutsche Zeitung vom 7. Juli 1997; AP-Bericht vom selben Tag (Verfasser: Martin Angelstein); Bericht des Eisenbahn-Bundesamtes (EBA) vom 25. Februar 1999. Angaben zu Eschede nach: EBA-Bericht vom 26. Februar 1999 und Florian Gless/Wolfgang Metzner, „Anatomie einer Katastrophe – Der Todeszeug", in: Stern 34/2001; Winfried Wolf, „Das ICE-Unglück von Eschede", in: Gila Altmann/Heiner Monheim/Albert Schmidt/Bernhard Strowitzki/Winfried Wolf, Einmal Chaos und zurück – Wege aus der Verkehrsmisere, Köln 1998, S. 70 ff. Angaben zu Italien nach: Willi Hajek, Eisenbahnen in Europa: Wohin rollt der Zug?, Ränkeschmiede Nr. 15, Offenbach, Februar 2006.

13 „Rail remains a far safer form of transport than road. According to the Health and Safety Executive, only one person is killed in a train accident for every 2 bn kilometres travelled. On the road, a fatal accident occurs every 300.000 km." Financial Times vom 21. 10. 2000.

14 Fast immer gibt es im Vorfeld der Bahnprivatisierung eine „innere Aufsplitterung". So wurde z.B. British Rail bereits Anfang der 1990er Jahre in 106 Einzelgesellschaften aufgeteilt. Die EU-Anforderung, Fahrweg und Betrieb „rechnerisch" zu trennen, arbeitet einer späteren materiellen Privatisierung in die Hände.

15 Angaben zur japanischen Bahnprivatisierung hier und, wenn nicht anders angegeben, auch im Folgenden nach: Izumi Takeda/Fujio Mizuoka, „The Privatization of the Japan National Railways …", a.a.O. Es handelt sich um folgende Gesellschaften: Gruppe A = Shinkansen-Bahnen: 1. Tokohu/Joetsu Shinkansen; 2. Tokaido Shinkansen; 3. Sanyo Shinkansen. Gruppe B = Regionale Bahnen oder JR-Gesellschaften: 1. JR Hokkaido; 2. JR East; 3. JR Central; 4. JR West; 5. JR Shikoku; 6. JR Kyushu.

16 Vgl. Werner Bahlsen, „Trennung von Schiene und Betrieb – Briten zeigen, wie es auch nicht funktioniert", in: Frankfurter Rundschau vom 6. Januar 2001; Claudia Wanner, „Britische Güterbahn verführt Kunden", in: Financial Times Deutschland vom 7. 3. 2006.

17 Es handelt sich um die Netze SüdostBayernBahn, Kurhessenbahn, Oberweißbacher Berg- und Schwarzatalbahn (Thüringen) sowie um die Erzgebirgsbahn. Hier mag es durch Dezentralität und Engagement auch Teilerfolge geben. Doch diese Ausgliederungen sind vor allem ein Feld für Lohndumping. Im Fall einer materiellen Bahnprivatisierung sind sie von einem völligen Outsourcing bedroht. Nach: Frankfurter Allgemeine Zeitung vom 15. 2. 2005.

18 Am 24. Juli 2007 übernahm das Kabinett den beschriebenen Entwurf für ein Bahnprivatisierungsgesetz; die Regierung der Großen Koalition wird diesen damit im September 2007 – nach Abschluss dieses Buchs – in das parlamentarische Verfahren einbringen.

19 In Schweden wurde Ende der 1980er Jahre der Fahrweg aus der Eisenbahngesellschaft herausgelöst und neben der Schwedischen Staatsbahn (SJ) eine Eisenbahninfrastrukturgesellschaft (Banverket) gebildet. Teile des Netzes wurden für private Anbieter geöffnet. In Italien wurde die Staatsbahn 1993 in eine Aktiengesellschaft umgewandelt. Anfang 1997 wurde die staatliche Aktiengesellschaft FS in eine Infrastruktur- und eine Servicegesellschaft aufgeteilt. In Spanien wurde 1997 die Infrastrukturgesellschaft GIF (Gestor de Infraestructuras Ferroviarias) aus der Staatsbahn RENFE ausgegliedert. In Frankreich wurde im Februar 1997 eine vergleichbare Aufteilung in eine aus der Staatsbahn ausgegliederte Infrastrukturgesellschaft (Réseau ferré de France – RFF) und in eine Betreibergesellschaft, die „alte" SNCF, vorgenommen, wobei das Eigentum an beiden Gesellschaften bisher in staatlicher Hand und der

Instandhaltungsbetrieb für das Netz bei der SNCF verblieb. In den Niederlanden wurde bereits 1995 eine Trennung von Fahrweg und Betrieb durchgeführt. In Österreich wurde die Einheitsgesellschaft ÖBB 2005 in vier Aktiengesellschaften und eine Holding gespalten.
Zu Schweden: Oliver Schöller/Anke Borcherding, „Elchtest – Die Reform des staatlichen Eisenbahnsystems in Schweden", in: Internationales Verkehrswesen (56) 5/2004, S. 188 ff.; zu Italien: Deutsche Verkehrs-Zeitung vom 20. Februar 1997; zu Spanien: Rafael Izquierdo, „La Liberación del transporte ferroviario en España", in: EurailSpeed, Madrid 2002; zu Frankreich: Deutsche Verkehrs-Zeitung vom 11. Februar 1997; zu den Niederlanden: Railway Gazette International 2002, Nr. 1, S. 39 ff.; zu Österreich: Frankfurter Allgemeine Zeitung vom 12. 2. 2003, Format (Wien), 44/2005 und Railway Gazette International, Vol. 157, N. 1, January 2001, S. 16.

20 Vgl. Rudolf Amstutz, „Business Class statt Stau", in: Via (Schweiz) 2/2004. Angaben zum Amtrak-Netz nach UIC-Statistik 1970-2005.

21 Am Beispiel der ÖBB rechnete der Vorsitzende der österreichischen Eisenbahnergewerkschaft Wilhelm Haberzettl vor: „Früher gab es elf Zentralbetriebsleiter und vier bis fünf Vorstandsdirektoren. Jetzt haben wir 35 bis 40 Zentralbetriebsleiter, von denen jeder 9.000 (Euro; W.W.) Monatsbrutto kassiert, und 19 Vorstandsdirektoren, die zusammen jährlich rund 9,8 Millionen einstreifen. Früher gab es für die Manager fünf Dienstfahrzeuge, jetzt sind es 50. Ein normaler Manager verdient heute so viel wie früher Generaldirektor Draxler." In: Vorarlberger Nachrichten vom 4. März 2006.

22 EU Energy and Transport ..., 2003, a.a.O., Tabelle 3.1.6.

23 Schöller/Borcherding, a.a.O., S. 189.

24 So erfolgt auf dem Bahnhof Wesel in Form einer „Ordnungspartnerschaft zwischen Stadt und Bahn" 2006/07. Nach: Jörn Lotze, „Sprungbrett Ein Euro-Job", http://www.rp-online.de [Zugriff vom 12. 6. 2007].

25 1997 gaben 60% der befragten DB AG-Mitarbeitenden an, gern bei der Bahn zu arbeiten. 2001 war dieser Anteil auf 49% gesunken. Nur noch 40% erklärten, die Bahn im Freundeskreis weiterzuempfehlen; die Mehrheit wollte eine solche Empfehlung nicht geben. Nach: Transnet, Wirtschafts- und Branchenreport 2001.

26 Angaben zur Beschäftigung bei der SBB/CFF/FFS (Schweizer Bahnen) nach: UIC-Statistik Chronologique 1970-2005, Januar 2007, Tabelle B31. Angaben zu den staatlichen Zahlungen für die europäischen Eisenbahnen nach: Booz Allen Hamilton, Privatisierungsvarianten der Deutschen Bahn AG „mit und ohne Netz" – PRIMON-Gutachten, Januar 2006, S. 77.

27 UIC-Statistik, a.a.O., Tabelle B31.

28 Nach dem zitierten Gutachten von Booz Allen Hamilton (PRIMON) lagen die „durchschnittlichen jährlichen staatlichen Zuwendungen in EUR Cent je Einheitskilometer (Personenkilometer plus Tonnenkilometer – ptkm) im gesamten Zeitraum 1995-2003 in Deutschland bei 7 Cent und in Frankreich bei 6,2 Cent. In der Schweiz lag der Betrag bei 2,4 Cent (Schweden: 4,0 Cent, Großbritannien 5,3 Cent). Höher als der deutsche Schienenverkehr wurden unterstützt: der Schienenverkehr in Dänemark (8,7 Cent), in den Niederlanden (9,2 Cent) und in Italien (9,4 Cent)". Das Gutachten vermerkt zu Deutschland noch: „ohne Mittel für das BEV und die Bahn-Altschulden". Die Zahlen für Deutschland geben also eher eine untere Marke dessen an, was an staatlichen Unterstützungen bezahlt wird. In Teil IV wird in Kapitel 19 zu den externen Kosten deutlich gemacht, dass trotz dieser hohen Unterstützungen für die Schiene der Straßen- und Luftverkehr deutlich mehr – auch mehr je Personenkilometer und Tonnenkilometer – bezuschusst wird.

29 Connex/Veolia verlor damit die letzte Lizenz in Großbritannien; bereits 2001 hatte das französische Unternehmen, das in Deutschland unter den privaten Bahnbetreibern Marktführer

ist, die Betriebserlaubnis für die Strecke zwischen London und Südengland abgeben müssen. SRA gründete darauf das öffentliche Unternehmen South Eastern Trains und stellte erfahrene Bahnmanager ein. Seither soll der Bahnbetrieb zwischen Hastings, Dover und London wieder zuverlässiger laufen. Nach: Pit Wuhrer, „Weiter auf Crash-Kurs", in: Freitag vom 24. Dezember 2004; Financial Times Deutschland vom 30. 6. 2003.

30 So weigerte sich die Deutsche Bahn AG bisher konsequent, für Behinderte Waggons mit fahrzeuggebundenen Einstieghilfen einzusetzen. Behinderte mit Rollstühlen müssen immer noch das entwürdigende Verfahren über sich ergehen lassen, auf dem Bahnsteig sich und ihren Rolli in einem speziellen Gestell auf das Niveau des Wagggoneingangs hoch- bzw. herunterkurbeln zu lassen. Vor mehr als 15 Jahren wurden Reisezugwagen entwickelt, bei denen die meisten Rollstuhlfahrer autonom bleiben und keiner fremden Hilfe bedürfen: Sie fordern und erhalten per Knopfdruck am dafür eingerichteten Waggon eine mechanische Einstiegshilfe. Solche fahrzeuggebundenen Einstiegshilfen wurden auch in deutschen bahneigenen Werken gefertigt, allerdings für den Einsatz im Ausland. Die Verweigerung dieser Hilfen kann nicht mit mangelnden finanziellen Mitteln erklärt werden – es wäre ein Leichtes gewesen, dafür öffentliche Mittel einzuklagen, zumal damit Arbeitsplätze, etwa solche im Bahnausbesserungswerk Delitzsch, gesichert worden wären. Es handelt sich schlicht um Behindertenfeindlichkeit.

31 Takeda/Mizuoka, a.a.O., S. 158.

32 „Die lokalen Verschiedenartigkeiten, die aus der unterschiedlichen Marktsituation resultieren, sind ein weiterer Faktor, der zu einem Abbau des Services führt. Fahrgäste können auf Strecken fahren, auf denen konkurrierende Anbieter aggressive Strategien mit neuem Wagenmaterial zu Discount-Preisen fahren, wohingegen die Bahnkunden in Bereichen, in denen JR über ein regionales Monopol verfügt, auf billig gebaute oder gebraucht erstandene, unzureichend komfortable Wagen mit überhöhten Fahrpreisen gezwungen werden. Einige Strecken der konventionellen Linien (Nebenstrecken; W.W.) wurden physisch zerstört, weil die Spurweite dieser Strecken auf Standard-Spur geweitet wurde, um 'Mini-Shinkansen-Verbindungen' zu schaffen. Da nun die Wagen nicht mehr durchgehend … verkehren können, müssen sie an den Bahnhöfen mit Spurwechsel umsteigen." Takeda/Mizuoka, a.a.O., S. 159.

33 Das Bahnhofsrestaurant „Rubenbauer's" im Münchner Hauptbahnhof präsentierte im Herbst 2003 eine Speisekarte mit einer speziellen letzten Seite, auf der sich u.a. die folgenden Zeilen fanden: „Leider befinden sich in unserem Restaurant keine direkt angeschlossenen Sanitärräume. Wir bitten Sie, bei Bedarf, die … Sanitär-Anlage … in der Haupthalle des Bahnhofs – auf der anderen Seite des Quergangs (zu benutzen). Wir entschuldigen uns für diese Unannehmlichkeit." Der Hintergrund: Das Bahnmanagement ging dazu über, pro Bahnhof nur noch eine WC-Anlage zuzulassen und einen Exklusiv-Toilettenanlagen-Vertrag mit dem Unternehmen „Mc Clean" einzugehen. Dann ist oft bereits um 22 Uhr Pinkelpause angesagt.

34 Takeda/Mizuoka, a.a.O., S. 156. Die Autoren schreiben: „… the change in spatial configuration from a dense, homogenous network to a nodal one with large metropolitan cities in the hub." Sie beziehen sich dabei auf das aus dem Flugverkehr übernommene System der Nabe-Speichen-Verbindungen („hub and spoke"), wie es auch vom Vorstandsvorsitzenden der Deutschen Bahn AG, Mehdorn, propagiert wird.

35 Ebd., S. 162.

36 Stephen Grant, „The 2007 Beeching Report – a preview", in: Modern Railways, July 2006, S. 37 ff. Die Verschlechterung des Schienenverkehrsangebotes betraf 2006/07 allein in Cornwall die Verbindungen Exeter–Barnstaple, Par–Newquay, Truro–Falmouth und Plymouth–Callington.

37 Rudolf Amstutz, „Business Class statt Stau“, in: Via, Schweiz, 2/2004.

38 Zitat Wehinger in: Club Bahnreisen Magazin Juni 2005.

39 Angaben zu Railjet nach: Club Bahnreisen Magazin 01/2006. Die ÖBB hat 2006 für 250 Mio. Euro neue Garnituren für zunächst 23 Züge mit je sieben Waggons bei Siemens Österreich bestellt. Von den 440 Sitzen je Zug sollen „90 in der Premium- und Business-Class und 350 in der Economy Class“ bereit stehen. Wie im deutschen ICE bereits seit einigen Jahren üblich, soll es im Railjet in der Economy Class „einen verbesserten Bistro-Trolley-Service und in der Premium-Class und Business-Class einen attraktiven Am-Platz-Service für Speisen und Getränke sowie einen eigenen Zeitungsservice“ geben.

40 Jakob Zirm, „ÖBB: Der Autobus ersetzt die Nebenbahn“, in: Die Presse vom 17. Juni 2006. Ähnlich ein Bericht von Luise Ungerboek in: Der Standard vom 14. November 2005.

41 In der von den Unternehmerverbänden Bundesverband der Deutschen Industrie (BDI) und Deutscher Industrie- und Handelskammertag (DIHT) in Auftrag gegebenen Studie zur deutschen Bahnprivatisierung – verfasst von kcw, Uniconsult, HSH Nordbank und steer davies gleave 2004, heißt es: „In Japan wurden von vornherein nur die drei lukrativsten Unternehmensteile der ehemaligen Staatsbahn JNR an die Börse gebracht. Die verbleibenden vier Eisenbahnunternehmen verlieren Marktanteile und sind im Kerngeschäft der Schiene defizitär. Erfolgsfaktor der drei börsennotierten Unternehmen ist nicht die Privatisierung, sondern sind die idealen Umfeldbedingungen für die Schiene (hohe Siedlungsdichte, hohe Stellplatzgebühren und Maut) … Im Gegensatz zu den drei erfolgreichen Bahnunternehmen hat der japanische Staat seine finanzpolitischen Ziele mit der Bahnreform nicht erreicht. Verkehrlich ist die Entwicklung enttäuschend, Fahrgastzahlen und Frachtaufkommen sinken, obwohl die intermodale Wettbewerbssituation für die Schiene im Vergleich zu Deutschland äußerst günstig ist.“ (S. 9). Angaben zum zuvor zitierten Schuldenberg nach: Angela Köhler, „Der Preis der Privatisierung – Japans Fiskus hilft der Bahn“, in: Stuttgarter Zeitung vom 12. 8. 2001.

42 Frankfurter Allgemeine Zeitung vom 15. Januar 2002. Siehe auch: Oliver Schöller, „Zu den Folgen einer neoliberalen Deregulierungsstrategie – Das Beispiel der britischen Eisenbahnprivatisierung“, in: Internationales Verkehrswesen, (56), 1+2/2003, S. 26 ff.

43 Beim so genannten Eigentumssicherungsmodell bleibt der Bund Eigentümer der Infrastruktur, doch die teilprivatisierte DB AG betreibt und bilanziert diese. Der Bund bezahlt jährlich 2,5 Mrd. Euro für die Instandhaltung an die DB AG. Es gibt keine effektive Kontrolle darüber, ob diese Gelder auch in vollem Umfang dafür eingesetzt werden. Sinkt die Qualität des Netzzustands und behauptet die teilprivatisierte DB AG, die Unterstützungszahlungen reichten nicht aus, so gibt es einen erheblichen Druck zu Sonderzahlungen. Dies ist auch deshalb der Fall, weil weiterhin die Regel gelten soll, dass der „Neubau“ von Infrastruktur allein Sache des Bundes ist. Wenn die Instandhaltung einer Brücke unzureichend erfolgt, ist irgendwann der Neubau fällig. Ein erhebliches Potenzial, höhere öffentliche Mittel abzupressen, existiert auch im Fernverkehr. Anders als im subventionierten Nahverkehr hat die öffentliche Hand keine Handhabe, von einem privaten Betreiber im Fernverkehr die Einhaltung qualitativer Standards – Taktverkehr, ausreichende Kapazitäten und akzeptabler Komfort – einzufordern. Nach einer Teilprivatisierung kann die DB AG argumentieren, bestimmte Verbindungen und spezifische Standards könnten nur im Fall zusätzlicher öffentlicher Mittel garantiert werden.

44 Schöller/Borcherding, a.a.O., S. 190.

45 Roger Ford, „Now it’s the 6.5 billion (Pound) railway“, in: Modern Railways, April 2005, S. 18. Ford: „Um alle diese Zahlungen einmal in einen Vergleich zu bringen: Die jährliche Unterstützung von 6,47 Mrd. britischen Pfund für den rein operativen Betrieb der Eisenbahn

entspricht dem Bruttoinlandsprodukt von El Salvador. Wenn wir die Gelder für die Hochgeschwindigkeitsverbindung zum Eurotunnel hinzurechnen, dann sprechen wir über das Bruttoinlandsprodukt von Bulgarien oder Usbekistan bzw. über die addierten BIPs von Litauen und Lettland."

46 „Bahnprivatisierung stellt sich als Goldgrube heraus", in: Handelsblatt vom 1. 2. 1997.

47 Angaben zum SNCF-Präsidenten nach: Frankfurter Allgemeine Zeitung vom 6. 1. 1996 und tageszeitung (taz) vom 6. 7. 1996. Angaben zum BR-Chef nach: British Railways Board, Annual Report and Accounts 1994/95. Angaben zum FS-Chef nach: Deutsche Verkehrs-Zeitung vom 19. 6. 1996

48 Parallel mit den personellen Verflechtungen kam es zur Verschleuderung von Vermögen. Diesbezüglich ist BASA/Arcor beispielhaft. 1997 brachte die DB ihre Fernmeldeanlagen – früher in der BASA, den „Bahnamtlichen Sprech-Anlagen", zusammengefasst – in ein gemeinsam mit Mannesmann gebildetes Tochterunternehmen mit dem Namen Arcor ein. Arcor entwickelte sich in der Folge schnell zu einem hoch attraktiven Unternehmen, da es am Beginn des Mobilfunk-Booms auf einen Schlag über das 40.000 km lange Schienennetz mit seinen Fernmeldeanlagen verfügte. Zum Zeitpunkt, als es zu diesem Deal kam, war der damalige Bahnchef Dürr zugleich Aufsichtsratsmitglied bei Mannesmann. Die DB AG erhielt für den Verkauf der ersten 49,8% ihrer Arcor-Anteile rund 1 Mrd. Mark. 1997-2001 zahlte die DB AG an Arcor jährlich zwischen 800 Mio. und 1,2 Mrd. Mark Leasing-Gebühren für die Nutzung der Fernmeldeeinrichtungen entlang des Schienennetzes. Bis 2000 reduzierte die DB AG ihren Anteil an Arcor auf 18%. Anfang 2001 übernahm Vodafone Mannesmann-Arcor und bezahlte dafür den bis dahin höchsten Betrag in der Geschichte von Unternehmensübernahmen in der BRD (370 Mrd. Mark). Ein Jahr später, 2001, entschied das DB AG-Management, den für den Bahnbetrieb relevanten Teil von Arcor wieder zurückzukaufen – nunmehr für 2,5 Mrd. Mark. In der Gesamtbilanz kostete der Vorgang der DB AG einen Betrag von umgerechnet 2 Mrd. Euro.

49 Takeda/Mizuoka, a.a.O., S. 159 f.

50 „Hickhack um Börsengang – Experten warnen vor Zerschlagung der Bahn", in: Bild vom 14. September 2006. Informationen zuvor: Der ADAC-Mobilitätspreis wurde der Bahn im März 2007 verliehen (Agenturmeldung ddp vom 7. 3. 2007). Im Januar 2007 stieg die DB AG-Tochter DB Rent ins Neuwagengeschäft ein, indem sie das Ford-Autohaus Saalmüller in Schweinfurt übernahm. Sie vermarktete bisher in zwei Gebrauchtwagen-Centern und über das Internet 15.000 Fahrzeuge jährlich. Ein DB Rent-Sprecher erklärte, man wolle noch 2007 das Autogeschäft deutlich ausweiten (Agenturmeldung dpa vom 17. Januar 2007).

51 Dirk Meyhöfer, „Alles offen", in: mobil 9/2002. In Fallersleben wurde noch vor Beginn des Zweiten Weltkrieges ein 1,3 Kilometer langer Besuchergang im Südrandbau geschaffen, von dem aus „Besucher Einblick in die Fertigungsabteilungen der vier Produktionshallen nehmen konnten". Damals war auch bereits der Bau eines „Hotels für die Abholer des KdF-Wagens" geplant. Nach: Hans Mommsen/Manfred Grieger, Das Volkswagenwerk ..., a.a.O., S. 266.

52 Herbert Völker, „Analytisch, authentisch: Niki Lauda", Interview in: Penthouse März 2006, S. 28. Hinweise dieser Art einer personellen Unterwanderung von Eisenbahngesellschaften durch Personen, die der Bahn konträr gegenüber stehende Interessen vertreten, sind im etablierten Wissenschaftsbetrieb eher nicht beliebt. Ich verfasste 2006/07 für ein Handbuch Verkehrspolitik einen wissenschaftlichen Beitrag zum Thema Verkehrs- und Autolobby. In der Endfassung musste ich auf Verlangen von einem der Herausgeber meinen Beitrag hinsichtlich des direkten Hineinwirkens von bahnfremden Kräften in die Bahn mehrfach abschwächen. So durfte ich das oben angeführte Zitat von Niki Lauda nicht im Wortlaut (sondern nur verallgemeinernd) wiedergeben. Eine Passage, die die Autolobbyarbeit des Bundesum-

weltministers Gabriel 2004/05 – vor seiner Zeit als Bundesminister – belegte, wurde getilgt. Ein Hinweis auf den Interessenkonflikt beim damaligen DB AG-Aufsichtsratsvorsitzenden Vogel, der als Top-Mann von Thyssen eng mit dem Transrapid verbunden war, konnte nur noch angedeutet werden. Vgl. Winfried Wolf, „Strukturen der Verkehrsindustrie – Wirtschaftsinteressen und Verkehrspolitik", in: Oliver Schöller/Weert Canzler/Andreas Knie, Handbuch Verkehrspolitik, Wiesbaden 2007, S. 405 ff.

53 Takeda/Mizuoka, a.a.O., S. 162.

54 Bernhardt Schmidt, „Ein Tempel über den Schienen", in: mobil 06/2001, S. 66 ff.

55 Der Bau eines – technisch aufwändigen und teuren – Kreuzungsbahnhofs macht nur Sinn, wenn viele Fahrgäste umsteigen. Das wusste auch die DB AG, weshalb sie 1993 in die Unterlagen zur Begründung des „Lehrter Zentralbahnhofs" (so die damalige Bezeichnung des heutigen Hauptbahnhofs) hineinschreiben ließ: „50 Prozent derjenigen, die nach Errichtung des neuen Zentralbahnhofs mit einer Bahnfahrt Berlin berühren, sind Durchgangsreisende." Dies war eine groteske und gezielte Falschinformation; der entsprechende Wert wurde später von der DB AG selbst auf „rund zehn Prozent" reduziert. Doch auch dieser Wert liegt dreimal zu hoch. In Metropolen wie Berlin haben 96-98% derjenigen, die Berlin mit der Bahn berühren, Berlin selbst als Ziel oder Startpunkt. Als der Westberliner Senat 1957 einen „Hauptstadtwettbewerb" ausschrieb, hieß es in den Planungsunterlagen für die Neukonzeption der Fernbahnen: „Eine direkte Nord-Süd-Verbindung für den Personenverkehr durch das innere Berlin ist nicht beabsichtigt. Da von allen Reisenden, die Berlin berührten, nie mehr als drei bis dreieinhalb Prozent Durchreisende waren, wären weder die für ein solches Verfahren erforderlichen finanziellen Aufwendungen noch die städtebaulichen Folgen zu rechtfertigen." Vgl. Winfried Wolf, „Ausblick auf die Börsenbahn – Berlins neuer Hauptbahnhof", in: junge Welt vom 26. 5. 2006 und Winfried Wolf, Berlin – Weltstadt ohne Auto? Eine Verkehrsgeschichte 1848-2015, Köln 1994, S. 272 ff.

56 Bereits die von der EU-Kommission und dem ÖBB-Management vertretene Grundprämisse, Wien müsse „zu einem Durchgangsknoten für transeuropäischen Verkehr" umgestaltet werden, ist fragwürdig. Auch für Wien gilt, dass für mindestens 95% der Bahnreisenden die österreichische Hauptstadt Ziel- oder Anfangspunkt ihrer Reise ist. Der am 17. Dezember 2004 vom Wiener Gemeinderat beschlossene Masterplan zielt primär auf eine neue Geschäfts-, Einkaufs- und Bürowelt ab und weniger auf einen Bahnhof. Die veranschlagten Kosten von 420 Mio. Euro liegen ziemlich genauso hoch wie die Kosten, die für den Berliner Hauptbahnhof bei den ersten Planungen genannt wurden – sie werden sich auch in Wien vervielfachen. Der Standort des heutigen Süd- und Ostbahnhofs, auf dem der neue Wiener Zentralbahnhof errichtet werden soll, ist völlig unzureichend in den öffentlichen Verkehr der Stadt eingebunden, was sich zumindest bis zum Jahr 2020 nicht ändern soll – genau dies ist auch ein großes Manko des neuen Berliner Hauptbahnhofs. Vgl. Reinhard Seiss, „Prellbock in Europas Mitte – Wiens geplanter Zentralbahnhof als verkehrspolitisches Großprojekt", in: Süddeutsche Zeitung vom 8. 1. 2005.

57 Der Umbau des Leipziger Bahnhofs war damit verbunden, dass zwei Gleise im Kopfbahnhof gekappt und auf diesen Stellplätze für Pkws eingerichtet wurden. Im Fall Mainz steht der aufwändige Umbau im Kontrast zu der Entwertung von Mainz im Fernverkehrsnetz der Bahn durch die Hochgeschwindigkeitsneubaustrecke Frankfurt/M.–Köln. Als der Umbau des Mannheimer Bahnhofs in Angriff genommen wurde, war das noch in Pläne für den gesamten Bahnhofsbereich einschließlich einer neuen Überdachung der Bahnsteige eingebettet. Am Ende wurde nur der bestehende Bahnhof abgerissen und ein neues Bahnhofsgebäude errichtet, das primär dem Konsum dient. Gleichzeitig nahm die DB AG ihre Planungen zum Bau einer Umfahrung von Mannheim auf der Hochgeschwindigkeitsverbindung Frankfurt/M.–

Stuttgart auf. Vgl. Winfried Wolf, Mannheim 21 – Stadtzerstörung oder Stadtentwicklung?, Verkehr Kompakt Nr. 1, hrsg. vom Arbeitskreis Verkehr und Umwelt UMKEHR e.V., Berlin 2000.

58 Gangolf Stocker, „Luftschloss Stuttgart 21“, in: Kopfbahnhof 21 – Die Alternative zu Stuttgart 21 mit Flughafenanbindung, hrsg. von BUND und VCD, März 2006, S. 4. Vgl. auch Winfried Wolf, Stuttgart 21 – Hauptbahnhof im Untergrund, Frankfurt/M. 1996 (2. erweiterte Auflage).

59 Die DB AG verfügte Anfang 2007 über 5.400 „Personenbahnhöfe und Stationen“; davon waren „2.400 Bahnhöfe mit einem Empfangsgebäude“.

60 Mitteilung der DB AG zum Verkauf der Bahnhöfe vom 16. 2. 2007.

61 Am 16. Februar 2007 veröffentlichte die „Allianz pro Schiene“ eine Pressemitteilung, in der es heißt: „Niemand kann der Deutschen Bahn AG ... die Verkaufsabsicht unrentabler Gebäude vorwerfen.“

62 Wolf-Dieter Siebert in: DB Station und Service AG, Geschäftsbericht 2005, S. 2; zuvor: Heinz Dürr in: Bahnhofsguide Deutschland, hrsg. von Helmut Frei, Bonn – Konstanz, o.J. (wahrscheinlich 1994), S. 6.

63 Der Spiegel 45/1999.

64 In der NS-Zeit wurde die Verlegung des Stuttgarter Hauptbahnhofs in den Rosensteinpark und eine „umfassende Neugestaltung der Innenstadt“ geplant. Wolfgang Christian Schneider schrieb 1982: „Die Verkehrsführung, die von (dem NS-Oberbürgermeister) Strölin und seinen nationalsozialistischen Stadtplanern wesentlich mit der nationalsozialistischen Weltanschauung begründet war, ist in den Grundzügen die heutige. ... Auch die Planungen zur Verlegung des Hauptbahnhofs lebten wieder auf.“ Wolfgang Christian Schneider, „Hitlers ‘wunderschöne Hauptstadt des Schwabenlandes’ – Nationalsozialistische Stadtplanung, Bauten und Bauvorhaben in Stuttgart“, in: Demokratie und Arbeitergeschichte, Jahrbuch 2, hrsg. von der Franz Mehring-Gesellschaft Stuttgart, Stuttgart 1982, S. 91.

65 Dick Roberts, American Railroads. The case for nationalization, New York 1980, S. 76 f.

66 Takeda/Mizuoka, a.a.O., S. 154. Die Autoren verweisen hier auf die lange Tradition privater Eisenbahnlinien, die es in Japan auch zur Zeit der staatlichen JNR gab. Diese privaten Bahnen hätten ihre finanzielle Basis vor allem durch Immobiliengeschäfte und Stadtteilentwicklungsplanungen entlang ihrer Bahnlinien ausgebaut. Oft sei es ihnen gelungen, „wie ein War Lord einen ganzen Teil einer Großstadt zu dominieren ... Diese Praxis der frühen privaten Eisenbahnen gibt einen guten Einblick in die Privatisierung von JNR; die privatisierten JR-Gesellschaften werden angehalten, es der Praxis der frühen privaten Eisenbahngesellschaften gleich zu tun.“ Die privatisierten japanischen Bahnen erzielen nur zwischen 40 und 60% ihrer Erlöse im Bahngeschäft und rund die Hälfte ihrer Umsätze im Bereich „übrige Dienstleistungen“. Nach: Frankfurter Allgemeine Zeitung vom 2. 7. 2003.

67 Vgl. „Bahnprivatisierung stellt sich als Goldgrube heraus“, in: Handelsblatt vom 3. Februar 1997, und Jonathan Prynn, „Britain’s 10 bn Sterling Pound rail rip-off“, in: Evening Standard vom 19. August 1998.

68 Artikel 1 des Eisenbahnneuordnungsgesetzes – Gesetz zur Zusammenführung und Neugliederung der Bundeseisenbahnen – lautet in § 1 und § 2: Das unter dem Namen Deutsche Bundesbahn und Deutsche Reichsbahn „als nicht rechtsfähiges Sondervermögen verwaltete Bundeseisenbahnvermögen wird zu einem nicht rechtsfähigen Sondervermögen des Bundes zusammengeführt und vom Bund unter dem Namen ‘Bundeseisenbahnvermögen’ verwaltet ... Vermögensgegenstände und -rechte sowie Verbindlichkeiten der ... ‘Deutschen Bundesbahn’ und der ‘Deutschen Reichsbahn’ sind Vermögensgegenstände und -rechte sowie Ver-

bindlichkeiten des Bundeseisenbahnvermögens". In § 20 desselben Gesetzes heißt es dann weiter, Bund und BEV seien „verpflichtet, der Deutschen Bahn AG aus dem Bestand des Sondervermögens BEV alle Liegenschaften zu übertragen, soweit dies für das Erbringen von Eisenbahnverkehrsleistungen sowie für das Betreiben der Eisenbahnstruktur notwendig (bahnnotwendig) ist". Nach: Rainer Friese, Eisenbahngesetze, 10. Auflage 1994, Darmstadt 1994, S. 80 und S. 93.

69 Stuttgarter Zeitung vom 12. 3. 1996.

70 Focus 43/1993. Mit Blick auf die aktuelle Privatisierung der Deutschen Bahn AG gibt es vergleichbare Äußerungen von Kapitalanlegern und seitens eines Redakteur des Wirtschaftsblattes „Capital" in dem Film „Bahn unterm Hammer" (Kern Film, 2007).

71 Vgl. Winfried Wolf, Inselkrimi Bahnhof Lindau, Berlin 2004, S. 77; Lindauer Bahnbote – Mitteilungsblatt der Aktionsgemeinschaft Inselbahnhof vom 14. 12. 2006.

72 Angaben zu Hamburg nach: Frankfurter Allgemeine Zeitung vom 6. 10. 2006. Das Thema scheint seitens des Hamburger Senats nicht weiter verfolgt worden zu sein. 2006 wurde der Bruder von Henning Voscherau, Eggert Voscherau, Mitglied des Aufsichtsrats der Deutschen Bahn AG. E. Voscherau ist Vorstandsmitglied beim Chemiekonzern BASF, der wiederum mit Rail4Chem eine eigene, in Konkurrenz zur DB AG/Railion stehende Güterbahn betreibt. Personalie Voscherau nach: Financial Times Deutschland vom 25. 10. 2006.

73 In: Modern Railways, August 2006, S. 6.

74 AFP-Meldung vom 28. 9. 2004.

75 Oliver Schöller schreibt dazu: „Immer wieder fixieren sich Kommentatoren in ihrer Analyse der misslungenen Deregulierung des englischen Eisenbahnsystems auf das private Unternehmen Railtrack. Schnell wird dann argumentiert, das Problem sei allein die Privatisierung des Netzbetreibers gewesen. Dabei wird übersehen, dass viele Komplikationen aus der fragmentierten Betreiberlandschaft resultieren." Schöller, Zu den Folgen einer neoliberalen Deregulierungsstrategie a.a.O., S. 28.

76 Angaben nach: Bahn-Report 1/2007 und Wochenzeitung (Zürich) vom 19. 10. 2006.

77 Nach: EU Energy and Transport …, a.a.O., 2006, Tabelle 3.3.3.

Kapitel 13

1 Christoph Hein, „Eine Autostadt für das Reich der Mitte – Die Chinesen bestellen beim Architekten Albert Speer eine deutsche Stadt", in: Frankfurter Allgemeine Zeitung vom 20. 7. 2002.

2 Amir Hassan Cheheltan, „Letzte Station vor der Hölle", in: Süddeutsche Zeitung vom 10. 4. 2007. 2001 lag der tägliche Bedarf an Treibstoff im Iran bei 46 Mio. Litern. 2006 waren es 73 Mio. Liter täglich. „Wir konsumieren mit 70 Millionen Einwohnern so viel wie Indien mit seinen 1,2 Milliarden Menschen", so der iranische Ölexperte Hamid Zaheri. Nach: Financial Times Deutschland vom 10. 10. 2006. Ende Juni 2007 verkündete die Regierung in Teheran eine Rationierung der Benzinabgabe. Es kam zu gewalttätigen Protesten; in Teheran ging ein Dutzend Tankstellen in Flammen auf. Nach: Süddeutsche Zeitung vom 27. 6. 2007.

3 2006 gab es in Deutschland rund 800.000 Pkw-Neuzulassungen durch Firmen, die diese Wagen wiederum ihren Mitarbeitenden zur Nutzung überließen. Dies machte ein knappes Drittel des gesamten Inlandsabsatzes der deutschen Hersteller (VW, DaimlerChrysler, BMW und Porsche) aus. Bei den so genannten Premiumherstellern BMW, Audi, Mercedes und Porsche wurde bereits die Mehrzahl der im Inland abgesetzten Pkws an Unternehmen verkauft. BMW-Modelle der 5er-Reihe gehen zu 80% an Firmen. Dienstwagen haben inzwischen strategische Bedeutung für die Fahrzeugbau-Konzerne. Der damalige Präsident des Verbandes

der Automobilindustrie, Bernd Gottschalk, äußerte 2006: „Ohne den florierenden Absatz im Gewerbe (bei Firmenwagen; W.W.) wäre überhaupt kein Zulassungsplus erreicht worden." Nach: Winfried Wolf, „Die Dienstwagengesellschaft", in: junge Welt vom 14. 2. 2007.

4 Die rumänische Renault-Tochter Dacia begann 2005 mit der Produktion des Modells Logan, das in Teilen der Dritten Welt um 5.000 Euro und in Westeuropa um 7.000 Euro angeboten wird. Das Projekt schien riskant; es erwies sich jedoch als ausgesprochen erfolgreich, nicht nur in der Dritten Welt sondern – zur Überraschung der Renault-Manager – auch in Westeuropa.

5 Nach: Hannes Hofbauer, Osterweiterung. Vom Drang nach Osten zur peripheren EU-Integration, Wien 2003, S. 142.

6 Eduardo Galeano, „Ihnen gleich sein?", in: Winfried Wolf/Eduardo Galeano, 500 Jahre Conquista, Köln 1992, S. 182.

7 Zit. bei: Volker Mrasek, „Vierradzuwachs", in: Financial Times Deutschland vom 20. 3. 2007.

8 Die Zahl der weltweit registrierten Pkws stieg laut offizieller Statistik von 353 Mio. auf 641 Mio. Einheiten (siehe Tabelle 20). Doch in dieser Zahl sind die SUVs (Sportwagen, Pickups, Vans usw.) aus der Region Nordamerika nicht integriert. Da es diese Pkw-Modelle erst seit Mitte der 1980er Jahre als Massenware gibt, „verstecken" sich rund 75 Mio. SUVs in den Angaben zur Kfz-Gesamtzahl. Die EU-Statistik definiert aus diesem Grund Pkws als „all 2-axle-4-tyre vehicles" (Autos mit zwei Achsen und vier Rädern). Danach gab es in den USA 2004 bereits 228 Mio. so definierte Pkws. Für Japan nennt diese Statistik für 2004 rund 68 Mio. Pkws, also rund 10 Mio. mehr als in der offiziellen Statistik (siehe folgende Tabelle) ausgewiesen. Angaben nach: Tatsachen und Zahlen aus der Kraftverkehrswirtschaft, hrsg. vom Verband der Automobilindustrie, Frankfurt/M., Ausgabe 2006, S. 367 f. und EU Energy and Transport …, a.a.O., Ausgabe 2006.

9 Grunddaten nach: Tatsachen und Zahlen aus der Kraftverkehrswirtschaft, a.a.O., Ausgaben 1985, 1995 und 2006. Angaben für USA und Japan zur Zahl der Pkws je 1.000 Einwohner nach: EU Energy and Transport …, a.a.O., Ausgabe 2006, Tabelle 3.1.10.

10 Wenn wir von 70 Mio. SUVs ausgehen, die in den USA in der Pkw-Zahl nicht enthalten sind, dann lag 2005 die gesamte weltweite Pkw-Zahl bei rund 520 Mio.

11 Siehe Verkehr in Zahlen 2006/2007, S. 144 f.

12 Nach: Frankfurter Allgemeine Zeitung vom 11. 7. 2006. Angaben zu Chery nach: Marc Wieder, China – Automobilmarkt der Zukunft? Reihe Discussion Papers des Wissenschaftszentrums Berlin für Sozialforschung, Berlin 2004, S. 23.

13 2005 exportierte China erstmals mehr Pkws, als es importierte. Es werden erste speziell auf den Export orientierte Autofabriken gebaut, die der Staat steuerlich fördert. Der japanische Autokonzern Honda errichtete 2005/06 bei Kanton eine Fabrik, die das Modell „Jazz" ausschließlich für den Export produziert. Die Fabrik liegt in einer Freihandelszone, so dass die Mehrwertsteuer und die Zölle für importierte Komponenten weitgehend entfallen. Darüber hinaus hat die Regierung in Peking bei diesem Werk erstmals darauf verzichtet, als gleichberechtigter Eigner aufzutreten und einen zumindest 50-prozentigen chinesischen Anteil zu verlangen. Das Werk wird mehrheitlich vom japanischen Hersteller Honda beherrscht; der chinesische Partner Guangzhou Auto hält nur eine Minderheitsbeteiligung. Nach: Financial Times Deutschland vom 10. 7. 2006.

14 Im Jahr 2000 lag nach einer Berechnung von McKinsey der operative Gewinn von GM in China über zweieinhalbmal höher als im weltweiten Durchschnitt des GM-Konzerns; bei VW und Honda lag der Gewinn sogar siebenmal höher. Für Honda wurde dabei als Gewinnmarge 22% angegeben. Marc Wieder, a.a.O., S. 27 und S. 31.

15 Marc Wieder, a.a.O., S. 21.

16 Walter Hook, Should China motorize? (2003), zit. bei: Marc Wieder, a.a.O., S. 21.

17 „Das Ingolstädter Produkt galt bisher als die Sänfte der chinesischen Kader. Doch der wirtschaftliche Erfolg hatte rein politische Gründe. Nach den Massenprotesten für Demokratie und gegen Korruption vom Juni 1989 verpflichtete die KP-Zentrale ihre Funktionäre, Audi 100 zu fahren. Daß Kader im Benz kutschieren, hatten die aufmüpfigen Studenten damals als 'westliche Dekadenz' gebrandmarkt. Die in Lizenz zusammengeschraubte schwarze Ingolstädter Karosse galt dagegen als 'heimisches' Produkt. Rund 100.000 Audis rollten in Chanchun vom Band. Damit ist jetzt Schluß … Vergebens mühte sich Audi, den Markt für die sieben Millionen autoberechtigten Kader zurückzuerobern." In: Der Spiegel 41/1996.

18 Christoph Hein, „Holprige Wegstrecke nach Indien – Aber die Aussichten der Autoindustrie sind blendend", in: Frankfurter Allgemeine Zeitung vom 9. 9. 2006.

19 Bernd Ziesemer, „Schlange stehen", in: Wirtschaftswoche vom 23. 10. 1997.

20 Im Fiskaljahr 2005/05 (Ende: 31. 3. 2006) wurden in Indien 1,14 Mio. Pkws abgesetzt.

21 Britta Petersen, „Indien blockiert sich selbst", in: Financial Times Deutschland, 9. 3.2 007.

22 Nach: Peter Montagnon, „Long journey to efficiency", in: Financial Times vom 27. 6. 1996.

23 Bernhard Bartsch, „Aufbau Fernost", in: Berliner Zeitung vom 2. 1. 2007.

24 Nach: Wirtschaftswoche vom 24. 9. 1998. Demnach wurden in China als Antwort auf den Rückgang der Schiene 1998 erste private Frachtbetreiber im Schienengüterverkehr zugelassen.

25 Daten zu den Eisenbahnen in Indien und China nach UIC-Statistik, 1970-2005, a.a.O. Demzufolge stiegen zwischen 1995 und 2005 die Leistungen im Schienenpersonenverkehr in China von 355 Mrd. pkm auf 580 Mrd. pkm und in Indien von 320 Mrd. pkm auf 580 Mrd. pkm. Die Güterverkehrsleistungen wuchsen im selben Zeitraum in China von 1.283 Mrd. tkm auf 1.953 Mrd. tkm und in Indien von 250 Mrd. tkm auf 407 Mrd. tkm.

26 Die chinesische Regierung bestellte 2005 für 670 Mio. Euro bei Siemens ICE-3-Garnituren. Geplant ist ein Bau von Hochgeschwindigkeitsstrecken. Damit besteht die Gefahr, dass China sich in der Eisenbahnpolitik auf einen vergleichbar falschen Weg begibt, wie dies im Fall der Eisenbahnen in Japan, Deutschland und Frankreich beschrieben wurde. Nach dem Blatt „Focus Money" hat der Privatisierungsprozess auch die chinesischen Eisenbahnen erreicht. Die Zeitschrift stellt private Eisenbahnbetreiber wie China Railway Logistic (ehemals Proactive Tech) und Guangshen Railway vor und empfiehlt dem westlichen Publikum den Kauf von Aktien dieser Gesellschaften. Nach: Johannes Heinritzi, „Volle Fahrt", in: Focus Money, 34/2007.

27 Nach Frankfurter Rundschau vom 18. 2. 1997, den Gesundheitsminister Rajendra Gupta zitierend.

28 Janis Vougioukas, „Umweltverschmutzung wird zum Standortnachteil", in: Süddeutsche Zeitung vom 3. 1. 2007. Im November 2006 änderte die US-Investmentbank Merrill Lynch unter Verweis auf die schlechte Luftqualität ihre Empfehlungen für die Aktien der größten Hongkonger Immobilienunternehmen von „neutral" auf „verkaufen".

29 Johnny Erling, „Fahrverbot in Peking als Olympia-Test", in: Die Welt (kompakt) vom 17. 8. 2007 und Henrik Bork, „Morbide Folgen des mobilen Fortschritts", in: Süddeutsche Zeitung vom 9. 7. 2007

30 „Einheitliche Traufhöhe, Grünstreifen, Parklätze – Anting German Town von Albert Speer wirkt wie ein Stück Deutschland", so wird die Autostadt bei Schanghai beschrieben. Angaben zu den zwei Autostädten nach: Susanne Ziegert, „Deutsche Architekten kämpfen um Großprojekte in China", in: Welt am Sonntag vom 12. 3. 2006, und Christoph Hein, a.a.O.

31 Paul Barter/Jeff Kenworthy/Felix Laube, „Lessons from Asia on Sustainable Urban Transport", in: Nicolas Low/Brendan Gleeson, Making Urban Transport Sustainable, a.a.O., S. 255. Ausgerechnet zu Kanton, wo die deutsche Bundesregierung ein U-Bahn-System mitfinanzierte, heißt es dort: „Of particular concern may be Guangzhou and Manila, which seem to have been investing about five to seven times more heavily in roads than public transport" (S. 261).

32 Der Bau der Magnetbahn Transrapid in Schanghai muss als sündhaft teurer Schildbürgerstreich charakterisiert werden. Die hohe Geschwindigkeit macht für eine bloß gut 40 Kilometer lange Strecke keinen Sinn. Die Bahn führt nur vom Flughafen an den Stadtrand von Schanghai heran, sodass die Fahrt ins Zentrum mit dem Taxi fortgesetzt werden muss. Wenige Jahre nach der Eröffnung traten gravierende bauliche Probleme auf. Der Auslastungsgrad lag in den ersten drei Jahren dauerhaft unter 20%, weswegen die Bahn hoch defizitär fährt. Die damalige Stadtregierung von Schanghai, die dem Magnetbahnprojekt zugestimmt hatte, musste 2006 wegen flächendeckender Korruption ausgewechselt werden. Das Top-Management des Magnetbahn-Herstellers Siemens musste 2007 wegen seiner Verstrickung in die Korruption abtreten. Zur Magnetbahn vgl. Winfried Wolf, Transrapid, Chinarapid, Metrorapid – hoch subventionierte Wege in eine verkehrspolitische Sackgasse, Berlin 2002; Winfried Wolf, „Dreißigjähriger Krieg gegen jede Vernunft", in: Waterkant, 4/2006.

33 Die genannten zwei großen U-Bahn-Projekte wurden Anfang der 1990er Jahre gestartet und Ende der 1990er Jahre weitgehend abgeschlossen. Die deutschen Unterstützungszahlungen kamen überwiegend aus dem Etat des Ministeriums für wirtschaftliche Zusammenarbeit und Entwicklung. Angaben nach: Rolf Obertreis, „Das Reich der Mitte lockt mit großen Chancen", in: Frankfurter Rundschau vom 15. 7. 1999; Peter Seidlitz, „Untergrundbahn zum Sondertarif", in: Handelsblatt vom 1. 8. 1996 und Andreas Witt, „Exportprodukt Stau", in: fairkehr 5/1996.

34 Marc Wieder, a.a.O. Hier finden sich (auf Seite 43) lediglich zwei Sätze: „Zu der Höhe der Kraftfahrzeugemissionen trägt auch der fast chronische Stau in den Städten aufgrund des Fehlens eines adäquaten Straßenverkehrsnetzes bei. Auch wenn der chinesische Staat in den letzten Jahren erhebliches Tempo beim Ausbau der Straßeninfrastruktur vorlegte, wurde er bisher dem ständig wachsenden Verkehr nicht Herr." Es stellen sich zwei Fragen: 1. Was ist ein „adäquates Straßennetz"? 2. In welcher Autostadt wurde man „dem ständig wachsenden (Pkw-)Verkehr Herr"? Vorausgegangener Hinweis auf die Weltbankstudie nach: Andreas Witt, Exportprodukt Stau, a.a.O., S. 20.

35 The Indian Transport Sector. Long Term Issues, World Bank, Washington, 1996.

36 Frankfurter Rundschau vom 24. 6. 1996.

37 Zunächst unter der Bezeichnung Ferrocarriles Nacional y los del Sureste; die endgültige Enteignung der ehemaligen privaten Eigentümer und die Bildung der FNM fand 1937 statt – „por causa de utilidad pública y para integrar el sistema ferroviario del país" („aus Gründen des öffentlichen Interesses und um ein einheitliches Eisenbahnwesen des Landes zu schaffen"). Nach: Caminos de Hierro, hrsg. von den FNM, vertreten durch Carlos Ruiz Sacristán, Aaron Dychter Poltolarek, Luis de Pablo Serna, Sergio Ortiz Hernán und Miguel Tirado Rasso, Mexico D.F. 1996, S. 94; Zitat zur Verstaatlichungsbegründung dort S. 134.

38 1985 gab es auf dem FNM-Netz eine Leistung von 6 Mrd. pkm; bis zum Beginn des Privatisierungsprozesses wurde sie auf 1,8 Mrd. pkm reduziert. 2005 waren es nur mehr 0,073 Mrd. pkm oder 73 Mio. pkm. Der gesamte Park mit Tausenden Personenwagen schnurrte auf eine „flota operable" mit „39 coches" zusammen, die in der offiziellen Statistik fein säuberlich mit „14 coches Primera Express, 2 coches Clase Unica, 14 coches Clase Económica, 9 coches bar y comedor" aufgeschlüsselt werden. Der überproportional hohe Bestand an Spei-

sewagen („coches bar y comedor") deutet auf den touristischen Einsatz vor allem auf der erwähnten Verbindung Chiuahua–Los Mochis hin. Quelle: Dirección General de Tarifas, Transporte Ferroviario y Multimodal, 2007.

39 1990 waren bei den FNM 83.200 Menschen beschäftigt, 1996 45.500 und 2005 nur mehr 13.500. Die Statistik erwähnt jedoch, dass im Verlauf der „Neustrukturierung" der mexikanischen Eisenbahnen eine „industria de producción y servicios alrededor de las empresas ferroviarias" abgewickelt worden sei, deren Beschäftigte in der Statistik nicht enthalten sind. Mit den FNM waren Eisenbahnausbesserungswerke sowie Werke zur Waggon- und Lokfertigung verbunden, die überwiegend abgewickelt wurden. 2005 gab es 47.100 Eisenbahnpensionäre, die ihre Altersbezüge von einer „FNM en Liquidación" erhielten. Die Renditen der privaten Eisenbahnen wurden also auch dadurch angehoben, dass jegliche „Altlasten" dieser Art den Steuerzahlenden übertragen wurden.

40 In den Jahren 1998-2001 lag die Güterverkehrsleistung bei rund 46 Mrd. tkm; 2005 waren es 55 Mrd. tkm. Das Güterverkehrsaufkommen im „trafico internacional" hat sich von 28 Mio. Tonnen auf 53 Mio. Tonnen fast verdoppelt, womit knapp 60% internationaler Verkehr waren. Im Fall der Transportleistung (tkm) liegt dieser Anteil nochmals deutlich höher. (Die Statistik macht hierzu keine Angaben.) Damit dienen die mexikanischen Privatbahnen dazu, die „verlängerte Werkbank" der US- und kanadischen Konzerne mit ihren Muttergesellschaften zu verbinden. Dafür spricht auch die Angabe, wonach im Jahr 2005 die „distancia media", die mittlere Transportweite je Fracht, den hohen Wert von 614 Kilometern ausweist. Zum Vergleich: Die mittlere Transportweite bei der Deutschen Bahn AG liegt bei rund 300 Kilometern. Quelle wie in der vorletzten Anmerkung.

41 Diese Verbindung wird seit Mai 2000 von der halbstaatlichen Gesellschaft Ferrocarril del Istmo de Tehuantepec (FIT) betrieben; das Zugpersonal wird von den beiden im Süden Mexikos operierenden privaten Bahngesellschaften Ferrosur und FCM gestellt. Zur Bedeutung dieser Strecke vgl. Gerold Schmidt/Winfried Wolf, „Über den Isthmus von Tehuantepec. Eine Reise mit Quereinsichten", in: Utopie Kreativ, Heft 103/104, Mai-Juni 1999, S. 74 ff.

42 „US-Konzessionärin stellt Betrieb der Ferrocarriles Chiapas Mayab ein. Die Ankündigung der Betriebseinstellung des US-Unternehmens Genesee & Wyoming Inc., das seit 1999 die Linie Chiapas–Mayab betreibt, erfolgte zu einem Zeitpunkt, zu dem die Regierung des Bundesstaates (Chiapas) beim Bundesverkehrsministerium über den Transfer von 875 Millionen Pesos verhandelt, die dazu bestimmt sind, die Bahnlinie und die Brücken auf der Verbindung Ciudad Hidalgo–Arriaga zu reparieren, die von diesem Unternehmen betrieben wird. Die Gesellschaft ließ mehrmals Vereinbarungen für eine bessere Infrastruktur der Strecke unerfüllt, was 2004 dazu führte, dass die Regierung von Chiapas mehrere Waggons in Beschlag nahm, weil diese nach ihrer Auffassung auf Grund zahlreicher Unfälle infolge der schlechten Wartung Menschenleben gefährdeten." La Jornada, Mexico D.F., vom 25. 6. 2007.

43 Ralf Roman Rossberg, Geschichte der Eisenbahn, a.a.O., S. 172.

44 Rossberg, a.a.O., S. 172. Angaben zur erneuten Verstaatlichung nach: Timo Berger, „Privat ins Chaos", in: junge Welt vom 30. 5. 2007.

45 „Abhängigkeit ist kein Schicksal", Interview mit dem Gewerkschafter Tiècoura Traoré in: Freitag 20 vom 18. 5. 2007.

46 Angaben zum Dakar-Niger-Express nach: Vincent Munié, „Mord am Dakar-Niger-Express – Die Folgen einer Privatisierung im Senegal", in: Le Monde Diplomatique, Februar 2007.

47 Nach Wolfgang E. Müller, „Bald eine Milliarde Pkw?", in: Frankfurter Rundschau vom 24.2. 1996.

48 Zit. bei: Christiane von Hardenberg, „Asiens Verkehr bedroht Boom", in: Financial Times Deutschland vom 20. 12. 2006.

49 Zit. bei: Volker Mrasek, „Vierradzuwachs“, in: Financial Times Deutschland vom 20. 3. 2007.

50 Angaben nach: Kristina Spiller, „Renault feilt mit Nissan an neuem Billigauto“, in: Financial Times vom 21. 6. 2007.

51 Nach: Pressetext Austria vom 18. 11. 2006.

52 Geoff Dyer, „Hunger for cars feeds drive-thru fast-food outlets across China“, in: Financial Times vom 18. 11. 2006.

53 Rathenau-Zitat nach: Le Monde Diplomatique, April 1997; Original: Neue Freie Presse, Dezember 1909.

54 Global 500, in: Fortune vom 24. 7.2 006.

55 Basis der Berechnungen und der Zusammenstellung sind die Angaben im „Global 500-Bericht“ von Fortune, Ausgabe vom 24. 7. 2006. Die Zusammenstellung und Zuordnung erfolgte wie unten im Detail wiedergegeben. Zahlen, die allein in Klammern wiedergegeben werden, beziehen sich auf die Branchennumerierung, die das Blatt „Fortune“ vornahm.
Zeile 1: Zusammengefasst wurden die Bereiche „Mining, Crude Oil Production“ (Branche 33 in der „Fortune“-Statistik), „Oil & Gas Equipment“ (35) und „Petroleum Refining“ (37).
Zeile 3: geschätzter Umsatz des zivilen Flugzeugbaus (vor allem bei den Global 500-Unternehmen von Boeing, EADS, Bombardier, Finmeccania und BAe) – in Abgrenzung zur Position in Zeile 9 „Verteidigung, Raumfahrt (o. zivilen Flugzeugbau)“. Beide Bereiche – ziviler Flugzeugbau und Rüstung/Raumfahrt – sind bei Fortune in einer „Branche“ („Aerospace and Defence“, Branchenschlüssel Nr. 1) zusammengefasst.
Zeile 6: Zusammengefasst wurden Energieunternehmen wie Suez, E.on, RWE (= Branche 12 „Energy“) und Versorger wie Electricité de France (EDF), ENEL, Gaz de France, Vattenfall (= Branche 49, „Utilities“).
Zeile 8: Zusammengefasst wurden: „Chemicals“ (7) und „Pharmaceuticals“ (38)
Zeile 10: Zusammengefasst wurden: „Computer Services & Software“ (8); „Computers, Office Equipment“ (9), „Electronics; Electrical Equipment“ (11), „Semiconductors; Electronic Components“ (42) und „Whole Salers: Electronics, Office Equipment“ (50)
Zeile 11: nur die „Fortune“-Gruppe „Industrial and Farm Equipment“ (26).
Zeile 12: nur die „Fortune“-Gruppe „Metals“ (32).
Zeile 13: Zusammengefasst wurden: „Engineering, Construction“ (13), „Building Materials, Glass“ (6) und „Homebuilders“ (23)
Zeile 14: „Forest & Paper Products“ (19).
Zeile 15: „Scientific, Photo, Control Equipment“ (40); zusammengefasst sind hier die zwei Konzerne Fuji Photo Film und Eastman Kodak.
Zeile 16: Zusammengefasst wurden: „Beverages“ (5), „Food Consumer Products“ (16), „Food Production“ (17), „Tobacco“ (47) und „Food Services“ (18) (letztere Gruppe enthält z.B. das Unternehmen McDonalds).
Zeile 17: „Fortune“-Branche „Apparel“ (3), in der nur die beiden Konzerne Christian Dior und Nike vertreten sind.
Zeile 20: Zusammengefasst wurden: „Banks: Commercials and Savings“ (4), „Diversified Financials“ (10), „Securities“ (Investmentbanken) (41). Unter „Diversified Financials“ befindet sich auch der Konzern General Electric (GE) mit einem Umsatz von 157 Mrd. US-Dollar, der zu einem größeren Teil dem Komplex Flugzeugbau/Airlines (Flugzeugmotorenbau/Luftfahrt/Leasing von Flugzeugen) zugeschlagen werden könnte.
Zeile 21: Zusammengefasst sind: „Insurance: Life, Health (Mutual)“ (27), „Insurance: Life, Health (Stock)“ (28), „Insurance: P&C (Mutual)“ (29) und „Insurance: P&C (Stock)“ (29).
Zeile 23: Zusammengefasst wurden Telekommunikationsunternehmen wie Deutsche Telekom, Vodafone, AT&T (= Branche 45 „Telecommunications“) und Unternehmen des Bereichs

„Network, other Communication Equipment" wie Nokia, Motorola, Ericson (= Branche 35).

Zeile 24: Zusammengefasst wurden: „Trading" (48), „Shipping" (43), „Railroads" (39) und „Mail, Package, Freight-Delivery" (31).

Zeile 25: Zusammengefasst sind: „Food & Drugstores" (15), „General Merchandisers" (20), „Household, Personal Products" (25; u.a. Procter & Gamble und Henkel), „Wholesalers: Others" (52; u.a. Edeka) und „Speciality Retailers" (44; u.a. Otto-Versand).

Zeile 26: Zusammengefasst sind: „Health Care: Insurance, Managed Care" (21); „Health Care: Other" (22), „Wholesalers: Health Care" (51).

Zeile 27: Zusammengefasst wurden: „Entertainment" (14) und „Hotel, Casinos, Resorts" (24).

Zeile 28: Zusammengefasst wurden: „Temporary Help" (46; = Manpower und Adeco) und die Gruppe 53, „Miscellaneous", die aus den Unternehmen TUI, 3M, Cendant und der Lagardère Group gebildet wird.

56 Hermann Scheer, Energieautonomie. Eine neue Politik für erneuerbare Energien, München 2005, vgl. z.B. dort S. 85.

57 Zusammenstellung nach: Global 500 in: Fortune vom 27. 7. 2000 und Fortune vom 24. 7. 2006. Hinter den Branchenbezeichnungen stehen die folgenden Konzerne:

Mining; Crude Oil Production: 1999 waren dies die folgenden Unternehmen: Pemex (Mexiko), RAG (D), Broken Hill Prop. (Austr.)., Lukoil (Russl.).

2005 waren dies: BHP Billiton (Austr.), Anglo American (GB), RAG (BRD), Rio Tinto Group (GB), Encana (Kanada), Oil & Natural Gas (Indien), Occidental Petroleum (US), Surgutneftegas (Russl.)

Petroleum Refining: 1999 (= 26 Gesellschaften): Exxon (US), Shell (GB/NL), BP (GB), Total (F), Sinopec (China), Elf (F), Texaco (US), ENI (Italien), Chevron (US), PDVSA (Venezuela), SK (Südkorea), Repsol (Sp.), USX (US), Nippon Mitsubishi (J), Conoco (US), Indian Oil (Indien), Statoil (Norwegen), Petrobas (Brasilien), Idemitsu Kosan (J), Petronas (Malaysia), Tosco (US), Phillips Petroleum (US), Japan Energy (J), Atlantic Richfield (US), Ult. Diamond Shamrock (US), Cosmo Oil (J).

2005 (= 37 Konzerne): Exxon (US), Shell (GB/NL), BP (GB), Chevron (US), ConocoPhillips (US), Total (F), Sinopec (China), ENI (Italien), PDVSA (Venezuela), China National Petroleum (China), Pemex (Mexiko), Valero Energy (US), Statoil (Norwegen), Marathon Oil (US), Repsol (Sp.), Petrobas (Brasilien), SK (Südkorea), Lukoil (Russl.), Nippon Oil (J), Petronas (Malaysia), Indian Oil (Indien), Sunoco (US), Idemitsu Kosan (J), Nippon Mining Holdings (J), Hess (US), PTT (Thailand), Cepsa (Sp.), OMV (Österreich), Cosmo Oil (J), Reliance Industries (Indien), Rosneft Oil (Russl.), Bharat Petroleum (Indien), Hindustan Petroleum (Indien), Tesoro (Indien).

Oil & Gas Equipment: 1999: Geschätzt, da als getrennte Kategorie nicht aufgeführt.

2005 (= 2 Konzerne): Halliburton (US), Schlumberger (US).

Autoindustrie und Zulieferer: 1999 (= 25 Konzerne): GM (US), Ford (US), DaimlerChrysler (D), Toyota (J), VW (D), Honda (J), Nissan (J), Fiat (I), Peugeot (F), Renault (F), BMW (D), Mitsubishi Motors (J), Bosch (D), Hyundai (Südkorea), Mazda (J), TRW (US), Denso (J), Johnson (J), Volvo (Schweden), MAN (D), Suzuki (J), Isuzu (J), Dana (US), Lear (US), Fuji Heavy (J). 1999 wurden drei Reifenhersteller noch getrennt aufgeführt unter „Rubber and Plastic Products": Bridgestone (J), Michelin (F), Goodyear Tire (US).

2005 (= 34 Konzerne, nunmehr inklusive Reifen-Konzerne): GM (US), DaimlerChrysler (D), Toyota (D), Ford (US), VW (D), Honda (J), Nissan (J), Peugeot (F), BMW (D), Fiat (Italien), Hyundai (Südkorea), Bosch (D), Renault (F), Volvo (Schweden), Denso (J), Johnson (US), Delphi (US), Mazda (J), Bridgestone (J), Suzuki (J), Magna (Canada), Goodyear (US), Michelin (F), MAN (D), Koç (Türkei), Continental (D), Lear (US), Visteon (US), China First Automotive Works (China), Shanghai Automotive (China), Paccar (US), Isuzu (J).

Ziviler Flugzeugbau: Jeweils geschätzt; 1999 anteilige zivile Produktion von Boeing und Aérospatiale Matra und BAe (als Airbus-Miteigentümer); 2005: anteilige zivile Produktion von Boeing, EADS/Airbus und Bombardier.

Airlines: 1999 (= 9 Konzerne): AMR (US), UAL (US), Delta (US), British Airways (GB), Japan Airlines (J), Lufthansa (D), All Nippon Airways (J), Air France (F), NWA (US). 2005 (= 7 Gesellschaften): Air France-KLM (F), Lufthansa (D), AMR (US), Japan Airlines (J), UAL (US), Delta (US), British Airways (GB).

Energy: 1999 (= 9 Gesellschaften): Enron (US), RWE (D), Suez (F), Dynegy (US), Transcanada Pipelines (Canada), OAO Gazprom (Russland), El Paso Energy (US)
2005 (= 8 Gesellschaften): E.on (D), Suez (F), Gazprom (Russland), RWE (D), Plains All American Pipeline (US), Gasunie Trade & Supply (NL), Constellation Energy (US), Areva (F).

Utilities: 1999 (= 17 Gesellschaften): Tokyo Electric Power (J), State Power (China), EDF (F), Kansai Electric Power (J), Enel (Italien), Duke Energy (US), PG&E Corp. (US), Chubu Electric Power (J), Utilicorp United (US), TXU (US), Reliant Energy (S), Endesa (Sp.), Tohoku Electric Power (J), Korea Electric Power (Südkorea), Kyushu Electric Power (J), Centrica (GB), Southern (US).
2005 (= 23 Gesellschaften): State Grid (China), EDF (F), Tokyo Electric Power (J), Enel (Italien), Veolia Environment (F), Gaz de France (F), UES of Russia (Russl.), Centrica (GB), Korea Electric Power (Südkorea), China Southern Power Grid (China), Kansai Electric Power (J), Chubu Electric Power (J), Duke Energy (US), Scottish & So. Energy (GB), Dominion Ressources (US), Vattenfall (Schweden), National Grid (GB), CFE (Mexico), Exelon (US), Tohoku Electric Power (J), Iberdrola (Sp.), Scottish Power (GB).

58 Letzteres verdeutlicht ein Spezifikum dieser Analyse: Insgesamt dürfte in dem genannten Zeitraum 1999-2005 der Anteil der Airlines als Anteil an der *Weltwirtschaft* gestiegen sein. Auf alle Fälle gab es ein überproportionales Wachstum des Flugverkehrs und einen überproportionalen Anstieg der Emissionen, die dem Flugverkehr zuzurechnen sind. Doch der Boom der Luftfahrt und insbesondere der Billigflieger sowie die Krise etablierter Fluggesellschaften führten dazu, dass diejenigen Airlines, die im Club der 500 größten Unternehmen der Welt gelistet sind, bei der Anzahl (von 9 auf 7) und beim Umsatzanteil (von 1,0 auf 0,7%) rückläufig waren. Während die Zahl der Fluggesellschaften, die sich im Club Global 500 tummeln, abnahm, nahm die Zahl der Airlines, die die Weltwirtschaft bevölkern, deutlich zu.

Kapitel 14

1 Johann Nestroy, Eisenbahnheiraten. Aus: http://www.nestroy.at/nestroy-stuecke/52_eisenbahnheiraten/index.html [Zugriff 4. 8. 2007].

2 Protokoll des Deutschen Bundestages, 13. Wahlperiode, Bonn, 12. Oktober 1995. In einem Brief an den Vizepräsidenten des Deutschen Bundestages, Dr. Hirsch, fragte ich nach, weshalb der Begriff „Betonbolschewik" mit der Würde des Bundestages nicht vereinbar sei, wo er, aus dem Russischen übertragen, nur heiße: „diejenigen, die in Sachen Beton die Mehrheitsmeinung vertreten".

3 Ich nahm in den ersten Ausgaben von „Eisenbahn und Autowahn" selbst eine solche Verkürzung vor. Vgl. Winfried Wolf, Eisenbahn und Autowahn, Hamburg 1992, S. 32.; 2007 tat dies Elmar Altvater, der auch explizit auf eine Sekundärquelle („Läpple 1997: 203") verwies. Elmar Altvater, „Verkehrtes Wachstum", in: O. Schöller/W. Cancler/A. Knie (Hrsg.), Handbuch Verkehr, a.a.O., S. 794. Ebenso verkürzt zitiert W. Schivelbusch (Geschichte der Eisenbahnreise, a.a.O., S. 39).

4 Heinrich Heine, Lutetia, Berichte über Politik, Kunst und Volksleben, in: Heinrich Heine Werke, München 1984, 2. revidierte Auflage, Bd. 5, S. 449. Das Zitat geht danach weiter wie folgt: „In viereinhalb Stunden reist man jetzt nach Orléans, in ebenso viel Stunden nach Rouen. Was wird das erst geben, wenn die Linien nach Belgien und Deutschland ausgeführt und mit den dortigen Bahnen verbunden sein werden! Mir ist, als kämen die Berge und Wälder aller Länder auf Paris angerückt. Ich rieche schon den Duft der deutschen Linden; vor meiner Türe brandet die Nordsee."

5 Ebd., S. 450.

6 In der ausgesprochen informativen 2006er Ausgabe des „Atlas der Globalisierung", hrsg. von „Le Monde Diplomatique", tauchen die Themen „Verkehr" und „Transporte" schlicht nicht auf – trotz rund 90 verschiedenen Kapiteln. Vor diesem Hintergrund ist es ein großer Fortschritt, dass Attac Deutschland in der Kampagne gegen eine Privatisierung der Deutschen Bahn AG seit dem Frühjahr 2006 eine maßgebliche Rolle spielt und in diesem Rahmen auch versucht wurde, das Thema mit dem G8-Gipfel in Heiligendamm im Juni 2007 zu verbinden.

7 Karl Heinz Roth, Der Zustand der Welt – Gegen-Perspektiven, Hamburg 2005, S. 15.

8 Damals nannte sich der Club „Round Table of European Industrialists". Später benannte er sich in ERT um. Inzwischen sind im ERT die 45 Top-Leute der 45 größten Konzerne der EU zusammengeschlossen, einschließlich solcher aus der Schweiz, Norwegen und der Türkei.

9 Beim Stand Juli 2007 wurde der ERT von Chairman Jorma Ollila (Nokia, Finnland) angeführt. Der ERT rühmt sich, Unternehmen mit einem addierten Umsatz von 1,5 Billionen Euro und mit 4,5 Mio. Beschäftigten (weltweit) zu versammeln. Unter den 45 Mitgliedern befanden sich die folgenden sechs deutschen Firmenchefs: Wulf Bernotat (E.ON), Gerhard Cromme (ThyssenKrupp), Jürgen Hambrecht (BASF), Henning Kagermann (SAP), Klaus Kleinfeld (Siemens; seit 1. Juli 2007 durch Peter Löscher ersetzt) und Manfred Schneider (Bayer). Aus der Schweiz sind im ERT Peter Brabeck-Letmathe (Nestlé) und Franz Humer (Hoffmann-La Roche) vertreten. Wolfgang Ruttenstorfer (OMV) ist das österreichische ERT-Mitglied. Angaben nach der ERT-Homepage vom 22. 7. 2007.

10 Missing Links, ERT 1984. In der Eigendarstellung des ERT im Jahr 2003 heißt es: „Alle diese Projekte (aus dem Text „Missing Links"; W.W.) haben in den darauf folgenden zwei Jahrzehnten … konkrete Gestalt angenommen, nachdem sie 1994 im Europäischen Rat die formelle Unterstützung erhielten." Text ERT Highlights, wiedergegeben auf der Homepage ERT 2004, S. 24 f. Während die Scanlink-Projekte und der Eurotunnel in dem 1984er Text konkretisiert wurden, wurden die neuen Alpenbetonprojekte zwar als Teil der „Missing Links" genannt, eine Konkretisierung – ob Gotthard oder Brenner – blieb jedoch offen. Dass nun offensichtlich in der Schweiz und zwischen Österreich und Italien die Tunnelprojekte realisiert werden, überstieg 1984 selbst die kühnen Erwartungen der ERT-Bosse.

11 Text ERT-Highlights, Homepage ERT, S. 24 f.

12 So z.B., wenn es in Artikel 80 des Maastrichter Vertrags im Teil IV „Der Verkehr" heißt: „Mit Beginn der zweiten Stufe sind im Verkehr innerhalb der Gemeinschaft die von einem Mitgliedsstaat auferlegten Frachten und Beförderungsbedingungen verboten, die in irgendeiner Weise der Unterstützung oder dem Schutz eines oder mehrer bestimmter Unternehmen oder Industrien dienen, es sei denn, daß die Kommission die Genehmigung hierzu erteilt." Damit kann jedes klassische staatliche Monopol (= „Schutz eines oder mehrerer bestimmter Unternehmen") ausgehebelt werden. Zit. nach: Die Vertragstexte von Maastricht mit den deutschen Begleitgesetzen, bearbeitet und hrsg. von Thomas Läufer, hrsg. vom Presse- und Informationsamt der Bundesregierung, Bonn 1993, S. 62.

13 Zit. bei: Bastiaan van Apeldoorn, „Transnationale Klassen und europäisches Regieren", in: Die Konfiguration Europas – Dimensionen einer kritischen Integrationstheorie, hrsg. von Hans-Jürgen Bieling/Jochen Steinhilber, Münster 2000, S. 202.

14 Es kommt in diesem Zusammenhang auch zu einer Entgrenzung des Individuums. Dieses wird aus seinen gesellschaftlichen und kulturellen Zusammenhängen herausgerissen, was sich am Beispiel von „Fast Food" und den „Drive-ins" (oder „Drive-thrus") konkretisieren lässt. An die Stelle der regionalen, kulturell verfeinerten Esskultur tritt eine Art der Nahrungsaufnahme, die von Uniformität, Stress und Zeitdiktat beherrscht wird. In der Konsequenz drückt sich dies auch in der stofflichen Zusammensetzung des Essens aus. Bekannt sind die zerstörerischen Zusammenhänge bei den Hackfleisch-Produkten der Fast-Food-Ketten, bei denen oft das Fleisch aus Südamerika kommt, wo mit der Massentierhaltung Rodungen von Regenwald verbunden sind. Bei der britischen Fish & Chips-Esskultur wird der Kabeljau oft in der Barentssee illegal gefangen und zum Filetieren nach China verbracht. Die Filets werden in gekühlten Containern und per Schiff nach Hull an der britischen Nordseeküste verschifft und in den Fast-Food-Ketten weiter verarbeitet. Interessant ist auch die Verwandlung der Kultur des gemütlichen Kaffee- oder Tee-Trinkens in eine „coffee-to-go"- oder „tea-to-go"-Pappbecher-Angelegenheit.

15 Das Maastrichter Vertragswerk floss in seinen wichtigsten Vereinbarungen in den Entwurf für eine Europäische Verfassung ein. Auch wenn dieser Entwurf 2006 am Nein in den Referenden in Frankreich und den Niederlanden scheiterte, bleibt der Maastrichter Vertrag doch EU-Recht, womit auch der Kern des EU-Verfassungsentwurfs, so etwa die Festlegungen zur Marktliberalisierung im Verkehrsbereich und die Vereinbarungen zur Militarisierung der EU, europäisches Recht war und blieb.

16 Angaben nach: Karl Ott, „Die Alpen in der Klemme", in: Transit. Das Drama der Mobilität, hrsg. von P. C. Mayer-Tasch/W. Molt/H. Tiefenthaler, Zürich 1990, S. 152 f.

17 Als „acquis communautaire" (etwa: gemeinschaftlich erreichter Fundus) versteht man die Summe der Richtlinien der Kommission, der Entscheidungen des Europäischen Parlamentes, der Entscheidungen des Europäischen Gerichtshofs und – im Fall des Beitritts zur Eurozone – des Selbstverständnisses der Europäischen Zentralbank, die es zum jeweiligen Zeitpunkt des Beitritts eines neuen EU-Mitgliedslandes gibt.

18 Angaben zum Lkw-Transit durch die Schweiz und zur NEAT nach: „Flott durch die Schweizer Alpen", in: Frankfurter Allgemeine Zeitung vom 16. 6. 2007; Neue Zürcher Zeitung vom 15. 6. 2007; Kurier (Wien) vom 4. 3. 2006; Verkehrs-Rundschau 49/1998.

19 Jutta Berger, „Der Basistunnel mit Fragezeichen", in: Der Standard (Wien) vom 4. 3. 2006; „EU-Geld für den Basistunnel bremst sich bei 20 Prozent ein", in: Tiroler Tageszeitung vom 4. 3. 2006.

20 Grunddaten nach: EU Energy and Transport ..., a.a.O., Ausgabe 2006, Tabelle 3.4.1.1.

21 Seitens offizieller Schweizer Kreise – so durch den Vorsteher des Departements für Umwelt, Verkehr, Energie und Kommunikation, Moritz Leuenberger – wird erklärt, es habe durch die LSVA 2004 erstmals eine Trendwende gegeben. Besieht man die Aussage näher, dann zeigt sich, dass sie nicht im Widerspruch zu den oben (u.a. in Tabelle 23) angeführten Zahlen steht. Die Trendwende bezieht sich auf die Zahl der Lkw-Transitfahrten, die von 1,4 Mio. auf 1,25 Mio. gesunken sei. Offensichtlich gab es weniger Transitfahrten, aber mehr mit höherer Tonnage (siehe die Öffnung zum 40-Tonner), sodass die durch die Schweiz auf der Straße transportierten Tonnen durchaus weiter anstiegen. Da schwerere und größere Lkws in der Regel auch mehr Schadstoffe ausstoßen, mehr Lärm emittieren und in stärkerem Maß die Straßen belasten, dürfte es bei den Belastungen durch den Lkw-Transit zumindest bis 2005 keine Trendumkehr gegeben haben.

22 Ein Teil der NEAT-Kosten wird den Schweizerischen Bundesbahnen (SBB) aufgebürdet, ebenfalls mit der Unterstellung, die späteren Einnahmen im Lkw-Transitverkehr (durch Huckepackverkehr, Kombinierten Verkehr oder Containertransport) stellten eine Gegenfinanzierung dar. Auch dies ist eine Rechnung mit einigen Unbekannten. Vertreter der SBB sind oft geneigt, die Entwicklung zu beschönigen. So argumentierte Walter Moser, Beauftragter der SBB für internationale Beziehungen, bei einer schienenpolitischen Tagung der Evangelischen Akademie Baden (BRD) im Herbst 2003: „Zwar musste die Schweiz im Zuge der Verhandlungen mit der EU gewisse Zugeständnisse machen, aber an der generellen Priorität für die Güterbahn wird sich nichts ändern. Der Marktanteil der Schiene am Gotthard-Güterverkehr beläuft sich auf zwei Drittel. Demgegenüber beträgt der Schienenanteil zwischen Italien und Österreich respektive Italien und Frankreich nur knapp ein Viertel.“ Selbstverständlich sind dies weiter vorzeigbare Verhältnisse. Wichtig ist jedoch die Dynamik, die in eine weniger zukunftsfähige Richtung weist – siehe die jüngsten Daten, denen zufolge die Schiene eben nur noch einen 50-Prozent-Anteil hält. Walter Moser, „Die Bahnstrategie der Schweiz und der SBB – Mit Systemdenken zum Erfolg“, in: Monheim/Nagorni, Die Zukunft der Bahn …, a.a.O., S. 80.

23 1995 wurden täglich 12.000 Lkws gezählt, die die spanisch-französische Grenze passierten. 2005 waren es 24.000. Nach: EU Energy and Transport in Figures, a.a.O., 2002er und 2006er Ausgabe.

24 Angaben nach: Deutscher Naturschutzring (DNR), Partnerschaft für die Alpen, Bonn 1995; Alpenschutzkommission CIPRA 2006; Frankfurter Rundschau vom 19. Mai 2005; Neue Zürcher Zeitung vom 12. 1. 2007.

25 Die Lärmemissionen sind auch im Fall des Schienenverkehrs erheblich. Die Eisenbahnstrecke zwischen Bozen/Bolzano und Waidbruck/Ponte Gardena in Südtirol/Alto Adige wird im Tunnel geführt. Wenn die in Richtung Brenner rollenden Züge bei Waidbruck aus der Tunnelröhre fahren, kommt es zu einer sich entlang der Hänge „hochschaukelnden“ Schallwelle, bei der im Ort Barbian, 800 Meter über dem Meeresspiegel und 300 Meter über der Schienentrasse liegend, 2007 bei spezifischer feuchter Witterung 70 Dezibel gemessen wurden.

26 Andrea Neitzel, „Schnee von gestern“, in: Frankfurter Rundschau vom 19. Mai 2005. Selbstverständlich sind der fortgesetzte Ausbau des Winter-Massentourismus und die dabei eingesetzten neuen Techniken zur Erhaltung der Skigebiete bzw. zur Verlängerung der Saison (Schneekanonen) ein spezifischer Beitrag zur Belastung der Alpen und zur Verschlechterung des Klimas. Trotz der Verpflichtungen (die Österreich und die Schweiz eingegangen sind), keine neuen Skigebiete zu erschließen, wird dagegen verstoßen – so im Fall der Erschließung des Fernerkogels im Pitztal und der Weißseespitze im Kaunertal, beide in Österreich. Flächendeckend kommt es zu Erweiterungen bestehender Skigebiete.

27 Im Februar 2007 sagte der Klimabeirat der Vereinten Nationen (IPCC) einen Anstieg des Meeresspiegels um „18 bis 59 Zentimeter“ voraus. Im Juli 2007 traten Experten um Mark Meier von der University of Colorado im Magazin „Science“ mit der These an die Öffentlichkeit, dass der Meeresspiegel um bis zu 70 Zentimeter angehoben werden könne, da Gletscher, die ins Meer münden, weit schneller schmelzen als bisher prognostiziert. So habe der Columbia-Gletscher an der Pazifikküste Alaskas in den vergangenen Jahren sein Abschmelzen deutlich beschleunigt. Nach: Axel Bojanowski, „Gletscherschmelze beschleunigt“, in: Süddeutsche Zeitung vom 20. 7. 2007.

28 Zitate zuletzt: Michael Frank, „Durchbruch am Brenner“, in: Süddeutsche Zeitung vom 12. 7. 2007; zuvor: Tageszeitung Dolomiten (Bozen), 12. 7. 2007 und Kurier (Wien), 12. 7. 2007.

29 Nach: Bieler Tagblatt vom 27. 3. 1995.

30 „Bei der Frage, ob durch den BBT (Brenner-Basistunnel) Güter und Personen verkehren werden, muss ich auf eine Pressekonferenz verweisen, die vor mehr als einem Jahr Hartmut Mehdorn in Brüssel gehalten hat. Er betonte, dass die neuen Hochgeschwindigkeitsbahnen quer durch Europa vor allem aus zwei Gründen gebaut werden sollen: 1. als Konkurrenz zum Flugverkehr auf Entfernungen bis zu 1.000 km und 2. damit die bestehenden Bahnstrecken für den Güterverkehr frei würden. Ich stellte Herrn Mehdorn anschließend die Frage, ob das auch für den BBT gelte. Dort würde nämlich immer betont, dass auf der neuen Linie unter dem Brenner Güterverkehr vorgesehen sei und dass auf der Bestandsstrecke vor allem Personenzüge fahren würden. Herr Mehdorn antwortete lakonisch: 'Das ist ein österreichisches Märchen.'" Sepp Kusstatscher, Umdenken am Ärmelkanal – Neue Einsichten nach Durchsicht durch ein großes schwarzes Loch. Oder: Ethisch-politische Bewertung des BBT, Juli 2007, Manuskript.

31 So lag als Alternative zu den NEAT-Projekten die Analyse der Studiengesellschaft und Finanz-Consulting Coppers & Lybrand vor, wonach die vorhandenen SBB-Schienenkapazitäten bei einem entsprechenden Ausbau ausreichen würden, um bis zum Jahr 2022 einen Alpentransit durch die Schweiz zu ermöglichen, der beim Doppelten des damaligen Niveaus – bei 40 Mio. Tonnen – liegen würde. Richtig ist, dass 2005 im addierten Lkw- und Eisenbahnverkehr bereits dieses Niveau überschritten wurde (siehe Tabelle 23). Doch genau diese Logik ist die gefährliche, in diesem Buch immer wieder festgestellte: Wer in der bestehenden Verkehrsmarktordnung neue Kapazitäten schafft, bereit stellt oder zulässt (Zulassung der 40-Tonner-Lkws), erntet dafür den adäquaten Verkehr, auch wenn dieser alle vorangegangenen Prognosen sprengt. (Studie nach: Süddeutsche Zeitung vom 13. 10. 1995.) Eine Optimierung der Eisenbahnstrecke über den Brenner (vor allem verbesserte Zulaufstrecken) hätte eine Steigerung der Schienentransporte über den Brenner um mehr als 75% ermöglicht. Auf der Brenner-Eisenbahnverbindung selbst ist nach Angaben des MdEP Sepp Kusstatscher beim Stand 2006/07 ohnehin bereits vorgesehen, eine Steigerung der Zugfrequenzen von derzeit 130 auf 230 Züge pro Tag vorzunehmen. 2006 wies das Büro der Verkehrsplaner Vieregg-Rössler nach, dass es, nachdem die NEAT gebaut wird, weit sinnvoller ist, statt eines Brenner-Basistunnels die deutschen Zulaufstrecken zur NEAT auszubauen, darunter die Schienenstrecke München–Lindau. Erneut würde es sich hier um Investitionen handeln, die einen Bruchteil derjenigen darstellen, die für einen Brenner-Basistunnel ausgegeben werden müssten. Vor allem könnten diese neuen Kapazitäten bereits 2015 zum Einsatz gelangen und nicht, wie Vieregg-Rössler für eine Eröffnung des Brenner-Basistunnels vorrechnen, erst 2030. Angaben nach: Mike Szymanski, „Wachsende Zweifel am Brenner-Tunnel", in: Süddeutsche Zeitung vom 26. 8. 2006.

32 Im November 1996 geriet im Eurotunnel ein mit Lkws beladener Güterzug in Brand. Mehrere Sicherheitssysteme versagten gleichzeitig: Der Zugführer war nicht erreichbar, der brennende Zug stoppte in der Röhre, anstatt mit Höchstgeschwindigkeit weiterzufahren; Ventilatoren fielen aus; die brennenden Waggons ließen sich nicht abkoppeln. Es entwickelte sich eine Hitze von 800 Grad Celsius. Lastwagen wurden eingeäschert und Teile des Unglückszugs mit den Schienen verschmolzen. Der Zug konnte von einer Lok aus dem Tunnel geschleppt werden; wie durch ein Wunder gab es nur Verletzte. Es dauerte mehr als ein halbes Jahr, bis der Tunnel wieder voll funktionsfähig war. Angaben nach: Peter Nonnenmacher, „Ruß und Rauch und kein Licht am Ende des Tunnels", in: Frankfurter Rundschau vom 29. 11. 1996; Peter Kanzler, „Schwarzes Loch", in: Wirtschaftswoche vom 2. 1. 1997.
Im Montblanc-Tunnel kam es am 24. März 1999 zu einem Flammeninferno, bei dem in der Röhre tagelang eine Gluthitze von bis zu 1.300 Grad Celsius herrschte und 39 Menschen getötet wurden. Ausgelöst hatte die Katastrophe ein mit Mehl und Margarine beladener belgischer Lkw, der mitten in dem „nur" 11,6 Kilometer langen Tunnel Feuer gefangen

hatte. Der Tunnel musste mehr als ein Jahr lang für den Verkehr gesperrt werden. Nach: Christian Schneider, „Im Mont-Blanc-Tunnel bleibt es dunkel“, in: Süddeutsche Zeitung vom 24. 3. 2000.

33 Wobei die Voraussetzung für eine freie Entscheidung der Bevölkerung eine freie Diskussion und die Darlegung von Alternativen ist. Walter Molt, „Mobilität und Sesshaftigkeit“, in: P. C. Mayer-Tasch/W. Molt/H. Tiefenthaler, Transit. Das Drama der Mobilität, Zürich 1990, S. 46 f.

34 William Shakespeare, Richard II., in: Shakespeare, Sämtliche Werke, Bd. 3, Berlin – Weimar 1975, S. 112.

35 Eurotunnel ist die Betreibergesellschaft, deren Ausgaben überwiegend in Zinsenzahlungen und Tilgungsraten auf die verausgabten Baukosten bestehen und deren Einnahmen aus Passagegebühren der Personen- und Güterverkehrsgesellschaften kommen, die Konzessionen für die Eurotunnel-Unterfahrt haben. Der Personenverkehr wird von der Eurostar Group abgewickelt, einer Gesellschaft, zu der sich die französische Staatsbahn (SNCF), die belgische Staatsbahn (SNCB) und eine britische Betreibergruppe (die wiederum privaten Bahn- und Busbetreibern gehört) zusammengeschlossen haben. 2007 übernahm die Deutsche Bahn AG einen kleineren Anteil an Eurostar. Bis 2006 bezahlte Eurostar an Eurotunnel deutlich überhöhte Passagegebühren. Diese resultierten aus einer minimalen Nutzergebühr, die die SNCF und die damals noch bestehende Staatsbahn British Rail der Eurotunnel-Betreibergesellschaft zugesagt hatten. Insofern floss zwischen 1996 und 2006 doch mindestens 1 Mrd. Euro staatliche Gelder an die private Eurotunnel-Gesellschaft und über diese an die Banken, die den Bau auf Kredit finanziert hatten. Der Güterverkehr wiederum wird von verschiedenen Schienengüterbahn-Unternehmen – so dem Cargo-Bereich der SNCF und der britischen Gesellschaft EWS, die im Juni 2007 von der DB AG übernommen wurde – betrieben: ebenfalls auf der Basis von Passagemautgebühren, die an Eurotunnel gehen. Nach: Robert Wright, „Eurostar seeks a speedy transformation“, in: Financial Times vom 1. 10. 2003.

36 Le Monde vom 2. 8. 2006; vorausgegangene Angaben nach: Gesche Wüpper, „Programmierte Pleite“, in: Die Welt vom 3. 8. 2006.

37 Im Jahr 2005 pendelten über die innerdänische Verbindung über den Großen Belt täglich 40.000 Fahrzeuge. Im Fall der (dänisch-schwedischen) Öresund-Verbindung sind es nur 13.000 Fahrzeuge pro Tag. Nach: Süddeutsche Zeitung vom 19. 1. 2006.

38 Zit. in: Süddeutsche Zeitung vom 3. 7. 1999. Vorausgegangenes Zitat und andere Angaben nach: „Ein Kuss für die neue Brücke – Schwedens Prinzessin Viktoria und der dänische Thronfolger Frederik eröffnen die Verbindung über den Öresund“, in: Tagesspiegel vom 15. 8. 1999; Manfred Ertel, „Meer der Träume“, in: der Spiegel 29/1999.

39 Die Deutsche Bahn AG rechtfertigt ihre Aufkaufstrategie im Ausland in der Regel damit, es gelte, geschlossene Transportketten herzustellen und als „integrierter Konzern“ aufzutreten. Tatsächlich bildete Scandlines eine sinnvolle Ergänzung des Eisenbahnbetriebs im Inland mit einer Anbindung an die skandinavischen Länder. Doch während die DB AG Scandlines abstieß, benutzte sie Ende Juni 2007 die Einnahmen aus diesem Verkauf, um den britischen Güterbahnbetreiber EWS aufzukaufen. EWS ist für die DB AG attraktiv, weil dieses Unternehmen über eine Konzession auf der Eurotunnel-Route verfügt. Auf diese Weise will die DB AG die Konkurrenz zur SNCF verschärfen bzw. ihren Beitrag dazu leisten, dass auch diese Staatsbahn auf den Privatisierungsweg geschickt wird.

40 Claudia Russo, „Eine Brücke spaltet Italien“, in: Welt am Sonntag vom 8. 1. 2006.

41 Michael Frank, „Österreich guckt in die Röhre“, in: Süddeutsche Zeitung vom 7. 2. 2007.

42 Angaben zu Japan nach: Süddeutsche Zeitung vom 11. 3. 1985 und 22. 2. 1988.

Kapitel 15

1 Bertolt Brecht, Gesammelte Werke 10, Gedichte 3, Frankfurt/M. 1968, S. 844.

2 Nach: Financial Times Deutschland vom 25. 7. 2006.

3 Vgl. Dieter Plehwe, Deregulierung und transnationale Integration der Transportwirtschaft in Nordamerika, Münster 2000, S. 121.

4 Eric Heymann, Containerschifffahrt – Überkapazitäten trotz steigender Nachfrage programmiert, hrsg. von Deutsche Bank Research, 6. April 2006. Zu unterscheiden sind 1. der Containerhandel, 2. der Containerumschlag und 3. der Transhipment-Verkehr. Siehe weiter unten. Die oben genannten Daten betreffen nur den Containerhandel – das ist die Anzahl der beladenen Container, die endgültig in ihrem Bestimmungshafen angelandet werden.

5 „Nach Branchenschätzungen kann die Emma Mærsk bis zu 13.000 Standardcontainer aufnehmen. Die Reedereien hüten die tatsächliche Tragfähigkeit ihrer Containerschiffe als Betriebsgeheimnis." Olaf Preuss, „Reeder wetteifern mit Riesenschiffen", in: Financial Times Deutschland vom 12. 9. 2005.

6 Die französische Reederei CMA CGM, die drittgrößte Reederei der Welt, gab 2005 bei der südkoreanischen Hyundai-Werft eine Flotte von acht Container-Carriers mit je einer nominellen Kapazität von 11.400 Einheiten und für zusammen 1,2 Mrd. US-Dollar in Auftrag. Laut einer Studie von Hyundai sollen bei einem 13.000-TEU-Container-Schiff die Transportkosten je Container um 15% unter denen eines 10.000-TEU-Containerschiffs liegen. Nach: Financial Times Deutschland vom 12. 9. 2005.

7 Anfang 2007 gab es weltweit eine Container-Transportkapazität von 76 Mio. CGT, einer „gewichteten Schiffskapazität in Tonnen". Zum selben Zeitpunkt befanden sich Schiffe mit einer gewichteten Schiffskapazität von 35 Mio. Tonnen in Bau. Das heißt: Die Kapazitäten sollen innerhalb weniger Jahre um die Hälfte gesteigert werden. Nach: Olaf Preuss/Claudia Wagner, „Reedereien erhöhen Frachtraten", in: Financial Times Deutschland vom 1. 12. 2006.

8 Beim weltweiten Bestand an Container-Carriers überwogen bisher hinsichtlich der Anzahl der Schiffe die Größenklassen 1.000 bis 1.499 TEU und hinsichtlich der Kapazität die Größenklassen 4.000 bis 7.500 TEU. Anfang 2006 befanden sich vor allem Schiffe der Größenklasse 5.000 bis 7.499 TEU und der Größenklasse „größer als 7.500 TEU" in Bau. In der letztgenannen Top-Klasse machte der Auftragsbestand mit 1,5 Mio. TEU mehr als das Doppelte des Bestands aus. Eric Heymann, a.a.O., S. 7.

9 2004 sahen Rangfolge und Kapazität dieser Häfen wie folgt aus: Nummer 1 als weltweit größter Containerhafen war Hongkong (22 Mio. TEU Umschlag im Jahr), gefolgt auf Rang 2 von Singapur (21,3 Mio. TEU), Schanghai auf Rang 3 mit 14,6 Mio. TEU und Shenzhen mit 13,7 Mio. TEU.

10 Außer den bereits angeführten und nach Ländern gruppierten Häfen gab es 2004 auf dieser Top-25-Häfen-Liste noch die folgenden Häfen mit den folgenden jährlichen TEU-Umschlagmengen: auf Rang 5 der koreanische Hafen Busan (11,2 Mio. TEU), auf Rang 6 der taiwanesische Hafen Kaohsiung (9,7 Mio. TEU), auf Rang 10 Dubai Ports in den Vereinigten Arabischen Emiraten (6,4 Mio. TEU), auf den Rängen 13 und 16 zwei malaysische Häfen in Port Kelang (5,2 Mio. EU) und Tanjung Pelepas (4,0 Mio. TEU) sowie schließlich den indonesischen Hafen Tanjung Priok mit 3,2 Mio. TEU. Angaben nach: Eric Heymann, a.a.O., S. 9.

11 Angaben zum Hafen Hamburg nach: Olaf Preuss, „Hamburg wird zweitgrößter Containerhafen Europas", in: Financial Times Deutschland vom 24. 10. 2006; und Hermannus Pfeiffer, „Der maritime Komplex", in: Frankfurter Rundschau vom 3. 9. 2004; Katrin Berkenkopf, „Der Hafen wächst und wächst und wächst", in: Financial Times Deutschland vom 31. 8. 2005.

12 Bülent Erdogan/Katrin Berkenkopf, „Neue Anlaufstelle für Containerriesen" in: Financial Times Deutschland vom 20. 9. 2006. Auf Grund der Beschränkung durch die Ländergrenzen (zwischen Bremen und Niedersachsen) ist in Bremerhaven mit CT 4 jedoch das Ende der Ausbaumöglichkeiten erreicht. Jeder weitere Kajenmeter wäre nur auf niedersächsischem Gebiet möglich.

13 Angaben zum Hafen-Konzentrationsprozess nach: Süddeutsche Zeitung vom 10. März 2006; Financial Times Deutschland vom 30. 11. 2005 und 28. 3. 2006. Im März 2007 übernahm das deutsche Unternehmen TUI, Muttergesellschaft des Logistik- und Reedereiunternehmens sowie Container-Carriers Hapag Lloyd, den britischen Reiseveranstalter First Choice und beschloss gleichzeitig, das Reisegeschäft zukünftig in der Gesellschaft TUI Travel zu konzentrieren und auf TUI Travel aufgelaufene 875 Mio. Euro Schulden des Gesamtkonzerns zu verbuchen, womit sich die weitgehend entschuldete TUI AG auf die Schifffahrt (Hapag Lloyd) konzentrieren und Ausgangspunkt eines neuen Konzentrationsprozesses werden kann. Im Jahr zuvor hatte Hapag Lloyd den britisch-kanadischen Container-Carrier CP Ships übernommen. Angaben nach: Handelsblatt vom 20. März 2007.

14 Den Suez-Kanal können alle aktuellen Containerschiffe – allerdings nicht alle Öltanker und nicht alle Massengutfrachter – passieren. Angaben zu Panama nach: Sandra Weiss, „Mehr Kanal für Panama", in: Tagesspiegel vom 21. 10. 2006; Sebastian Schoepp, „Das Nadelöhr wird geweitet", in: Süddeutsche Zeitung vom 24. 10. 2006 und Robert Wright, „Panama versus Suez. The search is on for the perfect solution", in: Financial Times vom 27. 3. 2007. An dem Referendum beteiligte sich weniger als die Hälfte der Bevölkerung Panamas. Von den Abstimmenden sprachen sich laut Wahlbehörde 78% für den Ausbau des Kanals aus.

15 Angaben nach: Frankfurter Allgemeine Zeitung vom 3. 2. 2007; Stuttgarter Zeitung vom 3. 12. 2005.

16 Am 21. Juni 2007 wurde zwischen der DB AG und der Russischen Staatsbahn RZD ein Vertrag über eine „enge Zusammenarbeit beider Unternehmen in den Bereichen Transport und Logistik" unterzeichnet und eine gemeinsame Logistikfirma gegründet, die vor allem „den Containertransport von Europa bis in alle Regionen in Russland und der GUS" vereinfachen und „Angebote ab der chinesischen Grenze via Russland bis nach Deutschland" machen soll. Angaben nach: Mitteilung der DB AG vom 21. 6. 2007 und Alia Begisheva, „Das Monstrum auf dem Weg an die Börse", in: Frankfurter Rundschau vom 28. 7. 2004. Die Russische Staatsbahn RZD wurde in den letzten Jahren in eine (noch in staatlichem Eigentum befindliche) Aktiengesellschaft umgewandelt; Teile davon sollen an die Börse gebracht werden. Die Weltbank, die für die Umstrukturierung der RZD einen Kredit von bis zu 1 Mrd. US-Dollar in Aussicht stellte, drängt auf eine Beschleunigung der Privatisierung. 1995 zählte die RZD 1,6 Mio. Beschäftigte, 2005 waren es 1,2 Mio. 1995 lag das Verkehrsaufkommen (Zahl der beförderten Personen) bei 1,8 Mrd. Personen, 2004 waren es 735 Mio. (die Transportleistung sank im selben Zeitraum weniger stark – von 192 Mrd. pkm auf 172 Mrd. pkm). Schließlich erhöhte sich die Leistung im Güterverkehr von 1,2 Mrd. tkm auf 1,9 Mrd. tkm. Angaben nach UIC-Statistik 2007, a.a.O.

17 Zit. bei: und Angaben nach: Arne Boeker, „Vom Fluss zum Wirtschaftsweg", in: Frankfurter Rundschau vom 21. 3. 2007. Boeker: „Die Turbo-Elbe frisst immer mehr Watt. Bei Otterndorf ist der Streifen, der bei Ebbe trockenfällt, 350 Meter breit; vor 30 Jahren waren es noch 700 gewesen. Folge: Die Anrainer fürchten, dass die Touristen wegbleiben." Darüber hinaus wird damit die Bremswirkung des Wattenmeers im Fall von Hochwasser und Sturmflut stark reduziert; die Gefahr von Überschwemmung und Deichbrüchen erhöht sich.

18 Zit. bei: Olaf Preuss, „Hamburg wird zweitgrößter Containerhafen Europas", in: Financial Times Deutschland vom 24. 10. 2006.

19 Vgl. Winfried Wolf, Fusionsfieber – Das große Fressen, Köln 2002.

20 „US-Reeder reagierten in den 20er Jahren zum ersten Mal mit … dem 'Ausflaggen', der Registrierung von Schiffen in einem anderen Land – damals auf die Alkoholprohibition. Schiffe unter US-Flagge konnten von der Küstenwache aufgebracht und nach Alkohol untersucht werden; sogar auf Kreuzfahrten war der Ausschank alkoholischer Getränke verboten. Um den Sanktionen zu entgehen, registrierten US-Reeder ihre Alkohol schmuggelnden und ausschenkenden Schiffe in Panama." Vor dem Kriegseintritt der USA 1941 kam es „zu einer zweiten (von den US-Behörden dieses Mal wohlwollend betrachteten) Registrierungswelle US-amerikanischer Schiffe in Panama, um die große europäische Insel in der 'Schlacht um England' noch relativ risikolos mit US-Lieferungen anzusteuern. … Forciert wurde die Registrierung von Schiffen unter Billigflaggen (schließlich) nach der Schließung des Suez-Kanals auf Weisung des ägyptischen Staatschefs Nasser im Jahr 1956. Die um Afrika 'umgeleiteten' Schiffe 'entdeckten' nun Monrovia, die Hauptstadt Liberias. Dieses Land wurde binnen zehn Jahren zur 'größten Seemacht' der Welt. Insbesondere Öltanker zählten zu dieser fiktiven Flotte, deren Schiffe höchst selten im Heimatland ankern … Die Schließung des Suez-Kanals erübrigte auch eine naturbedingte Einschränkung der Schiffsgrößen; die Route (durch den Suez-Kanal) war vor allem von der Ölindustrie stark genutzt worden. Die Kapazitäten eines Schiffes konnten im Laufe der 1950er Jahre verzehnfacht werden". Dieter Plehwe, Deregulierung und transnationale Integration der Transportwirtschaft in Nordamerika, Münster 2000, S. 119-121.

21 Artikel 91 des UN-Seerechts-Übereinkommens lautet: „Jeder Staat legt die Bedingungen fest, zu denen er Schiffen seine Staatsangehörigkeit gewährt, sie in seinem Hoheitsgebiet in das Schiffregister einträgt und ihnen das Recht einräumt, seine Flagge zu führen. Schiffe besitzen die Staatsangehörigkeit des Staates, dessen Flagge zu führen sie berechtigt sind. Zwischen dem Staat und dem Schiff muss eine echte Verbindung bestehen."

22 Nach: Meite Tiede, „Containerboom schwächt sich ab", in: Süddeutsche Zeitung vom 2. 12. 2005. In einer jüngeren Statistik, die allerdings die Zahl der Containerschiffe (und nicht die entscheidendere Kategorie der Stellplatzkapazität) als Ausgangspunkt wählt, gab es 2006 weltweit 3.499 Containerschiffe (= 100%), von denen bei 1.157 das Eigentum in deutschen Händen lag (= 33%), 261 befanden sich in chinesischem Eigentum (= 7,4%), 235 in japanischem Eigentum (= 6,7%), 172 in schweizerischem und 161 in griechischem Eigentum (= 4,9 respektive 4,6%). Nach: Der Spiegel, 8/2007.

23 Nach: Der Spiegel, 8/2007.

24 Werften-Fusion nach: Financial Times Deutschland vom 31. 8. 2005. Teil des neuen Konzerns ist auch der U-Boot-Ausrüster Atlas, Bremen.

25 Olaf Preuss, „Hamburg beugt sich Beschäftigten", in: Financial Times Deutschland vom 14. 3. 2007.

26 Süddeutsche Zeitung vom 14. 4. 2000.

27 Zum Intrafirm-Trade siehe ausführlich bei Winfried Wolf, Fusionsfieber – Das große Fressen a.a.O., S. 113 ff. Dort wird auch belegt, dass im Zeitraum 1983-1994 der Anteil des Intrafirm-Trade kontinuierlich anstieg und etwa im Fall des US-amerikanisch-japanischen Handels 1994 bereits einen Anteil von 75% erreicht hatte.

28 Siehe Karl Marx, Grundrisse der Kritik der politischen Ökonomie, Frankfurt/M. o.J. (Europäische Verlagsanstalt Frankfurt – Wien), S. 770 f.

29 Angaben zur Export- und Importstatistik Deutschlands 2005 nach: Statistisches Jahrbuch 2006 für die Bundesrepublik Deutschland, Wiesbaden 2006, S. 467.

30 Die Größenordnungen sind hier wie folgt: 2005 machte der reine Containerhandel 114 Mio. TEU aus, der Containerumschlag dagegen 400 Mio. TEU. Eric Heymann, a.a.O., S. 3.

31 Eric Heymann, a.a.O., S. 3.

32 Jochen Schmid, „Wie kommt die Nuss ins Eis“, in: Tagespiegel vom 29. Februar 2004.

33 Kerstin Moeser, „Miles and More – Reisetagebuch einer Jeans“, in: Der Stern, 17/2002.

34 Alexei Barrionuevo, „China Turns to Brazil to Feed its Changing Tastes“, in: New York Times vom 16. 4. 2007.

35 Angaben nach: Frankfurter Allgemeine Zeitung vom 30. 6. 2007. Es gibt längst einen großen weltweiten „Mülltourismus“. So war es in der EU schon immer erlaubt, so genannten verwertbaren Müll zu exportieren, also beispielsweise Altglas. Von den jährlich in Deutschland abgemeldeten 3 Mio. Kfz werden nur rund eine halbe Million ordnungsgemäß verwertet. 2,5 Mio. werden „exportiert“. Der Verbleib von rund 1 Mio. ist unklar; die meisten dieser Autos dürfen wild entsorgt werden. Ähnlich hohe „Exporte“ vor allem in arme Länder gibt es bei Elektro- und Elektronik-Schrott. Quelle: Umweltbundesamt, Mitteilung vom 9. 7. 2007.

36 Angaben nach und zit. bei: Carsten Dierig, „Der lange Weg der Öko-Lebensmittel um die Welt“, in: Welt am Sonntag vom 24. 6. 2007.

37 Verkehr in Zahlen 1996, S. 259.

38 Karl Marx, Das Kapital, Bd. 2, MEW Bd. 24, S. 153.

39 Schadstoffbelastungen durch Schiffe nach: Kerstin Meyer, „Mobile Müllverbrennungsanlagen“, in: Waterkant, 2/2005; Hans Schuh, „Schwefel ahoi!“, in: Die Zeit vom 24. 8. 2006.

40 1923 wurde die Preußische Bergwerks- und Hütten AG (Preussag) gegründet, in der außerhalb des Ruhrgebiets liegender Bergwerks- und Hüttenbesitz des damaligen preußischen Staates zusammengefasst wurde. 1929 wurde die Preussag Teil der neu ins Leben gerufenen VEBA, deren Schwerpunkt in der Ölförderung lag. 1959 wurde das bisherige Staatsunternehmen VEBA teilprivatisiert. Es handelte sich um den Beginn des Privatisierungsprozesses in der BRD. 1964 erhielt das Unternehmen wieder den Namen Preussag. 1989 übernahm die Preussag das bisher staatliche Unternehmen Salzgitter AG (vormals Reichswerke Hermann Göring). 1998 kaufte Preussag Hapag Lloyd und die Touristik Union International (TUI). Gleichzeitig wurde der Stahlbereich an das Land Niedersachsen und die Nord LB abgegeben und über diese Zwischenstation unter der Bezeichnung Salzgitter AG erneut an die Börse gebracht. Der derart gehäutete Konzern Preussag firmiert seit 2002 als TUI AG mit den beiden strategischen Geschäftsfeldern Tourismus und Schifffahrt (Hapag Lloyd). Angaben nach: Rüdiger Liedtke, Wem gehört die Republik?, Frankfurt/M. 2003, S. 487 f.

41 Dieter Plehwe erläutert, warum die Geschichte der Großkonzerne FedEx, DHL und UPS sowie der australischen TNT zum Verständnis der globalen europäisch-amerikanischen Großkonzernhierarchie im Transport- und Postwesen (Deutsche Post-DHL, TNT-Post Group, UPS und FedEx) unabdingbar ist. Dieter Plehwe, Deregulierung und transnationale Integration …, a.a.O., und D. Plehwe, „National Trajectories, International Competition, and Transnational Governance in Europe“, in: G. Morgan/P. H. Kristensen/R. Whitley (Hrsg.), The Multinational Firm: Organizing across Institutional and National Boundaries, Oxford 2004, S. 281-305.

42 Siehe Kapitel 10 und 12.

43 Wenn darauf verwiesen wird, dass sich der „private“ Betreiber Eurogate mit 300 Mio. Euro an den Kosten beteilige, so ist daran zu erinnern, dass erstens diese Investition nur die so genannte Suprastruktur (Ausrüstung der Kais mit Kränen und Brücken) betrifft und zweitens das Land Bremen über die in öffentlichem Eigentum befindliche BLG Logistics Group zu 50% Miteigentümer von Eurogate ist.

44 Anfang 2001 versprach der damalige Bremer Wirtschaftssenator (und aktuelle BLG-Aufsichtsratsvorsitzende) Josef Hattig, der Bau des Bremerhavener Containerterminals CT 4

werde 10.197 neue Arbeitsplätze schaffen. Mitte 2007 war CT 4 zur Hälfte fertig erstellt und die BLG sprach nur mehr von 2.000 neuen Arbeitsplätzen. Nach: Peer Janssen, „10.197 neue Jobs – und keinen weniger!“, in. Waterkant, Heft 2/2001, S. 17.

45 Vgl. Frankfurter Rundschau vom 21. 3. 2007.

46 Vgl. Winfried Wolf, An der Küste Land unter? Die Werftindustrie, Frankfurt/M., 1983.

47 „Die steuerliche Begünstigung von Schiffsinvestitionen – früher als Abschreibungsmodelle, heute durch die niedrige, pauschalierte Tonnagesteuer – hat deutschen Fonds im Weltmarkt eine führende Position als Containerschiffseigner gebracht.“ In: Katrin Berkenkopf, „Schiffsfonds sammeln weniger ein“, in: Financial Times Deutschland vom 26. 9. 2006.

48 In der offiziellen Verkehrsstatistik wird als „Netto-Anlagevermögen der Seeschifffahrt“ ein Wert von 17,2 Mrd. Euro genannt, wobei unter Fußnote 6 verschämt hinzugefügt wird: „Handelsflotte der Bundesrepublik Deutschland. Einschl. Schiffe unter fremder Flagge (Bareboot – verchartert) gem. §7 FLRG.“ Verkehr in Zahlen 2006/2007, S. 41. Demzufolge liegt im Übrigen das Nettoanlagevermögen der so definierten „deutschen“ Seeschiffe (= 17,2 Mrd. Euro) und der Seehäfen (= 12,7 Mrd. Euro) mit addiert rund 30 Mrd. Euro höher als das Nettoanlagevermögen der deutschen Fluggesellschaften (= 7,7 Mrd. Euro) und der Flughäfen einschließlich der Flugsicherung (= 13,2 Mrd. Euro), addiert also rund 21 Mrd. Euro. Ebd.

49 Grob geschätzt gibt es die folgenden fünf Subventionierungs-Positionen: Erstens den fortgesetzten Ausbau der Häfen. Bei den 100 größten Häfen der Welt dürften pro Jahr und je Hafen im Durchschnitt 200 Mio. US-Dollar öffentliche Gelder für den laufenden Betrieb, den Ausgleich von Verlusten und/oder den Ausbau fließen. Summe: 20 Mrd. US-Dollar. Zweitens: Ähnlich wie im Fall der beschriebenen steuerlichen Förderung des Schiffbaus in Deutschland (mit rund 3 Mrd. Euro an Zuflüssen) gibt es steuerliche Förderungsprogramme der Werftindustrie in anderen OECD-Ländern. Hinzu kommen spezifische Hilfsprogramme. So gewährte die Weltbank Südkorea nach der Südostasienkrise 1997/98 Sonderhilfen in zweistelliger Milliarden-Dollar-Höhe, die überwiegend dem Schiffbau zugute kamen. Geschätzte Gesamtsumme: 20 Mrd. US-Dollar jährlich. Drittens: In Deutschland, Frankreich, Italien, Großbritannien, Spanien und den USA gibt es die beschriebene Verflechtung des „maritimen Komplexes“, durch den über militärische Aufträge auch Gelder in den Bau der Handelsflotte fließen. Geschätzter Gesamtbetrag: 10 Mrd. US-Dollar. Viertens: Die Verfeuerung von Schweröl auf Handelsschiffen müsste aus Umweltschutzgründen komplett eingestellt und die Schiffseigner müssten dazu veranlasst werden, reguläre Brennstoffe zu verwenden. Das erforderte allerdings gleichzeitig, dass für die Hochseeschifffahrt zusätzliche Emissionsgrenzwerte vor allem hinsichtlich des Schwefelgehalts vereinbart werden müssten (Schiffsdiesel oder „marine bunker“ ist 2,7-mal schwefelhaltiger als Heavy Fuel Oil). Allein der Einsatz von herkömmlichen Brennstoffen würde die Energiekosten der Seeschifffahrt verdoppeln. Darüber hinaus stellt die komplette Steuerfreiheit beim Energieverbrauch in der Schifffahrt eine erhebliche Subvention dar. Geschätzter Subventionsbetrag: 15 Mrd. Dollar. Fünftens: Auf den rund 50.000 großen und größeren Schiffen der Welthandelsflotte finden rund 250.000 Seeleute Beschäftigung, davon gut zwei Drittel oder rund 170.000 auf ausgeflaggten Schiffen. Würden sie die Arbeitseinkommen der Länder erhalten, in denen die Eigentümer der Schiffe sitzen (BRD, Dänemark, Griechenland, Japan usw.), wäre rund der dreifache Betrag fällig. Summe: rund 10 Mrd. US-Dollar. Für den Bau neuer Häfen werden derzeit weltweit jährlich rund 30 Mrd. US-Dollar ausgegeben. Gesamte Summe: rund 100 Mrd. US-Dollar.

Kapitel 16

1 Auf der gleichnamigen Langspielplatte der Kölner Rockgruppe wird die folgende Übersetzung angeboten: „Zeit ist Bargeld, Zeit ist Geld / er nannte sie Julia, sie ihn Romeo / denn bei der Landung sagten sie längst schon du zueinander / Vom Flughafen dann mit einem Kfz zur individuellen Personenbeförderung auf Mietbasis sofort ins Lager / welches mit Stacheldraht vom Pöbel abgetrennt war / ein alkoholisches Begrüßungs-Mixgetränk, Eintausch Muschelgeld / und schon war eine vornehme, kühle Stimmung in der Luft, die künstlich wohl temperiert (absolutes Muß) / Auf jedem Lendenschurz stand: Robinson-Verein." EMI Electrola GmbH 1986, Musik: R. Mack; Text: Wolfgang Niedecken; BAP-Musikverlag.

2 Angaben nach: Verkehr in Zahlen 2006/2007, S. 210 f.

3 1976 spielte bei den Verkehrsleistungen (den im Jahr zurückgelegten Kilometern) eines durchschnittlichen Deutschen der Luftverkehr kaum eine Rolle; nennenswerte Anteile gab es nur beim Mobilitätszweck Urlaub, wo damals 8,5% der zurückgelegten Urlaubskilometer auf das Flugzeug (und gut 73% auf das Auto, 14% auf die Eisenbahn und der Rest auf den öffentlichen Straßenverkehr, vor allem auf Busse) entfielen, und beim Geschäftsverkehr, wo knapp 7% der Verkehrsleistung von dienstlichen Fahrten mit dem Flugzeug (und knapp 89% mit dem Pkw) absolviert wurden. Bei den 1976 im Jahr insgesamt zurückgelegten Kilometern entfielen damals weit mehr auf Fußwege (4,3%) und Radfahren (2,3%) als auf den Flugverkehr (1,5%). Der Auto-Anteil überwog natürlich zu diesem Zeitpunkt bereits (74%). Der Rest entfiel auf Bahn und Busse. 2004 rangierte der Luftverkehr beim Mobilitätszweck Urlaub bereits an zweiter Stelle (knapp 29% der zurückgelegten Kilometer entfielen auf das Flugzeug). Die Bedeutung des Autos ging bei diesem Mobilitätszweck auf 55% zurück, der auf die Bahn entfallende Anteil sank auf 6,5%. In der Summe der 2004 zurückgelegten Kilometer entfielen nur noch 3,3% auf Fußwege, 2,6% auf Radwege, 7,1% auf Busse und den ÖPNV, 6,3% auf die Eisenbahn, 76,5% auf den Pkw und bereits 4,2% auf das Flugzeug. Verkehr in Zahlen, a.a.O., S. 222 f.

4 Quelle: Ministry of Land, Infrastructure and Transport, Tokio 2007; hier wiedergegeben bei: Jonathan Soble, „Japanese Aerospace makes ready for take-off", Financial Times vom 5. 7. 2007.

5 Angaben der IATA (International Air Transport Association), Juni 2007. Die IATA-Mitglieder vereinigen 91% der globalen Flugverkehrsleistung, die in RPK (= Revenue Passenger Kilometers, also in bezahlten – in der gewerblichen Luftfahrt geleisteten – Personenkilometern [pkm]) gemessen wird. Nach Angaben der Association of European Airlines (AEA) wurden von allen europäischen Fluggesellschaften 1975 rund 140 Mrd. RPK geleistet; 2006 waren es 720 Mrd. RPK. Nicht enthalten sind in diesen Zahlen zum europäischen und weltweiten Flugverkehr die Flüge in privaten Jets (die beim Geschäftsreiseverkehr eine wichtige Rolle spielen) und die Flüge mit Militärmaschinen. Wenn in Zukunft beim weltweiten Flugverkehr der Begriff pkm verwendet wird, sind damit RPK gemeint.

6 Eric Heymann, „Überfällige Konsolidierung im Luftverkehr ante portas?", hrsg. von Deutsche Bank Research, Frankfurt/M., März 2004, S. 4.

7 Es handelte sich um folgende Flughäfen (in Klammern die Zahl der Fluggäste für das Jahr 2002): Atlanta (77 Mio.), Chicago (67 Mio.), London (LHR; 63 Mio.), Tokio (HND; 61 Mio.), New York (mit JFK; 30 Mio. und Newark/EWR; 29 Mio.); Los Angeles (56 Mio.), Dallas (53 Mio.), Frankfurt/M. (49 Mio.), Paris (48 Mio.), Amsterdam (41 Mio.), Denver (36 Mio.), Phoenix (36 Mio.), Las Vegas (35 Mio.), Madrid (34 Mio.), Houston (34 Mio.), Hongkong (34 Mio.), Minneapolis (33 Mio.), Detroit (33 Mio.), Bangkok (32 Mio.), San Francisco (32 Mio.), Miami (30 Mio.), London (LGW; 30 Mio.), Singapur (29 Mio.), Tokio (NRT; 29 Mio.), Peking

(27 Mio.), Seattle (27 Mio.), Orlando (27 Mio.), Toronto (26 Mio.), St. Louis (26 Mio.). Quelle: Airports Council International; wiedergegeben bei: Eric Heymann, a.a.O., S. 14.

8 Hans-Christoph Noack, „Offener Himmel", in: Frankfurter Allgemeine Zeitung vom 10. 4. 2007.

9 Zit. bei: Volker Mrasek, „Dünne Luft", in: Financial Times Deutschland vom 20. 3. 2007.

10 Wie erwähnt machten 2003 die inner-nordamerikanischen Flüge bereits die Hälfte des weltweiten Flugverkehrs aus. Hinzurechnen muss man zumindest jeweils die Hälfte der Flüge Nordamerika–Europa, Nordamerika–Asien und Nordamerika–Südamerika. Damit dürften die USA und Kanada für rund zwei Drittel der weltweiten Flugverkehrsleistungen „verantwortlich" sein. Diese Feststellung ist nicht in erster Linie mit einem erhobenen, die USA und Kanada anklagenden Zeigefinger zu verstehen. Vielmehr macht diese Struktur deutlich, wie explosionsartig der Flugverkehr weltweit ansteigen wird, wenn die nordamerikanischen Transportmuster auf die übrigen Weltregionen übertragen werden.

11 Angaben zum erwarteten Wachstum von Airbus; hier wiedergegeben bei Eric Heymann, a.a.O., S. 6.

12 Zum Vergleich: Im Jahr 2002 verfügte die größte Fluggesellschaft der Welt, American Airlines, über 822 Flugzeuge, FedEx über 629, Delta (USA) über 573, United (USA) über 567, Northwest über 438 und die Lufthansa über 364 Flugzeuge. Angaben nach IATA; bei Heymann, a.a.O., S. 10.

13 2005 gab es weltweit 1.789 Flugzeuge, die ausschließlich im Luftgüterverkehr eingesetzt waren. Bis 2025 soll sich diese Zahl auf 3.563 verdoppeln, die Kapazitäten werden sich gleichzeitig knapp verdreifachen. Angaben nach: Kevon Done, „Troubled Carriers face some stiff competition", in: Financial Times vom 27. 3. 2007.

14 1980 lag die Transportleistung der Luftfracht in der BRD bei 251 Mio. Tonnenkilometern (in der DDR spielte sie keine Rolle). 1991 waren es im vereinigten Deutschland 429 Mio. tkm, 2005 bereits 1.047 Mio. tkm. Nach: Verkehr in Zahlen 2006/2007, S. 234 f.

15 Peter Borscheid, Das Tempo-Virus. Eine Kulturgeschichte der Beschleunigung, Frankfurt/M. – New York, 2004, S. 353. Dem Autor gelingt das Kunststück, in seinem faktenreichen Buch, das ein halbes Jahrtausend der Geschichte von Langsamkeit und Beschleunigung abdeckt, den Faschismus und Nationalsozialismus so gut wie unerwähnt zu lassen.

16 Zit. bei: Alexander Hagelüken, „Zum Kegeln nach Mallorca", in: Süddeutsche Zeitung vom 5. 7. 2007.

17 Originellerweise lieferte dafür der Chef der Airline Emirates, Tim Clark, ein gutes Beispiel, indem er zur Begründung, weshalb Emirates eine Direktverbindung Hamburg–US-Ostküste einrichten will, sagte: „Jedes Jahr fliegen 239.000 Menschen von Hamburg an die Ostküste der USA. Aber sie alle müssen über Frankfurt, Paris oder London fliegen." Nach: „Hört auf mit dem Herumeiern!", Interview mit Clark in: Süddeutsche Zeitung vom 4. 12. 2006. Der Eigentümer von Emirates, der Staat, wird selbst ein gewaltiges Drehkreuz mit Umwegverkehren bauen. Siehe unten.

18 Der A380 wird wegen seiner Größe und der damit verbundenen technischen Anforderungen, aber auch auf Grund seines Fassungsvermögens von 600 und mehr Fluggästen in Europa nur wenige Airports anfliegen, was die Zahl der Zubringerflüge erhöht. Das Management von Boeing verfolgt eine andere Strategie und sieht in Zukunft ein größeres Wachstum bei den Punkt-zu-Punkt-Verkehren. Auf den ersten Blick scheint die Rechnung von Boeing aufzugehen; der neue Jet aus Seattle, als Dreamliner oder B787 bezeichnet, weist deutlich bessere Orders aus als das Großraumflugzeug A380 oder das neue Airbus-Langstreckenflugzeug A350. Doch es besteht die Gefahr einer Politik der „self-fulfilling prophecy". Nachdem der

A380 gebaut wird und Milliarden Euro in seine Entwicklung investiert wurden, gilt die innere Logik, wonach sich dieses Flugzeug erst nach einem Verkauf von 600 Einheiten rechnet. Bei dieser Zahl ist bereits eingespeist, dass sich der Flugverkehr in den nächsten 15 Jahren verdoppeln muss, um die 600 Gigaliner aufnehmen zu können. Hinzu kommt, dass die bloße Verdopplung für eine solche A380-Aufnahmefähigkeit nicht ausreichend ist. Die Struktur der Weltluftfahrt muss sich vor allem in Richtung wachsender Verkehr zwischen den großen Drehkreuzen verstärken. Insofern ist es logisch, dass die Airline Emirates der wichtigste Großkunde für den A380 ist und zum Stand Mitte 2007 55 Exemplare dieses Modells bestellt hat. Diese Gesellschaft setzt vor allem auf den Bau des neuen Airports Dubai World zu einem gigantischen Drehkreuz und zum weltweit größten Airport überhaupt. Es wird sich im Wortsinn um ein Drehkreuz in der Wüste handeln, um das erste Drehkreuz ohne ein riesiges Ballungszentrum mit Millionen Menschen mit relativ hohem Einkommen, das für eine Art Grundauslastung mit großen Ziel- und Quellverkehren sorgt. Angaben nach: Süddeutsche Zeitung vom 4. 12. 2006; Die Wirtschaftswoche vom 4. 9. 2006.

19 Die Tatsache, dass die Grünen Mitglied dieser Regierung waren, trug dazu bei, Kritik an dem Ausbau und der Förderung dieser extrem umweltschädigenden Verkehrsform zu integrieren. John Kohlsaat, Deutschlandchef des Billigfliegers Easyjet, wies im Interview darauf hin, dass das private Verhalten sich mit dem politischen deckt. „Frage (Welt am Sonntag – WamS): Was sind das für Leute, die sich diesen Stress (der Billigfliegerei) antun? Anwort Kohlsaat: Andere, als Sie glauben. Rund jeder Fünfte ist Geschäftsreisender. Gerade von Berlin aus fliegen auch Politiker. Joschka Fischer und Jürgen Trittin zum Beispiel. WamS: Trittin? Der hat doch als Umweltminister ordentlich gegen die Billigflieger gewettert. Kohlsaat: Lustig, oder? Im letzten Sommer (2005) hatte er einen Wahlkampftermin in Aachen und wollte am nächsten Morgen in Berlin im ZDF-Frühstücksfernsehen auftreten. Weil wir die Strecke direkt fliegen, hat er uns angerufen und gesagt, er wolle mit … Jeder, der zahlt, darf mit. Da sind wir ganz emotionslos." In: Welt am Sonntag vom 22. 1. 2006.

20 Das gleiche Modell „kreativer Buchführung" wendet die Deutsche Bahn AG an; sie wies bei ihrer Gründung nur ein Drittel des von der Bundesbahn und der Reichsbahn eingebrachten Kapitals in ihrer Eröffnungsbilanz aus und bilanzierte die vom Bund finanzierten Neubaustrecken nicht. Das veranlasste die Gutachter von Booz Allen Hamilton dazu, in ihrem Gutachten zur Bahnprivatisierung im Sinn des Bahnvorstands davon auszugehen, dass die DB AG eine passable Kapitalrendite (ROCE = return on capital employed) ausweisen würde, um dann auf S. 469 f. festzustellen, dass es real keine Rendite gäbe, würden korrekterweise die ausgewiesenen Gewinne auf das gesamte Kapital (u.a. unter Einschluss der Neubaustrecken) bezogen werden, womit die Formel ROTCE (= return on total capital employed) kreiert wurde.

21 Angaben nach: Christian von Hirschhausen/Thorsten Beckers/Achim I. Czerny/Stefan Müller, Privatisierung und Regulierung der deutschen Flughäfen, hrsg. von Deutsche Bank Research, Frankfurt/M., 10. März 2004.

22 Die in der IATA zusammengeschlossenen Airlines machten 2001-2006 einen addierten Verlust von deutlich mehr als 50 Mrd. US-Dollar (allein die Verluste der US-Airlines beliefen sich auf 42 Mrd. US-Dollar). In dieser Berechnung sind die hohen Subventionsbeträge bereits eingeschlossen. Ohne die staatlichen Unterstützungen lag der Verlust bei 90-100 Mrd. US-Dollar. Selbst im Jahr 2006 gab es trotz des neuen Flugverkehr-Booms bei allen IATA-Gesellschaften (Gewinne und Verluste gegeneinander aufgerechnet) einen Verlust von 500 Mio. US-Dollar. Angaben: IATA-Schätzung; Frankfurter Allgemeine Zeitung vom 10. 4. 2007.

23 Allein Delta Airlines, die drittgrößte Fluggesellschaft der Welt, konnte auf diese Weise Pensionsverpflichtungen in der Höhe von 10 Mrd. US-Dollar „loswerden"; diese wurden überwiegend auf den Staat übertragen. Nach: Financial Times Deutschland vom 17. 8. 2005.

24 Angaben zu den Regionalairports nach: Christian von Hirschhausen u.a., a.a.O. Insgesamt gibt es bundesweit rund 100 regionale Airports; in der Arbeitsgemeinschaft Deutscher Verkehrsflughäfen (ADV) sind 39 regionale Airports zuammengeschlossen. Die oben angeführten Daten beziehen sich ausschließlich auf die ADV-Flughäfen.

25 Zit. bei: Andreas Spaeth (der den Namen der angeführten Airline bzw. ihres Top-Managers nicht nennt) in: „Anflug auf Memmingen", Welt am Sonntag vom 4. 3. 2007.

26 Zit. in: „Asiens Billigflieger stehen vor einem scharfen Ausleseprozess", Frankfurter Allgemeine Zeitung vom 30. 1. 2006.

27 HLX ist eine Tochter des TUI-Konzerns; seit Mitte 2006 fliegt HLX unter der Bezeichnung TUIfly. DBA (früher ausgeschrieben Deutsche British Airways) wurde 2007 von Air Berlin aufgekauft. Zuvor hatte Air Berlin den Ferienflieger LTU übernommen. Gleichzeitig gibt es eine enge Kooperation zwischen Air Berlin/DBA und Condor. Damit rückte in Deutschland der Billigflieger Air Berlin hinter Lufthansa, Air France/KLM und Ryanair zum viertgrößten Anbieter von Flugreisen auf. Nach „Eine neue Macht in der Luft entsteht", in: Frankfurter Allgemeine Zeitung vom 28. 3. 2007.

28 Zit. in: Frankfurter Allgmeine Zeitung vom 30. 1. 2006.

29 Der ICE-Bahnhof am neuen Airport Berlin Brandenburg International (BBI) in Schönefeld soll 636 Mio. Euro kosten, von denen der Bund 576 Mio. Euro und die Länder Brandenburg und Berlin den Rest tragen, was erneut einer staatlichen Subventionierung des Flugverkehrs gleichkommt. Für den Schienenverkehr dürften die Nachteile – langsamere Reisegeschwindigkeit, Ausrichten des Fahrplans am Flugbetrieb – überwiegen. Angaben nach Philip Grassmann, „Geschrumpfter Großflughafen", in: Süddeutsche Zeitung vom 5. 9. 2006.

30 Der Dasa-Chef Bischoff ging im März 2000 auf der Bilanzpressekonferenz von Dasa auf beide Projekte ein. Zum A3XX (heute der A380; W.W.) sagte er: „Die Entwicklungskosten haben wir mit 10 bis maximal 12 Milliarden Euro und keinen Cent mehr ermittelt." Zum Militärtransporter sagte der Rüstungs-Manager wenige Sätze später: „Ein weiteres wichtiges Großprojekt ist der Militärtransporter A400M … Die Regierungen Deutschlands, Frankreichs und Großbritanniens haben sich bislang noch … nicht einigen können. Meine Damen und Herren, der Kunde ist König. Gerade bei Airbus." In: Winfried Wolf, Fusionsfieber oder: das große Fressen, Köln 2000, S. 177 f.

31 Süddeutsche Zeitung vom 6. 7. 2007.

32 Das Regionaljet-Projekt von Mitsubishi (Arbeitstitel MRJ) erfordert Entwicklungskosten von 1 Mrd. US-Dollar, die zu einem Drittel von der japanischen Regierung getragen werden sollen. Angaben nach: Financial Times vom 5. 7. 2007. Philip Grassmann, „Geschrumpfter Großflughafen", in: Süddeutsche Zeitung vom 5. 9. 2006.

33 Es handelt sich um Konzerne wie Grupo Ferrovial/BAA, Macquarie Airports und Hochtief Airports. Nach: Frankfurter Allgemeine Zeitung vom 13. 11. 2006.

34 „Flughäfen als Oasen des Wachstums", in: Frankfurter Allgemeine Zeitung vom 13. 11. 2006. Dort auch die Angaben zum Verhältnis Nichtflugbetrieb-Umsatz zu Flugbetrieb-Umsatz, jeweils für 2005.

35 Axel Pinck, „Langstreckenanbieter feilen am Komfort", in: Financial Times Deutschland vom 16. 11. 2005.

36 Jutta Göricke, „Schneller leben in der Lounge", in: Süddeutsche Zeitung vom 20. 1. 2006. Dort auch das Zitat aus der Mainzer Studie.

37 Flora Wisdorf, „Überflieger", in: Tagesspiegel vom 18. 1. 2006. Der hier genannte Betrag von „114.000 Euro" steht in einem gewissen Widerspruch zu den weit höheren Einstiegsbeträgen, die im selben Artikel genannt und noch ausgeführt werden.

38 Ed Lamont, „Mitfahrzentrale für Fortgeschrittene“, in: Financial Times Deutschland vom 26. 5. 2000.

39 Christine Mai/Jenny Genger/Jennifer Lachman, „EU und USA öffnen Luftverkehr“, in: Financial Times Deutschland vom 23. 3. 2007.

Teil IV

1 Hermann Knoflacher, Stehzeuge. Der Stau ist kein Verkehrsproblem, Wien – Köln – Weimar, 2001, S. 53 f.

2 Wolfgang Münchau, „Ausflug mit dem Monster“, in: Financial Times Deutschland vom 7. 2. 2003.

Kapitel 17

1 Ivan Illich, Selbstbegrenzung. Eine politische Kritik der Technik, München 1998, S. 64 (Erstveröffentlichung 1975).

2 Fiat warb in den 1980er Jahren für sein damals neues Modell Panda mit der pfiffigen Feststellung, dieser Pkw habe eine „eingebaute Richtgeschwindigkeit von 130 km/h“. Eine solcher PR-Gag dürfte heute als geschäftsschädigend gelten.

3 Im US-Bundesstaat Texas wurde 1996 das Tempolimit auf Highways von 65 auf 70 Meilen pro Stunde (oder von 104 auf 120 km/h) angehoben, worauf die Zahl der Unfalltoten von 3.172 auf 3.715 (oder um 17%) anstieg. Zuvor war die Zahl seit 1980 kontinuierlich zurückgegangen. Nach: Deutscher Bundestag, Drucksache 14/1082 vom 27. 5. 1999.

4 Diese Strecke wurde Anfang 2006 auf der Tauern-Autobahn im österreichischen Bundesland Kärnten, eingerichtet wo Jörg Haider vom BZÖ die Funktion des Landeshauptmanns ausübt. Das Projekt zielte auf die Nationalratswahl 2006, bei der es um das Überleben des BZÖ ging. Tatsächlich konnte sich das BZÖ das erforderliche Grundmandat und damit die Vertretung im Parlament sichern.

5 Die Fahrer wurden nur mit Geldstrafen belangt und sollen die Polizisten begrüßt haben mit: „Welche Kreditkarte hätten Sie denn gerne?“ Nach: Neue Kronen Zeitung vom 13. 6. 2006.

6 Nach: Frankfurter Rundschau vom 4. 2. 1999 (Almsick); Frankfurter Allgemeine Zeitung vom 31. 7. 2006 (Gibson); Süddeutsche Zeitung vom 2. 7. 1997 (Nicholson).

7 Zitat und Beispiele für die USA nach: „Auf dem Highway fährt die Gewalt mit“, in: Süddeutsche Zeitung vom 2. 7. 1997; für Deutschland nach: „Das mobile Chaos“, in: Der Spiegel 29/1998.

8 Zit. bei: Thomas Urban, „Tödliches Imponiergehabe auf Polens Straßen“, in: Süddeutsche Zeitung vom 14. 9. 1998.

9 Petra Mies, „Ohne Rücksicht auf Verluste“, in: Frankfurter Rundschau vom 5. 2. 2004.

10 Verkehr in Zahlen 2006/2007, S. 136 f.

11 So die Aussage eines Kollegen im Prozess um das tödliche Unglück am 14. 7. 2003 bei Karlsruhe. Siehe unten Anmerkung 16. Nach: Stuttgarter Nachrichten vom 14. 2. 2004.

12 Laut Deutscher Verkehrsstatistik lag 2005 die Gesamtfahrleistung aller Lkws bei 57,3 Mrd. Kilometern, die aller Pkws bei 578 Mrd. Kilometern. Die Lkw-Fahrleistung entspräche also einem Zehntel; der Anteil von 21% bei den im Straßenverkehr Getöteten wäre dann doppelt so hoch wie der Anteil an den Fahrleistungen. Das mag als Richtschnur gelten. Eine differenziertere Berechnung muss berücksichtigen, dass diese Statistik bei Pkws und Lkws „errechnet (wird) als Inländerfahrleistung (einschließlich der Auslandsstrecken deutscher Kfz, aber ohne die Inlandsstrecken ausländischer Kfz)“. Verkehr in Zahlen, a.a.O., S. 151.

13 Uwe Reepen, „Da hält dich nur Red Bull am Leben“, in: ver.di PUBLIK, November 2002.

14 Die überraschten Reaktionen des Bundesverkehrsministeriums und der Autobranche auf diese Entwicklung sind unseriös. Bei den Bundestags-Plenardebatten zur Mauteinführung wurde vielfach darauf verwiesen, dass eine Nichterfassung der Transporter dazu führen müsste, dass auf solche Transporter ausgewichen werden würde; in der Schweiz beispielsweise sind auch solche Sprinter mautpflichtig. Nach: Marion Zeller, „Bremse für rasende Transporter“, in: Süddeutsche Zeitung vom 21. 2. 2005.

15 In: Frankfurter Rundschau vom 5. 2. 2004.

16 Der Kasseler Landgerichtspräsident W. E. wurde im Sommer 2000 mit 2,37 Promille am Steuer erwischt. Sein Pkw hatte sich auf einem Feldweg festgefahren; der heiße Auspuff hatte einen Acker in Brand gesteckt. Als die Polizei kam, versuchte W. E. diese zu bestechen. Der Mann erhielt eine Strafe auf Bewährung und durfte als Richter im Amt bleiben (Frankfurter Rundschau vom 24. 1. 2004).
Im Dezember 2003 fuhr ein 22-jähriger Autofahrer mit 2,06 Promille Alkohol sein voll besetztes Auto in Kassel gegen einen Baum; drei Insassen wurden getötet. Er hatte zuvor die Türen des Pkw verriegelt, sodass niemand mehr aussteigen konnte. Der Mann wurde zu zwei Jahren auf Bewährung verurteilt (Frankfurter Rundschau vom 13. 5. 2005).
Am 14. Juli 2003 wurde eine 21-jährige Mutter zusammen mit ihrer zweijährigen Tochter auf der Autobahn bei Karlsruhe getötet. Der Testfahrer R. F. fuhr mit seinem Mercedes-Dienstwagen, Modell CL 600 Biturbo Coupé mit 476 PS, so dicht auf den Kleinwagen auf, dass die Fahrerin erschrocken das Steuer verriss und gegen einen Baum prallte. Der Todesfahrer war auf dem Weg zu einer Teststrecke des Autokonzerns in Papenburg. Er wurde zu einem Jahr Haft auf Bewährung verurteilt. (Frankfurter Rundschau vom 26. 7. 2004, 30. 7. 2004 und 3. 11. 2004; Stuttgarter Nachrichten vom 14. 2. 2004; Der Spiegel 36/2004).
Im April 2006 raste A. A. in Hannover in einer Tempo 30-Zone mit 64 km/h und tötete dabei ein 9-jähriges Mädchen. Er hatte zuvor mehrere Fahrdelikte begangen und zur Zeit des Unfalls keinen Führerschein. Der Mann wurde in erster Instanz zu zwei Jahren Haft ohne Bewährung verurteilt. Er ging in Berufung. Die Strafe wurde zur Bewährung ausgesetzt (nach: Bild, Bundesausgabe, vom 30. 3. 2007).

17 Im Februar 2005 tötete ein Testpilot mit einem 300 PS starken Mercedes Modell S-Klasse beim schwedischen Städtchen Ytterhogdal die 44-jährige A. S. Vor dem Eintreffen der Polizei wurde die im Unglückswagen installierte Messausrüstung ausgebaut und beiseite geschafft. In der schwedischen Tageszeitung „Aftonbladet“ schrieb Robert Collin, der als Schwedens erfahrenster Motorjournalist gilt und einst den berüchtigten „Elchtest“ der Mercedes-A-Klasse bezeugte: „Ich weiß, dass jeder Kilometer von Stuttgart nach Arjeplog (in Schweden; W.W.) ein Test ist. … Die Fahrer fahren fast immer zu schnell und rücksichtslos.“ Die Piloten von Mercedes seien „öfter als andere in Unfälle verwickelt“. Zit. in und Angaben nach: Hannes Gamillscheg, „Sie fahren wie verrückt“, in: Frankfurter Rundschau vom 25. 2. 2005.

18 Verkehr in Zahlen, a.a.O., S. 142 f.

19 Ebd., S. 148.

20 Zum Hummer: Martin Gropp, „Mammut im Tagebau“, in: Handelsblatt vom 6. 12. 2003. und Wolfgang Münchau, a.a.O.

21 Zit. bei: Petra Schäfer, „Indiana Jones im Bauch des Konsumtempels“, in: Handelsblatt vom 30. 5. 2003.

22 Christian Baulig, „Very Matsch fun“, in: Financial Times Deutschland vom 7. 2. 2003.

23 Angaben nach: Verkehr in Zahlen, a.a.O., S. 118 f. Dies ist auch die Quelle für die nachfolgenden statistischen Angaben, soweit nicht gesondert ausgewiesen.

24 Detlef M. Hug, „Frauen sind das Fußvolk“, in: Frankfurter Rundschau vom 3. 5. 2000.

25 Matthew L. Wald, „Walking? Beware the Male Driver!“, in: New York Times vom 9. 4. 1999.

26 Der Spiegel 29/1998.

27 Nach: Christoph Drösser, „Ausgebremst. Formeln für den Stau“, in: Die Zeit vom 18. 6. 2003.

28 Nach: Klaus-Peter Schmid/Fritz Vorholz, „Ausweitung der Stauzone“, in: Die Zeit vom 18. 6. 2003.

29 Harald Kaiser/Peter Weyer, „Der gequälte Autofahrer“, in: Stern 32/1998.

30 Klaus-Peter Schmid/Fritz Vorholz, a.a.O.

31 Zit. bei: Christoph Drösser, a.a.O.

32 Wolfgang Zängl, Rasen im Treibhaus – Warum Deutschland ein Tempolimit braucht, München 2007.

33 Hermann Knoflacher, Stehzeuge, a.a.O., S. 70 f.

34 Sepp Kusstatscher, Umdenken am Ärmelkanal – Neue Einsichten nach Durchsicht durch ein schwarzes Loch. Oder: Ethisch-politische Bewertung des Brennerbasistunnels, Juli 2007; Manuskript.

35 Martin Zips, „Gottes Drive-in“, in: Süddeutsche Zeitung vom 29. 7. 2006.

36 Ebd. Die hier im Detail beschriebene Autobahnkirche St. Christophorus von Bad Berneck verfügt über eine Lichtschranke zur Zählung der Besuchenden. Danach gab es 2005 mehr als 100.000 Gäste, was hochgerechnet auf die 31 Autobahnkirchen einer gesamten Besucherzahl der Autobahnkirchen von rund 30 Mio. Menschen entsprechen würde.

37 Georg Kacher, „Die glitzernde Lust der Verfremdung“, in: Süddeutsche Zeitung vom 7. 12. 2002 (zur SEMA, Las Vegas); Marko Dalan/Carsten Dierig, „Frau und Ersatzteil'“, in: Die Welt vom 3. 12. 2005 (zur Essen Motor Show).

38 Aus einem Bericht: „Ein großes Display informiert über Zeiten und Gates, Namen werden aufgerufen. Sichtlich aufgeregt steht Familie Timm aus Berlin mit ihrem Abholzettel an der gläsernen Pforte. Gleich geht es ein paar Stufen hinab zu ihrem neuen Auto. … Schließlich erklingt ihr Name, und Stefan, Susan und Sohn Christoph gehen ihrem neuen Familienmitglied entgegen. Knallrot und so sauber, dass man nicht den kleinsten Fleck sieht, glänzt ihren ihr Touran 1.9 TDI entgegen. Ehrfurchtsvoll werden Türen geöffnet … Kundenbetreuer Dieter Wysocki erklärt die Bedienung des Wagens. Gut 20 Minuten nimmt er sich dafür Zeit, dann fährt Familienvater Stefan Timm den Touran aus der Halle auf den Kundenparkplatz. Damit ist das Wichtigste erledigt, aber der Tag bei VW hat erst begonnen. Auf die Familie wartet noch ein umfangreiches Besuchsprogramm.“ Thomas Geiger/Oliver Klempert, „Glücksgefühle frisch vom Fließband“, in: Welt am Sonntag vom 7. 8. 2005.

39 Susanne Ziegert, „Nicht ohne mein Automobil“, in: Welt am Sonntag, 8. 10. 2006.

40 Alexander Hosch, „Über spannende Pilgerstätten: My Home is my Auto-House“, in: Capital 20/2006. „Ganz im Zeichen tayloristischer Massenfertigung, die der alte Giovanni Agnelli bei Ford in Amerika gesehen hatte, sollte sich das Material entlang der Montagestraßen nur noch vorwärts und nach oben bewegen – bis oben auf dem Dach das fertige Auto auf die Teststrecke rollte.“

41 Jörg Häntzschel, „Das Ich und das Auto“, in: Süddeutsche Zeitung vom 6. 5. 2006. Dort heißt es: „Schließlich ist das Auto mehr als lackiertes Blech auf vier Rädern. Es ist Szepter deutscher Machthaber, Motor der Nachkriegswirtschaft, Schöpfer und Zerstörer moderner Städte, Goldenes Kalb, Fetisch, Potenzverstärker, Schlüssel zur Freiheit, vor allem: Ausgangspunkt für Millionen Träume und Sehnsüchte.“

42 Juha Päätalo, „Dem Traum davonrasen", in: Financial Times Deutschland vom 14. 6. 2007; andere Angaben nach René Hofmann, „Überlebenszelle für Havarierte", in: Süddeutsche Zeitung vom 6. 7. 2007.

43 Georg Blume, „Großer Preis für China", in: Die Zeit vom 1. 4. 2004; vorausgegangene Angaben nach Elmar Brümmer, „Formel 1 fährt fort: Im Osten was Neues", in: Financial Times Deutschland vom 4. 4. 2004.

44 Zit. bei: Juha Päätalo, „Der kleine Diktator", in: Financial Times Deutschland vom 8. März 2004.

Kapitel 18

1 1997 gab es in Bayern einen Marterl-Streit. Das Straßenbauamt Ingolstadt wollte „aus Gründen der Verkehrssicherheit" die „Marterl" beseitigen – Gedenktafeln, überwiegend Kreuze, mit denen Freunde und Angehörige von Menschen, die im Kfz-Verkehr zu Tode kamen, dieser gedenken. Der Versuch löste bei den Betroffenen und in der Öffentlichkeit einen heftigen Aufschrei der Empörung aus. Die Behörden in Ingolstadt, Eichstätt und Schrobenhausen schlugen als Kompromiss vor, die Marterl ein Jahr stehen zu lassen und dann abzuräumen. Als die Proteste andauerten, kam es zu der zitierten Aussage. Hier nach: Die Welt vom 22. 4. 1997; Süddeutsche Zeitung und Frankfurter Rundschau vom 24. 4. 1997.

2 Stuart Millar, „Centenary of first car marked", in: Guardian (London) vom 12. 12. 1996. Der Artikel berichtete über eine Aktion, die anlässlich des 100. Jahrestages dieses tödlichen Unfalls in Anwesenheit von Nachfahren von Mrs. Driscoll in London durchgeführt wurde. Der Autor schreibt: „Ein Jahrhundert und mehr als 500.000 (britische) Tote später werden Nachkommen der Getöteten und Menschen, die im aktuellen Straßenverkehr zum Teil schwer verletzt worden sind, an diesem 100. Gedenktag an die getötete Mrs. Driscoll genau an der Stelle erinnern, an der die Frau starb. In schwarzen Kleidern und mit Fotos von geliebten Angehörigen, die sie durch den Autoverkehr verloren, werden die Demonstrierenden sofortige Aktionen verlangen, um die Zahl der Straßenverkehrsunfälle, bei denen auf den britischen Straßen pro Tag zehn Menschen getötet und 850 verletzt werden, drastisch zu reduzieren." Ob es sich tatsächlich um die erste Straßenverkehrstote weltweit gehandelt hat, sei dahingestellt. In selben Jahr 1896 soll es in den USA bereits 26 Kfz-Verkehrstote gegeben haben.

3 Klaus Gietinger, „Fatalities – der Tod hat einen Motor", in: Die Zeit 4/2003

4 Klaus Gietinger, „Opfer der Motorisierung – Versuch einer konkreten Schätzung", in: Internationales Verkehrswesen 11/2006, Anmerkung 12.

5 Ebd. Vgl. auch: Klaus Gietinger, „Der Tod hat einen Motor", in: Frankfurter Rundschau vom 11. 12. 2002.

6 Margie Peden/Richard Scurfield/David Sleet/Dinesh Mohan/Adnan A. Hyder/Eva Jarawan/ Colin Mathers (Hrsg), World Report on Road Traffic 2004, WHO, New York 2004.

7 Victor Mallet, „Asian Bank finds official road death toll 'grossly understated'", in: Financial Times vom 22. 11. 2004. In der Summe heißt es dort für die Region Südost-Asien: „Auf die schnell wachsenden Ökonomien in der Region Asien-Pazifik entfallen 44 Prozent der 1,2 Mio. Staßenverkehrstoten, die weltweit jährlich zu verzeichnen sind, obgleich die Kfz-Flotte in dieser Region nur 14 Prozent des weltweiten Kfz-Parks ausmacht."

8 Klaus Gietinger, Opfer der Motorisierung …., a.a.O.

9 Ebd., Tabelle 5. Nach den offiziellen Zahlen – teils hochgerechnet und teils zurückgerechnet – waren es 20,2 Mio. Kfz-Verkehrstote.

10 Vgl. Heiner Monheim/Rita Monheim-Dandorfer, Straßen für alle, a.a.O., S. 23; Nicolas Faith, Crash – The Limits of Car Safety, London 1997, S. 13 (zit. bei K. Gietinger); Winfried

Wolf, Eisenbahn und Autowahn, Hamburg – Zürich 1986, S. 201. Dabei soll nicht in Frage gestellt werden, dass dies damals äußerst vage Schätzungen waren, die möglicherweise eher zufällig weitgehend ins Schwarze trafen.

11 Klaus Brill, „Der Prager Winter“, in: Süddeutsche Zeitung vom 27. 12. 2005.

12 In Litauen gab es 1996 offiziell 667 Straßenverkehrstote; 1998 waren es 829 und 2004 752. Verkehr in Zahlen 2006/2007, S. 303.

13 In Österreich lag der Abbau im genannten Zeitraum 2004 gegenüber 1996 bei 14,5%; in der Schweiz waren es gut 17%. Alle Angaben nach: Verkehr in Zahlen 2006/2007, S. 302 f.

14 Klaus Gietinger, Fatalities …, a.a.O.

15 Ebd.

16 Dalia Acosta, „Kuba führend bei Verkehrstoten“, in: Neues Deutschland vom 3. 12. 2002.

17 Wiedergegeben bei Klaus Gietinger, Fatalities …, a.a.O.

18 Petra Kolonko, „Mörder der Straße“, in: Frankfurter Allgemeine Zeitung vom 28. 2. 2005.

19 Harald Maas, „Nach Unfall Mord“, in: Frankfurter Rundschau vom 30. 3. 2007. Die hier zitierte gesetzliche Regelung wird in dem zuvor zitierten FAZ-Artikel von Petra Kolonko ähnlich wiedergegeben.

20 Klaus Gietinger, Opfer der Motorisierung …, a.a.O.

21 Vgl. Kapitel 19.

22 „The world and its railroads – Redefining their Role“, in: The Economist vom 31. 8. 1985.

23 Klaus Brill, a.a.O.

24 „Schwellenländer holen auf“, in: Süddeutsche Zeitung vom 11. 7. 2007.

25 „Falsche Statistik über Verkehrstote“, in: Bild der Wissenschaft, Nr. 11/1984. Ähnlich auch in: Der Spiegel, 10/1985.

26 Till Bastian/Harald Theml, Unsere wahnsinnige Liebe zum Auto, Weinheim – Basel 1990, S. 78. In der offiziellen deutschen Verkehrsstatistik ging zwischen 1991 und 2005 die Zahl der im Kfz-Verkehr Getöteten von 11.300 auf 5.361 zurück (ein Rückgang auf 47,4% des Niveaus von 1991), die Zahl der „Unfälle mit Personenschaden“ wurde wesentlich weniger reduziert – von 385.100 auf 336.600 (Rückgang auf 87,4%), die Zahl der „Leichtverletzten“ reduzierte sich von 347.400 auf 356.500 (Rückgang auf 95,2%) und die Zahl der Schwerverletzten wurde von 131.100 auf 77.000 abgebaut (Rückgang auf 58,7%). Nach: Verkehr in Zahlen 2006/2007, S. 160 f.

27 Verkehr in Zahlen, a.a.O., S. 169. Die Ergebnisse beziehen sich auf das Unfallgeschehen 2005. Hier muss das Team derer, die diese Statistik zusammenstellen, gelobt werden, da sich derart erhellende Zusammenstellungen gewöhnlich erst durch aufwändige eigene Recherchen erschließen, diese Ergebnisse aber in der zitierten Statistik bereits offen gelegt wurden.

28 In einer 1997 veröffentlichten Studie des UPI Heidelberg über die „Möglichkeiten der Einsparung volkswirtschaftlicher Kosten durch Geschwindigkeitsbegrenzungen“ heißt es: „Das wichtigste, intuitiv nur schwer nachvollziehbare Problem ist dabei, daß die kinetische Energie eines Fahrzeugs, von der sowohl der Bremsweg als auch die Zerstörungsenergie bei einer Kollision abhängen, mit dem Quadrat der Fahrgeschwindigkeit ansteigt. Die sich daraus bei höheren Geschwindigkeiten ergebenden Folgen sind in aller Regel nicht durch die Erfahrung abgedeckt; unbewußt vorgenommene Extrapolationen aus dem Bereich niedrigerer Geschwindigkeiten in den Bereich der üblicherweise von Fahrzeugen gefahrenen Geschwindigkeiten führen dabei häufig zu Trugschlüssen und Unterschätzungen der Wirkungen. So entspricht z.B. ein Aufprall (eines Pkw auf einen Fußgänger; W.W.) bei einer Fahrgeschwindigkeit von 15 km/h einer Fallhöhe von 90 cm, bei Tempo 30 einer Fallhöhe von 3,50 m. Eine Kollision

bei einer Fahrgeschwindigkeit von 50 km/h entspricht bereits einem Sturz aus knapp 10 m Höhe, bei einer Fahrgeschwindigkeit von 80 km/h einem Sturz aus einen 8-stöckigen Hochhaus mit 25 m Höhe." Verfasser der Studie: Petra Bauer, Dieter Falk, Luise Humm, Dieter Teufel und Thomas Wagner, UPI-Bericht Nr. 42, Heidelberg, Mai 1997, S. 11.

29 Joachim Beck, „Rette sich, wer kann", in: Süddeutsche Zeitung vom 30. 6. 2007. Nach diesem Artikel würden die jährlichen Unterhaltskosten von eCall bei knapp 5 Mrd. Euro im Jahr liegen. Dem stünden „fünf Mal höhere Einsparungen gegenüber, inklusive der geringeren Dauer von unfallbedingten Staus".

Kapitel 19

1 Dieter Teufel, „Volkswirtschaftlich-ökologischer Gesamtvergleich öffentlicher und privater Verkehrsmittel", in: Tom Koenigs/Roland Schaeffer (Hrsg.), Fortschritt vom Auto. Umwelt und Verkehr in den 90er Jahren, München 1991, S. 93.

2 Interview in: Süddeutsche Zeitung vom 14. 4. 2000.

3 Titel des Stern-Berichtes „The Economics of Climate Change"; hier zit. nach: Daniel Tanuro, „Stern-Bericht: Neoliberale Strategie zur Bewältigung der Klimakatastrophe", in: Sozialistische Zeitung/SoZ, Köln, Januar 2007.

4 Al Gore, „In zehn Jahren ist alles zu spät!", in: Süddeutsche Zeitung vom 6. 7. 2007.

5 Zit. bei: Sabine Muscat, „OECD drängt China zu strengerem Umweltschutz", in: Financial Times Deutschland vom 17. 7. 2007.

6 Vgl. Winfried Wolf, „Premium-Politik", in: Konkret, Hamburg, 3/2007.

7 2002 entfielen in Deutschland 41,3% aller CO_2-Emissionen auf Kraft- und Fernheizwerke, 19,2% auf den Straßenverkehr, 1,2% auf den „übrigen Verkehr"; „Industriefeuerungen und Industrieprozesse" brachten es zusammen auf einen Anteil von 17,9%, 13,9% entfielen auf die Haushalte, 6,5% auf Kleinverbraucher. Nach: Verkehr in Zahlen 2006/2007, S. 304.

8 Volker Mrasek, „Vom Gas gehen jetzt!", in: Financial Times Deutschland vom 22. 2. 2007.

9 Nach: Presseerklärung der „Allianz pro Schiene" vom 11. 7. 2007.

10 Siehe Christian Hey, Nachhaltige Mobilität in Europa, Wiesbaden 1998, S. 174 ff.; Winfried Wolf, Freie Fahrt für die Konzerne, Münster 2008. Konkret geht es um die Dokumente der EU-Kommission: Europäische Kommission, Änderung des Vorschlages für eine Richtlinie des Rates zur Anwendung der Wegekosten bei schweren Nutzfahrzeugen (KOM(87)716, endg.), Brüssel – Luxemburg 1990; Europäische Kommission, Green Paper on the Impact of Transport on the Environment. A Community Strategy for „Sustainable Mobility", Brüssel 1992 (COM(92) 46) und Europäische Kommission, Die künftige Entwicklung der gemeinsamen Verkehrspolitik. Globalkonzept einer Gemeinschaftsstrategie für eine auf Dauer tragbare Mobilität, Brüssel 1992 (= KOM(92)494 endg.).

11 Christian Hey, a.a.O., S. 174.

12 Hermann Knoflacher, Stehzeuge, a.a.O., S. 111.

13 Einige ausgewählte Studien, die in den letzten 35 Jahren zu den externen Kosten des Autoverkehrs verfasst wurden, seien angeführt: Die sozialen Kosten des Autos in der Schweiz, Gottlieb-Duttweiler-Institut, Rüschlikon – Zürich 1973; Christian Leipert (Mitarbeit: Frank Biermann), Folgekosten des Wirtschaftsprozesses, Wissenschaftszentrum Berlin 1973; Deutsches Institut für Wirtschaftsforschung (DIW), Berechnung der Kosten für die Wege des Eisenbahn-, Straßen-, Binnenschiffs- und Luftverkehrs in der Bundesrepublik Deutschland für das Jahr 1981, Gutachten im Auftrag des Bundesministers für Verkehr, Berlin 1983; UPI-Bericht 9, Ökosteuern als marktwirtschaftliches Instrument im Umweltschutz – Vorschläge für eine ökologische Steuerreform, 1988; Dieter Apel, „Die gesamtwirtschaftlichen Kosten

des Personenverkehrs in einer großen Stadt“, in: Verkehr und Technik, Heft 4, 1989, S. 117 ff; UPI-Bericht 14, Die gesellschaftlichen Kosten des Straßengüterverkehrs, 1989. Ich selbst habe eigene Berechnungen zu dem Thema in den zwei verschiedenen Fassungen von „Eisenbahn und Autowahn“ vorgestellt, zuletzt in der 1992er Ausgabe dieses Buchs, S. 301 ff. Weitere – aktuelle – Studien im Folgenden im Textteil bzw. in den nachfolgenden Anmerkungen.

14 Externe Kosten des Verkehrs, Aktualisierungsstudie, erstellt von IWW, Universität Karlsruhe und INFRAS, Bern, Autoren: Christoph Schreyer (INFRAS), Christian Schneider (INFRAS), Werner Rothengatter (IWW), Claus Doll (IWW), David Schmedding (IWW), Karlsruhe – Bern 2004.

15 Zu den Staukosten heißt es dort: „Während alle anderen in der Studie berücksichtigten Kostenkategorien die externen Kosten widerspiegeln, mit denen der Verkehr die gesamte Gesellschaft belastet, handelt es sich bei Staus um eine Erscheinung, die auf den Verkehrssektor begrenzt ist. Aus diesem Grund dürfen Staukosten nicht mit herkömmlichen Effekten kumuliert werden.“

16 Dabei wurden für eine Tonne produziertes Kohlendioxid 140 Euro an Kosten angesetzt. Siehe unten Anmerkung 35.

17 Gemeint sind vor- und nachgelagerte Prozesse, also zusätzliche Kosten für die Energieproduktion, für die Produktion und den Unterhalt der Fahrzeuge sowie für die Infrastruktur.

18 Die Summe von 100,5% entsteht offensichtlich durch Aufrundungen. External Costs of Transport – Accident, Environmental and Congestion Costs of Transport in Western Europe (Externe Kosten des Verkehrs – Unfall-, Umwelt- und Staukosten in Westeuropa), verfasst von INFRAS Zürich und IWW, Universität Karlsruhe, Zürich – Karlsruhe März 2000. Zitate hier nach der offiziellen Zusammenfassung in deutscher Sprache. Die Projektleitung der Studie lag bei Markus Maibach (INFRAS), die übrigen Verfasser der Studie waren Silvia Banfi (INFRAS), Claus Doll (IWW), Prof. W. Rothengatter (IWW), Philippe Schenkel (INFRAS), Niklas Sieber (IWW) und Jean Zuber (INFRAS).

19 Diese Zuspitzung ist bei einzelnen Kostenstellen noch drastischer. So entfallen von den Kosten in der Höhe von 195,7 Mrd. Euro, die insgesamt für Klimaveränderung errechnet wurden, 192,1 Mrd. Euro auf den Straßenverkehr und die Luftfahrt.

20 External Costs of Transport …, a.a.O., S. 283; Relationen zum Bruttoinlandsprodukt nach eigenen Berechnungen entsprechend den offiziellen BIP-Zahlen (zu laufenden Preisen).

21 UPI Umwelt- und Prognose Institut, UPI-Bericht 21, Heidelberg 1994; aktualisiert und erweitert 1998.

22 Zwei Beispiele: Erstens bezüglich des Schadstoffausstoßes im Kfz-Verkehr in Deutschland. Ende 2005 teilten Wissenschaftler des Forschungszentrums Karlsruhe mit, dass die „Fahrzeuge auf Deutschlands Autobahnen einen weit größeren Schadstoffausstoß verursachen als bisher angenommen“. Die tatsächlichen Emissionen lägen deutlich über den Ergebnissen der bisher ausgewerteten Computermodelle. Grundlage dieser Aussage ist ein Großexperiment an der Autobahn 656 zwischen Heidelberg und Mannheim im Frühjahr 2001. Die Untersuchung ergab, dass die Emissionen um rund ein Fünftel höher lagen als bisher errechnet. („Bei dem Experiment wurden 23 Prozent mehr Kohlenmonoxid und 17 Prozent mehr Stickoxid gemessen.“) Der Grund für diese Diskrepanzen wird darin gesehen, dass „in der Realität weit mehr ältere und defekte Fahrzeuge unterwegs“ seien, als in den Computermodellen unterstellt wurde. Quelle: Mitteilung des Forschungszentrums Karlsruhe vom 11. 12. 2005; Meldung der Agentur ddp vom 11. 12. 2005.
Zweitens bezüglich der Verkehrsleistungen und des Kraftstoffverbrauchs. Die offizielle Statistik besagt, dass die Leistungen im deutschen Pkw-Verkehr – in Form der Personenki-

lometer und in Form der Fahrzeugkilometer – von 2001 bis 2006 gleich bleibend bzw. seit 2004 sogar rückläufig wären. Dies steht in einem interessanten Widerspruch zu der Tatsache, dass der Pkw-Bestand ständig steigt, und zwar weiterhin massiv: Konkret: Die Zahl der (in der BRD registrierten) Pkws und Kombis lag 2000 bei 42,8 Mio., 2002 bei 44,4 Mio. und 2006 bei 46,1 Mio. Einheiten. Die Zahl der Pkws wurde demnach um knapp 8% (7,71%) gesteigert. Die Fahrzeugleistung der deutschen Pkw-Kombi-Flotte betrug 2001 575,5 Mrd. Kilometer, 2004 wurden 590,4 Mrd. Fahrzeugkilometer erreicht (immerhin im Zeitraum 2004 gegenüber 2001 ein Plus von 2,6%). Doch 2005 soll die Fahrzeugkilometerleistung der BRD-Pkw-Flotte bei 578,2 Mrd. Kilometern gelegen haben, faktisch das Niveau von 2001. Entsprechend sind nach diesen Zahlen erstmals auch die CO_2-Emissionen des Kfz-Verkehrs rückläufig. Angaben nach: Verkehr in Zahlen 2006/2007, S. 151 und S. 286. Diese Entwicklung erscheint aus drei Gründen höchst fragwürdig. Erstens basieren die Angaben lediglich auf den Angaben über die Mineralölsteuer, die auf der Basis der in Deutschland verkauften steuerpflichtigen Kraftstoffmengen errechnet wurden. Nicht enthalten sind – so auch eine Mitteilung des Umweltbundesamtes – die so genannten Biokraftstoffe („Bio-Diesel"), da sie nicht versteuert werden. Zweitens bleibt der vor allem mit der Osterweiterung der EU stark angestiegene „Tanktourismus" unberücksichtigt. Die Preisunterschiede im Vergleich zu Deutschland sind für Benzin und Dieselkraftstoff in Polen, Tschechien, Österreich und Luxemburg sowie – nur bei Diesel – Belgien derart groß, dass erhebliche Anreize bestehen, ebendort zu tanken. Vor allem wird damit – drittens – der größte Teil des stark ansteigenden internationalen Lkw-Verkehrs nicht berücksichtigt: Der größte Teil des Lkw-Verkehrs, dessen Ausgangspunkt das Ausland ist (z.B. von Mittel- und Osteuropa kommend mit Ziel Deutschland), oder des reinen Lkw-Transitverkehrs (Deutschland passierend) füllt seine riesigen Tanks im Ausland. Nach einer aktuellen Berechnung „fiel damit in den Emissionstabellen des Umweltbundesamtes etwa ein Drittel des Frachtverkehrs auf deutschen Straßen unter den Tisch". Wolfgang Pomrehn, Heiße Zeiten – Wie der Klimawandel gestoppt werden kann, Köln 2007. Andere Angaben nach dem Text: Umweltbundesamt, Was sind die Ursachen für den kontinuierlichen Rückgang des Kraftstoffabsatzes bei Diesel und Benzin?, Dessau, April 2006.

23 Anstelle des Niveaus von 7,3% des EUR-17-BIP im Jahr 2000 ohne Küstenschifffahrt und Seeschifffahrt.

24 Insofern ist das Argument, hier würden 10% des BIP „vergessen", mathematisch nicht korrekt und eher rhetorisch gemeint. Auch der Verweis in der IWW/INFRAS-Studie, wonach die gesamten externen Kosten sich „auf 7,8 Prozent des EUR-17-BIP belaufen", ist so nicht ganz zutreffend. Ein Teil dieser Kosten taucht im BIP schlicht nicht auf – so der größte Teil der Lärmkosten, die Umwelt- und Klimakosten usw. Auch ein Teil der für die Unfallopfer in Anrechnung gebrachten Kosten, so im Fall der im Straßenverkehr Getöteten, ist nicht Bestandteil des BIP. Richtigerweise müsste es heißen: „Die externen Kosten haben ein Niveau erreicht, das 7,8 Prozent des BIP entspricht (oder: das so groß ist wie 7,8% des BIP)."

25 Knoflacher, a.a.O., S. 110 f.

26 Zit. in: Frankfurter Rundschau vom 9. 5. 2007.

27 Grundlegende Angaben nach: Verkehr in Zahlen 2006/2007, S. 39, S. 113, S. 274 f. Die Position in Zeile 3 beinhaltet die Nettoausgaben des Bundes und der Länder, inklusive der Position „Verwaltung und Sonstiges" in Verkehr in Zahlen, S. 113, zuzüglich der Position Ausgaben des Bundes für die Verbesserung der Verkehrsverhältnisse in den Gemeinden (im Jahr 2000 = 1,6 Mrd. Euro) laut Verkehr in Zahlen, S. 114. ICLEI-Studie: The International Council for Local Environmental Initiatives, Wieviel zahlt unsere Kommune für den Autoverkehr?, veröffentlicht vom Umweltbundesamt und dem ICLEI-Europasekretariat, Freiburg 2001.

28 Kommission Verkehrsinfrastrukturfinanzierung, Schlussbericht vom 5. September 2000, erstellt für das Bundesministerium für Verkehr, Bau und Wohnungswesen, Anhang S. 6; ähnlich im Haupttextteil S. 38.

29 Auch in der ICLEI-Studie wird eine solche Ermittlung des gebundenen Kapitals und eine darauf basierende Verzinsung nicht vorgenommen. Um einen Eindruck zu vermitteln, um welche gewaltigen Kapitalkosten es sich dabei handelt, nennt die ICLEI-Studie das Beispiel Stuttgart. Dort gibt es allein an den Schulen 2.000 Pkw-Stellplätze, die ein gebundenes Kapital von 32 Mio. Euro darstellen. Dadurch entstehen bei einer dreiprozentigen Verzinsung Kapitalkosten in der Höhe von 0,96 Mio. Euro – jährlich! Stuttgart hatte 2000 581.000 Einwohner. Wird der ermittelte Betrag nur mal 100 genommen und auf knapp 60 Mio. Einwohner hochgerechnet – wenn also unterstellt wird, dass vergleichbare Verhältnisse nur bei drei Vierteln der Bundesrepublik Deutschland (mit insgesamt 80 Mio. Menschen) vorliegen –, ergibt dies einen Betrag von 96 Mio. Euro. Über die Länderhaushalte und dort die Einzeletats Schule und Bildung wird der Kfz-Verkehr jährlich mit rund 100 Mio. Euro subventioniert. Es handelt sich hier wohlgemerkt um ein sehr spezifisches Beispiel, mit dem illustriert werden soll, an welchen unvermuteten Stellen Subventionen für den Kfz-Verkehr aufzufinden sind.

30 „Der friedensmäßige Unterhalt der Straßen in Deutschland würde ziemlich genau eine Milliarde Mark/Jahr kosten. Die Kraftfahrzeugsteuer bringt nur 250 Millionen DM im Jahr." Zit. nach: Die Welt in Zahlen – Verkehr, hrsg. von Mitarbeitern der Bayerischen Schule (J. Scherl, G. Weigand, C. Weiß, O. Wrede), bearbeitet von Gustav Noel, München (ohne Jahr, ca. 1950) (R. Oldenbourg, München), S. 8.

31 In „Eisenbahn und Autowahn" präsentierte ich für den Zeitraum 1965-1984 die „rechnerische Verschuldung des Straßenverkehrs und der Bundesbahn bei vergleichbaren Ausgangsbedingungen", wobei im Straßenverkehr die Ausgaben für das Straßenverkehrswesen und für die Verkehrspolizei den Einnahmen aus dem Kfz-Verkehr (Mineralöl- und Kfz-Steuer) abzüglich des Steuerausfalls durch die Kilometerpauschale gegenübergestellt und der jeweilige Saldo mit 6% verzinst wurde. Bei der Bundesbahn wurde das offizielle Jahresdefizit ebenfalls mit 6% verzinst. In der Zinseszinsrechnung ergab sich, dass der Straßenverkehr am 31. 12. 1984 addierte Schulden von 75,9 Mrd. DM und die Bundesbahn Schulden von 41,8 Mrd. DM aufzuweisen hatte (W. Wolf, Eisenbahn und Autowahn, Hamburg 1986, S. 248). „Der Spiegel" griff diese Rechnung auf – und trug vor, dass die reale Verschuldung des Straßenverkehrs, u.a. auf Grund der externen Kosten, noch höher zu bewerten sei. Dort hieß es: „Der Verkehrsexperte Winfried Wolf hat in seinem Buch 'Eisenbahn und Autowahn' erstmals auf Heller und Pfennig vorgerechnet, wie eine ehrliche Bilanz des Unternehmens Straßenverkehr aussehen würde – wenn wirklich alle Kosten des Straßenwesens … eingerechnet werden … Doch auch dies ist noch eine höchst unvollständige Rechnung." In: Der Spiegel 37/1989.

32 Nach: Matthias Ruch, „Achtung! Einsturzgefahr!", in: Financial Times Deutschland vom 19. 7. 2007; „Chemnitz verliert beim ADAC-Brückentest", in: Süddeutsche Zeitung vom 19. 7. 2007. Die beschleunigte Abnutzung und Zerstörung der Straßeninfrastruktur hängt eng mit der Zulassung immer größerer Fahrzeuge zusammen. Das betrifft die Pkws, deren Durchschnittsgewicht sich seit den 1960er Jahren um mehr als 50% erhöht hat. Vor allem aber gilt dies für die Lkws. „Praktische Tests und theoretische Überlegungen der American Association of State Highway Officials (AASHO) haben zu der verblüffenden Vierte-Potenz-Regel geführt: Die Wissenschaftler hatten herausgefunden, daß die Straßenschäden auf das Sechzehnfache steigen, wenn die alles entscheidende Radlast verdoppelt wird. Bezogen auf einen vierachsigen Vierzigtonner führt das zu der folgenden Rechnung: Das auf insgesamt zehn Rädern stehende Gefährt schädigt die Rollbahn – den Straßenbelag – wie 163.840 eine Ton-

ne wiegende Personenwagen zusammengenommen." Georg Küffner, „Milliarden Räder zerstören den stabilsten Fahrbahnbelag", in: Frankfurter Allgemeine Zeitung vom 28. 9. 1993.

33 „Hinzu (zu den Wegekosten auf Basis der kalkulatorischen Verzinsung des Nettoanlagevermögens; W.W.) kommen noch substanznotwendige, jedoch nicht getätigte Investitionen, die für den Zeitraum 1991 bis 2000 auf rund 15 Milliarden DM für die BAB und auf 13 Milliarden DM für die Bundesstraßen geschätzt werden." (Kommission Verkehrsinfrastrukturfinanzierung, Schlussbericht vom 5. September 2000, a.a.O., S. 7, Anhang). Daraus errechnet die Kommission weitere jährliche Kosten in der Höhe von 700 Mio. DM nur für die Autobahnen und Bundesstraßen. Umgerechnet auf das in Tabelle 25 größere Nettoanlagevermögen und in Euro anstelle von DM-Werten dürfte sich hieraus ein Betrag von rund 500 Mio. Euro zusätzlicher Kosten errechnen.

34 Nach: International Herald Tribune vom 4. 8. 2007 und Frankfurter Allgemeine Zeitung vom 3. 8. 2007.

35 INFRAS, Externe Kosten des Verkehrs in Deutschland – Aufdatierung 2005, Bern 2007, verfasst im Auftrag der „Allianz pro Schiene". In der Pressemitteilung 21/2007 vom 8. Mai 2007 wird der Geschäftsführer der „Allianz pro Schiene" anlässlich der Vorstellung dieser neuen Studie zitiert: „Auto- und Lkw-Fahrer wälzen auf diese Weise jährlich 77 Milliarden Euro auf die gesamte Bevölkerung ab." Nur ein Dreivierteljahr zuvor, im Oktober 2006 (Allianz-Pressemitteilung 44/06), wird Dirk Flege zitiert: „Allein in Deutschland wälzt der Straßenverkehr nach Berechnungen der Forschungsinstitute INFRAS/IWW jährlich rund 130 Milliarden Euro auf die Allgemeinheit ab." Auf die Nachfrage, wie es in einem knappen Jahr zu einer Halbierung der externen Kosten des Kfz-Verkehrs gekommen sei, wurde geantwortet, dies sei in erster Linie darauf zurückzuführen, dass nunmehr die Kosten für eine Tonne CO_2 mit 70 Euro berechnet worden wären, wohingegen sie bisher, auch vom Institut INFRAS, mit 140 Euro berechnet wurden. Als Grund wird angegeben, dass das Umweltbundesamt dazu übergegangen sei, diesen niedrigeren Wert anzusetzen. Auch wurden nun, gegenüber den vorausgegangenen INFRAS/IWW-Studien, die in Krankheiten und Todesfällen resultierenden Folgekosten der Luftverschmutzung niedriger angesetzt. Und schließlich gibt es veränderte Ansätze bei den Partikel-Emissionen, was u.a. die interessante Auswirkung hat, dass in dieser Studie inzwischen der Bus im Vergleich zur Bahn überwiegend besser abschneidet. Aus der Studie geht die Halbierung der CO_2-Kosten nicht klar hervor. Auf Seite 26 heißt es lediglich: „Die externen Kosten der Klimaerwärmung wurden gemäß den Empfehlungen des Umweltbundesamtes mit Hilfe eines Basiswerts von 70 Euro/Tonne CO_2 … berechnet." Natürlich müssen die Grundlagen für solche Berechnungen immer wieder neu diskutiert werden. Es ist jedoch ausgesprochen problematisch, dass sich die Kosten des Kfz-Verkehrs ausgerechnet im Bereich der Klimaveränderung innerhalb derjenigen Periode halbieren, in der deutlich wurde, dass die Klimaveränderungen erheblich gravierender sind als bisher angenommen. Im April 2007 äußerte der Chef des Umweltbundesamtes, Andreas Troge, ein Auto mit 7 Litern Durchschnittsverbrauch verursache je Kilometer 3 Cent Folgekosten: „Bei einer durchschnittlichen Gesamtfahrleistung von 100.000 Kilometern sind das 3.000 Euro an externen Kosten pro Fahrzeug." Da rechnet dann der Normalbürger: 3000 Euro in rund acht Jahren Pkw-Nutzung, das entspricht 375 Euro im Jahr oder 31,25 Euro im Monat. Die Botschaft lautet. Alles halb so schlimm. In: Süddeutsche Zeitung vom 18. 4. 2007.

36 Die vor der Einführung des Euro EU-intern verwandte Rechnungseinheit ECU entspricht dem Euro. Weiter dort im Text: „In den 80er Jahren wurden drei Untersuchungen angestellt, um die individuelle ex ante Zahlungsbereitschaft für eine Reduzierung der Todeswahrscheinlichkeit zu schätzen." IWW/INFRAS, Externe Effekte des Verkehrs, Zürich – Karlsruhe 1994, S. 102.

37 Ebd., S. 102. Vorausgegangenes Zitat ebd., S. 103.

38 Ulf Häusler/Dagmar Haase/Günter Lange, Schienen statt Straßen?, Würzburg 1983, S. 65.

39 Hermann Knoflacher, „Denkfehler der Verkehrswissenschaften und der Verkehrspolitik und ihre Folgen“, in: Hermann Gloning/Stefan Böse, Gesundheitsrisiko Auto, Frankfurt/M. 1995, S. 126.

40 Hermann Knoflacher, a.a.O.

41 Nach: Sachverständigenrat für Umweltfragen, Umwelt und Straßenverkehr: Hohe Mobilität – umweltverträglicher Verkehr, Sondergutachten, Stuttgart 2005.

42 Hans Dollinger, Die totale Autogesellschaft, München 1972, S. 203.

43 Zit. bei: Michael Busse, Autodämmerung – Sachzwänge für eine neue Verkehrspolitik, Frankfurt/M. 1980, S. 92.

44 Hinzu kamen 107 Mofa- bzw. Mopedfahrer, die teilweise als „schwache Verkehrsteilnehmer“ hinzuzurechnen sind. Dann liegt der Anteil dieser Gruppe bei 25,5%. 2.833 Getötete waren Pkw-Insassen (Fahrer oder Mitfahrende); mit 875 Getöteten stellt die Gruppe der Motorradfahrer einen deutlich überproportionalen Anteil. Angaben nach: Verkehr in Zahlen 2006/2007, S. 164.

45 2005 wurden 433.400 bei Straßenverkehrsunfällen verletzte Menschen registriert. Darunter befanden sich 111.800 Fußgänger und Fahrradfahrer, was 26% entspricht. Die Mofa- und Mopedfahrer hinzugerechnet liegt der gesamte Anteil dieser Gruppe bei 30%.

46 Dieter Teufel, „Volkswirtschaftlich-ökologischer Gesamtvergleich öffentlicher und privater Verkehrsmittel“, a.a.O., S. 95 f.

47 Das Deutsche Institut für Wirtschaftsforschung (DIW) schrieb hinsichtlich der wichtigsten Verkehrsarten im Alltag: „Berufs-, Ausbildungs- und Einkaufsfahrten mit dem Pkw, die im wesentlichen dem Nahverkehr … zuzurechnen sind, konkurrieren … mit dem Linienverkehr des öffentlichen Straßenpersonenverkehrs (Busse und Trams; W.W.) bzw. mit dem Schienenpersonennahverkehr. Dabei benötigt der Pkw für die Beförderung einer Person über einen Kilometer im ungünstigsten Fall … etwas das Fünffache des Energieverbrauchs im öffentlichen Verkehr, im günstigsten Fall … immer noch rund die doppelte Menge.“ DIW-Studie „Energieverbrauch im Personen- und Güterverkehr der Bundesrepublik Deutschland“, in: DIW-Wochenberichte Nr. 50/1982, S. 629. Die Energiebilanz hat sich seither nochmals zugunsten des schienengebundenen Verkehrs verbessert, da der Energieverbrauch vor allem im öffentlichen Verkehr stärker gesenkt werden konnte als im Pkw-Verkehr. Dazu trug auch bei, dass im Pkw-Verkehr die Auslastung je Pkw kontinuierlich sinkt, was trotz einiger Verbesserungen beim Kraftstoffverbrauch je Pkw dazu führt, dass der Energieaufwand je Personenkilometer nicht mehr reduziert werden konnte.

48 Verkehr in Zahlen 2006/2007, S. 283.

49 Jörg Linser, Unser Auto – eine geplante Fehlkonstruktion, Frankfurt/M. 1977, S. 27.

50 Angaben zu den Klimaanlagen nach: ADAC motorwelt 6/2007. Übrigens wird in Autoklimaanlagen als Kältemittel Tetrafluorethan (R134a) verwendet, das 1.300-mal so klimaschädlich ist wie Kohlendioxid. Jede Klimaanlage verliert im Jahr 10% ihrer Füllung. Das entspricht der Klimalast einer Tankfüllung von 50 Litern Benzin. Auf R134a gehen bereits 1,6% der Treibhausgasemissionen aus Pkws in Deutschland zurück. Da aktuell 90% aller neu verkauften Pkws über Klimaanlagen verfügen, wird dieser Wert bald bei 5% liegen. Der genannte zusätzliche Kraftstoffverbrauch durch Klimaanlagen ist hier noch nicht berücksichtigt. Angaben nach: Wuppertal-Bulletin 1/2004; hier zit. in: mobilogisch!, Berlin, 1/2004.

51 Quelle: Für den Personenverkehr Umweltbundesamt 2007; Basisjahr 2005; für den Güterverkehr Die Bahn, Umweltbericht 2000, S. 39. Das Umweltbundesamt unterstellt dabei

Basisdaten, die die Werte des Straßenverkehrs eher beschönigen. So geht die Behörde davon aus, dass ein Pkw im Durchschnitt mit 1,5 Personen besetzt ist – realistisch sind 1,2 Personen. Der durchschnittliche Kraftstoffverbrauch eines Pkw auf 100 Kilometer wird mit 6,2 Litern (Durchschnittswerte für Diesel und Benzin) angegeben, was in der Praxis (die Mehrzahl der Kilometer wird im Stadtverkehr gefahren!) deutlich zu niedrig ist. Die Auslastung der Nahverkehrszüge wird mit 21% angegeben, was zu niedrig ist.

52 Verkehr in Zahlen 2006/2007, S. 286 f.

53 Till Bastian/Harald Theml, Unsere wahnsinnige Liebe zum Auto, Weinheim – Basel 1990, S. 97 ff.

54 „Lasst die Autos doch lieber stehen!!", in: ADAC motorwelt 5/1991.

55 Angaben nach: Umweltbundesamt 2007 und Verkehr in Zahlen 2006/2007, S. 286 f. Dieselben Quellen gelten im Fall der unten folgenden Angaben zum Kohlenmonoxid.

56 Die Wuppertaler Studie trägt den Titel „Diesel – Klimaschutz oder Scheinlösung"; hier zit. nach: Detlef M. Hug, „Zu Risiken und Nebenwirkungen des Diesel", in: Frankfurter Rundschau vom 18. 3. 2000.

57 Wolfgang Roth, „Schutz gibt es nur in der Windschneise", in: Süddeutsche Zeitung vom 31. 3. 2005.

58 Bastian/Theml, a.a.O., S. 96 f.

59 Bei einer Untersuchung von Umweltmedizinern im Gesundheitsamt von Amsterdam erfassten die Forscher mit Luftsammelgeräten in Mundhöhe die Schadstoffbelastung am Steuer und hinter dem Radlenker. Die Fenster des Testwagens mussten geschlossen bleiben. Dennoch atmete der Autofahrer mehr giftige Abgase ein. Nur bei Stickstoffdioxid schnitt der Radler, der zweieinhalbmal mehr Luft durchsetzt als der Automobilist, ungünstiger ab. Die meisten Giftstoffe gelangen durch die Lüftung in das Wageninnere. Im Stau werden noch die Abgase des eigenen Motors angesaugt. Nach: Der Spiegel 43/1995.

60 Drei Hamburger Ärzte hatten zwei Jahre lang die in Hamburg komplett registrierten Krebs-Todesfälle auf ihre Verteilung über das Stadtgebiet hin untersucht. Dabei stellte sich heraus, dass bei den rund 69.000 Bürgern, die entlang von Durchgangsstraßen mit einem täglichen Verkehrsaufkommen von mehr als 30.000 Fahrzeugen lebten, 12% mehr Krebsfälle aufgetreten waren als bei den restlichen 1,72 Mio. Hamburgern, die an weniger belasteten Straßen wohnten. Die Studie wurde in der Zeitschrift „Versicherungsmedizin" veröffentlicht. Angaben nach: Wolfgang Schubert, „Viele Autos machen krank: Das Krebsrisiko steigt mit der Verkehrsdichte", in: Frankfurter Rundschau vom 3. 2. 1990.

61 Martin Thurau, „Dicke Luft auf der Straße – und im Rathaus", in: Süddeutsche Zeitung vom 10. 4. 1997. Hier ist nicht der Raum, um alle mit dem Autoverkehr verbundenen Giftstoffe gebührend zu würdigen. Die Palette ist zu breit. Gelegentlich tauchen neue solche Stoffe auf, an die bis dahin kaum jemand zu denken wagte. 1995 veröffentlichten britische Wissenschaftler eine Studie, der zufolge die Zähne von in der Nähe von Autobahnen wohnenden Kindern „deutlich erhöhte Werte des radioaktiven Polonium 210" aufwiesen. Die Wissenschaftler gingen davon aus, dass Motoröl und verbleites Benzin die Quellen für den radioaktiven Stoff bilden. Polonium 210 emittiert Alphastrahlen, die Leukämie, Gehirntumore und Nierenkrebs verursachen können. Angaben nach: Fairkehr, hrsg. vom Verkehrsclub Deutschland (VCD), 2/1995.

62 Der Beitrag des Kfz-Verkehrs zum Waldsterben wird gewöhnlich bei einem Drittel gesehen. In einem früheren deutschen Waldzustandsbericht der deutschen Bundesregierung wird das Zusammenwirken der Schadstoffe so beschrieben: „Die Ursachen für die neuartigen Waldschäden sind vielschichtig. Luftschadstoffen kommt dabei eine maßgebliche Rolle zu. Sie belasten die Wälder nach wie vor erheblich. Es handelt sich dabei hauptsächlich um Schwe-

feldioxid (SO_2), Stickstoffoxide (NO_X) und Ammoniak (NH_3), die auf zweifache Weise auf den Organismus einwirken: einerseits direkt auf die oberirdischen Pflanzenorgane, andererseits indirekt über den Eintrag in den Boden. Dem indirekten unterirdischen Wirkungspfad kommt dabei eine besondere Bedeutung zu: Die direkte Wirkung von Schadgasen klingt im Allgemeinen ab, sobald sich deren Konzentration in der Luft verringert. Die Wirkungen der über Jahrzehnte im Boden akkumulierten Schadstoff- und Säureeinträge halten noch jahrelang an, auch wenn keine Einträge mehr folgen. Darüber hinaus beeinträchtigt das bodennahe Ozon, das unter dem Einfluss von ultravioletter Sonnenstrahlung aus Stickstoffoxiden (NO_X) und flüchtigen organischen Verbindungen (VOC) entsteht, die Photosynthese und führt zu weiteren negativen Wirkungen an Pflanzen." Waldzustandsbericht der Bundesregierung 1994, Deutscher Bundestag, Drucksache 13/146, S. 5. Seit Mitte der 1990er Jahre wird in diesen Berichten davon ausgegangen, dass beim Waldsterben „der Einfluß der Klimaveränderung an Bedeutung gewonnen hat". Hier nach: Frankfurter Rundschau vom 2. 8. 1995.

63 Tatsächlich publizierte die Tageszeitung „Libération" bereits 1986 Teile einer vertraulichen Studie, die mit dem deutschen Waldsterben vergleichbare Waldschäden in den Vogesen, in den Nordalpen und im Jura dokumentierte. Libération (Paris) vom 8. 1. 1986.

64 Waldzustandsbericht 2006, Bundesdrucksache; hier zusammengefasst bei Angela Köckritz, „Jede zweite Buche ist krank", in: Süddeutsche Zeitung vom 25. 1. 2007. Dennoch plant die Bundesregierung nach dem bereits erwähnten Motto „aus den Augen, aus dem Sinn", den Waldzustandsbericht nur noch alle vier Jahre statt wie bisher alle zwei Jahre zu veröffentlichen. Dazu äußerte Helmut Klein, der Waldexperte des Bundes für Umwelt und Naturschutz Deutschland (BUND): „Als Gesundheitsminister sollte Seehofer wissen, dass der Patient Wald nicht gesünder wird, wenn man ihn nicht untersucht." Ebenfalls nach Süddeutsche Zeitung vom 25. 1. 2007.

65 Johann Wolfgang von Goethe: „Wandrers Nachtlied", entstanden am 6. September 1780, in: Johann Wolfgang von Goethe, Gesamtausgabe, Bd. 1, München 1998, S. 142.

66 Zit. bei: Stephan Koch/Sylvia Zeiner „Von Celle nach China", in: tageszeitung (taz) vom 27.6. 2007.

67 Vgl. Max Hägler, „Ausbeutung in Bayerns Wald", in: tageszeitung (taz) vom 27. 6. 2007.

68 Angaben nach: Anett Keller, „Die Holzwerkstatt der Welt", in: tageszeitung (taz) vom 27. 6. 2007.

69 Angaben zu Athen nach: „Verkehrskollaps unter der Akropolis", in: Handelsblatt vom 14. 9. 1998; zu Rom in: Financial Times vom 11. 11. 1998.

70 Welt am Sonntag vom 7. 8. 1990 (allgemein); Süddeutsche Zeitung vom 16. 2. 1993 (zu Köln).

71 Süddeutsche Zeitung vom 14. 2. 1991.

72 Michaela Wiegel, „Ein Tag ohne Abgase im Quartier Latin", in: Frankfurter Allgemeine Zeitung vom 23. 9. 1998.

73 Frankfurter Allgemeine Zeitung vom 19. 2. 1991.

74 Handelsblatt vom 14. 9. 1991; Das östliche Mittelmeer, Goldstadt-Reiseführer, Bd. 201, Pforzheim 1998, S. 187. Offensichtlich wurden die Skulpturen lediglich in Schutzhaft genommen.

75 Angaben zu Ramses II. nach: Süddeutsche Zeitung vom 26. 8. 2006; Angaben zur Sphinx nach: Der Spiegel 31/1990.

76 Frankfurter Allgemeine Zeitung vom 21. 1. 1990.

77 Mose steht im Italienischen hier für: Modulo Sperimentale Elettromeccanico. Angaben und Zitat nach: Klaus C. Koch, „Mose teilt die Fluten", in: Frankfurter Rundschau vom 13. 1.

2007. Angaben zur Mythologie nach: Udo Becker/Günther Böing, Der Neue Herder, Freiburg im Breisgau 1967, Bd. 4, S. 515.

78 „21. Da nun Mose seine Hand reckte über das Meer, ließ es der Herr hinwegfahren durch einen starken Ostwind die ganze Nacht und machte das Meer trocken; und die Wasser theilten sich von einander. 22. Und die Kinder Israels gingen hinein, mitten ins Meer auf dem Trockenen; und das Wasser war ihnen für Mauern, zur Rechten und zur Linken 23. Und die Egypter folgten, und gingen hinein ihnen nach, alle Rosse Pharao, und Wagen, und Reuter, mitten ins Meer. ... 26. Aber der Herr sprach zu Mose: Recke deine Hand aus über das Meer, daß das Wasser wieder herfalle über die Egypter, über ihre Wagen und Reuter. 27. Da reckte Mose seine Hand aus über das Meer; und das Meer kam wieder vor Morgens in seinen Strom ... 28. Daß das Wasser wiederkam, und bedeckte Wagen und Reuter, und alle Macht des Pharao, die ihnen nachgefolget waren ins Meer, daß nicht einer aus ihnen übrigblieb." 2. Buch Mose, 14. Kapitel, Altes Testament, deutsche Fassung 1872.

Teil V

1 Zit. in Frankfurter Rundschau vom 23. 11. 2006.

2 In: Gala vom 9. 7. 2007. Kurz nach diesen Äußerungen wurden in Deutschland zwei Atomkraftwerke (AKW Krümmel und AKW Brunsbüttel) wegen gravierender Störfälle abgeschaltet. Kein Licht erlosch; alle Stand-by-Schaltungen sind weiter eingeschaltet.

Kapitel 20

1 Kurt Tucholsky, Gesammelte Werke, Bd. 9 (1931), Hamburg 1975, S. 147.

2 In: Financial Times Deutschland vom 17. 7. 2007.

3 Die website lautet: http://www.Exxonsecrets.org. Das erwähnte Competitive Enterprise Institute bezeichnet die Erderwärmung als Erfindung. Auf Al Gores Film „An Inconvenient Truth" antwortete das Institut mit einer TV-Kampagne: Manche Politiker wollten der Menschheit das wegnehmen, was sie und ihre Familie zum Leben brauchten – Kohlendioxid: „Sie nennen es Luftverschmutzung. Wir nennen es Leben", so der Slogan, der zu idyllischen Naturaufnahmen geschaltet war. Nach: Petra Steinberger, „Forscher werfen Exxon vor, die Folgen des Klimawandels zu verharmlosen", in: Süddeutsche Zeitung vom 27. 9. 2006.

4 Nach: Thomas Konicz, „Nach Exxon die Sintflut", in: junge Welt vom 4. 1. 2007.

5 Oder: „Die Krise in Kalifornien ist wirklich das Ergebnis zu weniger Kraftwerke und nicht deshalb, weil nicht genug Stärke da war, um die Stärke einzusetzen, Kraftwerke zu stärken." Nach: Der Spiegel 17/2001.

6 George W. Bush (jun.) kommt wie sein Vater, der frühere US-Präsident George H. W. Bush (sen.), aus dem Ölgeschäft. Sein erster Finanzminister Paul O'Neill war 1987-2000 Chef des Aluminiumkonzerns Alcoa. (Die Aluminiumherstellung ist extrem energieintensiv.) Vizepräsent Dick Cheney war Chef von Haliburton, dem weltgrößten Zulieferer der Ölbranche. Haliburton stieg nach dem Irak-Krieg 2003 zu einem der wichtigsten Kriegsgewinnler auf. Condoleezza Rice, Bushs erste Sicherheitsberaterin und in seiner zweiten Amtszeit Außenministerin, war bis 2000 Mitglied im Aufsichtsrat des Ölkonzerns Chevron. Der erste Wirtschaftsminister in der Regierung Bush jun., Donald Louis Evans, machte seine berufliche Karriere in der Ölbranche; der erste Energieminister, Spencer Abraham, war eng mit General Motors und Ford liiert. Angaben zu den personellen Verflechtungen nach: Der Spiegel 17/2001; Die Wirtschaftswoche vom 17. 5. 2001.

7 Thomas Klau, „US-Ölkonzerne ändern Klimakurs", in: Financial Times Deutschland vom 28. 11. 2006. Inhofe wurde als Folge der Wahlen Ende 2006 im Januar 2007 in dieser Posi-

tion durch die Demokratin Barbara Boxer abgelöst, die den Klimawandel als „größte Herausforderung unserer Generation" bezeichnete.

8 Nach: Financial Times Deutschland vom 28. 11. 2006.

9 Ebd. Sollte es ab 2009 eine neue US-Regierung unter Führung der Demokratischen Partei geben, so dürfte diese eine realistischere Klimapolitik verfolgen. Die erforderliche radikale Wende wird jedoch nicht allein das Resultat eines Regierungswechsels sein.

10 Brzezinski betont in seiner Analyse der „einzigen Weltmacht" zu Recht, dass „die kulturelle Komponente der Weltmacht USA … bisweilen unterschätzt worden" sei. Er unterstreicht die Bedeutung, dass „Amerikas Massenkultur, besonders für Jugendliche in aller Welt, eine geradezu magnetische Anziehungskraft" besitze, was allerdings handfeste Gründe habe: „Amerikanische Fernsehprogramme und Filme decken drei Viertel des Weltmarkts ab. Die amerikanische Pop-Musik ist ein ebenso beherrschendes Phänomen, während Amerikas Marotten, Essgewohnheiten, ja sogar seine Mode zunehmend imitiert werden. Die Sprache des Internets ist Englisch und ein überwältigender Teil des Computer-Schnickschnacks stammt ebenfalls aus den USA und bestimmt somit die Inhalte der globalen Kommunikation nicht unwesentlich." Für Brzezinski besteht der „American way of life" aus „einer unwiderstehlichen Mischung aus Idealismus und Egoismus. Individuelle Selbstverwirklichung gilt als gottgegebenes Recht …. Diese Lehre zieht alle jene unweigerlich in ihren Bann, die Energie, Ehrgeiz und eine hohe Bereitschaft zu Konkurrenz mit sich bringen." Der Autor sieht darin natürlich positiv besetzte Werte. Sie sind aber letzten Endes auch konstitutiv für die energieintensive Mobilität und für eine grundsätzliche Rücksichtslosigkeit gegenüber Mensch, Natur und Klima. Nach: Zbigniew Brzezinski, Die einzige Weltmacht – Amerikas Strategie der Vorherrschaft, Frankfurt/M. 2001, S. 46 und 48.

11 Tobias Bayer, „Und es fließt und fließt und fließt", in: Financial Times Deutschland vom 2. 3. 2007.

12 Joachim Becker, „Alle wollen weg vom Öl", in: Süddeutsche Zeitung vom 6. 5. 2006.

13 „Ein Ölpreis von 200 Dollar ist realistisch", Interview mit Matthew Simmons in: Süddeutsche Zeitung vom 8. 12. 2006.

14 Titus Kroder/Olaf Preuss, „Shell forciert Förderung von Ölsand", in: Financial Times Deutschland vom 24. 10. 2006. Demnach gab es Ende 2006 in Kanada Erschließungsprojekte zur Förderung von Ölsand im Gesamtvolumen von 100 Mrd. US-Dollar. Die Ölsandvorkommen konzentrieren sich weitgehend auf Kanada. Von allen Erschließern gemeinsam wurden in Kanada 2006 rund 1 Mio. Barrel täglich aus dem Boden bzw. aus dem Sand geholt. Bis 2015 soll die Förderung auf 3 Mio. Barrel täglich ansteigen. Zum Vergleich: Der weltgrößte Ölförderer Saudi-Arabien produziert derzeit rund 9 Mio. Barrel pro Tag. Alle Ölsandvorkommen zusammengenommen haben nach offiziellen Angaben ein Volumen von 175 Mrd. Barrel. Auch hier Saudi-Arabien zum Vergleich: Dieses Land verfügt über nachgewiesene Ölreserven im Umfang von 259 Mrd. Barrel. Die Ölsand-Vorkommen sollen ausreichend sein, um den aktuellen Weltverbrauch an Öl sechs Jahre lang zu bestreiten. Diese Vorräte sind in den offiziellen Angaben zu den Ölvorkommen bereits überwiegend berücksichtigt.

15 Allerdings steigen die Ölkonzerne längst direkt in das Geschäft mit so genannten Biokraftstoffen ein. So entwickelte der britische Ölkonzern BP gemeinsam mit dem US-amerikanischen Chemieunternehmen DuPont einen Treibstoff mit der Bezeichnung Biobutanol.

16 Zur Komplexität dieses Prozesses vgl. Winfried Wolf, Sturzflug in die Krise. Die Weltwirtschaft. Das Öl. Der Krieg, Hamburg 2003, S. 128 ff.

17 Ausführlich dazu: Winfried Wolf, Afghanistan, der Krieg und die neue Weltordnung, Hamburg 2002. Tariq Ali bezifferte die Kosten für Waffenkäufe und Einkommensverluste aus der Öl-

förderung im Fall des Irak mit 561 Mrd. US-Dollar und im Fall des Iran mit 627 Mrd. US-Dollar. Tariq Ali, Bush in Babylon. Die Re-Kolonialisierung des Irak, München 2003, S. 120.

18 Das US-Ölunternehmen Ramco Energy, das mit den Familien Bush und Cheney wirtschaftlich verbunden ist, hatte kurz vor Beginn dieses Krieges Ölvorkommen vor der montenegrinischen Küste entdeckt. Allerdings war Bush jun. zu diesem Zeitpunkt noch nicht US-Präsident. Nach dem Krieg – und nun unter der US-Präsidentschaft von Bush jun. – errichteten die USA im kosovarisch-makedonischen Grenzgebiet die Festung Bondsteel, deren Aufgabe US-General Jackson ausdrücklich mit der Sicherung der Makedonien querenden Energiekorridore umriss. Nach Kriegsende begann der Bau der AMBO-Pipeline für kaspisches Öl vom bulgarischen Hafen Burgas bis nach Vlora in Albanien. Vgl. dazu: Stefan Lieb, „Kraftstoff durch Krieg“, in: mobilogisch!, hrsg. vom Arbeitskreis Verkehr und Umwelt UMKEHR e.V., Heft 01/03 vom April 2003, S. 10 f; und Winfried Wolf, Bombengeschäfte – Zur politischen Ökonomie des Kosovokriegs, Hamburg 1999.

19 Zitat aus dem Sitzungsprotokoll des Unterausschusses Asien und Pazifik des US-amerikanischen Repräsentantenhauses aus dem Jahr 2000; nach: Winfried Wolf, Afghanistan …, a.a.O., S. 69 f. Im Energiebericht, den US-Vizepräsident Dick Cheney im Sommer 2001 vorlegte, wenige Wochen vor dem Anschlag auf das World Trade Center, heißt es: „Aus energiepolitischer Sicht erhält Afghanistan eine große Bedeutung auf Grund seiner strategischen Lage als potenzielle Transitroute für Öl- und Erdgastransporte aus Zentralasien hin zum Arabischen Meer.“ Nach: International Herald Tribune vom 30. 10. 2001.

20 Financial Times vom 25. 2. 2003 (Zitat Martin Wolf); Financial Times Deutschland vom 8. 1. 2003 (Zitat Lucas Zeise).

21 Die irakische Ölförderung lag vor dem Irak-Krieg von 1991 bei 5 Mio. Barrel täglich. 2000-2002 schwankte sie zwischen 2,6 und 2,1 Mio. Barrel pro Tag. 2005 und 2006 lag die Tagesförderung unter der Zwei-Millionen-Barrel-Marke. Angaben nach: Der Spiegel 32/2007.

22 In Nigeria ist der britisch-niederländische Konzern Shell seit den 1990er Jahren in einen blutigen Krieg verwickelt. Shell, der italienische Ölkonzern ENI und das französische Unternehmen Total fördern Öl im Niger-Delta. Karl Rössel dokumentierte 1997 im Detail die Verwicklung von Shell in den brutalen Krieg gegen die Bevölkerung vor Ort, in dessen Zusammenhang 1995 der Schriftsteller Ken Saro-Wiwa ermordet wurde. Gleichzeitig zeigte Rössel auf, wie Shell in der BRD eine systematische Kampagne betrieb, um eine kritische Berichterstattung in den deutschen Medien zu unterbinden bzw. um Berichte finanziell zu ermöglichen, die die Politik des Ölunternehmens in Nigeria in einem positiven Licht erscheinen lassen. Karl Rössel, „Das Imperium schlägt zurück“, in: Konkret 1/1997. Anfang 2007 stellte das „Wall Street Journal“ fest, die militärischen Auseinandersetzungen in Nigeria spitzten sich in spiralförmiger Weise zu und könnten zu einer „Situation wie im Irak führen“, wo es nur noch mittels sehr hoher Löhne möglich sei, Personal anzuwerben. Benoit Faucon, „Shell strives to set deal to revive Niger field“, in: Wall Street Journal vom 3. 1. 2007.

23 Mohssen Massarrat, „Mohammed und die Brandstifter“, in: Freitag (Berlin) vom 10. 8. 2007. Angaben nach SIPRI, Stockholm 2007; wiedergegeben in: Financial Times Deutschland vom 17. 5. 2007; Angaben zur Aufrüstung in der Golfregion nach: Rainer Rupp, „Pulverfass wird aufgefüllt“, in: junge Welt vom 30. 7. 2007. 2004 wurde in den USA ein spezifischer Aktienindex für die Aktienkursentwicklung der US-amerikanischen börsennotierten Unternehmen im Bereich Rüstung, innere Sicherheit und Weltraumindustrie entwickelt, der SPADE Defence Index. Während der breit angelegte Aktienindex Standard & Poor 500 im Jahr 2006 ein Plus von 9,5% aufwies, kletterte der SPADE Defence Index um 26,7% nach oben. Nach: Dago Laghans, „Kriegswirtschaft boomt“, in: junge Welt vom 31. 7. 2007.

24 Beim so genannten Biodiesel kommt „in Deutschland vor allem Rapsöl zum Einsatz, das in umgebauten Dieselmotoren direkt verbrannt werden kann. Technisch sinnvoller und häufiger ist allerdings die Verarbeitung des Öls zu Biodiesel, der dem herkömmlichen Diesel sehr ähnlich ist. Daneben erfreut sich Ethanol als Beimischung zum Benzin zunehmender Beliebtheit. Hier handelt es sich um einen Alkohol, der zumeist aus der Vergärung von zucker- oder stärkehaltigen Pflanzen gewonnen wird. In Deutschland werden vor allem Roggen, Gerste, Weizen, Mais und Zuckerrüben verwendet." Wolfgang Pomrehn, Heiße Zeiten – Wie der Klimawandel gestoppt werden kann, Köln 2007 (hier zit. nach dem Buchmanuskript).

25 Wolfgang Pomrehn, a.a.O.

26 Angelika Hillmer, „Mit Biosprit auf dem Holzweg?", in: Hamburger Abendblatt vom 17. 7. 2007.

27 Nach: Christian Meier, „Benzin schlägt Biosprit", in: Berliner Zeitung vom 2. 6. 2007.

28 EUCAR, JRC, CONCAVE, Well-to-Wheels analysis of future fuels and powertrains in the European context. A joint Study by European Council for Automotive R&D, Brüssel 2005; zit. bei: Wolfgang Pomrehn, a.a.O. Die beiden größten deutschen Ethanol-Hersteller haben ihre Werke in Sachsen und Brandenburg, im Gebiet des Vattenfall-Energiekonzerns, wo der größte Teil des Stroms mit der Verbrennung von Braunkohle gewonnen wird.

29 Zusammenfassend zit. in: Berliner Zeitung vom 2. 6. 2007; Sonntagszeitung (Schweiz) vom 3. Juni 2007. Die Schweizer Studie bezieht sich vor allem auf Biosprit, der aus in der Schweiz angebauten Pflanzen gewonnen wird. Die Angaben können für Europa weitgehend übernommen werden. Die Schweizer Wissenschaftler sehen die Bilanz von Biokraftstoffen, die in anderen Teilen der Welt, insbesondere in den Tropen, gewonnen werden, weniger kritisch. Dazu äußerte Axel Friedrich vom deutschen Umweltbundesamt, der ansonsten die Aussagen der Empa-Studie teilt: „Die daraus (aus der Biospritgewinnung in den Tropen; W.W.) entstehenden Umweltschäden werden in der Studie unterschätzt." U.a. würde immer Regenwald abgeholzt werden, wenn in diesen Regionen Anbauflächen für Biosprit-Rohstoffe geschaffen würden (nach: Berliner Zeitung vom 2. 6. 2007). Eine Studie der Cornell University in New York kam 2006 zu dem Schluss, dass die Herstellung von Biotreibstoffen „mehr fossile Energie verschlingt, als durch ihren Einsatz eingespart werden kann". Zit. bei: Marcel Hänggi, „In den Tank statt auf den Teller?" in: Wochenzeitung/WoZ, Zürich, vom 16. 11. 2006.

30 Grundsätzlich gelten nachwachsende Kraftstoffe als kohlendioxid-neutral, weil die Pflanzen zuvor der Atmosphäre den Kohlenstoff entzogen haben, der als Kohlendioxid bei der Verbrennung wieder emittiert wird.

31 Zit. in: The Guardian vom 27. 3. 2007.

32 Nach: tageszeitung (taz) vom 27. 6. 2007.

33 Zit. bei: George Monbiot, „If we want to save the planet, we need a five-year freeze on biofuels", in: Guardian (London) vom 27. 3. 2007. Monbiot zitiert einen Bericht der niederländischen Beraterfirma Delft Hydraulics, wonach „jede Tonne Palmöl zum Ausstoß von 33 Tonnen Kohlendioxidemissionen führt – oder zehn Mal so viel, wie Erdöl erzeugt".

34 Wolfgang Pomrehn, a.a.O.

35 Zit. bei: Marcel Hänggi, a.a.O.

36 Aus einem Bericht über eine typische brasilianische Zuckerrohr-Fazenda im Jahr 2007: „Die schweren Buschmesser werden geschwungen von Männern und Frauen mit kniehohen Stiefeln und dunklen, langärmeligen Klamotten. … Sie tragen Strohhüte oder Kapuzen mit Tüchern, die wie bei den Imkern den Hals bedecken. Die schwitzenden Gesichter sind schwarz verschmiert. Das macht die kalte Asche. Äcker wie dieser werden vor der Ernte angezündet, bis das Unterholz versengt ist. Der Qualm verpestet die Umwelt, die auch unter den Pflanzen-

schutzmitteln leidet. Gespritzt wird in der Regel mit Sprühflugzeugen. … Die sonst so farbige Landschaft wird zum grauen Schlachtfeld. Es ist, als wechsle man in einen Schwarzweißfilm. Die Menschen darin erinnern an Bilder des brasilianischen Fotografen Sebastião Salgado, der Armut und Ausbeutung ablichtet. … Die Usina Ester gehört seit ihrer Gründung 1898 der Familie Nogueira. Sie besitzt 16.000 Hektar Land. In der Stadt Cosmopolis mit ihren 50.000 Einwohnern sind viele Straßen nach dem Clan benannt … Feste Gehälter für die Feldarbeiter gibt es nicht, gezahlt wird nach Menge, das ist auf den Fazendas so üblich. 2,28 bis 2,40 Reais pro Tonne Zuckerrohr, kaum 90 Cent … Wie viele Tonnen waren es gestern bei ihm? '9,5', sagt José Deniolo Gomes, zuletzt kam er im Monat auf 900 bis 950 Reais, das sind 350 Euro, die müssen für die Familie reichen, auch in der erntefreien Zeit. Mit der Usina Ester hat er vergleichsweise Glück, denn inzwischen wacht hier eine selbstbewusste Gewerkschaft." Peter Burghardt, „Alles auf Zucker", in: Süddeutsche Zeitung vom 13. 6. 2007.

37 Zit. bei: Wolfgang Pomrehn, a.a.O.

38 Monbiot, a.a.O.

39 Der Zusammenhang ist noch komplexer: Seit rund zwölf Jahren (seit der Errichtung der nordatlantischen Freihandelszone NAFTA) liefern die USA subventionierten Mais nach Mexiko, was dort dazu führte, dass ein großer Teil des Maisanbaus aufgegeben werden musste. Nun schnellt der Maispreis in den USA nach oben, weil Mais zunehmend für die Ethanol-Erzeugung eingesetzt wird. Nach: Klaus Ehringfeld, „In den Tank statt auf den Teller", in: Handelsblatt vom 30. 1. 2007.

40 Nach: Die Welt vom 11. 4. 2007.

41 2006 zahlten deutsche Brauereien für eine Tonne Malz 240 Euro. Mitte 2007 lag der Preis bei 400 Euro. Nach: Christine Zeiner, „Tanksäule schlägt Zapfsäule", in: tageszeitung (taz) vom 5. 4. 2007.

42 Monika Dunkel, „UNO warnt vor neuen Hungerkrisen", in: Financial Times Deutschland vom 17. 7. 2007.

43 Ein hier nicht näher ausgeführter negativer Aspekt betrifft die Gefahr, dass die massenhafte Erzeugung von Biokraftstoffen zu einem Durchbruch bei der Entwicklung und dem Anbau von genetisch veränderten Pflanzen führt. Während die Menschen weiterhin gentechnisch veränderte Lebensmittel äußerst kritisch sehen, liegt die Hemmschwelle zum Anbau von gentechnisch veränderten Pflanzen für die Gewinnung von Biokraftstoffen deutlich niedriger. Wenn sie einmal entwickelt sind und massenhaft angebaut werden, wird der Einsatz derselben Pflanzen als Nahrung für Menschen kaum zu verhindern und vor allem kaum zu kontrollieren sein. Das Schweizer Unternehmen Syngenta vermarktet bereits genmanipuliertes Saatgut zur Ethanol-Herstellung, das nicht darauf geprüft wurde, ob die daraus entstehenden Pflanzen für den menschlichen Verzehr oder als Tierfutter geeignet sind. Der Konzern kann nach eigenem Bekunden „nicht ausschließen, dass auch Getreide kontaminiert werden kann, das für Mensch und Natur bestimmt ist". Nach: junge Welt vom 28. 10. 2006.
Selbst wenn man grundsätzlich den Einsatz von Biokraftstoffen unterstützt, ist ihr Einsatz in Pkws und Lkws ausgesprochen ineffizient. Ein Einsatz von Biomasse in stationären Anlagen – etwa in Heizkraftwerken – erbringt eine wesentlich bessere energetische Ausnutzung. Im Fall, dass nicht eigens zu diesem Zweck angebaute Energiepflanzen, sondern biologische Abfälle (etwa Stroh, Küchen- und Gartenabfälle, menschliche und tierische Fäkalien sowie Altholz) genutzt werden, soll die Umweltbilanz insgesamt positiv sein.

44 Joachim Laukenmann, „Empa-Studie zeigt: Solarstrom ist fossilen und Biotreibstoffen ökologisch überlegen", in: Sonntagszeitung vom 3. 6. 2007.

45 Ergänzend sei festgehalten, dass mit dem groß angelegten Einsatz von Biokraftstoffen die Subventionierung des Autoverkehrs nochmals steigt: In dem Maß, wie der Anteil der Bio-

kraftstoffe beim gesamten Kraftstoffverbrauch wächst, gehen auf Grund der steuerlichen Anreize bzw. des Rückgangs der Kraftstoffbesteuerung die Einnahmen aus dem Kraftstoffverbrauch zurück.

46 Umweltverbände geraten in dieser Situation in die Gefahr, die Rolle des nützlichen Idioten zu spielen. Der renommierte World Wide Fund for Nature (WWF) teilte im April 2007 mit: „Nach Einschätzung des WWF fällt die Energiebilanz beim Anbau von Ölpalmen insgesamt positiv aus." Um hinzuzufügen: „... vorausgesetzt, dass die Plantagen ausschließlich auf bereits gerodeten und bislang ungenutzten Brachflächen angelegt werden, für die kein wertvoller Regenwald weichen muss." Weiter heißt es in der Erklärung, die gleichzeitig mit der Präsentation einer neuen WWF-Studie mit dem Titel „Regenwald für Biodiesel?" veröffentlicht wurde: „Der WWF befürwortet den Einsatz von Palmöl für die Strom- und Wärmeerzeugung, wenn die Plantage den Kriterien des 'Roundtable on sustainable Palmoil' entspricht, der 2003 unter Mitarbeit des WWF gegründet worden war." Bisher sei zwar „noch kein zertifiziertes Palmöl erhältlich"; man rechne jedoch „mit der Markteinführung unbedenklicher Produkte noch in diesem Sommer (2007)". Selbst wenn es zu der vom WWF angekündigten „Zertifizierung" kommen sollte, werden die Öl- und Autokonzerne auch diese offen oder klammheimlich begrüßen, weil sie auf freiwilliger Basis bestehen und ausschließlich eine Alibifunktion haben wird. Die Masse der Palmölplantagen wird eine extrem negative Klimabilanz aufweisen. Das internationale Recht (WTO etc.) wird es nicht zulassen, dass definierte ökologische Standards als Bedingung für Palmölgewinnung gelten. Die Botschaft lautet: Man kann für einen bestimmten Aufpreis „grün & gut tanken". Für die Masse gilt das – nun grün bemäntelte – „weiter so". Zit. nach: WWF-Pressemitteilung vom 23. April 2007.

Kapitel 21

1 Mobilität und Klima – Wege zu einer klimaverträglichen Verkehrspolitik. Zweiter Bericht der Enquete-Kommission „Schutz der Erdatmosphäre" des 12. Deutschen Bundestages (Vorsitzender: Dr. Klaus W. Lippold, stellvertretende Vorsitzende Dr. Liesel Hartenstein), Bonn 1994, S. 123.

2 Endbericht der Enquete-Kommission „Nachhaltige Energieversorgung unter den Bedingungen der Globalisierung und der Liberalisierung" des Deutschen Bundestages 2002 (Vorsitz Kurt-Dieter Grill), 14. Wahlperiode, Bundesdrucksache 14/9400 vom 7. 7. 2002, S. 222. In einem Minderheitsvotum von Prof. Dr. Jürgen Rochlitz zu diesem Bericht hieß es: „Es muss vor allem um die Aktivierung der Strategie-Optionen gehen: Vermeidung von Verkehr, Verkürzung der Verkehrswege und Verlagerung auf weniger umweltbelastende Verkehrsarten."

3 VCÖ, Öffentlicher Verkehr mit Zukunft, Wien 2005, S. 43.

4 Das erwähnte Dutzend Autohersteller setzt sich 2007 wie folgt zusammen – 1. USA: GM (mit Saab, Opel und Daewoo), Ford (mit Mazda, Volvo, Jaguar, Aston Martin und Land Rover) und Chrysler; 2. Japan: Toyota (mit Hino und Daihatsu) und Honda; 3. BRD: VW (mit Audi, Seat, Škoda, Bentley und Lamborghini), Daimler-Group (mit Smart), BMW (mit Mini und Rolls Royce); 4. Frankreich: Renault (mit Nissan und Dacia) und PSA Peugeot (mit Citroën), 5. Italien: Fiat (mit Lancia und Alfa Romeo); 6. Südkorea: Hyundai (mit Kia). Die zwei Flugzeughersteller, die 100% des Marktes von großen Passagiermaschinen kontrollieren, sind: Boeing (USA) und EADS/Airbus (EU). Vgl. Winfried Wolf, Die Krise der Autoindustrie 2005/2006, Berlin 2006, S. 17 f. Andere Autohersteller wie Porsche, Mitsubishi, Lada und die chinesischen Hersteller (insoweit sie unabhängig von Joint Ventures mit bereits erwähnten großen Konzernen produzieren) haben am addierten Umsatz der Weltbranche einen Anteil von rund 5%. Im Flugzeugbau kontrollieren Bombardier (Kanada) und Embraer (Brasilien) das Segment von Flugzeugen mit weniger als 100 Sitzplätzen.

5 Vgl. Winfried Wolf, Die sieben Todsünden des Herrn M. Eine Bilanz der Verkehrs- und Bahnpolitik mit sieben Hinweisen darauf, weshalb diese in eine verkehrspolitische Sackgasse mündet, Berlin 2002.

6 Helmut Holzapfel, „Weniger Leute, weniger Autos", in: Frankfurter Rundschau vom 21. 1. 2006.

7 1994 legte der damalige Europaparlamentarier Wilfried Telkämper eine Studie vor, die erstmals die Entwicklungspfade SLOW und FAST nannte. Mit seiner bereits 1998 für eine englische Ausgabe des Buchs „Eisenbahn und Autowahn" erteilten freundlichen Genehmigung übernehme ich diese Bezeichnungen. Vgl. Stephan Brückl/Walter Molt, SLOW – Nachhaltiges Wirtschaften, Verkehrsvermeidung & Entschleunigung. Eine alternative Perspektive für Europa, Augsburg – Brüssel 1994.

8 Martin Wagner, „Verkehrter Verkehr", in: Baukunst und Werkform, Nr. 1/1957. Als ich 1986 zum ersten Mal Wagner ausgrub und dessen zentrale Aussagen in „Eisenbahn und Autowahn" zitierte, war ein solches konstantes Verkehrsbedürfnis und eine damit begründete Politik der Verkehrsvermeidung kein Thema in der verkehrspolitischen Diskussion. Inzwischen ist dies der Fall, was einen qualitativen Fortschritt darstellt.

9 Inzwischen wurde diese Unterteilung verfeinert. Als weiterer Fahrt- bzw. Wegezweck kam „Begleitung" hinzu, was sich aus „aktiven" Service- oder Begleitwegen (Bringen und Holen von Personen) und „passiven" Begleitwegen (Mitgenommen-Werden) zusammensetzt. Damit sind auch Kleinkinder und ihre (in der Regel passiv erlebte) Mobilität erfasst. Der Begriff „Einkaufsverkehr" wurde inzwischen dahingehend erweitert, dass darunter „alle Wege und Fahrten (fallen), die dem Einkauf von Gütern, der Inanspruchnahme von Dienstleistungen (Arztbesuche) oder der Erledigung persönlicher Angelegenheiten (z.B. bei Behörden) dienen". Verkehr in Zahlen 2006/2007, S. 205 f.

10 Grunddaten nach: Verkehr in Zahlen 2006/2007, S. 218 f; eigene Berechnungen. Jeweils auf Basis der gesamten Bevölkerung Deutschlands (82,5 Mio. Menschen), da, siehe die vorige Anmerkung, die offizielle Wege-Fahrten-Statistik unter dem Begriff „Begleitung" auch die passiv erlebten Wege von Kleinkindern erfasst.

11 Die Km-Summe der „grünen Wege" (2.721) dividiert durch die Summe der „grünen Verkehrswege" (521) = 5,22 km je Weg.

12 Das BAT-Freitzeitforschungsinstitut glaubt zum Freizeitverkehr folgende Erkenntnisse belegen zu können: „Nur knapp jeder Fünfte fährt los, um im Grünen zu sein. Wichtiger ist der bloße Wunsch nach Veränderung (26 Prozent), die Unternehmungslust (24 Prozent) oder die Sehnsucht nach Neuem (22 Prozent). ... Jeder Dritte hat Angst, etwas zu verpassen, wenn er nicht davonfährt, jeder Fünfte fürchtet, ihm könne die Decke auf den Kopf fallen. Das Unterwegssein ist oft wichtiger als das Ankommen, wie aus den Umfragen hervorgeht." Nach: Interesse, hrsg. vom Bundesverband Deutscher Banken, Nr. 2/1997. Es waren Mehrfachnennungen möglich, weswegen die addierte Prozentzahl über 100% liegt. Eine Interpretation, wonach bei einem größeren, wenn nicht großen Teil der Freizeitfahrten das Ziel keine entscheidende Rolle spielt, drängt sich auf.

13 106 Wege zu Fuß und 34 Wege per Rad, was zusammen 140 Einkaufswege macht und als Anteil an allen Einkaufswegen im Jahr (397) einen Anteil von 35,2% ergibt.

14 Zu vergleichbaren Ergebnissen kam Dieter Apel Mitte der 1980er Jahre in einem internationalen Städtevergleich. Dieter Apel, Stadtverkehrsplanung, Umverteilung des städtischen Personenverkehrs. Aus- und inländische Erfahrungen mit einer stadtverträglicheren Verkehrsplanung, Berlin 1984, u.a. S. 336 ff.

15 Die Charta von Athen entstand 1933 als Ergebnis eines internationalen Architekturkongresses. Sie erklärte die Entmischung der verschiedenen Funktionen „Wohnen – Arbeiten – Körper

und Geist pflegen – Zirkulieren" zur entscheidenden Grundlage des modernen Städtebaus. Führender Vertreter dieser Städteplanung war der Architekt Le Corbusier, der u.a. feststellte: „Es herrscht nur ein Prinzip: Überall dort, wo die Bomben zerstörten, zieht Grün ein, erheben sich Gebäude aus der freien Natur. Straßenzüge und Hinterhöfe werden abgeschafft." Le Corbusier, Grundfragen des Städtebaus, Stuttgart o.J. (französische Erstausgabe 1945), S. 54.

16 Heiner Monheim/Rita Monheim-Dandorfer, Straßen für alle, Hamburg 1990, S. 103.

17 In den Städten München und Hannover liegt dieser Anteil knapp unter 40%. Nach: Büro für Technikfolgen-Abschätzung beim Deutschen Bundestag (TAB), Entwicklung und Analyse von Optionen zur Entlastung des Verkehrsnetzes und zur Verlagerung von Straßenverkehr auf umweltfreundliche Verkehrsträger, Endbericht, Bonn 1998, S. 106 (Verfasser: G. Halbritter, R. Bräutigam, T. Fleischer, S. Klein-Vielhauer, Ch. Kupsch und H. Paschen). Zu den niederländischen Städten und zur Stadt Münster siehe Dieter Apel, Stadtverkehrsplanung, a.a.O.

18 VCÖ-Magazin 2/2005.

19 Nach: Berliner Morgenpost vom 4. 6. 2007. Die deutsche (CDU/CSU-FDP-)Bundesregierung legte 1998 einen ersten „Bericht über die Situation des Fahrradverkehrs in Deutschland" vor. In diesem wird das Fahrrad als „ideales Verkehrsmittel in der Stadt" bezeichnet, weil es „wenig Raum benötigt", „lärm- und abgasfrei" verkehrt und „einen Beitrag zur CO_2-Reduzierung darstellt". (Der Bericht wurde im März 1999 veröffentlicht; S. 97). Das zweite, im Jahr 2000 veröffentlichte Regierungsdokument trug den Titel „Bericht der Bundesregierung über Maßnahmen zur Förderung des Radverkehrs". Darin konnte auf einzelne Städte verwiesen werden, die in jüngerer Zeit durch gezielte Förderung den Anteil des Radverkehrs deutlich erhöht hatten: „So hat die Stadt Troisdorf (etwa 70.000 Einwohner) innerhalb eines sechsjährigen Realisierungszeitraums … ein über 100 Kilometer langes, flächendeckendes Netz von Radverkehrsverbindungen realisiert. … Der Radverkehrsanteil an der Zahl der Wege … ist von 16 Prozent auf 21 Prozent angestiegen, der Anteil der Pkw-Wege hat entsprechend abgenommen." Zit. nach: Bundesdrucksache 14/3445, S. 24.

20 Ebd., S. 22.

21 Ein Ansatz zur Finanzierung und Attraktivierung des Öffentlichen Personennahverkehrs, hrsg. vom Zentrum für Europäische Studien, Universität Trier, Trier 1995. Die Verfasser stellen in einer Modellrechnung am Beispiel der Stadt Trier fest, „dass durch die Erhebung eines Nahverkehrsbeitrags die Finanzierungsprobleme des städtischen ÖPNV zumindest ansatzweise gelöst werden können. Obwohl in unserem Konzept die potentiellen Nachfrager den öffentlichen Nahverkehr zum Nulltarif nutzen können, gelang es auf Anhieb, mit der Erhebung einer (unseres Erachtens nach moderaten) Nahverkehrsabgabe sämtliche Betriebskosten der Trierer Verkehrsbetriebe mehr als abzudecken" (S. 37).

22 Interview mit Grawenhoff in: BusinessNews vom 10. 4. 2007.

23 1930 gab es auf dem Gebiet der (späteren) EU-15 noch 438 Straßenbahnsysteme („Urban Tram and Light Rail Systems") und acht U-Bahn-Systeme („Metro-Systems"). 1950 waren es 272 Tram- und 8 Metro-Systeme. 1970 108 Tram- und 14 Metro-Systeme, 2000 102 Tram- und 28 Metro-Systeme. Seither sind rund zwei Dutzend neue Tram-Systeme entstanden. Nach: EU Energy and Transport in Figures, 2002er Ausgabe, Tabelle 3.2.5.
In Westdeutschland gab es 1960 ein Straßenbahnnetz mit einer Gesamtlänge von 3.018 km Länge; 1990 waren es nur mehr 1.309 km. Mit der deutschen Einheit verdoppelte sich die Tramnetzlänge auf deutschem Boden auf 2.267 km; bis 1995 gab es erneut einen Abbau auf 2.077 km. Inzwischen (2005) sind es wieder 2.250 km. Verkehr in Zahlen 2006/2007, S. 78 ff.
Einen Rückschlag für das Revival der Tram stellt die Erfahrung mit der Niederflurstraßenbahn Combino dar: Dieses Siemens-Trammodell wurde von Ende der 1990er Jahre bis 2005 zum

Weltmarktführer, musste aber 2006/07 wegen schwer wiegender Konstruktionsfehler vom Markt genommen werden. Ein gutes Dutzend städtische Verkehrsbetriebe (so diejenigen von Amsterdam, Basel, Potsdam, Hiroshima, Melbourne, Poznań, Valencia und Alicante, Düsseldorf, Nordhausen, Erfurt, Freiburg und Ulm) erlitten Verluste, die sich auf 1 Mrd. Euro addieren. Das Desaster war absehbar und wurde kompetent vorhergesagt (vgl. Dieter Doege, Combino im Städtevergleich, Studie erstellt im Auftrag der CDU-Stadtfraktion Potsdam, 2003). Doch der Siemens-Konzern mauerte jahrelang; ein Zusammenhang mit den ans Licht gekommenen Schmiergeldzahlungen für Aufträge bei Siemens drängt sich auf. Vgl. Winfried Wolf, „Tramplosion: Combino vor dem Gau", in: Potsdamer Neueste Nachrichten vom 3. 4. 2004.

24 Die Anteile der Verkehrsarten sind wie folgt: 28% Fußwege, 7% Radwege und 37% ÖPNV. Der Pkw-Verkehr einschließlich der Pkw-Beifahrer bringt es auf 27%, die motorisierten Zweiräder liegen bei 1%. Nach: TAB-Projekt Entwicklung und Analyse von Optionen ..., a.a.O., S. 106. Die Zahlen beziehen sich auf 1992. Seither hat sich vor allem der Anteil des ÖPNV nochmals erhöht.

25 Anfang der 1990er Jahre habe ich in Marburg an der Lahn, unterstützt von einem breiten Bündnis von Umweltgruppen, die Verkehrsgeschichte der Stadt, die im Wesentlichen eine Straßenbahngeschichte war, dokumentiert und darauf aufbauend eine alternative Verkehrsplanung entwickelt. Dabei sollte die Anfang der 1950er Jahre eingestellte Straßenbahn wieder belebt und zum entscheidenden Verkehrsmittel werden. Winfried Wolf, Die autofreie Stadt. Der Autowahn am Beispiel der Stadt Marburg an der Lahn, Köln 1993.

26 Tatsächlich ist das Beispiel Venedig insofern lehrreich, als es dort keine größere Zahl von Motorbooten in individuellem Eigentum, also keinen „Motorisierten Individual-Kanal-Verkehr" gibt. Die Mobilität der 80.000 Menschen erfolgt zu Fuß und mit Wasserbussen (vaporetti). Venedigs Bruttoinlandsprodukt und seine interne Aufteilung (Universität, Tourismus, Gewerbe, Kultur usw.) ist vergleichbar dem von Heidelberg. Damit könnte Heidelberg einen ähnlich hohen Anteil an Fußwegen und Fahrten im ÖPNV aufweisen. Vgl. Egon Grund, Venedig – Vorbild einer autofreien Stadt?, Dortmund 1993.

27 Die Maut soll für den gesamten Stadtteil Manhattan gelten und durch einen deutlichen Ausbau der öffentlichen Verkehrsmittel ergänzt werden. Die City-Maut soll drei Jahre lang getestet werden. Wird dieses Vorhaben realisiert, wäre dies ein für die Welt wichtiger Durchbruch, da es bisher gelungen ist, die Kritik am Autoverkehr und die damit verbundenen Klimafolgen in den USA weitgehend aus der öffentlichen Debatte zu verbannen. Nach: Olivia Schoeller, „Eine City-Maut für ganz Manhattan", in: Berliner Zeitung vom 14. 4. 2007.

28 So im Fall der Städte Bozen/Bolzano, Brixen/Bressanone, Bruneck/Brunico und Meran/Merano in Südtirol/Alto Adige. Hier gelten seit 2006 weitreichende Fahrverbote für Pkws vor allem in den Wintermonaten, in denen die Schadstoffwerte oft über den Grenzwerten liegen. Nach: Frankfurter Allgemeine Zeitung vom 19. 10. 2006.

29 „In 174 italienischen Städten sind die Menschen am Sonntag wieder von Verkehrslärm und Autoabgasen verschon geblieben und zu Fuß durch ihre Städte geschlendert. Der dritte autofreie Sonntag in diesem Jahr hat somit eine Rekordbeteiligung erlebt. ... Laut Umfragen sprachen sich 53 Prozent der Italiener für mehr Aktionen dieser Art aus. Die gleiche Anzahl der Befragten forderte zudem eine Ausdehnung der autofreien Zonen." Bericht in: Frankfurter Rundschau vom 10. 4. 2000.

30 Interview mit Markus Heller in: Süddeutsche Zeitung vom 11. 8. 2006. Die Angaben zu anderen autofreien Stadtteilen nach: Bernd Kastner, „Mit Rad und U-Bahn überleben", in: Süddeutsche Zeitung vom 12. 8. 2006. Das Berliner Projekt scheiterte, weil auf dem vorgesehenen Gelände schlussendlich der Bundesnachrichtendienst (BND) baute. Die Zahl der

Interessenten an einem autofreien Leben lag auch bei dem Berliner Projekt deutlich über den ursprünglichen Erwartungen der Initiatoren.

31 Mitteilung des Statistischen Bundesamtes in Wiesbaden vom April 2005; hier nach: Süddeutsche Zeitung vom 2. 4. 2005.

32 Nach: profil (Wien), „profil extra", Juli 2005.

33 Vgl. Oscar Reutter/Ulrike Reutter, Autofreies Leben in der Stadt – Autofreie Stadtquartiere im Bestand, Dortmund 1996.

34 Nach: Gerhard Fitzthum, „Das Prinzip Enthastung", in: Frankfurter Allgemeine Zeitung vom 29. 3. 2007. Sehr aufschlussreich ist, wie der Autor die Zerstörung der Bergregion um Berchtesgaden durch Autoverkehr und extensiven Straßenbau mit dem Nationalsozialismus in Zusammenhang bringt, unter dem die „deutsche Alpenstraße" geplant und begonnen wurde. In der Nähe der Stadt liegt der Obersalzberg und lag das SS-Sperrgebiet „mit dem dichtesten Netz von Hochgebirgsstraßen auf deutschem Boden".

35 Der Schienengüterverkehr in der DDR und in der BRD erreichte 1985 addiert 130 Mrd. Tonnenkilometer. 2005 lag die gesamtdeutsche Transportleistung bei 95 Mrd. tkm. Dabei ist der Vergleich der Transportleistungen nur bedingt aussagekräftig, da in jüngerer Zeit der regionale Schienengüterverkehr flächendeckend abgebaut wurde und die Transportweiten und der internationale Schienengüterverkehr enorm gesteigert wurden. Ein Vergleich des Transportaufkommens (der transportierten Tonnen) ergibt: 1985 wurden bei der DDR-Reichsbahn 350 Mio. Tonnen befördert, bei der Bundesbahn waren es 324 Mio. Tonnen. 2005 wurden in Deutschland insgesamt 317 Mio. Tonnen auf Schienen transportiert – um die Hälfte weniger als 1985. Nach: Statistisches Jahrbuch der Bundesrepublik Deutschland 1988, Wiesbaden 1988, S. 619; Verkehr in Zahlen 2006/2007, S. 56 f.

36 „In der Schweiz sind nahezu alle Verkehrsmittel (Schiene, Busse) vertaktet. Das heißt, alle Linien verkehren in festen Zeitabständen, in der Regel im Halbstunden-Takt. … Höchstgeschwindigkeiten auf wenigen Strecken sind relativ wirkungslos, wenn die gewonnene Zeit durch langwieriges Warten beim Umsteigen oder durch große Umwegfahrten wieder verloren geht. Besonders gute Erfahrungen hat man in der Schweiz mit dem Integralen Taktfahrplan (ITF) gemacht, dessen oberstes Ziel es ist, an möglichst vielen Verknüpfungspunkten (Knoten) optimale Anschlüsse in alle Richtungen herzustellen. Für einen gut funktionierenden ITF braucht man bestimmte Fahrtzeiten zwischen den Knoten. Es geht also darum, diese Fahrtzeiten durch gezielten Ausbau und Neubau von Strecken zu erreichen. So ist man beim Schweizer Bahnkonzept 'Bahn 2000' mit einigen wenigen Hochgeschwindigkeitsstrecken ausgekommen und hat die Mehrzahl der verfügbaren Mittel in den Ausbau der bestehenden Infrastruktur, die Beseitigung von Engpässen und die Ertüchtigung hochfrequentierter Knoten gesteckt." Wolfgang Hesse, „Vom Korridor zum integrierten Netz", in: Winfried Wolf, In den letzten Zügen, Hamburg 2006, S. 82.

37 Ausführlich dazu: Karl-Dieter Bodack, Beförderung statt Reisen? Komfort in den Fernzügen der DB AG, in: Eisenbahn-Revue (Luzern/Schweiz), Heft 12, 2002

38 Frankfurter Allgemeine Zeitung vom 2. 7. 2003. Rechnet man die schweizerischen Verhältnisse auf die zehnmal größere deutsche Bevölkerung hoch, dann müssten 25 Mio. BRD-Bürgerinnen und -Bürger eine BahnCard 50 haben. Real sind es nur 1,5 Mio. Das SBB-Generalabonnement (GA), das sehr verallgemeinernd der Bahn-Card 100 (früher Netzkarte) entspricht, haben 350.000 Menschen; umgerechnet auf die BRD müssten mehr als 3 Mio. Deutsche die BC100 haben. Real dürfte es nur einige Zehntausend BC100-Besitzer geben. Der Grund für den Erfolg der schweizerischen Mobilitätskarten liegt im niedrigeren Preis und im deutlich größeren Leistungsangebot. In Österreich wurde immerhin erreicht, dass inzwischen 900.000

Menschen über die 1995 eingeführte (mit der deutschen BC50 vergleichbare) ÖBB-VORTEILScard verfügen. Nach: Club Bahnreisen Magazin, September 2005.

39 Reine Inlandsflüge gab es 2005 in Deutschland 22,7 Mio., in Spanien 38,9 Mio., in Frankreich 26,6 Mio., in Italien 25,3 Mio. und in Großbritannien 27,0 Mio. In Deutschland und Frankreich liegt die Pkm-Leistung des Flugverkehrs bereits bei mehr als der Hälfte des Schienenfernverkehrs. Selbst in Österreich gab es 2005 610.000 Fluggäste im reinen Binnenflugverkehr. Viele der Binnenflüge finden auf Verbindungen statt, auf denen schnelle Züge verkehren (etwa Frankfurt/M.–München, München–Berlin und Frankfurt/M.–Berlin), oder wo solche Schienenverbindungen herstellbar sind (etwa London–Glasgow und Madrid–Barcelona). Nach: EU Energy and Transport in Figures, Ausgabe 2005, Tabelle 3.4.1. Vgl. im Detail Kapitel 11.

40 Ein zeitraubender Wechsel von Waggons wegen unterschiedlicher Spurbreite ist nicht erforderlich – und schon gar nicht der Bau neuer Schienen mit einheitlicher Spurweite: „Eine Systemlösung für den automatischen Spurwechsel zwischen der mitteleuropäischen Normalspur und der russischen und spanischen Breitspur wurde auf der 'Innotrans – Internationale Fachmesse für Verkehrstechnik' vorgestellt … Automatisch wird am Drehgestell der Waggons die Spurweite der Achsen von 1.435 mm auf das russische Maß von 1.520 mm oder das spanische Maß von 1.635 mm während des langsamen Überfahrens der neuen Anlage gespreizt und arretiert, so dass der Wagen auf Breitspurmaß umgestellt ist." Nach: Deutsche-Verkehrszeitung vom 29. 10. 1998.

41 Vgl. Dieter Plehwe, „Güterverkehr", in: Handbuch Verkehrspolitik, hrsg. von O. Schoeller/W. Canzler/A. Knie, Wiesbaden 2007, S. 349.

42 Europäische Kommission: Weißbuch – Die europäische Verkehrspolitik bis 2010: Weichenstellungen für die Zukunft, Brüssel 2001, S. 14.

43 Im zitierten Artikel in der „Frankfurter Allgemeinen Zeitung" zu Berchtesgaden (siehe Anmerkung 34) wird darauf verwiesen, dass in den 1970er Jahren eine Schmalspurbahn zum Königssee eingestellt und eine neun Meter breite Straße gebaut wurde, wobei es Überlegungen gibt, die Bahn neu zu erbauen und ihre Gleise „auf die überbreite Straße zu legen" – wobei Vergleichbares in Chur/Schweiz erfolgt sei. Ein vergleichbares Projekt schlug ich bereits 1989 für meine Heimatstadt Ravensburg vor, wo Ende der 1950er Jahre „s'Bähnle" (eine Straßenbahn, die Ravensburg, Weingarten und Baienfurt verband) eingestellt wurde. Die Wiedereinführung dieser Tram-Verbindung wäre weit preiswerter gekommen als der inzwischen realisierte Bau einer autobahnähnlichen B30neu, die wichtige Naherholungsgebiete zerstörte. Winfried Wolf, „Autowahn und alternative Verkehrsplanung Mittleres Schussental", in. Winfried Wolf, Sackgasse Autogesellschaft, Frankfurt/M. 1989, S. 69 ff.

44 Die Küstenschifffahrt wurde getrennt aufgeführt und nicht zu den „roten Transportarten" gerechnet. Wenn es gelingt, hier auf den Einsatz von Schweröl zu verzichten, und Auflagen zu den Emissionen in Kraft treten, ist eine solche Einteilung vertretbar. Im Fall des Entwicklungspfades FAST dürfte das allerdings eher nicht der Fall sein.

45 Basisdaten in Tabelle 28 nach: EU Energy and Transport in Figures, a.a.O., 2006er Ausgabe; eigene Berechnungen.

46 Basisdaten in Tabelle 29 nach: Verkehr in Zahlen 2006/2007; und Winfried Wolf, Berlin – Weltstadt ohne Auto, a.a.O., S. 247.

47 Hermann Scheer verwendet in seiner Vision einer Energiewende das Gegensatzpaar „Fossil City" und „Solar City". Er fordert, dass „durch emissionsfreie Energiegewinnung Wohn-, Industrie- und Freizeitgebiete nicht mehr voneinander abgeschottet werden müssen". Allerdings geht Scheer dabei kaum auf den öffentlichen Verkehr und nicht auf die Chancen von Eisenbahnen in einem Solarzeitalter ein. Interessant wäre eine Verbindung des Engagements des Bundestagsabgeordneten Scheer gegen die Bahnprivatisierung mit der Theorie und Pra-

xis von Hermann Scheer, Autor und Trägers des alternativen Modellpreises. Vgl. Hermann Scheer, Energieautonomie. Eine neue Politik für erneuerbare Energien, München 2005, S. 299; Hermann Scheer/Peter Friedrich, Die Bahn: Zukunftsinvestment aller Bürger – Memorandum gegen die geplante Privatisierung der Bahn, Berlin 2007.

Kapitel 22

1 Die Transporte in Containern und deren Standardisierung als TEU zeigen durchaus die Möglichkeit für ein rationales – Arbeitskraft und Ressourcen sparendes – Transportmodell auf. Dass dies unter kapitalistischen Bedingungen in eine gewaltige Transportinflation mündet, hat mit dem Grundprinzip des Kapitalismus zu tun. In einem alternativen Entwicklungsmodell SLOW müsste die kostensparende Revolutionierung des Transports mit der Orientierung auf Transportvermeidung und Stärkung regionaler Wirtschaftskreisläufe verbunden werden. Allein für diesen Zweck müsste ein Container entwickelt werden, der einerseits auf weit kleinere Transportvolumina zugeschnitten und andererseits mit den bestehenden Größen (TEU und größer) kompatibel ist. Die Deutsche Bundesbahn hatte mit vergleichbarer Zielsetzung in den 1980er Jahren eine „Logistikbox" entwickelt. Der Vorteil dieses Transportbehältnisses besteht auch darin, dass es bei Güterzügen mit Hilfe mittelgroßer Gabelstapler seitlich auf- und abgeladen werden kann. Damit entfallen die aufwändigen, vom traditionellen Containerverkehr bekannten Umschlageinrichtungen. Markus Hesse, „Verkehrswende", in: Nordverkehr Nr. 1/1991. Mitte der 1990er Jahre stellte Ralf Jahncke vom Unternehmen TransCare Umweltverträgliche Verkehrskonzepte GmbH in Wiesbaden fest, dass „die Schiene auch bei der Beförderung von Gütern über eine Entfernung unter 100 km eine große Rolle spielen kann", und entwickelte einen „Ringzug Rhein-Ruhr": „Eine fixe Zuggarnitur verkehrt nach festem Fahrplan auf einer ringförmigen Trasse. Vergleichbar der S-Bahn im öffentlichen Personennahverkehr, hält der Ringzug an einer Vielzahl relativ dicht angeordneter Haltepunkte (ca. alle 330 km). Dort übernehmen mobile Umschlaggeräte oder Portalkräne die Be- und Entladung des Zuges. Rangierbetrieb lässt sich auf diese Weise gänzlich vermeiden. Sammlung und Verteilung der Ladeeinheiten von den Haltepunkten aus erfolgt über die Straße." Nach: Ralf Jahncke, „Der Ringzug Rhein-Ruhr", in: Der Nahverkehr 1-2/1995, S. 41.

2 Vgl. Kapitel 10 und 12.

3 Zit. bei: Franz Alt, „Neue Bahnen braucht das Land", in: Die Welt vom 15. 12. 1993.

4 So berechnet bei Gerhard Matzig, „Schneller, höher, weiter, irrer", in: Süddeutsche Zeitung vom 6. 8. 2005. Matzig geht davon aus, dass ein Siebzigjähriger vier Jahre seines Lebens „ausschließlich im Status des Unterwegsseins" und weitere sechs Jahre „in transitorischen Zwischenräumen", also „in Erwartung der U-Bahn, beim Anstellen zum Check-in usw." verbracht hat.

5 U.a. im Magazin „Stern", 30/1994. Dazu lautete der Begleittext: „Wer sich in unserem Universum umschaut, merkt schnell, daß es für unsere Erde nirgendwo eine Reparaturwerkstatt oder Ersatzteile gibt."

6 Antwort der Bundesregierung auf die Kleine Anfrage des Abgeordneten Dr. Winfried Wolf und der Gruppe der PDS, Drucksache 13/9521 vom 18. 12. 1997.

7 EU Energy and Transport in Figures, 2006er Ausgabe, a.a.O., Tabelle 3.1.5.

8 Vgl. Willi Loose, „Arbeitsmarkteffekte einer Verkehrswende in Deutschland", in: Heiner Monheim/Klaus Nagorni (Hrsg.), Die Zukunft der Bahn – Zwischen Bürgernähe und Börsengang, Karlsruhe 2004, S. 184 ff. Der VCÖ legte 2004 eine Broschüre mit dem Titel „Wirtschaftsfaktor öffentlicher Verkehr" vor, die zu vergleichbaren Ergebnissen für Österreich kam. Prof. Dr. Herbert Braun veröffentlichte in einem 1982 für die Deutsche Straßenliga

erstellten Gutachten Vergleiche, die auch heute noch grundsätzlich zutreffen: 100 Mio. DM Investitionen im Autobahnbau schaffen 1.200 neue Arbeitsplätze, beim Bau von Landstraßen sind es 1.600, bei der Anlage neuer Schienenwege 1.900, bei der Erweiterung des öffentlichen Personennahverkehrs 2.000. Wird diese Summe für „Innerortsstraßen und Fußgängerzonen" eingesetzt, entstehen sogar 2.600 neue Arbeitsplätze. Nach: Beschäftigungswirkungen von Straßenbauinvestitionen, zusammengefasst bei Winfried Wolf, Eisenbahn und Autowahn, Hamburg 1992, S. 685.

9 Nach: Frankfurter Sonntagszeitung vom 8. 4. 2007; Frankfurter Rundschau vom 10. 4. 2007.

10 Im heißen Sommer 1994 wurde in mehreren deutschen Städten ein Ozon-Alarm ausgerufen. In Baden-Württemberg wurden Tempolimits verhängt; dabei wurde aber erklärt, ein Verstoß gegen dieselben werde nicht geahndet. Zum Erstaunen der Behörden hielten sich 75-90% der Autofahrer an die Limits. Nach: Stuttgarter Zeitung vom 6. 8. 1994.

11 Die Umfrage vom November 2006 ergab, dass 71% der von Emnid Befragten für eine „Bahn in öffentlichem Eigentum" eintraten; die Umfrage von Forsa ergab für die gleiche Fragestellung eine Mehrheit von 64%. Nach: Presseerklärungen des Bündnisses „Bahn für Alle" vom 6. 11. 2006 und vom 2. 8. 2007.

12 Zit. bei: Willi Hüsler, „Konservatismus in der Verkehrspolitik – Das Schweizer Beispiel", in: Fortschritt vom Auto. Umwelt und Verkehr in den 90er Jahren, hrsg. von der Stadt Frankfurt/M., München 1991, S. 267.

13 Hermann Scheer, „Die globale Bedeutung von Vorreitern und die Grenzen globaler Klimapolitik", in: Solarzeitalter, Bonn, 2/2007, S. 6.

14 Dem Thema „demografischer Wandel" widmete sich der BUVKO 2007, der 16. Bundesweite Umwelt- und Verkehrskongress, im März 2007 in Stuttgart. Seine Ergebnisse sind wiedergegeben in: mobilogisch! Zeitschrift für Ökologie, Politik & Bewegung, Berlin, Hefte 2/07 und 3/07.

15 Bei Homer heißt es zu Odysseus: „Es jammerten seiner die Götter" – wegen der „müdenden Laufbahn". Homer, Odyssee, deutsch von Johann Heinrich Voß. Erster Gesang; hier nach: Hans-Magnus Enzensberger, Eine Theorie des Tourismus, in: H. M. Enzensberger, Einzelheiten I, Bewusstseinsindustrie, Frankfurt/M. 1969, S. 186.

16 Im Griechischen meint Atopie Verneinung eines Ortes; Utopie steht für den Ort (topos) Nirgendwo (ou). „All dies steigert sich mit gelinder Globalisierung ins Grenzenlose: Ort, Raum und Entfernung werden zunehmend zu vernachlässigbaren Größen … Der Begriff der Ortlosigkeit, Atopie, bezeichnet diesen Moment der Marktutopie, der in der Idee des Utopischen das Nirgendwo zum Irgendwo steigert. Utopie bezeichnet einen Ort, den es nicht gibt, Atopie bezeichnet die Irrelevanz des Ortes, die globale Ortlosigkeit." Helmut Willke, Atopia. Studien zur atopischen Gesellschaft, Frankfurt/M. 2003, S. 12 f. Rainer Fischbach hat diese Gedanken in einen erhellenden Zusammenhang mit der IT-Branche und der Internet-Gesellschaft gebracht. Rainer Fischbach, Mythos Netz. Kommunikation jenseits von Raum und Zeit?, Freiburg i. Br. 2005.

Abkürzungsverzeichnis

AAA .... American Automobile Association
AASHO .... American Association of State Highway Officials
ADAC .... Allgemeiner Deutscher Automobil-Club e.V.
ADB .... Asian Development Bank
ADFC .... Allgemeiner Deutscher Fahrrad-Club
ADMV .... Allgemeiner Deutscher Motorsport Verband
ADV .... Arbeitsgemeinschaft Deutscher Verkehrsflughäfen
AEA .... Association of European Airlines
AEG .... Allgemeine Elektricitäts-Gesellschaft (deutsches Unternehmen)
AFC .... America First Committee
AFP .... Agence France-Presse
AKN .... Aktionskonferenz Nordsee
AKW .... Atomkraftwerk
Amtrak .... American Track and Travel
ATP .... Automatic Train Protection
AT & T .... American Telephone & Telegraph Corporation
AVE .... Alta Velocidad Española (Hochgeschwindigkeitszug, Spanien)
AVUS .... Automobil-, Verkehrs- und Übungsstraße GmbH (Berlin)
AZ .... Arbeiter-Zeitung (Wien)
BAB .... Bundesautobahn (Deutschland)
BAe .... British Aerospace
BASA .... Bahnamtliche Sprech-Anlagen
BASF .... Badische Anilin- & Soda-Fabrik AG
BASt .... Bundesanstalt für Straßenwesen
BBI .... (Flughafen) Berlin Brandenburg International
BBT .... Brenner-Basistunnel
BDI .... Bundesverband der Deutschen Industrie
Betra .... Bau- und Betriebsanweisung
BEV .... Bundeseisenbahnvermögen
BIP .... Bruttoinlandsprodukt
BLG .... BLG Logistics Group (früher Bremer Lagerhaus Gesellschaft)
BMW .... Bayerische Motoren Werke AG
BND .... Bundesnachrichtendienst (Auslandsnachrichtendienst der Bundesrepublik Deutschland)
BP .... British Petroleum
BR .... British Rail
BsB .... Bürgerbahn statt Börsenbahn
BUND .... Bund für Umwelt und Naturschutz Deutschland
BUVKO .... Bundesweiter Umwelt- und Verkehrskongress
BVB .... VEB Kombinat Berliner Verkehrsbetriebe
BVG .... Berliner Verkehrsbetriebe
BZÖ .... Bündnis Zukunft Österreich
CAW .... Canadian Auto Workers
CDU .... Christlich Demokratische Union Deutschlands
CEO .... Corporate Europe Observatory
CEPAL .... Comisión Económica para América Latina y el Caribe
CFF .... Chemins de Fer Fédéraux (Bezeichnung der Bahn in der französischsprachigen Schweiz)
CGT .... Compensated Gross Tons (gewichtete Schiffskapazität in Tonnen)
CIO .... Congress of Industrial Organizations
CIPRA .... Commission Internationale pour la Protection des Alpes (Internationale Alpenschutzkommission)
CIWL .... Compagnie Internationale des Wagons-Lits
CMA CGM .... Zusammenschluss der Reedereien „Compagnie Générale Maritime“ (CGM) und „Compagnie Maritime d'Affrètement“ (CMA)
CNOOC .... China National Offshore Oil Corporation
Conrail .... Consolidated Rail Corporation
CP .... Companhia dos Caminhos de Ferro Portugueses

ČSSR .... Tschechoslowakische Sozialistische Republik
CSU .... Christlich-Soziale Union in Bayern
DAF .... Deutsche Arbeitsfront (NS-Zwangsarbeitsorganisation)
DBA .... Deutsche British Airways
DB AG .... Deutsche Bahn AG
ddp .... Deutscher Depeschendienst
DDR .... Deutsche Demokratische Republik
DGB .... Deutscher Gewerkschaftsbund
DIC .... Dubai International Capital
DIHT .... Deutscher Industrie- und Handelskammertag
DIS .... Deutsches Internationales Schiffsregister
DIW .... Deutsches Institut für Wirtschaftsforschung
DNR .... Deutscher Naturschutzring
DP .... Deutsche Partei
dpa .... Deutsche Presse-Agentur
DP World .... Dubai Ports World
DR .... Deutsche Reichsbahn der DDR
DRP .... Deutsche Reichspartei
DVD .... Digital Versatile Disc (vorher Digital Video Disc)
EADS .... European Aeronautic Defence and Space Company
EBA .... Eisenbahn-Bundesamt
EC .... EuroCity (Zuggattung)
ECU .... European Currency Unit (Rechnungseinheit, Vorläufer des Euro)
EDF .... Électricité de France
EG .... Europäische Gemeinschaft
EMD .... Electromotive Diesels (GM-Tochterfirma)
EMI .... Electric and Musical Industries Ltd
Empa .... Eidgenössische Materialprüfungs- und Forschungsanstalt
ENEL .... Ente nazionale per l'energia elettrica (Italien)
ENI .... Ente Nazionale Idrocarburi (Italien)
EPA .... Environmental Protection Agency
ERT .... European Round Table (Europäischer Unternehmenszusammenschluss)
EST .... Environmentally Sustainable Transport
EU .... Europäische Union
EWG .... Europäische Wirtschaftsgemeinschaft
EWR .... (Flughafen) Newark/USA
EWS .... English, Welsh & Scottish Railway
FAO .... Food and Agriculture Organization (UNO-Organisation)
FASC .... Federation of Automobile Sports of the People's Republic of China
FAW .... First Automotive Works
FCM .... Ferrocarriles Chiapas Mayab (Mexiko)
FDJ .... Freie Deutsche Jugend (einzige staatlich anerkannte und geförderte Jugendorganisation in der DDR)
FDP .... Freie Demokratische Partei
FFDJF .... Fils et Filles des Deportés Juifs de France
FFS .... Ferrovie Federali Svizzere (Bezeichnung der Bahn in der italienischsprachigen Schweiz)
FIT .... Ferrocarril del Istmo de Tehuantepec (Mexiko)
FLRG .... Flaggenrechtsgesetz
FNM .... Ferrocarriles Nacionales de México
FPÖ .... Freiheitliche Partei Österreichs
FS .... Ferrovie dello Stato (italienische Staatsbahnen)
GdED .... Gewerkschaft der Eisenbahner Deutschlands (später in Transnet umbenannt)
GDR .... German Democratic Republik (englischer Name der DDR)
GE .... General Electric
GEZUVOR .... (NS-)Gesellschaft zur Vorbereitung eines deutschen Volkswagens
GIF .... Gestor de Infraestructuras Ferroviarias (Spanien)
GM .... General Motors
GMT .... Greenwich Mean Time
GTZ .... Gesellschaft für Technische Zusammenarbeit

GUS .... Gemeinschaft Unabhängiger Staaten
HAFRABA e.V. .... Verein zur Vorbereitung der Autostraße Hansestädte–Frankfurt–Basel
Hapag .... Hamburg-Amerikanische Packetfahrt-Actien-Gesellschaft
HDW .... Howaldtswerke-Deutsche Werft
HHLA .... Hamburger Hafen und Logistik AG
HLX .... Hapag-Lloyd Express (später TUIfly)
HND .... (Flughafen) Tokio-Haneda
HSH (Nordbank) .... Hamburg/Schleswig-Holstein (Nordbank)
HWWI .... Hamburger Weltwirtschaftsinstitut
IAA .... Internationale Automobilausstellung (Frankfurt)
IAMA .... Internationale Automobil- und Motorradausstellung (Berlin)
IBM .... International Business Machines Corporation
IATA .... International Air Transport Association
IC .... Intercity (Zuggattung)
ICC .... Interstate Commerce Commission
ICE .... InterCityExpress (Hochgeschwindigkeitszug, Deutschland)
ICLEI .... International Council for Local Environmental Initiatives
IPCC .... Intergovernmental Panel on Climate Change (UNO-Organisation)
IR .... InterRegio (Zuggattung)
ITF .... Integraler Taktfahrplan
IWF .... Internationaler Währungsfonds
IWW .... Institut für Wirtschaftspolitik und Wirtschaftsforschung (der Universität Karlsruhe)
JFK .... (Flughafen) New York-John-F.-Kennedy
JNR .... Japan National Railways
JR .... Japan Railway
KdF .... „Kraft durch Freude“ (Unterorganisation der DAF)
KLM .... Koninklijke Luchtvaart Maatschappij N.V. (Königliche Luftfahrtgesellschaft, Niederlande)
La .... Langsamfahrstellen-Verzeichnis
La-Stelle .... Langsamfahrstelle
LAN .... Local Area Network
LGW .... (Flughafen) London-Gatwick
LHR .... (Flughafen) London-Heathrow
LPG .... Landwirtschaftliche Produktionsgenossenschaft
LSVA .... Leistungsbezogene Schwerverkehrsabgabe
MAI .... Multilaterales Abkommen über Investitionen
MAN .... Maschinenfabrik Augsburg-Nürnberg
MdEP .... Mitglied des Europäischen Parlaments
MIT .... Massachusetts Institute of Technology
MIV .... motorisierter Individualverkehr
MOEL .... mittel- und osteuropäische Länder
MOSE .... Modulo Sperimentale Elettromeccanico (Venedig)
MRJ .... Mitsubishi Regional Jet
NAFTA .... North American Free Trade Agreement
NCL .... National City Lines Inc.
NEAT .... Neue Eisenbahn-Alpentransversale
NOB .... (Schweizerische) Nordostbahn
NRT .... (Flughafen) Tokio-Narita
NRW .... Nordrhein-Westfalen
NSDAP .... Nationalsozialistische Deutsche Arbeiterpartei
NSKK .... Nationalsozialistisches Kraftfahrkorps
NWA .... Northwest Airlines
ÖBB .... Österreichische Bundesbahnen
OECD .... Organisation for Economic Co-operation and Development
OMV (früher ÖMV) .... Österreichische Mineralölverwaltung
ÖPNV .... öffentlicher Personennahverkehr
ÖV .... öffentlicher Verkehr
P&O .... Peninsular and Orient Steam Navigation Company
PCL .... Pacific City Lines
PDVSA .... Petróleos de Venezuela S. A.

PEP.............................Preis- und Erlösmanagement Personenverkehr (Preissystem der DB AG)
pkm.............................Personenkilometer (transportierte Personen mal zurückgelegte Kilometer)
Preussag.......................Preußische Bergwerks- und Hütten AG
PSA (Peugeot S.A.).....Société Anonyme des Automobiles Peugeot
ptkm............................Personenkilometer plus Tonnenkilometer
RAG............................Ruhrkohle AG
RDA............................Reichsverband der Automobilindustrie
RENFE........................Red Nacional de los Ferrocarriles Españoles
RFF.............................Réseau Ferré de France
RMT............................National Union of Rail, Maritime, and Transport Workers
ROCE..........................return on capital employed
ROTCE........................return on total capital employed
RPK.............................Revenue Passenger Kilometers (Einheit im Flugverkehr)
RWE............................Rheinisch-Westfälisches Elektrizitätswerk AG
RZD.............................Rossijskije Schelesnyje Dorogi (russische Staatsbahn)
SA...............................(NS-)Sturmabteilung
SAIV...........................Shanghai Automotive Industry Corporation
SARS...........................Severe Acute Respiratory Syndrome (Schweres Akutes Atemwegssyndrom)
SBB.............................Schweizerische Bundesbahnen (siehe auch CFF und FFS)
SCB.............................Schweizerische Centralbahn
SED.............................Sozialistische Einheitspartei Deutschlands
SEMA..........................Specialty Equipment Market Association
SIPRI...........................Stockholm International Peace Research Institute
SJ.................................Statens Järnvägar (Schwedische Staatsbahn)
SNCB..........................Société Nationale des Chemins de Fer Belges
SNCF...........................Société Nationale des Chemins de Fer Français
SPD.............................Sozialdemokratische Partei Deutschlands
SPNV..........................Schienenpersonennahverkehr
SRA.............................Strategic Rail Authority
SS................................(NS-)Schutzstaffel
SUV.............................Sports and Utility Vehicle
TAB.............................Büro für Technikfolgenabschätzung beim Deutschen Bundestag
TEE.............................Trans Europ Express
TEN.............................Transeuropäische Netze/Trans-European Networks (EU-Infrastrukturprogramm)
TEU.............................Twenty Foot Equivalent Unit
TGV.............................Train à grande vitesse (Hochgeschwindigkeitszug, Frankreich)
tkm..............................Tonnenkilometer (transportierte Tonnen mal zurückgelegte Kilometer)
TKMS..........................ThyssenKrupp Marine Systems
TNT.............................Thomas Nationwide Transport (siehe auch TPG)
TOU.............................Train Operating Unit (britische private Zugbetreiber)
TPG.............................TNT Post Group (1998-2005 Name der ehemals staatlichen niederländischen Post, seit 2006 TNT)
TUI..............................Touristik Union International
UAW............................United Auto Workers
UIC..............................Union Internationale des Chemins de Fer
UPI..............................Umwelt- und Prognose-Institut (Heidelberg)
UPS.............................United Parcel Service of America, Inc.
VCD............................Verkehrsclub Deutschland
VCÖ............................Verkehrsclub Österreich
VDA............................Verband der Automobilindustrie
VEB.............................Volkseigener Betrieb
VEBA..........................Vereinigte Elektrizitäts- und Bergwerks AG
VOC............................Volatile Organic Compound(s) (flüchtige organische Verbindungen)
VW..............................Volkswagen
WHO...........................World Health Organization
WIFO..........................Österreichisches Institut für Wirtschaftsforschung
WTO............................World Trade Organization
WWF...........................World Wide Fund of Nature
WZB............................Wissenschaftszentrum Berlin

Tabellenverzeichnis